Madge Swindells

Née à Douvres, en Angleterre, Madge Swindells vit en Afrique du Sud. Sa passion pour l'écriture et une vie tumultueuse – quatre mariages, d'incessants voyages, une foule de métiers – lui ont permis de brosser dans ses livres les portraits d'héroïnes fougueuses et attachantes. De là vient le succès de ses livres qui l'a fait devenir en six ouvrages une romancière d'envergure internationale.

LES MOISSONS DU PASSÉ

DU MÊME AUTEUR
CHEZ POCKET

L'HÉRITIÈRE DE GLENTIRRAN

MADGE SWINDELLS

LES MOISSONS DU PASSÉ

ROBERT LAFFONT

Titre original :
HARVESTING THE PAST

Traduit par
Hélène COLLON

ISBN : 2-266-10381-4

Pour Jenni, avec mes remerciements.

Prologue

Arion faisait voile vers Corinthe. Or le trésor qu'il rapportait éveilla la cupidité des marins, qui décidèrent de le tuer et de s'emparer de ses richesses. La dernière volonté d'Arion fut qu'on le laisse chanter. Les marins y consentirent, et, debout sur le pont du bateau, le poète entonna un hymne funèbre en s'accompagnant de sa lyre. Puis il se jeta à la mer mais fut miraculeusement ramené sain et sauf au rivage par un dauphin que sa musique avait charmé.

PREMIÈRE PARTIE

1

Les premiers rayons du soleil incendiaient l'horizon de roses et d'ors et les oiseaux poussaient de perçants hosanna ; bientôt le veld et la forêt vibrèrent au gré du chant matinal des tisserins, des moineaux, des hérons, des quéléas à bec rouge et des aigles. Le rollier à gorge écarlate prenait son essor puis se laissait tomber comme une pierre en faisant la culbute, pour le plaisir. Deux impalas hautains enchevêtrèrent leurs andins et se mirent à osciller sur place, un bataillon de babouins détala de sous un arbre pour aller se disputer des sauterelles tandis qu'un aigle pêcheur fondait vers le marécage en lâchant un cri rauque.

Soudain, le silence se fit ; les petites créatures écoutaient, tous les sens en alerte, sans pour autant redouter l'animal étrange qui, chaque matin à l'aube, traversait le veld en secouant bruyamment la végétation sur son passage. Cependant, ce jour-là, l'animal s'immobilisa brusquement dans un nuage de poussière. Une très jeune fille avait grimpé sur le garde-fou du 4 × 4, et ça c'était interdit.

— Hé, descendez de là ! Vous allez tomber, cria une voix d'homme. Le garde forestier jura en voyant fuir le gibier.

— Mandy, descends tout de suite, renchérit Hannah, la mère.

D'habitude, Mandy était plus sage. Mais Hannah

comprit qu'elle cherchait à attirer l'attention, ce qui s'expliquait aisément : comme beaucoup d'Européens de la deuxième génération installés en Afrique du Sud, le garde forestier s'était physiquement épanoui sous le soleil des grands espaces. Grand, musclé, il était vraiment très beau avec ses cheveux blonds et ses yeux bleus, les plus foncés qu'Hannah ait jamais vus.

Mandy rejeta ses cheveux noirs sur son épaule, se tourna vers les arbres, feignant d'être absorbée par l'observation des animaux, mais demeura assise sur la barre supérieure du garde-fou.

Le guide gagna l'arrière du véhicule. Hannah retint son souffle. Un jour peut-être, un homme resterait de marbre devant sa fille ; mais pas aujourd'hui : l'homme fondit aussitôt. Son regard bleu se fit lointain, rêveur, ses lèvres s'entrouvrirent et, un peu hébété, il dévisagea avec une insistance frisant l'impolitesse la douce peau lustrée de Mandy, ses cheveux aile de corbeau, ses lèvres bien rouges et ses grands yeux où brillait l'amour de tous et de tout. Hannah soupira. Elle avait pour fille un phénomène rare, une femme d'une beauté parfaite, d'une sensualité flagrante. Ils brûlaient tous de la posséder, et, quand elle repoussait leurs avances, ils se mettaient à la haïr. En ce moment, Mandy découvrait le pouvoir que lui conférait son extrême séduction mais aussi la malédiction qui l'accompagnait.

— Si tu n'y vois pas assez bien, viens t'asseoir devant avec moi, proposa-t-il.

Mandy hésita.

— Mais si, viens. Je te raconterai des tas de choses sur les oiseaux et... et tout ça, acheva-t-il en rougissant. Je m'arrêterai si tu aperçois quelque chose d'intéressant.

Mandy était encore très enfant, elle testait son pouvoir, cherchant à en découvrir les limites ; mais il n'en avait pas. Il lui suffisait de sourire pour que les hommes se liquéfient.

Elle sauta de son perchoir en affectant un air boudeur et rétif que sa mère lui avait déjà vu pratiquer devant la glace.

Non loin de là, un guépard fila à grands bonds dans les hautes herbes. La jeune fille cessa instantanément de faire la tête.

— Houah ! Regarde, maman ! Mon appareil ! Où est mon appareil photo ?

Toute à son enthousiasme, elle en oubliait sa nouvelle conquête.

Je devrais lui accrocher autour du cou un écriteau annonçant : « Je n'ai que seize ans. » Ces vacances dans les marais d'Okavango étaient d'ailleurs le cadeau d'anniversaire de Mandy. Mais cela changerait-il quoi que ce soit ? Hannah essaya quand même :

— Je vous en prie, excusez ma fille, fit-elle tout bas. Quand on a seize ans, tout est si... si excitant.

Son message délivré, elle se tut.

— Seize ans..., souffla le guide en haussant les sourcils, sans réussir à dissimuler une petite grimace de dépit.

D'où pouvait lui venir cette perfection ? La semaine précédente, exaspérée, Hannah avait posé la question à Bill, son mari.

— Elle ressemble à Rose, qui était d'une rare beauté ; quand on voit ce que cela lui a rapporté...

Bill n'était pas du genre loquace ; de plus, sa sœur depuis longtemps disparue était un sujet tabou. Hannah l'avait appris à ses dépens. Un jour où Bill était sorti, elle avait consulté l'album de famille. Et en effet, malgré les tons sépia des photos un peu passées, elle avait noté la ressemblance.

Comment Mandy se débrouillerait-elle avec ce don du ciel ? Même les vieux messieurs devenaient idiots quand ils la voyaient, ce qui ne laissait pas d'irriter Hannah. Les pauvres crétins ! Derrière sa colère couvait le regret de ce qu'elle-même n'avait jamais eu. Quelle tournure aurait prise sa vie si elle avait eu les charmes de Mandy ? Il lui arrivait d'envier carrément sa fille et de s'en sentir coupable. Mais Mandy était trop naïve pour ses seize ans. Il fallait la voir rejeter en arrière sa longue chevelure noire en souriant de toutes ses dents, tandis que ses yeux de biche d'un beau brun ambré pétillaient d'amusement ! En la contemplant, Hannah se sentit remplie de satisfaction. Vraiment, cette enfant était bénie des dieux.

Ils étaient arrivés sur le rivage, où les attendaient pirogues et bateliers. Mandy et elle devaient monter chacune dans une embarcation, et elle n'était pas rassurée.

— Tu seras sage, hein, Mandy ? C'est une vraie petite diablesse, reprit-elle avec inquiétude à l'intention du guide.

— Ne vous en faites pas. Les bateliers savent ce qu'ils font et n'approchent pas des endroits profonds. Partout ailleurs, la navigation est sans risque. Je serai là pour vous récupérer à votre retour.

Donc, il ne se retrouverait pas seul avec Mandy. C'était déjà une consolation.

Hannah plissa les yeux pour les protéger de la clarté resplendissante du soleil levant et regarda les oiseaux battre des ailes alentour en criaillant. Les pirogues ne lui semblaient pas très solides ; et si elle se couvrait de ridicule en tombant à l'eau ? Heureusement, au moment d'embarquer, deux mains fermes la saisirent par les bras et la hissèrent à bord. Le batelier s'accroupit devant Hannah, plongea sa pagaie dans l'eau et bientôt ils filèrent sur la surface paisible du lac, en direction d'un bouquet de papyrus. Elle eut peur que l'embarcation ne le heurte de plein fouet et faillit crier mais aperçut alors un étroit tunnel percé dans les roseaux ; quelques instants plus tard ils pénétraient dans un tout autre monde, peuplé de lis d'eau bariolés, de papillons, d'oiseaux en plein essor, de bébés crocodiles juchés sur des feuilles de nénuphar, de grenouilles, de poissons et de courants d'eau cristalline.

Le paradis. Au milieu de ces merveilles, elle oublia Mandy. D'où venait cette ambiance si particulière ? Du silence ou de sa beauté propre ? C'était magique.

L'étroite pirogue réussissait tout juste à se faufiler entre les papyrus qui se dressaient majestueusement de part et d'autre du chenal. Ils débouchèrent à l'orée d'un lac où flottait une masse dense de nénuphars multicolores, mauves, roses, bleus, citron, crème. Un jacana en parcourait les feuilles avec légèreté à la recherche de larves. En les voyant arriver, un bébé crocodile d'à peine quinze centimètres sauta de son perchoir ensoleillé et se faufila sous les racines boueuses. L'eau était parfaitement transparente. Hannah y voyait évoluer de petits poissons, des têtards, des racines, des tiges.

— Incroyable, murmura-t-elle. Que c'est joli !

Le batelier immobilisa l'embarcation. En levant la tête, Hannah découvrit une cigogne dans son nid. Un aigle pêcheur descendit en piqué vers la mare et émergea quelques secondes plus tard avec un gros poisson dans le bec, laissant à la surface des rides circulaires qui miroitaient sous le soleil.

— Où sont les autres ? Ma fille ? s'enquit-elle brusquement.

L'homme haussa les épaules et désigna le paysage d'un geste large, comme pour englober l'Afrique entière.

— Chacun choisit sa route, déclara-t-il.

Ils empruntèrent de longs chenaux serpentant entre les papyrus puis traversèrent un nouveau lac avant de réintégrer le dédale de tunnels végétaux. Interdite, Hannah se laissait transporter en silence. Au-dessus d'eux, les branches grouillaient de singes. Sur la rive, ils aperçurent une troupe de lions occupés à traquer un jeune zèbre, puis un renard d'Afrique qui, figé au bord de l'eau dans une posture hésitante, se demandait visiblement s'il devait ou non s'enfuir.

— Mon Dieu ! Et dire que tout cela existait sans que je le sache ! C'est d'une beauté inimaginable, murmura-t-elle.

Le soleil montait lentement vers le zénith, l'eau miroitait en jetant mille reflets, une chaleur de fournaise sortait de sous les papyrus, les crocodiles sommeillaient dans les trous d'eau où ils élevaient leur progéniture, sans réagir au passage de la pirogue tant leur torpeur était paralysante. Le batelier transpirait ; sa peau noir de jais se couvrait d'une pellicule lustrée tout en répandant autour de lui une odeur douce-amère. Ils firent une pause le temps de puiser dans les rafraîchissements entreposés au sein d'une glacière. Comment l'homme se retrouvait-il, dans ce labyrinthe ? Hannah finit par s'assoupir. Elle se réveilla, paniquée, en se sentant piquer du nez et se redressa d'un coup. *J'aurais eu l'air malin, tiens,* songea-t-elle en posant son regard sur le mètre d'eau claire qui la séparait des fonds vaseux.

Une demi-heure plus tard la coque vint racler contre la rive. Relevant les yeux, Hannah eut la surprise de voir six paires de mains sombres la tirer sur une cale de lancement en ciment. Ils avaient réintégré le parc animalier de Moremi.

— Appareil photo ? Sac à main ? Lunettes de soleil ? psalmodièrent à l'unisson les employés du parc.

Elle suivit le petit groupe en direction du véhicule, mais sans se hâter — la chaleur était écrasante. Ils allèrent s'asseoir à l'ombre pour attendre le retour de Mandy. Ce fut long ; Hannah s'assoupit à nouveau.

— Pourquoi met-elle si longtemps à revenir ? s'enquit-elle à son réveil. Manque-t-il quelqu'un d'autre ?

Mais tout le monde était là.

— Ils ont dû s'arrêter pour prendre des photos ! lança une Anglaise.

Pourtant, armé de jumelles, le guide scrutait attentivement le lac et les berges. Il fronça les sourcils.

— L'imbécile ! marmonna-t-il.

Dix minutes plus tard il appelait le ranch par radio. Les visiteurs partirent à bord du camion conduit par son assistant, mais Hannah resta avec le guide et l'un des bateliers. On lui expliqua que le campement leur envoyait du renfort.

— Ne... ne me dites pas que c'est dangereux ! bégaya Hannah. Vous ne feriez tout de même pas courir de risques à vos visiteurs ! Nous ne sommes que des touristes ordinaires ! Sur la brochure, il était bien précisé que...

— Écoutez, Mrs. September, la coupa-t-il avec fermeté. Nous sommes ici dans un des derniers endroits au monde où la nature est intacte, bien que mise à la disposition des êtres humains. Il est normal que ces territoires sauvages présentent un certain danger. Si nous l'éliminions, à supposer que ce soit possible, le gibier disparaîtrait du même coup et les touristes comme vous ne feraient pas tout ce chemin pour admirer le cœur de l'Afrique.

— C'était son cadeau d'anniversaire, chuchota Hannah.

Le guide tendit l'oreille ; la vedette du campement arrivait. Elle sortit tout à coup d'une trouée dans les roseaux et s'approcha en glissant sur l'eau. On hissa Hannah à bord ; trois autres guides se tenaient en poupe ; armés jusqu'aux dents, ils échangeaient des propos à voix basse.

Il y avait quelque chose de macabre, d'irréel à foncer ainsi à travers les marais. Les crocodiles et les hippopotames, affolés, disparaissaient sous l'eau, les oiseaux s'envolaient à tire d'aile et les gaz d'échappement traçaient derrière la vedette un sillage de fumée.

À la tombée de la nuit, on retrouva le batelier de Mandy flottant sur le ventre dans une zone de hauts-fonds, à plusieurs kilomètres de son itinéraire. On appela la police. Hannah, les jambes raidies par la fatigue, pouvait à peine marcher. On transféra ses affaires de la tente qu'elle avait partagée avec Mandy au chalet principal, et un médecin venu de Maun en avion lui administra un calmant qui ne lui fit guère d'effet. Elle avait l'impression qu'elle ne dormirait plus jamais. Où pouvait être Mandy ? Que lui était-il arrivé ? Hannah était torturée par des visions de crocodiles et d'hippopotames attaquant la frêle pirogue. Puis ses soupçons se tournèrent vers le batelier. Qu'avait-il fait à sa petite fille ?

Les policiers arrivés en hélicoptère rouspétèrent parce que le sédatif l'avait rendue pratiquement incohérente. Elle s'efforçait de s'exprimer clairement, mais elle était prise de frissons et de crises de larmes à intervalles réguliers.

— Ça ne pourrait pas être une histoire de petit ami ? s'enquit l'un des policiers.

— Mais puisque je vous dis que nous ne connaissons personne au Botswana !

Le froid la gagnait peu à peu. Elle avait le plus grand mal à articuler. *Il ne faut pas que je craque. Je dois être forte, les obliger à poursuivre les recherches.*

Cette nuit-là, puis toute la journée du lendemain, l'hélicoptère et les deux vedettes ajoutèrent leur vrombissement aux mille bruits du bush. À l'aube, on annonça qu'une vedette inconnue avait été vue fonçant vers Toteng. On finit par retrouver la pirogue abandonnée dans le marais. Des Herero d'une tribu voisine de Ramsden avaient vu un Blanc barbu coiffé d'un grand feutre attendre la vedette puis embarquer dans son camion un passager endormi. Il était parti peu après, par la route de Gobabis, de l'autre côté de la frontière namibienne.

— Il n'a aucune chance de sortir du pays, s'entendit affirmer Hannah. Nous avons détaché des hommes à tous les postes frontière.

Il n'y eut pas d'autre témoignage.

Une semaine plus tard, Bill vint chercher sa femme. Étant en mer, il n'avait pu la rejoindre plus tôt. Il fallut quitter les marais. Jamais Hannah n'avait eu de décision plus difficile à prendre.

— Mon Dieu, aidez-nous, sanglota-t-elle dans la voiture la ramenant dans la province du Cap. Comment peut-il nous arriver une chose aussi cruelle ? Pourquoi nous a-t-on pris Mandy ? Pourquoi elle ? Pourquoi... ? Comment pouvons-nous partir d'ici sans elle ?

— Il ne faut pas que cela brise notre famille tout entière, répondit Bill. Nous devons continuer.

— Comment fais-tu pour être aussi fort ?

Bill était une énigme aux yeux d'Hannah, et ce depuis le début de leur mariage. Avec elle, avec leur petite famille, il était le plus gentil des maris et des pères, mais, devant les autres, il se montrait taciturne, peu sympathique. Si elle l'avait épousé, c'était pour la sécurité qu'il lui apportait. Parmi tous les jeunes gens du village, il était le seul à posséder son propre chalutier et sa propre maison, et cela faisait de lui un homme riche.

Bill était assez grand, sec et nerveux, d'une force physique redoutable. Son visage était halé, buriné, ses bras puissants et velus ; il arborait un tatouage, une ancre de marine bleue ornée d'un cœur rouge au nom d'Hannah, datant du jour où il l'avait demandée en mariage. Sa masse de cheveux noirs ondulés était à présent parsemée de mèches gris fer. Ses traits étaient épais, mais toute sa personne irradiait la robustesse et la débrouillardise. Toutes choses dont ils allaient avoir bien besoin, car Hannah, elle, avait cessé de lutter.

— Parfois, je me dis que tu n'as pas de sentiments, hoqueta-t-elle. Qu'est-ce qui a pu arriver à notre petite fille ? Où est-elle, maintenant ? Est-ce qu'elle souffre ? Est-elle encore en vie, au moins ? Qu'est-ce qu'on lui fait ? Comment peut-on faire du mal à une petite aussi charmante ?

À chacune de ces questions il existait une réponse, elle le savait. Les disparitions d'enfants étaient monnaie courante ; on les enlevait par mesure de représailles, pour exiger une rançon, pour se livrer sur eux à des rituels sataniques, les faire participer au *muti* [1] ou

1. Pratiques de sorcellerie.

les soumettre aux perversions sexuelles des adultes, quand ce n'était pas par pure malveillance.

— Hannah, je t'en fais la promesse solennelle : on la retrouvera. Si les kidnappeurs doivent nous contacter, ils le feront chez nous. C'est depuis chez nous qu'il faut nous battre.

2

Qu'il faisait noir ! Mandy ne parvenait pas à mettre de l'ordre dans ses pensées. En se réveillant, elle avait eu l'impression de renaître dans un monde de solitude, de terreur et de ténèbres. Était-elle morte ? Était-ce cela, la mort — les ténèbres sans fin ? Mais non, elle ne pouvait pas être morte : elle se sentait trop mal.

Au bout de plusieurs jours — ou plusieurs heures ? —, la mémoire lui revint sous forme d'images disjointes de sa maison, de ses parents. Peu à peu les pièces du puzzle se mirent en place. Elles formèrent un tableau déchirant. Sa mère — qui l'énervait tant d'ordinaire — lui manquait terriblement. Mandy appelait de tout son cœur la réconfortante chaleur de ses bras.

Parmi les souvenirs les plus récents, il y avait son seizième anniversaire, les vacances dans les marais. Elle glissait sur l'eau entre les nénuphars. À un moment, le batelier se retournait vers elle en souriant. Un sourire bizarre.

— Tout le monde descend, avait-il annoncé.

Elle avait obéi sans comprendre. Où étaient les autres ? Elle avait vu une Land Rover garée non loin de là et cela l'avait rassurée. Mais, à l'instant où elle allait se renseigner auprès du batelier, son visage s'était littéralement désintégré, le sang jaillissant autour de lui. Il avait basculé en arrière, les bras en croix, pour s'abattre dans l'eau en soulevant une gerbe d'éclaboussures. Ses souvenirs s'arrêtaient là.

Des images de tanières aménagées sous la rive par les crocodiles traversaient fugitivement son esprit. C'était dans ces trous qu'ils laissaient pourrir leurs proies. Mais elle était au sec. Alors où ? En proie à la nausée, au vertige, les membres lestés de plomb et la tête percée d'éclairs lancinants, elle essaya de faire le point. Lui avait-on tiré dessus ? *Oh, mon Dieu, aidez-moi*, pria-t-elle.

Les jacarandas avaient fleuri et les rues étouffantes de Pretoria disparaissaient sous des masses de frondaisons d'un mauve délavé. Les bureaux du commissariat central étaient austères, fonctionnels et climatisés, à une exception près : le colonel Greg du Plessis avait grandi au nord de la Namibie et détestait la climatisation. Il régnait donc dans son bureau une chaleur écrasante, et d'innombrables grains de poussière y miroitaient dans les rayons du soleil.

Le jeune lieutenant qui attendait au garde-à-vous s'efforçait de ne rien laisser paraître de son inconfort, mais il sentait la sueur couler dans son dos. Il devait prendre une décision qui aurait des conséquences radicales sur son avenir, et c'était d'autant plus difficile que son supérieur hiérarchique ne cessait de discourir. Ari avait fêté toute la nuit la fin de son service obligatoire dans la police et une pulsation douloureuse lui emplissait la tête. Il tenta de repousser son malaise physique pour réfléchir. Tout n'avait pas été négatif dans son passage ici ; malheureusement, du jour où on l'avait affecté à la Protection de l'enfance... Il fut pris d'un violent frisson qui n'échappa pas au colonel.

— Asseyez-vous, mon petit.

Remballe ton paternalisme, toi !

— Je veux que vous repreniez votre démission. On ne doit pas prendre de décision importante quand on est sous traitement psychiatrique. C'est du moins ce qu'on m'a dit.

— C'est fini, maintenant, assura Ari en inspirant profondément. Je suis guéri.

— Mais non : vous n'avez jamais été malade.

C'était bien connu, le colonel savait simuler la compassion en cas de besoin. Mais, là, il en faisait vraiment trop.

— Un peu stressé, c'est tout. Surmenage ! C'est ce que dit votre dossier. Vous vous êtes intéressé de trop près aux cas que vous traitiez. Disons que vous avez fait une légère dépression nerveuse. Passagère. Vous êtes un excellent policier, St John. Je ne tiens pas à vous perdre. Reprenez votre démission. Ce n'est pas le moment, mon garçon.

Le colonel leva un regard scrutateur sur le visage du lieutenant, dont les yeux noisette à l'expression indéchiffrable fixaient un point situé au-dessus de la tête de son supérieur. C'était un jeune homme de haute taille dont le beau visage aux lèvres sensuelles s'encadrait de cheveux noirs et bouclés. Son physique séduisant jurait avec sa réputation : on disait que, de toutes les jeunes recrues, c'était lui le plus intelligent — et aussi le plus dur à cuire.

Ari sentit bien l'examen attentif dont il était l'objet et regimba.

— Tabasser les suspects à mort, ça ne fait pas partie de mon travail.

Il avait la sensation obscure qu'on était en train de le faire chanter.

— Ce n'était *pas* un accident. J'ai été obligé de le tuer, ce salopard. C'est pour ça que je démissionne.

Si seulement c'était aussi simple ! En fait, depuis quelque temps, il buvait, évitait ses amis et devenait agressif. Il n'ignorait pas la raison de ce comportement. Il prenait la tangente devant une chose qu'il ne comprenait pas et ne pouvait se permettre d'affronter une nouvelle fois.

— Le rapport du psychiatre prétend que vous refusez d'évoquer ce qui s'est passé.

— Il ne s'est rien passé, mon colonel. J'ai juste

perdu mon sang-froid ; je me suis mis à « battre la campagne », comme dit mon père.

— Votre père *adoptif*, si j'en crois ceci.

Voilà que le colonel recommençait à feuilleter ce maudit dossier ! Qui, d'ailleurs, ne devait livrer qu'un compte rendu sommaire de son passé. Il avait été adopté à l'âge de trois ans par le professeur Duncan St John, anthropologue et écrivain, et son épouse Isabelle, botaniste. On ignorait l'identité de ses vrais parents. Ça, c'était dans le dossier, en effet, mais le bonheur qu'ils lui avaient offert, son enfance merveilleuse au Kenya et en Zambie, le code moral inébranlable qu'ils lui avaient inculqué, l'amour éperdu qu'il leur vouait..., là-dessus, en revanche, pas un mot. Curieusement, jusqu'à ces deux années à la Protection de l'enfance, il avait cru que les enfants privilégiés étaient forcément heureux. Le seul tort que ses parents adoptifs lui avaient porté, c'était le nom dont ils l'avaient affublé : Arion Fletcher St John.

— J'ai eu une enfance très heureuse, mon colonel.

— La quête de vos véritables origines n'en demeure pas moins présente à votre esprit, je suppose.

— Vous vous trompez, mon colonel.

Naturellement, il ne se trompait pas du tout. Mais Ari, qui ne voulait pas faire de peine à ses parents adoptifs, étouffait ces aspirations depuis longtemps. Tout ce qu'il savait, c'était que les papiers de l'adoption avaient été signés dans la province du Cap le 13 mars 1967, date à laquelle un certain Richard Mooney, prêtre catholique, l'avait confié à l'Assistance publique.

— J'insiste pour que vous retiriez votre démission, Ari. Des officiers de police dévoués comme vous, nous n'en avons pas à la pelle. J'ai une mission à vous confier. Nous avons besoin de quelqu'un pour enquêter sur le kidnapping de Mandy September. Quelqu'un de confiance, qui s'établisse sur place, c'est-à-dire dans le plus joli coin de la province du Cap : une bourgade appelée Silver Bay.

Silver Bay ! songea Ari. *Drôle de coïncidence...*

— Là-bas, il ne se passe jamais rien, poursuivit le colonel. Une poignée de familles riches ont accaparé les vallées, plus la proportion habituelle d'adeptes de l'équitation, vous voyez le genre. Le taux de criminalité y est exceptionnellement bas, peut-être parce que le plein emploi règne parmi la population métisse et que les immigrés noirs sont rares. Là-bas, on pense à gauche — ce qui n'est pas difficile quand on n'est pas directement menacé. 98 pour 100 des gens ont voté pour le passage à la démocratie. Nouveau coup d'œil au dossier d'Ari. On dit ici que vous souhaitez soutenir un doctorat en criminologie ; vous pourriez étudier à temps partiel.

— Mon colonel, excusez-moi de poser cette question, mais peut-on savoir pourquoi vous vous donnez tant de mal ?

— Vous vous êtes comporté en croisé, Ari. En foudre de guerre, quand il s'agissait de l'enfance maltraitée, voire de la cruauté sous toutes ses formes. Vous avez résolu toutes les affaires auxquelles vous vous êtes attaqué. Le fond du problème, c'est que j'ai besoin de vous. Vous étiez à la tête de la brigade envoyée au Botswana et en Namibie pour collaborer avec la police locale. On pense que les ravisseurs ont emmené la petite dans le désert avant de revenir au Cap. Ils ont peut-être l'intention de contacter les parents. Du moins, si elle est toujours vivante. La famille n'est pas exactement riche, mais, disons, aisée par rapport à la moyenne locale.

« Écoutez, Ari ; ne tournons pas plus lontemps autour du pot. Nous allons bientôt avoir les premières élections présidentielles multiraciales de notre histoire. Certains ministres pensent qu'on a intérêt à sortir quelques lapins de nos chapeaux pour pousser les métis à voter avec les Blancs. Si nous voulons conserver la province du Cap, c'est même crucial. Or le père de cette Mandy est un élu local, un métis, justement. Nous devons prouver aux électeurs métis que nous

nous soucions sincèrement d'eux, que nous sommes de leur côté ; qu'eux et nous, c'est la même chose.

— Vous ne trouvez pas que c'est un peu tard ?

— Ne mêlons pas la politique à nos affaires, Ari. Je sais que vous êtes de gauche. Les hommes politiques noirs sont malins : ils ont déjà commencé à transférer des autocars entiers de squatters pour peupler les régions où ils ont le plus besoin du vote A.N.C.

« Vous, je veux que vous fassiez le maximum pour retrouver Mandy. Vous pourrez appeler l'armée en renfort, bénéficier d'hélicoptères. Il nous faut une publicité retentissante — n'oubliez surtout pas cela, Ari. Distribuez des tracts avec sa photo, organisez des flashes à la télévision. Que les parents lancent un vibrant appel aux kidnappeurs. Vous m'avez bien compris ? Injectez de la passion dans cette affaire. Les recherches en elles-mêmes sont plus importantes que le résultat proprement dit.

— Sauf pour Mandy, remarqua doucement Ari.

Le colonel rougit.

— Naturellement, il ne s'agit pas de mon opinion personnelle. Je ne fais que vous transmettre les ordres. Je savais bien que vous seriez l'homme de la situation. Parce que vous, vous êtes sincère. C'est d'ailleurs ce qui fait votre force en même temps que votre faiblesse.

Peut-être, justement, parce que chacun de ces enfants aurait pu être moi, songea Ari. Dans les profondeurs obscures de son esprit restaient tapis des souvenirs de temps anciens. De temps sinistres qui refaisaient surface dans ses rêves et parfois dans l'exercice de sa profession ; mais ce n'était pas pour cela qu'il avait peur. Il frissonna.

— Quel est le sujet de votre thèse de doctorat, Ari ?

— L'enfance maltraitée, mon colonel. J'essaie de trouver des explications rationnelles à ce qui a été mon pain quotidien depuis deux ans.

Le colonel plissa les yeux.

— Écoutez, Ari, vous avez l'âge d'être mon fils, et vous êtes trop compétent pour qu'on vous laisse partir.

Suivez mon conseil. Restez chez nous et poursuivez vos études pendant votre temps libre.

« Vous assisterez le lieutenant Rolf Gerber, enchaîna-t-il comme si la question était réglée. C'est plutôt un administratif, mais vous avez le même grade. Il vous plaira, vous verrez. Il est facile à vivre. Acceptez mon offre. Tout un été dans la province du Cap, ça vous fera du bien. Je vous l'ai dit, la criminalité est très faible, là-bas.

Au bout d'une heure d'âpre discussion, Ari finit par accepter ; peut-être parce qu'il s'agissait de Silver Bay et que, cette aspiration-là, il n'avait jamais réussi à la faire taire.

Ce matin-là, Kate Palma était en proie à une espèce d'ivresse. Après une longue chevauchée dans les dunes, elle prenait le chemin du retour ; elle s'était baignée nue dans l'Atlantique glacial, crawlant rapidement tout autour d'une vieille épave pour éviter l'hypothermie. Puis elle avait franchi les rouleaux et était revenue vers la plage en luttant contre le ressac. Un instant, la mer l'avait tirée vers le large en la traînant péniblement sur les fonds sableux, mais elle l'avait vaincue, et une vague de deux mètres l'avait déposée sur le rivage, ivre d'excitation. À la maison, elle se sentait cloîtrée. Ici, seule, elle pouvait mettre son ardeur à l'épreuve. Le sel lui piquait les lèvres et les yeux, sa peau la chatouillait ; le vent dans les cheveux, elle rentrait au galop.

Au moment d'aborder la colline, elle fit une pause pour jeter un dernier regard à la mer qui, menaçante, brillait d'un éclat vert foncé à ses pieds. En direction du sud-est, derrière le moutonnement des collines, elle apercevait le village de pêcheurs et, plus loin encore, les hautes falaises granitiques, surgies tout droit de l'océan, qui dominaient de trois cents mètres leur propre reflet scintillant. À sa gauche, le manoir Palma et ses vingt hectares de réserve naturelle. Au nord, la vallée vert sombre nichée au pied des montagnes.

Angelo Palma, le grand-père de son mari, avait décidément bien choisi le site. De ses terres, il pouvait embrasser d'un regard circulaire les vignobles qu'il avait plantés dans la vallée, ses usines de congélation et de conditionnement, derrière le port, puis ses bateaux de pêche, sa vedette et son yacht.

Kate constata qu'il était presque huit heures et demie. Elle aurait bien pris son petit déjeuner, mais elle avait rendez-vous à neuf heures avec l'architecte. Elle se remémora avec un sourire la violente réaction d'Angelo quand elle avait eu recours à une aide extérieure pour apporter une énième modification à son précieux château. En fait, austère, vieillotte et peu commode, la maison appartenait à une époque révolue. Elle était censée reproduire la demeure ancestrale d'Angelo à Spolète, en Italie ; il en avait dessiné les plans lui-même. En se remettant en route — à contrecœur —, Kate songea que c'était sans doute la seule erreur de sa vie.

Dix minutes plus tard, après avoir confié son cheval au lad, elle escalada les quelques marches menant au grand hall d'entrée. Ramona, la gouvernante, l'attendait.

— Je vous ai cherchée partout.

Comme toujours, en une seule phrase elle avait réussi à exprimer tout son mépris.

— J'ai votre père en ligne. Il dit qu'il est prêt à patienter parce qu'il lui a déjà fallu une heure pour obtenir la communication.

Il doit être à la réserve de chasse, s'étonna Kate. Le moment était bizarrement choisi pour prendre des vacances.

Cinq minutes après elle raccrochait violemment. Haletante, elle se lança à la recherche de Rob, son mari, puis se rappela qu'il était en mer avec un groupe de scientifiques, à bord du nouveau chalutier du secrétariat d'État à la Pêche. Elle griffonna un petit mot à son intention : *Mon chéri, papa a de gros ennuis. Je prends l'avion. Je rentre dans deux ou trois jours.*

Prends bien soin de toi. Je t'aime. Kate. Puis elle se fit conduire à l'aéroport.

Elle dut attendre une heure le départ du premier vol. Les yeux plissés par l'éclat du soleil, elle resta dans le parking à faire les cent pas en contemplant les pelouses cuites par la brume de chaleur qui s'élevait du goudron poisseux. Les hommes regardaient avec envie, mais sans insistance, cette femme longiligne en tailleur-pantalon de soie beige, si belle avec ses cheveux de lin ramenés sur le dessus de la tête. Belle, mais riche ; donc, intouchable.

Les deux heures de vol jusqu'à Johannesburg la mirent à la torture ; elle crut que ça n'en finirait jamais. Les nuages s'amassaient au-dessous de l'appareil à mesure qu'ils remontaient vers le nord en traversant la zone des pluies estivales, et l'on ne vit bientôt plus rien qu'un tapis immaculé éclatant de lumière. Pour descendre, ils durent crever cette couche de nimbus denses, et Kate eut l'impression de se trouver sur des montagnes russes.

Quand elle atteignit Rand Central Airport, où étaient stationnés les jets privés de son père, elle avait accumulé tant de colère et de tension, sans parler du choc, qu'elle était sur le point d'exploser. Jim, un des pilotes attachés à leur service, la supplia de différer le décollage.

— Vous avez vu ?

Il pointa un doigt vers l'est, où les nuages de pluie se pressaient les uns contre les autres, noirs et lourds de menace. Sur ce, l'averse se mit à tomber, oblique, telle une feuille d'eau ininterrompue qui les enveloppa de la tête aux pieds.

— Ne perdons pas de temps, jeta-t-elle.

Jim considéra Kate avec attention. Apparemment, quand on était riche, on se sentait invincible. Elle se fichait des intempéries. Tendue comme un léopard à l'affût, décoiffée, elle arpentait nerveusement la piste ; ses yeux verts lançaient des éclairs de rage. Malgré son rictus de colère, elle restait d'une beauté parfaite, et ses dents blanches bien plantées lui donnaient des allures de jeune garçon. *Elle doit être du genre fougueux,* se dit-il.

— Vous devriez m'écouter, Mrs. Palma. Attendons quelques heures. Nous prenons des risques.

— Puisque mon père vous a engagé, je suppose que vous êtes compétent.

La garce !

Quelques instants plus tard ils prenaient leur essor au milieu de nuages violacés agités de convulsions. L'appareil se cabra et frémit à plusieurs reprises sous les assauts des éclairs resplendissants ; aux yeux de Kate, l'orage n'était qu'un reflet de la fureur et de la rancune qui la submergeaient.

— À sec ! avait annoncé son père au téléphone. Pis qu'à sec ! Insolvable ! Mira et moi allons passer quelques jours à la réserve de chasse, que ça te plaise ou non. Un adieu à l'Afrique, en quelque sorte. Il faut que je quitte le pays avant que la nouvelle se répande. J'ai pris quelques libertés, tu comprends... J'étais tellement sûr de gagner ! Il me reste tout au plus une semaine. Il est donc temps de se dire adieu, Kate.

Impossible ! Démentiel ! Comment un homme de la stature de son père pouvait-il se retrouver ruiné du jour au lendemain ? La famille était tellement riche ! Et il en avait toujours été ainsi, aussi loin que remontaient ses souvenirs. Sur le moment, elle avait été trop ébahie pour émettre des commentaires sensés, réfléchir vraiment à la situation.

— Où vas-tu ? À Londres ? avait-elle demandé.

— Je ne pense pas. Je dois prendre en compte les accords d'extradition. Nous avons pensé au Venezuela. Un pays magnifique.

Elle n'arrivait pas à assimiler la nouvelle.

— Je suis désolé, Kate. Tu vas devoir te débrouiller toute seule, maintenant.

— Tu veux dire que... Oh non ! Pas en plus mon capital à moi ! Tu nous a ruinés tous les deux ?

— On ne peut pas te prendre le lagon. Il appartenait à ta mère.

À mesure qu'elle revivait cet échange, elle sentait couler sur ses joues des larmes brûlantes d'émotion et de rage. Que voulait-il dire par « quelques libertés » ? Avait-il enfreint la loi ? Et pourquoi le Venezuela ? Obligé de fuir... Non, c'était inimaginable. Son père si distingué, si haut placé, si bien considéré...

Elle ne pouvait y croire. Elle était impatiente de lui parler. Et cet avion qui se traînait.

Elle s'essuya les yeux et lança un regard furtif à Jim, mais le pilote était absorbé par sa tâche. Manifestement, il n'était pas encore au courant de la liquidation imminente.

L'orage empirait. Les éclairs lui paraissaient de plus en plus proches, de plus en plus dangereux, et les ténèbres intermédiaires n'en étaient que moins rassurantes. L'avion était d'une petitesse, d'une vulnérabilité stupéfiantes sur cette vaste toile de fond violette agitée de secousses. Blême, hagard, Jim cherchait désespérément à garder le contrôle de l'appareil en poussant de temps en temps des jurons étouffés, mais Kate ne s'en souciait guère. Au contraire, elle ressentait une envie furieuse de s'écraser à terre, d'être réduite à néant. Pourquoi pas, d'ailleurs ? « Oui, pourquoi ne pas aller jusqu'au bout ? » marmonna-t-elle à l'intention de ses démons intérieurs. Toutefois, les embardées, les chutes en piqué qui lui coupaient le souffle et les brusques reprises d'altitude finirent par atténuer quelque peu sa rage.

Quand elle posa enfin le pied sur l'allée gravillonnée de Wild Eden, le ressentiment avait pris le pas sur la colère. La soirée était fraîche et odorante, on entendait la pluie goutter des feuilles et le crépuscule répandait dans le veld une douce brume dorée. Mais, pour une fois, Kate n'en goûtait pas la splendeur.

Comment imaginer de perdre Wild Eden ? Elle y avait grandi, elle en aimait le moindre centimètre carré.

C'était son second chez-elle, un refuge plein de joie loin des tensions qui peuplaient son petit monde. Pourtant, ce soir-là, rien n'aurait pu l'apaiser. Ni les gracieux impalas passant à proximité de la piste, ni les quatre girafes tant aimées qui, pattes écartées et têtes jointes, la contemplaient d'un air curieux, ni le renard à oreilles rondes qui se faufilait dans les hautes herbes. Rien ne perçait la carapace de sa peur. C'est à peine si elle jeta un coup d'œil, sur le chemin du pavillon de chasse, au grand baobab qu'elle aimait tant. Les tisserins s'enfonçaient par dizaines dans les acacias, où la colonie se préparait pour la nuit. Tout était normal autour d'elle, et pourtant son monde se désintégrait !

— Ces choses-là ne peuvent pas arriver, soufflat-elle. Pas à des gens comme nous.

3

Quand elle se retrouva face à son père, tout ce qu'elle trouva à dire fut :

— Il fallait que je vienne... Que je te parle. Comment as-tu pu me cacher cette... cette catastrophe ?

Il était assis près de la cheminée, dans un coin mal éclairé du vieux salon où aurait pu tenir une maisonnette entière et dont les baies vitrées montant jusqu'au plafond recouvert de chaume étaient grandes ouvertes. Une rafraîchissante odeur de feuilles et de terre détrempée emplissait la pièce et les gouttes d'eau s'écrasaient avec un bruit mat sur le plancher de la véranda. Au loin un lion rugit. Son père la regarda puis détourna les yeux. Comme si elle n'était pas là.

Cette attitude lui rappela des vexations passées et sa solitude d'enfant. Elle le dévisagea, pleine d'espoir ; cette fois, peut-être lui manifesterait-il quelque amour, ne serait-ce qu'à cause de son départ. Mais non : les volets qui masquaient son âme étaient toujours clos.

Dans ses souvenirs, la maison était toujours pleine d'amis et son père follement drôle, avec des yeux bleus pétillant de chaleur ; sauf que cette lueur amicale ne lui était jamais destinée. Aujourd'hui son regard était morne, ses cheveux blonds se décoloraient, la peau de son visage et de ses mains virait au gris terne. La défaite était gravée sur ses traits, mais pis encore était le rejet qu'il continuait de lui opposer. Rien n'avait changé.

— Tu n'aurais pas dû venir. Voilà tout ce qu'elle obtint en guise de bienvenue. Il faut que tu vives ta vie. Je ne me fais pas de souci pour toi. Dieu merci, ton mari t'a apporté une fortune. Il s'occupera de toi, malgré ce qui... Tu fais partie de sa famille, maintenant.

— On ne va tout de même pas perdre Wild Eden, si ? Ça, je ne pourrais pas le supporter.

— Quelle enfant tu fais ! À vingt-deux ans, comment peux-tu être encore aussi naïve ?

— Papa, je...

Elle lui tendit la main, mais il se leva brusquement. Il en avait toujours été ainsi entre eux. Il disait que les démonstrations d'affection lui faisaient horreur, mais, elle, elle sentait bien qu'il ne l'aimait pas. Toute sa vie elle avait aspiré à cet amour sans jamais en bénéficier. Et voilà qu'il s'en allait pour toujours en la dépouillant de ce qui lui revenait de droit. La colère lui fit monter le rouge aux joues.

— J'ai le droit de savoir ce qui se passe. J'exige d'être tenue au courant ! Elle serra les poings. Tu m'as obligée à fréquenter une école pour jeunes filles riches alors que je voulais faire les beaux-arts. J'aurais pu apprendre des choses utiles. Mais non, tu ne m'as élevée que dans la perspective d'être riche. Tu n'as aucun droit de te retrouver à sec. Et tu as aussi perdu ce qui m'appartenait ! Comment peux-tu me faire une chose pareille ?

— J'avais sous-estimé la rancune de Palma.

Kate regarda, incrédule, son père sortir en claquant la porte. Puis elle se rendit compte que Mira la regardait, dissimulée par la pénombre. Elle n'avait jamais compris que son père vive avec une femme aussi peu attrayante, autant physiquement que sur le plan intellectuel, alors que sa mère avait été si brillante. Au moins ne l'avait-il pas épousée. Mira se tenait debout sur le seuil, les poings sur les hanches. Elle était invariablement critique à l'égard de Kate, toujours sur la défensive, et ce jour-là la jeune femme perçut une discrète lueur de triomphe dans son regard, ainsi qu'un soupçon d'amusement. Ça, c'était nouveau.

— Un verre ? proposa Mira.

— Non, je...

Mais l'autre l'entraîna par le bras sans ménagement, signe, là encore, que les temps avaient changé. Kate résista à l'envie de se libérer. Elle avait toujours trouvé Mira mal tenue. Sa peau douce et olivâtre semblait exsuder des senteurs femelles masquées par le parfum coûteux que son père lui offrait. On aurait dit qu'elle singeait la féminité, avec le bandeau soyeux qui retenait ses cheveux, ses boucles d'oreilles pendantes, ses chaînes autour du cou, ses bracelets, son chemisier, son cardigan en soie recouvert d'un châle de soie rose, sa ceinture dorée, ses ongles longs et ses bagues trop nombreuses. Malgré cet extravagant camouflage, ses seins lisses et ronds étaient à moitié dénudés. Devant le spectacle de son décolleté, Kate fut emplie de dégoût. Mira avait rencontré son père à Monaco — à Monaco ! — et, depuis, elle ne l'avait plus lâché. Elle lui faisait penser à une éponge — informe et molle. Elle absorbait l'humour de son père, souriait secrètement mais ne proposait jamais rien.

— Si tu te mets en colère, il n'en aura que plus de peine.

Quelque chose mit à vif les nerfs déjà éprouvés de Kate. Peut-être cet accent parisien...

— Aie donc un peu pitié. Tu ne peux donc pas trouver un mot gentil à lui dire ?

— De la *pitié* ! fit Kate en imitant son accent. De la *pitié* ?

Elle ôta ses peignes et rejeta ses cheveux par-dessus son épaule, rivant son regard sur celui de Mira dans l'espoir de la réduire au silence. Le désastre lui aurait-elle conféré un statut nouveau ? De catin, elle devenait tante pleine de sagesse ?

— Essaie de te comporter en adulte.

— Oh, fous-moi la paix ! gronda Kate.

— C'est plus grave que tu ne crois, poursuivit Mira comme si de rien n'était. Il faut que nous soyons au Venezuela avant que la nouvelle éclate, sinon, on lui confisquera son passeport. Parce que, vois-tu, il peut être arrêté pour faux et usage de faux.

— Quoi ! Oh non... Et moi, dans tout ça ? répliqua brutalement Kate. C'est moi qui vais payer pendant que vous vous serez bien installés dans un joli ranch, c'est ça ? Il a bien dû mettre une petite fortune à l'abri.

— Non. Pratiquement rien, au contraire. Tout cela est arrivé si vite. (Une hésitation.) Mike est tombé dans un traquenard. Il ne voulait pas que je te le dise, mais il me semble que tu as le droit de savoir. Angelo Palma et lui ne s'aiment pas beaucoup, tu ne l'ignores pas. Eh bien, c'est Palma qui a délibérément ruiné Mike. J'ai toujours su qu'il y avait un conflit de famille, un secret que ni l'un ni l'autre ne voulait ébruiter. Je crois qu'ils en ont tous les deux honte. Michael ne veut pas me dire grand-chose, sinon que la vengeance d'Angelo remonte loin. Ton mari doit être au courant.

Kate en avait la nausée. Chaque mot de Mira l'atteignait comme un coup de poignard en plein ventre.

— C'est faux ! Tu mens !

— Je t'assure que non. Tout a été bien calculé, très intelligemment mené. Parce que, vois-tu...

Ses explications durèrent une éternité, mais, malgré son angoisse, Kate comprit en substance que son père avait voulu s'assurer le contrôle d'une mine classée « site protégé » au Namaqualand ; ne disposant pas des liquidités suffisantes, il avait proposé une association à Angelo. Celui-ci l'avait balancé dans les pattes d'un escroc spécialisé dans l'abus de confiance opérant à partir d'une banque fictive. Son père était censé se garantir au moyen d'une somme déposée dans ladite banque, mais, celle-ci n'ayant aucune existence légale, ses dollars avaient disparu en même temps que les banquiers et l'intermédiaire.

— Mike a emprunté à sa compagnie minière ; on dira qu'il a spolié les actionnaires. Et, maintenant, la mine et lui sont également insolvables, poursuivit Mira. Il ne peut pas fournir de justifications sur la destination de cet argent sans être arrêté pour infraction au contrôle des changes. Il est complètement dans l'impasse.

— Mais enfin, comment a-t-il pu être aussi bête ? Comment a-t-il pu faire confiance à ce type ?

— Angelo Palma lui a envoyé l'intermédiaire et a personnellement garanti son intégrité. On s'est aperçu plus tard que l'homme en question sortait de prison, qu'Angelo le savait pertinemment, et qu'il l'a lancé sur la piste de Mike. Tu sais, à présent, quel genre d'homme c'est.

— Je pourrais avoir un peu d'eau ?

Kate avait la bouche sèche et un goût de bile dans la gorge.

Mira alla chercher une carafe au bar.

— Tu m'en as toujours voulu, remarqua-t-elle. Nous ne nous sommes jamais vraiment parlé. Mais je sentais que je devais te prévenir.

— Tu n'as aucune preuve de ce que tu avances. Ce ne sont que des rumeurs.

Mais, en fait, elle avait tout de suite su que Mira disait la vérité. Les pièces du puzzle se mettaient peu à peu en place : voilà pourquoi Angelo s'était si farouchement opposé à leur mariage. Un jour, elle l'avait entendu dire à Rob qu'elle avait introduit un sang corrompu dans la famille. Et elle avait d'autres souvenirs de cet ordre. Comment vivre sous le même toit qu'Angelo après ce qu'il avait fait à son père ? Ce qu'il lui avait fait à elle ? Et Rob, était-il au courant ? Si c'était le cas, jamais elle ne lui pardonnerait. *Oh, Rob, mon chéri..., non, pas toi.*

Kate s'efforça de prendre l'air indifférente. *Il ne faut pas que je sois malade. Mira ne doit pas voir que j'ai peur.* Ce qui la terrifiait, ce n'était pas tant le forfait en lui-même, ni le secret de famille, aussi insensée que fût cette histoire, ni même Angelo, qu'elle découvrait machiavélique et rancunier. Non, c'était la menace qui pesait directement sur son amour pour Rob. Rob était tout pour elle : un mari mais aussi un ami, et un amant. Le roc auquel elle s'ancrait. L'homme qu'elle aimait par-dessus tout.

On entendit un moteur démarrer en contrebas de la terrasse. Entre les feuillages, elle vit son père, courbé sur le volant de sa Jeep, disparaître sous les frondaisons. Les deux femmes l'écoutèrent s'éloigner vers le nord.

— Il se plaît tellement, ici ! Il s'est baladé toute la journée en voiture, juste pour contempler le bush.

— Moi aussi j'aime cet endroit.

— Il va sans doute être mis aux enchères. Dieu sait si cela restera une réserve de chasse.

Kate ravala ses larmes.

— Dire qu'on peut vendre et acheter des animaux aussi facilement ! souffla-t-elle. Je veux dire... On a l'impression que ces territoires leur appartiennent, mais non, c'est l'homme qui possède tout cela. Si je pouvais, je rendrais la réserve aux animaux.

— À t'entendre, on croirait que les humains ne sont pas des animaux, commenta Mira avec amertume. Alors que la nature a simplement créé un animal mieux armé pour la survie, le primate agressif et doué de raison : nous ! Tu es particulièrement bien placée pour le savoir.

Elle voulait sans doute se montrer grossière, mais Kate ne prit pas la peine de s'en offusquer. Elle se leva d'un coup avec un geste violent, comme pour repousser loin d'elle l'horreur qui l'accablait. Puis, les jambes en coton, elle descendit tant bien que mal l'escalier du jardin.

Elle resta quelques instants à donner des coups de pied distraits dans un caillou. Elle n'était pas en mesure de faire face au désastre. Malgré son amour pour Rob, elle n'avait jamais eu le sentiment de faire partie de la famille Palma. Elle aurait voulu qu'ils partent s'installer dans une maison bien à eux. Jusqu'à présent, Rob et elle avaient été sur un pied d'égalité, puisqu'elle était l'héritière d'une fortune considérable et qu'elle bénéficiait d'un confortable revenu issu des titres et des propriétés familiaux. Elle était indépendante, jamais elle n'avait dû quémander quoi que ce soit. Or, si elle aimait son mari, elle n'entretenait pas d'illusions sur son sens des affaires. Il mettait à profit le pouvoir de l'argent pour contrôler, manipuler les autres. L'aimait-il sincèrement ? Il le croyait, en tout cas. Non, rien ne changerait entre eux. Ils s'aimaient trop pour cela.

Un coup de feu la fit sursauter. Cela venait du nord.

— Mon Dieu ! s'exclama Mira depuis la terrasse.

Blême, elle avait fait volte-face. Une seconde détonation retentit au moment où elle dévalait les marches, son fusil de chasse à la main.

Un instant plus tard les deux femmes fonçaient vers le nord à bord de la Land Rover. Les tout derniers rayons du soleil délimitaient des ombres indigo sous les arbres. Les prédateurs sortaient de leurs tanières. Une hyène affolée se mit à courir le long de la route. Il fallut que Kate donne un grand coup de frein, éteigne les phares pour que l'animal s'enfuie dans le bush. Qu'est-ce qui les attendait là-bas ? Qu'avait-il fait ? Kate était dévorée d'angoisse. Elle accéléra.

Elles tombèrent à l'improviste sur la Jeep abandonnée de Michael, au pied d'une hauteur rocailleuse. La Land Rover dérapa et faillit l'emboutir. Un guépard gisait dans l'herbe, une balle dans la gorge. Appuyé sur son fusil, le père de Kate avait l'air tout content de lui. Mira se jeta à son cou.

— Merci, mon Dieu !... J'ai cru que tu... Mais tu n'as rien, sanglota-t-elle.

— Il y a des années que je veux l'abattre. Je suis ravi d'en avoir enfin eu l'occasion.

— Mais enfin, pourquoi ? explosa Kate.

Son émotion refoulée l'amenait au bord des larmes, mais elle ne devait surtout pas pleurer : il ne le lui pardonnerait jamais.

— Comment as-tu pu ? Tu n'avais aucun droit de faire ça ! C'est cruel de tuer une aussi belle bête.

Elle s'accroupit près du guépard et le caressa. Elle aurait voulu pouvoir le ranimer par la seule force de sa détresse. Pauvre bête... La vie, cette présence mystérieuse et indéfinissable, l'avait quittée, ne laissant derrière elle que des yeux vitreux et un pelage ensanglanté.

— Si j'avais le temps, je le ferais naturaliser, commenta son père. D'ailleurs, peut-être est-ce encore possible. Ça me ferait un souvenir d'Afrique.

Pour quoi faire ? songea Kate. Puisque l'éclatante force vitale, insaisissable et dangereuse, s'en était envolée. *Sans pour autant avoir complètement disparu,* se dit-elle encore. Car rien ne disparaissait jamais tout à fait. Elle se pencha sur le cadavre de l'animal afin de dissimuler ses larmes.

— Je te déteste d'avoir fait une chose pareille, murmura-t-elle. Tu n'as jamais aimé rien ni personne.

— C'est ça, répliqua-t-il. Tu devrais rentrer, maintenant, parce que je vais le dépecer.

Elle partit le lendemain. Les adieux furent empreints de formalisme et dénués d'affection. Elle contempla un instant la peau du guépard sur la corde à linge où on l'avait mise à sécher. *Je ne pleurerai plus jamais sur papa. Mes larmes, si larmes il y a, je les garderai pour ce guépard. Et je ne reviendrai plus ici. Tout y est devenu vide de sens. Tout ce que papa m'a appris vient d'être balayé d'un coup — toute mon enfance. Il ne reste plus rien. Rien du tout.*

4

Kate était rentrée depuis une heure. Elle attaquerait au dîner. D'ailleurs, elle n'avait pas tellement le choix : c'était le seul moment où la famille était réunie. Depuis quelque temps, Rob travaillait jusqu'à des heures indues. Il établissait des plannings, estimait des coûts, mettait sur pied projet après projet... Kate soupçonnait parfois Angelo de le retenir pour la contrarier, mais Rob lui avait expliqué qu'en fait c'était parce que le vieux monsieur se sentait seul. *Moi aussi je me sens seule*, avait-elle eu envie de rétorquer. Mais elle était trop fière pour supplier.

Il était vingt heures ; pourtant, la grande salle à manger guindée était déserte. Kate se mit à aller et venir, sans un regard pour les planchers en bois sombre, la vaste cheminée, les pierres nues qui formaient des motifs compliqués sur les murs ou le plafond aux poutres apparentes. Elle avait son idée sur ce qu'elle ferait un jour de cette pièce. Elle se tourna vers les baies vitrées et laissa courir son regard jusqu'aux points lumineux jalonnant le bord de mer. Ici, on était à des kilomètres du plus proche voisin. La propriété était un véritable no man's land, une immense réserve naturelle s'interposant entre le village métis, à droite, et les banlieues blanches, à gauche et de l'autre côté de la baie. Elle imagina une petite maison, là-bas, du côté « chic » du village, avec peut-être une nursery, un paddock, un cadre de vie normal, sain et à l'abri d'Angelo. Juste pour Rob et elle.

Sur ce, elle aperçut les deux hommes en contrebas, assis sur l'un des bancs de la terrasse ; ils devisaient tranquillement et elle sentit la communion qui régnait entre eux. Ils vivaient dans un monde où elle n'avait pas droit de cité. Malgré tout son amour pour Rob, elle n'avait jamais atteint avec lui pareil degré d'intimité. Elle rentra précipitamment et vit que Ramona se tenait dans un coin sombre, près de la cheminée. Son impénétrable regard noir la transperça jusqu'aux os. La vieille gouvernante la détestait, elle n'avait jamais compris pourquoi. Et, de toute façon, elle s'en moquait bien.

— Sonnez donc le dîner, et plus fort, cette fois.

— Mais Madame...

Chaque fois que Kate lui donnait un ordre, la réponse commençait par ces mots. La jeune femme s'impatienta, attrapa le gong et sonna elle-même, vigoureusement et à trois reprises.

La gouvernante sourit puis sortit. Kate fulminait. Ramona s'occupait de la maisonnée depuis des temps immémoriaux. Elle avait l'âge d'Angelo ; elle aurait dû prendre sa retraite depuis longtemps. C'était elle qui avait élevé Rob quand son père était mort et que sa mère était partie. Peut-être était-elle simplement jalouse de voir une autre femme dans les lieux. Kate chassa ces pensées d'un haussement d'épaules et passa sa mauvaise humeur sur le gong du dîner, martelant cette fois l'air de *John Brown's Body*, l'hymne sudiste.

Sa tension monta d'un cran à l'arrivée des deux hommes.

— Vous êtes en retard, constata-t-elle. Vous êtes *toujours* en retard. On peut savoir pourquoi ?

Elle avait une boule dans la gorge et sa voix s'en ressentait. Faisant subitement volte-face, elle surprit une lueur amusée dans les yeux de Rob.

— Tu es drôlement séduisante quand tu parles sur ce ton, railla-t-il de sa belle voix de basse. Il la saisit par le bras, l'attira à lui et enfouit son visage dans ses cheveux. Mmm, tu sens bon ; on en mangerait, fit-il tout bas. D'ailleurs, je te mangerais toute crue, là, sur la table, s'il n'y avait pas Angelo.

Ses doigts puissants cherchèrent sur sa nuque le petit endroit secret dont lui seul connaissait le pouvoir.

— Arrête !

Elle le repoussa, désemparée, en proie à des émotions contradictoires. Elle aimait Rob, certes, mais pour l'instant, elle voulait être sérieuse. Un mauvais pressentiment l'envahit. Il allait sûrement prendre parti pour Angelo, mais que voulait-on qu'elle fasse ? Qu'elle prenne d'un cœur léger la ruine de sa famille ?

Pourquoi lui faisait-il du charme ? Déjà elle se sentait fondre. Il avait un beau visage plein de force, des yeux mélancoliques noirs comme le charbon, un nez court et droit, un profil romain et une masse de cheveux noirs et bouclés. Tout le monde disait qu'il ressemblait à Angelo, mais Kate n'avait jamais vu en quoi. L'âge et le chagrin avaient abîmé le vieil homme, dont le visage avait l'aspect — et presque la teinte — du cuir usé ; ses paupières tombantes, alourdies de verrues et de replis, cachaient à demi des yeux marron mouchetés de jaune. Kate frémit. Quand il la regardait en face, il lui rappelait un buffle rejeté par sa horde — farouche, solitaire et dangereux. *On dirait qu'il s'est de lui-même mis à l'écart*, songea-t-elle.

— Rob, lâcha-t-elle soudain. Ce n'est pas le moment de plaisanter. Mon père est ruiné. Il a été victime d'un coup monté. Mira dit que c'est Angelo qui l'a attiré dans ce piège. Elle prétend que tu étais au courant. Il faut que je sache, Rob. Tu devais bien savoir que cela signifierait également ma ruine.

Elle se rendit compte qu'elle avait mal choisi son moment. Les deux hommes ne semblaient pas l'écouter. Pourtant, elle surprit à nouveau une lueur dans leurs yeux, le même message transmis dans un sens puis dans l'autre.

Elle décida de tenter à nouveau sa chance. Elle

laissa Angelo dire les grâces, ce qu'il faisait toujours quand ils étaient seuls tous les trois, attendit que Ramona ressorte après avoir servi la soupe, et s'éclaircit la voix.

— Je suis allée voir mon père à Wild Eden, comme vous le savez. Il doit quitter le pays. Il a fait de mauvais placements et sa société va être mise en liquidation.

Un éclair de raillerie passa dans les yeux d'Angelo. Il était donc au courant. Oui, naturellement : Mira avait dit vrai.

— Il a voulu emprunter de l'argent à sa société pour acquérir une autre mine, mais il s'est fait avoir.

— C'est lui qui a triché ! coupa Angelo, méprisant. Il s'est pris au piège de sa propre cupidité. Les tricheurs sont toujours à la merci d'autres tricheurs plus malins qu'eux.

— Vous accusez mon père de...

— Malheureusement, il s'est incriminé tout seul, ma petite. Je n'ai rien à voir là-dedans.

— Attendez un peu, tous les deux ! intervint Rob, qui laissa bruyamment retomber sa cuiller et leva les mains. Il avait l'air fâché. Arrêtons avant que les choses n'aillent trop loin.

Du regard, il implora Kate de ne pas insister.

— Nous devons tirer cette affaire au clair, appuya-t-elle en se détournant.

— Permets-moi de le faire à ta place, reprit Rob avec une douceur étonnante. Nous nous apprêtions à t'en parler, mais tu as filé à la réserve sans nous en laisser le temps. Ton père a prélevé des millions de rands — une vingtaine, en fait — dans les coffres de sa société minière, c'est-à-dire dans l'argent des actionnaires, pour s'assurer le contrôle nominatif d'une autre mine. Malheureusement, il n'avait pas assez de répondant, alors il s'est mouillé dans une arnaque de spéculation tout à fait illégale et il a tout perdu. Tu veux que je t'explique plus en détail ? ajouta-t-il d'un ton paternaliste, avant d'entamer un long discours.

N'en voyant pas le bout, Kate lui coupa la parole.

— Oui, oui, je sais tout cela. Laisse-moi finir, s'il te plaît. Le vrai problème, c'est qu'Angelo a fait tomber mon père dans un traquenard à cause d'une ancienne rancune familiale. Un secret que les deux parties préfèrent taire. Mira m'a tout dit. L'opération a été minutieusement préparée, avec une grande perversité. Je veux savoir pourquoi, Angelo. Il faut que je sache. Mais... ce que je veux savoir par-dessus tout, Rob... c'est si tu as joué un rôle là-dedans.

Les larmes lui brûlaient les yeux.

Les paupières d'Angelo étaient pratiquement closes. Il fit un signe de tête à Rob.

— Mira ? Je ne vois pas ce que Mira pourrait savoir de cette histoire. Ces stupides bonnes femmes qui se mêlent de tout... Ton père est un escroc, et bientôt il sera condamné ; par contumace. Il se tourna vers Rob. Les gens colporteront des ragots. Nous devrions faire courir le bruit que Kate a été sa première victime. Cela vous évitera les railleries, à toi comme à elle. Quant à mon rôle dans cette affaire, disons que j'ai voulu le tirer du pétrin mais que le désastre s'est avéré trop important.

Pourquoi refusait-il de la regarder en face ? Parce qu'il mentait ? Elle mourait d'envie de saisir l'affreux chandelier en argent posé devant elle et de lui en asséner un grand coup sur la tête.

— Vous ne m'avez pas dit en quoi consistait cette rancune entre vous, ni pourquoi vous vous êtes opposé à notre mariage.

— Vous êtes hystérique.

Elle était en train de perdre la bataille. Rob, furieux, lui lança un regard noir la mettant au défi de poursuivre dans cette voie.

— J'exige une réponse directe à cette question directe : avez-vous oui ou non attiré mon père dans un piège, et, si oui, Rob était-il au courant ?

— Même une prostituée saurait se tenir à table mieux que vous, proféra Angelo, ce qui lui évita de répondre. Il se leva pour sonner la cloche du dîner. Apportez-moi la suite dans mon bureau, dit-il à la domestique sans hausser le ton.

— Pourquoi ? demanda Rob à Kate. Pourquoi cette scène ? Tu n'aurais pas pu m'en parler plus tard, non ? Ça m'a coupé l'appétit, tiens.

Il repoussa son assiette et se leva.

— Écoute-moi. Elle était à bout. Angelo a laissé entendre à mon père qu'il pourrait s'assurer le contrôle de cette société pour une mise de fonds de quarante pour cent inférieure à sa valeur nominale s'il rachetait les titres en rands financiers. C'est encore lui qui a dépêché auprès de mon père un intermédiaire véreux. Cet individu s'est engagé à faire sortir l'argent du pays, ce qui, je le reconnais, est illégal, mais, théoriquement, ce n'était l'affaire que d'une quinzaine de jours. La transaction a été assurée par une banque extraterritoriale sise à Montserrat.

— Et c'est Mira qui t'a dit tout cela ?

— Oui.

— Tu n'as aucune preuve, n'est-ce pas ?

— Non, mais je la crois sur parole. En outre, Angelo n'a pas nié. Tu sais à quel point il déteste le mensonge.

— En admettant que Mira ait dit la vérité, ton père a quand même volé cet argent.

— Il ne l'a pas volé, il l'a emprunté.

Rob haussa les épaules.

— Je ne sais pas ce qu'Angelo a ou n'a pas suggéré à ton père, mais en tout cas il ne l'a pas forcé à enfreindre la loi. Bon, je sors. Je n'ai plus faim. Ne m'attends pas.

Kate resta seule au beau milieu du naufrage. Mais elle serra les dents. Ramona et la domestique écoutaient aux portes, elle le savait. *Je ne leur ferai pas ce plaisir,* décréta-t-elle. Assise bien droite sur sa chaise, elle finit son potage puis sonna le plat suivant. Elle mâcha lentement chaque bouchée. Un petit sourire jouait sur ses lèvres. Elle ne se laisserait pas maltraiter par cette horrible famille. *Ni par cette maison glaciale et sans joie*, songea-t-elle en sonnant pour le dessert.

À minuit, en rentrant, Rob trouva Kate au lit, feignant de dormir. Il avait apporté dans la chambre à coucher un verre de scotch, prévoyant sans doute qu'il en aurait besoin. De temps en temps, Kate était rétive. Il alluma la lumière et jeta à grand bruit ses vêtements sur le valet, puis ses souliers dans le placard. Elle ne bougeait toujours pas. La petite idiote ! On voyait bien qu'elle était réveillée. Il s'assit au bord du lit et lui prit la main. Elle était si jolie, si farouche ! Au dîner, on aurait dit un chaton s'évertuant à griffer.

— Kate, souffla-t-il.

Il la prit dans ses bras. Ses cheveux lui chatouillèrent le visage. Il la serra contre lui jusqu'à ce qu'elle réagisse par un frisson.

Il voulut l'embrasser mais elle le repoussa.

— Il faut que tu me dises la vérité. Il faut que je sache.

Il soupira, lui caressa le bout des seins, qui durcirent aussitôt. Elle avait envie de lui, il le savait. Une bouffée d'amour incandescent l'assaillit et l'emplit d'une exaltation, d'une vigueur nouvelles. Sachant qu'elle dormait toujours nue, il rabattit le drap et se pencha sur elle. Il ne se lassait pas de sa renversante beauté.

— Oh, Kate, mon amour, murmura-t-il.

Elle avait des seins parfaits, ronds et fermes, avec de larges aréoles brunes. Il les enferma dans ses mains et posa avec insistance sa bouche sur les lèvres de la jeune femme.

Elle se débattit.

— Dis-moi tout, le pressa-t-elle en se redressant. Avec son air déterminé et ses cheveux blonds cascadant sur ses épaules et ses seins nus, elle évoquait une Walkyrie vengeresse. Il voulut se moquer d'elle mais sentit que ce n'était pas le moment. Il se pouvait qu'elle ait raison. Angelo haïssait Mike Russell, mais s'il y avait vraiment une vendetta entre eux il avait attendu bien longtemps pour prendre sa revanche. Toutefois, ce serait assez dans ses manières. Il était justement connu pour avoir la mémoire longue, qu'il s'agisse de rembourser une dette ou de nourrir une rancune. Et sa dette envers Silver Bay, il l'avait payée toute sa vie.

Alors, que dire à Kate ? Il était tiraillé entre Angelo et elle. Et il les aimait tous les deux.

— Je ne suis au courant de rien, déclara-t-il enfin.

Elle aurait quand même dû lui faire confiance...

La jeune femme parut se détendre.

— Si je pensais le contraire, je te quitterais.

— Alors, je mourrais de solitude, répliqua-t-il en recommençant à lui caresser les seins.

Il était bien décidé à éviter la dispute. Comme elle se raccrochait à sa petite dignité ! Elle qui n'avait même plus de quoi s'acheter du rouge à lèvres... Mais aucune importance, elle l'avait, lui. Il lui avait toujours déplu qu'elle ait son autonomie financière. Pour lui, la fortune de Kate représentait une menace. À partir de maintenant, ils seraient plus soudés. Elle devrait renoncer à monter sur ses grands chevaux, mais, en définitive, ce serait pour le mieux.

Il écarta les cheveux qui lui tombaient sur le visage et sentit ses inquiétudes se dissiper. Il avait toujours su que tout s'achetait, même la loyauté et l'amour. Même l'amour de Kate. Tout avait son prix. Angelo le lui avait répété pendant toute son enfance. La première de ces leçons, il l'avait reçue à l'âge de douze ans, et il ne s'en souvenait que trop bien.

À l'époque, il brûlait d'envie de faire partie des grands, d'aller pêcher en mer avec Kurt, de trois ans son aîné, dont le père possédait un thonier ; mais, naturellement, un tel honneur était inconcevable. Et puis, un jour, l'invitation était tombée à l'improviste. Il en était resté ahuri. Il avait passé une journée formidable et, malgré son jeune âge, il avait fait ses preuves. Ce soir-là, Angelo lui avait expliqué que le père de Kurt cherchait à lui vendre son usine de congélation.

« Alors je vais acquérir un peu de son matériel et retarder le reste de l'opération jusqu'à la fin de la saison de la pêche. Voilà ce que c'est que le pouvoir, mon petit. Ne te fais pas d'illusions, jamais. Ne t'imagine pas une seconde que les gens sont francs et directs, ni qu'ils s'intéressent à toi sur le plan humain. Ce qu'ils veulent, c'est ton argent. Voilà la vérité toute nue, et le but est d'exploiter au maximum les ressources dont tu disposes. On ne peut compter que sur l'argent, jamais sur les gens. » Et c'était vrai : au bout du compte, la commande tant convoitée avait été passée et il n'avait pas été réinvité.

La leçon était restée ancrée en lui. Bien plus tard, il avait commis l'erreur de tomber amoureux de Kate, une riche héritière. Allez savoir pourquoi elle avait jeté son dévolu sur lui. Mais, maintenant, Kate était indissolublement liée à lui. Il fit glisser sa main vers l'entrejambe de la jeune femme et entreprit de la caresser.

— Je n'ai pas envie de faire l'amour, souffla-t-elle.

— Moi, si.

Il se releva et acheva de se déshabiller. Kate le regarda avec humeur. Il ne prenait pas sa situation — pourtant gravissime ! — au sérieux. Pourquoi ? Essayait-il d'expédier le problème à coups de petites phrases vides de sens ou en lui faisant l'amour ? Il fallait le voir rouler des mécaniques. Elle aurait voulu le coincer, l'obliger à lui dire la vérité, mais quelque part au fond d'elle-même elle ne pouvait s'empêcher d'avoir envie de lui. Elle aimait tant ses épaules carrées, sa peau rude et hâlée, les muscles qui roulaient sur son dos quand il bougeait ! Elle aimait l'enchevêtrement de poils noirs tapissant son bas-ventre, son sexe doux et succulent, l'odeur qui émanait de toute sa personne quand il avait envie d'elle... Alors il vint se pencher sur elle, et elle cessa de lutter ; les paupières closes, elle se tordit de plaisir sous la caresse.

Rob vit qu'il avait gagné. Il promena doucement ses lèvres sur le corps de la jeune femme, cherchant, trouvant, explorant. Elle gémissait. Enfin, quand il sut qu'elle était prête, mûre comme un fruit qu'on cueille, il la pénétra.

Elle jouissait toujours en même temps que lui, ce qui ne laissait pas de l'émerveiller. Cela ne lui était jamais arrivé avant de la rencontrer. Il était comblé. Il se redressa et but un peu de scotch.

— Bon sang, Kate, tu es vraiment spéciale, tu sais. Je ne me lasserai jamais de te faire l'amour. Et dire que tu es ma femme... C'est fou, non ?

Elle le fixait, les sourcils froncés.

— Tu trouves ?

— Avec moi, si tu joues la bonne carte, tu arriveras toujours à tes fins.

Voyant Kate ouvrir de grands yeux ébahis, il se demanda ce qu'il lui prenait. Il tenta de se rattraper.

— Il n'y a aucune femme que j'aime baiser autant que toi, Kate. Tu auras tout ce que tu voudras, n'aie pas peur. Ce qui est à moi est à toi. Cède un peu par-ci, plie un peu par-là, apprends à me plaire, et le tour sera joué. Il n'y a pas de problème, puisque je t'aime.

Il rit.

La température de la pièce sembla soudain chuter. Kate avait repris son air glacial. Il ne comprendrait jamais les femmes.

Elle ne ferma pas l'œil de la nuit. Chaque fois qu'il changeait de position, il la sentait rigide à ses côtés, le regard rivé au plafond.

5

Mandy se tâta, se pinça et eut mal. Donc, elle était vivante. Depuis combien de temps était-elle allongée ici ? Impossible de dire ce qui lui était arrivé.

Elle avait terriblement soif. Les morts pouvaient-ils avoir soif ? Peut-être était-elle devenue aveugle, auquel cas elle se trouvait à l'hôpital. Elle appela, appela encore, ne reçut pas de réponse. Sa voix rendit un son assourdi. Pourtant, il lui semblait entendre quelque chose. Un robinet qui gouttait. Les morts pouvaient-ils entendre ?

Prenant son courage à deux mains, elle tâtonna autour d'elle. Au niveau de sa tête, elle ne rencontra qu'un oreiller. Elle gisait sur un lit étroit pourvu d'un matelas inconfortable et d'un sommier métallique. Elle poursuivit ses explorations, certaine que *quelque chose* allait lui sectionner les doigts, mais au bout d'un moment elle parvint à la conclusion qu'elle était la seule créature vivante en ces lieux.

Elle tenta de se lever et s'effondra aussitôt. Incapable de conserver son équilibre, elle se mit à quatre pattes et avança précautionneusement dans le noir total, terrifiée à l'idée de tomber dans un vide sans fond.

Sur une paroi de sa cellule elle trouva effectivement un robinet. Elle pouvait donc boire quand elle voulait ! Elle en éprouva un immense soulagement, car elle était à moitié morte de soif. Elle but goulûment, jusqu'à se sentir sur le point d'éclater. Sous le robinet se trouvait un orifice d'évacuation obstrué par une grille. Qu'y avait-il en dessous ? Elle se mit à sillonner la cellule, toujours à quatre pattes, en essayant de reconnaître les lieux. Les murs étaient en ciment, le plafond hors d'atteinte, et l'ensemble d'une taille supérieure à une pièce normale. Tandis qu'elle se déplaçait en longeant la paroi, elle sentit sous ses mains une forme lisse et arrondie. Un siège de toilettes ! Et la plomberie était en état de marche ! Ensuite vinrent un lavabo, une table, une chaise...

La réalité s'imposa d'un coup à son esprit, et avec elle une nouvelle vague de soulagement. Elle n'était donc ni folle, ni aveugle, ni morte. Ni en train d'errer dans l'*Unterwelt* de l'enfer. Elle avait été enlevée, on l'avait emprisonnée dans une cellule souterraine. Cette révélation lui apporta un regain de vigueur. Mais quel intérêt y avait-il à la kidnapper ?

— Mon Dieu, pria-t-elle. Faites qu'on vienne à mon secours. Faites-moi sortir d'ici.

Comme personne ne vint le chercher à l'aéroport du Cap, Ari décida de prendre un « taxi noir », ces minibus conduits par des Noirs qui en étaient propriétaires. Il était presque dix-sept heures et il faisait une chaleur de fournaise. Le véhicule atteignit bientôt le col et redescendit vers Silver Bay par une petite route sinueuse. La montagne était tapissée d'une épaisse forêt sombre que la brume de chaleur faisait ondoyer. De part et d'autre se dressaient fièrement des pics granitiques dont la teinte allait du rose au violet et tournait à l'indigo dans les crevasses. Au loin brillait une mer turquoise bordée par un kilomètre et demi de plage incurvée, posée là comme un ruban d'argent. Le lieutenant Ari St John contempla avidement le paysage par la vitre. Il était impatient d'aller nager.

Dans la moiteur du taxi bondé flottait un brassage d'odeurs digne d'un ragoût malais : les parfums bon marché se mêlaient aux gaz d'échappement, à la sueur, à la *dagga*, au vin éventé et au tabac brun. À cela il fallait ajouter les émanations répugnantes de l'homme qui avait pris place en face de lui. Sans doute un *bergie*, un de ces vagabonds qui trouvaient refuge dans les grottes, à flanc de montagne ; sale et fripé, il semblait confit dans le vin et séché au feu de bois.

Le minibus s'arrêta dans un crissement de freins et tous les passagers furent projetés vers l'avant. Calé entre les masses de chair tremblotante de deux grosses dames noires, Ari ne fut que légèrement ébranlé. Le *bergie* se mit à marmonner dans sa barbe ; ses lèvres et ses doigts se convulsaient. Ari devina qu'il était sur le point de craquer tant il avait besoin de sa dose — une grande chope de mauvais vin.

Le véhicule reprit de la vitesse en tanguant dangereusement. Les femmes poussaient des cris. Les hommes se tenaient cois, mais on voyait bien qu'ils n'étaient pas rassurés non plus. Dans un pays où la peur était aussi perceptible qu'une odeur musquée, on n'avait guère besoin de détecteur de mensonge.

Ils longèrent à toute allure une série de demeures aisées comptant au minimum un hectare de terrain, des piscines, des jardins bien entretenus et, de temps en temps, un court de tennis — en Afrique du Sud, c'était la panoplie obligatoire des classes moyennes. Ari réprima une soudaine bouffée d'envie. Jamais il ne posséderait une maison pareille. Pas avec un salaire de policier. Ça faisait tout drôle de voir des demeures de riches sans barbelés, sans portail automatique, sans chien de garde montrant les dents derrière les barreaux. Il y avait même des jardins sans haies, signe indiscutable que le voisinage était sûr. On voyait des lévriers afghans, des chiens de berger et toute une gamme d'animaux familiers qui auraient été bien en peine d'intimider le moindre mendiant. Toutes choses qui changeraient quand les fameux « squatters » commenceraient à affluer... Ari descendit du taxi dans la grand-rue, empoigna sa valise et prit en sifflotant le chemin du poste de police.

— Bonjour ! lança-t-il à un homme qui, accroupi sur le sol, réparait son matériel de pêche.

— Salut, Rob. Je crois bien qu'il est foutu, ce moulinet. Puis l'homme jeta un coup d'œil par-dessus son épaule et fronça les sourcils. Ça alors... Cette voix ! J'ai cru que c'était... Vous avez la même voix qu'un de mes amis. Il se releva. D'ailleurs, vous lui ressemblez un peu.

Il suffisait de regarder le lieutenant Rolf Gerber, chef de poste, pour constater qu'on se trouvait dans une région à faible taux de criminalité : il souffrait d'un excès de poids et avait le souffle court. Son teint très clair était comme érodé par le climat et son nez pelait. Le soleil avait décoloré ses cheveux paille et dans ses yeux bleus brillait une lueur quasi métallique.

— Qui êtes-vous ?

Ari se présenta.

— Alors c'est vous, le crack qui va retrouver la petite September ! À mon avis, vous n'arriverez pas à grand-chose ici. Vous auriez mieux fait de rester au Botswana. Le délit le plus grave qu'on ait observé chez nous ces dix dernières années, je crois que c'était un type qui conduisait en état d'ivresse. Sourire plein d'arrogance. Nous jouissons d'une communauté métisse modèle et il n'y a pas de problèmes entre eux et les Blancs. Pourquoi ? Parce que personne ne tient à faire de vagues. Ici, les gens n'ont pas faim. Tout le monde a un logement et un boulot, et l'ensemble de la communauté forme une mécanique bien huilée.

« J'ai fait ma petite enquête sur vous, lieutenant. Il paraît que vous aimez bien tuer vos suspects. Mais, par les temps qui courent, il faut y aller sur la pointe des pieds, vous savez. Autrefois, on ne faisait pas de manières pour obtenir des aveux. Maintenant, c'est fini ! C'est la “ Nouvelle Afrique du Sud ”, mon vieux, et le mot “ flic ” doit être synonyme de Père Noël.

Quand on voit un gosse qui fait la manche, on est censé lui donner un bonbon, pas une gifle. Vous voyez le travail ? Ce sont les instructions officielles. Évidemment, on a quand même quelques moyens de pression et les collègues vous mettront au courant, je n'en doute pas. Mais on ne laisse jamais de traces.

Ari classa mentalement Gerber dans la catégorie des lourdauds insensibles qui ne s'impliquaient que quand ils étaient certains de gagner. Lui-même appréciait peu d'être classé comme cogneur, mais il avait son code de conduite : ne jamais se plaindre, ne jamais s'expliquer. Ce qui lui interdisait de rectifier les rumeurs.

— Faisons les choses dans l'ordre, reprit Gerber. Voici une liste de logements possibles. Visitez et faites votre choix. Le sergent Willis a mis une étoile en face de ceux qui lui plaisaient.

— Ma voiture arrive par le train. Je suis venu en avion. On m'avait dit qu'on viendrait me chercher à l'aéroport.

Il attendit une réponse, mais Gerber ne fit pas mine de justifier la bévue.

— Je peux emprunter un véhicule de patrouille ?

— Officiellement, non, mais que voulez-vous que je vous dise ? Les transports en commun se réduisent à *un* bus et des centaines de taxis noirs. Vous avez de la chance d'être nommé ici, St John. Il buta quelque peu sur son nom et releva les yeux d'un air méfiant. Au fait, qu'est-ce que c'est que ce nom ?

— Il est anglais.

— Ouais... Le policier se rembrunit et consulta la lettre du supérieur d'Ari. Arion Fletcher St John..., murmura-t-il. Je n'en crois pas mes yeux. Ça vous dérange si je vous appelle Fletcher ? Vous êtes anglais ou quoi ?

— Non. Enfin, mes parents le sont. Mais moi, j'ai été élevé au Kenya, puis en Zambie, et plus tard au Zimbabwe. Ensuite, je suis venu ici.

— Je vois. Le parcours traditionnel du repli stratégique à travers l'Afrique, du nord au sud. Petit rire dénué d'humour. Ma foi, la débandade s'arrête chez nous, mon vieux. À moins que dans votre famille on n'affectionne l'Antarctique.

— Mon père est professeur et écrivain. Il n'a fait qu'aller de nomination en nomination pour poursuivre ses recherches.

Gerber riva sur lui un regard d'acier.

— Vraiment ? N'empêche, je sais qui vous êtes et je ne veux pas d'ennuis ici, compris ? On m'a dit que vous étiez brillant, Fletcher. Ne le montrez pas trop !

Il n'y avait qu'une seule adresse à deux étoiles ; il s'y rendit tout droit. Jack et Gillian Bronson étaient du genre libéral. Ils l'accueillirent sur le seuil de leur porte avec un sourire hypocrite masquant mal leur anxiété, ancrée sur leurs visages ridés comme une image vidéo figée en plein défilement. Jack devait avoir la cinquantaine. Grand, puissant et musclé, il était toutefois évident qu'il se détériorait rapidement. Sa bedaine et son nez couperosé en fournissaient l'explication ; on ne voyait pourtant qu'un soupçon de gris dans ses cheveux, et sous le teint rubicond, derrière la bouffissure de ses traits, on discernait encore un profil des plus romains. Quant à Gill, au prix d'un petit effort elle pouvait paraître la quarantaine. Elle avait gardé la ligne et teint ses cheveux, auxquels un balayage donnait de jolis reflets roux. Avec son blue-jean de marque, son chemisier en soie jaune et ses sandales, elle était plaisante. Pas jolie, non, mais vive. En outre, elle avait d'assez beaux yeux et une façon déconcertante de rejeter sa longue frange vers l'avant puis de regarder son interlocuteur par en dessous, comme les très jeunes gens.

— Elle est là-bas. Elle lui coula un regard de côté. Ma parole, cette femme l'aguichait ! Peut-être dort-elle encore.

— Qui ça ?

— Mais... la squatteuse. C'est bien pour elle que vous êtes venu, non ?

— Non, je suis là pour le cottage.

— Pour l'amour du ciel, Gill, réfléchis donc avant d'ouvrir la bouche, gronda son mari.

— Mon Dieu ! Qu'allez-vous penser de nous ? Vous êtes bien de la police, n'est-ce pas ? Je veux dire... Vous conduisez une voiture de patrouille. Vous pourriez peut-être en profiter pour jeter un œil à la vieille femme qui est entrée par effraction dans notre ancienne étable et qui y dort encore à l'heure qu'il est.

— Gill oublie de dire que nous avons eu des chevaux, autrefois, ajouta Jack d'un ton faussement cordial.

— Ne croyez pas que son sort nous soit indifférent... et je vous en prie, appelez-moi Gill, renchérit Mrs. Bronson en rafales. Seulement... ce n'est pas très hygiénique là-dedans. Il n'y a même pas l'eau courante. De plus, nous avons entendu raconter des histoires épouvantables. Il paraît que si on la laisse rester quarante-huit heures elle aura le droit de squatter et qu'après on ne pourra plus s'en débarrasser.

— Gill, arrête ça. La vérité est que nous ne voulons pas d'elle ici, gronda Jack.

— Voyons d'abord ce cottage, fit Ari. La voiture de police garée devant chez vous suffira peut-être à régler votre problème.

— Vous êtes anglais, non ? Eh bien, mon vieux, vous vous sentirez peut-être un peu dépaysé au poste de police. Venez donc boire un verre avec moi quand vous vous serez rendu compte par vous-même. Gill va vous faire visiter ; elle vous rendra cinglé avec l'inventaire.

Qu'est-ce qu'il se passe entre ces deux-là ? La guerre des sexes ? se demanda Ari en emboîtant le pas à Gill, qui se dirigeait vers une petite maison située à l'autre bout d'un champ.

— Nous nous attendions à voir débarquer un « dos poilu [1] ». Voyez-vous, nous savions qu'on nous

1. Terme péjoratif employé par les Anglais d'Afrique du Sud pour désigner les personnes d'ascendance boer.

envoyait quelqu'un du Transvaal, dit Gill avec l'accent nasillard et chantant caractéristique des Anglais. Dieu merci il n'en est rien. En fait, c'est la première fois que nous louons. C'est tout nouveau pour nous. Jack a été gravement touché par l'histoire de la Lloyd's. Nous avons failli être ruinés. Heureusement, nous avons pu rembourser une partie de nos dettes en vendant quelques titres. Il a aussi fallu renoncer aux chevaux... et à tout le reste, ou presque ; Jack se démène comme un beau diable pour garder son affaire.

— Pas de chance.

— Il est promoteur immobilier, ajouta-t-elle en hâte. Moi, je suis journaliste indépendante, j'écris surtout pour la presse locale. Il m'arrive de publier un article à l'étranger, et une nouvelle de loin en loin. Ça aide.

Le cottage était petit — sans doute un ancien logement de domestique. Mais il était propre et fraîchement redécoré. La salle de bains était correcte, on avait aménagé une petite cuisine coquette dans un coin du salon et il y avait une chambre séparée. Gill mit effectivement un soin exagéré à faire l'inventaire, jusqu'à la dernière petite cuiller. Une fois qu'Ari eut signé, sa tension s'envola et elle fut à nouveau tout sourire. Ils regagnèrent la demeure principale.

Dès qu'il posa le pied sur la terrasse, Ari tomba sous le charme. Le cottage se trouvant à mi-pente, on se serait cru suspendu au-dessus de la baie. Le crépuscule teintait de bleu foncé les flancs de la montagne et des écharpes de brume mauve s'accrochaient au vert bouteille de l'eau ; à l'horizon, un épais trait cramoisi au tracé irrégulier séparait l'océan du ciel.

— Je n'ai jamais rien vu d'aussi beau, souffla-t-il.

— C'est pour cela que nous avons installé le bar sur la véranda. Nulle part au monde vous n'aurez pareil panorama. C'est le paradis sur terre ! Enfin, *c'était*... jusqu'à l'arrivée des « marmelades ».

— Des quoi ? s'enquit-il.

— Nous avons toujours été de gauche, confia Gill.

Nous ne sommes pas pour le développement séparé. Personne n'y croit, dans la région ; mais, enfin, on ne peut tout de même pas prétendre que ce sont des gens comme nous ? Je veux dire... On ne saurait jamais de qui l'on est en train de parler. Maintenant, il suffit de penser un peu fort le mot *kafir* [1] pour se retrouver au tribunal. Autochtones, Noirs, Africains, tout ce que vous voudrez..., tout ça, ce sont des *infra-dig*. Alors nous nous sommes inventé un mot à nous. C'est à cause de la petite poupée de chiffon noire qui ornait autrefois l'étiquette des pots de marmelade. Comme ça, ils ne comprennent pas qu'on parle d'eux.

— Ah.

— Arrête de jacasser, Gill. Jack se retourna vers Ari et, sur le ton de la confidence — d'homme à homme —, lui proposa :

— Scotch ? Pur ? Tenez. Le fait est que ces derniers temps les marmelades débarquent quotidiennement par centaines. Ça n'arrête pas. Ils n'ont ni argent ni travail, mais ils sont partout. J'ai bien appelé votre chef pour me plaindre, mais il dit qu'ils s'en iront en voyant qu'il n'y a pas de travail pour eux. Qu'en pensez-vous, vous ?

— C'est que... je ne savais pas..., mentit-il carrément.

— Nous n'avons jamais approuvé les transplantations arbitraires, toutes ces choses-là, reprit Jack, brusquement rembruni.

— Nous sommes de gauche depuis des années, insista Gill, mais il faut bien reconnaître qu'il y a un problème dans la région. Elle vida son verre. *Ils* s'installent ici par cohortes entières.

Subrepticement, elle avait rapproché d'Ari son

1. Terme d'origine arabe, également passé dans la langue française sous la forme « cafre », et qui signifiait au départ « infidèle ». Il est extrêmement péjoratif et son usage est désormais interdit en Afrique du Sud. *(N.d.T.)*

tabouret de bar, au point que leurs cuisses se touchaient.

— Tu n'es pas obligée de répéter tout ce que je dis, bon sang !

Gill sourit nerveusement et susurra d'une voix de gamine :

— Pas de boulot pour les marmelades. Traditonnellement, les bateaux de pêche et les usines de conditionnement emploient des équipages et des ouvriers métis.

Ari se demanda si Jack voyait les genoux de sa femme fermement pressés contre les siens. S'en souciait-il, au moins ? Qu'est-ce qui la poussait ainsi à flirter, avec son mari à deux mètres ? Apparemment, leur jeu consistait à se rabaisser mutuellement. On sentait entre eux un malaise, un désir de représailles. À en juger par la conduite de Gill, leurs difficultés devaient être de nature sexuelle. Peut-être ses revers de fortune avaient-ils rendu Jack impuissant ?

Il se leva dès qu'il eut terminé son verre.

— Emmenez-la avec vous, mon vieux.

Qui ça, Gill ?

— De qui parlez-vous ?

— Mais de l'occupante de l'étable.

— Sous quel motif ?

— Effraction, non ? C'est votre boulot, pas le mien.

Gill le conduisit à l'étable, les épaules rejetées en arrière, le menton fièrement relevé et le bras passé avec détermination sous celui du policier.

— On dirait que la porte ne ferme pas. En fait, elle est faussée. Il va falloir que je vous répare ça. Mais ça signifie que votre squatteuse ne s'est pas introduite par effraction.

— Disons qu'elle est simplement entrée, fit la voix de Jack quelque part dans les ombres du jardin. C'est déjà illégal, non ?

Disons plutôt qu'elle a « échoué » ici, décréta Ari en contemplant le débris humain qui gisait dans la paille. Il s'accroupit et secoua la vieille par l'épaule. Il lui parla doucement en xhosa, qui devait être sa langue maternelle. Elle s'assit péniblement et se mit à tousser. Au premier abord, elle était propre. Pas du tout une vagabonde ordinaire. Ses bas, sa jupe à fleurs, son chemisier blanc et son fichu étaient froissés, mais nets. Ses souliers aussi.

— Comment vous appelez-vous, madame ? demanda-t-il avec bienveillance en remarquant sa valise usée, ses deux sacs de voyage et le manteau sur lequel elle s'était couchée, ce qui sans doute représentait toute sa fortune. Ses cheveux crépus grisonnaient aux tempes. Son visage était ridé et ses prunelles laiteuses, comme chez tous les vieux Africains. Sans doute était-elle fraîchement débarquée des Homelands.

— Eunice Tweneni.

Elle lui saisit les mains, contente d'avoir trouvé quelqu'un qui parlait sa langue.

— Vous ne pouvez pas rester là. Vous êtes sur la propriété d'autrui. Dans leur étable.

Elle lui répondit poliment :

— Où je peux aller, patron ?

— Je ne sais pas. Moi-même je viens d'arriver dans le coin.

Elle soupira.

— J'étais tellement fatiguée, patron. J'ai marché depuis l'aube en frappant à toutes les portes pour demander du travail. Mais dans la région les Blancs sont à pleurer. Pas un ne m'a offert un bout de pain ou un verre d'eau. À la tombée de la nuit j'ai repéré cette cabane ; alors je suis entrée pour dormir.

— Vous n'avez pas du tout de travail pour elle ? demanda Ari aux deux autres. Même pas une demi-journée ?

Gill secoua négativement la tête.

Ari se retourna vers Jack.

— Elle est au bout du rouleau, mais elle semble propre et fiable.

Jack lança un regard inquisiteur à Gill, qui rougit de colère. Eunice se leva et attendit, les mains croisées, en fixant des yeux anxieux sur Gill. Elle était trop fière pour mendier, mais sa situation était désespérée.

— Pour l'amour du ciel, Gill, on doit bien pouvoir lui trouver quelque chose à faire, non ? grogna Jack.

— Sait-elle repasser ? finit par demander sa femme.

— Ça ne m'étonnerait pas.

— Bon, d'accord. Une demi-journée par semaine, le vendredi matin.

Elle cédait sous la contrainte, et Eunice, qui s'en rendit compte, baissa la tête. Ari devina qu'elle ne se présenterait pas.

— Allons-y, fit-il.

Il empoigna la valise tout en notant le regard qu'échangeait le couple. Il les entendit penser : « Sale communiste. » Il conduisit Eunice à sa voiture.

6

Assis au bout du quai, dans le port de pêche, Ari mangeait sa portion de *fish and chips*. De temps en temps, il lançait une frite en l'air ; aussitôt les mouettes descendaient en piqué et se mettaient à voleter autour de lui en se la disputant. Quand il n'en eut plus, il resta là à contempler la mer, attendant qu'Eunice ait fini de manger. Comme d'habitude, il était touché par la dignité simple des représentants du peuple xhosa. Cette femme avait beau mourir de faim, elle mangeait lentement, pour ne pas montrer à quelle extrémité elle était réduite. Enfin elle alla se laver les mains dans la mer et revint s'asseoir gauchement à ses côtés. Ari entreprit de lui faire raconter son histoire, ce qui ne fut pas facile car elle était décidément orgueilleuse, et peu désireuse d'évoquer sa tragédie.

Celle-ci débutait comme un récit ordinaire. Eunice était une Xhosa du Ciskei qui sortait de chez elle pour la première fois. On l'avait mariée à quinze ans à un homme de la tribu voisine qui, en échange, avait donné une *lobola* de dix vaches. Après la naissance du premier enfant, une fille, il était parti travailler dans les mines d'or. Chacune de ses visites annuelles la laissait enceinte, jusqu'à se retrouver entourée de cinq filles, deux autres étant mortes en bas âge pendant les années de sécheresse où elle n'avait pas eu de lait pour les nourrir. En l'écoutant raconter, Ari se sentit atterré, mais la voix de la vieille femme ne traduisait aucune amertume. Pour elle, ces coups durs faisaient partie de la vie et il ne lui serait pas venu à l'idée de se révolter.

« Et puis un jour... plus rien... plus de lettres, plus d'argent... Nous mourions de faim. Tous les jours j'allais à pied à la poste... Huit kilomètres... mais toujours rien. Elle s'exprimait d'une manière un peu guindée, mais son regard angoissé parlait pour elle. À la fin de l'année, Amos, mon cousin, est revenu sans mon mari. Il a dit qu'il était mort dans une vilaine bagarre, dans le township. Il a prétendu que ce n'était pas sa faute.

Ari l'écouta, impressionné, décrire la lutte incessante qu'elle avait menée pour maintenir en vie ses cinq filles sans aucune source de revenus et malgré les lois raciales qui lui interdisaient d'aller chercher du travail dans les villes blanches. Elle bouillait de rage contenue.

— Vous savez, patron, je travaillais mon champ de mes mains, de l'aube au coucher du soleil, et même après. J'avais comme outil une hache au bout d'un long manche. C'est tout. Parfois ça allait parce qu'il pleuvait, mais à d'autres moments le millet crevait, et nous, on mourait de faim. L'herbe était un peu plus maigre tous les ans, au point qu'on a fini par ne presque plus voir de vert. Rien que du marron. Les vaches dépérissaient. Le sorcier avait de moins en moins de pouvoir. La magie des Blancs était en train de gagner, c'était pour eux que la pluie tombait, pas pour nous. Mes filles ont grandi, elles se sont mariées. Leur *lobola* nous a rapporté d'autres vaches, et l'herbe a complètement disparu.

Elle haussa les épaules, et Ari vit que ses joues étaient humides de larmes.

— Ah, patron... Le front baissé, elle secoua la tête. Les temps étaient bien durs... bien durs.

Ari s'allongea sur le sable et se détendit ; il s'efforçait de s'adapter à la vieille dame et à sa façon de parler, de se concentrer pour reconstituer son histoire : son vocabulaire xhosa était approximatif. Pourtant, il saisissait l'essentiel.

Un jour des Blancs étaient venus au village leur montrer comment obtenir de meilleures récoltes. Ils avaient demandé des volontaires et elle avait été parmi les premiers à accepter le nouveau marché qu'on leur proposait.

— Vous comprenez, patron, je savais que leur magie était plus forte que la nôtre, dit-elle simplement. Mais ma famille s'est opposée à moi. Quand j'ai vendu nos vaches pour améliorer les pâturages, plus personne n'a voulu me parler. Puis, quand j'ai utilisé l'engrais magique des Blancs..., quelle histoire ! L'*induna*, le chef, s'est tenu à l'écart parce qu'il avait peur de ne pas prendre la bonne décision, mais le *sangoma*, le sorcier, m'a menacée.

Il y eut un long silence. Eunice était perdue dans ses pensées et Ari devina qu'elle cherchait ses mots.

— Vous comprenez, patron, c'était trop tard pour faire demi-tour. Les vaches étaient vendues, ma famille avait faim. Je ne pouvais plus m'arrêter. Alors quand les Blancs ont dit que je devais apprendre à conduire le tracteur dont ils faisaient don au village, j'ai obéi. Oui, patron, j'ai appris sans problème. C'était le premier qu'on voyait. Cette année-là, la récolte a été bonne et les pâturages ont bien donné, l'hiver venu. Nos deux vaches restantes ont commencé à profiter. Il y en a même une qui a vêlé.

Elle sourit de fierté.

— L'année d'après, les autres femmes m'ont imitée, mais il fallait qu'elles soient bien courageuses pour braver le *sangoma*.

Ses filles s'étaient mariées jeunes et avaient donné naissance à un enfant par an, comme elle, mais malgré ses efforts, les pluies étant rares, le *sangoma* avait triomphé. Une fois de plus la sécheresse et la famine revinrent, mais cette fois Eunice fut tenue pour personnellement responsable.

Ses quatre aînées, mariées, étaient parties travailler

en ville, passant d'un emploi à un autre jusqu'à ce que la police les rattrape. Alors elle avait hérité des enfants. Ari n'eut guère de mal à imaginer sa vie de labeur rythmée par les saisons, sa lutte perpétuelle contre la pensée rétrograde de la tribu et l'absence de pluie. La loi lui faisait obligation d'obéir à son chef, tout ignare qu'il fût. Ému par son courage, il vit bien qu'elle s'était résolument opposée à une culture traditionnelle tribale qui voyait dans tout changement une menace et une insulte à la mémoire des ancêtres.

Il essayait de ne pas la regarder avec trop d'insistance mais se demandait où elle puisait tant de courage. Dans ses prunelles marquées par la vieillesse et la lassitude, l'espoir continuait à briller.

— C'est que j'étais décidée, patron. Il fallait que ma famille survive. Je veux habiter en ville et voir mes enfants travailler, prospérer ; je veux que mes petits-enfants apprennent vos manières à vous, à l'école puis à l'université. Parce que nos coutumes à nous sont mortes. Votre magie est la plus forte. Nous devons apprendre de vous.

Ari se sentait inexplicablement proche d'Eunice. Née prisonnière des rituels et du mysticisme xhosa, d'une illusion au départ porteuse de sécurité avec une emprise sur son petit monde, elle avait eu le cran de rompre avec la tradition et de se dresser seule contre tous.

— Eunice, vous êtes une femme courageuse, dit-il avec douceur.

Il ne reçut pas de réponse. Il lui coula un regard de côté et vit qu'elle tournait vers la mer un visage inexpressif. Sans doute était-elle plongée dans ses souvenirs du village.

Sa fille cadette — la plus grande par la taille, Nonna, sa préférée — gisait gémissante sur son lit après trente-six heures de travail. Accroupies près d'elle, ses tantes, les trois sœurs aînées d'Eunice, lui baignaient le visage avec des linges humides.

Puis les gémissements de la jeune fille s'étaient mués en cris. Le travail se passait mal, horriblement mal. Que faire ? Eunice répugnait à appeler le *sangoma*. Elle croyait en son savoir, en ses herbes médicinales et en sa sagesse, mais, rien que cette année-là, trois femmes étaient mortes en couches en sa présence. Non, c'était de la magie des Blancs que sa fille avait besoin si l'on voulait qu'elle vive ne serait-ce qu'un jour de plus.

Lorsqu'un nouveau hurlement à vous glacer les sangs lui transperça les oreilles et le cœur, elle prit sa décision. Elle braverait le courroux du *sangoma*. Laissant ses sœurs serrées autour de Nonna, elle partit toute seule dans la nuit. Il fallait deux heures pour franchir les collines, mais elle avait de la chance : c'était la pleine lune. Peut-être était-ce de bon augure. Elle chassa sa peur et se mit à courir.

Quand le médecin et l'infirmière entrèrent à sa suite dans la hutte, l'aube éclairait les lointains sommets. Ses sœurs avaient appelé le sorcier, qui s'en alla aussitôt en multipliant les regards mauvais, en agitant ses plumes et ses bracelets de chevilles semés de petites perles et en proférant tout bas des malédictions. Eunice alluma le réchaud et fit bouillir de l'eau en essayant de ne pas regarder. Dix minutes plus tard, quand elle entendit le nouveau-né crier, elle sut qu'elle avait bien agi. Sa fille se remit, mais le bébé avait un pied bot. Eunice eut peur pour ce moucheron malmené. Ils vivaient tous sur la pente glissante de la survie où les estropiés avaient du mal à s'assurer une prise. *Je serai forte à sa place, je l'élèverai*, se promit-elle.

Elle lui donna le prénom de Tabson, et, quand la jeune mère regagna son lieu de travail, Eunice prit le petit infirme au sein de sa famille, qui comptait à présent sept petits-enfants. Entouré de ses soins, il s'épanouit, mais quand il fut un peu plus grand elle sentit sa solitude et sa frustration. Il ne pouvait même pas garder les vaches, malgré tous ses efforts ; pourtant, il aimait les animaux, et jour après jour elle s'émerveillait de sa gentillesse, de son intelligence. Plus elle le gâtait, plus il devenait adorable. C'était un bel enfant, avec un front haut et de grands yeux solennels. Sa cervelle ne lui servirait à rien au village, elle le savait ; seulement voilà : il n'avait pas la force de couvrir à pied les quinze kilomètres qui les séparaient de l'école.

La nouvelle du retour du père de Tabson fut accueillie comme une invasion de sauterelles. Elle tua une chèvre le cœur gros : il allait certainement réclamer son fils. Cet homme ne s'en laissait pas conter : il avait dirigé le syndicat des dockers à East London et revenait occuper le poste de représentant local de l'A.N.C. Ainsi qu'elle le craignait, lui et sa femme emmenèrent Tabson et allèrent s'établir ailleurs. Dieu, comme elle avait souffert !

Elle sentit que les larmes roulaient sur ses joues et chercha à les essuyer à l'insu du Blanc.

— Qu'est-ce qu'il y a ? lui demanda Ari.

— Je pensais à mon petit-fils, Tabson, répondit-elle tristement. Je l'aime beaucoup, mais son père a honte de lui parce qu'il est infirme, surtout que sa sœur, elle, est normale. Et, plutôt que de me le laisser, ils l'ont donné à une Indienne de passage, une certaine Mrs. Desai, qui a remis deux cent cinquante rands à ma fille en promettant de l'envoyer à l'école et de soigner sa jambe. Mais que voulez-vous que ces gens fassent de Tabson ? Alors, craignant le pire, j'ai guetté l'occasion de partir à sa recherche.

Seulement il s'était écoulé trop d'années. Il avait d'abord fallu qu'elle élève les autres petits-enfants, car telle était la coutume chez eux ; et elle était sans le sou. Un jour, il y avait deux mois de cela, des représentants de l'A.N.C. étaient venus recruter : il fallait peupler les villes blanches pour être là au moment des premières élections multiraciales. En échange du transport gratuit, ils étaient censés s'établir, chercher du travail et rester sur place. Elle s'était portée volontaire, avec de nombreux hommes, et sa fille avait accepté de garder les enfants.

Au dernier moment, le *sangoma* était venu la voir dans sa hutte. Son visage était comme le tonnerre en été. « Grâce à ta foi, tu retrouveras Tabson. Grâce à la confiance que tu places dans la médecine des Blancs, ils guériront sa jambe. Mais comme tu as tourné le dos à nos traditions, tu mourras. »

Elle n'en dit pas un mot au jeune et brillant policier assis à côté d'elle. C'était un drôle de Blanc : dans ses yeux se lisait une préoccupation sincère, et elle avait confiance en lui. Elle lui avait ouvert son cœur. Instinctivement, elle sut qu'elle avait réussi à lui communiquer la foi immense, implacable, qu'elle avait investie dans sa quête. Il allait l'aider à retrouver Tabson.

Vingt minutes plus tard, le lieutenant Gerber écoutait avec une impatience croissante les explications d'Ari concernant la vieille femme et son petit-fils.

— Elle n'est pas résidente dans la commune, argumenta-t-il.

— Maintenant, si.

— Mais quelle importance, enfin ? La moitié des Noires des villes ont perdu ou abandonné au moins un enfant. Si on essayait de tous les pister, on serait envahis. Pourquoi ne rentre-t-elle pas chez elle ? Elle n'a même pas d'endroit où dormir. J'ai bien envie de l'envoyer promener.

Il fanfaronnait, ils le savaient tous deux. L'année précédente, la loi sur les déplacements intérieurs avait été révoquée, et, pour la première fois de sa vie, Eunice avait le droit d'habiter où bon lui semblait. Silver Bay ne tarderait pas à étouffer sous l'afflux de Noirs sans domicile, mais on se contentait d'attendre les ordres. La Nouvelle Afrique du Sud était au coin de la rue, et personne n'en connaissait encore les règles.

— Quoi qu'il en soit, je vais émettre un avis de recherche, fit Ari. Histoire de mettre toutes les chances de notre côté, on va faire comme si le gosse était blanc.

Eunice fit une déposition et s'en alla. Plus tard, vers minuit, Ari la vit se diriger vers la plage, un grand morceau de carton en équilibre sur la tête ; sans doute allait-elle se confectionner un abri de fortune dans les dunes. Un vent du sud-est se levait et elle avait du mal à retenir son carton. Il ressentit une telle bouffée de compassion et de culpabilité qu'il courut la rejoindre et voulut lui fourrer vingt rands dans la poche.

À sa grande surprise, elle n'en voulut pas.

— Retrouvez mon petit Tabson. Cela exaucera toutes mes prières, lui dit-elle simplement.

Le lendemain, le vent s'était mué en ouragan, ce qui n'était guère surprenant en cette saison de vents froids du sud-est. Mais, entre les rafales, le soleil était brûlant. Des tourbillons de sable enveloppaient Kate, qui se promenait à cheval sur la plage comme tous les matins. La baie était encerclée de montagnes aux sommets coiffés d'épais nuages qui s'empilaient jusqu'à se déverser en cascade le long des à-pics, avant de disparaître à mi-hauteur, révélant les traînées mauves des affleurements granitiques et le vert foncé des flancs boisés. Le bleu du ciel s'estompait en rencontrant le gris perle de l'horizon, là où l'azur et la mer ne faisaient qu'un. Dans le port, les bateaux de pêche tanguaient en se heurtant sous la bourrasque. Des geysers d'écume blanche éclaboussaient les rochers.

Kate se détourna de l'océan et longea le delta, à travers des pampas ponctuées de strelitzias sauvages et de touffes d'arums qui, toujours en fleur, se courbaient ou se brisaient carrément sous la bise. Les jeunes pintades sauvages et les ibis aux couleurs éclatantes pataugeaient dans les roseaux, les grenouilles fraîchement métamorphosées allaient d'un bond se percher dans les joncs.

Kate se déshabilla et s'enfonça dans l'eau jusqu'aux cuisses, toute au plaisir de sentir le sable filer entre ses orteils. La caresse glacée lui donna la chair de poule. Elle aimait cet endroit, mais à la fierté d'en être propriétaire se mêlait un soupçon de culpabilité. Pouvait-on posséder la terre ? Même si c'était l'héritage de sa mère, elle appartenait aux oiseaux, à elle-même et à Dieu. Kate n'en était que la gardienne ; un jour, elle en ferait officiellement une réserve ornithologique.

Quand elle sortit toute frissonnante de l'eau, elle vit un grand morceau de carton étalé sur un lit de brindilles, pratiquement dissimulé par les hautes herbes. Curieux... Elle le déplaça et découvrit une vieille femme allongée sur un matelas de roseaux ; elle serrait contre elle une espèce de valise et avait rabattu son foulard sur son visage. Kate écarta le tissu du bout de son bâton, et la vieille femme s'assit en battant des paupières.

— Oh, mon Dieu !

Kate s'irrita qu'on gâche ainsi la perfection de l'endroit en écrasant les fleurs, mais elle était encore plus furieuse d'avoir été surprise nue. Elle sauta dans son pantalon et enfila sa chemise.

— Vous êtes sur une propriété privée, ici. On peut savoir qui vous êtes ?

— Comment, patronne ?

— Qui êtes-vous ? Comment vous appelez-vous ? insista-t-elle.

Mais la vieille femme semblait hébétée.

— Eunice, patronne.

— Qu'est-ce que vous faites là ?

La femme leva sur elle des yeux apeurés trahissant son piètre état général. Elle semblait transie et son teint était grisâtre. En la voyant ciller, Kate se sentit toute honteuse.

— Pourquoi dormez-vous ici ? demanda-t-elle en s'efforçant de se radoucir. Vous n'avez pas d'autre endroit ?

— Non, patronne.

— Alors, où travaillez-vous ? insista la jeune femme en se débattant contre le jean serré qui collait à ses cuisses humides.

Eunice haussa les épaules.

— Je cherche du travail.

— Vous avez des références ?

— Patronne ? L'autre paraissait ne pas comprendre, mais, manifestement, son désir de plaire était grand, car son visage se plissa d'inquiétude. Pas de travail, patronne.

— Mais vous avez déjà travaillé ?

Kate enfonça les pieds dans ses souliers. Que faire de cette vieille ? Elle répugnait à la chasser de ses terres.

— Toute ma vie, répondit l'autre dans un anglais hésitant.

— La dernière fois, c'était où ?

Oh, et puis à quoi bon ? Elle se tortilla pour enfiler son pull puis le lissa avant de faire bouffer ses cheveux. Si elle la ramenait à la maison, elle s'attirerait les foudres de Ramona. Mais elle s'en voulut de sa lâcheté.

— Écoutez. Vous ne pouvez pas dormir ici. C'est trop humide. Vous allez attraper la mort. Son envie soudaine d'aider cette vieille la surprenait elle-même. Je connais un endroit, un abri..., en fait, ce n'est qu'une hutte, mais ce sera mieux que rien. Elle m'appartient, vous y serez en sécurité, mais seulement le temps de trouver mieux, d'accord ? Venez... La femme conserva le même regard ahuri. Venez ! répéta Kate un ton plus haut.

L'autre suivit docilement le cheval aussi vite qu'elle pouvait.

— Ne vous approchez pas de la chute d'eau ! lança Kate par-dessus son épaule. Et promettez-moi de ne pas déranger les oiseaux. Il y a beaucoup de jeunes cigognes ou de hérons dans les roseaux. Hier, j'ai vu un huîtrier noir, ce qui est très rare dans la région.

— Oui, patronne, répondit consciencieusement Eunice.

— Il y a aussi des tas de poules d'eau et de foulques, de l'autre côté du lagon, et il faut me promettre de ne pas les ennuyer, d'accord ? L'année dernière, j'ai vu un balbuzard, mais il n'est jamais revenu. Si seulement il s'installait ici pour nicher !

Pourquoi jacassait-elle ainsi ? La vieille femme ne comprenait pas. Était-ce pour noyer sa gêne face à cette inconnue ? Pourquoi s'était-elle fourrée dans ce guêpier ?

Elles arrivèrent devant la hutte ; elle dégageait une forte odeur de créosote, mais elle était solide et il y faisait bon. Eunice en examina le toit et les murs en y passant les mains comme si elle projetait de l'acheter. Elle était étanche et en bon état. Même la fenêtre était intacte. Elle se retourna et eut un sourire dubitatif.

— Combien ?

Au moment de répondre « rien », Kate comprit que ce serait une erreur. Les Noirs n'étaient pas habitués à la bonté gratuite, ils en concevaient de la méfiance.

— Vous devrez venir chez moi faire un peu de repassage toutes les semaines, et peut-être vous trouvera-t-on d'autres travaux. On vous paiera.

— Combien, madame ?

— Je ne sais pas. Kate sentait son irritation revenir. Demandez Ramona. Dites-lui que vous venez de la part de Kate. Elle vous paiera. Vous voyez cette grande maison, là-bas, à flanc de colline ? C'est là que j'habite. C'est là que vous devrez aller.

La cabane était un repaire d'araignées. La vieille en écrasa plusieurs qui détalaient sur le sol, mais Kate lui saisit le bras.

— Non, ne les tuez pas.

Elle remonta à cheval, troublée. Elle ne savait pas très bien s'il fallait ou non aider les Noirs. Par certains côtés, les philanthropes anglais étaient en train de fabriquer une nation d'assistés, Rob le lui avait répété assez souvent ; mais son instinct lui commandait d'apporter assistance aux nécessiteux. Et, de toute façon, que faire d'autre ? Elle ne pouvait tout de même pas la laisser mourir ici. Elle était trop âgée pour dormir par terre, avec cette humidité...

Elle sentit que la vieille la tirait par la cheville.

— Oui ?

— Merci, patronne.

Elle joignit les mains comme font les Africains pour remercier poliment et sourit. Ce n'était pas une mimique respectueuse ou reconnaissante, mais un vrai sourire amical.

Il fit naître une boule dans la gorge de Kate, qui piqua des deux. Elle laissa le lad étriller son cheval puis alla demander des couvertures et une Thermos de soupe chaude.

— Et aussi un balai, ordonna-t-elle à Ramona malgré la mauvaise grâce de cette dernière. Et tant que vous y êtes, ajoutez-y une miche de pain. Tiens, et pourquoi pas de la confiture ? Ou du beurre de cacahuète, peut-être... Oui, ce serait bien. Dépêchez-vous, s'il vous plaît.

Elle revint en Jeep à la cabane et trouva la vieille femme occupée à admirer son nouveau domicile et à le balayer à mains nues. La joie suave et enivrante d'être un objet d'affection emplit Kate d'une satisfaction incommensurable. Elle embarqua Eunice dans la Jeep et la ramena chez elle pour lui confier quelques tâches ménagères, afin de pouvoir lui remettre quelque argent. *Et que Ramona aille au diable*.

7

Mandy fut réveillée par une voix murmurant à son oreille.

— Comment as-tu pu me quitter pour cet homme, Rose ? Pourquoi m'as-tu fait ça... Pourquoi *nous* as-tu fait ça... ? Tu as réduit à néant tous nos espoirs, tous nos rêves... Tu m'avais donc menti, Rose ? Tu disais que tu m'aimais...

Une main lui tripotait un sein. Terrifiée, elle se mit à hurler, à se débattre comme une diablesse et à griffer en visant les yeux.

Elle fut plaquée en arrière sur sa couchette avec une violence qui lui coupa le souffle. Puis une porte claqua et des pas s'éloignèrent, à l'extérieur de sa cellule. Elle cria :

— Non, ne partez pas... Je vous en prie, ne partez pas ! Je serai gentille. Pardonnez-moi, mais je ne suis pas Rose. Je m'appelle Mandy ! Mandy ! Vous m'entendez ? Je vous en prie, je vous en prie, revenez ! Je vous demande pardon, pardon ! Vous m'avez fait peur.

Une autre porte métallique claqua.

Entendant les pas précipités s'évanouir progressivement, elle crut tomber dans un puits sans fond. Elle devina qu'*il* lui avait apporté à manger, car la nourriture arrivait à intervalles réguliers sans qu'elle comprenne comment. Le plus souvent, elle était là à son réveil. Elle se dirigea à tâtons vers la table, qu'elle explora de la main. Un parfum flottait ; en se penchant, elle découvrit une rose dans un petit pot en verre. Et des sandwiches, un carton de lait, une pomme, des noix, une orange et quelques confiseries. Toujours la même chose. Elle s'assit par terre, tremblant sous le choc. Elle ne pouvait manger maintenant. Plus tard, peut-être.

Quand elle eut quelque peu repris ses esprits, elle analysa les informations nouvelles dont elle disposait. À en juger par les bruits qu'avait émis l'intrus en repartant, il y avait deux lourdes portes métalliques, une pour sa cellule et une autre dehors, en haut d'une volée de marches. Depuis peu, son ouïe s'était développée, sans doute à cause du silence ; elle était désormais capable de capter de nouveaux sons lointains : des chants d'oiseaux, le bruit des vagues s'écrasant sur les rochers en contrebas. Elle avait même entendu des phoques grogner. Était-elle de retour dans la province du Cap ? Ou en Namibie ? Si seulement elle avait fait plus attention aux oiseaux... Enfin, elle avait appris autre chose : *il* la prenait pour une certaine Rose. Mais qui était Rose, et que lui avait-elle fait pour que ce châtiment s'abatte sur elle ? *Ce doit être un fou*, songea-t-elle avec une terreur grandissante.

Hannah September darda un regard hostile entre les cascades d'azalées et de fougères grimpantes et faillit claquer la porte au nez d'Ari ; il lui brandit sous le nez sa carte de policier et, l'air soulagée, elle le fit entrer.

— Vous n'avez pas l'air d'un officier de police.

Elle semblait le lui reprocher. Comme toujours, Ari était en jean, tee-shirt et chaussures de sport, ce qui n'impressionnait guère son hôtesse.

Les sergents Will Gous et Albert Smit, dont Ari avait fait la connaissance au poste, étaient, eux, d'une élégance susceptible de lui plaire davantage. Assis à la table de la salle à manger, ils étaient entourés de tasses à café vides, de casques d'écoute et de carnets de notes, sans compter un paquet de cartes à jouer et des pions de Scrabble. Le matériel d'enregistrement et de localisation avait été relégué dans un coin derrière eux.

— Aucune nouvelle, déclara Willis.

Grand, brun, il semblait toujours sortir de la douche et mener une vie des plus saines. *Le genre de fils dont toute mère serait fière*, se dit Ari en notant ses grands yeux bleus, ses cheveux bouclés, sa chemise bien repassée et son pantalon aux plis irréprochables. En revanche, il avait l'air fatigué. Smit, lui, était carré, athlétique, même ; sa chemise à fines rayures révélait des muscles renflés. Rubicond, il épongeait son visage en sueur. Ses yeux gris se tournèrent vers la porte. Manifestement, il n'attendait que le moment de s'en aller.

Avec ses six pièces, son toit en ardoise, sa clôture à piquets, ses rosiers grimpants, sa petite piscine, son garage à deux places et son allée pavée de brique sinuant entre les parterres de lavande, la maison des September montrait à quel point Hannah était déterminée à se faire de force une place au soleil de la société blanche. À l'intérieur, si l'on faisait abstraction de la chaleur, on sentait que chaque meuble, chaque objet avait été choisi dans le plus pur esprit de conformisme. Dans le couloir s'entassaient encore des cartons, signe que la petite famille n'en avait pas terminé avec son déménagement. « Vingt-huit années d'accumulation, avait amèrement précisé Bill September. C'est la première fois que nous déménageons. Avant, il n'y avait pas de raison. »

Avant, c'était avant le démantèlement de la législation sur l'apartheid ; Ari devina quelle avait dû être leur joie quand ils s'étaient débarrassés pour de bon de la poussière du ghetto métis qui leur collait jusque-là aux semelles pour s'installer définitivement dans une banlieue blanche et aisée. Et tout cela pour se retrouver face à cette épouvantable tragédie...

Hannah était encore bien de sa personne mais semblait sur le point de s'effondrer. Cela ne l'avait pas empêchée de se vêtir avec soin d'un cardigan en soie rose agrémenté d'un rang de perles et d'une jupe plissée en lin. Ses cheveux bruns défrisés bénéficiaient d'une coupe mi-longue très à la mode. Elle ne cessait de manipuler son collier, comme pour se rassurer. Ari ne la trouva pas bien difficile à cataloguer ; son mari, en revanche, lui posait plus de problèmes : il était protégé par une barrière impénétrable. Ses yeux ne trahissaient rien. Il était, comme la mer, d'une profondeur insondable. Ari devina qu'il pouvait se montrer dangereux en cas de provocation, mais que lui aurait-il fallu pour devenir violent ? Qu'on touche à sa famille ? À son bateau ? Pourquoi se tenait-il constamment sur ses gardes ?

— Qu'est-ce que vous voulez encore savoir ? demanda Bill, dont la voix s'apparentait au grondement animal. Qu'est-ce qu'on peut bien vous dire d'autre ? Vous devez comprendre qu'on a déjà tout répété plusieurs fois. C'est une rude épreuve pour Hannah.

Ari hésita, regardant alternativement les deux September.

— Curieuse affaire, dit-il enfin. Pas de demande de rançon, pas de contact, rien ; elle a disparu comme ça, sans raison.

Hannah laissa échapper un long hoquet frémissant.

— Excusez-moi, dit-elle avant de s'enfuir.

Bill posa un regard noir sur Ari.

— Allez-y, qu'on en finisse.

— J'ai besoin de votre présence à tous les deux. Je comprends bien qu'il s'agit d'une épreuve. C'est tout à fait naturel de la part d'une mère qui perd sa fille unique... Et puis les hypothèses sont... inquiétantes. Mais moins, j'espère, que ce qu'elle doit imaginer aux petites heures du matin.

Bill lui répondit par un sourire triste.

— Elle se réveille en hurlant plusieurs fois par nuit.

— Naturellement. C'est une mère. J'aimerais voir

des photos, et bien sûr il me faudra une description détaillée...

— Nous avons déjà fourni ces renseignements plusieurs fois.

— Je suis désolé, mais je viens d'arriver. Voyez-vous, je suivais l'affaire depuis là-bas. On m'a dépêché sur les lieux et...

— Je comprends.

Bill alla chercher un album de photos dans une autre pièce.

À mesure qu'il le feuilletait, Ari fut frappé par la beauté de la jeune fille. Elle était grande, gracieuse, ravissante ; elle posait et était photogénique. Avait-elle pu fuguer en compagnie de l'homme qu'avaient vu les membres de la tribu ? Elle paraissait plus que ses seize ans. Ari sélectionna un cliché de bonne qualité pris en studio et garda son passeport pour les divers renseignements concernant la jeune fille.

Peu après, Hannah revint avec un plateau de café et de biscuits. Malgré son chagrin, elle n'avait pas oublié d'ajouter un napperon en dentelle et de sortir sa plus belle porcelaine. La respectabilité lui avait été dispensée dès le biberon.

— Je peux paraître insensible, mais je vous assure qu'il n'en est rien, lui assura-t-il. J'ai un certain nombre de voies à explorer jusqu'au bout. Plus tôt nous nous y mettrons, mieux cela vaudra pour tout le monde. Je viendrai vous voir de temps en temps. Si vous devez pleurer, ne vous précipitez pas dans la pièce voisine pour dissimuler votre chagrin. C'est tout à fait normal. Je voudrais dresser avec vous une liste des hypothèses à retenir.

« Il se peut qu'on vous en veuille et qu'on se venge de vous à travers votre fille. C'est peut-être son petit ami qui l'a kidnappée. Ce peut aussi être une demande de rançon. Elle a pu se laisser entraîner dans une histoire de drogue. On ne peut pas négliger la piste de la traite des Blanches, encore que ces gens-là visent plutôt les blondes, en général. Il ne faut pas exclure non plus un motif courant dans ce genre d'enlèvement, le satanisme ou le *muti*, même si c'est peu probable. L'opération a été trop bien préparée, et elle a dû coûter très cher. Plus que ce que votre fille pourrait représenter dans le cas d'un *muti*. Ce qui élimine également la thèse du meurtre ou du viol. Non, il s'agit d'une action mûrement planifiée. Si j'ai été détaché ici, c'est que le kidnappeur semble au fait de vos allées et venues. Il savait que la petite se rendait dans les marais pour son anniversaire et il avait les moyens de l'y suivre. Mr. September, connaissez-vous quelqu'un qui soit capable de monter ce genre d'opération et qui vous en voudrait pour une raison ou pour une autre ?

— Personne, répondit-il avec empressement.

— Vous vous êtes fait des ennemis, ces derniers temps ?

— Seulement eux. Hannah indiqua l'extérieur de la maison. Venez jeter un coup d'œil.

Elle fit coulisser la baie vitrée ; un air tiède et poisseux véhiculant une puanteur écœurante envahit la pièce. Ari entendit un brouhaha de voix, des pleurs de bébé, des grommellements féminins. Une véritable mer de toile, de carton, de tôle ondulée et de branches s'étendait à l'infini devant eux, à un jet de pierre de la maison. Ari ne s'était pas rendu compte de l'importance du campement ; maintenant qu'il l'avait sous les yeux, juste de l'autre côté de la haie, il voyait qu'il se composait de centaines de cabanes.

Il en resta muet de stupeur. Réfugiés des homelands grignotés peu à peu, les squatters avaient déferlé sur les villes, mais, ici, point de colis de la Croix-Rouge ; ni tentes gratuites, ni couvertures, ni soupes populaires. Y avait-il au monde pays moins humanitaire ?

— Bon sang, souffla-t-il enfin. Ils sont drôlement nombreux !

Bill se leva et, l'air sombre, alluma la climatisation avant de refermer violemment la vitre.

— Voyez-vous, nous avons condamné le robinet du jardin, dit Hannah.

— Il fallait bien. On en a eu pour deux mille rands de facture d'eau, renchérit Bill.

— Nous avons travaillé toute notre vie pour pouvoir emménager ici, où il n'y a que des cadres.

Hannah ne disait jamais « les Blancs ». Cela n'avait pas échappé à Ari.

— Et voilà que nous nous retrouvons cernés par ces « gens » ; ils nous volent notre eau, ce qui fait sans doute de nous des ennemis, mais comment l'un d'entre eux aurait-il pu aller jusqu'au Botswana ?

Elle se tut.

— Revenons à l'hypothèse de la drogue. Votre fille ou certains de ses amis ont-ils déjà...

— Non ! gronda Bill. Je l'ai déjà dit aux autres, et je vous le répète : c'était une fille bien élevée, et elle n'avait que seize ans. Elle ne sortait jamais le soir. Quand elle n'était pas à l'école, elle était ici, à la maison.

Sa colère s'exprimait de manière explosive, comme un volcan intermittent n'entre en fureur que de loin en loin.

— Mais ses amis ? Elle a pu apprendre quelque chose. Un de ses camarades de classe s'est peut-être introduit dans le milieu de la drogue, que ce soit pour en revendre ou pour en consommer. De nos jours on mélange un tas de substances pour rendre les gamins dépendants. Elle a peut-être entendu parler de quelque chose.

Bill soupira.

— Je suppose que vous ne faites que votre travail, mais ce que vous êtes en train de dire est une insulte pour des gens comme nous. C'était une fille bien élevée, je vous dis ; pas de drogue, pas de petit ami, pas de cadavres dans le placard. Juste une gentille gamine qui travaillait bien à l'école. On avait l'œil sur elle.

— Il faut bien que cet enlèvement ait une cause, Mr. September. Je suis obligé de poser ce genre de questions, rétorqua fermement Ari, qui se leva. Inutile de laisser nos hommes chez vous. Il est peu probable qu'on formule une demande de rançon après tout ce temps ; mais, s'il arrivait quoi que ce soit, appelez-nous immédiatement. On va placer des affichettes promettant une récompense et faire passer plusieurs demandes de renseignements à la télé. On vous demandera d'ailleurs d'y participer. Nous faisons de notre mieux, mais il faut dire que nous ne tenons guère d'indices.

Au moment où il prit congé, Hannah lui souffla à voix basse de l'attendre dehors.

Ari s'attarda donc à l'arrière de la maison. La nuit tombait. Quelques minutes après, Hannah descendit précipitamment l'allée.

— J'ai quelque chose à vous dire. C'est peut-être important. Mandy avait un petit ami, un Blanc de son école. Elle y tenait beaucoup mais Bill a mis fin à leur liaison. Il a interdit au jeune homme de voir Mandy — il est même allé voir sa mère.

— Pourquoi donc ? Il est tout à fait normal qu'elle sorte avec des garçons. Après tout, elle a quand même seize ans.

— Nous savions qu'il se droguait. Et je peux vous indiquer un de ses fournisseurs. C'est le vieux Tom, au village. Un cul-de-jatte jadis capitaine de chalutier. On l'a spolié de sa pension, alors il faut bien qu'il vive. Je ne voudrais pas lui attirer d'ennuis.

— Entendu, vous pouvez me faire confiance. Mon boulot, c'est de retrouver Mandy.

— Le jeune homme en question est toujours à la même école. J'y suis allée hier. Il n'avait pas eu de nouvelles de Mandy. Parce que, voyez-vous, je m'étais dit que..., enfin, non, rien.

Son visage se contracta sous l'effet du chagrin et elle fit prestement volte-face.

En regagnant le poste de police au volant de sa voiture, Ari examina l'une après l'autre les diverses possibilités. Il y avait dix jours que Mandy avait été enlevée, et il ne fallait plus compter sur une demande de rançon. Malgré sa beauté, les cheveux noirs et les yeux en amande ambrés de Mandy ne correspondaient pas au profil recherché par les Arabes opérant la traite des Blanches ; toutefois, il ne fallait pas exclure cette hypothèse. Tous les jours on enlevait des enfants pour satisfaire des perversions sexuelles. Mais la drogue restait tout en haut de la liste, et il avait bien l'intention de tout faire pour remonter cette éventuelle piste. Mandy avait pu voir quelque chose ou menacer de dénoncer un dealer.

Des enfants disparaissaient quotidiennement dans les townships, où les sorciers étaient disposés à payer une fortune. En effet, les différentes parties de leur corps servaient dans divers types de *muti*, et on ne les tuait pas toujours au préalable. Tout cela était macabre. Ari frémit en se remémorant l'antre puant qu'il avait fini par dénicher, un jour, au fond d'un atelier désaffecté de Soweto. Il avait tué le sorcier et n'en éprouvait pas le moindre remords. Il frissonna. Aussi longtemps qu'il vivrait, jamais il n'oublierait l'odeur de la mort et le spectacle du bambin survivant.

Si seulement il pouvait chasser les souvenirs indésirables qui venaient régulièrement le hanter...

Il était vingt et une heures, mais Ari, qui était de service, se trouvait toujours au poste. Il regardait les *Dossiers de la police* à la télévision. Au moment où Willis entra, son échiquier et deux tasses de thé en main, il espérait qu'une de ses ex-petites amies, devenue directrice des programmes sur la chaîne, aurait réussi à greffer au milieu du feuilleton le spot qu'il lui avait demandé de diffuser.

— Merci bien ! Attendez une minute, Willis. Il faut que je voie quelque chose.

Ce fut d'abord la photo de Mandy. Il y avait de quoi retenir l'attention des spectateurs. Puis une présentatrice blonde sourit d'un air engageant à la caméra et décrivit le petit-fils d'Eunice. « Tabson Tweneni a été vu pour la dernière fois en compagnie d'une certaine

Mrs. Desai, dans la province du Cap. Une récompense est offerte pour tout renseignement. Merci de prendre contact avec le lieutenant... »

Ari, ravi, sauta sur ses pieds et arrêta la télévision.

— Bien, voilà qui est fait ! Et maintenant, voyons un peu la partie d'échecs dont vous me menacez depuis tout à l'heure.

— Une récompense ? s'enquit Willis. Je me demande bien comment vous avez réussi à obtenir une promesse de récompense pour un gosse noir abandonné par ses parents.

— Avec l'aide de certain parti politique et de sa caisse « relations publiques », répliqua-t-il avec suffisance. On veut donner l'impression qu'on se soucie de tout un chacun.

Le lieutenant Gerber pénétra à grands pas dans la pièce en grimaçant.

— Qu'est-ce qui se passe, bordel ? Vous avez perdu la tête ou quoi ? Vous croyez qu'on a le temps de traquer tous les gosses de *kafirs* en fugue ? Qui vous a donné la permission de promettre une récompense ? Je vous signale que vous êtes censé rechercher la petite September. Je vous avais pourtant dit de laisser tomber cette histoire de négrillon. Une Xhosa sur deux colle son gosse à un parent ou un autre et ils disparaissent sans arrêt. Par millions ! On va en être inondés, d'ailleurs. Ses lèvres eurent un rictus ricaneur. Vous êtes quoi, au juste ? Un coco, c'est ça ?

C'était la pire des insultes, et Ari ne l'ignorait pas. Il se leva.

— Ce n'est pas votre problème, mon lieutenant. La Protection de l'enfance s'est chargée de l'affaire pas plus tard qu'hier et il se trouve que je collabore temporairement avec elle.

— Mon cul, oui ! Ici, vous êtes placé sous mon autorité.

Mais, en fait, Gerber ne cherchait pas la confrontation directe. Il ne faisait qu'évacuer la pression. La porte claqua derrière lui.

Willis se mit debout à son tour.

— Expliquez-vous, Ari.

— Quand il s'agit de politique, on dispose de tout le temps et de tout l'argent qu'on veut. Il va y avoir des élections ici, au cas où vous ne le sauriez pas. Et les deux partis en présence veulent prouver qu'ils ne sont pas indifférents. Je leur ai demandé des moyens, et ils ont répondu oui. Il s'agirait de savoir si on veut vraiment parvenir à un résultat. Bon, j'ai mis deux Coca au frigo et il reste un peu de pizza froide. Un de ces jours, on pourrait se cotiser pour acheter un micro-ondes.

Ari patienta jusqu'à deux heures du matin, mais, à sa grande surprise, il ne reçut aucun appel concernant la disparition de Tabson Tweneni. Pour Mandy, il n'avait pas trop entretenu d'espoirs. En revanche, il escomptait que la famille indienne chercherait à toucher la récompense. En fin de compte, il décida de rentrer chez lui.

La nuit était parée de curieux attraits ; un vent chaud soufflait du nord-ouest — qu'on appelle ici le vent du *berg*. Ari emprunta un chemin détourné à travers les faubourgs et le port pour apprendre à se repérer dans la ville, mais surtout parce qu'il avait peur d'affronter sa chambre vide. C'était une nuit pas comme les autres, une nuit romantique faite pour danser sur la plage ou marcher pieds nus dans les vaguelettes du rivage, bref, tout, sauf se mettre au lit seul.

Un lointain bruissement de voix et de musique émanait d'une vive source de lumière pareille à une étoile, sur la plage. Mû par le besoin bien humain de s'intégrer à un groupe, Ari bifurqua dans cette direction. Il y avait trop longtemps qu'il se tenait à l'écart. Il comprit bien vite qu'il approchait des Sables, le rendez-vous nocturne de l'élite, au bord de l'eau. Des projecteurs éclairaient une piste de danse à ciel ouvert où jouait un bon orchestre de jazz. À cette heure de la nuit, la musique se faisait rêveuse, avec des accents africains très nets. Elle était aussi suave que la nuit. Ah, avoir quelqu'un à aimer...

La terrasse était bondée, mais, en ralentissant pour se garer, Ari entendit tout à coup un homme donner de la voix. Une femme lança une furieuse réplique sur un ton strident et une silhouette souple et légère en longue robe blanche fendue jusqu'à la cuisse sortit en courant du night-club. Sa chevelure flottante jetait mille feux.

Une Porsche rouge vif démarra, fit un bond en avant, s'engagea en zigzaguant sur la route pourtant droite et accéléra de manière inquiétante. Ari se lança à sa poursuite mais la jeune femme avait une confortable avance et il ne pouvait se mesurer à sa Porsche. Toutes sirènes hurlantes, il emprunta derrière elle le défilé montagneux. Il n'y avait pas d'éclairage et les arbres qui se rejoignaient au-dessus de la chaussée transformaient celle-ci en tunnel obscur. Ari jeta un coup d'œil préoccupé à son compteur.

Il était en train de se laisser distancer. Il jura. La Porsche était déjà hors de vue quand il l'entendit déraper dans un grand bruit de freins et sortir de la route dans un vacarme effrayant. Il arriva quelques instants après sur les lieux et vit que la voiture s'était creusé un passage dans les broussailles, assez denses à cet endroit, pour aller atterrir dans le fossé. La femme en blanc avait réussi à s'en extraire ; agrippée au talus, elle s'efforçait de remonter sur la route. Il alluma sa lampe torche, qui éblouit l'accidentée, et en resta bouche bée : jamais il n'avait vu une telle beauté. On aurait dit qu'elle sortait tout droit d'un écran de cinéma pour venir le tenter. Mais que faisait donc cette apparition divine dans un fossé ? Sa chevelure luisait, ses grands yeux obliques lançaient des éclairs de rage et son nez parfait était maculé de boue.

— Aidez-moi donc, au lieu de me regarder bêtement.

Alors seulement il remarqua son regard triste, presque affligé, et sa bouche boudeuse. Elle était trop gâtée, riche, ivre et ravissante. Pis encore, son extraordinaire pouvoir de séduction avait touché Ari. Il la hissa par les poignets et chercha à repérer d'éventuelles égratignures ou contusions, mais, par miracle, elle n'était que choquée. En la prenant par le bras, il vit briller son alliance et sa bague de fiançailles. Un instant plus tard il l'entraînait malgré elle vers sa voiture.

— Pour qui vous prenez-vous ? Lâchez-moi!

Elle trébucha, faillit tomber puis retrouva son équilibre, virevolta et le repoussa.

— Vous vous êtes mise dans le pétrin, madame. Excès de vitesse, conduite en état d'ivresse et résistance lors de l'arrestation.

Il la poussa rudement et elle s'étala maladroitement sur la banquette arrière.

— Attendez un peu de savoir qui je suis !

— Si vous ne vous taisez pas, je vous passe les menottes, répliqua-t-il d'une voix contenue mais rageuse. Alors tenez-vous bien, s'il vous plaît.

— Vous n'avez aucun droit de me parler sur ce ton, fit-elle d'une voix pâteuse. Oh, mon Dieu, je me sens mal.

Sur ce, elle s'évanouit. Ari demanda par radio qu'on lui envoie une dépanneuse et qu'on fasse venir au poste le médecin de garde.

Il s'était écoulé une heure et Ari attendait toujours que le médecin vienne faire la prise de sang. Il ne comprenait pas ce qui pouvait le retarder à ce point. Décidément, les gens avaient besoin d'être un peu secoués, dans le coin. Quant à cette gamine trop gâtée, elle avait suffisamment récupéré pour passer sa rage sur le mobilier de sa cellule.

— Alors, il est où, ce médecin ? demanda-t-il à Willis. Donnez-moi son adresse, je vais aller le chercher, moi.

— Du calme, répondit l'autre ne haussant les épaules. Il était en visite quand on l'a appelé. Il ne va plus tarder, maintenant. Je vais faire du café.

Il revint bientôt avec trois grandes tasses pleines et en apporta une à la détenue.

— Vous essayez de la dessoûler, c'est ça ? Qu'est-ce qui vous prend, tout à coup, Willis ?

Celui-ci reprit son livre. Il se montrait aussi coopératif qu'une mule.

Quand ils virent débarquer le lieutenant Gerber, ni rasé ni coiffé, il était trois heures du matin. Le pas mal assuré, il se frotta les yeux et entreprit de distribuer les jurons à la ronde.

— Merci de m'avoir appelé, sergent, dit-il à Willis sans cacher que sa colère était dirigée contre Ari. Vous êtes idiot ou quoi ? Vous ne savez donc pas qui c'est ? *Tout* appartient aux Palma dans cette ville — les vignobles, les fermes, les pêcheries... Ce sont eux qui donnent du travail à tout le monde. Ils sont même propriétaires du poisson, puisque la concession de pêche leur appartient. Il y a des jours où je me demande s'ils ne possèdent pas jusqu'au gouvernement. Un mot de leur part et votre carrière est foutue, vous saisissez ? Alors laissez les Palma tranquilles. En plus, Kate est inoffensive ; un peu exaltée, voilà tout. Un de ces jours, Rob va la remettre au pas.

Ari eut l'impression qu'il parlait d'un chien à dresser. Il fit des efforts pour s'exprimer avec naturel, en pure perte : lorsqu'il prit la parole, ce fut sur un ton glacial.

— Elle conduisait trop vite et elle était tellement soûle qu'elle ne tenait plus debout, sans parler de tenir un volant. Et quand le médecin sera là, je vous le prouverai.

— Et alors ? On fêtait l'anniversaire de son mari, ils se sont disputés. Rob m'a déjà appelé. Écoutez, lieutenant. Il s'empara du procès-verbal. Je me charge de l'affaire. Laissez-moi m'en occuper. J'aime à tempérer la justice d'une certaine clémence.

— J'avais remarqué ; dans l'affaire d'Eunice Tweneni et de son petit-fils, par exemple.

— Faites attention à ce que vous dites. Je ramène Mrs. Palma chez elle.

En un clin d'œil il avait conduit Kate dans la salle

d'interpellation, où se trouvait la sortie. Elle était décoiffée, elle avait des traînées de boue sur le visage, sa robe était déchirée, et ses yeux reflétaient tout le malheur du monde. Elle était d'une beauté à couper le souffle. Pas étonnant qu'elle ait épousé un richard. *Les femmes sont-elles donc toutes à vendre ?* se lamenta intérieurement Ari.

— Attendez-moi là, Kate, marmonna Gerber. Je vais chercher votre dossier.

Elle se retint au comptoir et enveloppa Ari d'un regard noir. C'était clair : si nécessaire, elle se serait battue pour sortir de là. Pourtant, il émanait d'elle un sentiment de culpabilité bien visible. Elle passa une main sur son front en sueur.

— Tenez. Il lui tendit un mouchoir. On n'a pas le droit de mettre en danger la vie d'autrui, même quand on s'appelle Palma, ajouta-t-il avec douceur. Sans compter que vous avez risqué la vôtre, bien entendu.

— Je n'ai blessé personne, que je sache ! Espèce de sale macho ! Et puis je ne roulais pas si vite que ça. Elle le jaugea de la tête aux pieds avec le plus grand mépris. Pour qui vous prenez-vous, à la fin ? Mon mari peut se débarrasser de vous comme ça !

Elle claqua des doigts.

— Peut-être, mais c'est votre mari, pas vous. Vous, qu'est-ce que vous pouvez faire — à part vous soûler ? Et vous abriter derrière le pouvoir de votre mari ? Je vous promets que la prochaine fois je vous traîne devant les tribunaux, Mrs. Palma.

Les yeux de la jeune femme s'emplirent de larmes, mais cela ne l'empêcha pas de gifler Ari de toutes ses forces. Gerber accourut.

— Elle ne sait plus ce qu'elle fait, commenta-t-il en l'entraînant vers sa voiture.

La dernière chose qu'il entendit fut :

— Tu parles !

Puis la portière claqua et ils s'éloignèrent dans la nuit.

Ari se demanda ce que Rob Palma savait sur Gerber

pour que le lieutenant file doux à ce point. Son sens moral venait d'en prendre un coup et il essayait de se maîtriser. La réponse lui fut fournie par Willis, un peu honteux.

— Vous devez vous demander pourquoi j'ai appelé le chef...

— Vous pouvez le dire.

Ari était tendu et toujours aussi glacial.

— Gerber se figure qu'il est accepté dans les hautes sphères. Évidemment il n'en est rien, mais Palma le lui laisse croire. Il va dîner chez eux une fois par mois. Rob et lui vont assez souvent à la pêche ensemble. De temps en temps, ils vont même chasser dans le Nord. Ils prennent un des jets privés des Palma. Quant à nous, on reçoit tous des cageots de langoustines ou de crevettes, à l'occasion, mais ce n'est pas le problème. Si vous humiliez publiquement la femme de Rob, Gerber n'aura pas fini d'en entendre parler. En outre, Angelo Palma a assez d'influence pour le faire muter. Je me suis dit que votre sens de la justice n'irait pas jusqu'à ruiner l'existence entière de Gerber. Ce n'est pas un mauvais bougre, vous savez.

— La question n'est pas là. Ari n'en revenait pas que Willis puisse le croire. La loi, ça vous dit quelque chose, par ici ? C'est pour ça qu'on est là, non ? Pour la faire respecter.

Willis avait l'air si piteux qu'il cessa de le tourmenter.

— Pourquoi ce Palma graisse-t-il la patte à la police ?

— J'en sais rien, moi ! C'est pas qu'il ait besoin de nous ; il veut juste nous avoir dans sa poche au cas où, si vous voyez ce que je veux dire. Il est comme ça, c'est tout. L'hiver dernier, il a payé un voyage aux Comores au directeur de la banque et à sa femme. Pourtant, les types dans son genre n'ont pas besoin d'autorisation de découvert, je vous assure. Non, il aime bien dominer, voilà. Mais Rob Palma a un gros problème : il est sans arrêt en concurrence avec son grand-père. Et il n'a pas beaucoup de chances de l'emporter. Les temps ont changé. De nos jours, il est difficile de devenir une légende vivante.

Ari dévisagea Willis avec intérêt. Il n'était donc pas aussi naïf qu'il en avait l'air ; il avait une connaissance intuitive d'autrui.

— Alors pourquoi une femme pareille se met-elle dans des états pareils ? Il semble qu'elle ait tout ce qu'elle désire dans la vie, notamment une Porsche flambant neuve dont elle se soucie comme d'une guigne.

— Tout a un prix, dit Willis. Elle traverse des moments difficiles. Son père vient de fuir le pays en la laissant sans un sou. Enfin, il lui reste son mari. Mais les journaux ne vont pas tarder à révéler l'affaire, et c'est elle qui va essuyer tous les sarcasmes. Apparemment, Mike Russell a spolié ses actionnaires. Personnellement, je n'aimerais pas être à la place de Kate, surtout si je devais vivre sous le même toit qu'Angelo Palma.

— Encore un peu de café, Willis ?

— Votre service n'est pas terminé ?

— Si, mais vous m'intéressez. J'aimerais bien être mis au courant des commérages.

— Ce n'est pas moi qui vous intéresse. C'est elle. Eh bien, vous avez intérêt à penser à autre chose. Le plus drôle, c'est que vous ressemblez drôlement à son mari. Je me demande si elle s'en est rendu compte.

Penché sur la paillasse improvisée, Ari préparait du café instantané. Un peu d'eau brûlante lui éclaboussa la main. Il jura. C'était la deuxième fois qu'on lui parlait de cette fameuse ressemblance.

Quand il quitta enfin le poste de police, il était quatre heures du matin. Il emprunta la grand-route et longea la vallée jusqu'au pied des monts, où il s'arrêta et alla s'asseoir sur un talus, pour jouir de la tiédeur du vent et écouter les bruits de la nuit. À l'ouest, la pleine lune dispensait une clarté sensuelle sur les cimes. Un

Noir apparut sur la piste, descendant de la montagne ; il jouait d'un curieux instrument à cordes sans tonalité définie en fredonnant un air triste. Son chant continua à flotter dans l'air bien après son passage, mêlé au parfum de feu de bois et de *dagga* qui émanait de lui. Un squatter ? Peut-être avait-il la nostalgie de sa famille perdue.

Ari ressentait douloureusement la beauté de la nuit. Subitement, il se sentit plus seul que jamais. Il aurait voulu avoir sa place dans cette vallée, être enfin de quelque part. Mais comment s'y prendre ? Il songea à la diversité des habitants du coin, au mystère de sa propre ascendance ; en effet, c'était ici, à Silver Bay, que le père Richard Mooney l'avait confié à l'organisme chargé de lui trouver une famille. Le destin jouait-il un rôle dans l'existence ? Y avait-il une raison cachée à sa présence ici ? Ses vrais parents résidaient-ils dans la région ? La nuit se prêtait aux conjectures les plus folles. Un hibou poussa à nouveau sa plainte lugubre, puis un geai nocturne lâcha un cri aigu en prenant son essor dans un grand battement d'ailes qui prit Ari par surprise.

Au bout d'un moment il remonta en voiture et gagna le village métis. Ici les demeures étaient plus modestes ; on y trouvait des pensions et des immeubles résidentiels austères, une école, une église, une mosquée, le tout poussant comme autant de champignons au flanc du coteau. Un brouhaha de voix assourdies s'échappait d'une maison voisine. Un chat miaula et s'enfuit sans demander son reste. Il y eut une exclamation de colère, puis un cri aigu, enfin le silence. Ari voyait la phosphorescence de la mer et entendait le murmure des vagues. Puis vint la psalmodie mélodieuse du muezzin appelant les fidèles à la prière. Sa voix survola le village : *Au nom de Dieu, le plus gracieux et le plus miséricordieux... c'est Toi que nous honorons, Toi que nous cherchons.*

Avec l'arrivée des squatters, la ville s'était muée en microcosme, en réplique miniature de l'Afrique du Sud entière, avec ses peuples et ses religions tentant de coexister en s'ignorant mutuellement. Les Blancs se raccrochaient à leurs terres, à leurs biens, les métis à leurs emplois, à leur humour et à leurs familles, et les Noirs à la survie, avec les moyens pitoyables dont ils disposaient. Musulmans, chrétiens et juifs avaient à peine conscience de la religion observée par leurs voisins. Ici, c'était vivre et laisser vivre, mais sans la moindre cohésion sociale. On ne vivait pas vraiment *ensemble* ; il n'y avait pas d'âme collective.

Ari resta longtemps là à réfléchir, à s'interroger et à ruminer ses aspirations. Le vent lui caressait les joues et ébouriffait ses cheveux. Il sentait sur sa langue le goût amer des herbes du veld et celui de la terre sèche venue des déserts du Nord, balayés par la poussière. Il se passa la langue sur les lèvres, goûtant et flairant de toutes ses forces ce qu'il ne parviendrait jamais à comprendre tout à fait : son amour mêlé de haine à l'égard de ce pays tourmenté.

8

On avait placé le journal à côté de son assiette. Il était plié de manière que le gros titre soit bien visible : UN GRAND PATRON PREND LA FUITE POUR ÉCHAPPER À SES DETTES ET AUX ACCUSATIONS D'ABUS DE BIENS SOCIAUX. Le feu aux joues, Kate parcourut rapidement l'article. Elle eut si chaud, tout à coup, qu'elle crut les fenêtres closes, mais un bref regard lui apprit qu'il n'en était rien. Elle avait une boule dans la poitrine et une vive douleur au creux de l'estomac. Elle se sentait environnée d'hostilité, et en relevant les yeux elle aperçut Ramona sur le seuil de la porte. Son regard était moqueur et son sourire ironique.

Kate attrapa le journal et s'enfuit dans le jardin. Elle se demanda si tout le monde l'avait lu, même les domestiques. Mais c'était évident. Tout un chacun était désormais au courant de sa déchéance. Elle ne pouvait croire qu'une chose pareille lui arrivait. C'était comme un cauchemar qui refusait de se dissiper. Un profond sentiment de honte la submergea de la tête aux pieds, comme un poison cheminant dans son corps, une veine après l'autre ; bientôt elle éprouva un dégoût quasi physique d'elle-même.

Si seulement je pouvais m'en aller, songea-t-elle en relisant le passage le plus cuisant : « On pense que le P.-D.G. en question a dérobé et déposé à l'étranger quelque vingt millions de rands... Plus de mille salariés ont perdu leur emploi et des centaines de petits porteurs à la retraite ont vu s'envoler leurs économies. L'enquête révélera si... »

Kate se sentit redevenir une toute petite fille. Elle aurait voulu rentrer chez elle et hurler son chagrin. Alors elle posa le journal et se rendit dans le seul endroit où elle se sentait « chez elle », justement : l'ancienne maison de sa mère. À la seule vue des arbres, de la piscine où elle avait passé tant d'insouciantes vacances estivales, du pavillon d'été où l'on prenait le thé quand il faisait beau, les larmes lui montèrent aux yeux. Elle passa à toute allure entre les pelouses, se gara dans la cour, sous le mélèze, escalada en courant les marches de la terrasse, et s'immobilisa brusquement : on avait cloué des planches en travers de la porte et punaisé un avis de liquidation fixant au 13 février la date de la vente aux enchères. « Équipement ménager, meubles, antiquités, tableaux, jouets... »

— Il faut que j'entre, annonça-t-elle d'un ton pressant au vigile assis non loin de là, sur un banc. J'ai des affaires personnelles à récupérer.

— Demandez l'autorisation aux liquidateurs. L'adresse est là.

Il indiqua la porte. Elle ne put rien lui tirer de plus. Muet, il fixait obstinément ses pieds.

Elle appela son avocat de la cabine téléphonique la plus proche.

« On ne peut pas toucher à l'héritage que vous avez reçu de votre mère, c'est-à-dire les marécages en bordure du lagon et du delta, y compris l'ancien phare. Inutile de vous rappeler le vœu de votre mère en ce qui concerne ces terres, mais le legs n'a pas fait l'objet d'un acte de son vivant. Un juriste plus malin que les autres saurait sans doute faire annuler ledit codicille, mais, en ce qui me concerne, je ne suis pas disposé à en prendre l'initiative pour votre compte, précisa-t-il avec sévérité. Si vous voulez récupérer des effets personnels dans la maison, je me ferai un plaisir de téléphoner aux liquidateurs pour obtenir l'autorisation nécessaire, mais sachez qu'ils voudront être présents. Faites-moi connaître votre décision, et venez donc me voir en personne, Kate. »

La jeune femme raccrocha et regagna lentement sa voiture. Elle sillonna les rues du village, assommée par ce choc. En un sens, jusque-là, la déroute de son père et la honte dont il s'était couvert étaient restées un mauvais rêve ; désormais, les gros titres en faisaient une réalité. Elle qui se sentait déjà si seule devrait à présent affronter le mépris des villageois. Instinctivement, elle sentit que les enseignements de sa vie passée ne pourraient lui être d'aucun secours dans sa nouvelle situation.

Elle n'avait presque plus d'essence et s'arrêta à la station-service pour faire le plein. Au moment de signer le registre de créance, elle vit sortir le propriétaire.

— Bonjour, Kate. Ça va ? Il arborait un sourire forcé. J'ai transféré votre compte sur celui de votre mari. Pas de problème, j'espère ? Vous voulez bien lui demander de confirmer ?

— Mais c'est pas vrai...

Elle ne put retirer le moindre sou avec sa carte bancaire. Ce fut le cœur gros qu'elle entra dans la banque demander une entrevue avec le directeur.

— Ah, Mrs. Palma ! Je vous attendais. Je vous en prie, asseyez-vous. Son expression était l'image même de l'accablement. Votre compte est à découvert. J'ai contacté votre mari, mais il n'a pas encore pris les mesures nécessaires.

Elle se releva avec lassitude.

— Merci. Je vais lui parler et régler le problème.

Il se leva à son tour en évitant le regard de Kate.

Rob était au téléphone dans la bibliothèque. Il parlait cricket. Elle attendit cinq minutes. Son interlocuteur n'avait guère la possibilité de s'exprimer.

— Il faut que je te voie, lui souffla-t-elle.

Il leva la main et, fronçant les sourcils, lui fit signe de se taire sans se départir de son ton badin. C'était à Gerber qu'il parlait.

Kate commençait à comprendre son petit jeu. Tout était une question de pouvoir. Il y avait des gens qui se pavanaient et d'autres qui rampaient, selon la taille de leur compte en banque. Si seulement elle avait pu le haïr ! Mais il était pâle, fatigué, et encore plus beau que d'habitude, en admettant que la chose fût possible. Ses cheveux avaient poussé et cela plaisait à Kate, mais elle savait qu'il ne tarderait plus à les faire couper court. Son nez était droit, à part une infime déviation due à un accident de ski. Ils avaient passé tant de bons moments ensemble... En se remémorant leurs dernières vacances à la montagne — ils s'étaient follement amusés ! —, elle se sentit faiblir. Elle lui sourit. Elle adorait son allure, ses grands yeux bruns expressifs, ses lèvres pleines et sensuelles. Elle avait toujours plaisir à le contempler ; mais, aujourd'hui, son air renfrogné, boudeur l'intimidait. Ses longs doigts brunis tambourinaient sur son bureau et ces paupières mi-closes lui donnaient un air peu engageant. Comme Angelo. *Oui, un jour il lui ressemblera.*

Enfin la conversation parvint à son terme.

— Rob, pourquoi n'as-tu pas renfloué mon compte en banque ? s'enquit-elle tandis que le rouge lui montait aux joues.

C'était la première fois qu'elle abordait avec lui les questions d'argent.

— Le directeur m'a remis ton dernier relevé. Ces douze derniers mois, tu as dépensé plus d'argent que la plupart des gens n'en voient passer dans toute leur existence.

Abasourdie, elle ouvrit de grands yeux et le regarda bouche bée.

— Comment ! Elle n'en croyait pas ses oreilles. Mais tu sais bien que j'ai redécoré la maison. Ça te convenait, c'est toi qui me l'as dit. Tout le monde était d'accord. J'étais riche — ou du moins je le croyais. La quasi-totalité de mon revenu annuel a servi à cela.

— Tu n'as à t'en prendre qu'à toi-même. Et ce n'est pas Angelo qui t'en saura gré.

— Les tableaux ont beaucoup de valeur.

— Essaie de les revendre et tu verras.

— Tu aurais quand même pu déposer de l'argent sur mon compte.

— J'aurais pu, mais tu ne me l'as pas demandé.

— Il faut donc que j'en passe par là, en toute circonstance ?

— Ma foi, je n'ai pas de boule de cristal, Kate.

— Tu n'en avais pas besoin puisque le directeur de l'agence t'a contacté.

— Écoute, ce n'est pas le moment de se disputer. Je suis occupé.

— Et moi je suis fauchée.

Il sortit son carnet de chèques.

— Combien ? fit-il avec froideur.

Au ton de sa voix, on aurait dit qu'elle lui demandait la charité.

— Deux millions.

Il lâcha son stylo et prit un air exaspéré.

— Ne me fais pas perdre mon temps, Kate.

— Tu pourrais au moins me rembourser les tableaux et la décoration.

— Personne n'en voudrait, de tes satanés tableaux.

— Pour la première fois de ma vie, je te déteste, proféra Kate, sans prendre le temps de réfléchir aux paroles qui lui sortaient de la bouche. Je ne t'avais pas vu sous ton véritable jour. Tu es une brute. Maintenant que je suis à terre, tu en profites pour me donner des coups de pied.

— Merci pour ce vote de confiance, mais tu ne peux pas savoir à quel point tu es dans l'erreur, rétorqua-t-il froidement. Je suis, au contraire, en train de mettre au point une série de dispositions qui te rendront ton indépendance en te permettant de percevoir un revenu propre. On se retrouve chez mon avocat à deux heures. Je ne peux pas t'y accompagner, j'ai rendez-vous en ville pour déjeuner. Entre-temps, fais tes comptes et tu me diras ce qu'il te faut par mois pour ton argent de poche et tes vêtements. J'y réfléchirai.

— Tu y « réfléchiras » ! Salaud, va !

— Financièrement, nous ne faisons qu'un, maintenant. Alors pas d'extravagances.

Oh, ce sourire supérieur ! Elle aurait voulu l'effacer à coups de poing.

— Écoute, Kate, dit-il au moment où elle allait refermer la porte. Tu perds un peu la tête ces temps-ci. Il faut que ça cesse. C'est pour ça qu'à partir de maintenant c'est moi qui tiens les cordons de la bourse. Si tu veux quelque chose, demande-le-moi. Tiens, voilà du liquide pour te dépanner.

Il tira son portefeuille de sa poche et posa quelques billets sur le bureau. Puis il décrocha le téléphone et composa un numéro. Pétrifiée, Kate se tenait toujours sur le seuil.

— Tu veux peut-être que je me mette à genoux, aussi ?

— Je suis au téléphone, Kate, dit-il en posant la main sur le récepteur. Tu es une grande fille, maintenant ; comporte-toi comme telle. Et ne sois pas en retard chez l'avocat.

— N'oublie pas, Kate : « Qui paie les violons choisit la musique. »

Ce cliché éculé lui avait fait l'effet d'un coup en traître. Et il fallait que cela vienne de Rob ! L'espace d'un instant, elle encaissa physiquement pendant que dans sa tête soufflait un vent de panique. Elle se retourna vers la fenêtre pour ne pas avoir à montrer son visage. Également présents chez Dan, l'avocat de Rob, se trouvaient Bailey, l'architecte, ainsi que le métreur. Les trois hommes étaient embarrassés par l'emportement de Rob. En fait, la réunion virait au cauchemar.

Elle était donc impuissante faute de moyens financiers ? En allait-il toujours ainsi dans les couples quand un seul avait de l'argent ? Peut-être était-ce propre à Rob.

Il ne faut pas qu'il sache. Il ne doit pas voir à quel point je suis blessée. Il y a encore un mois, jamais il ne m'aurait dit une chose pareille. Il essayait de mettre la main sur le lagon et les marais depuis le début de leur mariage. Et, maintenant, il pouvait la forcer à céder. *Cette mauvaise parole lui aura échappé*, se dit-elle en essayant de se raccrocher à quelque chose. Peut-être la regrettait-il déjà. Elle lui lança un regard dénué de toute supplique — du moins l'espérait-elle —, mais, en voyant son expression, elle comprit qu'il était très remonté contre elle. Un masque de fureur obstinée déformait ses traits.

Elle redressa les épaules et fit face à ses acolytes.

— Pour ce qui est des marais et des terres qui les entourent, vous connaissez mes intentions. L'ensemble restera en l'état — mon père l'avait promis à ma mère. Elle voulait en faire une réserve ornithologique.

— Épargne-nous ces billevesées, je t'en prie. Par les temps qui courent, la parole de ton père ne vaut plus grand-chose. Tu ne crois pas qu'elle a déjà fait assez de tort ?

Dan se leva ; il avait l'air mal à l'aise.

— Vous êtes pâle, Kate. Vous ne vous sentez pas bien ? Je propose que nous fassions une petite pause. J'ai découvert un charmant salon de thé près d'ici, et ...

Mais elle secoua négativement la tête. Dan était gentil ; elle ne s'en était pas rendu compte jusqu'ici, avec tout ce que Rob et lui avaient manigancé. Quant à Bailey, il semblait carrément à la torture. Rob, lui, enrageait, comme souvent ces derniers temps.

— Il faut que tu comprennes ce que j'essaie de faire, Kate.

Manifestement, Rob adoptait un nouvel angle d'attaque. Radouci, il prenait un ton enjôleur, mais son expression restait fermée, distante. Il ne savait pas très bien dissimuler ses sentiments ; son regard, surtout, était révélateur.

— À part ces satanés marécages, tu es sans le sou. Les liquidateurs essaieront sans doute de te les prendre, mais si tu les vends au consortium ils ne pourront rien contre toi ; c'est une bonne affaire et tu toucheras quarante pour cent.

Elle secoua à nouveau la tête, incapable de réagir face à l'avidité inébranlable, violente, brûlante qui se lisait dans les yeux de Rob. Il fallait qu'il occupe la position dominante, que les choses se concluent selon ses désirs à lui. Il n'y avait qu'à le voir trembler de rage devant elle, qui osait lui résister. Et il se permettait tous les coups.

— Bon sang, sois un peu adulte, Kate. Que d'histoires pour une bande de volatiles minables.

— La question n'est pas là, répliqua-t-elle avec une sérénité trompeuse masquant son dégoût et sa colère. Le problème, c'est le pouvoir — tu as tout manigancé dans mon dos.

Elle désigna les papiers méticuleusement rédigés à l'intention du notaire. Cela représentait manifestement des mois de travail. Au moins trois. Rob avait donc préparé ses projets puis attendu que le scandale éclate.

— Tu n'auras pas le lagon, un point c'est tout. Tu peux déchirer tout ça.

L'espace d'une seconde, la fureur le rendit muet. Son regard vacilla, trahissant fugitivement son orgueil blessé. Elle l'avait contredit en public. Et, ça, il ne le lui pardonnerait jamais.

— Très bien. Si tu tiens à mendier toute ta vie... Il ne cachait plus son hostilité. Sans doute espères-tu encore te rendre en Europe en juillet et à la montagne en décembre. Dire que je paie une fortune pour tes achats chez Avril Pearlman depuis que ton compte est à sec ! Car c'est bien un tailleur de chez eux que tu portes, n'est-ce pas ?

Il détailla sa tenue et elle se sentit déshabillée. Frémissant intérieurement, elle affermit à nouveau ses épaules.

— Deux mille rands, si je me souviens bien.

Comme tu voudras, Kate ; continue donc à fréquenter les thés chics en arborant les toutes dernières créations de Pearlman. Moi, je continuerai à payer la note. Mais je pensais que tu avais davantage de fierté.

Rob la regardait durement, méchamment, même. Dans ses yeux brillait l'orgueil blessé, et il était blême de rage.

— Ça suffit, Rob, dit Dan, irrité.

Kate ravala ses larmes. Rob l'enveloppait d'un regard méprisant. Il n'y avait pas d'autre terme pour décrire son expression venimeuse. *Que doivent-ils penser de nous ?*

— Allons, Rob. Kate est votre épouse. Ne soyez pas ridicule, insista Dan.

Quant à Bailey, il gardait les yeux baissés sur les documents qu'il roulait soigneusement pendant que le métreur fixait un point situé entre ses pieds, ne sachant manifestement pas où se mettre.

Une curieuse sensation envahissait progressivement Kate, remontant des orteils aux jambes, aux cuisses, au ventre et bientôt à toute la partie supérieure de son corps. Ce qui l'engloutissait ainsi était un indéfinissable... dégoût d'elle-même, oui, c'était cela. Elle ne trouvait pas de meilleure explication. Il fallait qu'elle sorte de là, et vite, parce qu'elle allait être malade, ce qui porterait son humiliation à son comble.

Comment ose-t-il... Comment a-t-il pu... Oh, comment peut-il me faire une chose pareille ? Elle se précipita aux toilettes et régurgita toute son aversion, toute sa rancœur, en même temps que son déjeuner. Tandis que, vautrée sur le lavabo, elle s'efforçait de nettoyer les taches de vomi sur son fameux tailleur bleu pastel de chez Avril Pearlman qui devenait tout d'un coup un handicap majeur, elle sentit émerger des profondeurs de son esprit une pensée terrible : *c'était fini !* Il avait heurté son moi le plus intime, foyer de son amour pour lui. Elle resterait quelque temps, elle le savait. Elle se battrait, elle supplierait, elle essaierait de se raccrocher à cet amour, mais c'était fini quand même, et plus tôt elle accepterait l'évidence, plus vite ses blessures guériraient. Cette révélation la mit hors d'elle. S'il voulait la guerre, il l'aurait. Elle venait de la déclarer.

Elle se regarda dans la glace et nota les plis de tension autour de sa bouche et les cernes sous ses yeux. Elle avait si peur ! Son père l'avait toujours conseillée pour les choses importantes. Puis, après son mariage, elle avait confié les grandes décisions à Rob. À aucun moment elle n'avait pris sa vie en main. Mais aujourd'hui Rob avait tort, et elle était contrainte de s'opposer à lui sur un sujet d'importance. Il y mettrait toute son énergie, elle ne l'ignorait pas. Et, pour la première fois, elle devrait faire face. En serait-elle capable ? Qui était-elle vraiment, au fond ? En cet instant précis, elle n'aurait su le dire.

Elle se sécha les mains et regagna d'un pas mal assuré le bureau de Dan.

— Quels sont mes droits concernant les terres qui m'appartiennent autour du lagon, maintenant que je suis indigente et dépendante de la charité de mon mari ?

— Allons, Kate, détendez-vous. N'aggravez pas la situation.

Dan n'osait pas la regarder en face, préférant fourrager dans des papiers avant de les empiler ou prendre son stylo pour griffonner, bref, tout, plutôt que d'affronter la jeune femme.

— Rob s'est un peu emporté, mais il faut le comprendre : il a mis tout son cœur dans ce projet de vente... et il a raison, il vous rendrait votre fortune, ou du moins une partie — une *bonne* partie ! Je suis sûr qu'il regrette déjà. Il parlait comme si l'intéressé n'était pas là. N'est-ce pas que vous regrettez, Rob ?

— Regretter quoi ? Ce n'est pas de tes droits que tu devrais te préoccuper, Kate, mais du sens commun. Bon, tout ceci a assez duré. Kate reviendra à la raison. Il le faudra bien.

Sur ces mots, il sortit en claquant la porte. Bailey

marmonna quelque chose puis quitta la pièce à son tour, et il ne resta plus que Dan, qui contemplait fixement ses mains. Alors les larmes tant redoutées commencèrent à couler tout doucement sur le visage de Kate, qui se leva vivement.

— Au revoir, s'étrangla-t-elle.

— Non, attendez ! Il soupira. Vous m'avez posé une question. Les terres entourant le lagon sont à vous, et personne ne peut légalement y toucher. Rob les convoite depuis des années, comme vous ne l'ignorez pas, pour la bonne raison qu'il possède le lot voisin, plus petit, du côté ouest. Joignez les deux et vous serez assis sur une véritable mine d'or. Par ailleurs, en tant que conjoint, Rob a le devoir de subvenir à vos besoins. Toutefois, vous êtes mariés sous le régime de la communauté réduite aux acquêts, ce qui a pour but de protéger vos biens personnels plutôt que de vous fournir une compensation au cas où votre union viendrait à son terme, si vous voyez ce que je veux dire.

— Pas du tout.

— Eh bien, en cas de divorce — ce qui n'est pas envisagé —, il ne vous resterait pratiquement rien. Écoutez, Kate, vous connaissez Rob. Quand il a une idée derrière la tête, il déteste qu'on le contrarie. Mais il vous aime ; il oubliera cette affaire.

Kate sortit en trébuchant à demi dans le soleil éclatant de l'après-midi. Elle avait grand besoin de se retrouver chez elle, mais où était-ce, chez elle ? Elle ne le savait plus.

9

Face à ce Rob inconnu, aussi impitoyable que manipulateur, Kate commençait à envisager que lui et Angelo se soient réellement alliés contre son père. Ils venaient de déjeuner tous les trois. Un calvaire. Les deux hommes avaient parlé affaires sans lui prêter la moindre attention. Rob lui en voulait toujours. Manifestement, il avait l'intention de la punir jusqu'à ce qu'elle lui cède les marais.

Après le dîner, elle le coinça dans la bibliothèque. Elle avait mal au cœur de le voir si distant, si peu amène. Elle aurait tant aimé se jeter dans ses bras et le supplier de se réconcilier avec elle ! Mais ç'aurait été une erreur tactique et elle ne l'ignorait pas. Il l'enverrait promener.

— Je suis occupé, déclara-t-il.

— Je m'en moque. Comment oses-tu me traiter avec autant de mépris ? Vous ne m'avez adressé la parole ni l'un ni l'autre pendant le déjeuner. Après ce qu'il a fait à mon père, ce qu'il m'a fait à *moi*, il ne faut pas vous attendre à ce que je reste vivre sous son toit. Quant à toi, maintenant que j'ai vu ta face cachée, je me demande si tu as joué un rôle dans ce piège. On peut savoir ce qui s'est vraiment passé, Rob ?

Elle attendit, mais il se contenta de pianoter sur sa calculatrice.

— Je veux une réponse.

— Et moi je veux que tu fiches le camp d'ici.

— Je vois qu'il ne sert à rien d'essayer de discuter. Ça t'est donc égal, nous deux ? Tu te fiches de savoir si je t'aime ou non ? Décidément, je crois que je vais m'en aller pour de bon.

Il leva sur elle des yeux flamboyant de fureur contenue.

— Tu ne peux pas t'en aller, Kate, et plus tôt tu t'en rendras compte, plus tôt tu apprendras à me faire confiance, mieux cela vaudra.

— Te faire confiance ! s'exclama-t-elle, incrédule.

Se pouvait-il qu'il dise la vérité ? Était-elle enfermée ici à jamais ? Kate prit un petit cahier et alla s'asseoir dans le jardin. C'était une belle soirée d'été ; les cigales crissaient, omniprésentes et stridentes, les grenouilles coassaient dans la rivière, le soleil était resplendissant et la chaleur montant de la terre répandait un parfum d'herbes aromatiques, de fleurs et de gazon. Mais Kate ne remarquait rien. Elle était trop occupée à noircir les pages. En vendant ses bijoux, elle pourrait probablement réunir dix mille rands. En ajoutant le prix de son cheval, elle tiendrait le coup quelque temps. Mais après ? Il faudrait qu'elle trouve du travail. Qu'était-elle capable de faire ?

Elle abandonna très vite l'idée d'en appeler à ses amies. Car qui étaient ces fameuses amies, en fait ? Les épouses des relations d'affaires de Rob. Elles avaient été forcées de se fréquenter à cause de leurs maris, elles avaient essayé de se trouver des points communs, mais aucune ne l'avait appelée depuis le déshonneur de son père.

Par ailleurs, si elle renonçait aux marais, Rob la mettrait au pas. Elle deviendrait sa chose. Était-elle capable de faire semblant toute sa vie sous prétexte de préserver son statut social et sa petite sécurité ? Avait-elle le choix, en fin de compte ?

Elle souffrait, et comme un animal blessé elle avait besoin de se cacher quelque part. Or son havre avait toujours été le lagon. Enfant, elle y était allée canoter et pique-niquer. Lycéenne, elle y avait donné des soirées dansantes. C'était aussi là-bas que sa mère allait peindre, dans le pavillon d'été. La vie avait été belle jusqu'à ce qu'elle meure.

Elle enfila une culotte de cheval et un tee-shirt, sella Ponty et partit pour une grande chevauchée dans les dunes. Elle galopa si bien, espérant évacuer sa tension, que la robe noire du cheval fut bientôt mouchetée d'écume. Elle descendit ensuite vers la mer, du côté rocailleux où une source souterraine très pure jaillissait au milieu d'un bouquet d'arbres noueux. Ponty en connaissait le chemin par cœur. Puis ils remontèrent au trot le flanc escarpé dans la chaleur oppressante de l'après-midi. Le cheval en nage commençait à se montrer rétif. Elle mit pied à terre et continua en le tenant par la bride. Au moment de franchir la crête, elle reprit le chemin de la baie et ils longèrent le rivage au petit trot, pénétrant de temps en temps dans l'eau, en direction du delta.

Quand Kate bifurqua vers l'amont de la rivière, elle entendit soudain du bruit devant elle. Un engin puissant qui s'arrêtait, redémarrait... Elle se protégea les yeux de la main et, par-dessus la dune, aperçut la tête et les épaules d'un homme qui conduisait un imposant véhicule. Il allait sans cesse d'avant en arrière, donc d'est en ouest, par à-coups. Que faisait-il là, à creuser dans le sable ?

En s'approchant, elle vit qu'il perçait une profonde tranchée. Rob avait-il déjà entamé les travaux en vue de son futur ensemble résidentiel, situé sur son côté de la dune ? Curieux endroit pour poser des fondations. À moins qu'il n'ait entrepris de murer son lot pour le distinguer de celui de sa femme ? Un groupe d'ouvriers s'affairaient à arracher des racines ou des buissons entiers et à enlever des cailloux pour dégager la voie devant le bulldozer. Elle continua d'avancer, tremblante. La rive était défigurée. Fleurs et broussailles avaient été déblayées, une partie des marais drainée.

Mais pourquoi avait-il creusé cette longue tranchée jusqu'à la mer ?

Il était en train d'assécher les marais. Cette révélation lui glaça les sangs. Même dans ses projets d'investissement les plus fous, Rob n'avait jamais émis cette hypothèse-là ! Sa violence depuis trop longtemps refoulée remonta d'un coup à la surface ; Kate piqua des deux. Elle coupa la route au bulldozer en aspergeant de sable le conducteur, qui immobilisa son engin. Un ouvrier fit mine de prendre son cheval par la bride mais elle leva sa cravache d'un geste menaçant. Le cheval se cabra et l'homme battit précipitamment en retraite, non sans insulter la cavalière.

Sur ce, le conducteur du bulldozer la reconnut. Il recula quand elle amena son cheval un peu trop près de lui à son goût et lui agita sa cravache sous le nez en vociférant des propos rendus incohérents par la colère.

— Qui vous a donné l'ordre d'assécher le lagon ? Arrêtez ça tout de suite. Vous m'entendez ?

L'homme sauta à terre. Âgé, vêtu d'une salopette, il avait piètre allure. Il se dandina avec humilité et leva sur elle un regard anxieux.

— C'est votre mari, sauf votre respect, madame. Il sait ce qu'il veut et il a donné des instructions très claires. Il m'a dit de percer un canal pour relier le marais à la mer. Il y a une semaine qu'on y travaille. Comme il vient tous les soirs, je ne vois pas où est le problème.

Une semaine ! Elle n'en revenait pas qu'il ait fait tout cela derrière son dos. Bien sûr, elle pouvait lui intenter un procès, mais il était sans doute trop tard. Ils auraient peut-être terminé dès la fin de la journée, et alors...

— Je vous ordonne de quitter les lieux, dit-elle avec fermeté. Laissez le bulldozer sur place. À moins que vous ne préfériez que j'aille chercher la police. Donnez-moi les clefs.

Elle tendit la main, décourageant du regard toute velléité de résistance chez le conducteur.

L'homme se mit à transpirer tant il hésitait. Il avait

reçu des ordres, seulement il était vieux, d'une époque où les non-Blancs avaient l'habitude d'obéir aux Blancs, quels qu'ils soient. Déjà les autres s'éloignaient sur la dune, vers la baraque du régisseur.

Elle fixa le conducteur avec froideur. Il leva la main en signe de capitulation, et elle lui prit les clefs d'un geste impérieux.

Il s'épongea le visage puis se détourna, incertain.

— Allez ! lança-t-elle en faisant un geste en direction de la baraque.

Il partit à grands pas et eut tôt fait de disparaître derrière un bouquet d'arbres. Elle attendit quelques instants, puis descendit de cheval et se mit au volant du pesant engin. Méprisant les accidents du terrain, elle le conduisit jusque dans le lagon. Quand il commença à s'enfoncer, elle ressentit une vive satisfaction. Le bulldozer avait déjà de l'eau par-dessus les chenilles. « Avance, avance ! s'encourageait-elle. C'est ridicule, mais tu *dois* continuer. »

Autour d'elle l'eau tourbillonnait et montait dangereusement. Le moteur finit par crachoter puis s'arrêta tout à fait. L'engin s'enfonçait lentement sous elle, de plus en plus profondément, mais elle ne bougea pas de son siège. Tremblante, elle avait l'impression d'agir comme dans un rêve ; en même temps elle comprenait que les choses avaient changé. *Elle* avait changé. Elle s'était affirmée, rebellée pour la première fois de sa vie. Oui, elle l'avait fait ! C'était de la folie pure, mais elle l'avait fait. L'eau lui léchait les pieds et elle avait du mal à rester en place sur son siège glissant car le véhicule s'inclinait ; bientôt elle eut de l'eau jusqu'aux genoux, mais elle tint bon. Quand il finit par se renverser sur le côté, elle se laissa glisser dans l'eau et chercha à regagner la rive en se gardant bien de reprendre pied avant la zone de hauts-fonds, pour ne pas s'enfoncer dans la vase puante, comme cela lui était souvent arrivé quand elle était petite.

De jeunes enfants pataugèrent pour rejoindre le bulldozer, puis l'escaladèrent en poussant des cris de joie.

Grisée par son triomphe Kate remonta à cheval et se mit à descendre le long de la rivière, vers la mer.

Ce fut alors qu'elle entendit le cri poignant d'une oie égyptienne. En fouillant dans les joncs, de la boue jusqu'aux genoux, elle trouva l'oiseau retenu par une aile dans un piège. Elle le libéra en maintenant fermement sa tête, car il avait le cou puissant et le bec acéré.

Elle cherchait à l'envelopper dans son tee-shirt quand un coup l'atteignit. Une vive douleur l'étourdit un instant. L'oiseau s'échappa et alla se perdre dans les joncs ; un squatter famélique et crasseux leva son couteau dans l'intention de clouer sur place le volatile blessé. Kate frappa son bras d'un coup de cravache et fit tomber le couteau. L'oiseau s'enfonça plus profondément dans la végétation ; l'homme ramassa son arme et tourna vers Kate des yeux affamés où se lisait la fureur. Abasourdie, elle se rendit compte qu'il voulait la tuer. Inimaginable ! Alors qu'elle attendait des excuses ! À l'instant où la lame s'abattit, elle en agrippa la garde et lutta de toutes ses forces contre son agresseur. Elle sentit le tranchant lui cisailler la paume, qui fut bientôt gluante de sang ; mais elle était robuste, elle aussi. Haletant sous l'effort, elle maintint son emprise. Dieu, comme cet homme puait ! Elle le repoussa durement, et, pris par surprise, il tomba en arrière. Le couteau était à elle. Elle lui porta un coup enragé et lui entailla sévèrement le bras. Le sang jaillit.

— Arrière !

Elle se remit péniblement sur pied ; elle se sentait faible et la tête lui tournait. En faisant un pas en avant, elle se rendit compte qu'elle était entourée de squatters et qu'ils étaient très en colère. Une femme se détacha du groupe ; son visage exprimait toute son envie, toute sa haine.

— Le collier ! hurla-t-elle. Le collier, le collier [1] !

1. Supplice consistant à entourer d'un pneu le cou de la victime et à y mettre le feu. *(N.d.T.)*

Son cri fut repris par d'autres. Un gamin en haillons s'élança et jeta un vieux pneu en direction de Kate.

L'espace d'une seconde, la jeune femme resta pétrifiée de terreur. Puis elle fit un brusque écart pour éviter le projectile et attrapa son cheval par la bride ; elle sauta en selle et leva sa cravache. Le cheval se cabra et les squatters effrayés reculèrent. Si elle arrivait à se frayer un passage jusqu'au lagon, elle pourrait s'échapper à la nage ; mais ils l'entouraient comme une meute de chiens sauvages.

Deux détonations retentirent, toutes proches, suivies par un silence soudain. Le groupe se dispersa. Un homme s'approchait. Le policier qui l'avait malmenée l'autre soir. Malgré son jean et son tee-shirt, il dégageait une grande autorité. Tout à coup, il ne lui déplaisait plus autant.

— Vous tombez bien !

— Pas de panique, mais ce n'est pas encore fini, répondit-il en s'approchant encore. Ils ont des armes à feu. Ne dites rien. Descendez vite de cheval et restez entre lui et moi. Prenez mon bras.

Il l'accompagna ainsi jusqu'à la mer, et pour la première fois elle prit la mesure de l'étendue du nouveau campement de squatters. Comment avait-il pu prendre aussi vite de telles proportions ? Elle céda à l'abattement. C'était arrivé pratiquement du jour au lendemain. En proie à un désespoir croissant, elle se raccrocha d'un côté au bras du policier et de l'autre à son cheval. Partout des regards hostiles, des bouches au pli amer, des bébés gémissants et une puanteur d'égout.

— Mon Dieu, c'est épouvantable, souffla-t-elle. Où vont-ils tous aller ? Comment les faire partir de mes terres ?

— Pas moyen. C'est bien là notre problème actuel, et personne ne connaît la solution. Ils ont ce qu'on appelle un « droit de squat », voyez-vous. On ne sait plus quoi faire. Nous n'avons aucune instruction.

Une pierre atterrit non loin d'eux ; le lieutenant s'immobilisa et lança quelques mots en xhosa. Il semblait faire la leçon aux squatters et les apaiser de son mieux tout en entraînant Kate vers la mer, en passant entre les huttes. Arrivé à la lisière du campement, il s'arrêta.

— Là ! Vous ne risquez plus rien, maintenant. Vous pouvez remonter à cheval et rentrer chez vous. Je regrette, Mrs. Palma.

Comment avait-il su qu'elle avait besoin d'aide ? Et pourquoi s'excusait-il à la place de ces gens ?

— Je vais avec vous au poste. Je veux porter plainte. Mon mari essaie de faire drainer le lagon et... Elle lui débita alors toute l'histoire d'une traite. Puis elle s'enquit : Comment avez-vous su que j'étais là ?

— Le conducteur de l'engin est venu tout droit nous avertir. Il avait trop peur d'en référer au régisseur. Il lui fallait un témoin pour confirmer qu'il n'y était pour rien. Si je suis venu, c'est bien parce que je craignais que vous ne vous attiriez des ennuis. Vous comprenez, votre mari a fait raser plusieurs huttes ce matin. Vous n'avez rien vu ?

Elle fit non de la tête.

— Environ cinquante cabanes ont été détruites près de la route, là-bas, derrière ces arbres. Sans doute à titre d'expérience, pour voir quelle serait leur réaction. La situation est inédite, les temps changent. Nul ne sait plus démêler ce qui est bien de ce qui est mal. La tension monte au campement. C'est la guerre. Tant que l'affaire des squatters ne sera pas réglée, je vous prierai de vous tenir à l'écart. Si vous voulez vous rendre sur place, je vous fournirai une escorte.

— Puis-je porter plainte ? Je dois obtenir une décision de justice empêchant mon mari de drainer le lagon et d'enfreindre mon droit de propriété, de mon côté de la rivière.

Elle n'ignorait pas que cette initiative allait provoquer un branle-bas de combat, mais si elle le laissait faire, une fois le lagon asséché, plus de marais, plus de cause à défendre, plus d'oiseaux, plus de broussailles, plus d'endroit où se réfugier.

Il fronça les sourcils et s'éclaircit la voix.

— C'est un problème juridique, ça. Je suppose que la région et les écologistes se rangeront de votre côté, mais ça va coûter cher. Laissez-moi plutôt parler à votre mari. Il la fixa d'un air impassible. Vous êtes sûre de bien saisir toutes les conséquences ? Parce que, dans ce cas, je pense pouvoir le convaincre. Il jeta un regard par-dessus son épaule et scruta les buissons. Le danger semblait écarté. À long terme, il ne peut pas gagner. Le procès prendrait deux ans et vous coûterait une fortune à tous les deux. Dans l'intervalle, vos différends d'ordre privé deviendraient une affaire publique.

Était-ce aussi simple ? Pouvait-elle ainsi s'abriter derrière un inconnu ? Pourquoi pas, après tout ? En outre, elle se sentait en confiance avec lui.

— Oui, je veux bien que vous alliez le trouver, merci. Dites-lui que je vous ai parlé de porter plainte pour violation et détérioration de propriété privée.

— Si vous êtes sûre de savoir ce que vous voulez.

— J'en suis sûre, répondit-elle fermement.

Fou de rage, Rob regardait Kate rentrer son cheval à l'écurie. Il venait de se faire sermonner au téléphone pendant dix pénibles minutes par un individu qu'il tenait pour inférieur, aussi bien intellectuellement que socialement.

— Bon sang, Kate, tu te comportes comme une gamine, éructa-t-il. Qu'avais-tu besoin de mêler la police à tout ça ? Regarde-toi. Tu es couverte de boue. Franchement, te bagarrer avec un squatter... On me dit que tu l'as attaqué à coups de cravache et que tu lui as donné un coup de couteau. Cette exhibition a réduit à néant mes projets d'élimination de ces gens. Tu ne peux donc pas me laisser m'occuper de cette affaire ? Tu crois pouvoir les chasser à toi toute seule ? Tu es folle ou quoi ? Tu sais ce qu'a coûté ce bulldozer ?

— Il a essayé de me tuer. Il avait pris une oie égyptienne au piège, et je l'ai libérée. Alors il m'a sauté dessus avec un couteau. Elle lui montra sa main. Il faut recoudre ma blessure. Tu crois peut-être que je me promène avec un couteau en attaquant les gens pour le plaisir ?

Rob se vida d'un coup de toute querelle, comme une baudruche se vide de son air sous la piqûre. Tout pâle, il ordonna à Ramona d'appeler un médecin. Puis il berça Kate dans ses bras.

— Oh, mon Dieu, dire que tu aurais pu te faire tuer. Ne retourne jamais là-bas, tu m'entends ? Je te l'interdis. Tu aurais pu te faire tuer. Ne te bats pas contre moi, Kate. C'est pour toi que je fais tout ça. Tu ne comprends donc pas ? C'est pour ton bien. Je veux que tu sois riche de ton côté. Laisse-moi faire. Je ferai de toi une millionnaire. Je ferais n'importe quoi pour toi.

— Je ne te laisserai pas drainer les marais, Rob. Je vais t'en empêcher, tu peux me croire. Tu ne vois pas qu'ils représentent seulement une partie de notre problème ? Tu me refuses mon individualité. Tu ne comprends donc pas ?

Il la lâcha brusquement et riva sur elle un regard pétri d'angoisse et d'incompréhension.

— Ne te bats pas contre moi, Kate, murmura-t-il. Tu ne sais pas à quoi tu t'exposes. Parce que, vois-tu, j'ai une caractéristique. Je ne perds jamais.

10

À la maison de retraite, tout le monde disait que Mrs. Allingham avait largement quatre-vingts ans, mais elle n'en avouait que soixante-neuf et refusait catégoriquement qu'on l'aide à faire ses courses. Ce samedi matin-là, elle se mit en route en poussant son Caddie, où son sac à main était caché sous une couverture. Elle n'avait pas fait la moitié du chemin qu'un Noir sortait d'un bond des broussailles bordant la rivière et la projetait au sol. Il empoigna sac et couverture et s'élança vers les boutiques. La vieille dame se remit prestement sur ses pieds et lui courut après en criant :

— Arrêtez ! Au voleur ! Arrêtez-le ! Il m'a volé mon sac ! Arrêtez cet homme !

Jack Bronson était en train d'acheter de la viande. Lui et Robin, le boucher, sortirent précipitamment du magasin. Il lui suffit d'un regard et d'une bouffée d'adrénaline pour se jeter sur le voleur et le plaquer aux jambes comme au rugby. Le squatter se releva presque aussitôt et, l'air hébété, fit un brusque écart pour traverser la rue, mais un jeune étudiant aux cheveux longs lui expédia un coup de poing à la mâchoire qui l'envoya valser. Il s'écroula, voulut se redresser, mais Jack le faucha et il retomba. Il fut instantanément entouré d'une foule de Blancs et de métis vibrants de haine qui multipliaient les quolibets.

Terrifié, il sortit un couteau et recula contre le mur.

— Il est armé ! cria Jack. Faites attention !

En proie à un soudain accès de rage, il rugit :

— Va te faire foutre, salopard ! et décocha une ruade sauvage en direction du couteau, suivie d'un violent coup de poing visant le squatter en plein plexus.

Le Noir bascula en arrière, le souffle coupé. Une seconde plus tard Jack était sur lui, encouragé par la meute hurlante qui appelait au meurtre.

— Tue-le, ce salaud ! entendait-on vociférer.

Chacun avait une rancune personnelle à l'égard des squatters. Ils se battaient pour cribler la silhouette recroquevillée de coups de pied et de poing.

Emanuel Fernandes se leva en soupirant du banc où il avait pris place dans le jardin public. Il récupéra la couverture, le sac à main et le Caddie et les rendit à la vieille dame qui, appuyée contre un arbre, essayait de retrouver son souffle. Comme elle semblait dans tous ses états, il lui proposa de l'accompagner dans les magasins, mais il sentit bien sa réticence.

Mrs. Alligham n'avait guère coutume de côtoyer la racaille puant la *dagga*, mais son cœur battait à tout rompre, elle était hors d'haleine et, à la vérité, elle avait un peu le vertige. Toutefois, elle ne voulait surtout pas que cela se sache ; alors elle se raccrocha au bras qu'on lui tendait et fit bonne figure.

Ari revenait du port en compagnie de Willis. Il s'élança vers l'attroupement, où il se fraya un passage non sans essuyer quelques coups de poing, et plaça le voleur à la tire ensanglanté entre le mur et lui tout en repoussant les assauts des habitants enragés.

— Laissez-le. Cette ordure mérite ce qui lui arrive.

Un violent coup de poing l'atteignit à l'épaule. C'était Jack. Le visage bouffi, l'expression féroce, il était comme fou. D'ailleurs, tous semblaient avoir perdu la tête. Ils arboraient des têtes de gargouille en furie. Toute la frustration rentrée qu'ils éprouvaient devant l'invasion des squatters s'était concentrée contre celui-ci.

Ari dégaina et tira en l'air.

— Ça suffit ! Reculez ! Vous êtes cinglés ou quoi ? Allez, allez, on reprend ses esprits, maintenant.

Voyant que tous battaient en retraite, il poussa un soupir de soulagement.

Ce fut Robin qui se calma le premier.

— Il a agressé Mrs. Allingham, informa-t-il Ari. Il lui a volé son sac à main. Il l'a jetée à terre. C'est un miracle qu'elle ne se soit pas cassé le col du fémur.

Maintenant qu'il les avait impressionnés et que leur courroux s'était calmé, ils n'étaient plus dangereux. Ce n'était pas la première fois qu'Ari assistait à ce genre de scène ; emportés par les mouvements de foule, les individus se muaient en rouages décervelés au sein d'une véritable machine de haine. Un instant plus tard ils riaient et se distribuaient des bourrades dans le dos. Ils se dirigèrent comme un seul homme vers le café le plus proche, laissant Ari entraîner vers sa voiture le squatter squelettique et gémissant en lui maintenant fermement la tête dans le creux de son bras replié. Puis il lui passa les menottes et le ramena au poste. Il laissa Willis se charger de l'inculpation et retourna sur les lieux chercher des témoins.

Le salon de thé où ils s'étaient tous repliés, Meggie's Tea Room, se trouvait au coin de la rue. En pénétrant dans la salle, si bondée qu'il fut contraint de rester sur le seuil, il aperçut Mrs. Allingham. Manifestement satisfaite, elle mâchonnait un éclair. En face d'elle, l'air tout étonné d'être accepté à sa table, était assis un homme au teint très mat arborant une queue-de-cheval et des vêtements excentriques. Une centaine de villageois étaient entassés là, soit attablés, soit appuyés aux murs.

Meg, la propriétaire des lieux, était penchée sur son comptoir, son visage poupin plissé par le souci que lui causaient les propos de ses consommateurs. Elle avait visiblement endossé le rôle de présidente de cette assemblée improvisée ; elle préparait du thé et calculait les additions. Ses deux jeunes serveuses, sans doute des étudiantes, semblaient débordées par le rythme inhabituel des commandes.

— Qu'est-ce qu'on va faire ? lança Robin. Ils sont des centaines !

— Des milliers, oui ! De mon *stoep*, je suis bien placée pour apprécier l'ampleur du désastre.

C'était Hannah September qui venait de s'exprimer ; un silence suivit sa déclaration. Tout le monde savait que les September étaient les premiers métis du quartier chic. Ceux qui n'en avaient pas les moyens leur en voulaient ; parallèlement, leurs voisins les évitaient.

— Ils me volent de l'eau au tuyau d'arrosage, poursuivit-elle bravement. D'abord, je n'y ai pas vu d'inconvénient. Je me disais que ces pauvres gens en avaient bien besoin. Seulement, je me suis retrouvée avec une facture de deux mille rands. Alors j'ai fait couper l'arrivée d'eau dans le jardin. Mon mari envisage de faire construire un mur.

Meg lui passa une tasse de thé ; elle but à petites gorgées en se demandant si elle n'en avait pas trop dit. Cecilia de Beer, peintre et sculptrice de son état, qui comptait parmi les célébrités de la baie, lui sourit tristement.

— Je suis désolée pour votre fille. J'espère qu'on la retrouvera bien vite. Venez donc vous asseoir avec nous.

Les autres femmes lui firent de la place à table.

Roger Binks, agent immobilier, se leva.

— Écoutez, nous avons un vrai problème sur les bras, commença-t-il d'une voix teintée d'un fort accent cockney. Vous ne vous en rendez peut-être pas compte, mais ça ne s'arrête pas là. J'ai entendu dire que le conseil régional songeait à fournir aux squatters un lieu de résidence permanent. Auquel cas Silver Bay deviendra une zone noire où personne ne voudra plus s'établir. Pour ceux d'entre nous qui s'y plaisent, ce sera la fin.

— Aïe ! Quelles seront les conséquences sur le prix des maisons ? se lamenta Bronson.

— Ma maison, c'est ma pension, s'exclama Ruth, qui, ayant perdu son mari, travaillait comme réceptionniste à l'hôtel du village. J'y ai placé toutes mes économies. Je ne survivrai pas à un effondrement des prix dans l'immobilier.

Plusieurs voix murmurèrent simultanément leur assentiment.

— Ils ont flanqué une trouille terrible à ma gamine en la faisant tomber de vélo pour le lui piquer ; elle était couverte de bleus ! plaça Meg.

Les exclamations mêlées étaient si sonores qu'on ne distinguait plus rien.

— Un à la fois ! s'écria Meg en faisant sonner une cuiller sur son comptoir.

— Et le viol de ce matin, vous êtes au courant ?

Barbara Jones, déléguée locale de la Société vétérinaire, se leva. Les femmes soupirèrent. Une fois qu'elle était lancée, il n'y avait pas moyen de l'arrêter. Mais, cette fois, ses paroles retinrent l'attention de tous.

— Le cheval a été blessé ; il a fallu l'achever. C'est pour ça qu'on m'a appelée. Une jeune fille de dix-huit ans a été jetée à bas de sa monture et violée par quatre hommes. Elle souffre d'un grave traumatisme psychologique. Elle n'est pas d'ici ; elle ne faisait que se promener à cheval chez nous. Je crois qu'elle a été hospitalisée. Vous n'avez qu'à lui poser la question à *lui*, fit-elle en indiquant Ari. Il est bien placé pour répondre.

Ari intervint de mauvaise grâce.

— Cette jeune femme a en effet déclaré avoir été violée par quatre hommes. On ne les a pas encore retrouvés. Je vous recommande donc de ne pas vous déplacer seules, que ce soit à pied ou à cheval. Si vous possédez une arme, munissez-vous-en — en admettant que vous sachiez vous en servir. Ce matin, Mrs. Palma a été agressée près de la plage, mais elle s'est débattue et a réussi à s'enfuir.

— Quelles mesures comptez-vous prendre ? C'est

quand même pour ça que la police est là, non ? Pour nous protéger. Alors foutez-les dehors !

Voilà la question qu'Ari redoutait. Il comprenait leurs angoisses. Toute la bourgade était comme une chaudière près d'exploser. Les habitants auraient fait n'importe quoi pour disposer d'une milice de Boers à l'ancienne, armée de matraques et de fusils — ces mêmes polices privées qu'ils avaient tant fustigées par le passé. Tous étaient traumatisés par la perte de ce qu'ils chérissaient. Du jour au lendemain, leur art de vivre était parti en fumée. Le présent leur faisait peur, avec tous les viols, meurtres, agressions et effractions dont on parlait, pour ne rien dire de leurs plages et de leurs jardins publics envahis. Les enfants ne pouvaient plus circuler librement à vélo ou à cheval dans la vallée, les plages sentaient mauvais, les coteaux étaient jonchés de boîtes de conserve et de bouteilles vides. Les feux de brousse menaçaient quotidiennement la faune et la flore locales, les prix de l'immobilier avaient chuté et les banques n'accordaient plus de prêts tant que le « problème des squatters » ne serait pas réglé. On n'était même plus en sécurité quand on allait faire ses courses : des mendiants affamés rôdaient autour des supermarchés. Les commerçants fermaient leurs portes à clef et maintenaient constamment en place des barres de sécurité ; les clients devaient sonner pour entrer. D'un seul coup, Silver Bay était devenu zone sinistrée.

Les riches s'en tireraient — ils s'en tiraient toujours. Mais c'était aux petits Blancs qu'Ari pensait avec émotion ; car eux étaient forcés de demeurer en Afrique du Sud. Nul ne savait ce que serait l'avenir, tous le redoutaient. On ignorait ce qui allait remplacer l'apartheid. Ari comprenait leurs craintes, leur sentiment d'insécurité, mais telle que la loi était faite pour l'instant, rien n'empêchait la moitié de l'Afrique du Sud de camper sur les coteaux si tel était son désir.

— Ça ne sert à rien de réclamer de l'aide, intervint Dave Craw, le dentiste, qui monta sur une chaise et imposa le silence. Il faut nous défendre par nous-mêmes. Moi, je suis pour qu'on les chasse. Nous ne sommes pas la première petite ville à qui il arrive d'être prise pour cible. La même chose s'est produite près de Randburg, dans le Transvaal. Le conseil régional a réquisitionné une ferme abandonnée, alors qu'il y avait près d'un million de Noirs. Vous n'avez pas lu ça dans le journal ?

— Moi, si, lança Bronson. Les résidents blancs ont barré l'unique route du camp et posté des vigiles jour et nuit. Après quelques escarmouches, les Noirs et le conseil régional ont laissé tomber.

— Il n'y a que trois routes d'accès à Silver Bay, poursuivit Dave. On n'aurait pas grand mal à interdire l'accès de la ville. Moi, je suis pour qu'on passe à l'action. On pourrait rassembler des volontaires et flanquer ces individus dehors. En tout cas, moi, vous savez où me trouver.

— On n'a qu'à foutre le feu !

— Ouais, si on les tuait tous ?

— Venez me voir, insista Dave. On mettra ça au point entre nous.

Un véritable tintamarre se déclencha. Meg réclama le silence.

— Écoutez-moi ! Nous devons tenir une réunion en bonne et due forme, avec un président de séance et tout et tout. C'est trop petit, ici. Il faut rassembler tous les contribuables, et le plus tôt sera le mieux. Alors restez en contact les uns avec les autres. Jack, tu te charges de nous trouver une salle ?

L'interpellé hocha la tête.

— Je vous contacterai.

L'assemblée improvisée se dispersa et Ari commanda un café. Meg le lui apporta et s'assit à sa table.

— Qu'allons-nous faire ? Si le lagon se transforme en colonie noire, je n'ai plus qu'à mettre la clef sous la porte. Jamais les touristes ne mettront les pieds ici.

Quant aux industries locales, elles seront aussi obligées de fermer.

Ari ne trouva rien à lui répondre.

— Le changement est la seule chose sur laquelle on puisse compter dans la vie, et ça ne se passe jamais sans mal, fit-il en lui posant la main sur l'épaule.

Il exigea de payer son café et s'en alla.

11

Les jours passaient. Mandy avait l'ouïe de plus en plus fine. Maintenant, quand *il* arrivait elle entendait de loin le moteur, et, à en juger par ses emballements, elle avait deviné qu'*il* la cachait dans un endroit retiré, en terrain boisé, difficile d'accès. Elle *l*'entendait se garer en hauteur, les portières claquaient ; puis plus rien pendant environ un quart d'heure ; les oiseaux se taisaient. Alors elle percevait un bruit de pas, une respiration appuyée ; la porte du haut s'ouvrait, on descendait pesamment les marches, on ouvrait sa porte à la volée et on poussait à l'intérieur du pain, du lait, parfois des pommes.

Quand reviendrait-*il* ? Je vous en prie, je vous en prie, revenez ! soufflait-elle dans le noir. Et s'il ne réapparaissait plus jamais ? S'il avait un accident ? Elle se mit à prier pour qu'il ne *lui* arrive rien. *Il* était son seul lien avec la vie. Elle avait l'impression d'être un fœtus relié à *lui* par un étrange cordon ombilical. Mais pourquoi ? Qui était-*il* ? Et pourquoi l'avait-*il* appelé Rose ?

Lorsque la voix revint murmurer à son oreille pendant qu'elle dormait, elle se raidit, tremblante, mais laissa *sa* main explorer son corps sans broncher.

— Rose, je t'aime, fit-*il* dans un souffle rauque.

— Qui êtes-vous ?

Un silence, puis la main se retira.

— Ne vous arrêtez pas. J'aime qu'on me caresse, se força-t-elle à ajouter. Qui êtcs-vous ?

— Tu le sais très bien.

— Comment puis-je en être sûre, dans le noir ? Amenez une lampe, que je vous voie.

— Je suis ton fiancé, mais tu l'as peut-être oublié.

— Vous allez me retenir longtemps prisonnière ici ? reprit-elle en frémissant, car elle sentait de nouveau *sa* main sur son sein.

— Jusqu'à ce que tu m'aimes à nouveau comme avant. Jusqu'à ce que tu me jures que tu regrettes. Jusqu'à ce que tu promettes de m'épouser et de t'enfuir avec moi. Mais d'abord tu dois être punie pour ce que tu as fait.

Elle fondit en larmes.

— Je vous en supplie, ne me faites pas de mal.

— Oh, Rose ! Je mourrais plutôt.

— Pourtant, vous me faites déjà du mal. Je vais mourir ici. Je déteste le noir. Laissez-moi partir. Il le faut. Je ne suis pas Rose. Vous devez sûrement le savoir.

Elle entendit ses genoux craquer. Puis il prit une courte inspiration qui ressemblait à un hoquet, et le bruissement de ses vêtements indiqua qu'il s'éloignait. Un bruit de pas tout près de la porte.

— Non ! Non ! cria-t-elle. Ne me laissez pas seule ici !

Elle se précipita, bascula vers l'avant et sentit sous ses mains quelque chose de mou. Elle resserra ses doigts sur un morceau de tissu qui ne tarda pas à se déchirer.

— Je vais mourir, ici ! Emmenez-moi avec vous !

La réponse la terrorisa.

— Mais notre petit jeu ne peut se jouer que dans le noir, Rose. Dehors, tu serais Mandy, et moi, je serais obligé de te tuer. Tu te souviens du batelier ?

La porte claqua, les pas s'éloignèrent.

Son ravisseur venait de se présenter sous un jour qui la fit frissonner d'horreur. Il n'était pas dément, seulement animé de mauvaises intentions. Au fond de son cœur, il savait qu'elle n'était pas Rose.

— Pourquoi, oh, pourquoi ? s'écria-t-elle en martelant le battant. Pourquoi me faites-vous subir un sort pareil ?

— Parce que tu mérites une punition, lança une voix moqueuse de l'autre côté de la porte.

12

Depuis quinze jours, Ari passait tous ses moments libres à interroger les représentants légaux des Indiens dans les temples, les mosquées, les centres communautaires. Pourquoi une Indienne recueillerait-elle un enfant noir, non croyant et handicapé par-dessus le marché ? lui demandaient-ils. C'était justement la question que se posait Ari.

Willis, de son côté, avait passé sa journée de congé à se renseigner dans les écoles pour non-Blancs ; le jour même, Ari avait interrogé tout l'après-midi Hilda Zackerman, mère de Simon, l'ex-petit ami de Mandy aux dires d'Hannah. Il était d'ailleurs resté bouche bée devant l'aveuglement de cette femme, laquelle niait catégoriquement que son fils ait pu prendre de la drogue ; pourtant, Simon montrait tous les symptômes du sevrage : pâle et méfiant, il restait fermement planté derrière le dossier de la chaise où avait pris place sa mère, à lui agripper les épaules tandis que ses yeux lançaient des éclairs apeurés ; il était pris de frissons à intervalles réguliers. Ari sentait bien qu'ils avaient peur, tous les deux, mais il ne parvenait pas à se faire entendre.

— Je ne vais pas m'en prendre à toi, Simon. Détends-toi. Au contraire, je peux t'aider à te tirer de ce mauvais pas.

La tension qui régnait, et dont Ari ne comprenait pas

tous les tenants et aboutissants, avait fini par exaspérer Hilda, qui lui avait hurlé de les laisser tranquilles. Il s'était exécuté, mais il se demandait encore s'il n'avait pas eu tort. Il y avait quelque chose de louche là-dessous. De louche et de grave.

Le problème était qu'il était las. À l'orphelinat St. Patrick, objet de sa dernière visite, le principal lui avait laissé entendre que le petit pouvait vivre dans la rue, comme tant d'autres ; Ari s'était donc rendu au Refuge, un centre qui accueillait les jeunes vagabonds l'espace de vingt-quatre heures.

Il n'eut aucun mal à repérer le long bâtiment rappelant une ferme qui se dressait sur les hauteurs de la ville, près du quartier malais. Quand il arriva, à neuf heures du soir, une bande de gosses maigrichons et mal tenus rôdait devant l'entrée, qu'une grosse femme aux manières amicales tentait de leur faire franchir.

Ari découvrit à l'intérieur une grande pièce contenant deux rangées de petits lits alignés contre les murs. À une extrémité, une cantine ; à l'autre, un bureau improvisé : une simple table sur tréteaux où était assis un homme qui aurait été plus à sa place dans une banque, de préférence dans la salle du conseil d'administration. Il avait un long visage osseux et des yeux gris au regard sans vie derrière de grosses lunettes de myope. Son front dégarni se prolongeait par une touffe de cheveux blonds et frisés. Il semblait d'une vive intelligence et s'exprimait d'une voix cultivée. Il se présenta : Archie Goodman, directeur de l'établissement. Ari apprit bientôt qu'il venait d'obtenir un doctorat en sociologie et avait le projet de consacrer quelques années au moins à la réinsertion des enfants des rues. En un clin d'œil, Ari s'était départi de quarante rands.

— L'Église nous fournit le bâtiment, mais, pour le reste, nous dépendons exclusivement de la charité publique, l'informa Archie sur un ton contrit.

L'abri était une structure ouverte. Les enfants

allaient et venaient à leur gré. En les voyant, Ari ressentit comme un coup de poing en plein plexus : ces yeux vitreux, prématurément vieillis, ces nez qui coulaient, ces voix qui ne savaient que geindre... Enfin, au moins avaient-ils un endroit où manger sans être obligés de se prostituer, un endroit où dormir en sécurité. Car, ici, on trouvait toujours un repas, un lit et une couverture, de jour comme de nuit. La conversation fut interrompue des dizaines de fois par de nouveaux arrivants ou des bagarres entre gamins.

— Ce qui m'inquiète, c'est que personne ne se fasse connaître pour toucher la récompense, expliqua Ari en profitant d'une accalmie. Puisque Tabson n'a pas été kidnappé, il n'y a pas délit. Alors pourquoi ne voit-on se présenter personne ?

— Vous craignez donc, je suppose, qu'il n'en sache trop pour être remis entre les mains de la police et qu'on n'ait mis sa vie en danger avec ce spot télévisé ?

— Exactement, répondit lentement Ari, malheureux d'entendre ses appréhensions exprimées aussi brutalement. Sur le moment, j'ai pensé que c'était une bonne idée, mais... Enfin, reste la possibilité qu'il ait fugué, ou que ces gens soient allés vivre dans le Nord.

— Nous avons eu ici un petit pied bot. Je venais tout juste d'arriver. Donnez-moi quelques minutes ; voyons... Archie sortit une boîte à chaussures d'un placard. Ce sont les fiches des enfants non identifiés, précisa-t-il en faisant courir ses doigts sur le dessus de la boîte.

Ari était extrêmement fatigué. Avec les squatters, une vague d'agressions et de cambriolages avait déferlé sur sa ville et il avait travaillé jour et nuit. Il piqua du nez.

— Hé, vous m'écoutez ? fit Archie.

— Excusez-moi.

— Un soir, tard, il y a peut-être huit mois, un jeune pied bot nous a demandé refuge. Il souffrait de malnutrition et de tous les maux qui vont généralement avec. Le lendemain matin, une Indienne est venue le chercher ; elle prétendait être une amie de la mère. Celle-ci lui aurait demandé de veiller à ce que le petit aille à l'école. Je l'ai menacée de lui envoyer la police si elle ne le nourrissait pas correctement, mais j'ai dû les laisser partir.

Arti sentit renaître ses espoirs.

— Cette histoire m'a inquiété. La version des faits donnée par l'Indienne sonnait faux, mais je n'avais pas le temps de prendre des mesures radicales. Par la suite j'ai voulu avoir des nouvelles du petit : elle m'avait donné un faux nom et une fausse adresse. Le problème est que je manque de personnel ; nous ne sommes que trois et nous ne bénéficions d'aucune subvention. C'est une mission impossible, bon sang ! Pour tout dire, je passe la moitié de mon temps au téléphone à mendier des dons.

Il soupira.

— J'ai noté ici que le garçon allait souvent ramasser des moules sur les rochers, la nuit, quand il avait faim. Ce sont ses propres déclarations. Il prétendait que la lumière du phare lui suffisait ; j'en ai conclu qu'il habitait quelque part près de Kommetjie.

Ari partit tout requinqué. Enfin il tenait une piste.

Il fallait qu'il dorme. Il rentra chez lui et appela Willis pour lui demander d'interroger la communauté indienne de Kommetjie. Puis il se laissa tomber sur son lit. La sonnerie du téléphone le tira d'un sommeil auquel il s'arracha de mauvaise grâce. C'était Willis.

— Je crois qu'on tient quelque chose, commença Willis pendant qu'Ari s'efforçait de reprendre ses esprits. Il n'y a qu'une seule Indienne ici et elle s'appelle Patel. Son fils Sam est un vilain hybride ; le père est moitié zoulou, moitié xhosa ; elle ne l'a pas épousé. D'après ce qu'on m'a dit, ce Sam n'est guère aimé. Il est propriétaire d'une épicerie desservant les quartiers métis du coin, mais il semble que ce soit une couverture. Depuis quelque temps, il s'est considérablement enrichi : il conduit une voiture neuve et possède un canot à moteur. Les voisins prétendent qu'il fait dans le trafic de drogue et que sa mère tient la boutique. On y a vu travailler un jeune handicapé. Tout le monde sait qu'il donne un coup de main en vendant de la *dagga* aux coins de rues, mais depuis quinze jours plus personne ne l'a vu. Quant à Sam, il est parti de chez lui à minuit au volant de sa voiture pour rejoindre le port de Silver Bay, où son bateau est à l'amarre. C'est une embarcation destinée à la pêche au gros. Il a parlé avec un revendeur de drogue appelé Tom, puis il est reparti il y a quelques minutes. Je l'attends ici, au yacht-club. Je suppose que vous voudrez rendre une petite visite au dénommé Tom.

— Vous êtes un génie. En effet, oui. Merci, Willis. J'arrive tout de suite.

Ari jeta un coup d'œil à sa montre. Trois heures et demie. Il n'avait pas l'impression d'avoir dormi cinq heures. Plutôt cinq minutes. Il enfila son jean, un tee-shirt et sortit. Il avait bien besoin d'une douche, sans parler de se raser, mais cela attendrait.

En approchant du cottage de Tom, qui donnait sur les baraques de la conserverie, il entendit le muezzin appeler les fidèles à la prière. Ce n'était guère qu'une cabane, en fait ; il y régnait une obscurité totale. La porte n'était pas fermée à clef.

— Sous le lit, fit une voix ensommeillée. Cinquante rands la « carotte ».

Une allumette craqua et un vieil homme apparut à la lueur de la lampe. Il battait des paupières et avait l'air fatigué. Il se redressa en position assise à l'aide d'une corde qui pendait du plafond au-dessus de sa tête. Puis il entreprit de retaper ses oreillers. Ari devina qu'il y avait caché une arme, s'en empara d'un bond et la posa sur une table au pied du lit.

— Vous la récupérerez quand je m'en irai, déclara-t-il en tirant la boîte de sous le lit. Il examina les carottes de *dagga*, joliment enveloppées dans des feuilles. Ari les flaira. C'était de la bonne, elle devait venir du Lesotho. Il en rompit une, en éparpilla le contenu sur la table et en fit un petit tas qu'il sentit prudemment ; puis il se retourna vers Tom.

— J'aimerais quelque chose de plus fort. Où cachez-vous le reste ?

Entre-temps, Tom avait réussi à s'asseoir au bord du lit. Il regardait Ari d'un air perplexe. Son visage était carré, très ridé, ses yeux d'une couleur indéfinissable et très écartés. Ari s'aperçut qu'il était presque à cent pour cent blanc. Un gros kyste déparait son front et ses mains étaient déformées par l'arthrite. Le plus dérangeant, c'était son regard. Sa façon de faire confiance aux inconnus était digne d'un enfant. Tom avait beau comprendre qu'il s'était trompé sur les intentions de son visiteur, on lisait encore une lueur d'espoir dans ses prunelles. Mais elle s'accompagnait de tristesse, voire de chagrin — et ce chagrin était celui de l'innocence. Il devait avoir près de quatre-vingts ans. *Tu parles d'une vie*, songea Ari en éprouvant une bouffée de compassion.

— On vous a mal informé, monsieur. C'est de la *dagga* pure, la meilleure qui soit. Je ne vends que ça. C'est cher, mais ça vaut le coup. Si vous voulez plus fort, il faut aller voir quelqu'un d'autre. Et pour celle que vous venez de réduire en miettes, il faudra me payer. Au fait, qui êtes-vous ?

Il parlait d'une voix douce en articulant parfaitement. En outre, il avait un fort accent irlandais. Décidément, ce Tom ne laissait pas d'étonner Ari.

— Un ami.

— Oui... un ami en visite officielle.

— Ça ne m'empêche pas de devenir votre ami. Ari lui lança un regard lourd de sens et sortit quelques billets de son portefeuille avec ostentation. Je suis très généreux avec mes amis.

— Ne jouez pas à ce petit jeu-là avec moi. Je suis trop vieux. En plus, je ne suis pas du genre loquace.

— Écoutez. Ari se rapprocha prestement, attrapa les prothèses du vieil homme et en fit pivoter une. Ça ferait une bonne matraque, ça.

Le vieux se mordit les lèvres, ses yeux étaient rougis, larmoyants.

— Vous savez, je passe mon temps assis à regarder les gens. J'établis mes propres conjectures, et je ne me trompe pratiquement jamais. Je parie que vous ne briserez pas cette prothèse. Vous en seriez incapable. À moins, peut-être, de perdre votre sang-froid.

Ari lui décocha un coup d'œil surpris.

— Écoutez-moi, Tom. Vous devez m'aider. Votre vie est derrière vous, maintenant ; ou peu s'en faut. Vous avez eu la malchance de perdre vos jambes et il a fallu que vous vous battiez pour survivre. Mais il vous reste le souvenir des jours heureux, non ? Bon. Maintenant, il y a un gosse que je recherche et qui, lui, est handicapé de naissance. Il a été rejeté par sa famille parce qu'on avait honte de lui. Je veux le retrouver. Je crois qu'un Indien se sert de lui pour vendre sa *dagga* et qu'il va s'en débarrasser à son tour. Pour de bon. Il se peut même que j'arrive trop tard.

« Voici comment je vois les choses, Tom : il y a deux sortes d'individus dans ce monde, ceux qui s'en foutent et les autres. Les seconds sont mes amis, loquaces ou pas, et les premiers mes ennemis. Or, mes ennemis, je les extermine. Alors, dans quel camp êtes vous ?

— Reposez donc ces prothèses !

— C'est Tabson qui vous livre, hein ?

Ari se mit à tripoter les feuilles séchées.

— Mais non. Tom semblait sincèrement offensé. Tabson est le gosse de Patel, et ce que vend Patel est sujet à caution. Je n'y toucherais pour rien au monde.

Sujet à caution... Ce type employait vraiment un vocabulaire curieux pour un vieux revendeur cul-de-jatte.

— Tabson vient me voir quand Patel a besoin de renseignements ; sauf que cette fois Patel est venu en personne. Mais je suppose que vous êtes au courant.

— C'est exact.

Brusquement, Ari tressaillit d'appréhension ; cela n'échappa pas à l'autre, qui fronça les sourcils.

— Il cherchait un patron de bateau qui sache se taire et s'acquitter d'une mission particulière sans poser de questions.

— Et vous connaissiez quelqu'un ?

— Naturellement. Mais si jamais vous racontez que je vous en ai parlé, mon compte est bon. C'est un sacré salopard. Féroce comme un mamba et deux fois plus fuyant.

Ari plaça quelques billets sur le lit.

— On peut faire mieux que ça, dit-il en passant le plat de la main sur le bois grossier des jambes artificielles. Des prothèses rembourrées, qui ne font pas mal, avec des articulations spéciales. Ce n'est pas donné, mais pour un ami on ne regarde pas à la dépense. Évidemment, il faudrait économiser un peu.

— Comment vous appelez-vous, jeune homme ? hasarda Tom.

— Vous pouvez m'appeler Ari.

Il ne savait pas très bien pourquoi, mais il avait effectivement envie de se lier d'amitié avec ce vieux.

— Ma foi, Ari, j'ai informé Patel que Jean Graux serait à quai, occupé à réparer des filets sur le chalutier *Enterprise*. Le grain les empêchera de prendre la mer aujourd'hui. Graux est sous contrat avec les Palma, comme moi autrefois. Écoutez-moi, mon petit. Le souci se lisait dans ses yeux écarquillés. Faites attention. Patel est sournois. Dangereux.

— Moins que moi, rétorqua sincèrement Ari. Où habite ce Graux ?

— Sur son bateau. Un huit mètres à l'étrave verte, le *Tralee*. Il est amarré dans la baie ; Jean n'a pas les moyens de se payer un emplacement dans le port. Il vient de l'île Maurice. C'est un excellent marin.

« Et n'oubliez pas ce que je vous ai dit sur Sam Patel. Prenez garde !

13

Le ciel pâlissait à l'est et le vent qui venait de se lever fouettait la mer sombre, la couvrant d'une écume aux furieux bouillonnements. Les nuages qui se pressaient au-dessus des cimes laissaient présager une vilaine tempête.

Le temps qu'Ari réquisitionne un petit hors-bord, les premiers rayons du soleil empourpraient les nuages. Les bateaux du port tiraient sur leurs amarres dans un concert de chocs métalliques et de vibrations sonores. Ari prit un démarrage fulgurant à travers un vol de mouettes décrivant des cercles au-dessus d'un banc de poissons. Au bout de quelques minutes, il était imprégné d'embruns glacés. À un moment, il dut faire un grand écart pour éviter la formidable masse blanche d'une baleine. Enfin il aborda le *Tralee* et amarra son canot à la proue. Un visage apparut à bord et une main agita une matraque dans sa direction.

— Qu'est-ce que vous foutez là ?

L'accent était indéfinissable. Le visage de Jean Graux avait pratiquement viré au noir tant il était hâlé et formait un contraste saisissant avec sa barbe blanche tout en broussaille. Il paraissait la cinquantaine bien conservée. Ses yeux étaient immenses, d'un bleu très foncé, et ses traits européens, avec un visage osseux tout en longueur, un nez pointu, des lèvres minces et des pommettes saillantes. Il portait un gilet rouge et un short kaki.

— Police, fit Ari en brandissant sa carte. Je peux monter à bord ?

— Ma foi…

L'homme se redressa, se gratta la barbe puis s'étira. Apparemment, il venait de se réveiller après une rude nuit de beuverie solitaire.

— Pourquoi, qu'est-ce qu'il y a ?

— Je vérifie les papiers. La routine. Les vôtres sont en ordre ? Vous résidez ici en permanence ? Vous avez un permis de travail ?

Ari avait tiré au jugé, mais de toute évidence il avait atteint sa cible : Graux blêmit.

— Ils sont quelque part par là, dit-il.

— Je peux vérifier sur l'ordinateur du poste, vous savez.

— Écoutez, on peut discuter non ? Il faut que je fasse renouveler mon permis, c'est tout.

Malgré le froid, Graux transpirait.

— Mais certainement. Je suis du genre sympa. Rendez-moi service et je vous revaudrai ça. Il dégaina son arme. Les mains derrière la tête. Passez le premier.

Une fois en bas, Ari lui ordonna de s'asseoir puis le menotta au dossier de sa chaise.

Une fois Jean suffisamment calme pour écouter, Ari replaça le revolver dans son baudrier.

— Il ne va rien vous arriver. Je voudrais seulement vous faire entendre raison. Connaissez-vous un type du nom de Sam Patel ?

— Ouais. Un salopard dangereux.

— Mais encore ?

— Pourquoi je vous en dirais davantage ?

— Peut-être parce que je peux vous faire expulser. Ou alors parce qu'il vous attend au port. Pour vous faire une proposition impliquant un meurtre. C'est après lui que j'en ai, et si vous acceptez son offre, quand j'interviendrai il croira que vous lui avez tendu un traquenard. D'autre part, si vous refusez de l'aider, il vous le fera payer de toute façon. La solution est de me laisser votre place. Et, maintenant, dites-moi tout ce que vous savez, même si ce ne sont que des rumeurs.

— Justement, ce ne sont que des rumeurs, parce que je ne l'ai jamais rencontré. Récemment, il s'est beaucoup enrichi en faisant charger de la drogue à bord de bateaux qui remontent la côte est. Voilà ce que j'ai entendu dire. Direction le Mozambique, l'Ouganda, le Kenya et ainsi de suite. Un marché considérable. On prétend qu'il fait venir la marchandise du Lesotho et d'ailleurs ; peut-être de l'est. Qui sait ?

— Cette fois-ci, il y a autre chose. Il faut que je me substitue à vous l'espace de vingt-quatre heures. Point final. Vous serez payé pour un travail que je ferai à votre place. J'irai jusqu'à vous remettre l'argent en main propre — ou du moins ce qu'il me versera d'avance.

— Ce n'est pas la peine de me laisser les menottes.

Jean soutenait son regard et Ari crut discerner une lueur d'humour. Cela lui plut.

— De toute manière, je ne tremperais jamais dans une affaire de ce genre. Alors, allez-y, mais d'abord enlevez-moi ces machins.

— Impossible. Vous pourriez tout lui raconter. Or les enjeux sont trop grands. À plus tard.

— Et si le bateau s'échoue sur un haut-fond ? S'il heurte une baleine ? Et puis il y a un risque de tempête...

— À plus tard, répéta Ari. Enfin, si le bateau ne s'échoue pas...

Il grimpa l'échelle de coupée. Une bordée de jurons parvint à ses oreilles. Il remonta dans son hors-bord et lança le moteur.

Pour ce qui était de réparer les filets, Ari devait s'avouer incompétent. Il fit semblant un moment puis se sentit bête et décréta que cela devait se voir et qu'il ferait mieux de briquer le pont. Il était justement en train de passer la serpillière quand il s'entendit héler par un individu courtaud sur le quai.

— Jean... Jean Graux ?

— Qui le demande ?

Ari regarda l'homme en fronçant les sourcils. Parfois, il avait l'impression de flairer le mal. Peut-être avait-il développé un sixième sens. Ou alors il craquait, comme le psychiatre l'avait prédit. Il avait du mal à contenir son sentiment de répugnance, ainsi qu'une certaine appréhension. Les origines mêlées de Patel se lisaient sur sa physionomie : il avait le teint des Indiens mais son nez était on ne peut plus africain. Des bouclettes huileuses encadraient son visage. Il avait des lèvres épaisses, un visage mince et allongé, le tout formant une curieuse combinaison ethnique.

— Vous êtes Jean Graux ?

— Je suis occupé, répliqua Ari en se détournant.

— Trop pour gagner cinq cents rands sur votre temps libre ?

— Faut voir.

Ari posa son seau et fit passer ses jambes par-dessus le plat-bord afin d'atterrir sur le quai. Patel vint le regarder sous le nez. Il sentait le gingembre, le curry et l'ail. En fait, il polluait carrément la brise marine. Le soleil matinal accrochait des reflets sur ses dents en or.

— Il faut que j'aborde un bateau, à cinq kilomètres au large ce soir, à minuit, et mon skipper est malade. Moi, je ne sais pas naviguer.

— Les skippers à louer, ce n'est pas ça qui manque dans le coin. Pourquoi moi ?

— On dit que vous êtes discret et qu'on peut compter sur vous.

— Je préfère éviter les ennuis. Si ce sont eux qui viennent me chercher, ça se paie, et cher. Or vous ne m'avez pas l'air très riche. Alors allez vous faire foutre.

— Mille, contra Patel, dont les farouches yeux de Zoulou lançaient des éclairs.

— Pour faire quoi ?

— Je vous l'ai dit. Emmenez-moi à la rencontre de ce bateau, ne dites rien à personne et occupez-vous seulement de votre boulot. Ça marche ?

— Pour mille rands ?

Il n'eut guère de mal à laisser voir son mépris.

Patel hésita et fit mine de s'en aller, mais il revint presque aussitôt sur ses pas. Ari songea que c'était vraiment une ordure.

— Je ne suis pas un homme riche, geignit l'autre. Je ne gagne pas tant que ça à faire ce boulot.

— Cinq cents maintenant, mille après, souffla Ari.

Patel finit par sortir de son portefeuille quelques billets que ses doigts grassouillets caressèrent amoureusement.

Ari fourra la liasse dans sa poche et ils convinrent de se retrouver sur le quai, près de la cale de Patel, juste après la tombée de la nuit. Ari attendit une heure, puis acheta deux Coca et alla les apporter à Graux en même temps que l'argent.

— Arrêtez de vous plaindre, lui dit-il. C'est bien payé, pour quelqu'un qui va passer toute la journée assis sur son cul.

— Vous allez me laisser attaché là ?

— Eh oui.

— Alors allez vous faire foutre.

Allongé, à demi dévêtu, sur une dune surplombant le port, Ari se faisait rôtir au soleil. La chaleur était impitoyable. Il avait beau ne pas être de service, il se sentait trop inquiet pour délaisser ce point de vue imprenable sur la baie. De là, il voyait l'unique accès au port ainsi que le quai où Patel amarrait son chalutier de haute mer, l'*Arabica*. À une heure de l'après-midi, il eut la surprise de voir arriver la camionnette de Patel. Deux hommes déchargèrent quelques sacs pesants puis les transportèrent à bord. Ils suaient et soufflaient dans la fournaise. Quelques minutes plus tard, Patel en personne descendit du véhicule et monta à bord. Brusquement, le bateau s'ébranla et s'éloigna du quai. En un clin d'œil il fonça vers l'entrée de la rade.

Ari regagna le parking à travers les dunes, en trébuchant tout le long du chemin. Il s'efforçait de comprendre. Où avait-il commis une erreur ? Comment Patel avait-il découvert la vérité ? Où était l'enfant ? Il était très contrarié, mais c'était encore le sentiment de culpabilité qui dominait.

Une fois dans sa voiture, il alluma la radio qui le reliait au poste de police. *Comment espérer qu'ils m'envoient un hors-bord et un hélico pour un gosse noir inconnu de tous ? Je ne peux même pas prouver qu'il est bien à bord de ce bateau. Et même si je le pouvais...*

Il ne tarda pas à obtenir Gerber.

— Il y a une grosse cargaison de drogue à destination de l'Afrique orientale à bord de l'*Arabica*, qui vient de sortir du port. Il me faut du renfort.

Gerber s'irrita et se montra peu disposé à prendre des risques.

— Un informateur. Mais oui, tout à fait certain. Ils vont sans doute établir le contact en dehors des eaux territoriales. Appelez les stups. Ils n'ont qu'à venir me prendre au parking en face de l'entrée du port. J'ai compté quatre sacs. Oui, une fortune. Mais oui, Gerber ; absolument sûr.

Il attendit. Les secondes s'écoulaient avec une lenteur exaspérante. Ari était malade d'angoisse à l'idée d'avoir laissé échapper Tabson. Et s'il s'était trompé, s'il n'y avait pas de drogue à bord ? Oh, et puis tant pis ; l'important, c'était de récupérer le petit.

Enfin les autres le rappelèrent. On venait le chercher en hélicoptère, et une vedette de la police arrivait du Cap. Il faudrait qu'il donne des instructions précises quant à la localisation du bateau.

— Vous en prenez la responsabilité, Fletcher, tonna la voix de Gerber.

— Absolument, commenta Ari avant d'éteindre l'émetteur-récepteur.

Il devait se fier à son instinct. Tabson était à bord. Il le sentait.

Le pilote, accompagné de deux officiers de police, vint le chercher un quart d'heure après. Peut-être était-il déjà trop tard... Il ne pouvait en supporter l'idée. Les autres voulurent lui extorquer des renseignements sur ce trafic de stupéfiants, mais il ne leur répondait que par monosyllabes. L'appareil décrivit un arc de cercle au-dessus des eaux turquoise dont la transparence n'était troublée que par de rares zones sombres. Ils repérèrent le chalutier à deux heures dix, environ huit mille marins au nord-est de Silver Bay. Ari laissa échapper un hourra. La vedette de la police approchait rapidement ; on ne la voyait pas encore, mais ils étaient en contact radio.

— Restez à distance jusqu'à ce que nos gars soient sur place, recommanda Ari. Ensuite, il faudra me déposer très vite.

— Pourquoi risquer votre peau ? On a des hommes compétents sur la navette. Ils peuvent se débrouiller tout seuls.

— Patel risque de jeter sa cargaison par-dessus bord. En plus, il y a mon informateur. Il faut que je le récupère. Je ne peux pas prendre le risque de...

— Il faudrait qu'on vous hélitreuille drôlement vite, sinon, ils vous descendront. Laissez tomber. C'est beaucoup trop risqué.

Le policier semblait soucieux.

Ari endossa le harnais. Quelques secondes plus tard il se laissait tomber par la trappe. Il perdit brièvement le sens de l'orientation tant il tournoyait follement dans les airs, sans distinguer le ciel de la mer, sans savoir quelle distance il avait déjà parcourue. Le vent le glaçait jusqu'aux os et lui plaquait la peau sur le visage, l'empêchant de garder la bouche et les yeux clos. Il eut envie de hurler mais son souffle resta bloqué dans sa gorge. Puis la corde se tendit et le choc fut tel qu'il crut être réduit en bouillie. Il avait l'impression que tous ses membres avaient été arrachés, que ça ne s'était pas passé normalement. Avait-il sauté trop vite, trop tôt ? *Un de ces jours*, songea-t-il, *il faudra que j'apprenne comment on fait.* Il percuta la surface de l'eau dans un bruit de tonnerre qui l'abasourdit, mais la corde se réenroula et il agrippa le plat-bord au moment où il passait à sa portée. Malheureusement, il continuait à s'élever et ses épaules furent près de se démettre. Alors il se rappela le levier d'ouverture du harnais et, après l'avoir actionné, il s'abattit violemment sur le pont.

Ils ne lui avaient pas tiré dessus. Pourquoi ? Logiquement, il aurait déjà dû être mort. Il s'empressa d'aller se mettre à couvert en rampant et posa la main sur la crosse de son arme. Le contact familier du canon lisse le rassura quelque peu. Mais où étaient-ils ?

Dans la cale, occupés à détruire les pièces à conviction ? Cette idée le poussa à gagner l'écoutille. Accroupi, la tête rentrée dans les épaules, il s'approcha en sautant de cachette en cachette. Cette fois, il entendit des balles pénétrer dans les cloisons lambrissées derrière lui.

Ils étaient trois. Il tira à deux reprises et deux hommes s'effondrèrent. Pastel s'escrimait à faire passer un sac par une trappe. Il ne fallut que quelques instants à Ari pour le tirer violemment en arrière et lui asséner un coup de crosse en pleine figure. Il enferma son cou dans une étreinte mortelle tout en cherchant le sac à tâtons... Il avait disparu.

— Où est-il ? s'époumona-t-il.

— Qui ça ?

Ari poussa Patel la tête la première dans la trappe, ce qui lui arracha un cri d'horreur, puis lui plongea la tête dans l'eau. Enfin il le remonta, crachotant.

— Alors, où ?

— Mais qui..., s'étrangla l'autre en pointant un index vers l'écoutille.

— Tabson, où est-il ?

— Connais pas de T...

Alors la folie s'empara d'Ari. Il abattit de toutes ses forces son pistolet sur le front de Patel. Il y eut un craquement sinistre et le sang jaillit. Avec une lenteur aussi étrange que calculée, il se mit à le bourrer de coups de poing. Il sentit la moiteur flasque de sa chair sous ses doigts et s'érafla les jointures sur ses dents en or.

— Alors, où est Tabson ? hurla-t-il à l'homme qu'il était en train de tabasser. Où ça, hein ?

Puis il entendit les autres policiers aborder. Il saisit l'occasion et plongea par la trappe.

L'eau glacée le pétrifia, mais il se força à rouvrir les paupières. Il barbotait trop près de la surface ; pas moyen de descendre plus profond. De toute façon, il était trop tard, il le savait. Là-dessus, il distingua une forme sombre dérivant lentement dans le sillage du bateau. Il se propulsa au prix d'un gros effort et réussit à l'attraper. C'était bien l'un des sacs. Lourd et volumineux comme un corps de garçonnet. Il fit de son mieux pour le ramener à la surface.

Il émergea et cria en direction du bateau :

— À l'aide ! À l'aide ! ruant furieusement et se débattant comme un poisson dans la nasse pour essayer de maintenir le sac hors de l'eau. Aidez-moi, là-haut !

Un cri lui répondit, puis on lui lança une corde. Il la saisit d'une main et deux hommes plongèrent à ses côtés afin de soutenir le sac jusqu'à ce qu'on le hisse à bord.

Quand Ari se retrouva enfin sur le pont, le gamin était sorti de son sac et l'un des policiers lui faisait du bouche-à-bouche pendant que les autres coupaient les cordes qui le ficelaient. À en juger par sa jambe et son pied difformes, ce devait être Tabson.

— Trop tard, grogna un policier.

Mais, juste à ce moment-là, une convulsion s'empara du corps de l'enfant.

— Continuez ! s'étrangla Ari.

Tabson laissa échapper un gémissement saccadé et ne tarda pas à régurgiter toute l'eau de mer qu'il avait avalée. Brusquement soulagé, Ari jura tout bas. Puis il alla retrouver Patel, qui reprenait ses esprits.

— Sam Patel, vous êtes en état d'arrestation pour

trafic de drogue, enlèvement et tentative de meurtre. Et ça, c'est de la part de Tabson.

Il lui décocha un coup de poing sans merci et se blessa à nouveau sur une de ses dents en or. La tête de Sam partit vers l'arrière et il perdit conscience.

Ari entendit des exclamations dans son dos. On lui immobilisa les bras.

— Il fallait que je le frappe, ce salaud, marmonna-t-il. Il le fallait.

Il avait les mains tellement enflées qu'il eut du mal à rédiger son rapport. Il s'en acquitta avec réticence ; ne voulant surtout pas mentir, il s'estimait heureux que le cargo ait effectivement contenu du crack, du Mandrax et de la *dagga*. L'Afrique du Sud devenait rapidement la plaque tournante de tout le continent. Des cargaisons entières remontaient les côtes est et ouest à bord de toutes sortes de navires, et Patel comptait parmi les trafiquants opérant à grande échelle. Naturellement, il fut relâché sur parole.

Eunice vint récupérer Tabson. Les joues sillonnées de larmes, elle prit les mains d'Ari et lui dit : « Merci. Jamais je n'aurais cru que je finirais par aimer des Blancs. » Ari les regarda s'éloigner à travers les dunes pour rejoindre la grotte ou les fourrés où la vieille femme avait dû se ménager un modeste refuge.

14

Pour Kate le réveillon du jour de l'an ne fut guère réjouissant. Angelo mangeait dans un silence renfrogné, et son regard sinistre disait assez que sa colère ne cessait de croître et qu'elle en était la cause. Quant à Rob, il prenait fait et cause pour son grand-père.

— Tu as donné des couvertures à cette vieille squatteuse ! fit-il d'un ton accusateur, les yeux rougis par la fureur. Et tu l'as nourrie, en plus. Quand je pense que tu lui as permis de s'installer sur nos terres...

— Sur *mes* terres, rectifia tout bas Kate.

— Ça revient au même. Du regard, il la mit au défi de le contredire. Tu lui as même donné la permission d'occuper une cabane. Tu avais conscience de ce que tu faisais ? Tu leur as donné le *droit de squat*, à elle et à sa tribu, nom de nom ! cracha-t-il.

Il se pencha en avant et regarda fixement la bougie, comme souvent quand il était plongé dans ses pensées. *On dirait un gladiateur dans un vieux péplum hollywoodien*, songea Kate. *Si on lui donnait un fouet, il aurait tôt fait de livrer les chrétiens aux lions*.

Comme personne ne lui remplissait son verre, elle tendit la main vers la carafe.

Rob se tourna vers son grand-père.

— Il y a des centaines de Noirs, par là-bas. La police est impuissante et nous aussi, bon sang ! La semaine dernière j'ai fait raser cinquante baraques, mais ils les ont déjà reconstruites.

Un soupir.

— J'ai vu le ministre. La situation est un vrai champ de mines. Il attaqua à nouveau son steak en fronçant les sourcils. On ne peut expulser les squatters que si on leur trouve d'autres logements, et en payant le transport, en plus. Il faut emballer toutes leurs affaires, jusqu'au dernier bout de bois, puis inventorier et déménager le tout. Le problème, c'est qu'on n'a nulle part où les mettre. Nous devons trouver un moyen de les chasser, conclut-il sans une hésitation.

— Tout ça, c'est votre faute, enchaîna Angelo en s'adressant à Kate.

— Ce n'était qu'une vieille femme... et elle ne devait rester qu'une semaine, murmura-t-elle. Puis elle se rembrunit. Je voulais l'aider le temps qu'elle trouve du travail.

Les deux hommes n'écoutaient pas un mot de ce qu'elle leur disait. *La compassion est donc un crime, dans cette maisonnée ?* se demanda-t-elle avec humeur. D'ailleurs, comment avaient-ils découvert l'existence de la vieille dame ? Ramona, bien sûr. Ramona, sa *bête noire* [1], le leur avait répété. Il fallait voir la tête d'Angelo ; il en était violet de rage. Incroyable que son teint puisse s'altérer à ce point. Et ses yeux ! Presque hypnotiques.

— Tu n'as pas réfléchi.

Rob soupira à nouveau. Il se montrait indulgent, comme avec une enfant, et elle n'en souffrait que davantage.

— Elle a fait venir ses amis, ses parents, les membres de sa tribu et leurs amis et parents à eux. C'était à prévoir. Les Noirs pensent en terme de groupe et non d'individu. De plus, il fallait bien qu'elle obéisse à son sorcier. Si tu es incapable de réfléchir par

1. En français dans le texte. *(N.d.T.)*

toi-même, demande-moi ce que tu dois faire, pour l'amour du ciel !

Quel insupportable paternalisme !

— Et pourquoi donc ? répliqua-t-elle, aussi glaciale que possible. Ça ne te regarde pas. Après tout, c'est ma terre. Celle que maman m'a laissée.

— C'était une réserve ornithologique qu'elle voulait y créer, pas un campement de squatters. Je te signale qu'ils prennent tous les oiseaux au piège pour les manger. À l'heure qu'il est, il ne doit plus en rester un seul. Un terrain pareil ! Qui vaut une fortune !

— Peut-être, mais il est à moi.

Elle abattit son verre sur la table et une sombre tache de vin se dessina sur la nappe. Aussitôt Ramona se précipita pour y saupoudrer du sel. La vieille garce avait tout vu, tout entendu.

— Allez-vous-en, lui jeta Kate.

— Et notre terre située de l'autre côté du lagon, tu ne crois pas qu'elle en pâtit ? poursuivit-il pompeusement. Nous sommes menacés. Le conseil régional veut acheter les terrains considérés comme « appropriés » à un prix fixé par la municipalité, c'est-à-dire pour trois fois rien. Il semblait sincèrement blessé. Quand j'ai demandé ce qu'on entendait par « terrains appropriés », on m'a répondu qu'il s'agissait des endroits où les Noirs s'étaient d'ores et déjà installés. Or cela revient à créer des zones noires en plein milieu d'une banlieue de luxe. Ces fonctionnaires... On voit bien qu'il n'habitent pas le coin. Sinon, ils éviteraient soigneusement Silver Bay. Si on laisse faire, les prix vont chuter dans toute la région. Et il y a des millions de rands en jeu. Le gouvernement a jeté l'éponge. Il prend peur. Ce sont les Noirs qui détiennent le pouvoir, maintenant. Quelle idée ! Aménager un camp de squatters définitif en pleine zone blanche huppée ! On en est là.

— Quoi qu'il en soit, je suis seule maîtresse de ma conscience. Ceux qui m'ont élevée m'ont appris qu'il fallait aider les autres... se préoccuper de leur sort...

Ses paroles rendaient un son piteux, même à ses propres oreilles.

— Pour l'amour de Dieu, Kate, cesse de débiter des clichés. Et arrête, avec la charité professée par ton père. Je ne suis pas sûr que ses actionnaires seraient d'accord avec toi.

— Tu ne te bats pas loyalement... mais alors pas du tout, répliqua-t-elle, malheureuse. Qu'est-ce que mon père a à voir là-dedans ?

Elle alluma une cigarette, passant délibérément outre le règlement familial, et se délecta du dégoût d'Angelo. Il se leva, lui décocha un drôle de petit sourire, comme pour prendre en compte sa déclaration de guerre, puis sortit.

— Tu nous emmerdes, Kate. Tu es une catastrophe ambulante. Tu sais très bien qu'Angelo est asthmatique et qu'il ne supporte pas la fumée.

— Tant mieux. Qu'il crève.

— Tu me répugnes. Puisque c'est comme ça, nous n'irons pas à la soirée des Lilford.

Elle l'avait complètement oubliée. Elle consulta sa montre.

— Moi, j'y vais. Fais ce que tu veux. Elle se leva à son tour et le regarda avec un sourire plein d'amertume. Bon, je reconnais que j'ai commis une erreur, Rob. Mais je te le répète pour la dernière fois : ce n'est pas ton grand-père et toi qui allez me faire changer. Elle donna un coup de poing sur le dossier de sa chaise. Je suis peut-être Mrs. Palma, mais ça ne m'empêche pas de rester moi-même. Je ne serai jamais ruinée au point de laisser une pauvre vieille dormir à même le sol. C'est trop marécageux, là-bas ; elle n'aurait pas survécu. Mais tu ne conçois même pas ça, toi, espèce de porc égoïste. Il y a des gens qui ont autre chose en tête que le fric, tu sais.

Elle lui lança un regard furibond mais découvrit qu'il lui souriait gentiment. Ce fut la goutte d'eau qui fit déborder le vase. Elle fondit en larmes et s'enfuit dans sa chambre.

Devant le spectacle pathétique qu'offrait sa jeune épouse, Rob sentit s'éveiller sa pitié. Pauvre petite. Il croyait savoir ce qui l'avait fait pleurer, tout à coup. La veille encore, elle l'avait supplié de payer trois tableaux achetés quelque temps auparavant pour décorer le salon. S'efforçant de tempérer son pouvoir par une certaine magnanimité, il les avait examinés en détail avant d'en retenir deux et de renvoyer l'autre à la galerie d'art. Ainsi elle obtenait partiellement satisfaction, mais elle savait aussi qui commandait. À l'avenir, elle penserait à demander son accord quand elle dépenserait son argent à lui.

Elle avait conservé ses factures impayées pendant des semaines sans rien dire, jusqu'à ce que ses créanciers se fassent menaçants. Alors elle les avait déposées en vrac sur son bureau et, larmoyante, lui avait parlé du mauvais pas dans lequel elle s'était fourrée. Comme s'il s'en souciait le moins du monde ! C'était son devoir d'époux de payer les factures ; mais il fallait qu'elle se rende compte de ce que coûtait leur somptueux train de vie, qu'elle comprenne que *lui seul* pouvait le lui assurer.

Toutefois, ses larmes l'émouvaient, car il ne l'avait jamais vue pleurer. Et il sut qu'il avait trouvé son talon d'Achille ; la perte de son indépendance financière. Bizarre, ça... La plupart des femmes jetaient l'argent de leurs maris par les fenêtres sans même y penser. Il décida de lui laisser quelques minutes pour se remettre. Puis il monta à l'étage, espérant qu'ils feraient l'amour.

Pourquoi le regardait-elle ainsi ? Quelle froideur !

— J'ai payé toutes tes dettes ! Tu pourrais me remercier.

Elle contempla le reflet de Rob dans le miroir, l'air à la fois humiliée et au bord de la rébellion.

— Merci.

— Que porteras-tu, ce soir ?

— Qu'est-ce que ça peut faire ? répliqua-t-elle, subitement attristée.

Il éprouva un sentiment de victoire qui se mua vite en désir.

— Mais voyons, Kate ! Ça m'intéresse ! Pourquoi crois-tu que j'ai payé ton couturier ? Dix mille rands ! Sans compter les dix mille autres destinés à couvrir tes dépenses futures. Je veux que tu sois élégante. Que tous les hommes de Silver Bay bavent d'envie devant Mrs. Palma, la plus jolie femme d'Afrique du Sud ! Avec ce que ça m'a coûté, tu as intérêt à choisir un truc drôlement sexy.

Elle détourna les yeux.

— Allons, ma chérie. Reprends-toi. Ne pense plus à ces squatters. Ne t'en fais pas. Tu as devant toi l'homme qui va tout arranger ! Occupe-toi plutôt de moi, tiens ! C'est ton boulot, après tout.

Il la dévisagea attentivement. C'était vraiment la plus belle femme qu'il eût jamais vue. Parfois, il crevait de rage quand elle se mettait — cette petite tête de linotte ! — à prendre des risques. Comme le jour où, faisant de la plongée dans le Pacifique, elle s'était approchée d'un poisson-scorpion pour le photographier. À la suite de quoi elle était partie explorer une épave sous-marine et il l'avait perdue de vue. Sur le moment, il l'avait imaginée avec le professeur de plongée. Avait-elle jamais osé ?...

Il sombrait dangereusement dans les angoisses et les soupçons dont il était coutumier. Ce travers débouchait invariablement sur une dispute, et chaque fois il se mettait dans son tort. La violence de sa jalousie le fit frémir. Kate était à lui. Malheureusement, depuis quelque temps elle semblait décidée à s'autodétruire et cela l'inquiétait. Elle avait aussi un désir d'enfant irraisonné. Mais il n'en était pas question. Il ne pouvait supporter l'idée de voir ce délicieux ventre si lisse et si pur s'enfler de jour en jour, ces seins admirables se gâter sous la poussée du lait. Non, il fallait qu'elle reste telle quelle, idéale en tout. Même ses orteils étaient parfaits. Or sa beauté ne durerait pas si elle continuait à fumer et à se promener au soleil.

Il s'approcha d'elle par-derrière et entreprit de lui masser le cou et les épaules. Puis il fit glisser sa robe d'intérieur jusqu'à sa taille et l'embrassa sur la nuque en refermant les paumes sur ses seins.

— Si on faisait l'amour ?

— Je n'en ai pas envie.

Elle attrapa son sèche-cheveux et se coiffa en lui soufflant de l'air chaud au visage.

— J'ai horreur des femmes qui se vengent par le sexe.

— Le sexe fait partie de l'amour, lui renvoya-t-elle. Comment veux-tu que j'en aie envie alors que je ne ressens pas d'amour ? D'ailleurs, comment ressentir de l'amour pour un salaud dans ton genre ?

— Je refuse de me disputer avec toi, et, de toute façon, je ne vois pas le rapport. Tu as toujours mieux à faire que de baiser. Il se redressa de toute sa hauteur avec l'air boudeur d'un gosse qui fait un caprice. C'est ton devoir d'épouse. Je ne te demande quand même pas grand-chose. Je m'échine nuit et jour pour toi. Bon Dieu, je viens de verser vingt mille rands à Pearlman. Ça ne mérite pas une bonne baise, ça ?

— Tu veux que je sois ta putain en échange de mes vêtements et de mon entretien, c'est ça ?

— Ça, c'est ta façon de voir, pas la mienne. Appelle ça comme tu voudras, d'ailleurs, je m'en moque. Je veux te faire l'amour, et il me semble que tu me dois bien ça.

Elle laissa glisser sa robe à terre et traversa la chambre dans le plus simple appareil. Puis elle s'allongea sur le lit, écarta les jambes et ferma les yeux.

— Vingt mille rands, ça fait beaucoup d'argent. Tu as intérêt à y prendre plaisir.

Il la regarda, brusquement alarmé. Que leur arrivait-il ? Lui qui l'aimait tant ! Son instinct lui disait de battre en retraite, de la laisser tranquille. Mais le spectacle de son corps nu l'enflamma, son désir devint incontrôlable. Elle était ravissante et elle lui appartenait. Même dans cette position, ses seins étaient dressés, bien ronds, éblouissants, avec ces aréoles roses et cette peau douce et blanche. Il vénérait sa taille mince et cambrée, ses belles épaules carrées, sou cou gracile, ses cheveux blond cendré répandus sur l'oreiller. Il posa la main sur un de ses seins et la sentit frissonner. Puis elle se mit à trembler de la tête aux pieds.

— Petite oie ! Nous sommes tout de même mariés, je te signale ! Comment peux-tu parler d'être ma putain ?

Elle ouvrit les paupières et le regarda droit dans les yeux. Une fois de plus il fut pris de remords, mais il avait tellement envie d'elle ! Avec un soupir, il la chevaucha.

Kate céda au dégoût d'elle-même, mais le pire fut la réaction de son corps. Lorsqu'il la pénétra, elle voulut réprimer ses propres ardeurs, mais en vain ; un désir inextinguible lui faisait perdre la tête.

— Oh, Rob... Rob..., s'entendit-elle bredouiller.

Ils avaient beau se quereller, il était si doux de le sentir aller et venir en elle tandis que son corps la trahissait en l'emportant vers des sommets de ravissement.

Béatitude infinie... C'était chaque fois meilleur, chaque fois comme la première nuit. Très excitée, elle se mit à bouger au gré des élans amoureux de son époux. Enfin il laissa échapper un long soupir saccadé et se raidit. Elle jouit avec lui puis se mit à sangloter doucement sur son épaule.

— Oh, Rob... Il ne faut plus nous disputer. Ne gâchons pas tout entre nous. Oh, Rob... Rob...

Elle se recroquevilla contre lui, mais il sombra dans le sommeil. Il ne tarda pas à ronfler. Kate se redressa, le regarda un instant avec regret puis se leva. Il serait si facile de capituler... Oui, mais alors elle se transformerait en zombi sans cervelle, en potiche décorative qu'il promènerait partout à son bras, comme sa chose. Toute la tristesse du monde s'abattit sur elle. Elle l'aimait encore, certes, mais les hostilités étaient déclarées.

15

C'était la veille du jour de l'an et Ari se sentait insatisfait ; insatisfait, seul et bien loin de chez lui. Il avait accompagné Willis à la soirée des Lilford mais ne s'était pas intégré et n'avait pas voulu faire l'effort de se trouver une compagne. Il était de mauvaise humeur et refoulait son sentiment d'inadaptation. Will ne tarda pas à s'attirer les faveurs d'une fille, donc à le laisser tomber. De toute façon, Ari préférait boire seul. Il ne savait toujours pas où était détenue Mandy, et encore moins par qui. En outre, à l'idée qu'il avait failli perdre Tabson, il avait des sueurs froides. À quelques secondes près il serait arrivé trop tard.

Il s'y était mal pris depuis le début ; il avait mis les jours du petit en danger avec son spot télévisé ; avait eu la prétention de croire que Patel tomberait dans le panneau... Et, pour finir, il avait dû remettre un gamin affamé entre les mains d'une grand-mère sans le sou. Car ces deux-là n'avaient pas de toit, vivaient dans des conditions d'hygiène précaires et ne savaient pas comment se nourrir. Comment l'enfant allait-il survivre ? Ari frémit, vida son verre d'un coup et en prit un autre.

Mais ce n'était pas tout. Son cauchemar habituel reprenait sournoisement le dessus. La chair de poule courait sur sa peau, un goût de bile lui remontait dans la gorge, il avait les mains moites. Saisi de frissons, il flaira l'odeur familière des feuilles mortes en décomposition et revit le trou noir où... Pourquoi ce rêve revenait-il sans cesse ? N'était-ce pas plutôt un souvenir ? La nuit allait être mauvaise.

Et Tabson ? Se remettrait-il d'avoir été ligoté, fourré dans un sac et jeté à la mer ? Ou garderait-il en lui jusqu'à la fin de ses jours le souvenir de Patel et de son regard cupide ? Ari fixa le fond de son verre. La moutarde lui montait au nez. C'était toujours la même chose dans les coups de cafard : il avait envie de s'en prendre à quelqu'un, de passer sa colère sur lui... Il n'aspirait plus qu'à une chose : combattre le désespoir que lui inspirait son impuissance face au mal. Pourquoi fallait-il qu'il réagisse toujours ainsi ?

Abattu, Ari passa en revue ses échecs professionnels, retournant le couteau dans la plaie. Les enfants qu'il n'avait pu sauver étaient en lui comme des abcès purulents. Qu'y avait-il de plus révoltant : la cruauté délibérée des Blancs ou la férocité aveugle des Noirs et de leur sorcellerie ?

Tout à coup, il eut l'impression qu'on le regardait avec insistance. La sensation était si prégnante qu'il dévisagea les convives du bar. « Oh, merde », fit-il tout bas en reconnaissant Mrs. Palma. Elle était vêtue d'une robe moulante très décolletée, manifestement l'œuvre d'un grand couturier, dont les chatoiements aux imperceptibles reflets émeraude faisaient écho à ses prunelles. Il émanait de sa personne une sensualité assumée qui ne l'empêchait pas de respirer la pureté. Son beau visage hautain était angélique comparé aux autres. Le contraste était même saisissant.

Un quelconque rustaud la baratinait, une grosse patte posée sur son épaule ; penché sur elle, il en profitait pour lorgner dans son décolleté. Où était donc son mari ? Elle commençait à s'agiter nerveusement. Coquette, elle lança à Ari un regard d'invite ; une expression tentatrice se peignit fugitivement sur ses traits. Il en conçut de l'irritation. Manifestement, elle misait tout sur sa sensualité.

Regrettant son verre et ses projets de nuit passée à noyer ses soucis, il s'approcha. Ses yeux révélèrent son soulagement, mais cela ne l'empêcha pas de sourire ironiquement.

— Tel le génie sortant de sa lampe, vous faites toujours votre apparition quand on a besoin de vous, annonça-t-elle avec un sourire triste dont Ari se demanda la véritable raison d'être.

— Où est votre mari ? Nous n'avons pas encore fait connaissance.

— Au lit, répondit-elle sur un ton qui le découragea d'insister.

— Hé, Kate ! fit le lourdaud. Venez danser.

Il la saisit par le bras et, déséquilibrée, elle renversa son champagne sur sa robe.

— Laissez madame tranquille, intervint Ari.

Il repoussa l'indésirable, prit le bras de Kate et l'entraîna vers les portes vitrées donnant sur le jardin. Elle inspira profondément.

— Ah, le bon air frais ! J'ai horreur de ces soirées.

— Pourquoi êtes-vous là, alors ?

Elle se retourna vers lui, l'air surprise. Puis :

— C'était une question d'honneur.

L'importun les avait suivis. Il restait planté là à les regarder avec humeur, comme s'il hésitait sur la marche à suivre. Il était grand et costaud, mais ridiculement empâté et mafflu ; ses yeux bleus flamboyaient d'indignation envieuse.

Il plongea les poings dans ses poches et se mit à se balancer d'avant en arrière.

— Dites donc, Kate..., je croyais qu'on allait égaliser le score. Vous voyez ce que je veux dire : que vous me paieriez en nature, quoi.

— Quel score, Jim ? demanda bêtement la jeune femme.

— C'est que... j'ai perdu un paquet de fric à cause de l'escroquerie de votre père, moi.

Elle s'étrangla. Bouche bée, elle vit Ari bondir sur le

grossier personnage et le pousser violemment. Il perdit l'équilibre et tomba à la renverse dans une jardinière.

— Dites donc, vous...

Il se releva, s'épousseta les fesses et se prépara à riposter.

— Je vous le déconseille, intervint Ari. Il pourrait vous arriver des bricoles.

C'était une provocation ouverte, et il la regrettait déjà : le costaud saisit la perche et lui fonça dessus tête baissée. Ari fit un pas de côté et lui abattit froidement son poing sur la nuque. L'autre frotta l'endroit douloureux et, interloqué, battit des paupières sans comprendre ce qui lui arrivait. Puis il décocha un coup de poing qu'Ari ne réussit pas complètement à esquiver et qui l'ébranla douloureusement. En un clin d'œil, les deux hommes s'empoignèrent, mais le rustre s'écroula en poussant un soupir, privant Ari de sa vengeance.

— Mon Dieu ! Ils s'en prennent tous à moi, hoqueta Kate.

— Il est jaloux, c'est tout. Il cherchait à vous blesser parce que vous l'avez planté là tout à l'heure. Apparemment, il a atteint son but. Vous êtes blessée. C'est idiot de vous être laissé atteindre par son fiel.

— Allons-nous-en d'ici.

— Moi, je rentre chez moi.

Elle l'enveloppa d'un regard anxieux.

— Il faut que je parle à quelqu'un.

— Pourquoi pas à votre mari ? s'irrita-t-il sans bien savoir pourquoi elle suscitait une telle hostilité en lui.

— Chaque fois que nous nous voyons, vous vous emportez. Vous êtes comment, quand vous ne vous mettez pas en colère ?

— Si vous continuez comme ça, vous ne le saurez jamais. Une fille comme vous devrait venir avec son mari dans ce genre de soirée, non ?

— C'était prévu, en effet, mais au dernier moment il a préféré se coucher. Pourquoi vous montrez-vous si vieux jeu ? Pourquoi devrais-je forcément venir avec mon mari ?

— C'est comme ça que j'ai été élevé, répliqua-t-il.

— Mais moi, je ne veux pas rentrer à la maison, lieutenant. Bon, je retourne à l'intérieur. Il faut que je trouve quelqu'un à qui parler. Je ne sais plus quoi faire.

— Je sais très bien écouter, dit Ari afin de s'amender un peu. Allez-y, délivrez-vous de votre fardeau. Si on allait boire un café quelque part ?

Ils prirent sa voiture à lui, mais à une heure du matin, à Silver Bay, tout était fermé. Ils atterrirent au poste de police, où Ari avait mis du vin pétillant au réfrigérateur pour les collègues de garde. Il en restait une bouteille. Il la rapporta à la voiture.

— Là-bas, fit Kate en pointant un doigt de l'autre côté de la baie, il y a un endroit très agréable. Ari obtempéra. C'est pour réfléchir que je suis sortie, reprit-elle. Voyez-vous... C'est comme si j'étais en guerre contre tout le monde, y compris Rob... Comme s'il se réjouissait que je sois ruinée parce que cela me met à sa merci...

Ari l'écoutait d'une oreille distraite. La nuit était magnifique, la vue aussi. Il emprunta la route étroite qui grimpait dans la montagne en offrant un panorama sur toute la baie. La lune ouvrait une tranchée argentée dans les eaux noires et les pics granitiques se découpaient sur fond de ciel blanchi. De temps en temps, le sable clair d'une crique illuminait la nuit et l'on voyait les fanaux des navires scintiller au large.

Kate devait avoir un besoin urgent de raconter son histoire, car elle remonta jusqu'au début, à l'époque où ses parents s'étaient rencontrés. *La nuit va être longue*, songea-t-il.

— Vous comprenez... Elle se tourna vers lui ; ses joues étaient mouillées de larmes, mais elle ouvrait de grands yeux et faisait un effort visible pour se maîtriser. Je n'ai jamais eu de véritable foyer, je ne sais pas ce qui est normal entre gens mariés. Il faut que je trouve quelqu'un à qui parler, mais pas quelqu'un de riche, juste... Ce que je voudrais savoir, c'est : est-ce que le mariage implique forcément des rapports de pouvoir ? Qu'est-ce qui se passe quand l'épouse abandonne son travail pour élever un enfant ? Est-ce qu'elle perd tous ses droits ? Comment font les gens qui ne sont pas riches ? Vous savez ce que Rob m'a dit, ce soir ? « Vingt mille rands, ça vaut bien une bonne baise, non ? » C'est ce qu'il avait versé à mon couturier. Et chez vous, comment fait-on ?

Il se gara au bord de la route.

— Je n'imagine pas mon père obéissant à ce genre de raisonnement, répondit-il. Du moins s'il avait eu vingt mille rands à foutre en l'air. Non, mes parents à moi forment un tout ; ils sont étroitement liés.

Il lui parla d'eux ; elle observa un tel silence qu'il la crut endormie mais cela faisait un bien fou de parler. Il se débarrassait peu à peu de sa tension, des questions auxquelles il ne savait pas répondre. Il était plaisant de se replonger dans le passé.

— Parfois, surtout quand j'étais à la Protection de l'enfance, je ressentais le besoin de rentrer à la maison pour me ressourcer. Vous comprenez ?

— Moi aussi j'étais heureuse, quand maman était encore là...

Elle était repartie dans ses rêveries.

Au bout d'un moment, une tribu de babouins au long pelage miteux vint inspecter les abords de la voiture. Comme l'un d'entre eux faisait mine de jouer avec un essuie-glace, Ari démarra pour rentrer vers Silver Bay. Kate lui disait des choses qu'en tant que femme elle aurait dû garder pour elle ; peut-être le vin lui avait-il délié la langue. Mais, apparemment, ce Rob était bel et bien en train de la transformer en putain. Et la pauvre petite essayait de s'en dépêtrer toute seule. Il garda le silence. Il avait toujours été doué pour écouter.

Mais il était fatigué. Il consulta sa montre. Presque quatre heures. Et il travaillait le lendemain.

— Je vous ramène chez vous ?

— Non, répondit-elle avec fièvre.

Ils échouèrent chez lui : elle n'avait pas d'autre endroit où aller, et lui n'en pouvait plus.

— Écoutez, dit-il en se garant devant le cottage. Il y a des hommes qui n'ont confiance en eux que s'ils paient pour ce qu'ils ont, qu'il s'agisse de l'amour, du sexe, du statut social ou d'amitié. À mon avis, Rob est de ceux-là. Ça ne veut pas dire que c'est une ordure ni qu'il ne vous aime pas ; simplement, il ne sait pas se comporter face à une femme si ce n'est pas lui qui commande, et ce pouvoir, il le monnaie. D'après ce que j'ai compris, il n'a jamais connu d'autre façon de procéder. Vous saisissez ? Ça n'a rien à voir avec vous. S'il a réellement pris part à la vengeance d'Angelo, c'était peut-être pour vous attacher à lui en vous achetant parce qu'il ne peut supporter l'idée de vous perdre.

Que dire de plus ? Ils se coulèrent dans la maison, où il céda son lit à la jeune femme, qui se recroquevilla sous la couette et continua à parler sans interruption, même après qu'il lui eut préparé du café et des petits gâteaux. Ari s'allongea sur le canapé et l'écouta d'une oreille. Elle était sous tension, incapable de se décontracter. Mais elle finit par épuiser son énergie.

— Vous êtes un drôle de type, souffla-t-elle. Tout le monde est au courant, de ce que vous avez fait à ce trafiquant de drogue. On dit que vous êtes une espèce de sous-marin des stupéfiants opérant ici sous couverture. C'est vrai ?

— Non. Je suis à la Protection de l'enfance. Pour cette histoire de drogue, je n'avais aucune certitude. J'étais là pour autre chose. Dormez, maintenant ; je suis fatigué.

— Vous n'êtes pas non plus le bon génie que vous prétendez être. Je vous ai observé pendant la soirée. Vous avez descendu trois verres coup sur coup ; de toute évidence vous aviez l'intention de vous enivrer. Pourquoi ?

Il n'aurait su le lui expliquer. Tous ces enfants vendus pour le *muti* et démembrés vivants, quand ce n'était pas pour faire office d'esclaves sexuels, ces petites blondes expédiées en Afrique centrale, ces gosses brutalisés, sodomisés, fouettés, violés, affamés, brûlés ou à demi noyés pour distraire des adultes. *Ou enterrés vivants*... Il frémit. D'où lui venait cette idée ? Il n'avait jamais rencontré de cas semblable. À part dans son affreux cauchemar récurrent.

La nuit se prêtait à l'évacuation des traumatismes par la parole ; de toute façon, Kate dormait, ou presque.

— Je cherche à comprendre le mal, commença-t-il. À savoir de quoi il est fait, comment il fonctionne. Il m'est arrivé des choses étranges... Alors maintenant je veux savoir : le mal est-il comparable au noir qui s'en va quand on allume la lumière ? Ou bien s'agit-il d'une force extérieure, d'une émanation toxique qui guette l'occasion de tout contaminer, de tout corrompre, d'une espèce d'esprit mauvais, sauvage, qui se cristallise autour de sa lutte pour la survie, comme une bactérie ? Sommes-nous tous, tôt ou tard, exposés au mal ? Il m'en reste un souvenir, mais insaisissable. Il remonte très loin. Je revois un trou noir, des petits yeux luisants qui me fixent, j'ai conscience d'être totalement impuissant, aux mains d'une terrible puissance maléfique.

« Un soir, à Soweto, je recherchais un gosse porté disparu. Un informateur m'avait parlé d'un vieux *sangoma* qui vendait une fortune ses potions aphrodisiaques. Je suis arrivé trop tard. Je ne vous raconterai pas ce que j'ai trouvé chez lui ; le royaume du mal à l'état pur. Je l'ai tellement frappé qu'il a failli y passer, et ça ne m'a pas pris longtemps car il était faible et âgé. Puis j'ai voulu lui tirer dessus. Là, il a ouvert les yeux et m'a dit dans un anglais irréprochable : « Tu ne sais pas à quoi tu t'attaques. Tu ne peux rien contre moi car j'ai mille domiciles. » Alors il a souri et quelque chose a changé dans son regard. Il m'a regardé et s'est mis à crier en zoulou. Cet homme ne connaissait pas l'anglais. Il m'a supplié de lui laisser la vie ;

j'ai répondu que je l'épargnerais s'il me parlait en anglais. *Et il n'a pas su le faire*. Je l'ai tué.

« Il y avait là un petit enfant encore vivant. Il vit toujours, d'ailleurs. On lui a fait subir une série d'opérations chirurgicales pour le transformer en fille — puisqu'il ne peut plus être un garçon. Il devra prendre des hormones toute sa vie.

Ari frissonna.

— J'ai peut-être perdu la tête, mais je redoute le pouvoir corrupteur du mal, j'abhorre la violence qui surgit en moi quand je le sens à proximité. Il me semble qu'il me contamine. Peut-être suis-je un faible. Une proie facile.

— Peut-être aussi que vous dites n'importe quoi, intervint la voix ensommeillée de Kate dans le noir. Le mal, ça n'existe pas. Il n'y a que l'amour ou l'absence d'amour. Vous aviez raison, tout à l'heure : c'est comme la lumière et l'obscurité. La seconde n'est que l'absence de la première.

Ces paroles l'apaisèrent. Il s'assoupit. Plus tard, des sanglots le réveillèrent. L'espace de quelques secondes, il ne sut plus où il était ni qui pleurait. Il alla s'allonger à côté de Kate et la prit dans ses bras. Tout en lui caressant les cheveux, il ressentit une brusque envie de la protéger.

— Oh, Ari..., sanglota-t-elle. J'aime mon mari, et pourtant il faut que je le quitte. Si je reste avec lui, je vais devenir sa putain. Je vais perdre mon identité. Je ne saurais pas l'expliquer, mais j'en suis convaincue. Qu'y a-t-il de pire que de devoir quitter l'homme qu'on aime ? Et le plus bizarre, c'est que vous me rappelez Rob. Je ne sais pas pourquoi, mais à cause de cette ressemblance je me sens proche de vous. Comme si vous étiez l'homme qu'il aurait pu être.

Elle s'endormit dans ses bras, la tête posée sur son épaule. Au bout d'un moment, il eut très envie d'elle et cela le mit à la torture. Il hésita puis posa ses lèvres sur celles de la jeune femme, goûta le sel sur sa peau, éprouva la tendresse de sa langue. Pendant un court instant il se perdit dans ce baiser, avec le sentiment merveilleux de ne plus faire qu'un avec elle.

— Oh, Rob..., murmura-t-elle.

Alors il lui tourna le dos et Kate vint se blottir contre lui sans se réveiller.

16

Dans le cœur du petit infirme, une petite voix appelait de ses vœux la guérison. Tabson n'entendait pas cette supplication intérieure, mais il la reconnaissait à travers le cri lointain de l'animal blessé, de l'oiseau mutilé, du chien souffrant. Une intuition étrange, proche du don de seconde vue, l'avertissait quand une bête devait être secourue. Dans ces moments-là, mû par une force qui le dépassait, il devenait guérisseur, il investissait dans sa mission toute la ferveur de sa foi juvénile : il partait en quête de la pauvre créature, la veillait, la nourrissait, la soignait. Il lui arrivait d'échouer ; alors il versait des larmes amères sur la petite victime — mais aussi sur lui-même, encore qu'il n'en fût pas conscient. Il savait seulement que le monde était impitoyable et qu'il était du côté des créatures abîmées par la vie ; son pouvoir de compassion était immense.

Aussi, quand il entendit au loin un cri d'oie égyptienne appelant son mâle, suivi d'un douloureux croassement, il comprit tout de suite. Il attendit qu'Eunice s'endorme puis sortit sans bruit de la hutte et remonta lentement le long du lagon, prêtant l'oreille, sifflant doucement et se coulant entre les joncs. De temps à autre, il s'arrêtait pour tirer hâtivement sur un joint qu'il éteignait ensuite avec mille précautions. Après, il avait l'impression que le cri de l'oie provenait du tréfonds de son âme, et il n'en était que plus déchirant.

L'oiseau nichait à bonne distance de la colonie, mais cela ne le protégeait pas des chiens en maraude ou des humains affamés. L'enfant le savait et cela lui donnait des ailes.

Tout à coup, un homme quitta furtivement la route et vint dans sa direction. Il faillit frôler Tabson, qui se cacha bien vite et suivit du regard l'intrus. Bien bâti, manifestement en bonne forme physique, il avançait d'un pas décidé vers le campement en haletant sous le poids d'un lourd chargement. Arrivé aux premières cases, il posa son sac et en tira une bouteille emplie d'un liquide translucide qui étincela sous la lune. Il recula prudemment puis s'arrêta, sur le qui-vive. Une allumette craqua, une mèche prit feu, puis la bouteille s'envola et décrivit un arc de cercle dans les airs avant d'aller s'écraser sur le toit d'une case. Un bruit de verre brisé, aussitôt suivi par la détonation sèche du pétrole qui s'enflamme.

L'homme eut un petit sourire et attendit. Puis il lança une seconde bouteille, par mesure de sécurité, et passa à la case suivante. Sept cocktails Molotov, six incendies. Du beau travail. Déjà le feu faisait rage. Un cri retentit, tout proche ; l'homme s'enfuit en courant, abandonnant le sac et la dernière bouteille.

Les sans-abri, les sans-emploi, les squatters vivant dans le dénuement le plus complet dormaient profondément dans leurs abris de toile et de planches, disséminés le long du lagon. Comme tous les indigents, ils n'avaient pas grand-chose à perdre, mais ils avaient de l'espoir : tout autour d'eux régnait une abondance inouïe, et tôt ou tard ils auraient leur part du festin. Ils étaient sur place — la première étape était atteinte. Ici ils trouveraient du travail — un salaire, de quoi manger, la vie !

Une langue de fumée avançait en rampant sur le sable ; elle alla bientôt s'infiltrer sous la toile, caressant les arbres au passage ; une étincelle flamba et s'éteignit aussitôt ; une touffe d'herbe prit feu. Mais ces gens avaient toujours vécu autour d'un feu où ils cuisaient leur nourriture et dont ils entretenaient soigneusement les braises, les ranimant dès l'aube à la force de leurs poumons ; ils ne s'alarmèrent pas de l'odeur de fumée ; elle faisait partie intégrante de leur existence, d'eux-mêmes. Ils ne se réveillèrent pas.

Les cases s'embrasèrent d'un coup ; on aurait dit un feu d'artifice. Les réchauds et les lampes à paraffine prenaient feu, répandant leur contenu sur les tas de bois, les pans de toile. Quelques personnes apparurent, hurlant des avertissements qui tirèrent leurs compagnons du sommeil. Le campement s'ébranla péniblement, on entreprit de démonter les cases ; mais il était trop tard. Le vent soufflait, puissant, brûlant ; il avivait les braises et les dispersait dans toute la colonie. Plusieurs petites explosions mirent le feu aux tas de bois, qui resplendirent tels des soleils mineurs, comme si l'on y avait caché des bidons d'essence. Encerclées par le feu, serrant leurs enfants contre elles, les femmes se ruèrent vers le lac.

La première victime fut un vieux fermier du Ciskei. Il avait subtilisé des morceaux de polystyrène à la fabrique de meubles où il était allé mendier un travail de manœuvre. Il fut intoxiqué par leurs émanations. Sa case de bric et de broc flamba sans qu'il se réveille.

De nouvelles explosions firent pleuvoir sur les squatters terrifiés une averse de débris incandescents qui leur arrachèrent des cris et les jetèrent, convulsés, sur le sol. Le campement se mua rapidement en fournaise ; l'essence stockée s'enflammait dans une gerbe d'étincelles. Les squatters affolés cherchaient à échapper aux flammes. Certains coururent jusqu'à la mer baigner dans l'eau glacée leur corps couvert de cloques. Leurs hurlements en réveillèrent d'autres, et bientôt une véritable frénésie s'empara du camp ; les bébés pleuraient, les femmes appelaient à grands cris leurs enfants, leurs maris. Tous étaient brûlés, épouvantés, asphyxiés par la fumée qui les harcelait en décrivant cercles et spirales et en les assaillant de tous côtés à mesure que le vent s'accentuait.

Celui-ci fouettait les braises et les répandait partout. Les tas de bois explosaient les uns après les autres. Boysie, le chef autoproclamé du camp, soupçonna les habitants d'avoir dissimulé des bidons sous les bûches, mais il était trop tard pour y penser. Un sac mouillé sur la tête, il fonçait d'une hutte à l'autre en chassant des bandes de femmes et d'enfants hébétés vers le lagon, où ils s'enfoncèrent jusqu'au cou sans cesser de gémir et de tousser. Leur champ de vision enfumé était envahi par une brume rouge.

Eunice rêvait qu'elle était prise au piège dans un cercle de feu. Le *sangoma* vociférait ses malédictions ; puis elle se réveilla et vit que son cauchemar était devenu réalité. Son toit était en flammes. Elle vida son seau d'eau sur la paillasse fumante de Tabson et, tâtant les couvertures roussies, elle se rendit compte qu'il n'était pas là. À cet instant une poutre enflammée s'abattit sur son dos. Elle tomba, clouée au sol, hurla en sentant les flammes entamer sa chair. Malgré la stupeur causée par la souffrance et le choc, elle vit le *sangoma* qui lui faisait signe de le rejoindre. Ses dernières pensées furent pour Tabson.

Dans la hutte servant de débit de boissons clandestin, un ivrogne entortillé dans la toile tombée sur lui mourut carbonisé par le caoutchouc des pneus. Son petit enfant périt avec lui.

Ari, qui avait le sommeil léger, fut réveillé par une odeur de fumée. Il déplaça doucement la tête de Kate, toujours posée sur son épaule, puis alla à la fenêtre ouverte. Pas d'incendie dans la montagne, pourtant... Il s'élança pieds nus vers le pavillon d'été. Il ne lui fallut qu'un instant pour saisir l'ampleur du désastre. En contrebas, la quasi-totalité de la zone broussailleuse, en bordure de plage, était en flammes ; un cercle de feu enserrait le lagon et le vent charriait des cris. Déjà l'incendie se calmait ; le mal était fait. Il se demanda combien de temps cela avait duré, pendant qu'il dormait. Au tréfonds de son âme, un autre brasier commença à flamber. Un brasier alimenté par le ressentiment. Il les aurait, les salopards qui avaient fait ça.

Au bout d'un moment, Jack apparut à ses côtés.

— Je vois qu'on a fini par chasser les squatters, finalement, constata-t-il, impressionné. Les Palma ne reculent vraiment devant rien.

Gill accourait à son tour. Elle portait un déshabillé en satin qui miroitait au clair de lune. Elle avait pris le temps de se brosser les cheveux, mais pas d'enfiler une robe de chambre. Il fallait qu'Ari se rende sur les lieux, mais que faire de Kate maintenant que les Bronson étaient réveillés ? Ce fut le moment que choisit la jeune femme pour sortir de la chambre ; Jack laissa échapper un son étranglé tandis que sur le visage de Gill se peignait un mélange de rage, d'envie et de malveillance ironique.

— Il faut que je m'en aille.

Ari prit Kate par la main et l'entraîna vers sa voiture.

— Vous ne vous souciez donc pas du qu'en-dira-t-on ?

— Pas vraiment, non, soupira-t-elle. Qu'est-ce que ça change, hein ? Avec l'opinion qu'on a de moi ici, de toute façon...

— Ne dites pas de bêtises. Des faillites, il s'en produit tous les jours ; en revanche, Mrs. Palma n'a pas le droit de passer la nuit chez le premier venu ; je vous ramène à votre voiture. Moi, je vais sur les lieux de l'incendie.

Il ne pensait plus qu'à ses responsabilités professionnelles et Kate nota le masque de colère qui lui tirait les traits. À mesure qu'ils descendaient vers le lagon, la fumée et les émanations toxiques devenaient de moins en moins supportables. Kate devait garder un mouchoir pressé contre ses narines. La fumée était si dense qu'on y voyait à peine. Ari se gara devant chez les Lilford et lança à Kate un regard étrangement tendre.

— Vous êtes quelqu'un de bien. J'espère qu'il ne vous arrivera rien. Si vous avez besoin de moi, vous savez où me trouver. Bonne chance !

Kate reprit le chemin de la maison. En voyant toutes les lumières allumées, elle fut prise de tremblements. Était-on à sa recherche ? Elle entra et trouva Ramona assise bien droite dans le fauteuil ancien, à côté de la porte.

— Où est mon mari ?

— Sorti.

— Et Angelo ?

— Aussi.

Kate laissa échapper un bref soupir et alla enfiler un survêtement et des chaussures de sport.

— Je suis allée voir l'incendie, mentit-elle à Ramona. J'y retourne.

La vieille femme ne réagit pas. Elle continua à fixer avec raideur le mur en face d'elle. Kate réprima une bouffée d'inimitié et dévala les marches d'un pas vif.

L'aube allait poindre ; une lumière grise commençait à se répandre sur la scène du désastre. Kate gara sa voiture dans un chemin secondaire qui conduisait au fond du lagon. Elle fit de son mieux pour refouler la nausée provoquée par la puanteur ambiante et regarda passer les bandes de loqueteux aux pieds couverts de cloques, les épaules voûtées comme pour se protéger des malheurs de l'existence. Leur regard était las, leur visage renfrogné, vide d'expression, sans un soupçon de colère. Ils étaient sous le choc, apathiques, accablés. Toute leur énergie était partie en fumée en même temps que leurs maigres possessions. Un enfant brûlé se tordait en hurlant dans les bras de sa mère.

Sa première impression fut que tout était devenu noir : les arbres, les herbes, les fleurs, les cases, les poutres, les cartons... Tout était couleur de carbone. « L'an prochain, souffla-t-elle en descendant de voiture, l'an prochain la vie reprendra ses droits ; seulement je me demande si les oiseaux reviendront. » En proie à une sensation d'irréalité, elle s'avança en terrain stérile.

Elle qui, toute sa vie, n'avait fait que ses quatre volontés se trouvait tout à coup démunie devant cette avalanche de coups durs, ou plutôt de catastrophes, qui pleuvait de tous côtés. Elle contempla, hébétée, la destruction de ses marécages bien-aimés.

— Comment a-t-on pu faire ça ? C'est affreux, affreux !

Les poings serrés, elle se mordit la lèvre inférieure et, sentant des larmes brûlantes couler sur ses joues pâles, elle balaya d'un regard incrédule les boîtes de conserve rouillées, les barres de fer tordues, les planches brisées, les pans de toile déchirée, les vieux chiffons, les chaussures éculées, les milliers de bouteilles vides éparses... Au-delà des marais s'étendait une jungle immonde de ruines noircies d'où la fumée continuait de s'élever. Des arbres touffus, il ne restait que des moignons carbonisés. Elle aperçut un cadavre dont les jambes dépassaient d'une tôle ondulée déformée par les flammes et sentit son estomac se soulever. Elle était trop sous le choc pour éprouver de la compassion.

Comment une chose pareille pouvait-elle arriver ? Kate s'aventura jusqu'au lagon en traversant le champ de ruines ; au passage elle roussit ses souliers, et à plusieurs reprises les émanations âcres la firent tousser. Toute une colonie de cabanes, de débits de boissons et de boutiques improvisés, une véritable township de toile, de pieux et de tôle avait poussé à l'abri des arbres, et personne n'en avait mesuré l'étendue. Mais maintenant les arbres étaient réduits en cendres, et le cataclysme d'autant plus évident. Tout cela parce qu'elle avait fait la gaffe stupide d'y installer Eunice !

— Hé, vous, là-bas ! Revenez.

Plusieurs policiers se tenaient au bord du lagon.

— Il y a un mort par-là ! lança-t-elle aux ambulanciers.

Ari vint vers elle sans perdre de temps. Il lui indiqua la direction de la mer et elle vit d'autres ambulances, d'autres hommes en blouse blanche transportant des civières.

— Je suis au courant. On va aller le chercher dans une minute, mais avant tout on recherche d'éventuels survivants.

Elle eut la surprise de le voir défiguré par le chagrin et la colère. Pourquoi était-il si personnellement touché ?

— Est-ce la seule victime, ou en a-t-on trouvé d'autres ? demanda-t-elle distraitement.

Alors on entendit un cri, et une haute silhouette sortit d'un bond des broussailles.

— Ne tirez pas ! C'est Frikkie, cria Kate en voyant un policier lever son arme. Frikkie, viens par ici, ordonna-t-elle.

Le nouveau venu s'approcha. Sa démarche était curieusement traînante. Ari l'observa, intrigué. Avec son front fuyant, ses sourcils proéminents, ses yeux rapprochés, profondément enfoncés dans leurs orbites et pratiquement dissimulés par sa crinière noire, on aurait dit un homme préhistorique. Ses épaules étaient musclées, et ses bras plus longs que la moyenne pendaient vers l'avant. À sa façon de se déplacer, à son expression indéchiffrable, Ari devina que c'était un demeuré.

— Il souffre de brûlures ! Il faut le faire monter dans une des ambulances.

Willis voulut entraîner Frikkie, mais ce dernier s'enfuit dans les dunes.

Kate poursuivit son chemin. Soudain, elle poussa un cri. Elle avait sous les yeux quatre cadavres carbonisés.

— Mon Dieu, c'est horrible !

— Je suis désolé. On va les emmener à la morgue, mais, d'abord, nous devons nous occuper des blessés.

Ari l'avait rattrapée. Il lui passa un bras autour des épaules.

— Et un enfant, en plus... C'est terrible, terrible... Ses joues étaient sillonnées de larmes. Cette femme, je la connaissais. Je lui avais permis de dormir dans une hutte près du lagon. C'est épouvantable. En un sens, j'ai provoqué sa mort. Oui, c'est vrai ; je ne pouvais pas savoir ce qui arriverait, mais c'est ma faute, je n'ai pas réfléchi.

Gerber avait surpris ses propos. Il la regardait d'un air dur, hostile.

— Vous comprenez, reprit-elle plus bas à l'intention d'Ari, c'est moi qui l'ai installée ici. Ensuite, elle a fait venir les autres. Oui, tout est ma faute.

— Ce n'est pas vous qui l'avez tuée, Kate ; par contre, le coupable existe. Elle percevait à nouveau sa colère. Elle s'appelait Eunice et il faut que je retrouve son petit-fils, Tabson. Il a un pied bot. Vous pouvez jeter un coup d'œil dans les environs ? Faites-le pour moi.

Elle le quitta pour aller explorer les ruines, passant au large des foyers d'incendie restants. Elle déboucha à un endroit du lagon dont les eaux étaient grises et plates. Dieu savait ce qu'elles recelaient. Les roseaux, les lis d'eau, les herbes à bison étaient parsemés de débris calcinés, mais il n'y avait plus un seul oiseau. Kate s'assit sur une souche et s'enfouit le visage dans les mains.

Elle entendit alors le cri étranglé d'une oie égyptienne dans une touffe de roseaux inextricable, sur un banc de sable proche du bord du lagon. Peut-être celle qu'elle avait elle-même libérée ? Elle entra dans l'eau, inquiète de ce qu'elle allait découvrir. Immergée jusqu'aux genoux, elle se fraya un chemin à travers la végétation aquatique et atteignit enfin une petite île sablonneuse et surélevée, à l'abri des regards. Accroupi, un jeune garçon tenait l'oie égyptienne, dont l'aile cassée maintenue par une grossière attelle en bâtons et en boue séchée pendait tristement sur le bras de l'enfant.

— Oh, la pauvre !

Kate se pencha pour prendre le volatile, mais le petit recula précipitamment.

— Non, madame. Ne lui faites pas de mal. Ça va guérir. Je m'en occupe. Je vous en prie, madame. Laissez-la.

Il se leva, battit en retraite... et Kate vit son pied difforme, retourné vers l'intérieur. La jambe étant plus courte que l'autre, il devait prendre appui sur le bout des orteils ; il boitait sensiblement, l'échine courbée, une hanche en avant, sans se départir de son expression à la fois attristée et apeurée. Quelle drôle d'allure il avait, avec ses grands yeux, son visage décharné et son abondante couronne de cheveux crépu ! Le voyant trembler de tous ses membres, elle devina qu'il était en état de choc.

— Tu t'appelles Tabson, c'est ça ? Tu dois voir un médecin. Viens, je te ramène chez moi. Donne-moi cet oiseau.

L'enfant s'enfonça encore plus loin dans les roseaux.

Il regarda cette jolie dame qui s'intéressait à lui et secoua la tête. Quand il avait directement affaire aux gens, il n'en ressortait jamais rien de bon. Il avait appris à ne faire confiance à personne. Pourtant, le policier blanc lui avait sauvé la vie, il le savait. Mais cette femme, que lui voulait-elle ? Pourquoi réclamait-elle l'oie ? Peut-être avait-elle faim.

Tabson n'aimait pas les Blancs. Il les trouvait dégoûtants, avec leur peau rose qui semblait à vif et rappelait celle des cochons. D'ailleurs, du cochon, ils avaient aussi l'odeur. Quand il était petit, on lui avait parlé de l'époque où les Blancs étaient arrivés. Il y avait eu une période de fortes pluies et le sol s'était transformé en marécage. Puis une énorme mouche noire était venue déposer ses œufs en mille endroits du bourbier, et au bout de quelques semaines, il en était sorti des vers blancs qui avaient dévoré toute la végétation. Les êtres humains avaient connu la famine tandis que les vers, eux, se gonflaient de graisse. Ils avaient donné naissance à des larves sous la croûte terrestre, et c'était d'elles qu'étaient sortis les hommes blancs, avec leurs manières fanfaronnes et violentes. Chaque fois qu'il en voyait un suer ou s'époumoner, il se remémorait cette histoire. Mais cette femme, elle, ressemblait aux anges qu'il avait vus dans un livre, à l'école de la mission. Il était tiraillé entre sa méfiance et le besoin d'être pris en charge. Pourquoi se donnait-elle tout ce mal pour qu'il vienne avec elle ? Elle était blanche, donc égoïste. Alors pourquoi lui proposait-elle de le recueillir ? « Allons, Tabson », répétait-elle en lui tendant la main. Instinctivement, il sut qu'il pouvait lui faire confiance.

Kate constata qu'en l'appelant par son nom elle réussissait à l'apaiser quelque peu. Il paraissait âgé d'environ huit ans, il était squelettique, sale. Ses vêtements maculés de boue étaient tout déchirés. Elle s'assit à côté de lui en se demandant quoi faire, quoi dire pour se faire accepter.

— Raconte-moi comment tu as trouvé cet oiseau, demanda-t-elle avec douceur. Je l'ai déjà vu avant-hier, l'aile prise dans un piège. Je l'ai libéré mais il s'est échappé pendant que je me faisais agresser par un squatter. Il faut l'emporter chez le vétérinaire.

— Non !

L'enfant paraissait sur le point de s'enfuir pour de bon.

— On ira tous les deux, le rassura Kate.

— Non, je vais lui donner à manger, s'obstina le petit. Il parlait d'une voix rauque, légèrement cassée, assez peu de son âge. Il caressait le cou de l'oie du bout de ses longs doigts délicats et multipliait les petits bruits affectueux, ce qui ne calmait guère le volatile affolé.

— Elle va mourir...

— Non, madame.

Ses mains se contractèrent et l'oiseau laissa échapper un caquètement.

Et toi, qui va s'occuper de toi, nigaud ? songea-t-elle. Pourquoi s'en faisait-il à ce point pour cette oie ? Elle qui avait toujours cru les Noirs dénués de compassion...

— Tu n'as qu'à me la vendre. Je t'en donne vingt rands.

— Non, madame.

Il détourna les yeux, recommença à trembler.

— Tabson, il faut venir avec moi. Je lui trouverai un endroit sec et sûr. Et de la nourriture. Toi, tu n'as rien à lui donner. Je te nourrirai aussi. Tu n'as pas faim ?

— Il faut que je reste. Quelqu'un voudra savoir où je suis.

— Eunice est morte, Tabson. Je suis vraiment désolée. Allez, viens avec moi. Je m'occuperai de toi.

Qu'est-ce qu'il lui prenait de dire une chose pareille ?

— Oui, madame.

Il baissa la tête et la suivit, les joues inondées de larmes. Ils passèrent devant le groupe de policiers. Quand le petit vit Ari, son visage s'éclaira tant il était soulagé de reconnaître un visage ami.

— Ah, vous l'avez trouvé..., fit Ari. Il sourit tristement à l'enfant. Malheureusement...

— Je le lui ai dit, coupa Kate en ravalant ses larmes.

— Je vais te trouver un endroit où tu pourras rester en sécurité pendant quelques jours, Tabson.

— Je le prends avec moi. Sa propre détermination la surprit. Au moins jusqu'à ce que vous retrouviez la trace de ses parents. Il a bien des parents, n'est-ce pas ? s'enquit-elle anxieusement.

— Oui. Je connais leur adresse. Je vais m'en occuper.

Les traits d'Ari exprimaient sa surprise. Il la regardait d'un air interrogateur, comme s'il cherchait à se faire une opinion sur elle. *Il me prend pour une simple fêtarde. Et il a peut-être raison.*

— Il va falloir que vous appeliez un médecin. Il a besoin de soins.

— Je sais ce que j'ai à faire, répliqua-t-elle, sur la défensive.

Elle s'identifiait à ce petit infirme, sans comprendre pourquoi. Parce qu'il tenait autant qu'elle à soigner l'oiseau blessé, peut-être ? Elle s'empara fermement de la main de Tabson.

— Il sera bien avec moi, provisoirement.

Mais, en vérité, elle regrettait déjà, son impulsivité. Ses craintes s'accentuèrent pendant le trajet du retour. Le spectacle de la maison lui déplut ; elle était vraiment sinistre, et ses fenêtres en surplomb, à l'étage, semblaient surveiller tout et tout le monde en permanence. Une maison sans chaleur et sans joie. Kate se sentait observée, mais par qui ? Elle vit un rideau retomber dans la salle à manger. Sûrement Ramona. Elle se dit avec un frisson d'appréhension qu'elle allait s'attirer des ennuis du côté de Rob. Tabson restait bouche bée devant le spectacle de la maison, des écuries, de la roseraie et de la piscine. Il était si vulnérable, si méfiant. À tout moment on aurait dit qu'il allait s'enfuir. Qu'allait-elle faire de lui toute la journée ? Peut-être le gaver, dans un premier temps, puis lui apprendre à nager, à jouer...

Quant à l'oie, pas de problème ; elle savait exactement quoi en faire. Elle demanda au secrétaire de Rob d'appeler le jardinier : on devait aménager devant les écuries un enclos d'où l'oiseau ne pourrait s'échapper. Puis elle téléphona au vétérinaire. Tabson le regarda avec émerveillement plâtrer l'aile blessée. Une heure plus tard, l'oie sautillait dans son enclos. Cette fois, Tabson avait l'air heureux.

Jusqu'ici, tout se passait bien. Comme elle n'avait pas le courage d'affronter Ramona, Kate confia l'enfant à son adjointe, une veuve malaise très capable.

— Donnez-lui un bain, trouvez-lui des vêtements,

nourrissez-le et apprenez-lui à manger proprement. Ah, et puis appelez le médecin.

Décidément, les problèmes se résolvaient d'eux-mêmes quand on en avait les moyens.

Rob était dans son bureau. Il avait passé la nuit à superviser les travaux de clôture sur son terrain proche du lagon. Il aurait fallu qu'il dorme deux heures avant de se remettre au travail, ç'aurait été plus raisonnable. Il pouvait aussi avaler un cognac bien tassé et s'y attaquer tout de suite. Il était en forme ; si nécessaire, il pouvait se passer de sommeil plusieurs jours d'affilée. Il se l'était suffisamment prouvé, et à plusieurs reprises, quand il était dans le Namib.

On frappa discrètement à la porte ; Ramona entra sans attendre qu'il l'en prie. Cela ne manqua pas de l'irriter, mais il se contint, préférant regarder fixement le bout de ses doigts joints, tout blancs tant il les pressait les uns contre les autres. Ramona l'avait élevé comme un fils. Avant l'âge scolaire, il n'avait pratiquement connu qu'elle. Par la suite, elle l'avait toujours protégé du courroux de son grand-père quand il faisait une bêtise. Elle l'avait aidé à faire ses devoirs, n'hésitant pas à mentir et à le prendre sous son aile ; une fois, elle avait même volé de l'argent pour lui. Il était incapable de définir ce qui les unissait, mais le lien était bien réel, bien présent à tous les instants. N'empêche, c'était énervant d'être toujours traité en gamin ; parfois, elle oubliait qu'elle était une domestique. Elle prit place en face de lui. Il sentit qu'elle n'était pas rassurée et cela le troubla. Il ne l'avait jamais vue redouter quoi que ce soit. Sans savoir pourquoi, il en fut démoralisé ; un mauvais pressentiment obsédant s'empara de lui.

— Écoute-moi, Rob. Ce nouveau lieutenant de police est ton *doppelgänger* ; c'est le mauvais sort qui l'a attiré ici, à Silver Bay. À cause de lui, le pire est à craindre. Débarrasse-toi vite de lui, avant qu'il ne soit trop tard. Il apporte la poisse, le malheur. Il est capable de te réduire à néant. Crois-moi ! Fais-le muter !

Il lui jeta un regard noir dans l'espoir de l'intimider, mais il n'y avait pas moyen d'intimider Ramona. Et si, de temps en temps, elle agissait bizarrement, ses prédictions finissaient toujours par se réaliser. Elle se pencha sur lui et le transperça de son regard noir et brûlant.

— Tu me connais bien, Rob, fit-elle entre ses dents. Tu sais que je ne me trompe jamais. Débarrasse-toi de lui, je te dis. Autre chose : pendant que tu étais sur les lieux de l'incendie, Kate a passé la nuit dehors. Elle portait toujours sa robe de soirée quand elle est rentrée ce matin à l'aube. Elle a été vue quittant le cocktail des Lilford en compagnie dudit lieutenant. Alors, tu vas le liquider, maintenant ?

Et elle sortit, laissant Rob en proie aux démons pervers de la jalousie.

17

Gerber était dans une rage folle, à la fois comique et tragique. Il venait de recevoir un appel d'un procureur général rattaché au tribunal d'instance du Cap. Ari l'avait déjà remarqué : il était homme à esquiver les problèmes, à simplement refuser de les regarder en face. Pour lui, tout allait bien, et tout continuerait d'aller bien pour peu qu'on reste dans son coin. Silver Bay était une jolie petite ville bien tranquille où la délinquance n'avait pas cours. *Chez lui, la politique de l'autruche confine au pathologique*, se dit encore Ari en l'observant attentivement.

Empourpré par la colère, le visage du lieutenant était agité de tics. Ari avait demandé à ce qu'on ouvre une enquête pour meurtre dans l'affaire des quatre squatters qui avaient péri dans l'incendie. Gerber aurait préféré qu'on conclue au décès accidentel, et depuis quinze jours il assommait tout le monde avec cette version. Ari n'avait émis que peu de commentaires, mais formulé de telle manière ses rapports au procureur que ce dernier avait effectivement ordonné l'ouverture d'une enquête, avec quatre chefs d'inculpation. Gerber venait de l'apprendre et ne pouvait cacher sa fureur.

— Débrouillez-vous, maintenant, lança-t-il à Ari.

Sur quoi, il fit ce qu'il faisait invariablement dans ces cas-là : il ramassa ses affaires et s'en fut, cette fois, pour se rendre à une soirée donnée par les Grant où serait tout le gratin. Il laissait ses cinq collègues de service affronter seuls la vague de délits qui déferlait toutes les nuits sur Silver Bay.

Sur le yacht des Grant, la musique était magique et le clignotement des lumières des plus stimulants ; tout ce qui comptait un tant soit peu dans la région avait fait le déplacement, mais le dessus du panier de ces *happy few* s'était regroupé au bar du pont supérieur.

— Quand on a passé quelque temps en Éthiopie, claironnait Rob, on ne peut supporter l'idée de verser un sou de plus pour l'amélioration des conditions de vie des Noirs. L'Afrique tout entière est en train de devenir un cas désespéré. L'Éthiopie se transforme en désert. Sa population devra être soit déplacée, soit livrée à elle-même. Le pays ne suffira jamais à la nourrir, et plus vite nous nous en retirerons pour laisser la nature jouer son rôle millénaire, mieux cela vaudra.

En l'écoutant, Kate grinça des dents. Intelligent comme il l'était, il aurait dû savoir que ce n'étaient pas des choses à dire.

On fêtait l'anniversaire de Dave Grant. Un verre de whisky à la main, Kate regarda sur les murs les multiples photos de blondes dévêtues en casquette de marin. Leur hôte, un millionnaire ayant fait fortune dans le cuivre, avait la main entre les cuisses serrées d'une fille ravissante ressemblant comme une sœur aux photos, sauf qu'elle portait un string minuscule et un soutien-gorge de maillot tout à fait symbolique. Elle semblait un peu gênée mais bien décidée à ne tenir aucun compte de son entourage. Jadis athlétique, Dave s'était empâté avec l'âge ; rubicond, les sinus encombrés, il respirait bruyamment, comme toujours quand il avait trop bu.

Était-ce après Dave que courait cette fille ou après ses trente millions de dollars ? Et où pouvait bien être Melissa, son épouse ? Le yacht fourmillait d'amis de la famille qui, pour la plupart, étaient aussi ceux de Rob : George Rockwell, magnat américain de l'industrie minière namibienne, Villiers, possédant la plupart des mines de diamants du Nord, Don Cohen, qui avait fait fortune dans l'immobilier, plus trois Américains en visite prétendant peser des milliards de dollars en investissement US, et quelques résidents de Silver Bay : le médecin, John Flanagan, ainsi que sa femme Sigal ; le dentiste, Dave, lui aussi accompagné de son épouse Lynette ; et les Bronson. Histoire de démontrer qu'on s'intéressait à autre chose qu'à l'argent, on avait également invité Cecilia, l'artiste locale ; deux ou trois écrivains, un sculpteur, une vedette de l'opéra et un poète. Mais c'était une façade, ici, on ne s'intéressait qu'à l'argent, et Kate le savait très bien.

Fort séduisant avec son pull marin et son pantalon blanc, sans parler du joli hâle que lui donnait le vent, Rob tenait la vedette, comme à son habitude. Sa langue acérée louvoyait, flattait et insultait tour à tour les membres de son auditoire, qu'il fascinait de son regard vif. Claude de Quelque Chose, auteur de plusieurs ouvrages sur la défense de l'environnement en Afrique du Nord, contestait avec virulence ses dernières déclarations.

— Il me paraît révoltant au plus haut point de vouer des millions d'êtres humains à une mort horrible, c'est-à-dire à la famine, alors que nous-mêmes prenons part à un régal de gourmets, déclara-t-il en foudroyant du regard un monceau de crevettes et des langoustines fumantes.

— Ne nous coupez pas l'appétit, rugit Grant depuis le confortable canapé où il s'était enfoncé.

Il attira à lui la fille quasi nue. À la faveur du brusque silence qui suivit, on entendit des guitares sur le pont inférieur. Les yeux de Claude lançaient des éclairs de rage.

— C'est bien vous qui voulez sauver les chiens sauvages du Sahara, entre autres, non ? ironisa Rob avec une curieuse lueur dans le regard.

Kate éprouva une bouffée de sympathie pour

l'auteur. Quand Rob arborait cette petite grimace-là, on était sûr de se faire dévorer tout cru.

Les invités n'étaient pas venus uniquement pour se distraire. Cecilia, notamment, s'efforçait de placer son dernier tableau ; elle avait persuadé Melissa de l'accrocher dans la salle de réception du yacht. De son côté, Jack Bronson cherchait à convaincre Rob qu'en réunissant leurs deux terrains en bordure de plage ils pourraient faire construire la fameuse résidence à laquelle le jeune homme tenait tant. Gill Bronson, elle, voulait rédiger la biographie d'Angelo ; malheureusement, il repoussait ses assauts avec toute la galanterie dont il était capable ; il savait se montrer charmant avec les femmes qui lui plaisaient. Pour la toute première fois, Kate entrevit l'homme séduisant et plein d'entregent qu'il avait jadis été, selon la rumeur. Elle n'en revenait pas.

Quant à Richard Mooney, l'ancien prêtre de la paroisse, désormais à la retraite, il était venu récolter des fonds pour sa campagne « Nourrissons les squatters » ; le sculpteur, en revanche, était là pour manger, de toute évidence. Mais tous les autres voulaient leur part du gâteau américain. Ils guettaient le moment de saisir leur chance. Entre-temps, on se soûlait ou l'on s'enivrait d'autres substances, et les rires des hommes noyaient les exclamations haut perchées de la gent féminine.

Kate trouva Melissa accoudée au bastingage avec une cigarette et un verre.

— Si je passais par-dessus bord, personne ne s'en apercevrait, commenta-t-elle en présentant à la jeune femme son célèbre profil.

Kate la détailla. On comprenait aisément pourquoi, en son temps, elle avait été une beauté renommée dans le monde entier. Mais aujourd'hui elle était ravagée. Ses cheveux blond cendré brillaient au clair de lune, et, si un récent lifting avait redonné à son cou une fermeté juvénile, son regard était tragique et elle avait des poches sous les yeux. Elle avait quarante-huit ans, et elle les faisait.

— Si je mourais, j'épargnerais à Dave tous les tracas du divorce, poursuivit-elle d'une voix légèrement pâteuse. Ce soir, j'ai débarqué plus tôt que prévu et je l'ai surpris en train de peloter cette petite salope dans la voiture. Vous savez ce qu'il m'a dit ? « Écoute, ma vieille. Je suis un homme libre. J'ai gagné un tas de fric et je ne dois pas un sou à qui que ce soit. Personne ne me fait vivre, moi ; et ce n'est sûrement pas toi qui vas me dire ce que je dois faire. Si ça ne te plaît pas, regarde ailleurs ou fais-moi un procès. Tiens, oui, pourquoi pas ? Toi qui n'as jamais levé le petit doigt de ta vie ! D'ailleurs, ça commence à se voir. Tu as les seins creux et les fesses qui tombent jusqu'aux genoux. Quand les femmes arrivent à la cinquantaine, on devrait les aligner contre un mur et les abattre sans autre forme de procès. Maintenant, fous-moi le camp. » Voilà ce qu'il m'a dit, mot pour mot. Je ne m'en suis pas encore remise. Je ne sais pas si c'est lui que je dois poursuivre en justice ou bien mon chirurgien esthétique.

— Je suis sûre qu'il était ivre, répondit Kate en lui passant un bras autour des épaules. Vous savez bien comment il est quand il a trop bu ; il cherche la bagarre.

— Vous avez raison, mais dans ces cas-là il dit ce qu'il pense. Je ne le laisserai pas se débarrasser aussi facilement de moi ; pas question de lui faire ce plaisir. C'est un porc, et ça ne date pas d'hier ; seulement, avant, il faisait n'importe quoi pour moi parce que je lui plaisais. Maintenant c'est de cette fille qu'il est fou. Il m'a toujours considérée comme un bien mobilier coûteux, mais depuis quelque temps j'ai perdu toute ma valeur marchande à ses yeux.

— Je suis certaine que ça ne durera pas entre eux. Il va se rendre compte de son erreur.

Mel eut un petit rire nasal.

— Vous êtes folle ou quoi ? Elle réussit à l'exciter

je ne sais comment, même quand il est soûl ; voilà la vérité. Rien qu'en la regardant il se sent rajeunir. Le vieux crétin.

— Il vous reste vos amis, vos enfants. Nous sommes tous avec vous, Mel, insista Kate dans un vain effort pour l'apaiser.

Mel s'esclaffa.

— Les enfants sont grands ; ils ont quitté la maison. Quant à mes amis, ils me laisseraient tous tomber avec un bel ensemble si je quittais Dave. J'étais belle, Kate. Et c'était toute ma vie. Être belle. Je n'ai que quarante-huit ans ; je pourrais sans mal vivre encore quarante années ; seulement tout ce pour quoi j'ai vécu s'est envolé en même temps que mes charmes. Je vous le dis, Kate, reprit-elle d'une voix brisée. Si je tenais à quoi que ce soit dans la vie, je le plaquerais, mais que voulez-vous que je fasse de ma carcasse pendant encore quarante ans ? Et pourquoi laisser les millions de mon mari à cette poule ? Non, j'ai l'intention de m'accrocher et de lui mettre le maximum de bâtons dans les roues. Pour la première fois il voit en moi un être humain réel parce que je contrecarre ses projets ; et il me hait. Cela me procure une espèce de satisfaction malsaine. Enfin je suis une personne réelle.

Kate aurait voulu fuir, mais, au nom de l'amitié, elle se devait de multiplier les vaines tentatives pour consoler Melissa, l'aider à faire bonne figure. La tâche était rude, avec la jeune beauté qui paradait sur le pont.

— Il faut prendre la chose avec dignité. Bien montrer à cette fille qu'elle n'est qu'une poupée gonflable. Vous ne croyez pas ?

— Je vous en prie, Kate. Ce n'est pas avec votre teint de lis et de rose et vos yeux pleins de jeunesse et de vie que vous pouvez me faire la leçon. Je crois me voir quand j'étais jeune. Que savez-vous de l'amertume ? Vous n'avez jamais été délaissée, traitée en quantité négligeable. Depuis quelque temps, les hommes ne font même plus attention à moi. Ils ne sont ni méchants ni grossiers ; ils ne me voient pas, c'est tout. Vous avez tout, je n'ai plus rien. Alors ne me faites pas la leçon. Allez-vous-en.

Mon Dieu, se dit Kate. *C'est moi dans vingt-six ans*. Elle vida son verre et alla en chercher un autre au bar. Melissa avait touché un point sensible.

Rob s'apprêtait à porter l'estocade. La lueur moqueuse de ses yeux était révélatrice. Il avait posé une main sur l'épaule de l'infortuné écrivain. Ce dernier dégoisait : le manque de réserves animalières, le braconnage, l'épuisement des terres à cause de l'élevage, les insecticides qui ouvraient de véritables boulevards dans les marais d'Okavango...

— Nous autres Sud-Africains blancs, pérorait-il, avons sous notre responsabilité l'une des dernières contrées où la nature fait encore la loi. L'Histoire dira si nous avons su l'exercer.

— Soit on nourrit les Éthiopiens et autres cas désespérés, soit on préserve l'équilibre naturel, hein, Claude ? Eh bien, étant donné la croissance démographique fulgurante, au siècle prochain les deux ne pourront plus coexister. Il faut opter pour l'un ou l'autre. Alors qu'est-ce que vous choisissez, Claude ?

Suivit un silence pénible.

Tout à coup, Melissa, qui venait de se joindre au petit groupe, poussa un cri aigu.

— Mon Dieu, Rob ! Qu'est-ce que c'est que cette horrible bestiole, là, dans votre cou ? Elle vient de tomber de vos cheveux !

Son cri se mua en hurlement d'épouvante : la bestiole en question venait de sauter sur sa robe blanche. Cela ressemblait à une minuscule araignée.

— Un pou ! s'exclama Rob. Il le prit entre deux ongles et l'observa de près. Il s'est coloré en noir. Stratégie de camouflage. Sans doute la troisième génération à élire domicile sur ma tête. Depuis quelque temps ça me démangeait, mais je n'avais pas envisagé cette hypothèse...

Furieux, il chercha le regard de Kate, lui promit muettement des représailles à vie et leva son verre.

— À la santé de ma femme, l'assistante sociale. Comme vous, Claude, elle s'est donné pour mission d'assister le pauvre et l'opprimé. Car, voyez-vous, elle s'est trouvé un petit animal de compagnie. Il est infirme, borné, noir et ignorant, et par-dessus le marché nous savons maintenant qu'il est sale comme un pou ! Car vous savez, Claude, dit-il en laissant tomber l'objet du délit sur la tête de son interlocuteur, vous n'êtes pas le seul à vouloir sauver l'Afrique et ses habitants.

Un rire de soulagement se propagea le long du bar : Claude s'était penché en avant pour passer la tête entre ses genoux et se donner de grandes claques sur les cheveux. On avait fait place nette autour des deux hommes.

— Kate ! appela Melissa en essayant vainement de détendre l'atmosphère. Décidément, vous êtes une énigme. Vous, si belle, vous vous souciez vraiment des autres ? Je vous envie. Moi, je ne m'en suis jamais préoccupée. Ils sont si laids ! Racontez-nous comment vous vous y prenez. Venez.

Elle entraîna la jeune femme sur l'estrade dressée de l'autre côté du bar et lui fourra un verre dans la main.

La soirée prenait un tour sinistre. Kate contempla les bouches sévères, les yeux de prédateurs qui l'entouraient. Elle repensa à son père et au guépard qu'il avait abattu. Puis elle se rappela les paroles de Mira, l'animal le plus doué pour la survie, le primate raisonnant et agressif. Ce n'était donc que cela, l'humanité ? Dans ce cas, l'élite de l'*Homo sapiens* se trouvait actuellement rassemblée en ce lieu, à la fusiller du regard en espérant qu'elle se dépêcherait de porter son toast, histoire de recommencer de plus belle à faire pression les uns sur les autres et à boire comme des trous. Leur devise ? « Ce n'est pas notre problème. » Et le seul péché qu'ils avouaient : avoir perdu au jeu, occasionnellement, quand la mise consistait en une grosse somme d'argent ou une très belle femme.

— Ce que je voudrais savoir, c'est s'il y a ici quelqu'un de sincèrement heureux, souffla-t-elle d'une petite voix égarée.

Pas de réponse. Puis le prêtre prit la parole.

— Souvent les squatters sont heureux. Mais, évidemment, ils possèdent des biens tellement plus précieux que les vôtres...

— Ah oui ? Et lesquels ? s'inquiéta Melissa en ouvrant des yeux hagards.

— Mais la bonté, ma chère. Le respect des plus âgés, le...

— Des plus âgés, répéta Melissa d'une voix éraillée.

Rob gloussa.

— Allons, ma chérie. Saluons nos amis avant de les infecter les uns après les autres.

Il prit Kate par la main et l'entraîna sur la passerelle. Ils longèrent précipitamment le quai. Kate soupira. Le yacht oscillait doucement au gré de la houle légère et la musique était divine. À cette distance, la soirée paraissait si attrayante...

18

La colère de Rob se nourrissait de son ressentiment. Le coupé BMW fit un bond en avant. Les pneus crissèrent et la voiture monta sur un trottoir avec une violente secousse. « Et merde ! » Il fit brutalement marche arrière et décrivit un arc de cercle sur le gravier du parking jusqu'à ce que les roues arrière s'enfoncent dans un trou et s'immobilisent dans un grand bruit de moteur emballé ; mais aussitôt ils repartirent en trombe en direction de la grand-route.

— Tu roules trop vite ! cria Kate.

— La ferme.

— Mais j'ai peur !

— La ferme, je te dis.

— Et pourquoi je la fermerais, s'il te plaît ?

— Tu tiens à la vie ? Alors tais-toi. Je te le dis, maintenant : ça a assez duré. Je ne veux plus t'entendre.

Ils rentrèrent chez eux à une vitesse folle, avec force embardées, cahots et hurlements de pneus ; ils s'arrêtèrent en route à la pharmacie de nuit acheter deux grands flacons de shampooing antipoux.

Ari, où êtes vous ? se disait Kate. *C'est maintenant qu'il faudrait nous boucler pour excès de vitesse.*

En arrivant à la propriété, ils manquèrent de justesse percuter l'arrière d'une camionnette de police qui, justement, remontait l'allée centrale.

— Qu'est-ce que c'est que ça ? marmonna Rob.

À l'instant où ils se garaient devant l'entrée, l'enfer se déchaîna : la maison s'illumina d'un coup, un tir de barrage retentit et des formes humaines sautèrent par les fenêtres avant de s'éloigner en courant dans toutes les directions tandis que s'élevaient des coups de sifflet.

Un adolescent dégingandé passa à côté d'eux, la tête rejetée en arrière, tricotant des jambes comme dans un vieux film muet. Kate et Rob entendirent son souffle rauque et précipité. Rob s'empara de son arme, visa et tira, le tout en un seul mouvement fluide. Le jeune garçon s'effondra et se tordit en hurlant sur le sol. Le sergent Smit apparut.

— Bien joué ! hurla-t-il. Au moins on en tient un.

— Appelez une ambulance, cria Kate en se tournant vers la maison.

Elle entoura le garçon de ses bras. Il ne devait guère avoir plus de seize ans ; il était en train de perdre son sang. La balle l'avait touché au postérieur. Le visage déformé par la douleur, il appelait sa mère à grands cris. Assise par terre, Kate prit la tête du blessé sur ses genoux. Les minutes qui suivirent lui parurent durer une heure, mais l'ambulance finit par arriver ; on fourra le gamin sur une civière et le véhicule repartit dans la nuit. Kate l'entendait encore crier.

Hébétée, elle rentra d'un pas las. *Comment peut-on survivre après avoir perdu autant de sang ?* se demanda-t-elle en jetant dans la baignoire ses vêtements maculés. Un profond accablement l'envahit peu à peu. Elle pouvait à peine bouger. Ce fut le moment que choisit Ramona pour frapper à la porte. La police l'attendait au salon.

Willis Gous et ses hommes lui apprirent que six jeunes gens âgés de quatorze à dix-sept ans portant gants et passe-montagnes avaient volé une voiture afin de transporter le matériel qu'ils se proposaient de dérober chez les Palma ; ils étaient entrés par effraction et s'étaient emparés de la quasi-totalité de l'argenterie, des bijoux que Kate avait négligé de ranger dans le coffre-fort et du matériel photo et vidéo coûteux de Rob. On avait tout retrouvé dans le coffre du véhicule. Ramona leur avait coupé la retraite en appelant discrètement la police, sans donner l'alarme.

— Est-ce que Rob sera poursuivi ? demanda Kate à Gous.

— Il y aura une enquête, mais non, il ne sera pas poursuivi. C'était la seule façon d'en attraper un. Les autres se sont enfuis mais on tient la voiture et le butin dans son intégralité. Malheureusement, vous ne récupérerez pas vos bijoux tout de suite.

Kate haussa les épaules. C'était le cadet de ses soucis, après la soirée qu'elle venait de passer.

— Cette bande a déjà plusieurs cambriolages à son actif à Camps Bay, reprit Smit, mais c'est la première fois qu'ils viennent jusqu'ici. À mon avis, c'est aussi la dernière, conclut-il avec une satisfaction non dissimulée.

Rob était un autre homme quand il y avait du monde. Tout sourire, il plaisantait, jouait à la perfection son rôle de maître de maison et donnait des claques sur l'épaule de Smit. Toutefois, aussitôt la porte refermée, son visage perdit toute expression.

— Comment as-tu pu tirer sur ce gamin ? lui demanda sèchement Kate. Tu te croyais à la chasse à l'impala ?

— Délit de fuite, répondit brièvement Rob.

Cependant, elle vit bien qu'il regrettait son geste. Il n'avait pas l'air dans son assiette.

— Maintenant ça suffit, reprit-il d'une voix approchant dangereusement de son point de rupture. Il ne fait aucun doute que Tabson les a renseignés. Je veux qu'il fiche le camp d'ici dès le lever du soleil. Je le flanquerais bien dehors tout de suite, mais j'ai peur qu'il revienne en profitant de la nuit.

— Est-ce sa faute si tu as des poux ?

— Non, c'est la tienne.

— Eh bien, non, et ce n'est pas la sienne non plus.

Quelqu'un les lui a passés à un moment ou à un autre. Tu réagis de manière hystérique.

— Parle pour toi ! Je te préviens, Kate : dis-lui de ficher le camp, sinon je m'en charge.

— Il n'a pas d'endroit où aller en attendant que l'on retrouve ses parents, dit-elle avec douceur.

— Qu'est-ce que tu veux que ça me fasse ? Ça n'est pas notre problème.

— Tu le jetterais à la rue en sachant qu'il n'a nulle part où aller ?

— À ton avis ? Il eut un curieux petit sourire en biais. Tu croyais avoir épousé un saint ? Eh bien, je suis désolé de te décevoir. Je ne veux plus jamais entendre parler de Tabson, et encore moins le voir traîner dans les parages.

Rien à faire, décréta Kate. Rob pouvait proférer toutes les menaces qu'il voulait, pour l'instant, Tabson resterait où il était. Au matin, Ari appela pour dire qu'il avait retrouvé ses parents, qui ne voulaient pas le reprendre. « Il a onze ans, annonça-t-il. Incroyable, non ? Manifestement, il est gravement atteint de malnutrition. Il a besoin de soins intensifs. J'ai appelé la Protection de l'enfance ; ils se chargent de lui chercher une famille d'accueil. Ce ne sera pas facile à cause de son handicap. Je vous recontacterai, Kate. »

Comme personne ne voulait laver les cheveux de Tabson, Kate dut s'en occuper personnellement ; en serrant la tête du petit contre elle au moment de le sécher, elle éprouva un étrange sentiment maternel, inédit. Puis la gouvernante lui fit endosser de jolis vêtements neufs et l'envoya jouer dans le jardin.

Kate trouva Rob dans son bureau.

— La Protection de l'enfance cherche un foyer pour Tabson. Il va falloir qu'il reste ici une semaine ou deux, lâcha-t-elle, l'air de rien. Pour le moment, c'est la seule solution.

— Non, ces gens-là doivent se prendre en charge entre eux. Cette nuit, il a fait venir des cambrioleurs.

La prochaine fois, ce seront des assassins. Ils te couperont la gorge pendant ton sommeil, tu verras. Si tu es dans leur camp à eux, tu n'as rien à faire avec moi.

— Comment ça ? fit-elle, ébahie. Je ne m'étais pas rendu compte que tu étais raciste à ce point. Dire que pendant toutes ces années je n'ai rien vu... Je ne te croyais pas si cruel. Comment as-tu pu abattre ce gamin, hier soir ?

— Puisque je te dis qu'il y avait délit de fuite ! Bon sang, Kate ! vociféra-t-il. Ils nous volaient nos affaires ! Que veux-tu que je fasse, que j'organise une journée portes ouvertes pour que les gens du coin viennent se servir à volonté ? Parfois, j'ai des doutes sur ta santé mentale. Enfin quoi ! Même ses parents n'en veulent plus, de ce gosse. Ça ne t'en dit pas assez long sur lui ? Et sur eux, d'ailleurs ?

Pour la première fois elle saisit l'étendue du pouvoir de Rob. Elle le menaça de s'en aller puis tenta de l'amadouer à force de promesses, mais il refusa catégoriquement d'abriter plus longtemps l'enfant ou de verser un sou pour le nourrir. Or elle n'avait rien à elle, ni argent, ni moyen de pression, ni espérances d'aucune sorte.

Elle convoqua la gouvernante malaise.

— Je vous paierai grassement si vous vous occupez de lui en attendant qu'on lui trouve une famille, proposa-t-elle en se demandant bien où elle dégoterait l'argent nécessaire.

— C'est que..., répondit l'autre de sa voix chantante. Ce serait un énorme sacrifice de le prendre chez nous. Vous comprenez, nous avons la peau très claire. Mon mari n'acceptera jamais.

Kate était dans un drôle de pétrin. Debout près de la fenêtre, elle se posait des questions sur cette fichue société où le degré de pigmentation de la peau créait des critères aussi rigides que le système des castes en Inde. Confondue, pleine d'appréhension, elle ne savait plus que faire. Elle regarda Tabson trottiner en traînant la patte derrière le jardinier. Comme dans un rêve, elle vit Rob sortir de la maison, prendre de l'argent dans sa poche et le fourrer dans la main du petit. Puis il lui montra le portail, en contrebas de la propriété. L'enfant resta perplexe, mais le jardinier, lui, comprit ce qui se passait. Il lui donna une claque sur les fesses en lui indiquant la direction du village. Après un dernier regard vers la maison, Tabson s'éloigna en boitillant.

Kate en resta pétrifiée. Il en était donc arrivé là ! Elle se précipita dehors pour rappeler Tabson, mais il n'était déjà plus en vue.

— Où est-il ? demanda-t-elle au jardinier.

Celui-ci pointa un doigt vers l'arrière de la maison.

— Parti chercher son oie, marmonna-t-il en détournant le regard.

Elle croisa Rob sur le seuil.

— Salaud ! Je te déteste. Tu n'as aucune compassion, tu ne connais que la force. Tu crois pouvoir faire de moi une femme que je ne veux pas être. Tu me veux aussi dure que toi. Tu veux que je sois comme toi, une partie de toi.

— Reprends tes esprits, fit méchamment Rob. Si tu te voyais ! On dirait une folle.

— Folle, je l'ai été. Mais plus maintenant, proféra-t-elle en sentant toute sa tension s'envoler. Je suis seule maîtresse de mon destin. C'est moi, et non pas toi, qui verrai si je suis bonne ou cruelle. Tu m'a comprise ?

— Ce que je comprends surtout, c'est que tu es hystérique.

— Tu es en train d'éloigner de toi quelqu'un qui t'aime sincèrement, Rob. J'espère que tu le sais ; c'est vraiment ce que tu veux ?

— Si tu t'en vas maintenant, ne reviens plus jamais.

— Soit.

Elle contourna la maison en toute hâte ; son cœur battait à grands coups, ses oreilles carillonnaient. Elle haletait de fureur. Elle trouva Tabson, son oie sous le bras.

— On s'en va, Tabson. Remets cet oiseau dans l'enclos.

— Mais qui va s'en occuper, madame ? demanda-t-il, les yeux brillant de larmes. On ne pourrait pas l'emmener ?

— Bien sûr que si, mais d'abord il faut lui aménager une cage là où nous allons. Elle repensa à la logique paradoxale de Rob, qui n'aurait jamais fait de mal à un animal. Ne t'en fais pas, *il* fera ce qu'il faut pour ton oie.

Elle fit monter l'enfant dans sa voiture puis alla rassembler quelques affaires, les fourra dans un sac de voyage et s'en fut.

Raide comme une statue, Rob la regarda passer avec dans les yeux un flamboiement de fureur froide. Kate songea qu'il n'était pas nécessaire de lui dire au revoir. Les semaines qui venaient de s'écouler n'avaient finalement été qu'un long adieu.

19

Au moment de pénétrer dans le vieux phare poussiéreux, elle eut l'impression de recevoir en pleine figure une véritable explosion de lumière. Sa liberté l'éblouit comme une torche enflammée et les larmes qui lui emplirent les yeux décomposèrent les rayons du soleil en mille prismes aux couleurs éclatantes. « Libre... je suis libre ! » Elle tourna son visage vers le superbe dôme en verre qui s'arrondissait au-dessus de sa tête et frémit sous l'impact de la révélation soudaine. « Toute ma vie j'ai attendu ce jour. » Elle se mit à rire et Tabson se joignit à elle.

La sensation ne dura que quelques secondes. Kate se retrouva interdite au centre de la pièce, le souffle court et la tête pleine d'émotions contradictoires, à mi-chemin entre le triomphe et l'effroi. Elle regarda autour d'elle. La crasse, la peinture qui s'écaillait, les boiseries pourries, les fenêtres cassées, l'escalier rouillé...

« Mon Dieu, c'est affreux ! » Le regret de ce qu'elle avait perdu s'insinua doucement dans ses pensées. Il régnait ici un calme terrifiant ; c'était comme le bras mort d'une rivière, à l'écart des eaux vives. Comme si le monde continuait d'avancer, alors qu'elle avait délibérément fait un pas de côté. Elle pouvait moisir ici éternellement sans que personne s'en préoccupe. C'était très bien d'avoir des velléités d'indépendance, mais le moment était venu d'en payer le prix. Comment allait-elle gagner sa vie ?

L'espace d'un instant de panique, elle eut envie de rentrer tout droit à la maison et de supplier Rob. Ne pouvait-il faire preuve d'un peu de bonté ? Elle frissonna. Melissa avait peut-être raison, peut-être devait-elle rester avec lui. Mais non ! Elle n'aurait jamais sa place parmi les gens capables d'abandonner tous les Tabson du monde.

« Jusqu'où pourrais-tu t'abaisser, Kate ? » se morigéna-t-elle. De plus, à quoi bon faire marche arrière ? Elle ne ferait que renouer avec ses anciens tourments. Rob détenait le pouvoir, sans parler des cordons de la bourse, et il avait bien l'intention de lui soutirer un degré d'obéissance maximal en échange de sa mise de fonds. D'un autre côté, elle ne pouvait survivre sans revenus. La perspective de mourir de faim à petit feu, dans la paix et la tranquillité, lui traversa fugitivement l'esprit mais en fut promptement chassée.

Il allait falloir qu'elle trouve du travail. Seulement... Se lever tôt, connaître l'horreur des heures de pointe et passer ses journées dans un bureau sinistre où on la rudoierait à longueur de temps tout en lui dictant du courrier, pour rentrer ensuite faire la cuisine et le ménage, tout ça pour un niveau de vie plus que modeste ! Tout son être se rebellait à l'idée de connaître une telle destinée. Impossible de gâcher sa vie ainsi ! Même si les autres le faisaient bien, eux... Puis une idée encore plus déprimante lui vint : et si elle ne trouvait pas de travail du tout ? Elle ne connaissait rien au monde des affaires. Elle ne savait même pas taper à la machine !

Bon, que faisaient les gens quand ils n'avaient ni travail ni argent, et rien à manger ? « Prends exemple sur les squatters, ma fille », se tança-t-elle tout bas. Elle pouvait mourir de faim comme eux ou se blottir sous un bout de carton, à l'instar d'Eunice, sur la terre détrempée. Subitement, le phare se para de nouveaux attraits. Au moins il y faisait sec, ils y seraient à l'abri ; en outre, il lui appartenait.

Mais où dormir ? Comment se laver ? Il devait bien y avoir des installations rudimentaires, puisque son grand-père avait vécu ici autrefois.

Tabson montait l'escalier en colimaçon en lui faisant de grands signes et en riant de plaisir. Le bruit de ses pas sur les marches métalliques résonnait dans le silence. L'enfant grimpa plusieurs volées, puis elle l'entendit claudiquer à l'étage supérieur. Au bout d'un moment il redescendit, traversa le rez-de-chaussée, poussa une porte et disparut. Tout de suite après, il l'appela. Elle le retrouva dans une pièce vide, uniquement pourvue d'une vieille cabine de douche et d'un lavabo. Il tournait les robinets.

— Pas d'eau, m'dame, fit-il de sa curieuse voix gutturale. Comment faire pour l'amener jusqu'ici ? Et puis regardez ! Il y a des ampoules, mais elles ne marchent pas.

La déception se lisait dans son regard.

Aïe ! Que faire de ce phare immense et désolé en forme de dé à coudre géant ? Les étages se composaient d'une seule grande pièce et étaient reliés par un escalier central. Le plus élevé leur procurerait un abri sûr, pour peu qu'elle en bouche l'ouverture. Elle y monta. La vue lui coupa le souffle : la mer, les rochers, les plages, le port de pêche, les hauteurs offrant un écrin à la baie, la vallée sinuant entre les trois chaînes granitiques... Elle tourna sur elle-même jusqu'à en avoir le vertige. *Comment masquer toutes ces fenêtres ?* Enfin, ce n'était peut-être pas indispensable. Il y avait tant d'espace qu'à lui seul cet étage pourrait faire office de salle de séjour, de chambre à coucher et de dressing. Elle essaya de visualiser la pièce une fois aménagée — si elle avait l'argent, l'énergie et le temps pour cela. Les yeux mi-clos, elle inclina la tête sur le côté et réfléchit à la couleur. C'était tout ce qu'elle pouvait se permettre. Mais c'était si sale ! Comment nettoyer ?

Elle descendit prestement et sortit du phare, tournant le dos à cette tâche qui la dépassait. Nerveuse, elle s'assit sur la vieille pierre de seuil. Deux *dassies* détalèrent entre les roseaux qui poussaient au milieu de la rocaille et disparurent sous un massif d'agapanthes entrelacés. Une pie-grièche poussa son cri éraillé dans le roncier, près de la rivière ; Kate remarqua un couple d'ibis occupés à chercher des insectes dans l'herbe. Puis Tabson arriva en courant et les oiseaux prirent un pesant essor en protestant vivement.

Pourrait-elle habiter ici ? Possible, pour peu qu'elle y introduise un peu de gaieté. Mais comment ? Elle avait juste assez d'argent pour couvrir les dépenses essentielles, et cette avance ne durerait guère. Enfin, au moins Tabson serait-il en sécurité. Elle se retourna pour l'observer ; en un sens, elle considérait sa malformation comme extérieure à lui. Pour elle, ce n'était pas un infirme ; juste un gosse avec une patte folle. Dans ses yeux se lisait une intelligence vive et toute personnelle qui, on le voyait bien, cherchait constamment à comprendre. En outre, il était gentil.

— Tabson, il ne faut plus m'appeler madame, mais Kate.

— Oui, madame Kate.

Il dénicha le disjoncteur mais ne réussit pas pour autant à rétablir l'électricité. Il eut l'air déçu.

De grands et beaux arbres poussaient tout autour du phare — seringas, figuiers sauvages, acacias... —, et au milieu des herbes abondaient de jolis iris bleus, des marguerites, des orchidées... *Comme elles sont braves, toutes ces fleurs*, songea Kate, *à se battre ainsi contre des herbes et des joncs bien plus robustes qu'elles*. Oui, tout ce qui vivait devait lutter pour se faire une place au soleil, et c'était aussi le sort qui l'attendait.

Une sensation inexplicable s'empara d'elle ; l'impression d'être à sa place parmi les arbres et les fleurs. Les plantes et elle étaient inséparables, elles faisaient partie d'une même force vitale indéfinissable et omniprésente. Mais laquelle ? Qui était-elle *vraiment* ? Elle pressentait qu'elle venait d'être mise à l'épreuve et qu'elle avait eu la vigueur nécessaire pour triompher. Puis une espèce de pesanteur s'abattit sur ses épaules ; elle se blottit dans l'herbe, contre un rocher, et s'endormit.

Elle fut tirée du sommeil, par une petite voix qui appelait :

— Madame ! Madame Kate !

Elle ne savait plus où elle était. Puis son infortune lui revint d'un coup et elle ressentit physiquement la réalité tangible de son triste sort. La main tendue, Tabson laissa tomber une poignée de pièces de monnaie sur les genoux de Kate. Il tenait une miche de pain qu'il rompit solennellement en deux. Il lui donna la plus grosse moitié, s'assit au soleil et se mit à mâcher, l'air tout content de lui.

— Où as-tu trouvé ça ? Et l'argent ?

Elle pinça les lèvres. Question superflue. De toute évidence, Tabson était allé mendier au village. C'était sa faute. Elle aurait dû s'occuper de lui trouver à manger. Mais comment ? Elle n'avait ni fourneau ni bois à brûler. Pas même une table.

— Il ne faut plus jamais mendier. Jamais ! Promets-le-moi, Tabson. Je te l'interdis. C'est mal.

Surpris par sa véhémence, il la regarda et ses yeux s'emplirent de larmes. Elle serra sa menotte.

— Tant que tu seras sans famille, tu pourras toujours compter sur moi. Elle se sentit mieux. Au moins, elle avait pris une décision. Et je te trouverai à manger, ajouta-t-elle.

Elle fouilla dans son sac à main, en sortit un petit carnet et se mit à griffonner...

À faire.

1. Urgent.

2. Moins urgent.

La première catégorie s'imposa tout de suite à son esprit : il fallait de quoi manger, l'électricité, l'eau courante, des meubles, de la peinture, des rideaux, et l'argent pour acheter tout cela. La solution était de vendre ses bijoux et son cheval. De toute façon, elle n'avait pas les moyens de nourrir Ponty. Et puis elle n'avait plus d'écurie. Voilà qui faisait taire ses remords. Dans la catégorie « moins urgent », elle écrivit : « Trouver du travail. » Puis elle barra le mot « travail » et le remplaça par « une source de revenus ». Ensuite, il y avait la question de Tabson. Elle souligna le prénom et ajouta : « Médecin, vitamines, scolarisation, orthopédiste ». Le simple fait de dresser une liste lui rendait un peu de courage.

Maintenant il fallait affronter les problèmes. Elle appela Tabson, le fit monter dans la voiture et se rendit au village pour se renseigner sur le rétablissement de l'électricité et de l'eau courante au phare puis s'acquitter de quelques achats indispensables.

En rentrant, elle trouva Frikkie assis sur le seuil, fumant une cigarette. L'odeur était âcre, ce devait être de la *dagga*. Ce que confirmèrent aussitôt ses yeux rêveurs et son sourire baveux. Il était complètement parti.

— Qu'est-ce que tu fais là, toi ?

Frikkie se releva tant bien que mal et resta planté devant elle en oscillant sur place. Ce jour-là, elle comprit pourquoi on le surnommait *bobbejaan* — le babouin. Ses yeux noirs très rapprochés et profondément enfoncés étaient à peine visibles sous la frange emmêlée. Il ne cessait de battre des paupières, ce qui trahissait sa nervosité. Il émanait de lui une aura d'incompréhension. Manifestement, il n'était pas capable de faire face à l'existence sans aide extérieure.

— J'ai besoin de travailler. Et de manger. Faut m'aider, miss Kate. Cette Ramona, là... Elle m'a jeté dehors. Il s'exprimait d'une voix si basse qu'elle dut se pencher pour entendre. Elle est en colère. Elle m'accuse. Elle ne veut pas me donner à manger.

La rumeur prétendait que Frikkie était le fils de Ramona, mais cette dernière avait toujours nié. Comme il était maigre ! Ramona était vraiment dure avec lui. Kate et lui étaient également victimes de son dépit.

— Laissez-moi travailler pour vous.

Sa voix évoquait un feulement atténué ou un ronronnement félin.

— Qu'est-ce que tu sais faire ?

— Nettoyer, repeindre, changer les carreaux. Il jeta un regard circulaire. Pêcher, planter un potager.

— C'est que... Je n'ai pas beaucoup d'argent, commença-t-elle, hésitante.

— Le manger ça suffit, miss Kate. C'est tout ce que les gens me donnent, d'habitude.

— C'est vrai ? Quels salauds ! C'est injuste ! Moi, je te paierai ; et naturellement je te nourrirai. Pour l'instant, tu peux m'aider à décharger la voiture.

Elle fourragea dans le coffre et en sortit un carton de provisions, mais quand elle voulut le ranger dans un placard mural un mulot détala. Frikkie le captura dans ses grosses mains et alla le relâcher révérencieusement dans le jardin. Kate s'émerveilla de le voir prononcer tout bas des paroles apaisantes avant de laisser filer le petit animal dans les hautes herbes.

Une véritable frénésie d'organisation s'empara d'elle. Il leur fallait une table et un couteau. Non, tant qu'à faire, elle devait trouver un jeu de couverts complet et des assiettes. Aïe ! La liste n'en finissait pas. Elle décida de mettre son orgueil dans sa poche et de soutirer tout ce qu'elle pourrait aux liquidateurs de son père. Peut-être réussirait-elle même à récupérer des coussins, des rideaux ? On ne pouvait pas savoir ce que les huissiers l'autoriseraient à emporter.

— Tu commences aujourd'hui, annonça-t-elle à Frikkie. Dès que je t'aurai nourri.

Frikkie la regarda d'un air perplexe, auquel s'ajoutait à présent une sorte de curiosité neutre.

— Je compte m'installer avec Tabson. Et si on trouve des dépendances correctes, tu pourras rester aussi.

Les semaines qui suivirent furent débordantes d'activité. Il fallut lessiver et repeindre les murs, récurer les parquets, ôter les toiles d'araignées qui tapissaient les plafonds, refaire le sol en ciment de la cuisine, rendre la grande pièce habitable, construire un abri pour la voiture, sous les arbres, vernir les poutres, décaper et cirer les parquets... Un vrai foyer était en train d'émerger sous leurs yeux.

Avec l'aide de Frikkie, elle créa un potager clos. Enfin le phare fut propre et repeint, les réparations effectuées. Les « articles de première nécessité » lui avaient été remis par le liquidateur de son père, qui avait témoigné de conceptions assez larges en la matière. En effet, il avait décrété que les tableaux et le linge de maison faisaient partie des « effets personnels récupérables ». Moyennant une somme dérisoire, il y avait ajouté vaisselle et couverts ; de ce côté-là, ils étaient donc bien pourvus. En outre, elle avait hérité de la vieille machine à coudre de sa mère, ce qui lui avait permis de retailler les rideaux.

Il y avait des lits, des canapés, une table et des chaises, des coussins et même des couettes, des vases, des tapis et des livres. Le raccordement au réseau d'eau avait été effectué — non sans difficultés —, mais ils continuaient à cuisiner sur un réchaud et à s'éclairer à la bougie. Cela n'empêchait pas leur nouveau foyer, niché au bord de la rivière, au milieu des joncs et des rochers, de prendre des allures douillettes. Kate avait égayé le rez-de-chaussée avec des brassées de strelitzias.

Après avoir terminé les murs, Frikkie s'attaqua à l'escalier métallique, promis à une belle couleur vert foncé. Kate y disposa ensuite, dans des pots en terre cuite, des plantes vertes luxuriantes dont les plus hautes allèrent entourer les premières marches. À un bout de la pièce se trouvait une table en traverses de voie ferrée, poncées jusqu'à revêtir une belle teinte beige. De chaque côté, des bancs. Plus Kate contemplait sa nouvelle demeure, plus elle s'y plaisait. Elle en inspectait le moindre recoin. Tout devait être exactement conforme à son idée, en respectant un certain équilibre esthétique. Frikkie ne se plaignait jamais de devoir constamment déplacer les meubles ou de repeindre ceci ou cela, à mesure qu'elle mettait les couleurs à l'épreuve jusqu'à obtenir entière satisfaction.

Un matin, un drôle de chiot aux oreilles tombantes, aux pattes d'échassier et aux côtes saillantes, véritable squelette ambulant, fit son apparition à la traîne de Frikkie. Ils le baptisèrent Simplet et l'adoptèrent.

Tous les jours, vers midi, ils faisaient du feu et allaient s'asseoir sur un rocher surplombant la mer pour regarder Frikkie lancer sa ligne dans les eaux émeraude. Il se tenait parfaitement immobile, telle une statue, et le plongeon du bouchon ne laissait jamais de les surprendre. En un clin d'œil un gros poisson émergeait, tout frétillant ; Frikkie lui coupait la tête avec son couteau puis le vidait sous l'œil attentif de Tabson, qui le faisait ensuite cuire sur le *braai*.

Certains jours on mangeait une casserole entière de sardines, accompagnées de gruau de millet à la tomate et à l'oignon. Après le repas, Kate faisait une sieste au soleil puis descendait encore mal réveillée se baigner dans les eaux glacées de la mer. Ensuite elle reprenait son pinceau et s'attaquait à un énième mur à repeindre ; le drôle de petit chien s'asseyait auprès d'elle en prenant très au sérieux son rôle autoproclamé de gardien du phare.

Elle n'était peut-être pas heureuse, mais au moins se disait-elle satisfaite. Ici, personne à redouter, personne à qui faire bonne impression. Les journées se succédaient sans se distinguer les unes des autres ; elle perdait la notion du temps.

À la tombée de la nuit elle se promenait au bord du lagon. La végétation naturelle se relèverait-elle de l'incendie ? Les oiseaux reviendraient-ils ? Un soir, pourtant, elle aperçut des tourterelles, puis un martin-pêcheur d'un beau vert malachite qui, perché sur un rameau calciné, cherchait des vairons ou des grenouilles dans les eaux peu profondes. Alors elle sut qu'il y avait de l'espoir.

Sa première visiteuse fut Melissa Grant, qui se présenta un après-midi avec un gros bouquet de fleurs. Kate lui fut reconnaissante de prendre les devants.

— Je vous ai aussi apporté un vase, annonça-t-elle de sa belle voix grave et distinguée, en lui tendant une boîte en carton de forme allongée. Je pensais que vous en auriez besoin, mais je vois que vous vous êtes bien débrouillée. Mieux que je ne l'imaginais. D'un autre côté, vous avez toujours été douée pour la décoration. Vous aviez déjà métamorphosé le lugubre manoir d'Angelo.

Elle inspecta interminablement la pièce. Kate se demandait pourquoi elle n'émettait aucun commentaire. Avait-elle abusé de la peinture ? L'ensemble était-il trop coloré ? Non, pourtant. Au contraire : c'était exactement ce dont le phare avait besoin.

— À quoi bon vous donner tout ce mal pour un logement temporaire ? interrogea finalement Melissa. Enfin, vous vous êtes bien amusée, vous avez retapé cette vieille ruine et vous avez montré à Rob que vous pouviez survivre quelques jours sans lui. Ça lui a fait du bien, d'ailleurs. Il a perdu au moins cinq kilos. Bien fait pour lui. Il est passé au yacht, hier. Il s'attend que vous rentriez à la maison d'un jour à l'autre.

« Ah, au fait... Les Palma ont décidé d'offrir un pécule à votre petit Noir de compagnie. Ils feraient vraiment n'importe quoi pour l'éloigner d'eux. Je ne comprends pas pourquoi vous perdez votre temps avec lui, reprit-elle un ton plus bas en jetant un regard matois à Tabson. Vous aurez beau vous en occuper, vous ne changerez rien à son sort. Il ne sera jamais accepté par sa famille à cause de son handicap.

Elle s'assit et croisa ses jambes superbes.

— Ramona lui a trouvé une famille d'accueil. Des gens qui ont les moyens. Rob m'a demandé de passer vous voir pour vous prier de regagner en toute hâte le lit conjugal.

Kate fut déçue. C'était donc cela, la véritable raison de sa visite !

— Je ne reviendrai pas, Melissa. Je vais trouver du travail. J'ai vendu quelques effets, je peux tenir des mois. Je veux savoir qui je suis vraiment. Si je laisse Rob prendre toutes les décisions à ma place, gouverner ma vie, je ne le saurai jamais.

— Moi qui croyais que vous l'aimiez.

— Mais je l'aime...

— C'est bien le problème, ma chère. Les choses sont tellement plus simples quand on ne les aime pas. Au moins sait-on où l'on en est. Personnellement, je n'ai aucune tendresse pour mon mari, ajouta-t-elle comme si elle parlait de la pluie et du beau temps. Il est prétentieux, laid, déloyal, méchant, cupide et vieux ; pourtant, j'ai d'excellentes raisons de rester avec lui.

— Lesquelles ?

— La stabilité, le statut social... Et puis, comme cela, je n'ai pas à me demander qui, de mes amis, s'empresserait de me laisser tomber si je le quittais. Je ne suis pas obligée de me restreindre, je ne suis pas « sans homme »...

— Ce sont peut-être des choses importantes à vos yeux, Melissa, mais pas aux miens.

— Vous êtes folle, Kate. Rob pèse au bas mot cinquante millions de rands.

Kate nota qu'un côté de sa bouche était affaissé ; cette ride définitive la défigurait.

— Vous vous rappelez ce que vous m'avez dit, à la soirée d'anniversaire de Dave ? Vous étiez très malheureuse. Ça m'a donné à réfléchir. Je ne veux pas de cette vie-là.

— Ça, on verra. Ses yeux s'emplirent de larmes. Je viens d'apprendre que Dave a un cancer. On lui donne un an au plus. Il veut épouser cette fille, mais je m'accroche. Même en admettant qu'il gagne, il n'a plus le temps de demander le divorce.

Devant ce visage abîmé, ce regard chargé de dépit et ce discours où perçaient des années de malheur, Kate s'attrista... et se mit en colère. Elle qui avait tant lutté pour garder le moral !

— Donc, vous attendez qu'il meure, c'est ça ? accusa-t-elle.

— Qu'est-ce que vous croyez ?

— À mon avis, vous avez plus de chagrin que vous ne voulez bien le montrer.

— Allez vous faire foutre, répliqua Melissa d'une voix tremblante. Ah, au fait... Elle se leva et marcha vers la porte. Rob m'a confié un message pour vous. *Si tu ne te décides pas à rentrer, viens chercher ta foutue bestiole.* Voilà, c'est tout.

Kate partit donc récupérer l'oie en fin d'après-midi, mais, dès que la maison fut en vue, elle fut prise d'un malaise. Son cœur battait à grands coups et, brusquement, elle avait du mal à respirer.

Comme elle attrapait l'oiseau, Rob sortit de la maison et s'approcha vivement. Sans doute la guettait-il. Elle aurait dû s'y attendre. Il la saisit par un bras et l'attira dans la stalle du fond. Elle poussa un cri étranglé. Ponty hennit et passa la tête par l'ouverture, dans l'espoir de se faire caresser les naseaux.

— Tiens, depuis quand montes-tu à cheval, Rob ?

— Cette bête est à toi, Kate. Ce n'est pas pour moi que je l'ai achetée. Reprends-la. Je n'en veux pas.

— Comment as-tu su que je l'avais mise en vente ?

— C'est Mary, du manège, qui m'a téléphoné. Elle m'a dit : « J'ai ici le cheval de votre femme. Sans doute voudrez-vous le racheter. Un de ces jours, elle souhaitera remonter. » Sur quoi elle a doublé le prix, cette garce. Pourquoi as-tu vendu Ponty ?

— J'ai besoin d'argent, je ne peux pas le nourrir et je n'ai pas d'écurie.

— Si tu as besoin d'argent, tu n'as qu'à me le dire.

— J'en ai besoin pour faire soigner la jambe de Tabson.

Un long silence. Puis :

— D'accord, je paierai.

— Mais tu viens de le faire, en rachetant Ponty. Merci, Rob. Sois gentil avec lui.

— Je t'en prie, Kate. Ne nous mets pas dans cette triste situation. Reviens.

— Je ne peux pas.

— Il le faut !

Il l'attira à lui. Sa nervosité le rendait maladroit.

— Lâche-moi. Tu ne peux pas toujours faire tes quatre volontés. Je veux être seule, réfléchir et apprendre à me débrouiller toute seule. Je veux divorcer, Rob.

— Vivre d'une pension alimentaire, ce n'est pas être indépendante.

— Justement, je n'en veux pas.

— Idiote ! Il essaya de rire, mais sa tentative tourna court. Bon, je reconnais que j'ai été un peu brutal dans cette histoire de Tabson. Mais j'ai réfléchi. J'ai décidé de te pardonner.

— Me pardonner quoi ?

— De n'en avoir fait qu'à ta tête. Et maintenant, cesse ce jeu stupide. Tu as gagné. D'accord ? Tu es contente ? Je capitule sans conditions. Je t'aime, Kate.

— Ne nous rends pas les choses plus difficiles. Je ne reviendrai pas. Du moins pas dans l'immédiat. Tu chercherais encore à me dominer, et un jour je m'apercevrais que je suis devenue ton ombre.

Elle soupira.

— Donc, tu prends la tangente. Décidément, ton père et toi avez pas mal de points communs.

— Tu ne peux plus me blesser, Rob, dit-elle en ayant conscience de mentir : au contraire, elle était blessée au plus profond d'elle-même.

— Je vais m'arranger pour que tu aies un revenu propre. Tu ne seras plus obligée de demander quoi que ce soit. Mais seulement si tu reviens. Pas question que j'entretienne ton amant.

— Je n'ai pas d'amant et je ne veux pas de ton argent.

Pourquoi Rob était-il subitement si pâle ?

— Ne mens pas, rugit-il.

Elle prit peur. Manifestement, il perdait son sang-froid.

— Je sais très bien que tu as passé la nuit de l'incendie dans le lit de ce policier.

— Mais c'est faux ! explosa-t-elle. Qui t'a raconté ça ?

— J'ai mes sources.

— Il n'est pas mon amant, reprit-elle calmement. Il aurait pu l'être, car j'étais consentante. J'aurais pu donner mon amour à n'importe qui, du moment que c'était sans contrepartie, au lieu de le vendre en échange de vêtements haute couture, de vacances à l'étranger et de tout le luxe que tu me faisais miroiter. Mais je ne voulais plus être une prostituée. Tu peux comprendre ça ?

— Tu m'énerves, Kate !

Il lui expédia une bourrade sans retenue qui la prit par surprise. Elle tomba en arrière sur la paille et Rob se jeta sur elle. Elle se débattit ; le cheval se mit à ruer et à se cabrer, mais Rob ne parut pas s'en soucier.

— Tu es ma femme, tu m'entends ? Pour toujours. Je ne t'accorderai *jamais* le divorce.

Il plaqua ses lèvres contre celles de la jeune femme et chercha à insinuer sa langue entre ses dents.

Kate rassembla toutes ses forces et voulut se libérer. À tout moment Ponty pouvait les piétiner.

— Lâche-moi. Tu ne peux pas me forcer !

— Garce !

Tandis que, d'une main, il l'étranglait à demi, de l'autre il lui arracha sa culotte avec des gestes violents. Le tissu se déchira et la paille piqua sa peau nue. Profitant de ce qu'il desserrait son étreinte, elle lui hurla au visage, mais il n'entendait plus. Il marmonnait : « Tu *dois* m'aimer ! Tu ne vois donc pas à quel point tu me manques ? Garce, tu ne t'es jamais intéressée à moi. Tu faisais semblant, c'est tout. Et lui, il te baise bien ? Ça doit être drôlement bon, pour que tu renonces à mes millions ! Qu'est-ce qu'il a de plus que moi, hein ? » Il enserra les poignets de Kate dans ses mains et les lui maintint au-dessus de la tête tout en pesant sur elle de tout son poids, au point qu'elle ne pouvait plus respirer qu'à petits coups. Il lui écarta les jambes de force en lui décochant des ruades dans les genoux.

Kate ne se laissa pas faire. Il était devenu fou ! Il allait la tuer. Elle le mordit à la joue, de toutes ses forces, et sentit son sang sur sa langue.

Rob la pénétra d'un seul et puissant mouvement, en grognant comme un porc et en murmurant : « Tu es à moi... Tu as toujours été à moi. Ne me quitte pas. Je vais le tuer. »

Incroyable comme elle était désarmée ! En allant et venant brutalement en elle, il soulevait des nuages de poussière qui manquaient de l'asphyxier. Elle commençait à s'affoler.

Enfin il jouit, se contorsionna un instant en geignant puis roula sur le côté et se mit à pleurer. Le spectacle le plus pathétique qu'il lui ait jamais été donné de voir.

— Tu m'as fait très mal, dit-elle en tentant de se remettre sur ses pieds. Ses oreilles carillonnaient, des points noirs dansaient devant ses yeux et elle était percluse de douleurs. Pis encore, elle éprouvait un intense dégoût. Elle se sentait salie, contaminée, elle en avait la chair de poule et ses membres s'ankylosaient tant sa révulsion était grande.

— Pardon, gémit-il. J'ai cru que si on faisait l'amour tu te rappellerais que tu m'aimes.

— Tu oses appeler ça de l'amour ? C'était un acte de guerre, oui !

— Tu as pensé une minute à ce que j'endure, moi ?

— Achète-toi une poupée gonflable à mon image, Rob. Au moins elle ne discutera pas. Tu seras beaucoup plus heureux. Ce n'est pas une vraie femme qu'il te faut. La vérité est que je t'aime encore, mais que tout le pouvoir est entre tes mains et que tu t'en sers de manière grossière et cruelle. Voilà pourquoi j'ai dû m'en aller.

Se rendant compte qu'elle était à demi nue, elle voulut remettre sa culotte, mais elle était en lambeaux. Elle l'enleva carrément. Son blue-jean aussi était déchiré, mais, une fois dans la voiture, personne ne le verrait. Elle flatta le cheval puis se retourna vers Rob, accroupi dans un coin de l'écurie, la tête dans les mains.

— Tu n'es plus un petit garçon, maintenant. Il faut apprendre à faire face quand le terrible pouvoir que te confèrent ta richesse et ta force physique ne suffit plus. Essaie de comprendre que ta fortune n'a rien à voir avec les sentiments que j'ai pour toi. Tu peux encore devenir quelqu'un.

Elle ramassa l'oie, la plaça dans un carton et regagna sa voiture en boitillant.

Rob écouta décroître progressivement le bruit du moteur. Elle ne pouvait donc pas comprendre à quel point il l'aimait ? Il ne savait que faire de son angoisse. Il n'avait encore jamais rien perdu d'aussi précieux. Il lui semblait traverser la plus douloureuse de toutes les épreuves. Plus rien n'avait de sens. Il avait voulu la plier à ses désirs et elle s'était dérobée. Autant en finir tout de suite. Se coller une balle dans la tête. Mais cela lui serait peut-être égal. Elle épouserait son policier et ils couleraient des jours heureux grâce à son argent à lui. Que faire ? Il resta longtemps dans la même position. Il réfléchissait.

Chacune des leçons durement apprises au long de son existence lui avait enseigné à se battre pour obtenir ce qu'il voulait. C'était ainsi qu'il fonctionnait ; c'était toute l'histoire de sa vie. Y avait-il encore une chance pour que son argent lui rende sa femme et élimine son rival ? Il pouvait, par exemple, lancer un contrat sur ce St John. Il y avait des solutions à ces problèmes-là.

Mais le meurtre, tout de même... Bien sûr, ce n'était pas la haine qui lui manquait. Une obsession le hantait : il aimait Kate, il fallait qu'il récupère ce qui lui revenait de droit. Depuis qu'elle était partie, il ne s'était pas écoulé une seconde sans que son visage ne s'impose à ses pensées, ses yeux magnifiques, le contact sensuel de ses douces mains sur son corps. Faire l'amour avec Kate était un don du ciel... jusqu'à aujourd'hui, car cette triste scène n'avait en effet qu'une lointaine parenté avec l'amour qu'il éprouvait pour elle.

« Mon Dieu ! » Il étouffa un gémissement dans ses mains en s'employant de toutes ses forces à refouler ses larmes.

20

Meggie's Tea Room ouvrait à huit heures précises. Ari était déjà là quand Meggie déverrouilla la porte. Elle portait une blouse verte à motif floral et ses cheveux gris étaient enfermés dans un turban en soie laissant deviner la forme des bigoudis. Il nota que sans maquillage elle paraissait plus jeune, tout au plus trente-cinq ans. Pourtant, l'autre soir, elle lui avait semblé plus près de la cinquantaine. Elle versa une dose abondante de crème dans son café et posa à côté un sandwich de pain de mie grillé aux œufs durs qu'elle insista pour lui offrir. Quand elle eut fini de cuisiner, elle vint s'asseoir à côté de lui avec sa propre tasse de café. Elle fleurait bon l'*eau de Cologne* [1] et, par sa seule présence, elle contribua à détendre quelque peu Ari.

Celui-ci promena autour de lui un regard admiratif. Meggie avait fait de son petit salon de thé un endroit accueillant et douillet ; mais, devant, des dizaines de squatters accroupis, les épaules voûtées et l'air abattu, occupaient un coin du parking. Là-dessus apparurent la cuisinière et l'aide-cuisinière ; elles transportaient une grosse soupière et étaient suivies de la serveuse tenant un plateau chargé de miches de pain coupées en deux.

1. En français dans le texte. *(N.d.T.)*

— Pauvres diables, constata Meg. Si vous saviez comme ils me font mal au cœur. Ce n'est pas leur faute. On n'aurait jamais dû les faire venir. On leur a promis la lune : logements, emplois, tout ! Ils ont payé jusqu'à trente rands leur billet d'autocar, et tout ça pour se retrouver à la rue.

— Mouais. Il y aurait peut-être du travail pour tout le monde si les gens du coin arrivaient à surmonter leurs craintes et leur antipathie.

— Ma foi, si vous entendez parler de quelque chose, faites-le-moi savoir. Ils viennent se présenter ici et je tiens le compte des candidatures. L'église a un atelier de repassage et de reprisage, par exemple, des femmes pourraient y gagner quelques sous.

Une grosse voiture s'arrêta devant le salon de thé ; un enfant d'une douzaine d'années en descendit. Il escalada les quelques marches puis s'arrêta.

— Maman a besoin de quelqu'un pour tondre la pelouse, annonça-t-il.

— Attends. Meg sortit et lança un appel. Ils sont presque un millier, déclara-t-elle en revenant. Les conserveries en ont embauché quelques-uns pour nettoyer et en ont profité pour donner des promotions aux métis. Ajoutez à cela une centaine de femmes engagées pour faire le ménage chez des particuliers ; mais on est encore loin du compte.

Elle était bien, cette femme. Il décida de pousser plus loin ses investigations, sans la brusquer.

— Tragique, non, ce qui vient de leur arriver ? Ils ont tout perdu.

— Épouvantable, épouvantable ! Certains ont même subi des brûlures graves.

Elle rougit et glissa une mèche de cheveux sous son turban.

— Quatre personnes ont péri.

Elle frémit.

— Comme si je ne le savais pas ! Je ne veux plus en entendre parler. Je ne peux pas supporter ces choses-là.

— On se sent tous responsables, non, après la réunion qui s'est tenue ici ?

— Que voulez-vous dire ?

Elle devint cramoisie et ses yeux lancèrent des éclairs d'avertissement.

— Il faut voir les choses en face. Collectivement, on voulait tous que ces gens soient expulsés. Certains ont parlé plus fort que les autres. Savez-vous combien de gens se sont joints au comité de Dave ?

— De quel comité parlez-vous ? souffla-t-elle.

— Vous y étiez et moi aussi, Meg. Qui s'est rangé aux côtés de Dave, au juste ? Est-ce qu'il avait un plan pour évacuer les dunes ?

Meg se ferma. Toute sa chaleur humaine s'envola, ses lèvres se pincèrent et elle parut à nouveau ses cinquante ans.

— Vous n'avez qu'à lui poser vous-même la question. Moi je ne suis au courant de rien. Je ne pense pas qu'on ait proposé de chasser les squatters *manu militari*. Pas dans mon souvenir, en tout cas. En fait, j'en suis même tout à fait certaine.

— Il y a eu meurtre, Meg, rétorqua-t-il avec douceur. Vous n'êtes pas du genre à tremper dans une histoire de meurtre, tout de même ?

— Vous dites n'importe quoi. Un de leurs réchauds à paraffine a dû se renverser, voilà tout ; je n'en serais pas autrement surprise. Ce ne serait pas la première fois.

— L'incendie a été déclenché par des cocktails Molotov. Nous en avons la preuve, et nous avons ouvert une enquête pour meurtre. Et nous avons bien l'intention de mettre la main sur les coupables. Ce n'est pas un secret. Vous pouvez le dire à vos clients. Si les gens ne parlent pas, ils risquent d'être arrêtés pour complicité de meurtre. Cela vous concerne également, Meg.

— Vous me menacez ? Elle lui posa la main sur le bras. Ne faites pas ça, Ari. C'était un accident, je vous assure. Le comité dont vous parlez n'a jamais existé.

Ici, nous sommes des gens ouverts, et ça ne date pas d'hier. Nous ne toucherions pas à un cheveu de ces gens. Qui devraient tout de même s'en aller.

Elle passa derrière le comptoir, subitement glaciale, inabordable. Ari reporta son attention sur son sandwich. Il l'engloutit et en commanda un autre. La véritable querelle ne surgit qu'au moment où il voulut payer.

Il trouva Jean Graux occupé à briquer son chalutier. La houle était forte, même dans la rade, et il avait du mal à garder son équilibre car il ne voyait rien à quoi se raccrocher à proximité du marin.

— Heureusement, j'ai passé toute ma vie en mer, déclara Jean. Pour rien au monde je n'aurais mis les pieds dans ce panier de crabes. À Silver Bay, les gens dépendent tous les uns des autres, vous savez ; et la plupart ont des cadavres plein leurs placards — coûteux, les placards. De véritables antiquités, naturellement. Ils vont se couvrir les uns les autres.

— Pourquoi ? s'enquit Ari.

Mais Jean s'était déjà détourné. Penché sur l'écoutille, il tenait à la main un gros tuyau d'arrosage. Avec ses cuissardes en caoutchouc, son vieux tee-shirt et son short, il aurait aisément pu passer pour un simple membre de son propre équipage.

— Je ne vous comprends pas, cria-t-il sans prêter attention à l'intervention d'Ari. Vous vous sentez obligé de châtier les coupables, mais comment voulez-vous montrer du doigt un de ces types, l'accuser d'être devenu ce qu'il est ? Vous croyez que les autres sont blancs comme neige ? Nous sommes tous mêlés jusqu'au cou à cette histoire, au cas où vous ne le sauriez pas. Mais, bien sûr, c'est pour cela que vous êtes dans la police. Vous n'êtes pas très bien payé, hein ? Alors, pourquoi faites-vous ça ? Vous vous donnez pour but unique de découvrir la vérité, mais quand vous l'aurez trouvée, qu'allez-vous en faire ?

— Vous l'avez dit vous-même : châtier les coupables. J'aime à croire que je représente la loi et l'ordre. C'est tout ce que nous pouvons faire : joindre nos forces pour lutter contre la sauvagerie.

— La bête qui se cache en chacun de nous, c'est ça ?

— Quelque chose dans ce genre, oui.

— Elle doit bien se cacher en vous aussi, non ? Quel est votre démon intérieur à vous ? Il doit y avoir une raison à ce désir de représailles.

Ari soupira. À l'occasion, il lui était arrivé d'évoquer son travail en buvant une bière au pub. Jean en savait trop sur lui ; pourtant, il ne parlait jamais des affaires en cours. Ari mit sa question en attente. Elle reviendrait se poser d'elle-même lors de ses nuits les plus noires. Pour le moment, il se contenta de contempler la mer vert foncé et les goélands affolés qui tournoyaient en criaillant et en plongeant de temps en temps dans les vagues.

— Qu'est-ce qu'ils cherchent ?

— La même chose que les thons — car ce sont les thons qui font des remous — ils cherchent des sardines. Dans la mer, les créatures se nourrissent toutes de créatures plus petites. Comme à Silver Bay. À la fin de la chaîne, on trouve toujours les mêmes minuscules sardines. Partout.

Il engloba du geste les banlieues aisées de la côte.

— Et vous, Ari, vous menacez les positions de l'idole locale, tapie là-haut dans son château, à se prendre pour le duc de Spolète. Il y avait dans sa voix une malveillance qui surprit Ari. Vous ne le voyez donc pas, à sa fenêtre, qui évalue à la jumelle la taille du banc de poissons ? Je suis sûr qu'il sait combien de thons je vais pêcher avant même que je ne ramène mes filets. Ça ne vous donne pas la chair de poule, à vous ? Je parie qu'il vous surveille en ce moment même et qu'il se demande comment se débarrasser de vous.

— Pourquoi cela ?

— Parce que vous êtes comme un phoque. Vous vous accrochez, vous refusez de lâcher le morceau.

Vous êtes prêt à secouer votre victime jusqu'à ce qu'elle laisse échapper toutes ses entrailles.

— Vous le croyez coupable dans les meurtres des dunes ?

— Ne vous en faites pas pour lui, il a toujours les mains propres. Il paie des gens pour exécuter les basses œuvres. Moi, par exemple, qui suis enfoncé jusqu'aux cuisses dans les entrailles de poisson, à faire le sale boulot à sa place.

— Il vous paie, non ?

— Tu parles. Comme il a payé un pauvre type pour aller flanquer le feu chez les squatters. Écoutez, Ari... Il passa par-dessus le bastingage et se percha sur un bollard. Il voulut allumer une cigarette, mais le vent l'en empêcha. Après tout, le terrain est à lui — enfin, à lui et à Kate Palma. Ils sont de la même famille. Ou plutôt ils l'étaient. Il posa sur Ari un regard inquisiteur puis partit d'un rire amer. À votre place, je ferais gaffe.

Ari rougit. Ainsi tout le village était au courant. Il se raccrocha à sa dignité et traita par le mépris les insinuations du marin.

— Pourquoi les Palma iraient-ils incendier le campement des squatters ? Ils sont riches, ils détiennent un pouvoir immense. D'autres ont bien plus à perdre qu'eux, comparativement.

— On prétend que les squatters ont découvert des ruines sous les dunes. Si les Palma y ont fait enfouir les restes de leur ancienne résidence, il doit y avoir une raison.

— Vous êtes sûr de ça ? demanda Ari avec curiosité.

— Je laisse traîner une oreille dans les bars. Les pêcheurs sont de grands bavards quand ils ont un coup dans le nez. À votre place, je mènerais ma petite enquête. Par exemple, pour savoir comment Bill September s'est enrichi à ce point. Il pèse près d'un demimillion, vous savez. On dit qu'Angelo l'a dédommagé après la mort de son père. Le vieux September était le skipper d'Angelo quand il a acheté son premier chalutier. Ce n'est pas un rigolo, je vous le dis.

— Je vois, fit Ari. Dites donc, la tempête ne s'arrange pas.

Jean fronça les sourcils.

— Ça ne va pas être une sinécure, mais tant pis, j'y vais quand même. Rendez-vous ce soir au Humber, d'accord ?

Jean descendit dans sa soute. Il en ressortit cinq minutes plus tard vêtu d'un ciré. Le bateau s'ébranla, s'écarta du quai. L'équipage allait et venait, enroulant des cordages et fermant les écoutilles.

Existait-il un seul pays au monde où les marins soient confrontés à des conditions de travail plus difficiles qu'ici ? Le chalutier filait droit vers l'entrée du port, en escaladant des vagues impressionnantes — de véritables pyramides d'eau. Il eut bientôt disparu. De toute évidence, Angelo avait employé les grands moyens. Il savait quelle stratégie adopter quand il se heurtait à forte partie, et il ne manquait pas d'audace ; mais irait-il jusqu'au meurtre pour une simple histoire d'argent ? Cela paraissait douteux. Ari décida de se rendre chez le vieil infirme. Lui saurait lui parler du passé.

Tom n'était pas là, et une de ses voisines, une veuve, vint lui annoncer qu'il était à l'hôpital.

— On a voulu le tuer, déclara-t-elle. Trois jeunes ont essayé de lui passer le « collier ». Je me demande qui peut vouloir se débarrasser d'un vieux bonhomme comme lui.

— Oh non ! Il est gravement brûlé ? À quel hôpital l'a-t-on transporté ? Comment se fait-il que personne ne m'ait rien dit ?

— C'est arrivé ce matin. Je crois qu'il s'en tirera. Vous devriez le laisser tranquille.

— Alors, quel hôpital ?

— Somerset.

— Pourquoi s'en prendre à Tom ?

— Ça peut être un coup des squatters. Ils le jugent peut-être responsable de ce qui leur est arrivé.

— Lui, un cul-de-jatte ?

— Tom a pas mal de pouvoir. Il a toujours été le représentant officieux des marins de la compagnie. Comme celle-ci l'a très mal dédommagé après son accident, il fait tout ce qu'il peut pour lui mettre des bâtons dans les roues. La semaine dernière, il a organisé une grève pour forcer Rob Palma à renvoyer les Noirs — principalement des squatters de l'Ovambo — qui travaillent sur ses bateaux. Tom savait qu'il n'y avait pas assez de Noirs compétents pour équiper la flotte entière. Rob était tout prêt à faire venir du Nord des tas d'autres Ovambos, mais son grand-père est intervenu ; il l'a obligé à renvoyer les Noirs. Le vieux Palma a toujours préféré réserver les emplois aux gens du coin. Dieu sait pourquoi. Ce serait pourtant rentable, pour eux, d'embaucher des Noirs. Ils sont moins payés et ils travaillent plus dur.

— Donc vous pensez que Tom aurait tenté de faire chasser la main-d'œuvre noire et chargé quelqu'un d'aller mettre le feu au campement ?

— Moi non, mais d'autres peut-être. Sinon, pourquoi aurait-on voulu l'assassiner ?

Oui, et pourquoi se donner tout ce mal pour faire croire à un règlement de comptes en choisissant justement le collier ? se demanda Ari. *On aurait simplement pu lui sauter dessus pendant la nuit et lui donner un coup de couteau ou un coup de brique sur la tête.*

Ari avait apporté un cadeau. Après avoir traversé tout le service, il le déposa avec mille précautions à côté de Tom. Ce dernier paraissait vieilli, au bout du rouleau, mais dans ses yeux flamboyait une indignation enfantine. Il avait les mains et le visage bandés ; toutefois, il ne semblait pas gravement atteint.

— Aidez-moi à me redresser, Ari. Je voudrais m'asseoir. Il y a un moment que je sonne, mais ces infirmières sont d'un frivole ! Elles ne viennent que quand elles en ont envie. Et sans ma corde je suis perdu.

Ari prit Tom à bras-le-corps et l'assit dans son lit. Il eut la surprise de sentir des biceps et un dos musclés, durs comme de l'acier. Puis il tassa les oreillers dans son dos.

— Ça ira ?

— Très bien, merci.

— Alors, comment ça s'est passé ? s'enquit Ari en indiquant ses mains pansées.

— Une bande de voyous. Heureusement, mes voisins étaient chez eux. Mes agresseurs se sont enfuis en les entendant accourir. L'un d'entre eux a gratté une allumette, mais je n'étais pas tout à fait prêt pour le feu d'artifice, j'avais réussi à dégager ma tête du pneu. Ce sont mes mains qui ont tout pris, comme vous pouvez le constater. Je pense que d'ici une semaine on m'enlèvera mes pansements et on me laissera sortir.

— Vous n'avez pas porté plainte ?

— Je me doutais que vous en viendriez là tôt ou tard. À quoi bon, petit ? C'étaient les hommes de main de Patel, et Patel a été libéré sur parole. On se demande bien à quoi sert la police. Vous pouvez me le dire, vous ?

— Pas vraiment, non. Donc, Patel a voulu faire croire à une expédition punitive. Je vais m'en occuper. Vous n'ouvrez pas votre cadeau ?

Tom obtempéra avec difficulté. Ari proposa bien de l'aider, mais il l'en dissuada d'un geste. Le paquet enfin déballé révéla une bouteille de rhum.

— Il y a aussi ça, reprit Ari en lui tendant une enveloppe.

Tom l'ouvrit avec les dents et un chèque de dix mille rands tomba sur le lit.

— Qu'est-ce que c'est ? demanda le vieillard d'une voix moins assurée que d'ordinaire.

— Vous ne le saviez peut-être pas, mais une récompense avait été offerte par la Protection de l'enfance à qui retrouverait un certain Tabson Tweneni. Eh bien, la voilà.

Tom leva sur Ari des yeux pleins de larmes.

— Gardez cet argent, mon petit. Vous en aurez plus besoin que moi. Vous vous débrouillez bien. On m'a raconté le sauvetage de l'enfant. On ne parle plus que de vous, au village.

— Cette récompense vous revient de droit, Tom. Elle adoucira un peu vos vieux jours. Par exemple, vous pourrez vous payer des prothèses de meilleure qualité. En plus, je peux peut-être vous obtenir l'aide médicale.

— Ça s'arrose. Voulez-vous me tenir compagnie, Ari ?

— D'accord.

Il était en service et il détestait le rhum, mais tant pis. Le moment et l'endroit étaient bien choisis pour marquer le coup.

Tom caressa la bouteille, un petit sourire aux lèvres.

— Je vous admire, déclara-t-il. Vous êtes un type sérieux. Vous me rappelez quelqu'un que j'ai bien connu. Je vais vous donner quelques informations. Cette histoire d'incendie criminel pour chasser les squatters est peut-être plus compliquée qu'il n'y paraît.

Il articulait avec soin et sa pointe d'accent irlandais revenait en force, comme toujours quand il buvait.

— Vous devriez aller voir Emanuel Fernandes, sur les hauteurs du village. Vous voyez qui c'est ? Il a en sa possession une chose qui vous revient. Demandez-la-lui de ma part. Mais je vous préviens, il ne sera peut-être pas très facile à convaincre. Saluez-le pour moi.

Ari prit congé. Le vieillard affichait un sourire réjoui. Le policier essaya de ne pas montrer à quel point il était soucieux. Si Patel soupçonnait Tom d'avoir renseigné la police, et donc d'être à l'origine de son inculpation pour kidnapping et tentative de meurtre, ses ennuis étaient loin d'être terminés.

21

Avant de se rendre chez les Fernandes, Ari consacra une heure à se renseigner sur la famille ; Emanuel était espagnol, mais il avait déposé une demande de reclassification en mars 1961 pour pouvoir épouser une femme ravissante, mi-française, mi-éthiopienne, Juliette, et s'installer avec elle au village métis. Adeptes du rastafari, ils se comportaient tous deux en missionnaires mais n'avaient que peu de conversions à leur actif.

Les rastafari vénéraient Hailé Sélassié, ex-empereur d'Éthiopie, sous le nom qu'il portait avant son sacre — Ras (« prince ») Tafari —, en qui ils voyaient le Messie et le champion des peuples à peau noire. Pour eux, les Noirs étaient la réincarnation des Israélites, ceux-ci étant soumis au joug blanc au titre de châtiment divin pour les péchés commis dans leurs vies antérieures. Lorsqu'ils auraient atteint la rédemption, ce serait au tour des Blancs de les servir. Ils étaient végétariens et la consommation de *dagga* faisait partie de leur culte.

Les Fernandes habitaient une jolie maison rose au bout d'une avenue pavée qui donnait sur le port. Emanuel avait de longs cheveux gris coiffés en queue de cheval, une longue barbe et de grands yeux au regard doux. Pour gagner sa vie, il fabriquait de superbes vitraux. Ari fut particulièrement fasciné par trois de ses œuvres, un jeune coq au plumage bariolé, un papillon en camaïeu de violet, de mauve et de rouge, et un pélican debout dans un marais turquoise.

Il lui fallut un moment pour les rassurer : non, il n'était pas venu les arrêter à cause de leur plant de *dagga*. C'était le plus gros et le plus vigoureux qu'il eût jamais vu. Il poussait dans le jardin de derrière, à côté d'un poinsettia écarlate. Lorsque Juliette eut préparé du thé au citron et au miel accompagné de biscuits, Emanuel lui proposa timidement un joint, qu'il accepta. Ces gens lui plaisaient. Il décida de gagner leur confiance.

— Ce plant a une histoire, annonça Emanuel.

Il avait l'air ému ; Ari préféra attendre la suite. Il sentait qu'elle ne tarderait pas.

— Un ami très proche l'a planté il y a presque trente ans, poursuivit Emanuel, sans retenir ses larmes. On faisait des folies, en ce temps-là. On faisait la fête toute la nuit, on dansait au clair de lune, on buvait... Riche comme il était, il aurait dû se comporter en enfant gâté, mais non : c'était le plus gentil, le plus adorable des hommes.

Ari attendit que la *dagga* fasse son effet sur son hôte et déclara enfin :

— C'est Tom qui m'envoie. Il dit que vous avez en votre possession une chose qui me revient. D'après lui, le kidnapping de Mandy et les assassinats des dunes sont liés à un événement survenu il y a trente ans. Savez-vous de quoi il veut parler ?

Emanuel blêmit et alluma un autre joint. Puis il appela Juliette et tous deux se disputèrent en espagnol. Ari déclencha subrepticement son petit magnétophone en regrettant de ne pas comprendre cette langue. La querelle se prolongea. Juliette semblait l'emporter.

Emanuel en était à son quatrième joint et ses yeux roulaient frénétiquement.

— Trop de morts, mon frère. Et chaque fois par amour. Bizarre, vous ne trouvez pas ? La mort de mon ami n'est qu'un aspect de l'histoire. Juliette pense que vous avez le droit de posséder la preuve. Je ne vous dirai rien, car je ne sais pas ce qui s'est passé, je le jure. Mais, au cas où mes craintes seraient fondées, j'ai enterré une boîte sous l'arbre. L'endroit était tout désigné.

Il alla chercher une pelle et creusa jusqu'à un mètre de profondeur. La terre étant meuble, cela ne prit pas longtemps. Puis il rapporta une boîte en bois au salon.

Ari l'ouvrit. Juliette frémit puis sortit en courant. Dans une feuille de plastique, il découvrit un crâne. Il jura tout bas. L'occiput était défoncé et les cervicales brisées net. L'os était lisse et blanc. Il paraissait ancien.

— C'est le crâne de votre ami, c'est ça ?

— Non. Lui est enterré au cimetière familial des Palma. Ce que je vais vous dire est pure conjecture. Il faudra faire votre propre enquête. C'est mieux ainsi.

— Bon. Où a été trouvé ce crâne ?

— Un des squatters, Boysie, faisait office de chef. Craignant une épidémie de dysenterie, il a délégué des volontaires pour creuser des latrines du côté ouest du lagon. Ils ont pratiqué une tranchée de deux mètres cinquante de profondeur et retrouvé ce crâne parmi un tas de débris de maçonnerie. Comme il ne savait qu'en faire, Boysie a cherché à le vendre. Et je l'ai acheté.

— Pourquoi ne pas avoir averti la police ?

— Je ne sais pas. Peut-être parce que j'ai peur de rouvrir d'anciennes blessures. Mes soupçons sont peut-être erronés. Est-ce que c'est susceptible d'intéresser la police, une personne morte il y a vingt-huit ans ? C'était peut-être un accident, qui sait ?

Ari prit congé en emportant le crâne. *Vingt-huit ans*, avait dit Fernandes. Il s'était passé quelque chose vingt-huit ans plus tôt.

Sentant s'éveiller sa curiosité, Ari se rendit tout droit dans un restaurant espagnol, en ville, et paya le serveur pour écouter sa cassette et traduire la conversation pendant qu'il prenait des notes.

Fernandes : *C'était il y a longtemps, et puis il a payé... Ça, on peut dire qu'il a payé cher !*
Juliette : *Comme si l'argent pouvait compenser une vie perdue !*
Fernandes : *On n'est pas sûr que ce soit elle. On n'en a pas la preuve. Et même si c'est bien elle, comment savoir si elle a bien été assassinée ?*
Juliette : *Si ç'avait été ton amie, ta sœur, tu ferais quelque chose, non ?*
Fernandes : *On ne sait même pas si c'est vraiment son crâne.*
Juliette : *Bien sûr que si. Je suis certaine que jamais elle ne serait partie sans me dire au revoir. Ils l'ont tuée, je te dis.*
Fernandes : *On était amis, lui et moi. Qu'est-ce qu'il aurait voulu qu'on fasse ?*
Juliette : *C'est évident. Il l'aimait.*
Fernandes : *Il aimait aussi son père.*
Juliette : *Donne-lui le crâne. Advienne que pourra.*

En rentrant au poste, Ari expédia le crâne au laboratoire de police judiciaire, à Pretoria. De nouvelles affaires l'attendaient sur son bureau, toutes liées à des effractions dans le quartier de la plage. Voilà qui allait l'occuper le reste de l'après-midi. Il poussa un soupir, prit un sandwich dans son tiroir et se rendit sur les lieux du premier cambriolage.

La fin de son service approchait. Malgré sa fatigue, il décida d'aller interroger les Bronson. Il arriva au moment précis où l'immense globe rouge du soleil sombrait dans la mer turquoise. L'espace d'une seconde, il crut distinguer le fameux rayon vert.

— Vous avez vu ? dit Jack, l'air impressionné. Il se tourna enfin vers Ari. Je n'y avais jamais assisté. Il y a des années que je le guette. Ari nota que ses mains tremblaient. Quand on surprend le rayon vert, c'est que nos rêves vont devenir réalité.

Comment un homme d'affaires pouvait-il ajouter foi à ce genre de sornettes ? Ou alors il se raccrochait à ce qu'il pouvait à cause de ses ennuis financiers. Ari se demanda quel rêve lui-même aurait voulu voir se réaliser. Il éprouva le désir subit de retrouver ses racines et, simultanément, il eut la certitude que ce serait ici, à Silver Bay, qu'il y parviendrait. Il accepta consciemment cette révélation, qui le frappa comme un éclair d'orage. Puis il se dit qu'il l'avait toujours su.

Les deux hommes contemplèrent en silence les cimes encore illuminées par les derniers rayons du soleil et qui nappaient de leur reflet éclatant le miroir sombre de la mer. Des ombres violettes issues des eaux obscures remontaient lentement le long de leur flanc tandis que des brumes plus claires se détachaient de l'horizon voilé pour gagner le rivage. La dernière lueur fugace s'éteignit au loin, ciel et mer se fondirent pour former une immensité d'un gris indifférencié. L'instant magique était passé.

— Je regarde le soleil se coucher tous les soirs, déclara Jack au bout d'un long moment. C'est comme une drogue pour moi. Je ne peux pas m'en passer. Malheureusement, je n'en ai pas toujours la possibilité.

Gill vint les rejoindre. Chaussures à talons très hauts, robe ultracourte, elle portait un plateau chargé d'une bouteille de scotch, de glaçons et de biscuits à apéritif. Elle avait dû voir arriver Ari. L'éclairage du couloir mettait en valeur sa silhouette et auréolait sa chevelure. Son visage était avenant, ses formes juvéniles. Elle était toujours belle et, pour plaire aux hommes, elle adoptait des vêtements moulants qui soulignaient ses cuisses galbées. Quel âge pouvait-elle avoir ? Elle se pencha sur lui ; sa robe s'entrebâilla, révélant ses seins nus. Son parfum musqué enveloppa Ari. En cet instant elle lui parut faire partie intégrante de la nuit : comme elle, elle était sensuelle — sensuelle et extrêmement désirable.

— Salut, Gill, fit-il en se levant sans hâte.

Mais il se détourna car elle avait manifestement lu son appétence dans ses yeux.

— Que diriez-vous d'un scotch ? proposa Jack.

— Je suis en service. Pour encore cinq minutes. Donc, si vous me versez un scotch, je pourrai l'engloutir sous peu. Et il sera le bienvenu : j'ai eu une journée très contrariante. Mais, avant, j'ai quelques questions à vous poser.

— Asseyez-vous, fit Gill. Je viendrai vous voir de temps en temps, mais j'ai pas mal de choses à faire dans la maison.

— Quel genre de questions ? interrogea Jack. Professionnelles ? C'est à propos de l'incendie ?

— Tout juste.

— Ah, bon. Ma foi, je suppose qu'un de ces individus a renversé son réchaud. Ce sont des choses qui arrivent, et assez souvent, en plus. Ça n'en a peut-être pas l'air, mais c'est une bénédiction, en réalité. Imaginez qu'un campement de squatters s'installe définitivement juste sous nos fenêtres, dans ce petit coin de paradis. Pour commencer, la maison perdrait toute sa valeur. Vous imaginez la vue ? Un bidonville, les feux de bois, la fumée... Ça me gâcherait mes couchers de soleil et la plage deviendrait inutilisable — enfin, je veux dire, pour les Blancs. La plupart des commerces dépendent du tourisme, ici. Ils couleraient en un rien de temps.

— Je ne suis pas d'ici. Je ne sais pas combien peut valoir une maison comme la vôtre. Ça vous ennuierait de me le dire ?

— Avant la récession, à peu près deux millions. À l'heure actuelle, un million cinq. Mais avec un camp de squatters juste en dessous, personne n'en donnerait un sou. Même chose pour les autres maisons du coin. Et puis il y a les salons de thé, les restaurants, les boutiques. Si ces squatters savaient que, collectivement, ils nous coûtaient un milliard, ils en profiteraient.

— Vous-même, vous perdriez deux millions de rands si les squatters restaient ?

— En effet.

Il se leva, inquiet, et se versa un autre verre. Ari commençait à croire en l'existence d'une conspiration entre les gros contribuables de la ville. C'était peut-être le comité de Dave qui avait mis le feu. Avaient-ils payé quelqu'un pour s'en charger à leur place ? Jack serait-il disposé à passer aux aveux ? C'était peu probable ; pourtant, Ari tenta sa chance.

— Donc, vous-même et ce fameux comité risquiez de perdre une fortune, dans cette histoire ?

— Dieu du ciel ! Nous ne sommes pas des assassins ! Je vous l'ai dit : un crétin ivre a renversé son réchaud et le camp s'est enflammé comme une fabrique de feux d'artifice.

— Plusieurs cases ont été bombardées de cocktails Molotov pendant que leurs occupants dormaient ; en outre, on avait caché des bouteilles pleines d'essence en différents endroits. Non, le camp a été volontairement et systématiquement incendié.

Gill se tenait sur le seuil. Elle en laissa tomber son plateau.

— Je n'en crois pas un mot ! Comment pouvez-vous le prouver ? L'essence aurait brûlé sans laisser de trace.

— L'essence peut-être, mais il y a d'autres indices. De nos jours, on sait les exploiter. De plus, on a retrouvé sur les lieux un cocktail Molotov sommaire.

— Ils n'auraient pas dû venir chez nous. On ne veut pas d'eux ici.

Gill s'interrompit, jura puis se servit à boire.

— Gill, tu dois comprendre que Silver Bay n'est plus le paradis colonial d'antan, commenta Jack.

— En un sens, c'est un microcosme reflétant l'Afrique du Sud tout entière, renchérit Ari. Aujourd'hui, toute la population y est représentée, toutes les ethnies, toutes les classes sociales. Ils sont là, un point c'est tout, parce qu'ils doivent survivre et se développer. Il y a cinquante ans que nous les maintenons à l'écart. Hors de vue. Pendant les périodes de sécheresse, les enfants mouraient par dizaines. Ils tombaient comme des mouches ! Maintenant, ils se joignent à notre petit monde, et nous devons apprendre à leur faire une place. C'est tout simple.

Gill lui jeta un regard venimeux ; Ari se demanda s'il n'était pas dû à la visite de Kate. Ils se mirent à parler de choses et d'autres. Jack se fit de plus en plus larmoyant et évoqua interminablement son séjour en Amérique. Il alla même chercher l'album de famille. Ari prit congé dès qu'il put et alla se coucher tôt.

Vers onze heures, Gill frappa discrètement à sa porte. Elle était vêtue d'un négligé en Nylon noir transparent. Il distinguait les contours de ses seins, plus pleins qu'il n'aurait cru ; sa peau lui parut douce, tentante.

— On ne peut pas faire ça à Jack, dit-il en lui barrant le passage.

— Mais voyons ! J'avais seulement besoin de quelqu'un à qui parler, contra-t-elle en l'écartant de son chemin. Si je me suis éclipsée, c'est pour venir vous avertir.

— De quoi ?

— Vous vous rendez ridicule. Vous êtes un type bien, mais vous ne comprenez pas les gens du coin.

— C'est vrai, déclara-t-il pour l'encourager. Vous buvez quelque chose ?

— Avec plaisir, oui.

Elle s'assit comme une gamine sur son lit, le menton posé sur les genoux et les bras refermés autour des mollets.

— Je voulais vous prévenir : vous allez vous faire beaucoup d'ennemis si vous poursuivez cette enquête.

Les mêmes termes que Gerber, songea-t-il.

— Il faut que je vous parle un peu de nous. Jack a été ruiné. Vous savez comment fonctionnent les assureurs affiliés à la Lloyd's. Il faut payer collectivement et individuellement. La part de Jack était supérieure à la totalité de nos biens. Mais, comme il possède une société immobilière saine, Angelo Palma lui a prêté de quoi payer ses dettes. Pour lui donner une chance de se renflouer.

— Pourquoi a-t-il fait cela ?

— Je l'ignore. On dirait qu'il estime avoir une dette envers nous. Si tel est le cas, alors il y a belle lurette qu'il la rembourse. De toute façon, ça ne fait guère de différence pour lui ; il est tellement riche ! Je me demande parfois si cela a réellement rendu service à Jack. Il s'est senti gêné qu'on l'aide et, depuis, il a changé. Il est moins viril qu'avant.

— Impuissant ?

— Vous l'avez dit.

— Vous vous en sortirez ; ce n'est tout de même pas la fin du monde.

— Moi, c'est au dépit de Jack que je ne peux pas faire face. On dirait qu'il me rend responsable de tout. Dieu sait pourtant que j'ai essayé de le tirer des pattes de la Lloyd's. Et puis il y a le manque d'amour — pas seulement l'absence de sexe. Certains soirs, comme aujourd'hui, je ne peux plus le supporter. Elle alla se pencher par la fenêtre. Comme la nuit sent bon ! Le vent nous apporte un parfum si doux, si chaud... Tout cela se prête à l'amour. Elle fit glisser son déshabillé, qui tomba, chatoyant, sur le sol. Aimez-moi, Ari, je vous en prie. Juste cette nuit.

Que faire ? Jamais il n'avait repoussé les avances d'une femme. Ç'aurait été trop impoli.

Il ôta son pantalon et prit Gill dans ses bras, mais sa libido ne réagit pas. Il en conçut de la gêne. Puis il sentit sa peau nue frotter contre ses hanches, son ventre, et, brusquement, il hoqueta. Il avait bel et bien envie d'elle. Il la souleva de terre et l'emporta sur le lit. Il la pénétra et laissa libre cours à son désir. Elle ondula des hanches en refermant les mains sur son cou et lui susurra à l'oreille : « Je savais que tu serais comme ça. Oh, mon chéri, mon chéri... » Un plaisir exquis submergeait Ari par vagues successives. Gill était fondante, elle se conformait à sa volonté, leurs mouvements coulaient de source et ses frissons, ses petits cris à elle dépendaient étroitement de ses va-et-vient à lui. Bientôt ses gémissements étouffés l'incitèrent à conclure. Abandonnée, mollement accrochée à lui, elle ne bougeait presque plus. Puis il l'entendit crier, crier encore. Elle était habile, odorante, sensuelle, et elle n'avait pas fait l'amour depuis longtemps. Elle en voulait toujours plus. Elle jouit à plusieurs reprises en laissant échapper de profonds soupirs saccadés.

— N'oublie pas, lui dit-elle en s'en allant, vers trois heures du matin. Nous ne sommes que deux âmes folles de solitude qui veulent se réconforter mutuellement à la faveur de la nuit. Je suis toujours amoureuse de Jack.

Sur ces mots, elle éclata bruyamment en sanglots et partit.

Ari voulut dormir un peu, profiter des trois heures qui lui restaient, mais il chercha vainement le sommeil. Il ne cessait de penser à Mandy, à l'enquête, à l'absence totale d'indices. Puis à Eunice, à la mort horrible qu'elle avait dû connaître. Là aussi, il souffrait de ne pouvoir identifier les coupables. Jean lui avait posé une question, voyons... Oui : d'où venait ce besoin de prendre sa revanche ? Jean avait peut-être raison. Quelle tragédie infantile avait-il refoulée ? Il ressentait une peur pathologique face au mal, cela, il le savait ; il réagissait de façon disproportionnée face à la cruauté. Alors, quelque sombre méfait hantait les profondeurs de son inconscient ?

Ses pensées se tournèrent vers Angelo. Quel genre d'homme était-ce vraiment ? Un bon, un méchant ? Un philanthrope ou un assoiffé de pouvoir ? Manipulait-il les habitants de la ville en leur offrant de l'argent ou avait-il le désir sincère de les aider ? Qui avait mis le feu chez les squatters ? Les responsables avaient-ils entendu les cris, vu les cadavres ? Si oui, avaient-ils joui de ce spectacle ?

À quatre heures trente précises, il crut percevoir un

bruit de pas au-dehors. Il s'immobilisa. Pas d'erreur : quelqu'un se tenait devant sa fenêtre. Son cœur fit un bond dans sa poitrine ; il chercha son arme à tâtons.

La fenêtre s'ouvrit très lentement, mais Ari ne distinguait encore rien. Puis il y eut un silence ; l'intrus guettait le bruit de sa respiration pour s'assurer qu'il dormait. Il essaya de respirer profondément, pour l'induire en erreur, mais il ne pouvait s'empêcher de voir un cocktail Molotov atterrissant dans sa chambre. Et cela le terrorisait. Lentement, une tête apparut au bas de la fenêtre. Bientôt, elle se découpa entièrement sur fond de ciel argenté. Volumineuse, une vraie tête de gorille, avec une couronne de cheveux emmêlés. Ari faillit hurler puis reconnut Frikkie. Malgré sa corpulence, il avait le pied étonnamment léger. L'intrus entra et s'approcha du lit. Ari déplaça lentement son arme afin de le viser entre les deux yeux, mais l'homme entreprit de fouiller la maison.

Ari attendit qu'il atteigne la cuisine puis sortit du lit. Il braqua son arme et alluma la lumière. Frikkie pivota et voulut foncer vers la fenêtre, mais Ari lui fit un croche-pied au passage.

Le demeuré resta allongé par terre à battre des paupières ; la salive dégouttait au coin de sa bouche et son regard était vide. Il n'était plus tout jeune : au moins cinquante ans. Mais son absence d'expression rendait son âge exact difficile à déterminer.

Il le fouilla rapidement. Pas d'arme, pas même un couteau. Ses mains étaient encore couvertes de cloques et de brûlures. Il marmottait des propos incohérents.

— Vous avez pas le droit... pas le droit... Donnez-le-moi, suppliait-il.

— Te donner quoi ?

Frikkie se fit évasif, mais Ari comprit tout de même quelques mots :

— Elle a droit à une sépulture décente.

Décidément, la vie devenait intéressante. Il jugea inutile d'arrêter Frikkie. Il était inoffensif, aussi dénué de malice que d'intelligence. Par ailleurs, inutile d'espérer se rendormir maintenant. Alors il s'habilla et l'emmena au café pour pêcheurs ouvert nuit et jour sur les docks ; il commanda deux gros sandwiches au bacon et à l'œuf ainsi que du café fort et bien sucré.

Frikkie engloutit sa part comme s'il n'avait rien mangé depuis des lustres.

— Vous êtes un type bien, dit-il d'une voix à la fois rauque et contenue. Vous auriez pu me faire boucler. Ramona est une véritable terreur quand elle est en colère. Elle s'est mis dans la tête que je lui avais menti. Tout ça, c'est à cause de votre arrivée ici. Mais ce n'était pas ma faute. Elle a tort de m'accuser. C'est le dauphin qui l'a ramené. Mais elle refuse de me croire.

— Qu'est-ce que tu cherchais dans ma chambre ?

— C'est elle qui m'a forcé.

— Qu'est-ce que tu cherchais ?

L'autre se mit à couler des regards affolés en tous sens.

— Pas ma faute.

Ari en conclut qu'il faudrait un psychiatre pour éclaircir les élucubrations de Frikkie.

— C'est pas moi, c'était le dauphin, insista ce dernier d'un air matois, la bouche pleine d'œuf.

On n'avançait pas. Ari commanda un autre sandwich pour Frikkie, paya et s'en alla.

Les premières lueurs de l'aube se dessinaient au-dessus des pics dentelés et le ciel passait du vert clair au rose. L'air était frais, sentait la mer, les herbes sauvages et l'humidité de la terre. Pas le moindre nuage au-dessus des montagnes, signe incontestable que la tempête était bien finie. La journée s'annonçait belle. Quel drôle d'endroit... Au moment d'entrer dans le poste, il pensa à Gill et à Katc. Deux femmes superbes que tout séparait. Il en avait baisé une, il ne pouvait s'ôter l'autre de la tête. Dommage qu'elles lui soient toutes deux interdites. Il ressentit un vague regret, pour Kate en particulier et plus généralement pour toutes les femmes superbes qu'il ne pourrait jamais aimer.

22

Ils étaient en route pour l'hôpital. Tabson observait un silence inhabituel et serrait la main de Kate. Mue par une impulsion, elle s'arrêta dans un magasin de jouets. Il y avait là un formidable assortiment de gadgets étranges. Les magasins de jouets avaient bien changé depuis son enfance — et ce n'était pas si vieux. Tabson ne voulut accepter qu'un seul article : un appareil composé de billes en Plexiglas, de tiges et de bouts de fil électrique.

— Je crains que ce ne soit pas de son âge, s'excusa le marchand. Avec ça, on peut fabriquer toutes sortes de petits véhicules qui se déplacent, entre autres, mais ce petit me semble un peu...

Tabson agrippa fermement l'objet.

— Nous le prenons, déclara Kate.

Soucieux, les sourcils froncés et l'air concentré, le docteur Jones n'émit guère de commentaires. Il emmena Tabson pour l'examiner et lui faire une radio et revint au bout d'un long moment. Puis il exposa la situation à Kate, sans rien omettre. C'était le meilleur chirurgien orthopédiste d'Afrique du Sud et elle tenait à son avis. Pendant qu'il consultait son planning opératoire, elle se répéta le diagnostic : il faudrait au moins trois interventions, y compris des greffes de peau, le tout sans garantie de succès. Mais, même en cas d'échec, Tabson y gagnerait. Il y avait une chance pour qu'on le rende à peu près normal. Mais il fallait s'y mettre tout de suite car sa colonne vertébrale, qui avait déjà beaucoup souffert, menaçait de se déformer définitivement.

— Je vois bien que vous agissez ainsi pour des raisons d'ordre philanthropique, Mrs. Palma, dit le médecin de sa voix neutre et sans affect ; aussi ai-je décidé de vous aider en ne vous demandant que des honoraires minimum. Toutefois, il restera les frais opératoires proprement dits, d'hospitalisation, d'examens, de radio, de rééducation, etc. Je verrai ce que je peux faire, mais je ne crois pas que vous vous en tiriez à moins de trois mille rands.

— Je vous remercie, docteur, dit-elle, étrangement émue. Faites le nécessaire.

La somme était beaucoup plus élevée qu'elle n'aurait cru, mais elle trouverait un moyen de se la procurer.

— Allez chercher ses affaires et revenez me voir. Il faut le faire admettre avant seize heures. Maintenant qu'il est au courant, nous avons intérêt à lancer le processus le plus tôt possible. Ce ne sera pas facile pour lui.

Quelle précipitation ! Ils achetèrent des pyjamas neufs, des livres, tout ce dont Tabson allait avoir besoin, puis rentrèrent nourrir Simplet et dire au revoir à Frikkie. Ils regagnèrent la clinique, et dix minutes plus tard Tabson était assis dans son lit, l'air hébété et un peu effrayé, mais tout à fait déterminé.

— Écoute-moi, Tabson. Elle lui prit la main et caressa sa peau rêche. Le bon Dieu va veiller sur toi. Tu crois au bon Dieu ?

— Le bon Dieu, madame Kate ?

Il plissa le front. Aïe ! Par où commencer ? Il y avait comme un fossé infranchissable entre eux. Pourtant, cet enfant était capable d'une telle compassion ! N'y avait-il pas une étincelle divine, innée, chez toutes les créatures vivantes ?

— Toi, tu as voulu guérir ton oie ; eh bien, le docteur et moi, nous voulons te guérir aussi ; parce que nous t'aimons comme tu aimes cette oie. Tu comprends ?

Il raffermit son étreinte.

— Ne vous en faites pas, madame Kate, dit-il de sa voix éraillée. Je veux que ma jambe guérisse. Je veux jouer au foot un jour, et tant pis si ça fait mal.

Elle s'en alla, une boule dans la gorge.

En rentrant, elle trouva la Compagnie du téléphone occupée à brancher sa ligne. Son premier appel fut pour rassurer Tabson et lui annoncer la bonne nouvelle.

On leur avait branché l'électricité trois jours plus tôt, alors qu'elle n'y croyait plus. Pendant des jours elle avait harcelé la compagnie pour qu'on tire une ligne jusqu'au phare. Il avait fallu qu'elle paie les travaux d'avance, mais au moins avait-elle désormais l'eau courante, l'électricité et le téléphone. Quelle journée ! Quel bonheur ! Toutefois, tout cela avait coûté très cher et le spectre du manque d'argent ne la quittait plus. Elle passait son temps à se battre contre ses craintes.

Quand le téléphone sonna pour la première fois, en fin de soirée, elle bondit de joie et décrocha le cœur battant, sûre que c'était Rob.

— Ma chère, Dieu merci, vous avez enfin le téléphone ! Il y a des jours et des jours que je fais le siège de la compagnie. J'ai besoin de vous. C'était la voix grave et distinguée de Melissa. Dave décline rapidement. Il n'en a plus pour longtemps. Tragique, n'est-ce pas ? Elle laissa échapper un petit sanglot. Nous devons tous nous montrer courageux. C'est ce qu'il veut, j'en suis sûre. Mais j'appelais à propos de cette grande baraque absurde. Il y a des années que je veux la redécorer, et bien sûr Dave était trop attaché au bric-à-brac que nous avons amassé au fil des ans. En toute franchise, Kate, vous êtes la mieux placée pour vous atteler à cette tâche. Ne dites pas non, c'est très important pour moi. Je voudrais que vous veniez jeter un coup d'œil demain matin à la première heure. Mettez tout sens dessus dessous, jetez les meubles, tout, même les tableaux si vous voulez. Naturellement, vous en obtiendrez un bon prix. Car je m'en vais, ma chère. Et à mon retour je veux retrouver une maison vivable. Plus rien qui me rappelle Dave. Ni rien qui ait trait à la navigation ; je n'oublierai jamais cette petite salope, avec sa casquette de marin et pas grand-chose d'autre sur le dos.

— Mais... et Dave ? Il n'a pas son mot à dire ? s'enquit doucement Kate.

— Il n'en saura rien. Je vous le dis : il décline à toute vitesse. Je veux chasser le chagrin et recréer chez moi une atmosphère agréable. Vous avez si bien réussi avec ce phare ridicule ! Je ne sais pas si vous vous en rendez compte, mais vous en avez banni toute tristesse pour la remplacer par la joie, à force de couleurs, de plantes et de je ne sais quoi encore. J'ignore comment vous vous y êtes prise, Kate, mais à présent il faut réitérer l'opération pour mon compte. Je veux que tout soit terminé pour mon anniversaire.

— C'est-à-dire ?

— Dans un mois.

— C'est de la folie, Melissa. Soyez raisonnable, voyons.

— C'est d'affaires que nous parlons, ma chère. Votre prix sera le mien. Venez, c'est tout ce que je vous demande. À demain matin ! Au revoir, ma chère.

Un déclic signala la fin de la conversation.

Elle doit être assez riche pour faire ce qui lui plaît sans se préoccuper du coût, songea Kate. *Ainsi, Dave est en train de mourir.* Elle imagina tout à coup que la même chose arrivait à Rob. Oh, non, non ! Des larmes brûlantes lui montèrent aux yeux et elle serra les poings. C'était regrettable, mais elle l'aimait toujours.

Ce soir-là, elle eut du mal à supporter la solitude. Elle roula un temps dans les rues de la ville puis se gara près de chez les Grant, pour décider finalement de ne pas y aller. Elle se dirigea vers l'atelier de Cecilia, et là aussi elle se ravisa. C'était de la folie, mais elle avait une telle envie de voir Rob qu'elle finit par succomber. Elle emprunta la route déserte et battue par les vents qui menait, à travers la réserve, jusqu'à la maison d'Angelo.

En arrivant elle nota que la voiture de Rob était là, mais pas au garage : il allait ressortir. Quant à Angelo, il devait être là aussi car il y avait de la lumière dans son bureau. Kate prit le temps de contempler la demeure. Elle ne s'y était jamais plu, sans doute parce qu'elle aurait voulu que son mari et elle aient leur maison bien à eux, mais, maintenant qu'elle la voyait d'un œil neuf, elle se rendait compte qu'elle n'avait pas apprécié à sa juste valeur l'allure magistrale que lui conféraient ses tourelles rondes, sa façade à moulures, son plan d'ensemble.

C'est alors qu'elle entendit un rire féminin s'échapper du pavillon de billard, situé au-delà de la piscine. Puis retentit la voix de baryton de Rob. Toute frémissante de tension et de chagrin anticipé, Kate s'approcha sans bruit.

Rob était en train de faire l'amour, aucun doute là-dessus. Elle aurait dû partir, mais ses pieds refusaient de lui obéir. Elle continua d'avancer, hypnotisée.

Bêtement, elle s'appuya contre le mur, ce qui déclencha la sirène d'alarme. La lumière s'alluma, éblouissante. Le vacarme fut tel que Kate en resta abasourdie. Rob accourut, l'arme au poing, suivi d'une grande fille mince enroulée dans une serviette. Elle se détourna presque aussitôt, mais Kate eut le temps de reconnaître une présentatrice vedette de la télévision régionale.

— Je suis désolée. J'ai... eu envie de... Je ne sais pas pourquoi je suis venue.

Elle partit en courant, aveuglée par ses larmes.

— Qu'est-ce que tu croyais ? rugit Rob dans son dos. Je ne suis pas un eunuque ! Reviens tout de suite. Kate ! Reviens ici.

Mais déjà elle redescendait l'allée au volant de sa voiture, sans regarder où elle allait, rebondissant sur les bosses et faisant hurler ses pneus dans les tournants. Elle avait si mal qu'elle ne trouvait plus son souffle.

« Oh, non, non, non... », répétait-elle sans relâche. Le trajet de retour fut un véritable cauchemar. Ses souvenirs l'assaillaient. Rob et ses cheveux noirs où le soleil accrochait des reflets bleutés tandis qu'il pilotait son jet-ski, les yeux brillants d'excitation ; Rob nu sous la douche, les muscles de ses épaules roulant sous sa peau savonnée ; sa lèvre inférieure pleine et sensuelle, ses baisers... Malgré ce qui s'était passé entre eux, Kate l'aimait toujours. Et maintenant il y avait cette femme... Elle serra les dents. Couchaient-ils déjà ensemble avant ? « Espèce de salaud », marmonna-t-elle. La vue brouillée par les larmes, elle manqua le dernier embranchement et s'ensabla dans un bas-côté. Les roues tournèrent dans le vide et le moteur rugit. Kate se frotta les yeux puis descendit de voiture. Frikkie viendrait la dépanner au matin. Elle fit le reste du chemin à pied. Elle ouvrit la porte d'entrée à la volée et s'effondra dans un fauteuil en pleurant. Rob avait raison, finalement. Il n'était pas un eunuque. Mais alors pas du tout ! Elle aurait dû prévoir cette éventualité. Mais elle n'en souffrait pas moins.

La nuit arriva et, avec elle, la solitude. Le phare semblait bien vide sans Tabson. Même Simplet errait en glapissant d'un air malheureux. Kate alla s'asseoir sur son rocher préféré, face à la mer. La lune était pleine. En se levant derrière les monts, elle allumait d'innombrables miroitements sur les eaux. Les fenêtres éclairées des riches demeures brillaient à flanc de coteau. Au loin, sur sa droite, un groupe de lumières moins vives formait un halo : le village métis.

Alors la muraille qu'elle avait patiemment érigée entre elle et le chaos qu'était devenue sa vie s'écroula d'un coup. Qu'est-ce qui avait mal tourné ? Quel traumatisme avait pu conduire Rob à rechercher avidement le pouvoir, le contrôle de chacun ? Pourquoi avait-elle éprouvé tout à coup pareil besoin de liberté ? Elle ressentait le tragique effondrement de leur amour comme un coup de couteau dans le ventre. Et ce couteau ne cessait de se retourner dans la plaie. Elle se mit à gémir. La peur et l'esseulement lui faisaient perdre la tête. Les pêcheurs, eux, savaient aimer, se défendre, pardonner et tout recommencer de zéro. Elle aurait tant voulu être des leurs, se blottir dans un lit contre son mari ; ils auraient respecté leurs rôles convenus et en auraient retiré un sentiment de sécurité ; ils n'auraient rien remis en question, ne se seraient pas rebellés, ils auraient été en paix l'un avec l'autre.

Elle écouta le bruit des vagues léchant le sable, le murmure du courant s'écoulant en mille filets d'eau dans les rochers. Un geai lançait son appel dans les arbres. Un *dikkop* — solitaire depuis que son partenaire avait été tué — s'approcha en sautillant dans l'herbe et la regarda en criaillant. Pauvre petit oiseau si seul ! Une chouette d'Afrique poussa un ululement suivi d'une note perçante. Kate frissonna et resta là à pleurer en silence.

Elle était maudite. Sa mère était morte, son père envolé, et voilà que Rob lui échappait pour de bon. Les souvenirs de son époux, jusque-là si chers à son cœur, étaient définitivement souillés. Les lumières du village s'éteignirent les unes après les autres et la lune poursuivit sa course dans le ciel, mais, pénétrée de solitude jusqu'au tréfonds de l'âme, Kate demeura immobile sur son rocher.

Ari avait pris l'habitude d'aller jeter un coup d'œil autour du phare, le soir, juste histoire de s'assurer que tout allait bien. Ce jour-là, il vit que les lampes étaient éteintes mais la porte ouverte. Puis il entendit gronder un chien et distingua une silhouette humaine isolée sur un rocher. Sur quoi le chien — à peine un chiot — se jeta sur lui en aboyant férocement.

— Eh bien, mon vieux, d'où sors-tu ? Du calme. Je suis un ami. Je ne te veux pas de mal.

« Vous ne devriez pas rester là toute seule, lança-t-il à Kate. Ce n'est pas prudent et vous le savez. Ce n'est pas ce toutou déchaîné qui va vous protéger. La prochaine fois, je vous apporterai une arme et je vous apprendrai à tirer. Kate ? C'est bien vous ?

Elle continuait à fixer l'horizon, irréelle, sans faire mine de répondre.

Il sauta sur le rocher et la secoua par l'épaule. Elle lâcha un hoquet de surprise.

— Ah, c'est vous, Ari. Bonsoir, fit-elle dans un souffle. J'ai froid. Quelle heure est-il ? Qu'est-ce que vous faites là ?

Ari la regarda en fronçant les sourcils. Il sentait bien sa solitude, son accablement, et il en éprouvait un curieux soulagement. Elle était faillible, elle avait peur ; elle était donc comme tout le monde, malgré sa beauté hors du commun. D'ailleurs, elle n'était pas si sensationnelle, ce soir. Elle avait le visage pâle et bouffi, les yeux gonflés, les cheveux ternes et en désordre ; des larmes brillaient au bout de ses cils. Il la contempla pensivement. Comment lui rendre un peu de gaieté ?

— Vous savez, je connais un type qui débarque dans le coin, qui ne connaît personne et qui serait très fier de faire ami-ami avec vous. Qu'est-ce que vous en dites ?

Elle sourit avec douceur et se frotta le bout du nez contre le tee-shirt d'Ari. Il sentit la chaleur de son corps à travers le tissu ; pourtant, elle frissonnait.

— Pourquoi tremblez-vous, Kate ?

Elle secoua la tête d'un air obstiné. Il lui entoura les épaules et l'attira doucement contre lui. L'espace d'un instant, ils se réchauffèrent mutuellement en admirant les scintillements phosphorescents.

— Quelle nuit ! constata Ari.

Le chien — d'ailleurs plein de puces — vint se couler jalousement entre leurs pieds et voulut se hisser à leur hauteur.

Il faut que je lui achète de la poudre antipuces, songea Ari, *sinon, elle va se faire dévorer.*

— Ouste ! fit-il en repoussant l'animal. Allons, rentrons, maintenant. Où est Tabson ?

— À l'hôpital.

— Quoi ? Mais il fallait m'en parler ! Que lui est-il arrivé ?

Elle soupira.

— À vrai dire, je ne suis pas rassurée. Le chirurgien s'est embarqué dans une série de trois opérations afin de remettre en état sa jambe droite. Le succès n'est pas garanti à cent pour cent. Il faut faire une greffe osseuse, une greffe de peau, etc.

— Et vous avez pris cette responsabilité toute seule ?

— Avec qui voulez-vous que je la prenne ?

— Mais... avec moi !

— Et qu'auriez-vous dit ?

— Je ne sais pas. Mais pourquoi vous ?

— Parce que personne d'autre ne s'en soucie ; il est infirme, alors on considère que sa vie ne vaut pas la peine d'être vécue. Mais il est entre les mains du meilleur orthopédiste et on ne peut qu'améliorer son état. Et puis il faut bien que quelqu'un s'en préoccupe...

— Vous êtes une fille bien.

Je me suis complètement trompé sur votre compte, ajouta-t-il intérieurement, non sans se sentir coupable. *Moi qui vous croyais vaniteuse, trop gâtée, habituée à n'en faire qu'à votre tête ! Mais derrière tout cela, au fond, il y a une générosité authentique.* Il la considéra d'un air songeur. Il comprenait sa solitude et ses craintes. Elle paraissait tellement perdue ! Il éprouva une bouffée de compassion.

— La solitude n'est pas une fatalité, déclara-t-il en la serrant contre lui. Je suis là, moi. Ne l'oubliez pas.

Il effleura son cou puis fit courir un doigt le long de

sa joue et, enfin, posa un baiser sur son front. Ses lèvres se déplacèrent des sourcils aux pommettes, puis descendirent vers sa bouche, où elles se pressèrent doucement tandis que sa langue caressait les lèvres de la jeune femme.

Kate l'attrapa par le cou et l'attira farouchement à elle. Ari sentit le désir croître en lui, mais elle était trop vulnérable, il ne fallait pas profiter de son désarroi. Il devait prendre soin d'elle.

— Si on rentrait ? proposa-t-il gentiment.

Les joues de Kate étaient sillonnées de larmes.

— Dites-moi ce qui ne va pas, Kate.

Mais elle secoua la tête.

— Je ne peux pas vous en parler, chuchota-t-elle. Ne me posez pas de questions. Serrez-moi dans vos bras, c'est tout. J'ai besoin de vous, Ari. J'ai besoin qu'on m'aime.

Elle s'efforçait de retenir ses larmes.

— Depuis que je vous connais, j'aspire à être auprès de vous, Kate... Mais vous êtes sûre que... ?

Elle releva sur lui un regard suppliant et, outre sa pâleur, il remarqua les cernes qui soulignaient ses yeux.

— Oui, répondit-elle si bas qu'il dut tendre l'oreille. Tout à fait certaine. Je voudrais que vous me fassiez l'amour. Pouvez-vous passer la nuit avec moi ? Je ne veux pas rester seule.

Il se mit sur pied et l'aida à se relever à son tour. Tout en l'entraînant au premier étage du phare, il pressentit ce qui avait dû se passer. Ce fut avec une étrange docilité que, debout dans sa chambre, elle se laissa déshabiller sans bouger. Il lui ôta short et tee-shirt et elle frémit au contact de ses mains, qui s'attardaient sur son corps avec des gestes doux, caressants. Il essaya de susciter en elle une réaction à force de câlineries, lui caressa les seins et le ventre, lui lissa les cheveux, mais il voyait bien que ce n'était pas de lui qu'elle avait envie : il lui fallait seulement de l'amour, quel que soit l'homme qui le lui dispensât. Elle voulait qu'on ait envie d'elle, elle voulait chasser sa peine ne serait-ce qu'une nuit.

Il fit le vœu de gagner un jour son affection puis la prit doucement, l'excita, la cajola et l'amena enfin à l'orgasme. Elle jouit en criant : « Oh, Rob, Rob ! » sans même s'en rendre compte.

Fermant les yeux sur cette vexation, Ari lui dit :

— J'ai beaucoup d'affection pour toi, Kate. Tu es la plus jolie femme que j'aie jamais vue. Je pense à toi depuis l'instant où j'ai posé les yeux sur toi. Le soir où tu es tombée dans le fossé, c'est tout juste si je supportais de te regarder, sachant que tu étais mariée. Tu aimes toujours ton époux, mais je suppose que c'est normal. J'attendrai.

— Non, je le déteste ! C'est pour cela que je l'ai quitté.

Sur ces mots, elle s'endormit dans ses bras. Lorsque l'aube se leva, Kate se leva et contempla Ari avec tendresse. Elle sourit.

— Merci. Merci d'être là, de t'occuper de moi, de me faire sentir que je suis aimée. Merci d'être ce que tu es.

Elle se pencha pour l'embrasser sur la bouche.

— Bon ! Tu as faim ? Moi, oui.

Elle attrapa une robe de chambre et disparut dans l'escalier. Ari en conclut qu'avec beaucoup d'amour, beaucoup de patience, elle finirait par l'accepter. Elle divorcerait pour l'épouser, lui.

En été, découvrit Ari, la province du Cap était saisie d'une allégresse confinant à la folie douce. Les journées étaient plus belles les unes que les autres — les tempêtes du sud-est avaient épuisé leur violence. Les estivants venus du Nord peuplaient par milliers les rues et les plages, en shorts et bermudas bariolés ; les boutiques débordaient de raisin, de melons, de mangues, de pastèques, de figues et d'olives, et les éventaires bourdonnaient d'abeilles obstinées. Les flancs des montagnes se tapissaient de hauts protéas épanouis, jaunes, violets, roses et rouges, les *sunbirds* et autres *sugarbirds* sautaient allégrement de fleur en fleur. Les gobe-mouches faisaient du surplace puis se lançaient en un clin d'œil à la poursuite des nuages de moucherons en traînant derrière eux une longue queue de cerf-volant. Les trottoirs, les espaces verts regorgeaient d'œillets sauvages, de marguerites, de lis, d'orchidées et de géraniums, et des arbres — hibiscus, bougainvillées, jacarandas... — se paraient de flamboyantes floraisons estivales. Il faisait jour douze heures d'affilée, les nuits étaient tièdes et parfumées. Et, durant ces nuits-là, on faisait des *braai* sur la plage, on allait dormir à la belle étoile dans la montagne ou se baigner dans les torrents glacés. Des nuits faites pour l'amour...

Fin février, le climat s'altéra radicalement du jour au lendemain ; tout à coup, un matin, le ciel était bouché. Ce matin-là, lorsque Ari s'éveilla et chercha Kate à côté de lui, il s'aperçut qu'elle était déjà partie. Flûte ! Il avait dormi trop longtemps : il faisait sombre, dehors, en cette saison. Heureusement, il n'était pas de service. Il descendit l'escalier en faisant sonner les marches sous ses pas et constata qu'elle avait emmené Tabson.

Mais il savait où la trouver. Il se rendit chez Melissa. Aussitôt entré, il éternua. Il y avait tellement de poussière que, tout d'abord, il ne distingua rien. Puis il vit Kate donner des instructions à ses ouvriers, occupés à arracher les papiers peints et à poncer le plâtre. On déclouait les moquettes, on sablait les plafonds... Kate avait enfilé un bleu de travail, un vieux tee-shirt et des espadrilles. Couverte de poussière, les yeux rouges, les ongles ras noircis, les cheveux relevés sur la tête par un foulard, jamais il ne l'avait vue aussi heureuse. Elle était en train de se disputer avec Fernandes.

— Pas question ! Je vous l'ai déjà dit : surtout pas de rouge ! Du turquoise, du bleu et du vert, un point, c'est tout. Comment ça, du blanc ? Mais non, voyons ! Écoutez, Emanuel, soyez gentil, conformez-vous à mes esquisses, vous voulez bien ?

Elle exerça une pression sur sa main en lui décochant un sourire enjôleur. L'autre fondit aussitôt.

Une jeune fille apportant des échantillons de tissu arriva en tête de la file d'attente.

— Pourquoi ne pas m'avoir dit que vous n'aviez plus cette couleur en stock ? Non, nous n'en voulons pas d'autre. Choisissons un autre tissu, puisque c'est comme ça.

Elles rejoignirent une table à tréteaux. Kate n'avait pas encore remarqué la présence d'Ari.

Elle avait passé des jours et des nuits sur ces esquisses, en travaillant avec une concentration extrême. Maintenant que ses idées se traduisaient dans la réalité, elle se rendait compte que ce n'était pas si simple : elle s'en était tenue aux tissus, aux couleurs dont elle avait rêvé.

Enfin elle aperçut Ari et vint immédiatement le serrer dans ses bras. Il ressortit de cette étreinte aussi poussiéreux qu'elle.

— Jamais je n'aurai fini à temps...

— J'ai confiance, rétorqua-t-il. Si c'est humainement possible, tu y arriveras.

Kate avait obtenu une avance de l'avocat chargé des affaires de Melissa et aussitôt engagé une nuée d'ouvriers. Tous les jours elle avait de nouvelles idées, et tous les soirs Ari devait visiter les pièces, examiner ses dessins et réfléchir aux couleurs, à la lumière, à l'espace. Après qu'il lui eut suggéré d'ajouter quelques fenêtres à vitraux, il l'avait emmenée voir Emanuel. Ils s'étaient tout de suite entendus. Et, maintenant, le travail de l'Espagnol lui ouvrait de nouvelles perspectives.

Kate traversait une période de créativité intense et de dépense physique considérable, sans parler du sommeil lourd où elle sombrait tous les soirs. Sur le plan affectif, au contraire, elle se reposait. Elle avait maigri, mais la sensation de triomphe que lui procurait l'activité créatrice la rendait éclatante de bonheur.

Ari trouva Tabson dans le jardin.

— Tu as pris ton petit déjeuner ?

— Oui, mais j'ai de nouveau faim. Dès que j'ai mangé, ça recommence. C'est comme si j'avais un grand trou dans le ventre.

— C'est parce que tu grandis. Tiens, je t'ai acheté du chocolat.

Il pêcha deux barres dans sa poche et alla s'asseoir dans l'herbe pour regarder jouer l'enfant. Celui-ci était très malin. Il ne cessait de fabriquer et de transformer de merveilleux jouets mobiles à partir de ses billes en Plexiglas et de ses bouts de fil électrique. Ce jour-là, il avait conçu un bulldozer miniature qu'il faisait aller et venir au moyen d'une télécommande. Il lui faisait ramasser des pelletées de gravier, les déversait ailleurs et recommençait inlassablement.

— C'est formidable ce que tu as fait, Tabson.

Ari aimait de plus en plus le petit garçon. Kate et lui emplissaient son petit monde. Depuis quelque temps, son rêve — épouser la jeune femme — ne lui paraissait plus si irréalisable.

Il décida d'aller donner un coup de main. Il fut aussitôt chargé de transporter jusqu'au camp des squatters les tapis et les rideaux mis au rebut.

23

Le labo de Pretoria avait rendu ses conclusions sur le crâne déterré par Emanuel au pied du plant de *dagga*. Il avait appartenu à une métisse d'une vingtaine d'années et était resté enfoui dans le sable pendant quelque trente ans. La boîte crânienne avait été défoncée et les vertèbres cervicales rompues.

— Qu'est-ce que ça peut nous faire de savoir comment elle est morte ? fit Gerber en voyant Ari occupé à remplir une demande d'ouverture d'enquête. C'est de l'histoire ancienne ! On a assez de problèmes avec le présent, non ?

— J'ai une intuition. Je crois que certains délits commis sur la commune de Silver Bay sont liés et qu'ils remontent à un délit antérieur. Il s'est passé quelque chose de pas joli, joli, il y a vingt-huit ans ; je ne sais pas quoi, mais j'ai l'impression que c'est en rapport avec l'enlèvement de la petite Mandy. Je pense aussi que l'incendie volontaire du camp était destiné à chasser les squatters avant qu'ils ne déterrent le squelette en creusant trop profondément. Ceux qui l'ont commandité ignoraient que le crâne avait déjà été retrouvé. C'est du moins ce que je suppose.

— Oui, eh bien, gardez vos suppositions pour vous et remuez-vous un peu.

Ce jour-là, Smit emprunta un crâne au musée et les collègues le déposèrent sur le bureau d'Ari après y avoir attaché une étiquette annonçant : « *Homo Neandertal*, assassiné *circa* 40 000 av. J.-C., enquête confiée au lieutenant de police Ari St John. »

Il ne le prit pas en mauvaise part. C'étaient des types sympathiques, à part Gerber.

Il en souriait encore en arrivant chez Fernandes. Sur la terrasse, Emanuel travaillait à sa dernière création.

— On se croirait vraiment suspendu au-dessus de la baie, s'émerveilla Ari. Vous jouissez d'une vue incomparable. Vous avez vu la mer ? Aujourd'hui, elle est turquoise et tilleul. Magnifique.

— Oui, magnifique et toujours différente. Asseyez-vous donc. Ça ne vous dérange pas si je continue à travailler ?

Juliette apporta du café bien fort ainsi que des gâteaux, et Emanuel proposa un joint, mais l'ambiance amicale se dissipa d'un coup lorsque Ari aborda la question du crâne.

— Vous me menez en bateau, grogna-t-il, au bout de dix minutes de vains efforts. Vous savez très bien ce qui s'est passé. Tous les deux. Je parierais mon dernier rand. Et je reviendrai à la charge, vous pouvez me croire.

Emanuel le raccompagna à la porte puis le suivit jusqu'à sa voiture.

— Ari, mon vieux, vous devriez laisser tomber toute cette histoire. Juliette n'est pas d'accord, mais moi je crois que vous commettez une erreur. En ratissant le passé, vous allez ramener à la surface des choses qui vont faire de la peine à pas mal de gens.

Ari balaya ses objections d'un haussement d'épaules et partit vers les docks, où les chalutiers déchargeaient leur pêche.

Quand Ari l'entreprit au sujet du crâne, Bill September se montra carrément grossier. Il l'entraîna à l'écart de l'équipage et lui débita rapidement :

— Cessez de me faire perdre mon temps. Au lieu de remuer toute cette merde, vous feriez mieux de retrouver ma fille. Vous vous prenez pour un preux chevalier apportant la loi aux populations primitives, hein ? Mais je vais vous dire une chose, moi : il y a trente ans, Silver Bay était un véritable paradis ; il y avait des fermes jusqu'au fond de la vallée, une petite communauté de pêcheurs et du travail pour tout le monde grâce aux pêcheries Palma. On ne savait pas ce que c'était que la criminalité. La femme dont vous avez retrouvé le crâne pourrait être originaire de n'importe où. C'était peut-être une prostituée. Ou alors elle est tombée de la montagne. Qui sait ? Et quelle importance ?

— Vous savez ce que je crois, moi ? rétorqua Ari en l'enveloppant d'un regard noir. Je crois qu'au contraire tout le monde ici souhaite que le passé reste commodément enfoui. Allez au diable, tous tant que vous êtes. Vous oubliez de penser à cette femme. Le temps passé n'atténue en rien le crime dont elle a été victime.

Sur ces mots, il regagna sa voiture à grands pas furibonds. L'affaire prenait des allures de revanche personnelle ; c'était lui contre le village entier.

Gill et Jack Bronson sirotaient des cocktails sur la terrasse, comme tous les soirs. Ari tendit à Jack une bouteille de whisky, geste hebdomadaire dont il avait pris l'habitude. Puis il s'assit et tenta de se décontracter.

— Quelle journée ! Écoutez, Jack. Vous pouvez peut-être me donner un coup de main. Essayez de vous souvenir. Autant que je puisse en juger, il y a vingt-huit ans, tout le village s'est entendu pour enfreindre la loi... mais de quelle manière ?

Un grand bruit retentit derrière lui.

— Merde ! jura Gill.

Une carafe lui avait échappé des mains pour s'écraser sur les dalles.

Ari l'aida à ramasser les glaçons et les éclats de verre puis à éponger l'eau. Il se coupa, saigna abondamment malgré le sparadrap que lui donna Gill.

— Je disais donc..., s'entêta-t-il, bourru et bien

décidé à profiter au maximum de son avantage. Qu'est-ce qui a pu pousser une bande de villageois à se mettre hors la loi de concert, avec pour conséquence le meurtre d'une jeune métisse ?

— À vous de le découvrir, mon vieux. C'est vous le fin limier, ajouta Jack avec un rire forcé.

— J'ai encore appris une chose, ce soir : vous non plus vous ne voulez pas en parler. Bizarre...

— Bon Dieu, Ari ! Vous êtes complètement à côté de la plaque. Jack se leva et alla se verser un grand verre de scotch. Vous voyez des choses qui n'existent pas et des problèmes là où il n'y en a pas. Vous devriez vous détendre un peu et profiter de la vie.

— Mais il en est tout à fait capable, lâcha Gill avant de se mordre la lèvre.

Jack la regarda en fronçant les sourcils.

— Sa vie privée le regarde. À moins que... ?

Gill rougit et se leva brusquement.

— Je vais me coucher.

Ari avait une journée pleine de corvées en perspective. Il voulait comparer le registre des naissances et celui des décès en remontant cinquante ans dans le passé, puis consulter les listes électorales et les demandes d'émigration. Dans les faits, cela se bornerait à interroger les informaticiens du siège et à attendre toute la journée près du téléphone. La population de l'Afrique du Sud était soigneusement répertoriée et tout le monde avait des papiers d'identité.

Le résultat lui parvint le lendemain à dix-sept heures. Sur les cinquante femmes nées à Silver Bay durant les trois années qui l'intéressaient, une seule ne figurait ni sur les listes électorales ni sur le registre d'émigration. Elle ne s'était pas mariée et on n'avait pas délivré de certificat de décès. Et cette femme, c'était Rose September, sœur de Bill et fille de Ramona.

Le lendemain, durant huit heures assommantes, Ari passa au crible les archives des compagnies d'assurances. Il découvrit qu'en 1964 il s'était passé beaucoup de choses à Silver Bay. Huit métis, notamment Ramona, avaient acheté la maison qu'ils louaient jusqu'alors à leur employeur. C'était aussi le cas de Fernandes, qui s'était marié deux ans plus tôt après une reclassification hâtive. Le transfert de propriété s'était opéré par l'intermédiaire d'un groupement économique de salariés, mis sur pied pour la circonstance, la même année, par les pêcheries-conserveries Palma.

Six mois plus tard, Bill September avait fait l'acquisition d'un chalutier sans verser d'acompte, avec remboursement sur quinze ans pris sur ses bénéfices. Une sacrée bonne affaire. Fallait-il y voir le résultat d'un chantage d'envergure ou bien une série de pots-de-vin débloqués par Angelo Palma ? Et, d'ailleurs, *quid* du fils d'Angelo, le père de Rob ? Pourquoi n'en était-il jamais fait mention ? Emanuel avait dit que son meilleur ami était enterré au cimetière des Palma...

Là encore le ministère de l'Intérieur lui fournit les informations nécessaires. Trevor Palma était décédé en juin 1964, à l'âge de vingt-quatre ans.

— De plus en plus curieux, murmura Ari.

De retour au poste, il sortit le dossier et relut la transcription de la conversation en espagnol, le jour où les Fernandes lui avaient remis le crâne.

C'était il y a longtemps, et puis il a payé... Ça, on peut dire qu'il a payé cher !... — Comme si l'argent pouvait compenser une vie perdue ! — Qu'est-ce qu'il aurait voulu qu'on fasse ? — Il l'aimait. — Il aimait aussi son père. — Donne-lui le crâne...

À force de ressasser ses conjectures, il avait l'impression que sa tête allait exploser. Malheureusement, pour le moment il ne tenait rien de tangible. Pour ouvrir une autre enquête — encore une ! — et aller interroger Angelo Palma, il allait lui falloir plus que de simples soupçons.

Le vendredi soir, Ari retrouvait souvent Jean Graux au Humber ; ce soir-là, les yeux pleins de gaieté, le marin lutinait la nouvelle serveuse, une adorable étudiante à moitié chinoise qui, selon lui, travaillait pour payer ses études. Il s'était mis sur son trente et un (jolie chemise à carreaux et pantalon en mohair), s'était rasé de près et fait couper les cheveux. Ari le trouva plutôt pas mal pour son âge.

— Alors, ça va comme vous voulez ?

Sa voix de stentor résonna d'un bout à l'autre du bar. Il commanda à boire et présenta Ari à la jeune fille, qui s'appelait Susan Lo.

— Vous avez retrouvé Mandy ? Ou celui qui a mis le feu chez les squatters ?

— Non, répondit Ari sans hâte, mais j'ai dans l'idée que c'est en rapport avec un crime commis au même endroit. On m'a transmis le crâne d'une jeune métisse de vingt ans environ.

« Il y a vingt-huit ans, poursuivit-il pensivement, il s'est passé ici quelque chose d'illégal. Je ne sais pas quoi au juste, mais un tas de gens ont trempé dans l'affaire et ça a conduit à la mort d'une fille de vingt ans, je crois. J'ai envoyé le crâne à la police scientifique il y a quinze jours. Il est défoncé et le cou brisé.

Il vida son sac d'un coup tant il avait besoin d'exprimer ce qui, chez lui, relevait davantage de l'intuition que de l'indice.

Au bout d'un moment, Jean fut saisi d'un violent frisson.

— Vous me donnez la chair de poule, Ari. Arrêtez un peu, d'accord ? Une autre ! lança-t-il à la barmaid.

— Celle-ci est pour moi, fit Ari.

— Non, non. La semaine a été bonne et la pêche aussi. Maintenant, j'ai la grippe et la ferme intention de me soûler. Ça marche à tous les coups. Quand je me réveille, ça va mieux.

Ari remarqua alors qu'en effet il n'avait pas bonne mine.

— Vous me ramènerez au bateau ? demanda Jean.

— Pas de problème, si vous êtes sûr que...

— Et ce crâne que vous avez envoyé à Pretoria,

coupa Jean en insistant sur le côté morbide de l'affaire. Qu'est-ce qu'on va en faire ?

— Ils vont le garder.

— On ne va pas lui donner... une sépulture chrétienne ?

— Si, mais seulement quand on n'en aura plus besoin. Il va sans doute falloir pratiquer de nouveaux prélèvements.

Jean tint parole et atteignit un état de soûlographie très avancé. Ari dut le faire entrer tant bien que mal dans sa voiture avec l'aide du barman pour le ramener au dock. Au moment de se garer, il flaira une forte odeur de fumée. Une étroite bande de flammes rouge vif avançait rapidement sur le flanc de la montagne. Il fourra Jean dans son canot pneumatique et y sauta à son tour. Le marin chanta à tue-tête d'une voix avinée pendant tout le trajet. Ari allait avoir bien du mal à le hisser sur le bateau. Il s'y employa tout de même, jurant et bataillant tandis que Jean lui vociférait ses chansons dans l'oreille et chahutait dangereusement le canot.

Celui-ci finit par chavirer. Ari tomba à l'eau, entraîné par le poids de Jean et, au passage, se cogna durement la tête contre le plat-bord. Il en resta étourdi, mais l'eau froide le ranima. Il refit surface sous le canot gonflable et inspira quelques instants l'air prisonnier en attendant que son vertige se dissipe et en essayant de localiser Jean. Soulagé, il le vit approcher à la nage. Sans cesser de chanter, le marin escalada son échelle de corde et amarra le canot, tellement ivre qu'il ne s'était même pas rendu compte de la disparition d'Ari.

Trempé comme il l'était, ce dernier avait autant intérêt à rentrer à la nage en laissant le canot sur place, puisque Jean allait en avoir besoin le lendemain matin. Il s'élança.

Au moment de regagner sa voiture, il remarqua que l'incendie avait gagné du terrain et que la fumée commençait à se répandre au-dessus des eaux imprégnant l'air d'une odeur âcre et piquante. Puis il entendit les derniers accents d'une chanson de marin et nota que, soûl ou pas, Jean avait décidément une belle voix de ténor.

Attisé par le vent, l'incendie se propagea sur les pentes avoisinantes, engloutissant arbres et broussailles dans un brasier de cinquante mètres de haut. Le samedi, les familles demeurant sur les hauteurs durent être évacuées. La police, des volontaires et l'armée luttèrent côte à côte contre les flammes tandis que des hélicoptères tournaient dans le ciel en larguant le contenu de leurs réservoirs d'eau. À l'instar de bien d'autres, les Bronson furent épargnés, mais de justesse. Ils perdirent leur cabane de jardin, située à l'extrémité la plus élevée de leur terrain, mais leurs massifs furent à peine roussis et la maison resta intacte.

Comme toujours, la chaleur excessive entraîna des précipitations, et au bout de vingt-quatre heures il ne restait de l'incendie que l'odeur de la végétation carbonisée puis détrempée, de grandes cicatrices noirâtres au flanc de la montagne et des étendues d'herbe fumante. Les habitants, qui aimaient leurs montagnes, enfilèrent de vieux vêtements et chaussèrent des bottes pour aller battre les cendres où couvaient encore des braises et ramasser les tortues et les biches brûlées.

« Trop, c'est trop », grommelaient-ils. L'incendie avait été provoqué par un vieux squatter qui avait allumé, pour faire cuire son petit déjeuner, un feu qu'il n'avait pas su maîtriser.

D'abord tout un art de vivre s'était envolé en fumée, et maintenant c'était au tour de leurs montagnes. « Et ça ne fait que commencer », se disaient-ils sombrement.

Mandy avait cessé de compter les jours et les nuits. Elle restait pelotonnée sur sa couchette en attendant que cela finisse. Elle refusait de s'alimenter. Elle n'en pouvait plus. Elle n'avait même plus la force d'envisager le suicide. Elle allait mourir ici et personne ne le saurait jamais. Elle avait envie de mourir. Qu'*il* vienne tripoter son cadavre sans même se rendre compte qu'elle était morte, tiens ! Il était fou, et elle était en son pouvoir, comme une mouche aux ailes arrachées par un enfant. Elle était fichue, elle ne pouvait plus supporter l'angoisse, la tension, l'amère solitude. Il était inutile d'espérer plus longtemps. Inutile de manger, aussi. Elle était définitivement perdue dans ces ténèbres suffocantes, jamais elle n'en serait délivrée. Elle se recroquevilla en position fœtale et sombra dans un silence accablé.

De temps à autre on la secouait, et parfois une voix lui demandait :

— Qui es-tu ?

— Mandy, répondait-elle à mi-voix.

Alors *il* s'en allait.

Des jours ou des semaines plus tard, elle sentit qu'il la caressait.

— Rose, pourquoi as-tu cessé de manger ? Tu es si maigre ! Si tu ne te nourris pas, tu vas mourir.

Mais elle refusait de répondre. À quoi bon ? Depuis quelque temps, elle oscillait entre la conscience et une espèce d'état de transe qui lui procurait un certain réconfort.

— Pourquoi vous me faites ça ? lui demanda-t-elle la fois suivante.

— Tu dois te rappeler que tu t'appelles Rose. Tu ne peux pas échapper à ton identité. Tu as toujours essayé, mais il faut que tu apprennes, maintenant.

— Oui, peut-être que je suis Rose, souffla-t-elle en retournant dans cet autre monde où *il* ne pouvait pas la suivre.

En reprenant conscience des jours plus tard, elle sentit qu'elle étouffait. On lui enfournait dans la gorge un liquide brûlant, corrosif. Son corps revenait douloureusement à la vie. Une faible lueur éclairait un angle de sa cellule et elle avait du mal à accommoder. Tout d'abord, la lumière lui fit mal aux yeux. À côté d'elle, un homme tenait un bol et une cuiller à café.

— Allez, ouvre la bouche. Juste un peu. Là, c'est bien.

Sa voix rendait un son grave et familier. C'était la même que dans ses rêves. La cuillerée suivante la fit tousser et crachoter, ce qui acheva de la ranimer. Elle regarda fixement la main tremblante qui la nourrissait, et qui finit par se préciser. Des larmes de reconnaissance coulaient sur ses joues. De la lumière ! Elle y voyait enfin.

— Merci, oh, merci, bredouilla-t-elle.

Il avait de belles mains, avec de longs doigts souples à la peau rugueuse et hâlée. Comme elles étaient puissantes ! Elle aurait bien voulu avoir cette force-là.

— Je voudrais m'allonger. J'ai la tête qui tourne.

— Non, Rose. Il faut manger. Si tu fais ce que je te dis, désormais, je laisserai la lumière allumée. Allons, essaie !

Il poussa vers elle une assiette de soupe, mais elle secoua la tête.

— Je ne peux pas !

Il recommença à la nourrir à la cuiller. À la première tentative elle faillit s'étrangler, puis elle avala docilement. Il lui donnait à manger comme à un bébé, en lui présentant la cuiller et en lui essuyant le menton avec un mouchoir en papier. Le bouillon de poulet lui redonnait un semblant de vigueur et éveillait progressivement son appétit. Elle se mit à avaler goulûment.

— Passe ton bras autour de mon cou.

Il l'attrapa par les épaules et la mit sur ses pieds. Puis il lui fit faire quelques pas dans la pièce. Ils longèrent inlassablement les parois, tandis qu'il lui répétait :

— Tu as été très malade, Rose. Tu voulais devenir quelqu'un d'autre. Tu voulais m'échapper, mais maintenant tu sais qui tu es.

— Oui, murmura-t-elle en avançant par mouvements saccadés, éperdus.

Quand elle fut fatiguée, il l'attacha sur le lit le temps

d'aller chercher, en laissant la porte ouverte, une baignoire en fer-blanc qu'il emplit d'eau chaude. Il la déshabilla avec soin puis l'y déposa ; elle resta sans bouger, les joues en feu, en proie à des pensées contradictoires, à se laisser laver comme quand elle était petite ; elle se sentait aussi proche de *lui* que de sa mère autrefois. Il passait la main sur ses oreilles, ses yeux, il nettoyait consciencieusement les endroits les plus intimes de son corps. Mais il n'était toujours pas satisfait ; il fallut qu'elle sorte du bain et qu'elle s'agenouille en penchant la tête au-dessus de l'eau afin qu'il lui lave les cheveux. Quand elle fut enveloppée dans une grande serviette, bien sèche à force d'être frottée, et quand ses cheveux furent essorés et peignés, il l'embrassa sur les joues, les lèvres, les yeux. Puis il baissa doucement la serviette et embrassa ses seins, son ventre, la fente qui s'amorçait sous son mont de Vénus.

— Ma Rose à moi, qui ne ressemble à personne, souffla-t-il.

Elle n'avait pas encore osé le regarder, et quand elle releva enfin la tête elle ne put retenir un hoquet de surprise. Il n'était plus tout jeune, mais quelque chose en lui forçait le respect. Ses yeux d'un bleu frappant, ses traits réguliers composaient un étrange mélange de dureté et de compassion. Ses cheveux blancs étaient coupés court. Son regard indéchiffrable rayonnait d'amour et avait sur elle un curieux effet hypnotique.

— J'ai l'impression de vous connaître. Je vous ai déjà vu.

— Mais bien sûr que tu me connais ! fit-il avec un petit rire. Je suis ton fiancé, Jânek Jözsef. Il ne faut plus avoir peur. Je veillerai éternellement sur toi. Je ne te punirai plus. Tu as été suffisamment punie d'avoir voulu me quitter, mais maintenant nous sommes à nouveau réunis.

Il remplit de brandy leurs tasses émaillées et ils burent solennellement, côte à côte sur le lit. Il alluma un cigare et bientôt la pièce fut imprégnée de son odeur. Une odeur familière : elle ne le quittait jamais. Mais, cette fois, c'était lui que Mandy prenait dans ses poumons. Il avait envahi toute sa vie, son corps, et maintenant ses poumons ; devant lui, elle était impuissante, totalement sous sa coupe.

Elle ôta la couverture du lit pour s'y envelopper.

— Tu me résistes encore, hein ? fit-il avec un sourire.

Secrètement, elle pensait : *Vous n'y arriverez pas. Je suis toujours la même. Vous pouvez me donner le nom qui vous plaira, je ne me laisserai pas conquérir.*

Elle attendait qu'il s'en aille, l'estomac douloureusement noué par l'appréhension ; elle était impatiente d'être délivrée de lui, et en même temps elle redoutait son départ. Quand il fit mine de s'en aller, elle se raccrocha à lui et le supplia de rester.

— Si je reste, tu cesseras de me résister ?

— Oui, oui, sanglota-t-elle.

Il s'en alla quand même.

— Je reviendrai bientôt et je resterai plus longtemps, promit-il.

Il réapparut au bout d'une éternité. Il apportait de la nourriture, un matelas et des couvertures. Il se confectionna une couche sur le sol. Puis il se dévêtit et se lava dans la baignoire emplie d'eau froide.

— Tu veux me savonner ?

Elle secoua la tête d'un air boudeur, mais sans pouvoir détacher ses yeux de son corps, avec ses muscles qui roulaient sous sa peau, la fermeté de ses biceps, son épiderme hâlé.

Il ne tarda pas à ronfler, mais elle ne trouva pas le sommeil. Le lendemain matin elle avait les paupières lourdes, mais il ne parut rien remarquer. Il passa la journée avec elle, à la choyer, à la nourrir, à la laver, à redonner vie à ses membres gourds à force de massages et tout cela sans la quitter des yeux, quoi qu'elle fasse. Quand la porte était ouverte, il l'attachait.

Cette nuit-là, elle se retrouva en proie à de pénibles désirs contradictoires. Tantôt elle avait envie de le tuer, tantôt elle désirait qu'il la prenne de force. Elle ne savait pas très bien. En tout cas, il emplissait son univers. Il n'y avait plus de place pour quoi que ce soit d'autre.

Le soir venu, comme il s'était endormi, elle se leva, se déshabilla et alla le rejoindre sur la pointe des pieds. Elle se coula à ses côtés, sous sa couverture, contre son dos dur comme du bois.

Il se retourna.

— Pourquoi as-tu mis si longtemps à venir, Rose ? demanda-t-il tout bas. Embrasse-moi.

Elle n'avait encore jamais embrassé personne. Le contact de ses lèvres douces et sensuelles fut une découverte. Son ventre était transpercé par des flèches de désir ; les lèvres de son geôlier semblaient se fondre avec les siennes, sa bouche lui prodiguait des caresses. Elle noua les bras autour de son cou et l'attira à elle. Puis elle pressa ses cuisses contre lui, passa une jambe par-dessus ses hanches et entreprit de lui lécher le visage, passant sa langue sur ses paupières closes. Le pénis qui palpitait contre son ventre lui procurait une étrange impression.

— Qui es-tu ? lui demanda-t-il rudement, en la repoussant.

— Rose. Ta Rose.

— Ah, souffla-t-il. Je commençais à me demander si tu retrouverais jamais la raison. Aime-moi, Rose. Tu m'as tellement manqué !

— Oui, chuchota-t-elle. Du moment que tu restes avec moi. Je t'en prie, ne me laisse plus. Je ferai tout ce que tu voudras, tout.

24

Quand arriva l'anniversaire de Melissa, qui tombait le 25 février, la maison était prête, ce qui était un petit miracle. Melissa était ravie et Kate plus riche de vingt mille rands.

Dès lors, elle sut quelle tournure prendrait sa carrière, mais elle n'était pas pressée de se lancer. Elle passa la dernière semaine de février à lézarder chez elle. Il y avait des flaques de soleil tout autour d'elle, elle se laissait imprégner, pénétrer par la chaleur de ses rayons, elle l'accueillait en elle comme un vieil ami ; la chaleur de la terre remontait à travers ses plantes de pied et l'emplissait d'une énergie toute particulière. Parfois, elle avait l'impression de n'être qu'une ombre se déplaçant çà et là, insubstantielle et éphémère, évoluant au sein d'une illusion, à l'écart de sa personne physique. Elle se contentait d'attendre que sa vie future prenne forme, sans intervenir dans le processus. Seules les nuits posaient problème : Rob lui manquait cruellement. Mais elle tenait ses aspirations secrètes et laissait le temps guérir ses blessures.

En arrivant au phare ce dimanche matin, Ari fut agréablement frappé par l'accueil qui lui fut réservé ; décidément, il faisait partie de la famille. Kate se jeta à son cou, Simplet leur fit à tous deux assaut d'amabilités, Frikkie lui adressa un sourire édenté tout en surveillant les poissons sur le *braai*. Finalement, Tabson revint de la plage en boitillant.

— Oncle Ari ! Tu as vu ma jambe ? Il se mit à se pavaner en frappant le sol de son plâtre à chaque pas. Regarde, elles sont toutes les deux de la même longueur ! Il pêcha un mètre-ruban dans sa poche. C'est tatie Kate qui me l'a donné, ajouta-t-il timidement.

Il lui décocha un regard d'adoration sans mélange. Puis il mesura soigneusement sa jambe, au-dessous du genou.

— Il fait ça plusieurs fois par jour, commenta Kate à l'oreille d'Ari.

Son souffle le chatouilla plaisamment et il eut tout à coup envie d'elle. Mais il y avait Tabson. Il faudrait attendre. Il serra fort la main de la jeune femme.

— Vous avez vu ! s'exclama l'enfant de son habituelle voix cassée. Il brandit le ruban en marquant de son pouce la mesure obtenue. Et maintenant, regardez ! Il mesura solennellement sa jambe droite. Pareil ! conclut-il.

Puis il eut un sourire heureux et insouciant, un sourire de petit garçon — enfin ! —, et, sans bien savoir pourquoi, Ari sentit une boule se former dans sa gorge.

Il était las. Il ne s'était pratiquement pas couché de la nuit à cause d'un échange de coups de feu avec des squatters surpris à cambrioler un supermarché. Couché dans le sable chaud, il sommeilla le temps que Frikkie ait fini de cuisiner. Un arôme appétissant l'enveloppa. Il était affamé, le poisson mettait une éternité à cuire. Kate préparait une salade à la cuisine, les pommes de terre cuisaient sous la braise, Tabson lançait une balle à Simplet, qui la lui rapportait. Le petit démontrait une assurance nouvelle. Kate lui faisait du bien, c'était évident.

Même l'oie était inhabituellement allègre ce matin-là. Elle ne cessait de déployer les ailes en agitant celle qui n'avait pas été blessée, les yeux rivés au ciel. Puis elle retournait fouiller l'herbe dans le périmètre qu'elle s'était attribué et qui faisait presque tout le tour du phare. Elle semblait en proie à une vive agitation.

— Quand va-t-on lui enlever son attelle ? Elle a bien envie de s'envoler.

— Elle n'est pas la seule, commenta Kate. Le vétérinaire est optimiste. Il est passé hier. Il faut attendre encore une quinzaine de jours. On va pique-niquer dehors, il fait tellement beau ! Regarde ! Elle désigna le large. Un dauphin !

— Il y en a même tout un banc, précisa Ari.

La mer était turquoise foncé, mais sous le soleil matinal les brisants paraissaient translucides ; les masses d'eau vert pâle miroitaient tandis que les cétacés se contorsionnaient, bondissaient et jouaient les uns avec les autres. *Parfois on passe à côté de l'instant,* songea-t-il. *On pense à ce qui va être, ou à ce qui a été, alors que la seule chose qu'on ait, c'est le présent. On en passerait à côté de sa vie. Quelle tristesse si l'on devait mourir sans avoir fait pleinement l'expérience de l'ici et maintenant ! Sauf pendant l'amour,* se dit-il encore. *Pendant l'amour, on est comme rivé aux instants qui se fondent les uns dans les autres.* Feraient-ils l'amour, ce soir ? Il se moqua de lui-même. Voilà qu'il recommençait à envisager l'avenir au lieu de regarder tranquillement les dauphins — au lieu de vivre, tout simplement.

Kate était décidément une sacrée bonne femme. Il la regarda accourir avec ses assiettes en carton, ses tasses et ses couverts en plastique. Une vraie gitane, capable de se créer un foyer n'importe où et de se contenter de peu. Son potager commençait à prospérer, elle réussissait à être ravissante sans se maquiller ni aller chez le coiffeur, et par-dessus le marché elle renfermait un trésor de bonté. Oui, c'était vraiment quelqu'un de bien. Toute sa vie il avait aspiré à rencontrer une jeune fille à la fois belle et bonne. Seul problème : elle soupirait toujours après son mari.

Il devait admettre qu'il était amoureux de Kate. Il avait envie qu'elle soit à lui et rien qu'à lui, définitivement. Elle était constamment présente à ses pensées. Il la regarda retourner les poissons sur le gril, presque nue avec son bikini minuscule. Ces longs cheveux blonds qui retombaient sur ses épaules hâlées, ces longues jambes lisses émaillées de sable... Quelle allure ! Il la désirait, mais surtout il l'admirait plus qu'il n'avait jamais admiré aucune femme. Ce n'était plus seulement son apparence physique qui comptait.

— Kate, qu'est-ce qu'on va devenir ? chuchota-t-il en lui effleurant la joue du bout des lèvres. Je t'aime, tu sais.

— Tu as faim, c'est l'estomac qui parle ! s'esclaffa-t-elle.

— Tu ne retourneras pas avec Rob, hein ?

Elle évita son regard et continua à mettre la table sans répondre.

— Oh, Ari... Tout ce que je veux, pour l'instant, c'est une trêve dans ma vie affective. À quoi bon parler de ces choses ? Je ne suis même pas divorcée.

Frikkie attira l'attention d'Ari en pointant un index vers le ciel et en émettant des sons tout excités.

— Coin, coin, coin ! J'en étais sûr ! Courbé en deux, battant follement des bras, il imita les sautillements de l'oie sur le sable. Regardez-la ! Elle sait bien qu'il est là !

Ari aperçut alors un oiseau qui tournoyait lentement au-dessus de leurs têtes, si haut qu'il formait à peine un point dans l'azur éblouissant.

Pétri de culpabilité, il repensa à ses études. Depuis son arrivée, il n'avait pas touché à sa thèse ; pas étonnant vu qu'il travaillait sans arrêt. La criminalité ne cessait d'augmenter. Il avait un tas d'enquêtes sur les bras et, la plupart du temps, elles restaient non résolues. Et puis il y avait Mandy. Les sourcils froncés, il entreprit de revoir dans son esprit ce qu'il savait sur l'affaire.

— Ari, profite donc de la journée, ordonna Kate. Tu penses à ton travail, c'est ça ?

Il rit.

— Peut-être que je n'y penserai plus si je me mets en maillot de bain.

Il partit vers le phare. Quand il revint, les poissons étaient cuits et Kate avait apporté la salade, ainsi qu'un bol fumant de sauce piquante. Ari ouvrit une bouteille de vin et un Coca pour Tabson. Celui-ci récupéra les pommes de terre sous la cendre avant de retirer le papier d'aluminium qui les entourait. « Aïe ! Aïe ! Aïe ! » piailla-t-il. Il se brûlait les doigts mais refusait de laisser Frikkie s'en charger.

Ils dévorèrent littéralement.

— Tu es doué pour la cuisine ! lança Ari à Frikkie, qui était allé s'asseoir à quelque distance de là, à l'ombre des arbres. Délicieux ! Du grand art !

Il dressa le pouce en signe d'appréciation, et les yeux de Frikkie brillèrent de fierté. Il répondit par un grand sourire.

Après avoir déjeuné, légèrement grisés par le soleil et le vin un peu jeune, Kate et Ari s'endormirent dans le sable. Quand ils s'éveillèrent, ils eurent l'impression de sortir du four. Ils entrèrent en courant dans les vagues glacées et crawlèrent longuement avant de rentrer se réchauffer au soleil déclinant. Ari alla chercher une autre bouteille de vin dans le coffre de sa voiture.

— C'est la belle vie, annonça-t-il en levant son verre pour porter un toast.

— Pour nous, oui. Mais eux ?

Il se demanda pourquoi elle s'assombrissait à ce point.

Eux ? Pourquoi fallait-il qu'elle gâche cette journée ? Il serait bien temps de penser à « eux » lundi matin. Il le lui dit, mais cela l'irrita.

— Mais enfin, ces gens meurent de faim. Presque sous nos yeux, là-bas, à l'autre bout de la plage. Ils vivent d'expédients, de la soupe que Meg leur distribue. Frikkie pêche pour eux, mais ils sont trop nombreux. Quelques personnes leur ont donné des couvertures, et quand il pleut ils vont s'entasser dans tous les coins, par exemple, dans les toilettes de la plage. C'est terrible de laisser des êtres humains vivre de cette façon-là. Et tout le monde s'en moque, lui jeta-t-elle à la figure. Je te le dis, moi : tout le monde ! Et toi, qu'est-ce que ça te fait ?

— Je ne crois pas m'en moquer, mais je ne vois pas très bien ce que...

— C'est bien là le problème. Les gens raisonnent tous comme toi. Ils ne peuvent pas faire grand-chose, alors ils préfèrent ne rien faire du tout. Pourtant, ces gens souffrent terriblement.

Il répondit par un grognement. Laisse tomber ! Il aspirait à une journée sans délinquance, sans sordide, sans les innombrables iniquités de la société auxquelles il était quotidiennement confronté. Mais Kate refusait de changer de sujet.

— Vendredi, j'ai téléphoné au conseil régional et demandé à parler au président. Tu sais ce qu'il m'a dit ? « Ici, ce n'est pas l'Armée du Salut. » Elle imita son accent rugueux. « Tant qu'on n'aura pas voté de loi sur le vagabondage, les squatters peuvent s'installer n'importe où, sur les plages ou dans la montagne, sans qu'on puisse leur opposer la moindre mesure légale. » Mais moi je ne voulais rien leur « opposer » ! Je voulais leur venir en aide, s'indigna-t-elle.

« Je lui ai rappelé que le conseil était censé leur fournir des logements. Et là il m'a répondu que si les promesses n'avaient pas été tenues en la matière c'était parce que les habitants de la région se désintéressaient de la question et ne faisaient plus pression sur les autorités. Et tu sais pourquoi ? Ari, écoute-moi. Je vois bien que tu ne m'écoutes pas. Tu sais pourquoi les gens d'ici se désintéressent du problème ?

Ari faisait semblant de dormir, mais elle le secoua par l'épaule.

— Parce que les squatters ne risquent plus de faire chuter les cours de l'immobilier. Quand ils étaient installés sous notre nez, en plein quartier chic, la plupart des gens étaient disposés à se sacrifier pour céder des terrains, leur faire de la place. Faire quelque chose. Sa voix tremblotait tant elle mettait de passion dans ses convictions. Seulement, maintenant, ils sont dispersés sur les plages et les coteaux, ils peuvent bien continuer à vivoter ou carrément mourir de faim : ils ne représentent plus de danger sur le plan financier.

— Tu parles comme une vraie gauchiste ! se moqua-t-il.

— Bon Dieu, mais essaie donc de t'intéresser à leur sort !

Elle était dans tous ses états. — Un certain nombre d'enfants sont porteurs d'un parasite intestinal qu'on ne trouve que dans les pays du tiers-monde, tu le savais ? Je ne sais plus comment il s'appelle. Et trois d'entre eux sont déjà morts de pneumonie.

— Oui, oui, je sais.

— Et tu t'en fiches, c'est ça ?

— C'est pareil partout, Kate. Ici, le contraste est peut-être plus saisissant, voilà tout. Parce que les riches et les pauvres résident côte à côte. Mais va faire un tour sur les plaines du Cap et tu verras des centaines de milliers de pauvres gens sans abri.

— Eh bien, moi, j'ai décidé d'agir.

Dans son regard brillait une lueur d'obstination qu'il commençait à bien connaître.

Enfin elle laissa tomber le sujet. Ari en fut soulagé. Tabson rentra jouer avec son dernier gadget électronique. Une heure durant Ari caressa le dos de Kate, sentant sa peau et ses muscles frémir sous sa main et lui arrachant à l'occasion un petit gémissement d'aise.

— Tu n'as pas répondu à ma question, Kate, grogna-t-il en regrettant déjà ce qu'il allait dire. Je veux savoir où j'en suis. Es-tu toujours amoureuse de ta saleté de mari ?

Elle haussa les épaules puis s'assit et s'étira.

— Il fait trop chaud pour être sérieux. Allons nager.

Elle dévala la plage en courant, mais Ari préféra feindre la somnolence. Pour rien au monde il ne lui aurait montré à quel point il souffrait.

Au coucher du soleil, Frikkie arriva, Tabson boitillant sur ses talons. Il désignait l'oiseau qui décrivait des cercles à bien moindre altitude. Ce dernier piqua soudain dans un grand battement d'ailes, puis tomba comme une pierre. C'était une oie égyptienne. Elle se posa avec un bruit sourd devant l'oiseau apprivoisé de Tabson. Il se produisit tout à coup une vive agitation. Les deux volatiles cancanaient et se tournaient autour en se dandinant. Tabson sautait de joie. Frikkie sourit et s'en fut chercher du millet. La femelle prit son essor à plusieurs reprises puis alla se percher sur un arbre tout proche en lançant de furieux appels ; comme son compagnon ne pouvait la suivre, elle revenait inlassablement le provoquer. Absorbée par la contemplation du couple d'oies, Kate semblait ravie.

Ari songea qu'il n'avait plus qu'à rentrer chez lui. Kate était plongée dans ses pensées pour des heures, et s'il restait ils finiraient par se disputer.

— Bon, je vais y aller, annonça-t-il. Tu m'as l'air drôlement intéressée.

Elle posa sur lui un regard surpris et rit franchement.

— Ça alors ! Ça ne te ressemble pas du tout, Ari. Jaloux d'une oie ? Ou bien y a-t-il autre chose ?

— Tu te trompes, en effet, rétorqua-t-il. Je dois prendre mon service, c'est tout.

De toute façon, à quoi bon la provoquer ? En un sens elle avait répondu à sa question.

— À plus tard.

À sept heures, le lendemain matin, Ari reçut un appel urgent du poste de police. Il s'habilla en toute hâte. Quand il arriva, Gerber était déjà là. Vêtu de son éternel survêtement, il avait les yeux chassieux et ne s'était pas encore rasé.

— La population est sur les dents, l'informa-t-il, en prenant un rasoir dans son tiroir. Depuis quatre heures du matin, tous les gens habitant dans un rayon d'un kilomètre et demi ont appelé. Les squatters se sont réinstallés sur le terrain de Mrs. Palma, près du lagon, à sa demande à elle. Incroyable, non ? Cette garce a viré cinglée. Elle a été jusqu'à leur ouvrir le portail. Comme vous ne l'ignorez pas, Rob avait fait poser des barbelés autour. Si seulement ces deux-là pouvaient garder leurs querelles de ménage pour eux ! Ce qu'elle fait, c'est uniquement pour ne pas perdre la face, même si elle doit y perdre tout le reste. Vous comprenez, il rêve d'y créer une résidence grand luxe, alors qu'elle...

— Moi, je sais ce qu'elle veut, coupa Ari. Vous, je ne suis pas sûr.

Gerber s'empourpra.

— Elle veut que tous les Bronson, les September, les Palma et autres gros richards avec vue sur la plage et le lagon se serrent les coudes et fassent pression pour obtenir le relogement des squatters. Elle y a fait allusion devant moi. Pour parler franchement, je ne pensais pas qu'elle mettrait sa menace à exécution. J'espère qu'elle a bien envisagé toutes les conséquences, parce qu'elle va s'attirer pas mal d'ennuis avec les gens du coin.

Ari s'empara vivement d'un gobelet en carton et le fourra dans la machine à café. Il avait mal à la tête. Trop de vin, de soleil, et peut-être aussi de contrariétés.

— C'est nouveau, constata Gerber. Jusqu'ici, Kate ne s'était jamais souciée de qui que ce soit, à ma connaissance, et je la fréquente depuis un bout de temps.

Il se frotta vigoureusement le menton : il venait de se couper en se rasant.

— Kate est pleine de contradictions. Mais elle a du cœur.

— Ça ne va peut-être pas durer. Ses concitoyens auront sa peau. On a déjà incendié une fois le camp des squatters ; à sa place, je ne serais pas rassuré. D'ailleurs, elle le mériterait.

Ari lui lança un regard interrogateur. C'était la première fois que Gerber admettait l'origine criminelle de l'incendie.

— Vous devez savoir des choses que j'ignore. Je devrais peut-être vous interroger..., commença-t-il.

— Bon Dieu, vous allez me laisser tranquille, oui ? J'en sais autant que vous, c'est-à-dire pas grand-chose, sauf qu'il vaut mieux ne pas réveiller l'eau qui dort. Vous pouvez me dire où ça vous a mené, jusqu'ici, de fourrer votre nez partout ? La moitié de la ville vous a pris en grippe et vous n'avez rien résolu du tout. Vous n'avez pas la moindre piste pour l'enlèvement de la petite September.

« Alors écoutez-moi, Ari. Si je vous ai appelé, c'est parce que j'ai besoin de vous. Quelques énervés ont dressé un barrage au croisement avant le lagon pour empêcher les squatters de s'installer chez Kate. Ce sont peut-être vos fameux assassins, qui sait ? Allez leur parler. Pas question de laisser la situation s'envenimer jusqu'à l'affrontement. Dites-leur que cette fois les squatters ont été *invités*. Ils ne voudront peut-être pas vous croire. À vrai dire, j'ai du mal à le croire moi-même.

Dave, Jack et six autres bourgeois locaux « tenaient » la route comme jadis les bandits de grand chemin. Armés jusqu'aux dents, ils étaient fous de rage ; ils habitaient tous en surplomb du lagon.

— Allons, les gars, du calme, entama Ari sans hausser le ton. Jack, vous savez très bien que c'est perdu d'avance.

Jack s'approcha de lui en sautillant ; les poings levés à hauteur du visage, il se composait une figure de boxeur tout à fait démodée.

— Ari, vous êtes un ami et je ne voudrais pas vous faire de mal.

Ridicule au plus haut point, il entreprit de boxer l'air sous le nez d'Ari.

Ce dernier réprima un sourire.

— Je ne suis pas ici en tant qu'ami, mais comme représentant de la loi, contra-t-il sèchement.

— Allez-vous faire foutre, fit Dave, le dentiste. Barrez-vous, sinon vous risquez de ramasser une balle perdue.

— Vous allez m'obliger à appeler du renfort. Vous voulez que je fasse venir le panier à salade ? Nos cellules sont multiraciales, maintenant, vous le saviez ? Vous vous rendez compte de ce qui vous arriverait pendant la nuit ?

— Espèce de sale communiste !

— Vous n'êtes pas d'ici, de toute façon !

— Ouais, c'est ça ! Foutez le camp ! Vous n'avez rien à voir dans cette histoire.

Dave se mit à agiter une arme en tous sens. *Ça devient dangereux,* pensa Ari. *Je pourrais le désarmer, mais les esprits s'échauffent. La situation peut basculer à tout moment, avec ces fous furieux.*

Le visage fermé, ils l'encerclaient. On aurait dit des figurants dans un western de série B. Toutefois, Ari était conscient des risques. S'ils l'attaquaient tous ensemble, il avait une chance d'en neutraliser un ou deux, mais ensuite il ne donnait pas cher de sa peau. Ils ne se contrôlaient plus, cela se lisait dans leurs yeux.

— Taisez-vous et écoutez-moi, bande de tarés, lança-t-il en manipulant son arme, non sans reculer contre un chêne opportunément placé. Mrs. Palma a eu la bonté de prêter son terrain jusqu'à ce qu'on procure un autre espace aux squatters ; le conseil régional y pourvoira. Ils ont promis que ce ne serait pas long. Kate s'intéresse à l'environnement et cherche à prévenir d'autres incendies sur les coteaux.

— Tu parles ! C'est une communiste comme toi, oui !

Dave s'interrompit et fit volte-face. On entendait au loin un brouhaha de voix ainsi qu'un bruit de pieds nus foulant le gravier de la route. Un groupe de femmes approchait.

— Ils n'enfreignent pas la loi, ajouta hâtivement Ari. Ils ont été invités, et vous n'y pouvez rien.

— Allez vous faire foutre, on vous dit !

Dave s'approcha trop près d'Ari, qui vit venir le

coup de poing et marqua une hésitation fatale. Mais il ne voulait pas faire feu. Le choc le souleva de terre. Il s'affala pesamment et se cogna l'arrière de la tête. Heureusement, il avait toujours son arme à la main et le coup n'était pas parti.

Jack le releva.

— Ça ira ?

Les autres vociféraient. Fous de rage, ils ramassaient des cailloux. Mais Jack le protégeait.

Ari l'écarta.

— Essayez donc de les ramener à la raison, Jack. Et merci.

Les femmes s'étaient arrêtées. Manifestement, elles avaient peur d'aller plus loin. L'une d'entre elles se retourna pour héler un homme qui la suivait, un chargement de tôle ondulée sur le dos. Il se débarrassa de son fardeau, ramassa un gros bâton et resta là, menaçant, enlaidi par la haine. D'autres s'avançaient derrière lui.

Indécis, Dave et ses amis échangeaient des propos à voix basse.

— Dave, écoutez-moi, reprit calmement Ari. Vous pouvez gagner temporairement, vous pouvez même me tuer, si vous voulez, mais à terme c'est une cause perdue. Vous devrez trouver un autre moyen de vous faire entendre. Il est trop tard pour employer la force.

Après quelques instants d'incertitude, ils tournèrent les talons en marmonnant des insultes où il était question de salopards de flics communistes et de putains vendues à leur cause. Ari s'estima heureux de s'en tirer avec une mâchoire meurtrie.

Il alla s'asseoir dans sa voiture et, frottant sa tête douloureuse, regarda passer le flot silencieux d'hommes, de femmes et d'enfants qui se dirigeaient vers les marais. « Kate, Kate, qu'as-tu fait ? Tu es toute seule contre Silver Bay, maintenant. Je te souhaite d'être aussi forte que tu le crois. »

25

Kate était en train de s'habiller lorsqu'une brique fracassa une vitre du rez-de-chaussée. Simplet se mit à gronder puis à aboyer. Elle tressaillit de surprise et de rage. Le souffle rauque, les mains tremblantes, elle empoigna son fusil et descendit précipitamment jeter un œil sur Tabson. Le petit ouvrit les yeux.

— Qu'est-ce qui se passe ?

— Rendors-toi, et surtout ne descends pas.

Briques et gravats en tout genre s'abattaient sur ses fenêtres en miettes, elle dévala l'escalier malgré ses jambes en coton et cria :

— Non ! Ne faites pas ça !

Dans le salon, un amas de verre et de briques brisés. Simplet était affolé mais indemne. Elle le poussa dans le cellier et verrouilla la porte.

Un visage enragé se profila derrière une fenêtre, puis une pierre atterrit sur la table et glissa en direction de Kate.

— Salaud ! hurla celle-ci.

Elle tira un coup de feu en l'air mais manqua l'intrus de peu et hoqueta. Comment avait-elle pu faire une chose pareille ? L'homme vociféra puis s'enfuit. Kate s'élança vers la porte et manipula la chaîne en tentant de dominer le tremblement de ses mains.

— Salauds... salauds, marmonnait-elle en sanglotant de rage.

La porte finit par s'ouvrir et la jeune femme tira à nouveau au-dessus des jeunes qui s'enfuyaient.

Qui étaient-ils ? Elle n'en reconnaissait aucun. Ils n'étaient certainement pas du coin. On avait donc embauché des voyous pour lui faire peur ?

— Oh, merde, gémit-elle en contemplant les dégâts.

Lorsqu'elle alla acheter des vitres, ce matin-là, elle découvrit que le propriétaire du magasin n'était pas disposé à la servir.

— C'est mon tour, protesta-t-elle en vain.

Elle insista.

— J'exige que...

Elle s'interrompit et dévisagea les autres clients, qui regardaient obstinément leurs pieds.

— Vous n'avez pas le droit ! Je paie rubis sur l'ongle, je suis une bonne cliente.

— Vous vous trompez, Mrs. Palma. Rien ne m'oblige à vous servir, et je fais le choix de m'en abstenir.

— Vous êtes des imbéciles. Vous ne voyez pas plus loin que le bout de votre nez. Vous ne me reverrez plus.

— Bon débarras, entendit-elle dans son dos, comme elle sortait à grands pas.

— Je m'en moque, fit-elle tout bas. Ce n'est pas la seule quincaillerie de Silver Bay.

Cet après-midi-là, Tabson se fit agresser par des enfants en attendant Kate. Cependant, il eut le dessus et ne parut pas excessivement perturbé quand il lui en fit le récit.

— Je leur ai donné des coups de plâtre. Si vous les aviez entendu couiner !

— Tu devrais faire un peu plus attention à ta jambe, répliqua-t-elle avec une dureté injustifiée.

Elle commençait à paniquer. Que faire ? Comment assurer la sécurité de Tabson ? Melissa accepterait-elle de le prendre chez elle une semaine ?

Comme elle montait la garde auprès de l'enfant et

de Simplet, le chien se mit à aboyer hystériquement. Jetant un coup d'œil dehors, elle vit un groupe d'hommes en uniforme descendre d'une camionnette et encercler le phare. Apparemment, ils n'étaient pas de la police. Allait-on faire son siège ? Elle sortit d'un pas décidé.

— Qu'est-ce que vous faites là ? Qui êtes-vous ?

— Notre société de gardiennage a pour mission de vous protéger, vous et le phare, déclara l'un des hommes en portant un doigt à son béret. C'est Mr. Palma qui nous a embauchés. Nous sommes censés rester sur place jusqu'à nouvel ordre, c'est-à-dire jusqu'à ce qu'il soit sûr que vous ne risquez plus rien, et vous défendre non seulement contre la population locale, mais aussi contre les squatters.

Le soulagement la submergea et son émotion fut si forte qu'elle dut rentrer précipitamment avant d'éclater en sanglots.

Pourquoi ? Pourquoi pleurer ? Je n'ai pas eu si peur que ça. Pourtant, elle avait l'impression de renaître. Rob l'aimait toujours. Il se faisait du souci pour elle. *Mais n'est-ce pas justement pour cela que je l'ai quitté ? Parce qu'il essayait de gouverner ma vie à ma place ?* Une minute plus tard elle l'appelait au téléphone.

— Cesse de fourrer ton nez dans mes affaires, lui intima-t-elle avec fermeté. Merci de ne pas être resté indifférent. Ça m'a fait plaisir. Mais il faut que je résolve mes problèmes moi-même.

— Mon but est de sortir définitivement de ta vie, lui renvoya-t-il. J'ai entamé la procédure de divorce. Mais je ne suis pas pour autant prêt à laisser les gens te nuire. Tu es toujours importante à mes yeux, Kate. Seulement, tu t'es fait détester par tout le monde en ville, alors j'assure ta protection. C'est le moins que je puisse faire.

— C'est Angelo et toi qui m'avez fait détester de tout le monde quand vous avez spolié et humilié mon père, rétorqua-t-elle avant de raccrocher.

Kate faillit craquer devant l'avalanche d'insultes qui s'abattit sur elle au cours des semaines suivantes sous forme de télégrammes, de coups de téléphone anonymes au beau milieu de la nuit, de lettres furibondes apportées par des messagers... Jamais elle n'aurait cru qu'on puisse haïr à ce point. En voyant débarquer le rédacteur en chef du petit journal local qui désirait l'interviewer, elle faillit mourir de peur. Allait-on en plus la traîner publiquement dans la boue ?

— Mrs. Palma ? Ravi de faire votre connaissance. Je suis l'auteur d'une série d'articles sur le problème des squatters, annonça-t-il. Souhaitez-vous apporter vos commentaires dans le prochain numéro ?

— Pourquoi pas ? répondit-elle nerveusement.

Il lui remit le texte de l'article à paraître.

Le contentieux qui oppose le couple Palma à propos des marais et les conduit actuellement au divorce vient devant les tribunaux. Mrs. Kate Palma a récemment déposé une demande visant à obtenir le classement des marais bordant le lagon afin d'en faire une réserve ornithologique. Or, très curieusement, elle vient de laisser un millier de squatters s'y installer. Alors, que vont devenir les oiseaux ? Est-ce une mutilation délibérée pour ne pas perdre la face ?

Kate accusa le choc. Tout tournait autour d'elle.

— Mais c'est épouvantable ! Vous vous trompez du tout au tout ! Comment pouvez-vous être aussi mesquin, aussi égoïste ? Vous vous rendez compte de ce que vous affirmez ? Il y a deux mille sans-abri qui meurent de faim à Silver Bay et tout ce qui vous intéresse, c'est le scandale ! lui jeta-t-elle à la figure. Sortez d'ici !

L'homme devint cramoisi. Il s'épongea le visage à l'aide d'un mouchoir en papier.

— Vous semblez sincère. Vous n'êtes pas du tout comme je croyais. Laissez-moi une chance. Reprenons tout de zéro.

La gentillesse avait le don d'anéantir toutes les

défenses de Kate. La méchanceté, elle savait la combattre, mais là... Tout à coup ses yeux picotèrent et elle craignit de se rendre ridicule.

— Je vais faire du thé.

Elle en profita pour se moucher vigoureusement.

— C'est vrai, je rêve de transformer les marais en réserve ornithologique, dit-elle en revenant quelques minutes plus tard. Seulement, en attendant, ces gens n'ont pas d'endroit où aller. Et tout le monde s'en moque. Avant, quand les squatters étaient juste sous leur nez, au moins les gens s'inquiétaient. Vous ne comprenez donc pas ce que j'essaie de faire ? Je ne veux pas qu'on oublie la réalité du problème.

— Je vois, répondit le rédacteur en chef.

Il s'en alla, l'air pensif.

Le vendredi suivant, ce fut avec une impatience mal dissimulée qu'elle acheta le journal au supermarché. Elle le fourra aussitôt dans son sac et alla le consulter dans sa voiture.

C'est sur fond de fenêtres brisées et de murs constellés d'impacts de briques que la courageuse Kate Palma a imposé sa vision personnelle du futur Silver Bay, une ville où l'altruisme aurait davantage de place, lut-elle.

Menteur ! J'avais déjà remplacé toutes les vitres. Par ailleurs, le journaliste avait répété ses propos pratiquement mot pour mot. L'article se terminait ainsi : *Il se trouve que Silver Bay essuie les plâtres. Mais si nous savons nous adapter, les autres villes suivront.*

Tard, ce soir-là, on frappa à sa porte. Ari étant de service, elle se trouvait seule. Elle descendit non sans inquiétude et glissa un œil dehors par-dessus la chaîne de sécurité qu'avait installée Frikkie.

Elle découvrit Rob sur le seuil. Aussitôt, son cœur se mit à battre à grands coups, sa bouche devint sèche et elle dut réprimer son envie de se jeter à son cou. Elle avait oublié l'effet que lui faisait sa présence ; le vent ébouriffait ses cheveux noirs, plus longs qu'à l'accoutumée, et son sourire sardonique était comme souligné par la lueur mauvaise qui brillait dans ses yeux.

— Tiens, tiens, Jeanne d'Arc en personne ! Alors, tu jouis bien de ton petit martyre personnel ? Pourtant, avec moi, ça ne paraissait pas te plaire tant que ça, les persécutions.

Il l'écarta et entra bien qu'elle tentât faiblement de lui barrer le chemin. Il regarda autour de lui.

— Moui... Melissa m'avait dit que tu t'en étais bien sortie, et elle n'a pas menti ; il manque tout de même la télévision. Je t'en ferai livrer une.

— Non, merci. Je n'aurais pas le temps de la regarder.

Cela commençait mal et elle le regrettait.

— Tu bois quelque chose ? Tu ne veux pas t'asseoir ?

— Tu es seule ?

— Oui.

— Je prendrai la même chose que toi.

Tout en lui versant un verre de vin, Kate nota les changements intervenus dans sa physionomie. On lisait la fatigue dans ses yeux, profondément cernés. Sa peau était d'une pâleur extrême, quasi mortelle. Il avait perdu sa belle santé. Elle ne l'avait jamais vu dans cet état et cela ne laissait pas de l'inquiéter. Pourtant, elle se remémora sa rivale, et sa détermination se raffermit.

— Tu as divisé la ville en deux camps, Kate. Tu t'es rendue célèbre. Ou plutôt... « tristement célèbre ». On se bagarre dans les boîtes, la moitié de la population fait la collecte de couvertures, d'aliments et d'ustensiles de cuisine pour les sans-abri tandis que l'autre conspire pour les chasser ; on tient des réunions, on discute à n'en plus finir... Le prêtre de la paroisse a pris fermement position en ta faveur. Tu le savais ?

Elle secoua négativement la tête. Même sa voix avait changé ; elle était plus douce, légèrement éraillée. *Qu'est-ce qui t'es arrivé, Rob ?*

— Toute la semaine, Gill Bronson a réuni des signatures en faveur de l'attribution de logements décents aux squatters. « Décents », pour elle, signifiant bien sûr « hors de sa vue ». Il y a même eu un Conseil des ministres extraordinaire consacré au « problème Silver Bay », comme on dit maintenant.

« Je dois reconnaître que tu as tenté un pari risqué et que tu l'as gagné. On me dit que les Eaux et Forêts vont mettre un terrain à la disposition des squatters sous huitaine.

Quel air suffisant ! Kate en déduisit qu'il n'était pas étranger à cette décision.

— Merci.

— Ce n'est pas moi qu'il faut remercier. Moi, je m'en mords les doigts. Je n'ai jamais pris la peine d'apprendre à te connaître vraiment, je l'avoue. Je te trouvais ravissante, c'est tout. Mais ta fameuse beauté ne va pas durer très longtemps si tu continues comme cela. À ta place, je me méfierais. Dans vingt ans tu seras une vieille peau. Et tes cheveux, qu'est-ce que tu en as fait ?

— Rien. Ils sont attachés, c'est tout.

— Oui, mais avant ils brillaient.

— Je ne vais plus chez le coiffeur. De la même façon que j'ai renoncé à boire, à fumer, à voyager. Je suis beaucoup plus heureuse maintenant.

— Je suis content pour toi. Ses lèvres dessinèrent un pli amer. Tu es devenue pompeuse, Kate, depuis ton départ. Tu aurais bien besoin qu'on te rabatte ton caquet de temps en temps.

— C'est ce que tu es venu faire ?

Les yeux de Rob lancèrent des éclairs de colère.

— Tu joues avec le feu. Je veux parler de ce policier.

— Je refuse d'aborder ma vie privée avec toi.

— Pareil pour Tabson. Il ne s'insérera jamais dans la société des Blancs, et à cause de toi il ne trouvera jamais sa place ailleurs. Tu commets une grave erreur, Kate. Toute sa vie il restera un paumé. Comme ces agneaux *hansie* que les enfants prennent comme animaux familiers et qui, par la suite, ne peuvent plus s'insérer dans le troupeau.

— Peut-être, mais au moins il ne sera plus infirme, se défendit-elle. En tant que tel, il était rejeté même par ses parents. Si tu es venu critiquer ma façon de vivre, tu peux t'en aller. La dernière fois qu'on s'est vus, tu m'as violée et j'en ai souffert longtemps, physiquement et mentalement.

— Je n'étais pas dans mon état normal.

— Tu te trouves toujours des excuses, mais, aux autres, jamais. La vérité est que tu veux n'en faire qu'à ta tête et que si tu te heurtes à un obstacle tu ne sais plus comment réagir.

— Je suis peut-être en train de changer. Je t'en prie, accorde-moi une seconde chance. Je te donnerai un revenu personnel.

— Je ne suis pas à vendre, Rob, s'insurgea-t-elle, offensée. Tu as bien raison de dire que tu ne me connais pas.

— Oh, Kate...

Il l'attira contre lui. En respirant son odeur si familière, en sentant ses bras puissants se refermer autour de son corps, elle éprouva une intolérable envie de faire machine arrière.

— Il faut t'en aller maintenant, dit-elle fermement. J'ai tourné la page. Je ne suis plus la même.

— Il n'y a donc pas moyen de réparer ce gâchis ? D'être à nouveau ensemble ?

— Peut-être quand j'aurai regagné mon indépendance et que je serai sur un pied d'égalité avec toi.

— Je devrai donc attendre que tu aies gagné ton premier million ? Ma foi, j'espère vivre assez vieux.

Il était d'une telle ironie qu'elle le poussa dehors et claqua la porte. Puis elle alla se jeter sur son lit et pleura jusqu'à ce que le sommeil la surprenne.

26

Quand Willis l'appela chez lui pour lui annoncer que le chalutier de Bill September était en feu et qu'on soupçonnait un acte criminel, Ari était de service, mais profondément endormi.

Il consulta sa montre. Quatre heures du matin !

— Rendez-vous là-bas dans vingt minutes. Prends le moulage sur mon bureau, mais fais attention. C'est fragile.

Tandis qu'il s'habillait en vitesse, il repensa à l'objet ; arrivé la veille de Pretoria, c'était une tête en fibre de verre présentant une ressemblance étonnante avec Mandy telle qu'il l'avait vue sur les photographies, malgré la vacuité du regard et la fermeture des traits, trop parfaits pour être vraiment crédibles. Il s'agissait d'une reconstitution, élaborée à partir du crâne des dunes. Une note précisait qu'on avait mis à profit une avancée toute récente des techniques d'expertise légale. On pouvait être certain qu'il recréait avec une marge d'erreur inférieure à 40 pour 100 la physionomie de la morte. Ari avait demandé qu'on en prenne des clichés.

Le chalutier était littéralement éventré, mais l'assurance couvrirait sans doute les pertes. Il faisait encore nuit quand Ari sauta à bord pour aller jeter un œil dans la soute. Il éclaira de sa torche un groupe d'hommes qui arrosaient le bois encore fumant. Le mouchoir noué sur leurs bouches ne les empêchait pas d'être à demi asphyxiés par des émanations âcres. Bill éructait des instructions. Il leva vers Ari un regard lourd de soupçons.

— Arrêtez de me braquer cette foutue torche dans les yeux, gronda-t-il. Qu'est-ce qu'il y a encore ?

— Je ne resterai pas longtemps. J'espérais simplement que vous changeriez d'avis et que vous me raconteriez un peu ce qui se passe par ici.

September eut un geste impatient.

— Si je le savais !... Il enfonça la pointe d'une barre de fer dans les décombres calcinés et fit la grimace. Oui, si je connaissais le coupable, vous auriez un autre meurtre sur les bras.

Il émergea de la soute et sauta à terre.

— Je suppose que vous êtes assuré ?

— Évidemment. Mais ça ne couvre pas le manque à gagner pendant que le bateau est en cale sèche ni les emmerdements. Et juste à la bonne période pour le thon ! Les ordures ! Je vais vous dire une chose, moi. Il prit le temps d'allumer une cigarette en protégeant l'allumette de ses grosses mains noueuses. C'est l'œuvre d'un familier des bateaux, et qui connaît le mien en particulier. Je poste toujours des vigiles à bord, mais ces abrutis se sont éclipsés pour aller au bar ; on a dû les voir partir.

— Voilà qui réduit les possibilités. Je vois que vous avez bien pris soin d'effacer toutes les empreintes digitales et autres indices éventuels.

— Parce que vous croyiez que j'allais laisser flamber mon rafiot pendant que vous autres incapables décidiez de la marche à suivre ?

Ari haussa les épaules.

— Et les membres de l'équipage ? Ils n'ont vu personne ?

— Non, et Jean non plus. Heureusement, il a aperçu les flammes par les hublots, et il est vite venu en dinghy. Le temps que l'équipage arrive, il avait déjà sorti les tuyaux et amorcé la pompe.

— La soute était ouverte ?
— Oui. On nettoyait après la dernière sortie en mer.
— Les cocktails Molotov ont donc pu y être lancés par n'importe qui depuis le quai, observa Ari. Vu les dégâts, il a dû y en avoir au moins trois.
— C'est ce que je dirais aussi. Bill regarda le large avec regret. Bon sang ! C'est là-bas qu'on devrait être, à l'heure qu'il est.
— Vous voulez bien m'accompagner jusqu'à la voiture, s'il vous plaît ?
Bill s'exécuta, l'air peu rassuré.
— C'est à propos de Mandy ?
— Non. Et ça ne prendra qu'une minute. Tenez, regardez ça.
Il lui mit la tête reconstituée sous le nez.
— Oui, bon, je vois. Et alors ?
— C'est une extrapolation à partir du crâne retrouvé dans les dunes. Vous noterez l'étrange ressemblance avec votre sœur Rose, dont vous prétendez qu'elle est partie en Amérique, mais qui, à mon avis, a été tuée et enterrée là-bas. Elle présente également une forte ressemblance avec Mandy.
— Vous êtes cinglé ou quoi ?
— Comment avez-vous pu vous payer ce bateau, sans parler de votre maison ? Comment se fait-il que, d'un seul coup, une dizaine de familles aient pu acheter leur logement au village des pêcheurs ? Comment expliquer que quelque dix Blancs et dix jeunes métis aient reçu des Pêcheries une bourse d'étude pour aller étudier à l'étranger ? Et, pour finir, qu'est-il vraiment arrivé à Rose ? Car vous le savez, n'est-ce pas ? Pourquoi les gens du coin se liguent-ils contre moi ? Qu'essayez-vous de cacher, tous ? Quel peut bien être le crime qui vous lie les uns aux autres ?
Bill se détourna, l'air furieux.
— Écoutez, lieutenant, je n'avais aucune affection pour Rose. C'était une putain. Elle a disparu et je me moque royalement de ce qui lui est arrivé. Tout ça remonte si loin que je ne sais même plus très bien à

quoi elle ressemblait. Ce qui est sûr, c'est qu'elle a mérité son sort. Comme toutes les putains.

Sur ces mots, il remonta à bord et disparut dans la soute, laissant Ari étrangement exalté. Pour une fois, Bill avait perdu son sang-froid. On avançait.

Quand il arriva au poste, les pics de la chaîne orientale se détachaient déjà avec netteté sur fond de ciel saumon. Oies et cormorans s'en allaient à tire-d'aile vers les extrémités de la vallée et l'air était délicieusement chargé de senteurs marines. L'humeur joyeuse d'Ari fut brutalement douchée quand il découvrit une Kate effondrée dans le bureau de Gerber.

— Qu'est-ce qui se passe, ici ? gronda-t-il.

— Cela ne vous regarde en rien, fit Gerber.

— Vous plaisantez ?

— Mrs. Palma est en détention provisoire aux fins d'interrogatoire, à propos d'un incendie volontaire avec homicide survenus sur sa propriété longeant le lagon la nuit du...

— Assez, merde ! On sait très bien quelle nuit c'était. Et je vous signale que c'est *moi* qui m'occupe de cette affaire.

— D'après une source fiable, Mrs. Palma ici présente et son jardinier auraient été vus sur place quand l'incendie a éclaté.

— Elle était avec moi toute la nuit, et j'ai l'impression que vous le savez pertinemment, Gerber.

— Alors je vais devoir vous demander une déposition sous serment avant de pouvoir libérer Mrs. ...

— Vous voulez jouer à ce jeu-là ? Très bien. Mais je vous ai dans le collimateur, Gerber. Dès que nous ne serons plus de service...

Il laissa sa menace en suspens. Gerber battit des paupières. Malgré sa carrure, il n'était pas rassuré.

— Vous aurez votre déposition sous serment si *je* décide que c'est nécessaire. Vous croyez que Kate aurait chassé les squatters en mettant le feu si c'était pour les faire revenir ensuite ?

— Oui, si elle avait suffisamment peur.

— Ce n'est pas après Kate que vous en avez, hein ? Ce que vous voulez, c'est ma déposition. Ça vous arrive souvent d'exécuter les basses œuvres de Palma ?

Les yeux de l'autre affichèrent clairement sa culpabilité, et ses joues s'empourprèrent.

— Viens Kate, reprit Ari en tendant la main à la jeune femme. Je te ramène.

— Est-ce qu'il me soupçonne sincèrement ? s'enquit-elle quelques instants plus tard, comme ils longeaient la côte. Elle semblait effrayée, encore sous le choc.

— Mais non ! C'est bien cela le fond de l'affaire.

— Quel fond ? demanda-t-elle d'une voix plaintive.

— Mon implication dans ton divorce, voire d'éventuelles poursuites contre moi pour détournement de conjoint... On veut que je me fasse rappeler à l'ordre par mes supérieurs, voire muter. On veut que je débarrasse le plancher.

« Ramona a fait une déposition, je l'ai vue sur le bureau de Gerber. Elle prétend que tu es rentrée à l'aube couverte de suie et de terre, avec Frikkie gravement brûlé ; elle dit qu'après cela une femme du camp lui a dit t'avoir vue quand l'incendie a éclaté. À ton avis, qui a pu lui souffler ces déclarations, au risque de mettre en cause son propre fils ?

— Je n'aurais jamais cru Rob capable de s'abaisser à mentir. Non, j'ai du mal à y croire.

Elle se mordit compulsivement la lèvre inférieure.

— Arrête, tu vas te mettre la lèvre en sang. D'accord, ce n'est peut-être pas Rob. Ramona peut souhaiter notre départ à tous les deux. Ou alors il espère que tu rentreras à la maison la tête basse.

— C'est de la folie ! Je ne retournerai jamais avec lui.

— Tu te berces d'illusions, Kate ; mais, moi, tu ne me leurreras pas. Tu es toujours amoureuse de ce type. Il se gara dans la rue adjacente au phare. Tu m'invites à boire un café ?

— Bien sûr.

Elle sortit enfin de son hébétude et claqua la portière d'un air assuré. Mais, lorsqu'elle se dirigea d'un pas chancelant vers le phare, il vit qu'en réalité toute son attitude exprimait la défaite. Ses épaules tombaient, elle baissait la tête et traînait les pieds. Il lui emboîta tristement le pas.

— Écoute-moi, Kate. Tu as sans doute l'impression que le monde s'écroule, mais je t'assure que non. La vie a toujours tendance à nous piétiner quand nous sommes à terre. Autrefois, je pensais que quelqu'un là-haut nous en voulait. Puis j'ai compris : l'abîme appelle l'abîme. Tu es tellement triste, tellement abattue que tu attires le malheur. Alors pleure tout ton soûl puis chasse ton chagrin pour de bon, Kate. Tu es jeune, tu es ravissante, la vie est pleine de promesses pour toi ; tu épouseras quelqu'un qui t'aime, tu auras des enfants, un foyer, une famille bien à toi ; une carrière, aussi. Tout cela est là qui t'attend, crois-moi ; si tu n'es pas réceptive, tu passeras à côté. Il faut que ce soit toi qui provoques les événements. Lâche prise, Kate ; cesse de te contenir.

La crise s'amorça doucement. D'abord, en attendant que l'eau chauffe, elle fut saisie de frissons ; puis, tandis qu'elle remuait le café instantané dans les tasses, les larmes se mirent à couler librement sur ses joues. Cela suffit à percer une brèche dans la digue solide qu'elle édifiait patiemment depuis que les choses avaient mal tourné. Cette brèche s'élargit, la digue céda et le déferlement dépassa tout ce qu'Ari aurait pu imaginer.

Kate s'écroula sur un canapé et pleura sur son père, la faillite de son mariage et la perte de son foyer puis elle laissa libre cours à ses craintes vis-à-vis de Tabson et exprima son chagrin par rapport à Eunice et aux squatters. Elle parla de sa terreur devant Gerber, du regard insistant qu'il avait posé sur elle quand il l'avait tirée du lit au milieu de la nuit pour l'amener au poste en pyjama et en robe de chambre.

Entre deux sanglots, elle tenta d'expliquer à quel

point l'attitude des gens avait changé à son égard quand elle avait perdu sa fortune, et avec quel mépris ils s'étaient mis à la traiter.

— Quand on est riche, on voit les gens en rose, poursuivit-elle sans cesser de pleurer. Partout où l'on va, ce ne sont que sourires joyeux et paroles aimables ; mais il faut les voir quand ils n'ont plus besoin de faire bonne impression. On a du mal à croire qu'il s'agit des mêmes personnes ; du même monde, en fait.

Quand il devint évident que le déluge ne se tarirait pas de sitôt, Ari la porta jusqu'à son lit. Il enleva son tee-shirt puis ôta le haut de pyjama de Kate pour sentir ses seins fermement pressés contre sa poitrine. Faire l'amour était-il indiqué ? Il chassa cette pensée, non sans se sentir un peu coupable. Il ne cessait de s'interroger sur les événements récemment survenus dans la vie de la jeune femme et ne laissait pas de s'étonner devant sa douce vulnérabilité, le potentiel de sensibilité qui était apparu chez elle une fois que sa façade arrogante, robuste et défensive était tombée sous les assauts de l'infortune. Peut-être fallait-il qu'elle en passe par là pour révéler sa véritable nature ? Le malheur avait-il un sens, pour elle ou pour qui que ce soit d'autre ?

Il s'employa à l'apaiser en lui massant le dos, puis alla chercher un linge mouillé et le lui appliqua sur le visage. Il la laissa pleurer contre lui jusqu'à ce qu'elle ait les traits bouffis ; on ne voyait presque plus ses yeux. Mais il sentait qu'elle avait évacué une grande partie de son désespoir.

Enfin elle se redressa.

— Mon Dieu ! Je suis désolée. D'habitude je me tiens mieux que ça. Je dois avoir une de ces têtes ! Ça ne m'a jamais réussi de pleurer. Je croyais d'ailleurs que ça ne m'arriverait plus.

— À mes yeux tu es toujours aussi belle, mentit-il. Tiens, qu'est-ce que tu dirais de sortir un peu, ce soir ? Allons aux Sables. Affichons-nous ensemble. On va faire bonne figure et leur montrer qu'on n'a pas besoin d'eux pour être heureux.

— Oh non, souffla-t-elle en se serrant contre lui.

— Mais si, on dansera toute la nuit, on se bécotera sur la piste, sous les étoiles, on se goinfrera de langoustines et de homard et on boira trop de vin rouge.

— Mais non, pas rouge, idiot ! rit-elle. Avec les fruits de mer, il faut du vin blanc bien frais, très sec !

Il se vexa mais s'efforça de le cacher.

— On va leur donner de quoi jaser. D'accord ?

Une petite lueur de gaieté s'alluma dans le regard de la jeune femme.

— Je te prends au mot. Qu'ils aillent se faire voir. Tous, jusqu'au dernier.

Quand il la quitta, il l'estima tirée d'affaire. C'était une battante.

Ari avait absolument tenu à aller chercher Tom à l'hôpital ; il espérait bien lui soutirer encore quelque indice, histoire d'avancer dans ses investigations. Pour Mandy, il était dans l'impasse. Il ne comprenait pas l'attitude de Bill September.

Un sacré sang-froid. Malgré la perte de sa fille et l'incendie criminel de son bateau, il se maîtrise, il ne lâche pas grand-chose. Entre Ramona et lui, j'ai affaire à forte partie.

Mais je me trompe peut-être. L'enlèvement de Mandy est-il réellement lié à la mort de Rose ? Et si c'était Angelo Palma qui l'avait assassinée ? Mais, alors, pourquoi Ramona restait-elle à son service ? Officiellement, son fils s'était vu offrir un chalutier tandis qu'elle-même bénéficiait d'un emploi à vie, sans compter un cottage sur la propriété des Palma et un toit pour Frikkie. Mais pour une mère était-ce une compensation suffisante ? Le simple bon sens lui soufflait que non. Ou bien Rose avait changé d'identité avec les appuis nécessaires puis émigré à l'étranger. Mais non ! La reconstitution à partir du crâne avait éliminé cette hypothèse. C'était bien le cadavre de Rose qui avait passé vingt-huit ans sous les dunes. Mais le problème, c'était qu'il avait tout le village contre lui.

Sous l'effet de la colère, Ari appuya à fond sur l'accélérateur. Il fila vers l'hôpital en maudissant le village entier. Personne ne se souciait donc de ce qui avait pu arriver à Mandy ? Des nuits et des jours durant, il avait été hanté par des images horribles. Où pouvait-elle bien être, où trouver le début d'une piste ? Était-elle encore en vie ? Abusait-on d'elle ? La torturait-on ? Se faisait-elle violer dans quelque tanière puante ? Était-elle morte de peur ? Ou morte tout court ?

Et puis il y avait les autres images, non moins terrifiantes, où il se voyait lui-même prisonnier d'un terrier ténébreux où on l'avait enfermé vivant. Il sentait rôder le mal autour de lui et voyait toujours les mêmes petits yeux à la fois sombres et luisants. Il était envahi par un sentiment d'appréhension : des souvenirs très anciens venaient l'envelopper comme dans un linceul. Il *fallait* qu'il retrouve Mandy.

La matinée prit un tour nettement plus joyeux quand il vit Tom s'avancer fièrement, encore qu'avec un peu de raideur, sur ses nouvelles prothèses, dans l'allée de l'hôpital, sous les applaudissements des infirmières. Ari n'avait donc pas totalement perdu son temps à Silver Bay.

— Les choses changent constamment, déclara Tom une fois qu'Ari l'eut aidé à s'installer sur le siège passager et à boucler sa ceinture. Rien n'est jamais tout à fait pareil.

Pour ce qui était de sa vie à lui, en tout cas, il avait l'air d'y trouver son compte. L'argent de la récompense avait suffi à payer des prothèses, qu'on lui avait adaptées pendant qu'il se remettait de ses brûlures. Désormais, il serait beaucoup plus mobile ; il se déplaçait lentement, mais sûrement, en s'aidant de deux cannes.

Tom était d'humeur philosophe.

— La vie nous propulse comme des bolides à travers le changement. Tout l'art de la survie consiste à manœuvrer habilement. Et, pour ça, il faut savoir où on va et comment y arriver. Vous, mon petit, vous savez où vous allez ?

— Ça, non.

Tom soupira.

— Voilà qui rend la navigation difficile. Vous êtes amoureux de cette fille, cette Kate ? articula-t-il avec douceur et netteté.

Ari se sentit mal à l'aise. Manifestement, leur liaison s'étalait sur la place publique.

— Oui, finit-il par répondre. Mais je crois qu'elle aime toujours son mari.

— Le plus souvent, les femmes se tiennent tranquilles jusqu'à ce qu'on les maltraite d'une façon ou d'une autre. Or, chez les Palma, les femmes ont *toujours* été maltraitées.

Ari resta muet, dans l'espoir que Tom lui en dirait davantage, mais le vieux s'absorba dans la tâche consistant à aspirer bruyamment pour curer une dent creuse.

Au bout d'un moment, le policier reprit :

— Parlez-moi de Frikkie. Il ne me semble pas dément, plutôt... désorienté. On dirait qu'il ne comprend jamais ce qui se passe.

— C'est un simplet, voilà tout.

— Vous savez pourquoi Ramona l'a mis à la porte ?

— Non.

— Il ne cesse d'évoquer vaguement un jeune garçon chevauchant un dauphin. Ça vous dit quelque chose ?

— Ce n'est qu'une légende. Il ressasse ça depuis des années. À propos, il y a un banc de sardines échoué dans la rade. Elles grouillent par milliers. Il faut voir les femmes les attraper dans leurs jupes relevées et les enfants dans des seaux.

Il poussa un petit gloussement réjoui. Il changeait délibérément de sujet.

— Frikkie prétend qu'un dauphin a repêché un

gosse dans la baie et l'a ramené à terre. Ça semble être une obsession chez lui.

— Si vous ajoutez foi à ces salades, on vous fera avaler n'importe quoi. Pour moi, il veut surtout se tirer des pattes de Ramona.

Parfois, Tom pouvait être sacrément énervant. Puis Ari vit son visage convulsé par la douleur et eut honte de son impatience.

— Vous croyez que Frikkie a trempé dans l'affaire des dunes ?

— Non. Frikkie n'est pas un assassin. Bien au contraire. Quant à sa mère, c'est une autre paire de manches. À votre place, je me méfierais d'elle.

— C'est vraiment sa mère ?

— Oui. Elle a eu des jumeaux : Bill, le futé, et Frikkie, l'obtus — pauvre diable !... Voyez-vous, c'est une femme très ambitieuse.

Ils remontaient la ruelle pavée, sinueuse, menant à la maison de Tom.

— J'ai le sentiment que tout le monde sait qui a mis le feu chez les squatters et qui a assassiné Rose September, mais comme je ne peux rien prouver et que je n'ai pas de mobile je ne peux même pas ouvrir une enquête. Quant à la triste histoire de Mandy... Aucun indice, rien ; mais j'ai l'intuition que son enlèvement est lié à l'assassinat de Rose September. Et quand on voit ce qui vous est arrivé...

Il s'interrompit. Il n'avait peut-être pas intérêt à être vu en compagnie de Tom.

— On a voulu vous tuer parce qu'on vous croyait sur le point de me faire des révélations, mais qui est ce « on » ? Et pourquoi ne me dites-vous pas ce que vous savez ? Ce serait une façon de vous mettre à l'abri.

— Ma foi, je vais vous livrer quelques faits, mais ils risquent de vous égarer. Sam Patel exerce un chantage sur les parents des jeunes qu'il a rendu toxicos. L'ex-petit ami de Mandy en fait partie. Ces gosses se rendent souvent dans une baraque appartenant à Patel, sur les coteaux de Kommetjie. Ils n'y sont pas retenus de force, loin de là : ils s'y rendent de leur plein gré. Patel fait peur aux parents pour leur faire cracher des versements mensuels en leur garantissant en retour que les gamins ne toucheront pas aux trucs vraiment dangereux. Mais ce n'est pas là qu'est Mandy. Jamais Patel ne prendrait un tel risque.

— À votre avis, pourquoi a-t-on mis le feu au bateau de Bill ?

— September s'est fait pas mal d'ennemis, ces derniers temps. Il a embauché des Noirs, surtout des Ovambos de Namibie, et les pêcheurs d'ici ne sont pas contents — ça fait moins de travail pour eux. Les villageois se sont juré d'avoir sa peau, mais jamais ils ne s'en prendraient à lui ouvertement. Je l'ai vu de mes yeux assommer en quelques secondes trois types qui l'avaient agressé à bord de son bateau. En fait, les skippers de Palma le détestent parce qu'il réalise d'énormes bénéfices en vendant directement son poisson aux Pêcheries alors qu'eux n'ont que de maigres salaires.

— Laissez traîner une oreille. La source n'est pas encore tarie, dit Ari en remettant à Tom une liasse de billets. À l'avenir, je passerai vous voir de nuit. Je ne veux plus qu'on nous voie ensemble.

— C'est un peu tard. Mais ne vous en faites donc pas pour moi. Il y a des choses plus importantes qu'un vieil imbécile cul-de-jatte.

Il descendit de voiture sans se laisser aider et gagna sa porte d'entrée en boitillant. Puis il entra chez lui sans regarder en arrière, comme à son habitude.

27

Ari comprit dès qu'il entra dans le phare qu'ils n'iraient pas danser ce soir-là. Vêtue de son short et son vieux tee-shirt de jardinage, Kate était assise par terre, entourée de papiers. Elle s'était fait une queue-de-cheval et, les yeux encore gonflés de larmes, éternuait à cause de la poussière.

Elle lui fit un petit sourire.

— Excuse-moi, mais après tout ce qui s'est passé je n'ai pas envie de sortir. J'ai préparé un ragoût. Et comme c'est mon tout premier, tu n'as pas intérêt à critiquer. Au fait, la prochaine opération de Tabson est pour après-demain. On a des chances de redonner à sa jambe un aspect normal, mais le médecin ne peut se prononcer avec certitude avant l'intervention. Si tu savais comme j'ai peur !

Comme il aurait aimé l'épouser ! C'était un désir si puissant qu'il l'exprima sans préambule.

— Tu as déjà envisagé de te mettre en ménage avec un type simple, ordinaire et mal payé dans mon genre, Kate ?

Il avait beau s'y efforcer, il n'arrivait pas à la regarder dans les yeux ; au lieu de quoi il entreprit de ranger la paperasse qui jonchait le sol. Il n'avait pas obtenu de réponse.

— Bon, apparemment, j'ai gaffé ou j'ai mal choisi

mon moment, constata-t-il en lui lançant un regard timide.

— En effet. Pour l'instant, je ne suis pas libre. Il ne faudrait pas oublier que *je suis déjà* mariée. Mais, par-dessus tout, je ne sais pas *qui je suis*. Je t'assure.

— Tu sais quand même que je t'aime.

— Ari, il ne faut pas. Vois-tu, j'ai besoin de temps pour apprendre à me connaître. Et à m'accepter.

— Je t'aime suffisamment pour deux.

— Est-ce moi que tu aimes, ou bien mon apparence physique ?

— Tu es moins séduisante qu'avant, et pourtant je t'aime toujours.

— Merci pour le compliment.

Aïe ! Voilà qu'il avait tout gâché.

— Qu'est-ce que c'est que tout ça, au fait ?

Il fourragea dans le tas de documents.

— Les papiers personnels de mon père. J'essaie de faire un tri. Tu parles d'une pagaille ! Tu sais qu'il est parti précipitamment ; les huissiers m'ont déposé cet après-midi tout ce dont ils ne veulent pas.

Elle indiqua une grande malle métallique ouverte à côté de la table.

— Je vais te donner un coup de main.

Il tomba sur des dizaines de documents remontant à l'époque où Russell n'avait pas encore investi dans l'industrie minière.

— Allez, on s'y met. Tu avais dans l'idée de tout classer, c'est ça ?

— Plutôt de jeter tout ce qu'il ne me paraît pas nécessaire de conserver. Je veux les photos de ma mère, par exemple. Enfin, le genre de chose qu'on a envie de garder, quoi.

Il chassa toute pensée ayant trait aux femmes et à l'amour, bref, à toutes les choses interdites, et se mit activement à trier, étiqueter, percer des trous et constituer des dossiers. Fastidieux ! Enfin... puisque de toute façon ils n'iraient pas s'enivrer et danser toute la nuit aux Sables, autant se rendre utile.

Vers minuit il tomba sur une enveloppe scellée, marquée CONFIDENTIEL. À l'intérieur, un reçu bancaire tellement usé et jauni par l'âge qu'il dut l'élever à la lumière pour déchiffrer les inscriptions à l'encre pâlie. Il faisait mention de deux cent mille rands prélevés en février 1964 sur le compte d'A. M. Palma, dans une agence locale de Silver Bay. Il était collé sur deux feuilles de carton scotchées dos à dos. Ari les détacha, et il en tomba plusieurs photographies.

Il les passa rapidement en revue et laissa échapper un petit sifflement. L'une représentait Mandy toute nue dans une posture altière, entourée de trois autres personnes dévêtues qu'il ne put identifier. Au dos, il lut : *15 janvier 1964 (de g. à d. : Trevor Palma, Rose September, Emanuel Fernandes, Juliette Fernandes).* Ce n'était pas Mandy, mais la ressemblance était époustouflante. Incroyable ! Il s'approcha de la lumière et contempla longuement les photos. Il y en avait une douzaine, toutes représentant de jeunes Blancs diversement dévêtus, occupés à danser ou à se baigner en compagnie de ravissantes métisses. À quoi s'ajoutaient plusieurs gros plans sur un couple faisant l'amour dans les dunes. À en juger par les ombres projetées, elles avaient été prises à des moments différents.

Grâce aux ragots malveillants de Gill Bronson, il se rappela qu'à l'époque Mike Russell, le père de Kate, était journaliste. Apparemment, c'était lui qui avait pris ces photos de Rose, la fille de Ramona, avec le père de Rob. Ari se pencha plus près des images. Au fond, on apercevait les montagnes, elles avaient donc été prises du côté Russell du lagon, c'est-à-dire non loin du phare.

— Je reviens dans cinq minutes, annonça-t-il à Kate.

Elle était tellement absorbée qu'elle l'entendit à peine.

La nuit était claire : la pleine lune illuminait le veld. Ari ne mit que cinq minutes à gagner la berge du lagon. Il laissa courir son regard sur les eaux calmes, comparant le point de vue avec celui des photos, en tenant compte des dimensions de la crête noire. C'était indubitable : elles avaient été prises d'ici, au téléobjectif. La villa qu'on voyait du côté Palma du lagon n'existait plus. Les ruines devaient se trouver quelque part sous le sable. Qu'y trouverait-on encore ? D'autres ossements, d'autres secrets ?

Une chose au moins est claire, songea-t-il en revenant lentement vers le phare. Mike Russell s'était enrichi en faisant chanter Angelo. La publication de ces clichés aurait signifié l'emprisonnement et le déshonneur pour tous ces jeunes gens : ils avaient violé la loi d'immoralité interdisant les relations sexuelles interraciales à l'époque où elle était sévèrement appliquée. De là venait l'argent qui lui avait permis de faire son premier investissement minier, ainsi que la guerre entre les deux familles qui l'avait conduit à la ruine.

Il fallait annoncer la nouvelle à Kate avec ménagement et conserver les photos à titre de pièces à conviction. Encore une révélation susceptible d'ébranler gravement la jeune femme. Décidément, son père n'était pas un individu très recommandable. Pauvre Kate ! Elle allait très mal le prendre.

Il se décida à parler lorsqu'ils allèrent s'asseoir dans les dunes après dîner. La nuit était tiède, magnifique. Il entendait les geais nocturnes lancer leurs appels dans les arbres, ainsi que le murmure de la rivière et le doux bruit du ressac. La brise charriait un arôme marin mêlé aux senteurs puisantes du veld. Une chouette poussa son cri.

Comme Ari se préparait à aborder le sujet, Kate se redressa brusquement en fronçant les sourcils.

— Je ne comprends toujours pas comment mon père a pu détourner ces fonds. D'accord, il a toujours été égoïste, mais il n'avait aucun droit de courir un risque pareil. Il y a des semaines que je réprime ma colère, mais maintenant je la sens sur le point de déborder, je ne peux plus la contenir. Je le méprise !

Elle bondit sur ses pieds, courut vers la plage et se jeta dans les eaux noires.

Quelle folle ! Elle ne pouvait pas ignorer qu'on avait vu des requins dans la baie, ce matin-là. Il se lança à sa poursuite, barattant l'eau tant il se hâtait. Il finit par la rejoindre. Elle faisait la planche, les bras écartés, oscillant au gré des vaguelettes. Elle contemplait la lune.

— Ce que tu fais est dangereux, commenta-t-il.

Elle tourna la tête.

— Se moquer éperdument de savoir si on va vivre ou bien mourir, voilà une joie que tu ne connaîtras jamais, répliqua-t-elle tout bas.

— Et Tabson ? Il compte pour du beurre ?

Pour une fois il avait dit ce qu'il fallait : un instant plus tard elle reprenait avec détermination le chemin de la plage.

Le lendemain matin, à l'aube, dûment pourvu d'un mandat, Ari entreprit des fouilles dans les dunes avec l'aide d'une escouade empruntée à la municipalité et de quelques agents de police. La moitié du village vint voir ce qui se passait. Des bandes de petits garçons perturbèrent le déroulement des travaux.

Profitant des moyens considérables mis à sa disposition dans le cadre de son enquête sur la disparition de Mandy, Ari passa outre les objections de la famille Palma. Les ossements qu'il emballa précieusement appartenaient à Rose, non à Mandy, mais, quand la nouvelle se répandit, elle satisfit aussi bien la presse que les villageois, sans parler de son supérieur hiérarchique.

À midi il laissa ses hommes poursuivre les fouilles et se rendit chez les September. Bill était en mer.

— Il devrait être de retour à la tombée de la nuit, l'informa Hannah, dont il nota les yeux rougis par les larmes. Je vous en prie, dites-moi ce dont vous vouliez l'entretenir, je vous en prie ! Elle se pendit à ses basques. Elle avait les mains moites. Qu'est-ce qui vous fait croire que ma petite Mandy est enterrée dans les dunes ? Vous savez quelque chose, n'est-ce pas ? Elle est morte, hein ?

Son visage était contracté par l'angoisse.

— Non, madame. J'ignore où se trouve Mandy, mais à mon avis il y a une chance pour que son ravisseur ait voulu se venger de la mort de Rose. Car ce sont les restes de Rose, et non de Mandy, que je recherche. Regardez : voici une reconstitution à partir du crâne retrouvé dans les dunes.

Il lui montra des photos.

— Si vous dites vrai, sanglota-t-elle, alors Bill me cache la vérité depuis des années. Il m'a répété à l'envi que Rose était partie en Amérique. Mais, maintenant, je vais le forcer à dire la vérité. J'ai les moyens de le faire parler. Je suis au courant de certaines choses concernant ses affaires ; je suis sûre qu'il préférerait ne pas vous les communiquer. Moi, c'est ma fille que je veux, et je place toute ma confiance en vous, lieutenant. Revenez ce soir à six heures. Il sera là. Il vous dira tout ce qu'il sait, je vous le jure solennellement. Mais retrouvez ma fille. Ne me laissez pas tomber.

Il se dirigea ensuite vers la résidence des Palma. Il était temps d'affronter Angelo. Mais la famille était puissante, elle riposterait par tous les moyens. À partir de maintenant, la lutte serait âpre.

Les tableaux, les sculptures, les moulures, les sols en marbre ancien et les meubles lui coupèrent le souffle. Un domestique en veste noire accueillit Ari ; au bout de quelques minutes, on l'introduisait dans un bureau spacieux.

Angelo Palma était du genre intimidant. D'une carrure impressionnante, il mesurait plus d'un mètre quatre-vingts ; il était mince et ses épaules n'étaient nullement voûtées. Son épaisse chevelure blanche et bouclée formait un contraste saisissant avec sa peau mate. Ari ne reconnut pas le monstre que Kate et Jean lui avaient décrit. Il y avait, au contraire, du chagrin et de la vulnérabilité dans ses yeux, et Ari le prit instantanément en sympathie.

Cela ne l'empêcha pas, aussitôt assis, de lancer son attaque.

— Vous avez dû vous frotter les mains, en vous vengeant enfin de Mike Russell après presque trente années, entama-t-il en dévisageant Palma de l'autre côté d'une immense surface en bois clair.

Angelo conserva une expression neutre, mais ses yeux aux paupières lourdes accusèrent le choc. Il ne répondit pas.

— Monsieur, je suis venu vous interroger à propos du décès de Rose September. Quels étaient exactement ses rapports avec votre fils, Trevor Palma ?

Angelo se rembrunit.

— Inexistants, marmonna-t-il.

Ari nota son malaise évident.

— Quels rapports vouliez-vous qu'ils aient ? En ce temps-là, la loi interdisait formellement les unions interraciales.

Ari étala les vieux clichés sur le bureau.

— Ce n'est pas ce qu'on constate sur ces photos, monsieur. Et, en 1964, vous avez payé deux cent mille rands à cause d'elles. Je me demande combien elles vaudraient aujourd'hui.

Le regard d'Angelo exprima un mépris teinté d'ironie tandis que ses lèvres dessinaient un sourire railleur.

— Peut-on savoir comment ces photos sont tombées entre vos mains ?

— Disons, au cours de mon enquête.

— Par l'intermédiaire de Mrs. Palma, évidemment. Sur quoi vous vous êtes dit... Et elle aussi, peut-être... Ma foi, c'est une femme qui coûte cher à entretenir, lieutenant, comme vous avez dû vous en rendre compte. Votre salaire n'y suffira pas, loin de là. Donc, vous voulez me vendre ceci ?

— Je vous ai demandé quelle valeur elles avaient à vos yeux. Vous ne m'avez toujours pas répondu.

Angelo prit son chéquier dans un tiroir.

— Dans cette affaire, le marché profite au vendeur. Vous ne savez peut-être pas ce que cela signifie, mais, apparemment, vous savez très bien ce que vous voulez. Et moi qui vous croyais d'une honnêteté à toute épreuve.

— Cinquante mille ? hasarda Ari.

Palma commença à rédiger son chèque, d'abord la date, puis la somme — cinquante mille en chiffres et en lettres —, et enfin la signature.

— Il sera à vous quand vous me remettrez les négatifs, marmonna-t-il sans relever les yeux.

— Je vous posais seulement la question. En fait, ces photos — et les négatifs — ne pourront jamais faire l'objet d'une vente puisqu'ils font partie des pièces à conviction réunies dans l'affaire de la disparition et du meurtre présumé de Rose September. Tout comme ceci, ajouta-t-il en sortant son magnétophone de la poche intérieure de sa veste et en inscrivant avec ostentation la date et le lieu sur la cassette.

« Voyez-vous, Mr. Palma, contrairement à ce qui s'est passé la dernière fois, ce n'est pas l'argent qui vous tirera d'affaire. Il rangea cassette et photos. Je vous offre la possibilité de vous racheter. Sinon, je finirai par découvrir la vérité. Cela prendra un peu de temps. Vous pouvez me mettre des bâtons dans les roues à chaque étape, mais en fin de compte j'y arriverai. Je vous préviens. Je préviens toujours.

Angelo sonna et Ramona apparut. Sans doute avait-elle tout écouté derrière la porte. Elle décocha un regard haineux à Ari, qui s'étonna de sa réaction : *il avait peur !* Des frissons glacés couraient le long de sa colonne vertébrale. Ses paumes devinrent moites, sa bouche sèche. Il ne savait même plus quand il avait eu peur à ce point pour la dernière fois. Il retrouvait la matière de ses cauchemars immémoriaux.

Il se détourna vivement, mais elle s'était rendu compte de son trouble et, sans qu'il comprît pourquoi, parut elle-même surprise et apeurée.

— Écoutez-moi, monsieur, reprit-il d'un ton pressant. Il y a quelque chose de très mauvais augure dans ces dunes. Je le sens. S'il y a une chose que j'ai apprise, depuis mon entrée dans la police, c'est que le mal contamine et corrompt tout. Silver Bay ne connaîtra plus la paix tant que la vérité n'apparaîtra pas au grand jour. La vérité et l'expiation apportent avec eux la catharsis et la rédemption. Les rancœurs couvent depuis vingt-huit ans, monsieur. Il est temps de faire toute la lumière.

Aussi obstinés, mais aussi lucides l'un que l'autre, les deux hommes se toisèrent. Puis Ari pivota rapidement, lança un dernier regard perplexe à Ramona et sortit à grandes enjambées.

Ouf ! Angelo vacilla, sa main se crispa sur son cœur et il retomba lourdement dans son fauteuil. Ramona appela. Rob accourut. Il devait se trouver dans la pièce voisine. Il regarda avec angoisse son grand-père chercher en vain son souffle. Puis il ouvrit brutalement un tiroir, y prit deux gélules qu'il posa sur la langue du vieil homme et lui présenta le verre d'eau qui trônait toujours à proximité.

— Bien, dit-il quand Angelo eut un tant soit peu récupéré. J'ai tout entendu. Si je dois t'aider, il faut que je sache la vérité. Je me battrai pour te tirer de là, mais pour l'amour du ciel fais-moi confiance !

— Je te dirai tout le moment venu. Fiche-moi la paix. Il faut que je réfléchisse. Redonne-moi de l'eau. Tout ça s'est passé il y a si longtemps. Laisse-moi, maintenant. J'ai besoin d'être seul. Ce jeune lieutenant ne lâchera pas le morceau, il ne faut pas y compter. Il a beaucoup d'énergie, même s'il ne le montre guère.

— Mais enfin, grand-père, il faudra bien que je sois au courant !

Sur quoi il sortit et claqua la porte.

Angelo alla prendre dans son coffre-fort un vieil album de photographies sur lequel il se pencha longuement. Ramona jeune... Comme elle avait été belle ! Il se remémora le jour où il l'avait vue pour la première fois. Il avait cru être mort quand il avait découvert, en ouvrant les yeux, cette ravissante gitane aux longs cheveux de jais, aux yeux obliques pleins de gaieté, aux lèvres purpurines, au teint parfait de noble Castillane. Il la revoyait avec sa jupe rouge et sa blouse verte échancrée. Et Claire Durrell ! Quelle beauté, avec ses cheveux châtains, son visage radieux constellé de taches de rousseur et ses grands yeux verts ! Ensuite, elle était devenue trop triste, il avait fallu l'éloigner... Et Pippa du Toit, qu'il avait fini par aimer si tendrement...

Il s'empara de la photo de son fils bien-aimé, Trevor, et la contempla longuement, intensément.

— Je dois vous protéger, toi et les tiens, mon petit. Rien d'autre ne compte, finalement, murmura-t-il.

Au beau milieu de la nuit, Angelo fut réveillé par une vive douleur dans la poitrine. Il chercha ses gélules à tâtons et en avala deux. En attendant que la douleur disparaisse, il se leva. La nuit était très noire car la chaleur avait amené des nuages qui masquaient la lune.

Trois personnes vont mourir, puis viendra le tour de ton fils, avant même sa majorité, avait prédit Ramona au baptême de Trevor. Et, naturellement, cela s'était réalisé. Elle avait le don de double vue, pas de doute là-dessus. Pippa avait cru à une malédiction lancée sur leurs têtes, mais lui avait bien compris que c'était une prédiction. Après la mort de Trevor, Ramona lui avait pardonné ; elle s'était montrée d'une dévotion sans égale envers la famille.

Il soupira. Il allait devoir tout raconter à Rob. Enfin, presque tout, et le plus tôt serait le mieux. La douleur venait lui rappeler qu'il n'était pas immortel. Il avait toujours repoussé le moment de parler à Rob de ses parents, mais il ne pouvait tout de même pas mourir en laissant derrière lui pareil secret.

Par où commencer ? se demanda-t-il en enfilant sa robe de chambre. Il alluma la lumière du palier et emprunta le couloir menant à la chambre de son petit-fils.

« Commençons par le commencement », murmura-t-il. Mais quand tout cela avait-il vraiment commencé ? Peut-être le jour où il avait plongé son regard dans les yeux rieurs et ambrés de Ramona.

DEUXIÈME PARTIE

Silver Bay, juillet 1941

28

Les vagues étaient ses ennemies. Anges écumants de la mort, elles avançaient en formation, hautes de dix mètres et frangées d'écume, elles déversaient des tonnes d'eau glaciale qui fouettaient le gréement, martyrisaient le pont puis cascadaient vers l'autre bord non sans avoir malmené le peu d'énergie qui subsistait en lui. La mer n'était qu'un immense chaudron bouillonnant de mousse blanche et jaune ; sa visibilité se limitait désormais à la vague suivante, toujours monstrueuse. Le monde était un cauchemar sans issue peuplé de rafales glacées, d'embruns et de bourrasques. Un miracle que le yacht ne se soit pas encore retourné. Angelo essayait tant bien que mal de maintenir le cap ; il ne pouvait se retenir de trembler et ne sentait plus ses mains depuis un bon moment déjà. Le vent lui explosait au visage, lui faisait monter les larmes aux yeux au point de l'aveugler et le submergeait d'embruns glacés. Il s'était attaché au gouvernail en espérant que le bateau ne céderait pas aux assauts des éléments déchaînés.

La tempête avait éclaté sans avertissement, quarante-huit heures auparavant, quelque part au large de la côte sud-africaine. Il n'avait eu que le temps de ferler les voiles et de les plier dans la cale. Depuis, le moteur avait bien calé à dix reprises ; chaque fois il avait réussi à le ranimer, mais il allait bientôt manquer de carburant. Quand il ne pourrait plus barrer, il chavirerait et se noierait. Il était bon nageur, certes, mais aucune terre n'était en vue.

« Sainte Marie Mère de Dieu, sauvez-moi », pria-t-il sans grand espoir. Ce bateau, il l'avait dérobé ; il ne fallait pas se faire d'illusions sur le statut que cela lui conférait aux yeux de la Vierge. Il n'était qu'un voleur.

Il avait subrepticement fui le port de Palmi le lendemain du jour où il avait reçu ses papiers militaires. Au terme d'une longue traversée, il avait franchi le détroit de Gibraltar, par une nuit sans lune, pour virer au sud et coller à la côte africaine pendant quelques semaines, jusqu'à constater, en observant le soleil et la mer, qu'il approchait de l'équateur. Des jours durant il avait péniblement navigué à la voile en transpirant sous le soleil des tropiques pour ménager son carburant au cas où le besoin s'en ferait sérieusement sentir. Sage précaution, de toute évidence.

Ces trois mois de navigation n'avaient guère posé de problèmes. Il s'était nourri de poisson, il avait économisé l'eau. Il avait perdu un tiers de son poids et sa peau s'était tannée. Ses cheveux noirs et bouclés avaient beaucoup poussé, sa barbe lui mangeait le visage et le cou avant de rejoindre la toison de son torse. Et chaque jour il remerciait Dieu de s'être un peu plus éloigné de l'Italie.

La tempête gagnait en violence. Comme la nuit venait, il évalua ses chances et douta de jamais revoir l'aube. Les vagues, gigantesques, étaient trop rapprochées. Le bateau avait beau être solide, il n'avait matériellement pas le temps d'en gravir le flanc avant qu'elles s'écrasent sur lui. Le vent ne cessait d'émettre d'assourdissants gémissements aigus, et sous ses offensives le bateau craquait de toutes parts. Malgré le vacarme ambiant, Angelo entendit soudain un bruit sinistre. Le mât s'était cassé et la moitié supérieure tombait ! Il rentra la tête dans les épaules et voulut plonger de côté, mais le mât s'abattit sur sa tempe et le jeune homme s'effondra, assommé.

La première chose qu'il constata quand il émergea fut le silence. Plus de vent, plus de tempête, seulement une paix totale. Était-il mort ? Puis un cri de mouette retentit. Il ouvrit prudemment les yeux et découvrit un ciel d'azur, sans le moindre nuage. La luminosité lui fit battre les paupières. Il les referma.

Lorsqu'il bougea à nouveau, sa tête lui faisait très mal. Il leva la main pour chercher à localiser la douleur et sentit sous ses doigts quelque chose de visqueux. Il rouvrit les yeux et vit que c'était du sang. Puis il se souvint du mât. Quel miracle qu'il ait survécu ! Il éprouva une bouffée de tendresse pour son embarcation. « Merci », souffla-t-il à l'intention de qui pouvait bien l'entendre.

Il se redressa péniblement en position assise, non sans gémir de douleur ; ses remerciements étaient peut-être un peu prématurés. En fait, le bateau était sur le point de chavirer. Il passa rapidement à l'action ; les doigts gourds, il défit avec difficulté le bout de tissu qui le maintenait attaché à la barre. La panique obscurcissait ses facultés de raisonnement. Il finit par se libérer à force de tortillements et se pencha par-dessus bord. La coque devait être percée. Avait-il une chance de colmater la brèche et de rejeter l'eau à la mer ?

Un coup d'œil dans la cale lui suffit pour abandonner tout espoir. Les canots de sauvetage avaient été emportés et il chercha en vain autour de lui ce qui pourrait servir d'embarcation de fortune : le vent avait nettoyé le pont.

Où pouvait-il se trouver ? Dans quelle direction chercher la terre ? Il plissa les yeux, scruta l'horizon, et tressaillit de joie en croyant distinguer au loin les contours brumeux d'une petite chaîne de montagnes circulaire qu'un nuage masquait partiellement. Était-ce une hallucination ? Déjà il ne la voyait plus. Il frissonna d'appréhension. Puis il se débarrassa de ses bottes et de son ciré et plongea un pied dans l'eau.

Elle était très froide. Quel était donc cet endroit ? Il devait tout de même croiser au large de l'Afrique !

Combien de temps pourrait-il survivre dans une pareille température ?

Alors le bateau frémit comme un homme en proie à des convulsions mortelles puis bascula. Angelo plongea dans les eaux cristallines et glaciales. Il émergea en crachotant et en criant : « Ah ! ah ! bon Dieu, mais qu'elle est froide ! Qu'elle est froide ! » Le son de sa voix de basse le rassura un peu.

Il partit à la nage, mais bientôt le souffle lui manqua et ses membres lui parurent lestés de plomb. Il était assailli de crampes fulgurantes. Il abandonna le crawl pour la brasse et estima sans beaucoup d'optimisme ses chances d'arriver à terre. Le froid s'infiltrait dans ses os, l'engourdissait. Craignant de sombrer dans l'inconscience, il se remit à crawler. Tout à coup, quelque chose lui heurta la jambe. Il s'affola. Des requins ! Un second choc. Il se retourna en fouettant l'eau et découvrit que des phoques joueurs l'avaient entouré et l'observaient, les moustaches frémissantes et les yeux pleins de curiosité bienveillante.

Puis ils s'éloignèrent, et Angelo, se doutant qu'ils devaient se diriger vers une île, les suivit. Il se mit à chanter, calant ses mouvements sur le rythme de la mélodie.

Au bout d'une éternité, la douleur s'insinua dans toutes les parties de son corps — le ventre, la cage thoracique, les genoux, les épaules... C'était insupportable. Il entreprit de compter, sans cesser de chanter, essayant de se remémorer ses opéras préférés. Il avait mal jusqu'au bout des doigts, mais il refusait d'en tenir compte ; il s'imaginait chez lui, écoutant la musique du gramophone de son père. Combien de temps cela dura-t-il ? Une heure, deux, trois, peut-être ? Il n'aurait su le dire. Il avait plongé dans une espèce de transe d'où la réflexion était absente autant que la sensation.

L'obscurité vint ; Angelo prit peur. Peut-être n'était-il pas dans la bonne direction. Il aurait été préférable d'attendre le jour. Il voulut faire la planche, histoire de se reposer un peu, mais fut instantanément saisi par le froid. Il allait perdre conscience. C'était nager ou mourir. Il se remit en mouvement.

Dans un état second, il crut apercevoir au bout d'un moment un rai de lumière sur sa droite ; lointain, ténu, il lui perçait les prunelles. Il hurla et tenta de se hausser en pédalant dans l'eau mais retomba aussitôt ; l'écume qui lui entra dans la bouche faillit l'étouffer. Il recracha et chercha à nouveau la source lumineuse, mais elle avait disparu ; il n'y avait plus que la nuit. Il insista, refusant d'abandonner tout espoir. Là-bas ! Elle était revenue ! Timide, à peine plus qu'une étoile, mais ce pouvait être un phare. Et elle était bien réelle. Au-devant de lui il y avait donc la terre, des humains — la vie !

Il se remit à nager vigoureusement, sans la quitter des yeux. Une heure passa, puis une autre, mais Angelo n'avait conscience que de sa souffrance et de sa volonté : forcer ses membres à lutter. Il était nauséeux, au bord de l'évanouissement, torturé par la soif. Le sel encroûtait son visage, lui scellait les lèvres et lui brûlait les yeux. Son estomac se contractait à cause de l'eau avalée, et de temps en temps il vomissait.

Puis *Nessum dorma* résonna soudain à ses oreilles, et Angelo se retrouva à Spolète. Son père passait un chiffon doux sur le disque et posait précautionneusement l'aiguille sur le premier sillon. *Que nul ne dorme ! Que nul ne dorme ! Comme les autres, ô princesse, dans ta chambre virginale, regarde les étoiles frémir d'amour et d'espoir !*

Tous les soirs, pendant une heure, son père écoutait ses airs préférés avant de se mettre à travailler. Papa si doux, si gentil, si bon et si cérébral ! Angelo le revoyait, voûté sous la lampe, corriger sur la table ancienne les copies de ses élèves en ôtant de temps en temps ses lunettes pour les nettoyer avec son mouchoir. Sa mère venait déposer un baiser sur le sommet de son crâne en l'enveloppant de ses longs cheveux noirs. « Tu travailles trop, mon chéri, disait-elle invariablement. Viens te coucher, il est tard. » Comme elle l'avait aimé ! Tous trois avaient formé une famille soudée face au mépris de leurs concitoyens.

Le grand-père d'Angelo avait dilapidé les derniers biens de la famille, à l'exception des vignes et de la demeure familiale, réparties entre les divers héritiers. Dès ses études achevées, son père était entré dans l'enseignement ; il avait fini directeur d'école. La vieille maison avait été divisée en appartements et mise en location. La mère d'Angelo avait endossé son rôle de propriétaire encaisseuse avec une énergie étonnante. Papa avait fait de son mieux pour être bon professeur et mettre en garde ses élèves contre les maux du régime fasciste. Mais Mussolini avait pris le pouvoir en octobre 1922, juste à la naissance d'Angelo. Entretemps, la moitié des élèves avaient quitté l'école parce qu'ils n'appréciaient pas les propos de son père, qui pourtant n'avait jamais abdiqué. Pendant dix-huit années il s'était battu pour ses idées, pour son amour de la démocratie et de la dignité.

Angelo le revoyait, debout sur son estrade, parler de la dignité et des droits de l'homme devant un hall d'école plein à craquer. Cet homme qui respectait tout un chacun était l'exemple vivant des principes qu'il enseignait. Il avait montré un tel courage, une telle décence quand les fascistes étaient venus le chercher à l'école ! Angelo, assis au premier rang, avait eu peur pour eux deux. À compter de ce jour funeste, il n'avait plus cessé de parlementer, de soudoyer les gens bien placés, de menacer les uns et de supplier les autres, tout en pleurant l'absence de son père.

Ce souvenir si présent à son esprit finit par se dissiper dans la nuit marine. Tout à coup, il se sentit extrêmement seul, plus qu'il ne l'avait jamais été. Il céda à l'angoisse de ne pouvoir atteindre le rivage.

Il se laissa porter, la tête dans l'eau, attendant le moment inévitable où le froid et le sommeil auraient raison de lui. Il revit la cour de l'école, la foule lançant sarcasmes et insultes. Son père aveuglé par un bandeau, attaché par les bras à un poteau. Lui pleurait tant qu'il ne distinguait presque plus l'homme au visage dissimulé par un sac qui oscillait sous ses yeux. Sa mère le serrait contre elle en tremblant de tous ses membres. À la seconde où ils l'avaient vu tressauter violemment tandis que retentissait une rafale, elle avait poussé un hurlement de douleur, sursauté comme si c'était elle qu'on venait de fusiller, et s'était effondrée, sans connaissance.

Deux ans plus tard, elle avait épousé le maire du village, l'assassin de son mari.

Tant de souvenirs... Il fallait qu'il leur échappe, qu'il s'en sorte. Il se mit à crawler rapidement, déterminé à se battre pour la vie, la vie nouvelle qui l'attendait. Il nageait vigoureusement, de plus en plus vite. Pour lui, l'Europe était morte. Il était en route pour une terre vierge, il tournait le dos aux querelles et aux rancunes séculaires, à la férocité de la politique, à la cruauté des êtres et à l'inconstance des femmes.

Le lendemain du remariage de sa mère, ses papiers militaires étaient arrivés. On attendait de lui qu'il se batte aux côtés des assassins de son père. Alors il avait quitté le domicile de son beau-père et gagné le port voisin de Palmi, où il avait passé deux jours à observer les yachts. Enfin il avait fait son choix. Un voilier laissé là par de riches touristes anglais, qui servait occasionnellement au capitaine du port.

Angelo entrait peu à peu dans le règne du semi-conscient. La douleur était toujours là, mais il en était comme détaché. Quand il revint à lui, il faisait jour. Il découvrit alors un spectacle qu'il ne devait plus jamais oublier : un anneau de fières montagnes aux flancs gracieusement incurvés qui, coiffées de rose sur fond de ciel bleu acier, enserraient une baie aux eaux turquoises. Était-il encore sur Terre ou était-ce le paradis ? Il n'avait jamais rien vu d'aussi beau, mais ses forces déclinaient rapidement ; il perdait conscience. Il ne savait pratiquement plus ce qu'il faisait.

L'aurore se levait sur Silver Bay. Ramona arpentait le petit jardin, devant sa minuscule maison. Elle se sentait nerveuse, sans pouvoir dire pourquoi. Elle prit une brusque décision, noua ses cheveux en chignon au sommet de sa tête, attrapa ses sandales et descendit sur le quai.

Gideon, son jeune époux, réparait sur la plage le filet communautaire. Plus tard il partirait à la rame le tendre à travers la baie, où il flotterait sous son chapelet de bouées jusqu'à la tombée de la nuit ; les villageois joindraient leurs efforts pour le ramener au bout de deux cordes amarrées aux extrémités de la plage. Ensuite ils se partageraient les sardines et les maquereaux. Tout le monde recevait sa part, si modeste soit-elle. Gideon, le meilleur rameur du village, ramènerait chez lui les plus belles pièces.

— Mets la barque à l'eau, lui ordonna-t-elle, haletante.

— J'ai à faire, grogna-t-il. Les filets ne sont pas en état. Qu'est-ce qui te prend ?

Elle s'élança sur la plage et poussa à la mer la petite embarcation de son mari.

— Hé ! Mais enfin, qu'est-ce qui se passe ?

Il s'efforça de la rattraper.

Quelque chose les liait — quelque chose d'inexplicable. Lui n'avait pas le don de double vue, mais ce qui les unissait l'aidait à comprendre sa femme. Sans ce sombre regard intensément rivé au sien, il aurait argumenté. Tout le monde savait que c'était une sorcière.

— Ne me pose pas de questions... Je ne sais pas... Je ne sais pas..., murmura-t-elle. Tout ce que je sais, c'est que nous n'avons pas beaucoup de temps. Alors rame, Gideon. Rame de toutes tes forces.

— Dans quelle direction ?

— Je l'ignore. Quelque chose nous attend là-bas.

Il soupira et empoigna les rames.

— J'ai entendu un appel : « Au secours ! Aidez-moi et je vous aiderai à mon tour. » Elle regarda vers le large en secouant la tête puis se retourna vers son mari, souriante. Nous connaîtrons la détresse, la douleur et la mort, mais tel est notre destin. Car là-bas nous attend le destin..., le tien et le mien.

Elle continua à marmotter en scrutant la mer ; elle vibrait sous l'effet passionné de son étrange vision. Gideon l'aimait à en perdre la tête. Elle était son soleil et il gravitait autour d'elle telle une lune irradiant l'adoration. Ainsi évoluaient-ils en se complétant mutuellement au sein de leur constellation personnelle, que leurs sempiternelles chamailleries n'assombrissaient jamais bien longtemps. Les mots, les actes n'étaient même pas susceptibles d'égratigner la surface de leur amour, qui s'enracinait en eux comme un puits sans fond pour atteindre au-delà de leurs deux esprits fantasmés, bien au-delà de cette vie-ci, d'autres existences oubliées. Au-delà de l'espace et du temps. C'était en tout cas ce qu'elle lui répétait à l'envi, et il la croyait.

Il ramait, le dos en feu, persuadé que ses bras allaient se déboîter. Les villageois avaient dû tendre le filet sans lui et cela l'ennuyait. On ne voyait que des phoques et quelques pingouins ; à un moment, un banc de dauphins apparut au loin, vers la pointe du Cap. Gideon déduisit de la position du soleil qu'il était environ onze heures. Cela lui donna faim et le mit en colère.

— Comment peux-tu être bête à ce point ? jeta-t-il.

Mais, en fait, c'était contre lui-même qu'il était fâché. Il avait honte de sa faim, de sa soif et de ses membres endoloris. La voix de la jeune femme l'apaisa.

— Nous y sommes. Tiens-toi encore un peu tranquille. Ne fais pas de bruit. Elle mit les mains en porte-voix et appela : Ohé ! Qui est là ? Où êtes-vous ? Il y a quelqu'un ?

Alors ils virent non loin d'eux un homme qui avançait par saccades, en battant des bras comme un vieux moulin à vent rouillé. Ballotté par la mer, c'était à peine s'il progressait. Aux étranges gémissements qu'il poussait, on aurait dit quelque bizarre créature marine.

— Qu'est-ce que c'est ?

— Mais un homme, voyons !

— Qu'est-ce qu'il fait si loin du rivage ?

— Sans doute un naufragé. Je vais tenir les rames. Hisse-le à bord.

Elle se pencha d'un côté pour équilibrer le bateau pendant que Gideon remontait Angelo à la force des bras. Dès qu'il eut franchi le plat-bord, ce dernier vomit un jet d'eau de mer dans l'embarcation. Ramona le plaqua au fond et s'étendit sur lui pour le réchauffer.

— Rame, Gideon ! Sa vie en dépend.

Elle contempla le géant endormi et sut qu'elle n'oublierait jamais cet instant. Sa beauté lui donna un coup au cœur. Son évanouissement n'empêchait pas la jeune femme de ressentir la puissance et la détermination qui émanaient de lui. Il avait un visage large, un grand front où adhéraient ses boucles, des sourcils noirs étonnamment rectilignes et de longs cils. Le nez était court et droit, les narines bien évasées, les lèvres sensuelles et le menton obstiné, volontaire. Elle ne pouvait détacher les yeux de lui tant elle en subissait la séduction brute et irrésistible. Son regard s'attarda sur le cou puissant et musculeux du rescapé, sur son corps souple mais plein de vigueur.

Alors le visage du jeune homme parut se modifier sous ses yeux. Il devenait flou. Ce fut un autre homme qui leva les yeux sur elle, toujours aussi jeune, fort et décidé, mais subtilement différent, issu de leurs sangs et de leurs semences mêlés, un héritier digne des dieux élevé dans le pouvoir et l'opulence pour prendre un jour la tête d'un vaste empire. *Sa semence à lui, sa semence à elle*. C'était cela. La voie lui était montrée, maintenant. Voilà pourquoi elle avait reçu cet appel. Il fallait qu'elle le sauve. Telle était sa destinée.

Ramona frissonna. C'était chaque fois la même chose. Elle ne sentait plus battre le cœur du noyé mais ne pouvait pas le laisser mourir. Alors elle arracha sa blouse et sa jupe, colla contre lui son corps chaud et insuffla la vie directement dans ses poumons, en puisant la force dans les cieux.

Quand ses membres revinrent à la vie, ils lui causèrent une souffrance intolérable qui gagna toutes ses terminaisons nerveuses, tous ses muscles, ses os, et jusqu'au moindre tendon. Il gémit, se convulsa puis ouvrit les yeux. Il découvrit alors un spectacle qui lui coupa le souffle et l'obligea à ravaler ses cris. Un visage d'ange, d'un ovale parfait et au teint café au lait, encadré d'une cascade de cheveux de jais. Des sourcils épais et bien droits, des lèvres lie-de-vin, des dents blanches et régulières, un sourire de mère couvant son enfant du regard. Il fut happé, impuissant, par le pouvoir de ces étranges yeux noirs, curieusement translucides et comme éclairés de l'intérieur qui le bombardaient d'amour. Leur chaleureuse luminosité le réconforta. Il se sentit en sécurité. Il pouvait faire confiance à cette femme. Il s'autorisa à replonger dans les ténèbres de l'inconscience.

29

Le naufragé se remit bien vite, car il était robuste de nature. *Le plus dur reste à vivre*, songeait Gideon en le regardant ramener les filets. Les gens du village l'appelaient le « Boy de Gideon » parce qu'il ne se lassait jamais de le suivre comme un petit chien du matin au soir, donnant un coup de main chaque fois qu'il pouvait. Il s'était remplumé, remusclé ; sa peau était saine, sa chevelure longue et tout en bataille ; il ressemblait tant aux autres métis qu'on ne lui prêtait guère attention.

Si on l'appelait Boy, c'est qu'il n'avait pas voulu dire son nom. *Ou n'a pas pu*, songeait Gideon en l'observant. Il apprenait à parler comme un enfant, acquérant peu à peu les intonations chantantes des métis du Cap, leurs expressions colorées, voire grossières, mais toujours pleines d'humour, le tout sans une pointe d'accent étranger ; cela dit, tout le monde avait deviné qu'il n'était pas du pays. Quant à son esprit, il était en hibernation. En sortirait-il un jour ? En le voyant traîner derrière lui comme un zombi, Gideon en doutait. Pour lui, le cerveau du boy avait irrémédiablement souffert. Il avait déjà vu cela. Il l'affirmait souvent, mais Ramona lui répétait sans se lasser : « Patience. Il lui faut du temps. »

Les mois passèrent, et même Ramona commença à se demander si son don de double vue ne lui avait pas joué un tour. Tout l'été, Boy s'était promené au hasard sur la plage en pêchant, en ramassant des coquillages et en jouant avec les enfants et les chiens du village.

Le troisième mercredi d'octobre, Gideon et son ombre passèrent la matinée à pêcher. La prise ayant été bonne, on envoya Boy au comptoir local vendre le poisson ou l'échanger contre du vin.

En arrivant près des boutiques, il croisa une équipe de prisonniers de guerre italiens qui creusaient une tranchée. Il s'arrêta sur le trottoir pour les écouter et comprit tout ce qu'ils disaient.

Comment était-ce possible ? Qui était-il donc ? Comment était-il arrivé jusque-là ? Alors tout lui revint d'un coup : sa funeste aventure, la tempête, le naufrage, le long trajet à la nage... Les images se présentèrent à son esprit comme autant de coups ébranlant son subconscient, qui se libéra brutalement de son fardeau. Il s'effondra sur le trottoir mais parvint à se relever et se traîna jusqu'à la plage. Il se laissa tomber dans le sable comme un vulgaire *skolly* [1] et personne ne fit attention à lui.

Le soleil atteignit son zénith puis entama lentement sa course vers l'horizon et enfin se coucha. Peggy Cohen, qui tenait un café au bord de la plage, vit le triste état dans lequel se trouvait le boy de Gideon et dépêcha Jimmy, son homme d'entretien noir, avec pour mission de le ramener dans le jardin, derrière son établissement. Elle contempla ce *skolly* avec un mélange de pitié et de mépris pendant que sa fille le regardait avec la même attention, un doigt dans le nez.

— C'est un pochard et je t'interdis d'approcher ces gens-là, la sermonna Peggy. Elle secoua Angelo par l'épaule. Il faut rentrer chez vous, maintenant. Si la police vous trouve encore dehors après le coucher du soleil elle vous bouclera. Elle lui apporta du café très

1. Vagabond métis. Désigne souvent un ivrogne. *(N.d.T.)*

sucré et une pile de sandwiches de la veille. Mangez ! le pressa-t-elle. Vous vous sentirez mieux après.

Gideon le retrouva enfin, avançant d'un pas mal assuré sur la plage en direction du village des pêcheurs. Angelo le regarda comme s'il le voyait pour la première fois. Dans ses yeux profondément enfoncés et surmontés de sourcils broussailleux se lisait toute une gamme d'expressions changeantes allant du mépris à l'humiliation, en passant par l'orgueil, la servilité, l'hostilité... Étrange alliage de violents contrastes, la douceur et la compassion le cédant tout à coup à la férocité comme le vent change de direction. La cruauté n'en était pas absente, et, à certains moments, toutes ces émotions s'exprimaient de façon simultanée. Son front était curieusement étroit pour un homme de cette carrure ; sa tête était assez plate tandis que sa mâchoire et ses pommettes avaient tendance à saillir. Quant à son nez, considérablement épaté, il était pourvu de narines béantes d'où sortaient des poils roux tout bouclés. Ses lèvres pleines dessinaient une moue boudeuse et le plus clair de son visage était mangé par un mélange bizarre de bouclettes brun-roux, alors que sa moustache tombante, blond vénitien, lui donnait un air malveillant.

Angelo se rembrunit ; cet homme devait avoir des poux. C'était même assez probable. Quand il arriva à la maison, il alla droit à sa chambre et se regarda fixement dans l'éclat de miroir que Ramona avait posé sur la commode.

— *Dio mio !* s'exclama-t-il d'une voix soudain autoritaire.

Il fronça les sourcils et se gratta la barbe. Oh, merde ! Tu parles d'une tête !

Puis il se rappela qu'il ne jurait jamais, pas même en anglais, langue qu'il avait apprise ici, et se promit de ne plus jamais prononcer un mot d'italien pour ne pas se retrouver à creuser des fossés sur les bords des routes.

— Dis donc, Gideon ! Tu me prêterais un rasoir ? lança-t-il.

Ramona et Gideon accoururent. Tout à coup, ils étaient face à un étranger. Ramona le serra timidement dans ses bras pendant que Gideon lui administrait une bourrade sur l'épaule.

— Eh bien, quoi ? demanda Angelo, je vous signale que j'habite ici depuis près d'un an, quand même. Prête-moi un rasoir, Gideon.

— C'est peut-être pas une bonne idée, mon vieux. Parce que si tu la rases, ta saleté de barbe, tes joues vont r'ssembler à tes fesses. Tu s'ras blanc comme un putain d'immigré, si tu vois ce que je veux dire. Hein, Boy ?

Angelo éclata de rire.

— Je m'appelle Angelo. Depuis combien de temps suis-je là, au juste ? Quel jour on est ?

Quand ils lui annoncèrent qu'on était le 22 octobre 1941, il se rappela que c'était son anniversaire. Il avait dix-neuf ans.

Ramona, qui n'avait guère besoin de prétexte pour faire la fête, confectionna une grande casserole de poisson à la tomate. Ils tuèrent le vieux coq et en firent un plat épicé accompagné de riz, de potiron, de petits pois et de patates douces à la cannelle. Gideon acheta un bidon de cinq litres de mauvais vin rouge, bien rude et bien fort, et voisins et amis vinrent se joindre aux réjouissances.

« Quelle manne céleste ! » commenta rêveusement Angelo. Il y avait en effet de la nourriture en abondance : chacun avait apporté sa contribution. Minuit venu, il y avait déjà eu quatre vilaines bagarres, mais on avait aussi beaucoup dansé. Plusieurs pêcheurs avaient amené leurs guitares et tout le monde chantait en se trémoussant ; la musique était débridée, libre, enchanteresse. Les filles des environs affluaient comme par magie, vêtues de leurs plus jolies jupes qui s'enflaient et virevoltaient au gré de leurs évolutions. Aussi, à la fin de la soirée, les hommes du village étaient-ils tous rassemblés autour de chez Ramona, à s'amuser et à flirter au clair de lune.

Angelo avait l'impression de les voir pour la première fois. Et il les aimait. Tous. Ils étaient sans ressentiment ni malice. Simples, bons et confiants, ils adoraient chanter, danser. Même leur accent était chantant.

Les premières lueurs de l'aube vinrent caresser les dunes ; la plupart des invités étaient partis, les autres ronflaient dans le jardin. Gideon gémissait dans un coin en se tenant la tête. Angelo le prit par la main et tendit l'autre à Ramona.

— Mes amis, je vous remercie de m'avoir sauvé la vie, de m'avoir caché chez vous et de vous être occupés de moi.

Quand il se retrouva dans le silence de sa chambre, il fit le vœu solennel de rembourser les villageois au centuple pour la bonté qu'ils lui avaient témoignée.

Oui, mais comment ?

Angelo vécut quelques jours d'angoisse. Il posait un regard attristé sur la pauvreté de ses nouveaux amis. Il voyait bien à quel point leur vie était dure, à quel point ils manquaient de tout. La plupart n'avaient jamais mis les pieds chez le dentiste et rares étaient ceux qui avaient encore toutes leurs dents. Les hôpitaux publics leur dispensaient les soins de base, mais ils étaient rudimentaires. La polio, la tuberculose faisaient des ravages, et la méningite tuait encore beaucoup d'enfants.

Ils avaient beau vivre au bord d'une mer regorgeant de poisson, de coquillages et de crustacés, ils étaient en permanence à la limite de la famine. Ils ne vivaient que de la pêche, à quoi s'ajoutaient quelques piécettes grignotées çà et là auprès de la communauté blanche, d'ailleurs peu nombreuse, en rémunération d'emplois temporaires. Quand la mer était trop grosse, ils n'avaient presque rien à manger ; alors ils calmaient leur faim en fumant de la *dagga* cultivée dans les montagnes, en toute illégalité. *Ce qui explique peut-être leur perpétuelle bonne humeur*, songeait Angelo en voyant les heureux détenteurs d'un travail stable boire la totalité de leur salaire le vendredi soir puis se réveiller le lendemain avec une gueule de bois dévastatrice. Dans l'ensemble, ils vivaient dans le présent sans jamais penser à demain, comme des enfants au jardin d'Éden. Pourtant, il y avait de quoi fournir à tous du travail et un logement. Il suffisait de réunir un capital de départ ; mais par quel moyen ?

— Ce qu'il nous faut, annonça-t-il un jour à Gideon, c'est un chalutier.

L'autre rit à gorge déployée.

— Mon vieux, j'crois bien que ta cervelle s'est rouillée pendant ton séjour dans l'eau salée, finalement ! dit-il en se donnant des claques sur la cuisse.

À compter de ce jour, Angelo se mit à fréquenter tous les dimanches l'église catholique. Le père Mooney avait un fort accent irlandais, et, à force d'écouter ses sermons, Angelo en conclut qu'il n'aimait guère les immigrés d'origine britannique. Cependant, comme il fallait bien qu'il se fie à quelqu'un, un mercredi soir il prit son courage à deux mains et alla le trouver au presbytère. C'était un homme de haute taille, avec un visage chafouin et des yeux bleus perçants.

— Que puis-je pour vous, mon fils ? demanda-t-il avec douceur.

— J'ai besoin d'aide, mon père.

— Et vous vous appelez... ?

— Ange.

— Voilà un très saint nom, mon fils, répondit l'autre en s'efforçant de réprimer un sourire. Vous n'êtes pas catholique, si ?

— Bien sûr que si. Que ferais-je ici, sinon ?

— Bizarre... Il fronça les sourcils et Angelo vit bien qu'il ne le croyait pas. Je ne connais pourtant aucun catholique au port. Cela dit, on peut y remédier facilement ; il ne coûte rien de le devenir.

— C'est que... je ne suis pas d'ici, commença prudemment Angelo.

— Pourtant, vous en avez le physique et l'accent, mon fils.

Comme le prêtre affichait un certain malaise, Angelo lui dévida toute son histoire, sans rien omettre : le combat solitaire de son père contre les fascistes, qui l'avait conduit à sa perte ; sa désertion précipitée à l'arrivée de ses papiers militaires, son interminable équipée le long des côtes d'Afrique, son naufrage à bord du bateau volé, son sauvetage par Gideon et Ramona...

— Voyez-vous, mon père, je ne pouvais concevoir de me battre pour une cause qui avait entraîné l'anéantissement de ma famille — une cause diabolique, en outre, expliqua-t-il d'une voix cassée par l'émotion.

— Puis-je maintenant connaître votre vrai nom ?

Après un moment d'hésitation, Angelo le lui révéla. Il fallait en passer par là.

— *Dominus vobiscum*, lui dit doucement le prêtre.

— *Et cum spirito tuo*, répondit-il du tac au tac.

— Et maintenant, Angelo, asseyez-vous là et laissez-moi réfléchir.

Le prêtre était originaire de Dublin, mais sa grand-mère était à moitié italienne. Il prit le parti du jeune homme.

— Si vous vous rendez aux autorités, vous serez emprisonné jusqu'à la fin de la guerre. Or, comme il y a des fascistes parmi les prisonniers de guerre et autres internés politiques, vous serez considéré comme déserteur. Vous ne survivrez pas aux camps. Le regard du père se durcit. C'est le ciel qui a guidé vos pas jusqu'ici, mon fils. Mon devoir devant Dieu est donc de vous porter assistance. Il se trouve que je peux vous obtenir des papiers d'identité irlandais. Entre-temps, ne vous faites pas remarquer ; continuez à mener la même vie, venez vous confesser régulièrement. Nous nous reverrons dans un mois. À ce moment-là, je vous remettrai vos nouveaux papiers.

Un mois plus tard Angelo devenait Angelo Morgan, de père dublinois émigré et de mère afrikaner, tous deux tués dans un accident de voiture. Leur enfant imaginaire avait été prétendument confié à un orphelinat catholique privé.

— Vos « parents » ont réellement existé. Il serait sans doute bon de déposer de temps en temps des fleurs sur leur tombe, mon fils, puisqu'ils vous ont prêté leur nom jusqu'à la fin de la guerre, lui recommanda le père Mooney au moment des adieux.

En s'agenouillant devant la simple croix en pierre marquant l'emplacement de la dernière demeure des Morgan, au cimetière catholique d'Athlone, Angelo s'efforça sincèrement de se représenter ce que serait devenu le couple s'il n'y avait pas eu l'accident. Puis il plaça un bouquet d'agapanthes sauvages et de romarin entre les fleurs en cire sous globe qui ornaient déjà la tombe.

Sous sa nouvelle identité, il était un homme libre ; il pouvait s'employer où il voulait. Il se sentait plein d'énergie, comme pour compenser son année perdue. Gideon se moqua de lui quand il fut embauché comme simple matelot sur un baleinier, toujours dans l'espoir de se constituer un capital.

— Ils disent tous ça ! s'esclaffa-t-il. Mais en fait, quand tu reviendras, tu claqueras tout dans les bars et avec les femmes. C'est toujours comme ça.

Il se trompait. Quand Angelo revint des contrées polaires, quatre mois après, il était l'heureux possesseur de cinq cents livres, avec lesquelles il acheta un hors-bord de six mètres pourvu de deux bons moteurs, de viviers à langoustes et d'un chalut.

— À quoi bon pêcher la langouste ? Tu ne pourras rien en faire, assura Gideon. Silver Bay fourmille de poisson et de homards.

Ce qui n'était pas faux.

Aussi Angelo emprunta-t-il de façon permanente la

bicyclette du prêtre pour proposer au porte-à-porte le produit de sa pêche. Les ménagères de Silver Bay furent charmées par son physique viril et séduisant ; elles lui achetèrent tant de poisson et de crustacés que le boucher finit par se plaindre. Angelo en vint bientôt à livrer les hôtels et les hôpitaux de la région, dans un rayon de trente kilomètres. Comme cela lui prenait tout son temps, Gideon se mit à sortir en mer avec un ami à bord du bateau.

— Si seulement nous avions un peu d'argent de côté, se plaignit Angelo un soir devant Ramona, qui enduisait d'un baume apaisant ses muscles endoloris. On pourrait acheter une camionnette, un autre chalutier ; monter un atelier de conditionnement, embaucher du monde. Approvisionner les navires militaires venus du Cap ! s'enthousiasma-t-il en laissant libre cours à ses rêves. Si on perd du terrain, c'est parce qu'on ne peut pas acheminer le poisson à temps. En revanche, on pourrait le congeler ! s'exclama-t-il, tout excité, en sautant sur ses pieds. Mais oui, j'aurais dû y penser plus tôt ! Voyons, combien peut coûter un congélateur d'occasion ?

Trop cher, devait-il constater le lendemain matin.

Le directeur de la banque, un Anglais proche de la retraite, conservateur et introverti, ne sut que faire de sa requête.

— Mais monsieur..., l'interrompit Angelo après que l'autre l'eut pris de haut pendant dix minutes, pourquoi ne pas vous garantir sur mon bateau ?

— Vous me dites qu'il n'est même pas assuré. Alors que se passera-t-il s'il coule ? Vous ne présentez pas les garanties suffisantes, Mr. Morgan. Et maintenant, si vous voulez bien m'excuser...

— Vous le regretterez ! gronda Angelo. Un jour, toute la ville sera à moi.

Il sortit à grands pas, en proie à une fureur incontrôlable. Il fallait qu'il trouve de l'argent. Mais où ?

À Silver Bay, il ne se passait pas grand-chose.

L'année 1942 vit l'arrivée d'Anglais amateurs d'équitation qui s'installèrent dans de petites fermes à étables, échelonnées le long de la rivière, puis d'artistes établis dans de jolies maisonnettes blotties au bord de la baie. Les montagnes s'enorgueillissaient d'une mine d'argent et la vallée proprement dite de quelques fermes laitières, à quoi il fallait naturellement ajouter le petit port de pêche et la scierie. On pouvait y trouver du travail pour deux livres la semaine, mais à ce rythme il aurait fallu une existence entière — et quelle existence ! — pour amasser le capital dont Angelo avait besoin. Ce qui le menait au bord du désespoir.

Sur ce, un dimanche, toute la vallée fut tirée du sommeil à deux heures du matin par les cloches de l'église. Un navire transportant des aliments, du bétail et vingt-six soldats de la Royal Air Force britannique avait été drossé sur les écueils d'Oudebaai, une plage hérissée de rochers située au pied des hauts monts Bobbejaan, cernée par des kilomètres de falaises dont la végétation rase n'offrait quasiment pas de prise. Le bateau coulait rapidement, et l'on appelait tous les hommes valides à l'aide. L'unique voie d'accès était une piste gravillonnée ceignant la montagne, qui s'arrêtait cinq cents mètres au-dessus de la plage. Les villageois transportèrent le matériel demandé jusqu'au rebord en surplomb et regardèrent d'un mauvais œil la descente périlleuse qui les attendait ; il fallait se frayer un chemin dans d'épaisses broussailles épineuses puis affronter la falaise de granit nu très glissante jusqu'à la mer traîtresse.

Angelo et Gideon avaient repéré les fusées de détresse vers dix heures ; ils étaient allés chercher d'autres habitants du village et tous étaient venus regarder le remorqueur du Cap se faire refouler inlassablement par les vagues puissantes qui allaient s'écraser au pied de la falaise. À deux heures, une vague plus forte que les autres avait soulevé le cargo en perdition pour le déposer sur une saillie rocheuse avec un bruit de tonnerre qui se répercuta dans toute la montagne. Il resta moitié dans l'eau, moitié sur son perchoir précaire, entouré de volutes d'écume, tandis que les vagues s'écrasaient sur ses ponts.

Soldats et équipage s'étaient regroupés sur le pont supérieur en se retenant les uns aux autres ainsi qu'au bastingage ; ils agitaient frénétiquement les bras en direction des lumières qu'ils voyaient briller au-dessus de leurs têtes. Leurs appels à l'aide se perdaient dans les rugissements de la mer. Abandonner le navire aurait été suicidaire : ils auraient été précipités sur les rochers. Dans leurs cages, entreposées sur le pont, des moutons poussaient des bêlements déchirants.

La quasi-totalité des villageois était sur la falaise. On lançait des fusées éclairantes, on braquait torches et jumelles sur ces hommes qui semblaient perdus. La vedette de sauvetage était arrivée, mais les brisants l'empêchaient d'approcher.

C'est alors qu'on vit une silhouette descendre le long de l'à-pic, une corde passée autour de la taille. À l'autre bout, Gideon, qui la dévidait progressivement, et Ramona, qui éclairait le tout avec une torche électrique.

Les Blancs voulurent savoir de qui il s'agissait — apparemment, un alpiniste confirmé. Soudain, une vague géante le balaya. Lorsqu'elle se retira, on le vit suspendu au-dessus des rochers, cherchant un appui sous ses pieds tout en essuyant les assauts répétés des vagues.

Un murmure se répandit parmi l'attroupement : l'homme se balançait comme un pendule à proximité de la proue. Tout à coup, il parut se catapulter dans les airs pour atterrir sur le pont. Alors il attacha la corde au bastingage et fit signe à ses camarades. D'autres filins prirent rapidement le même chemin, et bientôt on hala tout l'équipage jusqu'au sommet de la falaise. Les hommes y prirent pied un par un, terrorisés, meurtris, ensanglantés ; l'un d'eux avait le bras cassé. Ils étaient tous en état de choc, sans parler de l'hypothermie, et on les convoya sans attendre vers l'hôpital le plus proche, à l'arrière d'une camionnette.

Angelo resta seul sur le pont du bateau. Par gestes, il demanda à Gideon de descendre sur la plage.

La tempête se calmait ; il estima que le bateau tiendrait plusieurs semaines avant de se disloquer. Le risque majeur était qu'il glisse de son perchoir. Il ouvrit les cages puantes des moutons et attendit le lever du jour.

Aux premières lueurs de l'aube, le vent soufflait toujours. Le navire oscilla dangereusement à une ou deux reprises. Puis il y eut enfin une accalmie. Angelo fit passer les bêtes par-dessus bord ; elles se mirent à tourner en rond au niveau de la proue en grattant du sabot et en poussant des bêlements piteux. Angelo garda pour la fin un mâle de belle taille. Il lui noua une corde autour du cou et sauta à terre à son tour. Terrifié, l'animal essaya de lui monter sur le dos mais il l'écarta et se dirigea d'un pas décidé vers la plus proche faille dans les rocs en le tirant derrière lui. Ainsi qu'il l'espérait, les autres suivirent. Gideon l'attendait sur la plage ; à eux deux, ils réussirent à faire remonter le petit troupeau au sommet de la falaise. Avant midi ils les avaient revendus pour une livre pièce à un fermier du coin, qui ne posa pas de questions.

Angelo était ravi de ses cinquante livres. Elles représentaient l'acompte à verser pour l'achat d'un congélateur.

Le dimanche suivant, à l'église, Angelo apprit que le village de Silver Bay avait reçu les félicitations du gouvernement britannique. Le prêtre fit un sermon passionné à l'occasion duquel il demanda à ses ouailles de se montrer généreux envers l'audacieux jeune homme qui avait risqué sa vie.

La communauté aisée, se sentant coupable d'être restée passive dans l'aventure, contribua largement au fonds spécial du prêtre. Ce fut un Angelo pâle et tremblant d'émotion qui se vit remettre deux cents livres de la main de Mooney ; plus qu'assez pour une camionnette d'occasion et un congélateur.

— Cette fois-ci, ça y est, l'affaire est montée, annonça-t-il, toujours aussi éberlué, à Gideon et Ramona quand il revint de l'église. C'est le début de la fortune. À partir d'aujourd'hui, nous ne regarderons plus jamais en arrière.

30

Il y avait dix jours que le toit de tôle ondulée de Gideon craquait et gémissait sous le martèlement incessant de la pluie et de la grêle. C'était sinistre. On était en juin, au cœur d'un hiver particulièrement rude. Le soir tombait. Ramona grommelait et buvait trop de vin bon marché. Les gens du coin supportaient mal le mauvais temps. Ils se terraient dans leurs lits, essayaient de tirer au flanc ; mais il allait leur montrer, lui ! Il avait équipé ses employés de cirés, de bonnets et de bottes en caoutchouc. Ils n'avaient aucune excuse pour arriver en retard le matin, même s'il faisait sombre. Mais, avec Ramona, Angelo se heurtait à un mur. Le froid la déprimait ; il ne comprenait pas bien pourquoi, mais force était de constater que les intempéries la mettaient sur les nerfs.

— Autrefois, je me réjouissais quand on ramenait du poisson, dit-elle tout bas.

Elle se tourna à demi, et, à la lumière de la lampe, il se dit encore qu'elle était vraiment belle. Ses yeux luisaient, leur blanc répondant à l'éclat nacré des grappes de perles qu'elle portait aux oreilles. Sa peau était lisse et douce, ses cheveux noirs cascadaient sur ses épaules nues. La seule ombre au tableau était le pli amer qui déformait sa bouche. Depuis quelque temps, elle utilisait un rouge à lèvres sombre qui semblait mettre en valeur ses humeurs du moment en rendant sa bouche aussi expressive que ses yeux.. Chaque tressaillement d'intérêt ou d'humour, chaque petite déception se traduisait aussitôt sur ses lèvres mobiles.

— Tu sais, Angelo, avant je regardais les petits corps argentés des poissons frétiller follement dans les rets, quand on les ramenait, et j'avais de la peine pour eux. J'essayais d'évaluer l'importance de la pêche, mais en même temps je priais pour les poissons. Je les bénissais jusqu'au dernier tant je les trouvais beaux. Je les aimais de tout mon cœur. Oui, je les aimais. Ils nous apportaient la vie ! Il y en avait toujours un pour nourrir le vieux Jimmy jusqu'à la semaine suivante ; c'était le festin garanti pour les Hendricks, constamment affamés ; cela voulait dire que Freda aurait du lait pour son bébé et que le petit Jamie recevrait un *bokken* pour son anniversaire. Tu te souviens ?

Elle se tut et des larmes brillèrent dans ses yeux. Angelo tenta de la comprendre, en vain.

— Et, maintenant, je les déteste, ces bestioles ! Que sont-elles devenues ? Des filets de poisson sans âme, voilà ! Des tas d'entrailles puantes ! Des milliers d'écailles qui se collent partout ! Et moi aussi, maintenant, je pue ! Tiens, sens mes mains. Ignoble ! J'ai beau me récurer, rien à faire pour m'en débarrasser. Et je ne parle pas du bruit... Les caisses qui se cognent, les filles qui piaillent et s'interpellent ! Et puis le sol glissant, les tuyaux d'arrosage, le froid, l'indifférence des humains devant la mort de ces créatures. Mais on ne peut pas le leur reprocher, après tout, hein ! Ce ne sont pas de *vrais* poissons — juste des filets, des kilos de filets de poissons !

Elle vida son verre et s'en versa un autre.

— Jadis, le prêtre descendait au port, le soir, pour bénir la pêche ; et nous, dans nos petites têtes, on bénissait aussi les pauvres poissons. Maintenant, je les hais.

Elle eut un hoquet et les commissures de ses lèvres s'affaissèrent. Elle en devenait presque laide.

— Peut-être, rétorqua Angelo en s'efforçant d'adoucir quelque peu son habituel ton bourru. Il aurait tant voulu qu'elle loue sa réussite ! Mais tu as un réfrigérateur, maintenant. Et des tas de robes neuves. Et tes cheveux, tu as vu comme ils sont beaux ! Bientôt on aura assez d'argent pour t'acheter une vraie maison, avec un toit digne de ce nom, ajouta-t-il avec un sourire empreint d'une ironie désabusée.

La toiture en tôle était pleine de fuites et les gouttes tombant dans le seau en fer-blanc faisaient un bruit de percussions jamaïcaines. Ce qui les exaspérait le plus était l'irrégularité du son.

— On ne se plaignait pas de ne rien posséder. Nous y étions habitués ; alors que posséder « un peu », ce n'est tout de suite plus assez.

— Tu l'as dit, fit-il, hilare, en donnant une petite claque sur son épaule nue. Évidemment que ce n'est pas assez. Mais on va gagner de plus en plus, tu verras.

En fin de compte, cet emploi de surveillante à la conserverie n'était pas l'idéal pour Ramona. De toute évidence, il n'aurait pas dû l'y pousser. Il allait chercher quelqu'un d'autre. Le jeune Visset, actuellement à l'emballage, n'était pas bête. Il pourrait faire l'affaire. De plus, cela libérerait un emploi pour un jeune du village.

Gideon revint du bar. Son regard ne s'arrêta qu'une fraction de seconde sur Ramona.

— Pourquoi tu me regardes comme ça ? dit-elle avec agressivité, en tripotant ses boucles d'oreilles.

Gideon était si tendu que son hostilité en devenait presque palpable. Son expression changeait sans cesse ; ce soir-là, c'était le mépris qui dominait. Ses lèvres retroussées dessinaient un demi-sourire railleur, ses narines palpitaient sous le coup de la colère rentrée et ses yeux étaient durs comme des agates.

— Tu es soûle, et quand tu es soûle tu es laide.

Sa voix avait beau être douce, sirupeuse, même, elle n'en contenait pas moins une menace réelle.

— Parce que toi, tu te crois beau, quand tu es soûl,

peut-être ? Mais regarde-toi ! Sauf que toi, tu es laid aussi quand tu es sobre.

— Je suis un homme, non ? Il est normal que j'aie envie de m'enivrer de temps en temps.

— Et moi, je suis une femme. Il est normal que j'aie envie de me faire baiser de temps en temps !

Angelo se retira dans sa chambre avec un livre. Il soupira. Tout avait changé. Il avait voulu leur faire mener la belle vie, mais les choses n'avaient pas du tout tourné selon ses souhaits. Face au nouveau statut de son épouse, Gideon était devenu impuissant. Pourquoi ? Après tout, lui aussi gagnait de l'argent. Et puis le cottage était bien plus confortable, avec ces appareils électroménagers, ce nouveau lino et la table de la cuisine.

Angelo s'efforça de ne pas entendre leur conversation malveillante ; pourquoi le village avait-il changé à ce point ? Pour le moment, on ne pouvait employer qu'un quart de la population, ce qui amenait les autres à se battre entre eux. Bagarres et prises de bec ne cessaient d'éclater. Mais s'agissait-il seulement de jalousie ? Non, il devait y avoir autre chose. On aurait dit que ces gens avaient été chassés du jardin d'Éden.

Gideon dînait. À en juger par les remarques cinglantes de Ramona, il avait inversé couteau et fourchette, il avait les ongles sales et le col crasseux, et par-dessus le marché il puait comme un porc. Une gifle interrompit momentanément le flot de paroles de la jeune femme, mais un instant plus tard Angelo entendit un cri rauque suivi d'une bordée de jurons très imaginatifs. Ramona avait manifestement pris sa revanche. Ça ne ratait jamais. Chaque fois, Gideon se faisait prendre au dépourvu. Angelo soupira.

La porte d'entrée claqua et les pas de Gideon résonnèrent dans l'allée, poursuivis par les injures de Ramona. Enfin le silence retomba. Mais pas pour longtemps. La porte de sa chambre s'ouvrit et la jeune femme passa la tête par l'entrebâillement. Ses cheveux étaient en bataille, ses yeux bouffis et son rouge à lèvres tout barbouillé.

— Je le déteste.

— Mais non, au contraire. Tu l'aimes.

— Je l'aimais. Mais maintenant je vois bien quel paysan il est.

— C'est quelqu'un de bien. J'ai beaucoup de respect pour lui. Les types dans son genre ne sont pas légion.

— Il est incapable d'avancer. Comme dans les livres que tu m'as prêtés, tu sais, les dinosaures ? Il ne peut pas évoluer en même temps que tout ça.

Elle indiqua la cuisine d'un geste vague.

— Ce ne sont que des objets, Ramona. C'est bien de les avoir, mais le plus important, c'est de s'aimer.

— Ne me fais pas la leçon, Angie, dit-elle tout bas. En fait, il a changé. Et l'homme qu'il est devenu, je ne le reconnais pas.

Elle s'étira puis enfouit les mains dans ses cheveux et les rejeta par-dessus son épaule tout en cambrant les reins ; il y avait dans ses beaux yeux une invite sur laquelle il était impossible de se méprendre.

— Toi et moi, nous savons bien que nous avons beaucoup en commun.

— Mais Gideon est ton mari.

Les idées tournoyaient follement dans le crâne d'Angelo. Il avait les mains moites, tout à coup ; pourtant, il ne bougea pas, ne changea pas d'expression. Il avait l'impression de s'aventurer bravement dans la nuit, pour se rendre compte un peu tard qu'il s'était engagé dans des sables mouvants. Peut-être était-il encore temps de faire doucement marche arrière. Alors il aurait une chance de s'en sortir.

— Non. Nous ne sommes pas mariés. À quoi bon ? Nous sommes ensemble depuis nos quinze ans. Nous n'avons jamais éprouvé le besoin d'officialiser.

Il tenta de s'expliquer, s'enferra.

— Je t'aime comme une sœur. Comme j'aime

Gideon. C'est peut-être trop contraignant pour vous de m'avoir à domicile. Je devrais aller habiter ailleurs.

— Non !

Elle fondit en larmes et refusa de se laisser consoler. Il finit par remplir deux verres de brandy en espérant que cela lui donnerait sommeil, qu'elle irait se coucher. Son humeur lui faisait peur ; Ramona était à la fois agressive, plaintive et en demande d'amour. Angelo s'efforça de dissimuler son dégoût. Il n'aimait pas les gens excessifs. Or dans la tête de Ramona se déchaînait une meute de chiens enragés sur laquelle elle n'avait aucun contrôle. Ces chiens avaient nom envie, culpabilité, colère..., entre autres bâtards des plus inattendus, et l'alcool leur avait ouvert la porte.

Ramona surprit le regard réprobateur d'Angelo et se sentit insultée. Maudit soit-il ! Elle ne pensait plus qu'à lui. Gideon le savait ; il la surveillait jour et nuit. Mais il était sorti se soûler.

Elle fila dans sa chambre se passer un peu d'eau froide sur le visage. Puis elle s'arrosa de parfum — un cadeau d'Angelo.

Elle regagna à grands pas la chambre de ce dernier mais ne distingua sur le lit qu'une pile de couvertures. L'imbécile ! Voilà qu'il faisait semblant de dormir ! Elle le couva d'un regard matois. Parfois, sa jeunesse était par trop évidente. Il était agité, elle le voyait à ses battements de paupières. Peut-être n'avait-il jamais eu de femme ? Elle brûlait d'être la première. Il y avait longtemps qu'elle le désirait, au point d'en avoir mal au ventre. Ses cuisses étaient languissantes et moites, son corps tout entier appelait de ses vœux ce jeune homme si beau. Il était là, à portée de main, et en même temps inaccessible. Et cela lui devenait insupportable.

Elle se pencha sur lui, rabattit les couvertures afin de dévoiler son visage et le contempla avidement. Il faisait très froid ; pourtant il était baigné de sueur. Elle avait envie de passer les doigts dans les boucles emmêlées qui se répandaient sur l'oreiller. Comme il était charmant, avec ses lèvres pleines, boudeuses, son profil régulier et si délicat ! Incapable de se retenir, elle traça du bout du doigt le contour de sa joue, caressa les sourcils qui se touchaient presque à la racine de son nez. Leurs deux semences allaient se mêler, elle le savait. Et de leurs sangs combinés naîtrait un homme assez puissant pour s'assurer la haute main sur un véritable empire. En alliant leurs forces respectives, son intelligence à lui et son intuition à elle, ils donneraient le jour à un dieu parmi les hommes. Cela, elle en était convaincue ; mais quand ? Comment ? Ce n'était pas clair.

Jusqu'à l'irruption d'Angelo dans sa vie, l'avenir lui avait toujours paru incertain, périlleux ; elle refusait d'y penser, elle vivait dans le présent. Mais il avait mis un terme à tout cela. Il avait illuminé son avenir de rêves éclatants, aussi incontrôlables, aussi inattendus qu'un feu de joie.

Elle ne pouvait plus contenir son désir. Elle acheva de rabattre les couvertures et contempla son corps avec voracité. Avant de le découvrir quasi nu dans leur barque, ce fameux jour, elle ne savait pas ce qu'était la beauté. Or, à présent, il était remplumé, ragaillardi... encore plus séduisant.

Angelo se redressa brusquement, les sourcils froncés et les yeux lançant des éclairs de fureur.

— Qu'est-ce qui te prend ? Ça ne va pas, non ? Tu es ivre.

Il ramena les couvertures sur lui et s'y enfouit jusqu'à la racine des cheveux.

— Angelo, murmura-t-elle, haletante et le feu aux joues, tout en défaisant maladroitement son chemisier. Fais-moi l'amour.

Angelo resta sans voix. La bouche sèche, il sentait son cœur battre à grands coups dans sa poitrine. Dans ses oreilles carillonnaient des cloches menaçantes et assourdissantes.

— Je ne peux pas faire ça, finit-il par bredouiller. Tu aimes Gideon, et moi aussi, d'ailleurs.

Elle ôta son chemisier sous ses yeux effarés. Puis vint le tour de sa jupe noire aux reflets moirés, qui tomba sur le sol. Le reste de ses vêtements suivit. Il eut l'impression de la haïr. Elle lui forçait la main, alors qu'elle était une sœur pour lui ! Plus proche encore qu'une sœur ! Il tenta de s'expliquer.

— D'autres liens nous unissent, Ramona. Tu vas tout gâcher. J'aime Gideon comme mon frère.

Elle éclata de rire. D'un coup, elle saisit son pénis. Elle s'assombrit en le découvrant flasque — ce qui n'échappa pas à Angelo. Il s'assit dans son lit et la repoussa. Elle reprit son pénis en main, insistant sur l'extrémité et serrant si fort qu'Angelo poussa un hoquet.

— Arrête, Ramona. Ça suffit. Laisse-moi tranquille. Tu ne peux pas m'exciter de force, tu le sais bien.

Elle soupira et se releva, insouciante de sa nudité. Angelo la regarda ; il regrettait leur innocence perdue, ses rêves s'écroulaient. Plus rien ne serait pareil, maintenant. Comment lui expliquer qu'elle ne l'avait jamais excité et que, même si elle y arrivait, cela n'aurait aucune incidence sur l'avenir ? Il refusait de succomber. Il ne pouvait éprouver d'intérêt physique ni pour les femmes mariées ni pour les femmes à la peau sombre. À la vérité, il soupirait après le teint crémeux des Nordiques. Et, quand il pensait à sa future épouse, il voyait une femme réservée, pétrie de dignité. Une Anglaise snob et hautaine, avec des taches de rousseur sur le nez, qui donnerait à leurs enfants une éducation convenable et régnerait sur la vaste propriété qu'il posséderait un jour. Une femme dont le pedigree serait à la hauteur du sien. Car les Palma avaient des quartiers de noblesse remontant au Xe siècle. Mais tous ces projets concernaient un avenir lointain. D'ici là, ses aventures sans conséquence étaient réservées à des blondes anémiques résidant à deux heures de route au moins — à la périphérie de la zone qu'il parcourait au volant de son camion.

Ramona le dominait de toute sa taille, telle une Walkyrie vengeresse ; elle se caressait le clitoris et le bout des seins en s'efforçant vainement de l'exciter et en multipliant les soupirs.

— Tu es très belle, lui dit-il pour l'amadouer. Puis, à la faveur d'une inspiration aussi soudaine que démente, il ajouta : Je n'ai jamais couché avec une femme. Je ne sais pas m'y prendre. Alors je t'en prie, va-t'en.

Il n'en fallut pas davantage pour qu'elle lui saute littéralement dessus. À force d'agacer son membre flasque entre ses lèvres rubis, elle lui fit atteindre des sommets insoupçonnés. Il protesta mollement, mais elle le fit taire en plaquant ses seins contre sa bouche, puis elle l'enfourcha. En un clin d'œil elle ondulait des hanches mieux qu'une danseuse du ventre et bientôt s'élevèrent d'un côté comme de l'autre des gémissements paroxystiques. Mais Angelo ne tarda pas à reprendre ses esprits. Il écarta Ramona de lui sans ménagements et sauta sur ses pieds avant de s'habiller promptement.

— Tu viens de me violer ! Je ne remettrai plus les pieds ici, Ramona. Nous appartenions à la même famille, et il n'y a pas de lien plus puissant. Écoute. Je vais acheter un commerce que tu tiendras. Nous en posséderons chacun une moitié. Nous serons associés. Ça te plairait ? Mais je t'en prie, oublie ce qui s'est passé, et ne recommence pas.

Elle pleurait toutes les larmes de son corps et refusait de quitter le lit. Il décida de la laisser seule, espérant qu'elle reviendrait à la raison. En sortant de sa chambre, il tomba sur Gideon, qui, à moitié soûl, gisait sur le dos devant l'âtre, une main crispée sur le goulot d'une bouteille de brandy vide.

— Ça y est, tu en as assez pour ce soir ? lui demanda-t-il d'une voix pâteuse.

— Il ne s'est rien passé, Gideon. Il ne s'est jamais rien passé.

L'autre leva les yeux.

— Alors tu peux me dire pourquoi elle est nue ?

— Elle ne se sentait pas bien. Je crois qu'elle a trop bu. Demain elle ne se souviendra de rien.

— De quoi devrait-elle ne pas se souvenir ?

— De la dispute. Je te jure, Gideon. Ce n'est rien. Et moi je vais habiter ailleurs.

Gideon le suivit dans le jardin puis sur la route ; Angelo s'assit sur un banc et attendit qu'il le rattrape. Gideon avait l'air bizarre. Il serrait un couteau dans sa main, son visage était couvert de sueur, des gouttelettes de salive pendaient de sa moustache et son humiliation se lisait dans ses yeux.

— Tue-moi si tu veux, mais ne me regarde pas comme ça, Gideon. On est frères, toi et moi, non ?

L'autre s'affala à ses côtés, le visage plissé par l'amertume. Il semblait en larmes, et pourtant il ne pleurait pas.

— J'ai tué plus d'un homme, annonça-t-il d'une voix rageuse. Ça ne me fait pas peur. Mais toi, je ne peux pas. Qu'y a-t-il de pire que de savoir que tu baises ma femme ? C'est ce que je me demande. Tu connais la réponse ?

— Non, mentit Angelo.

— Moi, je crois que si.

Gideon soupira et reprit le chemin de la maison, laissant Angelo se maudire sur son banc.

Mon Dieu, et moi qui voulais tant les rendre heureux ! Mais un jour j'y arriverai, je le jure !

Il se demanda un bon moment où il pouvait finir la nuit. Il entendit un cri, puis un autre. Quand Gideon surgit subitement des ténèbres, il en était encore à se demander s'il devait intervenir.

— Rentre à la maison, Angie. On va se coucher, lança Gideon.

31

Le petit café miteux que tenait Peggy Cohen sur la plage avait toujours étonné Angelo. En effet, Peggy semblait aveugle aux potentialités que renfermait l'endroit ; elle n'y servait que des sandwiches. Elle ne profitait même pas de la vue, pourtant superbe : côté mer, elle avait condamné les fenêtres de telle sorte que, de l'intérieur, on n'apercevait que le parking de la plage. Un jour, il vit en passant qu'elle avait placardé un écriteau : « À vendre ». Il entra se renseigner.

— Bonjour, je m'appelle Angelo Morgan, annonça-t-il en lui offrant sa main tendue.

Peggy Cohen savait très bien qui était ce jeune homme à l'allure imposante pour l'avoir vu à l'église tous les dimanches. Elle avait même glissé deux livres dans la boîte à offrandes, après l'épisode du bateau échoué, un peu pour récompenser sa bravoure, mais surtout parce qu'il était séduisant... Il faisait plaisir à voir, appuyé au montant de la porte, la cigarette à la bouche, à promener dans son café son beau regard brun auquel rien n'échappait. Il la considérait d'un air curieusement familier, les sourcils haussés et un petit sourire aux lèvres. Il irait loin avec ce sourire-là ; pourtant, au-delà de son charme physique et de son énergie farouche, incontrôlée, elle percevait un côté froid et calculateur, une espèce de faim insatiable, qui lui faisait un peu peur.

Elle avait entendu dire que son usine de congélation tournait bien ; alors pourquoi s'intéressait-il à son café minable ? La saison touristique ne durait que trois mois par an. Le reste du temps, c'était tout juste si elle arrivait à rétribuer le vieux Jimmy pour ses travaux de nettoyage, pour ne rien dire de son propre salaire. Son époux combattait dans le Nord, et elle ne s'en sortait pas ; elle était obligée de s'en remettre à ses parents pour subvenir aux besoins de ses trois enfants. C'était sans grand espoir qu'elle avait accroché son écriteau. Mais Morgan paraissait intéressé. Avait-il vraiment de l'argent ? Il ne payait pas de mine. Au village, tout le monde jasait sur l'Irlandais qui vivait parmi les métis et parlait comme eux, tout en ressemblant à un dieu grec. Nul ne savait d'où il sortait, mais en général on voyait en lui un métis s'efforçant de passer pour un Blanc grâce à de faux papiers d'identité. Socialement parlant, il était intouchable, mais, apparemment, il ne manquait pas d'ambition.

Angelo examina le café, conscient des interrogations et des doutes de Peggy. L'établissement lui paraissait exploitable. Une fois réaménagé, il pouvait contenir une centaine de clients. Il fit la grimace devant les tables en tubes métalliques, le plancher grossier, le toit en tôle ondulée et le comptoir en mauvais bois supportant quelques gâteaux tristounets protégés des mouches par un couvercle en grillage. Il frémit. Plutôt crever de faim que déjeuner ici !

Son imagination fertile voyait déjà des filets à grosses mailles au plafond et tout un attirail de pêche décorant les murs. *Ça s'appellera* Les Sables, songea-t-il. L'avant donnait sur la plage réservée aux Blancs, mais l'arrière s'ouvrait sur le quai ; on pouvait donc diviser l'espace et, d'un côté, vendre des *fish and chips* aux pêcheurs et aux ouvriers de l'usine.

Il eut une autre idée : Ramona était bonne cuisinière. On pouvait peut-être se spécialiser dans les plats d'origine malaise. Personnellement, il adorait ses ragoûts de mouton et de poisson bien épicés. Cela attirerait la clientèle locale. Pour l'ambiance, on pouvait embaucher un guitariste. Les idées se succédaient selon un rythme effréné et il commençait à s'enthousiasmer sérieusement.

— Vous aimez faire la cuisine ? demanda-t-il à Peggy.

— J'ai horreur de ça.

— Eh bien, ça se voit. Mais ça ne fait rien, j'ai pensé à quelqu'un d'autre. Que savez-vous faire ?

Peggy marqua une hésitation. Qu'est-ce qui l'obligeait à s'expliquer devant cet inconnu ?

— C'est que... avant de me marier, je n'avais jamais travaillé. J'étais trop occupée à fréquenter les soirées, avoua-t-elle, et à en donner moi-même. Ah, c'était le bon temps !

— Parfait ! On pourrait confectionner et livrer des plats tout préparés, comme les traiteurs ; vous vous chargeriez de l'organisation.

Peggy hoqueta. Elle aurait voulu le jeter dehors, mais c'était impensable. Il était deux fois plus costaud que Jim.

— Décrochez ce panneau. J'achète votre fonds. Enfin, la moitié : nous serons associés à égalité.

Il lui tendit à nouveau la main.

Peggy était confrontée à un dilemme. Il y avait deux ans qu'elle était séparée de son mari, Vernon. Elle était malheureuse, solitaire ; son envie de poser la main sur la peau tentante de ce grand gaillard noiraud était plus forte qu'elle. En songeant à Vernon, qui risquait sa vie à chaque instant, elle se sentit coupable. Accablée, elle se mordit la lèvre.

— Mais je ne veux pas être votre associée ! Ça ne m'intéresse pas de garder la moitié de ce maudit restaurant. Je ne veux plus jamais voir de gens manger. J'ai horreur des gens, d'ailleurs — surtout quand ils mangent. J'en ai assez de cet endroit.

— Alors pourquoi avez-vous monté cette affaire ?

Elle semblait si désespérée qu'il en eut de la peine pour elle.

— C'est mon mari qui l'a achetée. Moi, j'ai toujours été contre, et maintenant... Elle s'interrompit et soupira. Comment voulez-vous élever trois enfants avec une solde de militaire ?

— Voici ce que je vous propose. Je vous achète une moitié de l'affaire maintenant et le reste dans quelques mois si vous êtes toujours décidée à vendre, en tenant compte de la plus-value. D'accord ?

— Certainement pas, mais, par curiosité, auriez-vous vraiment de quoi payer votre part ?

— Je prendrai sur mes bénéfices. Vous avez besoin de moi, Peggy ; sans moi, vous allez couler.

— Oh, sortez d'ici ! s'irrita-t-elle en lui tournant carrément le dos.

— Voici ma carte. Appelez-moi quand vous serez prête à en rediscuter.

Le restaurant de Peggy coula, comme Angelo l'avait prédit, et elle ne reçut aucune offre. Le dimanche, à l'église, elle avait l'air effondrée. Angelo brûlait de lui donner un coup de main... mais pas à n'importe quelles conditions. Alors il attendit.

Gideon et lui passaient leur temps sur les routes à livrer du poisson, mais les journées n'étaient plus assez longues pour venir à bout de la tâche. Il leur aurait fallu deux autres camionnettes, quatre chauffeurs en tout. Ils ne s'amusaient plus ; ils avaient même tendance à se disputer. Derrière tout cela, Angelo ne l'ignorait pas, planait l'ombre de Ramona, et une blessure qui ne guérirait jamais. Il aurait dû déménager depuis longtemps déjà. D'ailleurs, il l'aurait fait si on ne l'avait pas supplié de rester.

Lorsque, sa casquette à la main, Angelo alla trouver le directeur de la banque ce samedi-là, il reçut un accueil moins glacial.

— Vous gérez bien vos affaires, Mr. Morgan, constata le vieillard peu amène. Vous remboursez régulièrement et vos bénéfices augmentent en flèche. Pourtant, vous êtes toujours dans le rouge.

— Je ne sais pas si j'en sortirai un jour, monsieur.

J'ai mieux à faire de mon argent que de l'investir dans votre établissement. Ça, c'est bon pour les imbéciles, si je puis me permettre. Moi, je vise plus haut. Dans l'immédiat, j'ai besoin de deux véhicules supplémentaires et d'agrandir mon usine de congélation. Je n'en ai pas les moyens, mais je propose de rembourser sur douze mois.

Le directeur le dévisagea pensivement.

— Et quels sont au juste vos objectifs à long terme ? Il alla fermer la porte. Faites-moi donc part de vos idées, Morgan.

Angelo s'efforça d'exposer celles-ci dans les grandes lignes. Le vieux hochait la tête d'un air rusé.

— À propos, Peggy Cohen compte parmi nos clients, et c'est aussi une amie. J'aimerais bien qu'elle s'en sorte, surtout avec son mari sous les drapeaux et trois enfants à élever. J'ai donc une proposition à vous soumettre.

En rentrant, Angelo trouva Gideon allongé par terre, ivre mort. La colère le prit. Lui qui avait tant envie de clamer la bonne nouvelle ! Car la banque allait les soutenir jusqu'au bout, du moins tant qu'ils s'en tiendraient à leurs prévisions, qu'ils paieraient les intérêts en temps et en heure et ne contracteraient pas de dettes. Ils avaient les camionnettes, et maintenant la moitié du restaurant de Peggy. Comment cette dernière allait-elle réagir ?

Angelo attendit le lendemain matin pour affronter son associé potentiel, mais Gideon le prit de vitesse.

— Je déteste les affaires, Angie.

Son regard était dépourvu d'agressivité. Il était au bord des larmes et ses lèvres frémissaient, entraînant un tremblotement de sa moustache, dont les poils roux brillaient sous la lampe. Il dégageait une odeur de vin, de tabac et de transpiration mêlés, et la dégradation de son moral n'échappa pas à Angelo, qui se sentit coupable.

— Tu crois toujours les autres aussi ambitieux que toi. Mais ce n'est pas vrai, Angie. Tu oublies la joie de vivre. D'ailleurs, tu ne sais même pas ce que c'est. Je n'en veux pas de ta vision des choses. Il eut un geste large. Nous avons pu nous payer tout ça, mais je ne suis pas heureux pour autant. Ramona non plus. Elle a perdu sa gaieté. Nous avons *perdu* quelque chose. Je ne dis pas que c'est ta faute, mais tu as apporté ton monde avec toi, et il a chassé le nôtre. Moi, j'aime pêcher, j'aime la mer. Moi, autrefois si heureux, j'ai le plus grand mal à me lever le matin. Parfois, je n'ai même pas envie de rentrer à la maison. Alors laisse-moi tranquille. Ce que je veux, c'est m'asseoir sur la plage, allumer ma pipe et, plus tard dans la journée, aller tendre les filets. Je ne te comprends pas et Ramona est devenue une étrangère pour moi. Il faut que je retourne en mer.

— Attends un peu, là... Angelo était tellement en colère qu'il en avait dans la bouche un goût de fiel qui lui donnait la nausée. Et nos projets, alors ? Un toit pour chacun, du travail pour tout le monde, des maisons, une école ? Tu ne peux pas me laisser tomber comme ça. Je ne te laisserai pas faire. Bon, je reconnais que j'ai eu tort de te faire travailler dans des branches qui ne te convenaient pas ; mais quant à quitter notre association, ça, pas question. Tu as été formidable, tu sais.

Angelo réfléchit de toutes ses forces. Si Gideon et Ramona ne voulaient pas profiter des richesses qu'il allait accumuler, l'entreprise n'avait plus d'intérêt. Son but était de créer un village où tout le monde l'aimerait. Il n'avait pu oublier son enfance de paria à Spolète, et il ne l'oublierait jamais. Il voulait donner naissance ici à un environnement idéal ; mais il fallait que Gideon l'aime aussi, qu'il y trouve sa place, qu'il y soit heureux.

— Tu sais quoi ? Tu vas retourner à l'école, mon vieux.

— À l'école ! gémit l'autre. Tu n'as pas écouté un mot de ce que je t'ai dit.

— Fais-moi confiance, Gideon. Tu vas t'inscrire

dans une école navale, et quand tu auras ton diplôme de skipper nous aurons notre premier chalutier. Et c'est toi qui en seras le patron !

Gideon se terra sous les couvertures et resta là, à geindre inlassablement.

Mais il ne tarderait pas à céder. Ramona était bien déterminée, elle ; Angelo le voyait. Et il aurait fallu que Gideon soit d'une autre trempe pour se dresser contre elle.

Attablée dans son restaurant devant sa tasse de café, la tête rentrée dans les épaules, Peggy envisageait sérieusement le suicide. Elle revenait de la banque et le directeur l'avait informée de sa nouvelle situation. On venait tout simplement de la vendre à Angelo Morgan. Car c'est bien à cela que revenait la transaction. La banque lui avait cédé 51 pour 100 de son café et bloqué le reste à titre de garantie jusqu'à ce qu'elle ait comblé son découvert personnel. Elle ne pouvait même pas se désengager tant qu'elle n'aurait pas trouvé le moyen de rembourser au moins la moitié de ses dettes. Elle était ferrée tel un poisson, réduite en esclavage. Elle en frémissait d'humiliation. *Mon Dieu, comment peuvent-ils me faire ça à moi ?* Malheureusement, un coup de téléphone à son avocat avait suffi à la convaincre : « ils » en avaient parfaitement le droit.

Quand Angelo arriva, tout guilleret, elle l'attendait de pied ferme.

— Écoutez-moi, espèce de salopard. Ce n'est pas ma faute s'il y a la guerre. Moi, j'ai toujours eu de l'argent, je n'ai pas appris à gagner ma vie. Si je me suis retrouvée dans ce pétrin, je n'y suis pour rien. Je me moque de ce que vous pouvez bien faire du café. Je ne travaillerai ni pour vous ni avec vous. Personnellement, ma dignité m'interdit de m'abaisser à votre niveau.

Angelo se figea sur le seuil et soupira. Quel spectacle elle offrait, avec cet air à la fois provocant et meurtri qui lui rappelait les prostituées ! Il s'en rendait compte, à présent : ce n'était pas une vraie blonde ; les racines noires de ses cheveux commençaient à se voir. Ses mains étaient mal entretenues, ses vêtements peu reluisants, et, pour tout dire, elle ne collait pas du tout avec l'image qu'il se faisait secrètement de leur nouvel établissement. Elle croyait peut-être qu'il tenait à sa participation ? Eh bien, en vérité, elle ne représentait pour lui qu'une entrée de plus dans la colonne « débit ». Il allait falloir la mettre un peu au courant.

— Et si vous nous faisiez du café ?

— C'est ça ! Et puis quoi encore ? Si vous espérez que je vais vous servir docilement, vous vous mettez le doigt dans l'œil. Je n'ai que du mépris pour vous.

— Vous étiez plus aimable la dernière fois.

— Comment ça ?

Son pouvoir de séduction s'était considérablement affaibli, depuis ce jour-là. Son teint d'Anglaise avait perdu sa fraîcheur ; ses joues étaient marbrées, ses cheveux pendaient tristement. Pourtant, les traits étaient intacts. Ses yeux bleus étaient hagards, mais grands et bien dessinés. Ce qu'il lui fallait, c'était un peu d'attention, un peu de chaleur humaine. Il décida de tenter sa chance.

— Quand je suis arrivé, je ne savais ni qui j'étais ni d'où je venais. Puis un jour j'ai entendu parler des prisonniers italiens et tout m'est revenu d'un coup. Je me suis effondré, mais vous m'avez trouvé prostré dans les dunes et vous m'avez recueilli ; vous m'avez donné à boire et à manger. Sans vous, je me serais fait arrêter. À l'heure qu'il est, si vous n'étiez pas intervenue, je serais sans doute en train de creuser des fossés. C'est une des raisons de ma présence ici. Je me sens moralement obligé de faire quelque chose pour vous.

Elle le dévisagea longuement, sans pitié, et finit par lâcher :

— Mon Dieu.

Puis elle fouilla dans son sac, sortit son poudrier et entreprit de se tamponner le visage à l'aide d'un bout de coton pas très propre.

— Il arrive que les soldats rentrent en permission, vous savez. Vous voulez que votre mari vous surprenne dans cet état ?

— Il est porté disparu. On me l'a annoncé la semaine dernière.

Elle posa sur lui un regard vide et il sentit bien qu'elle s'était emmurée en elle-même pour se protéger contre le chagrin. Il sentit toute sa colère s'envoler. La compassion lui succéda, et avec elle un certain sentiment de culpabilité, puisque lui-même avait déserté.

Il alla fermer la porte à clef et retourna l'écriteau « Fermé », mais Peggy se leva vivement et saisit son sac, prête à s'enfuir.

— Ne partez pas, Peggy.

— Je vous prie de m'appeler Mrs. Cohen.

— Asseyez-vous, Mrs. Cohen. Il la retint par le poignet et la força à prendre un siège. Vous serez libre de vous en aller quand vous voudrez, mais avant cela écoutez-moi, je vous en prie. Vous n'êtes pas la seule à avoir tout perdu, et je ne m'appelle pas vraiment Angelo Morgan...

À mesure qu'il dévidait le récit de sa vie, il sentit l'intérêt croissant qu'elle lui portait, allié malgré elle à une certaine camaraderie dans l'épreuve.

— Pourquoi me racontez-vous tout cela ? s'irrita-t-elle. Vous ne voyez pas que vous m'offrez une porte de sortie ? Je pourrais vous faire emprisonner.

— Si on veut s'entendre, tous les deux, il faut détenir un pouvoir égal. Vous et moi, nous nous battons pour notre avenir, nos enfants, et c'est grâce à ce restaurant que nous pouvons y arriver. Il sera l'instrument de notre réussite. N'oubliez jamais cela. Moi, je vous demande peut-être de nous préparer du café, ajouta-t-il en imitant l'accent de Peggy, mais vous, vous pouvez me faire arrêter, voire expulser. Je peux même y laisser la vie. Bon. Maintenant, parlons sérieusement. Nous sommes embarqués dans la même galère, et en plus j'ai endossé toutes vos dettes, ce qui double le risque pour moi. Alors si vous vous imposiez, au moins une fois dans votre vie, hein ? Si vous preniez en main votre destin au lieu d'attendre que la manne tombe du ciel ? Si vous travailliez pour l'avenir de vos enfants ? Si vous transformiez votre échec en succès ? Qu'en pensez-vous, Mrs. Cohen ?

— Vous pouvez m'appelez Peggy, dit-elle avec un sourire qui se mua bientôt en rire.

Cela commença par un gloussement guttural qui céda la place à un accès d'hilarité hystérique, lequel déclencha à son tour une crise de larmes. Elle se jeta dans les bras d'Angelo et laissa libre cours à ses angoisses, pleurant son mari — qui était juif —, la terrible et interminable attente qui s'annonçait, sur sa solitude et sur ses terreurs.

— Reposez-vous sur moi, Peggy.

— Mais vous n'êtes qu'un gamin ! s'exclama-t-elle avec un petit rire méprisant. Quel âge avez-vous, vingt ans ?

Elle se remit à sangloter. Angelo attendit qu'elle reprenne ses esprits.

— J'ai tellement de projets pour le restaurant ! Que diriez-vous de...

— Je marche, Angelo, dit-elle une fois qu'il lui eut exposé ses idées. Je vais essayer. Et même travailler d'arrache-pied.

Il eut l'impression qu'elle allait se surprendre elle-même.

32

On était le 8 novembre 1942, quatre mois après l'ouverture des Sables. Ils venaient juste de sortir du rouge, ayant même amorti le coût des travaux de rénovation. Angelo se savait assis sur une mine d'or, et il ne l'avait pas caché à ses associées et employées.

Il restait deux heures avant l'ouverture, mais ils s'étaient rassemblés pour fêter l'occasion en prenant un petit déjeuner au champagne. Ramona s'entretenait avec ses deux cuisinières tandis qu'affalé sur une des tables Angelo attendait son café en faisant semblant de lire. Le soleil resplendissait en se reflétant sur le plafond blanchi à la chaux et éclaircissait le teint de la jeune femme tout en lui donnant des allures de superbe statue doré. Elle sentit qu'il la regardait avec intérêt. Elle parlait avec animation. Depuis quelque temps, sa voix était descendue dans les graves. Elle manipulait le pendentif et les boucles d'oreilles en perles qu'il lui avait offerts pour Noël. Sa robe était en soie ivoire, agrémentée de rangées de petits volants couleur dragée rappelant des pétales de rose, et de cette fleur elle avait aussi le parfum. Il se sentit fier d'elle. Elle était comme une magnifique œuvre d'art dénichée chez un brocanteur et restaurée avec amour. Manifestement, elle avait renoncé à son désir pour lui et le traitait en jeune frère.

Elle faisait des projets pour renforcer le service expéditions et proposait à une jeune femme discrète de se joindre au personnel. Son interlocutrice, qu'Angelo connaissait, ne se faisait guère d'illusions sur le travail en équipe. Ramona était une patronne stricte qui menait son usine à la baguette. Au restaurant, elle commençait à suivre le même chemin. Angelo décida de lui en toucher deux mots, mais remit la chose à plus tard, conscient de ne pas être à la hauteur. Difficile de s'en prendre à Ramona...

Il ne comprenait toujours pas pourquoi elle détestait Peggy, sinon que cette dernière était grande, blonde et d'allure un tant soit peu aristocratique. Quant à Peggy, elle paraissait à peine remarquer l'existence de Ramona ; elle faisait semblant de ne pas se rappeler son nom ou disait la « chef de cuisine ». Toutes deux gardaient leurs distances ; on aurait dit deux lionnes.

On avait converti en bureau l'une des deux pièces ajoutées au bâtiment et Peggy s'y était installée pour diriger la branche « traiteur », mais elle se limitait à trouver et à rencontrer les clients potentiels, laissant entièrement la partie matérielle à Ramona. Malgré les airs supérieurs de Peggy, Ramona était ravie de toucher le quart des bénéfices. Le restaurant était maintenant à la mode dans toute la région du Cap et, à l'arrière, la boutique de *fish and chips* marchait du tonnerre.

Quelqu'un mit de la musique et Peggy arriva avec un plateau de champagne et de jus d'orange.

— Et voilà ! Venez vous servir !

Le bouchon sauta, le vin moussa et déborda du goulot ; Peggy remplit les verres, ils se portèrent des toasts mutuels avec force gaieté. Même le vieux Jim se dégela quelque peu : il leur fit la démonstration d'une danse apprise dans son jeune âge, quand il travaillait dans les mines d'or : la danse des « bottes en caoutchouc », qui consistait à bondir en faisant s'entrechoquer ses jambes.

Cependant, Peggy ne buvait pas. Angelo se demanda pourquoi elle restait assise, raide et compassée, l'air un peu perdue.

— Allons, viens te joindre à nous, la pressa-t-il.

— Je ne bois jamais. Ne t'en fais pas pour moi. Je vais très bien.

— Une goutte, ça ne peut pas te faire de mal, si ?

— Tu as peut-être raison.

Elle lui jeta un regard hésitant puis prit un verre et but une gorgée. Quelques instants plus tard ses yeux pétillaient et ses joues s'empourpraient. Elle vida son verre et s'en servit un autre. Quatre verres plus tard elle était sur la table à danser le cancan — elle s'en sortait plutôt bien, d'ailleurs —, et Angelo regrettait de l'avoir poussée à boire. Quand on servit le petit déjeuner, son élocution était déjà pâteuse.

— Tu comprends, dit-elle en se pendant à son cou et en le regardant avec des yeux d'épagneul dévoué, je ne tiens pas l'alcool. C'est pour ça que je bois jamais. Mais maintenant que je suis soûle j'en profite pour te dire quelques petites choses. Premièrement : merci. Deuxièmement, je ne vais pas pouvoir travailler aujourd'hui, il va falloir que tu prennes la relève. Il y a des livraisons à faire. Les détails sont là-haut... Elle indiqua son bureau ... Et la *chef de cuisine* est au courant de tout. Elle gloussa. Et troisièmement : je suis amoureuse de toi.

Sur ces mots, elle s'écroula.

Oh, merde, voilà que ça recommençait ! Dire que c'était justement son jour de congé et qu'il avait prévu de faire l'escalade d'un sommet voisin... Au lieu de cela, il ramena Peggy chez elle.

— Viens vivre avec moi, Angie, supplia-t-elle. Tu as quelqu'un dans ta vie, en ce moment ? Je souffre, je te le jure, mais Vernon est dans un camp de prisonniers de guerre, je viens juste de l'apprendre, et Dieu sait quand je le reverrai. La vie peut être si cruelle, parfois ! Oh, Angie ! Tu as besoin de moi, Angie. Si, si. Tu parles comme un *gammat*, un métis, et tant que tu vis parmi eux pas un foyer de Silver Bay ne s'abaissera à t'offrir une tasse de thé. Moi, je peux t'introduire dans les cercles qui comptent. Je peux au moins faire ça pour toi. Alors viens habiter chez moi, d'accord ?

— Et Vernon, dans tout ça ? s'enquit-il avec douceur.

Il commençait à se demander si les femmes n'étaient pas toutes, dans l'âme, des forcenées de la survie. Il s'efforça d'oublier la perfide trahison de sa mère. Il fallait donc qu'elles recherchent inlassablement l'homme qui leur construirait le meilleur nid, au mépris de tout scrupule et de toute loyauté ?

— Écoute-moi, Peggy. On en reparlera quand les effets de l'alcool se seront dissipés. Va te coucher et ne t'en fais pas. À demain.

Sur quoi il s'en fut.

Une heure plus tard Angelo partait au volant de sa camionnette effectuer la première livraison de la journée ; il regrettait sa journée de congé. L'exploration des sommets environnants occupait tous ses dimanches et il s'y livrait avec passion. Enfin... il attendrait la semaine suivante.

La matinée était belle, l'air frais et lumineux, le ciel d'un bleu légèrement brumeux ; mais le vent était tombé : tout à l'heure il ferait très chaud. Mouettes et cormorans fondaient sur les bancs d'anchois, quelques représentants de ce joli volatile au plumage jaune qu'on appelait œil-blanc tournoyaient lentement au-dessus de massifs de fleurs estivales qui répandaient çà et là leur arôme... La nature entière irradiait l'abondance et Angelo se réjouissait d'être en vie. Il était chez lui dans ce pays, à présent, et il l'aimait profondément.

Il avait posé le pied sur le premier barreau de l'échelle sociale, même si c'était un barreau branlant, et il allait gagner la bataille, il le savait. Les Sables n'étaient pas sa seule réussite. L'usine de congélation s'était considérablement agrandie depuis sa création. Comme elle était située en plein cœur du port de pêche, à proximité du quai, les chalutiers pouvaient y aborder, décharger leur cargaison et en négocier le prix en une heure. Ensuite le poisson était nettoyé, écaillé, emballé et congelé. L'usine employait cinquante emballeuses et l'on revendait le poisson aussitôt conditionné. Les navires de transport de troupes ainsi que les cargos de tout acabit qui fourmillaient dans la rade du Cap représentaient un marché énorme et en constante progression, qui comprenait également les bases militaires et navales de la région, plus les hôpitaux et les hôtels.

Pourtant, chacun de ses nouveaux succès ne lui procurait qu'une faible satisfaction, car il était immédiatement éclipsé par son besoin irrépressible de posséder plus, *beaucoup* plus. Il était dominé par l'impatience, le besoin de dépasser son intérêt propre : son objectif secret était de procurer un emploi à chaque pêcheur. Il rêvait d'un bourg aux jolies maisons de couleurs vives, avec une école, une église, une mosquée, un centre de loisirs, une clinique et un jardin public. Il l'avait même dessiné, encore que personne, pas même Ramona, n'en eût vu les plans. Le jour où les pêcheurs de Silver Bay dormiraient bien douillettement dans leurs logis confortables, avec la certitude de toujours avoir un emploi et un toit, ce jour-là seulement il aurait l'impression d'avoir remboursé sa dette à leur égard. Les conduire de force vers la réussite, c'était un peu comme de pousser un rouleau compresseur avec l'ambition d'atteindre le sommet d'une pente escarpée, mais il y arriverait. Tous sortiraient de la pauvreté abrutissante qui gâchait leur existence.

Il remontait la vallée en se dirigeant vers les contreforts tout en admirant les montagnes tapissées de pins. Un jour, les flancs orientés à l'est abriteraient des vignobles ; il y reproduisait à l'identique la demeure familiale de Spolète. C'était là-haut qu'il trônerait, entouré de sa ravissante épouse frêle et blonde et de ses enfants bien sages, de là-haut qu'il contemplerait, éclatant de fierté, la vallée qui lui appartiendrait corps et biens. Il aspirait à posséder de la terre, de plus en plus de terre ; mais plus tard. D'ici là la vie était belle.

Il entonna une chanson italienne. Bizarre... Il y avait des années que l'envie de chanter lui était passée.

Selon Peggy, après avoir réussi dans le bâtiment, Steyn du Toit s'était lancé dans l'industrie minière. Outre ses biens immobiliers et ses diverses entreprises, il était propriétaire de concessions florissantes dans toute l'Afrique du Sud-Ouest. Il possédait aussi la moitié ouest de la vallée. Sa résidence était perchée à flanc de coteau dans la chaîne occidentale. C'était une région superbe, recouverte d'un épais tapis de *fynbos* [1], mais, quand le soleil redescendait vers l'ouest en achevant sa course, les flancs de la vallée étaient plongés dans l'ombre. Voilà pourquoi y prospéraient les *silverleaf*, ces arbres délicats, d'une beauté inimaginable, qui ne poussaient en aucun autre endroit au monde. Pour Angelo, l'intérêt d'une terre se mesurait à sa capacité vinicole ; or celle des du Toit n'avait aucun potentiel dans ce domaine. Le vieux du Toit devait penser comme lui, car il avait fait clôturer une moitié de la vallée pour constituer une réserve de chasse privée.

Angelo emprunta lentement la longue allée qui menait à la demeure afin de ménager sa cargaison de canapés et de petits-fours. Pourvu que Peggy récupère à temps pour superviser les derniers préparatifs qui devaient être effectués dans les cuisines des du Toit ! Sinon, Ramona devrait prendre la relève.

Voyons, où pouvait bien être la porte d'entrée principale ? L'allée décrivait un parcours circulaire autour d'une monstruosité tout en verre et acier qui devait être le corps de bâtiment. Il fronça les sourcils, se gara et continua à chercher l'entrée.

Il entendit un hennissement, suivi de coups de marteau. Il se rapprocha et flaira une odeur de brûlé. Manifestement, un maréchal-ferrant était à l'œuvre dans les

1. Variété locale d'herbe sauvage et de buissons fleuris. *(N.d.T.)*

parages ; il saurait certainement lui donner les indications nécessaires. Angelo pénétra dans l'écurie en se repérant aux bruits... et se figea, stupéfait. De longs bras blancs et délicats étaient occupés à clouer énergiquement un fer sur le sabot d'un cheval. Des bras de jeune fille ! Son visage était dissimulé par une masse broussailleuse de cheveux à la Titien.

Il s'avança. La bête prit peur et se cabra. La jeune fille fut projetée contre la paroi de la stalle. Le fer tomba à terre, des étincelles volèrent en tous sens et l'animal acheva de s'affoler. Angelo l'attrapa par la bride.

— *Ei ! Ei ! Piano... piano... fermati ! Ei... !*

Il caressa rudement l'encolure de la jument et finit par la calmer.

Puis il se retourna et chercha la jeune fille du regard. Assise sur un banc, elle se frictionnait les tibias. Elle n'était pas jolie ; vigoureuse, certes, mais, pour lui, une fille ne devait pas jouer au maréchal-ferrant. Il plongea son regard dans ses yeux verts légèrement obliques et la plaignit de tout cœur.

— Je m'excuse d'avoir effrayé le cheval. J'espère que vous n'êtes pas blessée.

— Je n'ai rien, répliqua-t-elle. Et de toute façon c'est ma faute.

— Mais non ! Dites... c'est plutôt un travail d'homme, non ?

Elle lui répondit par une grimace.

— Je ne plaisante pas. Vous allez vous abîmer la peau et les mains, c'est couru. Tôt ou tard vous allez recevoir une ruade, en pleine figure si ça se trouve, et vous avez de trop jolis yeux pour ça. C'est important, chez une fille, de présenter bien. Vous allez finir par vous blesser, acheva-t-il avec l'accent chantant des métis. Si vous avez tellement besoin de travailler, je peux vous trouver un autre emploi.

— Il faut vivre avec votre temps. De nos jours, les filles font toutes sortes de choses.

Il lui prit la main et l'examina.

— Vous avez de la force dans les doigts, mais ils ne sont pas très propres. J'espère que vous êtes bien payée, au moins.

Elle sourit. Apparemment, elle trouvait la scène très amusante.

— Superbe, reprit Angelo en flattant l'encolure gracile et soyeuse de la jument. J'ai entendu dire que la famille était drôlement riche. Savent-ils quelle chance ils ont de posséder un animal aussi beau ?

Le cheval fourra son museau au creux de sa main.

La jeune fille cessa de sourire.

— Je crois que oui.

— Moi, j'espère que je ne deviendrai jamais riche au point de ne plus savoir apprécier ce que je possède. Il paraît que la fille de la famille est une vraie mégère.

— C'est exact, mais qui vous l'a dit ?

— Mon associé. Je suis le traiteur, pour ce soir ; je n'arrive pas à trouver la porte d'entrée. Si j'ai effrayé la jument, c'est que je cherchais quelqu'un qui puisse me renseigner.

La jeune fille hocha la tête et le considéra avec froideur mais ne vit qu'un sourire candide et des yeux irradiant la gentillesse. En un sens, son expression la mettait à l'aise. Il était jeune, beau dans le genre voyant et mal dégrossi, et ses yeux pétillaient d'humour. Elle s'interrogea sur son accent métis. Tout le monde connaissait l'existence de l'« Irlandais » qui vivait chez les métis en faisant semblant d'être blanc, et tout le monde le snobait ; pourtant, il venait de s'exprimer en italien. Peut-être un prisonnier de guerre évadé... Sa façon de sourire lui plaisait : son visage s'élargissait, et, sur ses joues, ses rides d'expression se creusaient de mille fossettes.

— Je m'appelle Angelo. Et vous ?

— Pippa. Je travaille ici.

Elle lui serra la main avec une énergie toute virile.

— Bon, il faut que j'y aille, maintenant. Où est-elle, cette fameuse entrée ?

— Ils ont édifié une serre qui dissimule la porte, ça

pose des problèmes à n'en plus finir. Complètement absurde ! Vous avez intérêt à faire le tour par les cuisines.

— Vous êtes employée à plein temps ?

— Il y a beaucoup de chevaux.

— Ça ne m'étonne pas. Dites, vous ne voudriez pas me rendre un service ? Livrer les gâteaux et les disposer sur des tables, ce n'est pas mon truc. Et, justement, la personne que j'emploie pour ce faire est malade aujourd'hui. Vous ne voudriez pas arranger tout ça joliment ?

— Pourquoi moi ?

— Pour donner un coup de main à un ami. Allez ! Les filles sont plus douées pour ce genre de chose. En échange, je vous invite à dîner.

Il lui tendit la main pour l'aider à se remettre sur ses pieds mais elle s'assit par terre, la tête rentrée dans les épaules, les yeux masqués par son casque de boucles roux foncé. Elle soupira.

— Je vous mets au défi de me réitérer cette proposition quand vous m'aurez vue debout.

Quelque chose n'allait pas chez cette fille, c'était évident. Elle était presque aussi grande que lui, et il mesurait un mètre quatre-vingt-dix. Un véritable échalas, avec une tignasse ébouriffée et des épaules trop larges ; mais elle avait l'air affable et intelligent. Or Angelo aimait les femmes intelligentes.

— Ce n'est pas déplaisant de pouvoir se regarder dans les yeux, fit-il ; généralement, je ne vois des filles que le sommet de leur crâne. Alors, vous acceptez ?

— D'accord. Seulement... il faut que j'aille à cette soirée d'anniversaire et je n'ai pas de cavalier. D'ailleurs, je n'ai jamais de cavalier. Alors si je vous rends ce service...

— Marché conclu, s'empressa-t-il, mais c'est un peu huppé pour moi, vous savez. Je ne suis pas accepté dans ces sphères-là. Je dois vous prévenir que si je vous accompagne je risque de ne pas vous faire honneur.

— Eh bien, on ne m'invitera plus, voilà tout. Pour ce que ça m'intéresse... S'il vous plaît...

— D'accord. Comment faut-il s'habiller ?

— Costume et cravate. Si vous n'avez pas de tenue, vous pouvez en louer une en ville. Je vous donnerai l'adresse. Ça vous embête, hein ? Je n'aurais pas dû vous demander ça.

— Je n'ai qu'une parole. Et j'ai besoin de votre aide.

Il se gara près des cuisines et tous deux entreprirent de décharger les plateaux. Le personnel multiplia les gloussements et les railleries en voyant une employée d'écurie servir aux cuisines, mais Angelo lui demanda de se récurer les mains et les inspecta avant qu'elle ne commence à disposer les plats. Elle se débrouilla bien et le résultat eut belle allure.

— Mon offre d'emploi tient toujours, si vous en avez assez des coups de marteau. Bon, où dois-je venir vous prendre, pour ce soir ?

— Ici. Soyez là de bonne heure. Vers six heures et demie.

Il n'aurait su dire à quel moment il comprit à qui il avait réellement affaire. Peut-être devina-t-il la vérité à ses manières autoritaires quand elle ordonna à la cuisinière de mettre les plats sous clef dans le garde-manger, ou aux mots très durs qu'elle eut pour l'aide-cuisinière lorsque celle-ci laissa tomber un plateau ; ou alors à son air amusé quand il lui répéta son offre.

— Bon maintenant que vous vous êtes bien amusée à mes dépens, déclara-t-il, lorsqu'ils eurent terminé, je vous souhaite une bonne soirée, Pippa du Toit.

— Non, attendez ! Vous m'accompagnez toujours.

— Pas question.

Elle lui décocha un coup de poing en plein plexus. Totalement pris au dépourvu, il en eut le souffle coupé un bon moment.

— Bon sang ! Vous m'avez fait drôlement mal !

— Je n'ai que du mépris pour les hommes qui ne

tiennent pas parole. J'ai quand même abattu toute cette besogne pour vous, je vous signale !

Elle était tellement enragée que les larmes lui montaient aux yeux.

— Bien, si vous souhaitez ma présence à ce point, je viendrai. Mais je ne comprends pas ce qui pousse quelqu'un comme vous à se faire escorter par un type dans mon genre. À ce qu'on m'a dit, la moitié des gros bonnets du pays va faire le déplacement. Vous tenez vraiment à être vue en compagnie d'un voyou métis du village des pêcheurs ?

— Et vous, ça ne vous gêne pas d'être vu au bras de la virago locale ?

— Aïe ! Je suis désolé, Pippa. Je n'en pensais pas un mot. Seulement, si vous voulez que je vienne, il va falloir modifier un peu le règlement entre nous. Vous serez ma maréchale-ferrante pour la soirée, d'accord ?

— Naturellement, souffla-t-elle. Elle se tenait tout près de lui, à présent. Surtout, ne soyez pas en retard.

Pourquoi l'ai-je embrassée ? se demanda-t-il par la suite. Peut-être parce qu'elle se montrait tellement autoritaire, justement. Ce fut sa première erreur de taille. Il la sentit fondre sous la caresse de ses lèvres. Son orgueil boudeur s'envola en fumée. Brusquement, elle était tout soupirs ; elle lui étreignit le cou avec trop de passion, leurs dents s'entrechoquèrent et elle l'attira violemment à lui. Peut-être personne ne l'avait-elle jamais embrassée. Dans quel guêpier s'était-il fourré ?

33

Malgré sa promesse, Angelo était en retard. Quand il arrêta la camionnette devant chez Pippa, il était neuf heures. Pour la première fois de sa vie il était inquiet. N'ayant encore jamais porté de costume, il avait peur de ressembler à un larbin. Il n'avait dit ni à Ramona ni à Peggy qu'il serait présent à la soirée. D'ailleurs, rien ne l'y obligeait. Après tout, il n'était qu'un invité parmi d'autres.

Il savait comment ses employées s'organisaient. Sur son trente et un, Peggy veillait aux désirs des convives tout en s'assurant constamment qu'il restait assez à manger sur les tables tandis que Ramona prenait en charge le côté cuisines ; mais elle aussi aurait soigné sa mise. Elles avaient loué les services de quelques cuisinières supplémentaires, plusieurs extras expérimentés et une dizaine d'assistants. *Il ne devrait pas y avoir de problème*, songea-t-il.

En arrivant, il trouva tout ce petit monde en pleine activité. La tension régnait. Ramona était superbe et Peggy aussi. Malheureusement, on était obligé de tenir les plats au chaud car l'hôtesse manquait à l'appel.

— Dieu du ciel, mais qu'est-ce que tu fais là ? s'exclama Peggy, à la fois confondue et ravie. Remarque, tu tombes bien ; ton aide ne sera pas de trop.

— Désolé, mais je ne suis pas de service, ce soir. Il

va falloir que tu te débrouilles toute seule, annonça-t-il à la jeune femme, ahurie.

Elle le présenta au père de Pippa. Mince et de haute taille, ses épaules voûtées et sa tête toujours penchée lui donnaient des allures de plante montée en graine. Son teint naturellement pâle avait viré au gris de plomb sous le soleil sans merci d'Afrique du Sud, et il semblait à la fois las et exaspéré. C'était clairement de lui que Pippa tenait ses traits, à peine féminisés.

— Ma fille a été inopinément retardée, déclara Steyn du Toit. Puis il avisa la boîte que tenait Angelo. Ce n'était pas nécessaire, Mr. Morgan, mais les cadeaux sont entreposés sur ce buffet. Ma fille les ouvrira demain. C'est trop aimable à vous.

— Je tiens à le lui remettre en personne. Où peut-on la trouver ? questionna-t-il en se demandant pourquoi Peggy blêmissait et s'efforçait de capter son regard.

— Elle est victime d'une indisposition passagère et ne se sent pas assez bien pour se joindre à nous. Nous serons peut-être contraints de nous passer d'elle.

— Elle allait très bien, ce matin, lorsqu'elle m'a invité. Vous permettez que je lui dise quelques mots ?

Le père le dévisagea en fronçant les sourcils.

— Je crains que ce ne soit hors de question. Vous prétendez qu'elle vous a prié de venir ? En tant qu'invité ? ajouta-t-il d'un air soupçonneux.

— Ouais. Vous comprenez, je l'avais prise pour votre maréchal-ferrant. Je lui ai demandé de me donner un coup de main, et en échange j'ai promis de venir ce soir, si vous voyez ce que je veux dire. Elle m'a débité je ne sais quelle absurdité... bref, je devais être son cavalier.

Devant la désapprobation ouverte qu'exprimait le visage du père, il se tut.

— Par ici.

Steyn lui montra le chemin avec raideur. Manifestement, il était furieux mais ne savait pas très bien quoi faire. Ils longèrent un interminable couloir en courbe bordé de plantes et de fleurs. Angelo se rendit compte que la maison était construite en rond autour d'un jardin intérieur avec piscine, pelouses, massifs, ainsi qu'une fontaine pourvue en son centre d'invisibles projecteurs multicolores. *Absurde, ostentatoire et laid*, décréta-t-il. Ils s'arrêtèrent devant une porte.

— Philippa, les invités attendent, lança anxieusement le père.

— Va-t'en.

En entendant sa voix étouffée, Angelo se demanda si elle pleurait.

— Hé, Pippa ! cria-t-il. Les plats n'attendront pas éternellement et tout le monde a hâte de manger. Soyez gentille, s'il vous plaît...

La porte s'ouvrit à la volée et la jeune fille sortit en trombe. Aussitôt les coups de poing se mirent à pleuvoir ; elle sanglotait en débitant le genre de bêtises que les femmes proféraient dans ces cas-là. Il crut distinguer les mots « méchant », « en retard » et « ordure », puis elle se jeta à son cou et pressa ses lèvres contre les siennes. Il dut lutter pour conserver son équilibre.

— Holà ! Il la saisit par les mains. Pas si vite. Vous recevrez votre dose de baisers plus tard, mais seulement si vous vous comportez décemment. Non mais, vous avez vu votre tête ? Elle avait le visage bouffi, les yeux rougis, et son maquillage avait coulé. Qu'est-ce qui vous prend ?

— Vous n'êtes pas venu ! Vous aviez promis !

— Je suis là, non ? Seulement je ne suis que le traiteur du village, Pippa. Vous ne pouvez pas vous enticher de moi comme ça. Quelle idée vous est donc passée par la tête ? Bon, j'y retourne. Dépêchez-vous, vous êtes en train de gâcher la soirée.

— Pourquoi êtes-vous en retard ?

— Je me tâtais.

— Vous aviez promis de venir.

— C'est bien pour ça que je suis là. Mais j'ai comme l'impression que c'est une grave erreur. Je suis désolé, monsieur, ajouta-t-il d'un ton contrit, à l'intention du père. J'ai vraiment cru qu'elle était là pour s'occuper des chevaux.

Il entendit Pippa glousser au fond de la pièce.

— Attendez-moi ! Je n'en ai pas pour longtemps ! chantonna-t-elle d'une voix toute ragaillardie.

Le vieux décocha à Angelo un regard de mépris sans mélange et s'éloigna à grands pas. Après un instant d'hésitation, le jeune homme décida de le suivre.

Cinq minutes plus tard l'orchestre entonnait une valse : Pippa venait d'entrer dans la salle de réception. Elle était d'un gauche ! Sa haute taille l'obligeait à courber l'échine et à porter des souliers plats qui n'allaient pas avec sa robe violette, qui bouffait à chacun de ses mouvements. Ses cheveux étaient mal coiffés et son visage encore un peu tuméfié, mais elle souriait. Et, Dieu merci, elle s'était remaquillée.

Elle promena un regard peu rassuré sur la salle.

— Bonsoir tout le monde, dit-elle d'un air un peu honteux, comme un accusé devant ses juges lors d'un procès pour meurtre. Angelo soupira. Décidément, cette pauvre fille était complètement à côté de la plaque. Il allait l'aider à retrouver un peu de confiance en elle, puis il disparaîtrait de son univers. Elle s'imaginait être amoureuse de lui, mais c'était seulement parce qu'il était le premier homme à la traiter normalement. En outre, il était sûrement le seul à la dépasser en taille.

Elle s'avança vers lui d'une démarche sans grâce et se suspendit à son bras, ce qui déclencha sans délai un murmure de commentaires assourdis. Les gens se moquaient, et Angelo ne pouvait guère leur en vouloir.

— Vous voulez danser ? Vous savez danser, au moins ?

— J'ai pris des leçons, rétorqua-t-elle. Mais j'ai horreur de ça.

— Ma foi, moi, j'adore danser, au contraire. Et il va falloir vous y faire parce que nous n'allons pas nous en priver.

Tout à coup, on aurait dit que le soleil venait de sortir de derrière les nuages. Elle était radieuse, tout sourire. Il l'attira sur la piste.

— Vous pensez sincèrement ce que vous dites ?

— Mais bien sûr ! Et maintenant relevez la tête, tenez-vous bien droite et cessez de vous emmêlez les pieds sinon je vais vous écraser les orteils. Ceci est une valse. Un-deux-trois, d'accord ?

— D'accord, souffla-t-elle.

Elle n'était pas si incompétente. Au début il dut la tenir bien serrée afin de la manœuvrer dans un sens ou dans l'autre, mais au bout d'un moment elle se détendit et suivit le mouvement.

— Encore une valse, puis on passe au buffet. Vous faites durer, lui dit-il.

— *C'est vous* qui faites durer.

— Je n'ai toujours pas compris pourquoi vous aviez tellement besoin de ma présence ce soir, reprit-il tout en pressentant d'un coup la vérité.

— Je veux savoir pourquoi Angelo Morgan, le pêcheur métis qui essaie de se faire passer pour irlandais, donc blanc, alors qu'on sait bien que c'est faux, se met tout à coup à parler italien à mon cheval.

— J'espérais que vous n'aviez pas entendu.

— Eh bien, si.

Elle resserra son étreinte.

— Ne faites pas ça, Pippa. Comportez-vous comme une dame. Je n'aime pas les démonstrations en public. C'est d'accord ? Plus tard, quand nous serons seuls.

— C'est promis ?

— Oui.

Bon sang, cette fille manquait singulièrement de subtilité. On ne lui avait donc jamais appris à se faire désirer ? Par qui avait-elle été élevée ? Il entreprit de lui raconter sa propre enfance, son père bien-aimé, la vigne qui lui manquait tant et son désir d'en planter un jour dans la vallée.

À table, Angelo se trouva assis entre elle et son père. Le vieux ne paraissait pas ravi, mais, manifestement, c'était Pippa qui commandait. Angelo s'énervait. Il sentait bien les moqueries dont il faisait l'objet parmi les convives.

Alors une des garces qui se prétendait amie de Pippa chuchota en se penchant devant lui :

— Il a fallu que tu ailles jusque sur les chalutiers pour trouver quelqu'un à ta taille, c'est ça ?

Pippa mérite mieux que le faux traiteur irlandais dont elle s'est bêtement entichée, songea Angelo en regardant le père transpirer d'embarras tout en feignant d'apprécier le choix de sa fille.

Le silence serait son meilleur allié ; Angelo supporta stoïquement les sourires et les saluts ironiques. Mais il ne mangea pas beaucoup, ce soir-là.

À compter de ce jour, Pippa se mit à le poursuivre de ses assiduités. Elle lui rendait des visites surprises au café de bord de mer, venait inspecter son usine de conditionnement, l'invitait partout où, selon elle, il pourrait trouver son compte, que ce soit à l'opéra ou aux expositions canines. Elle ne cachait pas qu'elle était follement amoureuse de lui.

— Tu as fait une drôle de touche, constata Gideon. Épouse-la, tu seras riche comme Crésus. Et tu seras débarrassé de nous.

— Jamais je ne ferai une chose pareille. Franchement, elle n'est pas mon type, même si j'ai de l'affection pour elle. Quant à la richesse de sa famille, je préfère faire fortune moi-même. Non, nous sommes bons amis, c'est tout.

Et ce n'était pas faux. Durant les semaines qui suivirent, il lui enseigna les rudiments de l'escalade et ensemble ils explorèrent quelques sommets granitiques ; en fin d'après-midi ils redescendaient se baigner dans les eaux froides de l'Atlantique. Il lui apprit également à danser, et il leur arrivait de se promener à cheval sur la plage ou le long du lagon.

La plupart du temps il dînait chez elle mais prenait toujours congé avant minuit. Il prenait bien soin de ne pas aller plus loin qu'un simple baiser. Pour lui, donner de faux espoirs à une jeune fille était indigne.

À Pâques, Pippa coinça son père en profitant de ce qu'il abandonnait ses mines l'espace de quelques jours.

— Il se tient à distance, déclara-t-elle.

— Qui ça ?

— Mais Angelo, bien sûr. D'accord, il m'a bien embrassée deux ou trois fois, mais à part ça il semble m'éviter, ou plutôt éviter le tête-à-tête.

— Si tu ne l'intéresses pas, cela signifie qu'il n'est pas normal, c'est ce que tu veux dire ? Tu sais, Pippa, la seule chose que je regrette dans le fait d'être riche, c'est que tu sois si gâtée. Tu crois que personne ne résiste à l'argent, mais je te le dis, moi ; Angelo en est parfaitement capable.

— C'est le premier homme à me traiter comme une fille normale. En plus, il est plus grand que moi, et il est fort. Il peut même me soulever de terre.

— Avant lui, tu ne devais fréquenter que des femmelettes — et c'est d'autant plus dommage.

— Oh, papa..., grogna Pippa. Tu pourrais tout de même m'encourager un peu. Après tout, je suis ta fille unique, et si tu veux un héritier il *faut* que ce soit avec Angelo. Elle eut un sourire triste. Je dois l'admettre, la solution sort un peu de l'ordinaire. D'habitude, les hommes se battent pour mettre la main sur notre fortune. Ils ne voient en moi qu'un inconvénient fâcheux. Alors qu'avec Angelo c'est le contraire.

— Et c'est pour cela que tu t'intéresses tant à lui ?

— Entre autres. Je lui ai proposé le mariage et il a décliné, tu te rends compte ?

— Oui. Je me suis renseigné sur lui. La guerre a quelque peu compliqué les choses, mais, par l'intermédiaire de certains généalogistes de Londres, j'ai appris qu'il appartenait à une famille très ancienne. Cette histoire de grand-père ruiné correspond peu ou prou à la réalité. La grande dépression des années trente a achevé de les mettre sur la paille, bien que le fonds de gestion de la maison et du vignoble existe encore. Mais cela ne change pas grand-chose à l'affaire, de toute façon. On fait toujours trop de cas de ces histoires de lignée. Un homme est ce qu'il fait de sa vie, et ce jeune Angelo me paraît très bien savoir ce qu'il fait, justement. Tu t'es rendue ridicule, Pippa. Tu n'as aucun moyen de lui forcer la main, et en toute honnêteté je ne pense pas qu'il ait envie de t'épouser.

— Oblige-le ! dit-elle. Elle se jeta au cou de son père. Je n'ai jamais rien désiré aussi ardemment. Tu as sûrement les moyens de l'y contraindre. Tu as toujours su parvenir à tes fins.

— Je peux essayer, mais ne te fais pas trop d'illusions. Je ne pense pas qu'il soit à vendre.

Angelo fut très surpris de se voir inviter à déjeuner par le père de Pippa au Cape Town Club, sis dans les jardins de la ville. Le vieux monsieur le présenta aux autres membres et le traita comme s'il faisait partie de la bonne société, ce qui n'était certainement pas le cas, en tout cas, pas encore. On lui laissait entrevoir un monde qui pouvait s'ouvrir devant lui s'il le désirait.

— La truite est belle, par ici, commenta Steyn. J'ai un chalet à Franschhoek, un endroit magnifique, au milieu des montagnes, en pleine nature et à proximité d'un barrage superbe. Je veille moi-même à ce que le poisson n'y manque pas. Ça vous dirait d'y monter un week-end avec moi ? On conviera Pippa, si vous voulez. Êtes-vous amoureux de ma fille, Angelo ? demanda-t-il de but en blanc.

— Non, monsieur. Mais j'ai beaucoup de tendresse pour elle. Nous sommes d'excellents amis. C'est une fille qui ne manque pas de caractère. Elle sort vraiment de l'ordinaire. Et quelle cavalière !

— C'est la meilleure ! Je vous signale qu'elle a obtenu un premier prix de dressage !

— Dans ce cas, elle est également modeste, car elle ne m'en a pas touché mot.

— C'est aussi une pianiste de talent.

— J'ai remarqué.

— Et une nageuse remarquable. Ce sera une épouse parfaite, un jour.

— Monsieur, je suis tout à fait conscient des qualités de votre fille. Je l'admire énormément. Je suis très fier d'être son ami.

— Mais vous n'avez pas l'intention de l'épouser.

Angelo rougit et baissa les yeux sur son assiette.

— Naturellement, elle est mon unique héritière. Je voulais un fils, mais ma femme est décédée, et je n'ai jamais eu envie de me remarier. Je crains d'avoir élevé Pippa un peu comme un garçon manqué. Autrefois, quand je partais prospecter, je l'amenais avec moi. Même adolescente, elle était de bonne compagnie. Elle aurait dû être géologue. Elle est douée pour cela.

Angelo avait tellement le feu aux joues qu'il se sentait au bord de l'explosion.

— C'est que... voyez-vous, monsieur, je préfère faire les choses à ma manière. Je sais bien que Pippa m'aime, mais j'attends que cela lui passe. Elle n'a que vingt ans ; elle m'oubliera. Je n'aurai pas les moyens de me marier avant des années. Entre-temps, pour une fille de sa condition je trouve qu'elle manque étonnamment de confiance en elle. Je fais de mon mieux pour la convaincre qu'elle doit s'estimer davantage.

— Ce sont toutes ces années passées dans le bush. Elle n'a pas pris conscience de sa féminité, dit Steyn, rembruni. Vous savez, mon petit, j'ai toujours pensé que les mariages arrangés, à l'orientale, réunissaient mieux que les mariages d'amour.

— Je suis d'accord, monsieur, mais dans ce cas ce ne serait pas raisonnable ; ce serait céder au caprice de votre fille, comme toujours. Elle est trop gâtée, et c'est votre faute. Vous lui avez toujours donné tout ce qu'elle voulait, et maintenant c'est *moi* qu'elle veut. Croyez-moi, monsieur, vous feriez mieux de lui acheter un autre cheval ; sinon, elle finira par se faire du mal.

— Je vous présente mes excuses. Vous avez raison. J'essayais effectivement de vous acheter. Mais au prix non négligeable de six millions de livres, à peu de chose près, sous formes d'actifs transférables. Réfléchissez-y tout de même.

— Il n'en est pas question, monsieur.

— Ma foi, puisque c'est ainsi, prenons donc une liqueur et reparlons de notre week-end à la pêche.

Par la suite, Angelo ne devait plus se départir d'une conviction : Steyn l'avait fait tomber dans un piège. Car le vieux monsieur quitta le chalet dès le matin du deuxième jour en prétextant une affaire urgente à régler. Il le laissa seul avec Pippa.

Le troisième soir, Angelo succomba aux avances de la jeune fille. La tempête faisait rage et elle vint se glisser dans son lit en prétendant qu'elle avait peur, ce dont il ne crut pas un mot. Toutefois, le contact de ses seins parfaits et de ses longues jambes soyeuses se révéla trop tentant. Ils firent l'amour passionnément. Une fois la chose consommée, il était inutile de faire marche arrière, ils passèrent le reste de leur séjour au lit en allant s'approvisionner à tour de rôle.

Deux mois plus tard, Pippa lui annonça qu'elle était enceinte et le supplia de l'épouser. Angelo réfléchit puis accepta. Que faire d'autre, de toute manière ? Il garda pour lui ses angoisses et renonça fermement à ses rêves de Vénus blondes. Ils se marièrent à l'église catholique sous son véritable nom et à la mairie, le même jour, sous son nom d'emprunt.

La noce fut encore plus somptueuse que l'anniversaire de Pippa, et là encore Peggy se chargea de tout. Quand le jeune couple revint de l'état civil, les invités étaient arrivés, armés de confettis et de pétales de rose.

La moitié du village était là, et dès la fin de l'après-midi les pêcheurs et leurs épouses attaquèrent la provision — apparemment inépuisable — de punch. À la tombée du soir, certains ne tenaient plus debout ; ils s'écroulaient sur les tables, renversaient les chaises, insultaient les convives et échangeaient entre eux les mêmes invectives. Gideon se fit larmoyant. Il avait décidé de prendre le deuil de son ami. Il s'empara de son banjo et se mit à chanter, sans souci de la mélodie, sur le thème de l'amitié perdue et de la néfaste influence des femmes.

Alors Pippa se montra sous un nouveau jour.

— Chasse immédiatement de chez moi ces pouilleux de métis. La colère l'enlaidissait en lui donnant un air cruel. Et ne les invite plus jamais, tu m'entends ?

Le lendemain matin, ils partirent pour leur lune de miel. À cause de la guerre, ils durent se contenter de la Rhodésie et des chutes Victoria. Pippa avait la nausée matinale caractéristique des débuts de grossesse, mais vers dix, onze heures elle se rétablissait et ne cessait d'exiger qu'il lui fasse l'amour.

À son retour, Angelo avait perdu cinq kilos, mais le premier versement de sa « dot » avait été déposé sur son nouveau compte en banque. Il en investit une partie dans un chalutier qu'il baptisa la *Philippa*, dont Gideon devint le patron. Pourtant, Angelo ne prit aucun plaisir à voir se réaliser enfin l'un de ses rêves les plus fous. Malheureusement, le pire était encore à venir. En effet, quand Steyn du Toit le mit au courant de l'état de leurs finances, il apprit que Pippa et lui étaient beaucoup plus riches qu'il ne l'aurait imaginé.

Il essaya de faire contre mauvaise fortune bon cœur. Pippa était intelligente, déterminée, obstinée... et riche. Elle n'aurait de cesse que de parvenir à ses fins. Quant à lui, songeait-il avec tristesse, il aurait beau s'échiner toute sa vie, jamais ses capacités intellectuelles ne lui rapporteraient autant que ses attributs masculins. Il n'en jura pas moins de doubler, voire de tripler les actifs des du Toit. Pas question de rester un gigolo entretenu jusqu'à la fin de ses jours.

34

La clinique dégageait une impression globale de stérilité et d'efficacité ; les infirmières semblaient dépourvues de tout sentiment humain — complètement robotisées ! Angelo les détesta instantanément. Comment osaient-elles sourire et bavarder alors que Pippa souffrait ? Steyn et lui étaient tendus, peu communicatifs. Il y avait quatorze heures qu'ils attendaient, avec seulement deux pauses café. Au début, Angelo s'était tenu au côté de la jeune femme ; à intervalles réguliers, il lui appliquait un linge humide sur le visage. Mais il avait fini par ne plus supporter de la voir souffrir ainsi. Il était retourné attendre à l'extérieur.

Une infirmière passa la tête par la porte.

— Son état est stationnaire, annonça-t-elle d'un ton tout guilleret. Vous devriez rentrer chez vous, Mr. Morgan. On vous téléphonera.

— Au moins, elle sait comment je m'appelle, grommela-t-il. Je m'attendais plutôt à ce qu'elle m'attribue un numéro. On se croirait dans un pénitencier, avec Pippa dans la chambre de torture. Mais enfin, pourquoi est-ce que ça prend si longtemps ? Il bondit sur ses pieds et fit les cent pas dans l'étroit couloir courant sur toute la longueur du service.

— Allons, calmez-vous, fit Steyn entre ses dents. Pour l'amour du ciel, venez-vous asseoir.

— Il doit y avoir d'autres moyens de mettre un

enfant au monde. Pauvre Pippa ! Vous vous souvenez de ce que vous m'avez dit, bien longtemps avant notre mariage ? Quand vous m'avez demandé si j'étais amoureux d'elle, j'ai répondu non. Vous avez dit alors...

— L'amour croît avec le temps quand on est fait pour vivre ensemble. Et c'est pour cela que je suis pour les mariages arrangés.

— C'est cela. Et naturellement vous aviez raison.

Il s'enfouit la tête dans les mains et s'efforça de ne pas penser à ce qu'endurait Pippa. Mais il ne pouvait s'empêcher de la revoir, pâle comme la mort, gémissant de douleur et se couvrant périodiquement d'une transpiration glacée.

— La tête est visible. Ce ne sera plus très long.

Encore ce maudit sourire plein de gaieté ! Il avait envie de la frapper. Mais il se signa et entama une prière silencieuse. Steyn écrasa sa cigarette et se dirigea vers les toilettes. Angelo nota qu'il n'avait pas l'air non plus dans son assiette.

Vingt minutes plus tard s'élevèrent les premiers cris du bébé, et, tout de suite après, on fit entrer le mari et le grand-père.

— Vous avez un beau garçon bien vif, annonça le médecin.

Pippa semblait épuisée mais, bien calée sur ses oreillers, elle souriait avec douceur.

— Il est magnifique, murmura-t-elle. Adorable. C'est un miracle.

Angelo lui prit les mains. Il ressentait le besoin subit d'être aimé.

— C'est toi qui as fait tout le travail et c'est moi qui me sens à bout de forces, dit-il en lui rendant son sourire. Je t'aime, tu sais.

Elle évita son regard. C'était le médecin qu'elle dévisageait anxieusement.

— S'il vous plaît, donnez-moi mon bébé. Je veux le tenir dans mes bras.

Angelo, de son côté, se demandait comment ce petit

tas de chair rosâtre à l'air si frêle pourrait un jour faire quelque chose de sa vie. Toutefois, lorsqu'on lui permit de tenir Trevor dans ses bras il sut sans l'ombre d'un doute que le sens de son existence était tout entier contenu dans ce petit bout d'homme. Là étaient son avenir, son destin, sa raison de vivre.

— Je suis doublement comblé, murmura-t-il en ravalant ses larmes.

L'infirmière commençait à s'impatienter. Elle mit les hommes dehors.

— Mrs. Morgan a besoin de se reposer et le petit Trevor aussi.

— Allons boire quelque chose, proposa Steyn. Nous l'avons bien mérité.

Ils étaient tous les deux hirsutes et mal rasés. Steyn portait une chemise et un vieux pantalon kaki, tandis qu'Angelo était carrément en pantalon d'intérieur car les douleurs avaient commencé à six heures du matin, et, depuis, ni l'un ni l'autre n'avait voulu quitter l'hôpital.

— Suivez-moi, fit Angelo. Je connais un endroit où on nous accueillera à bras ouverts.

Il prit le volant et emmena Steyn au port ; il s'arrêta devant le bar à pêcheurs perché au-dessus de la rade.

— Vous êtes sûr ?

Steyn s'attarda devant la porte, à la fois mal à l'aise et hautain. Angelo finit par se demander s'il n'avait pas commis une erreur.

— Mais oui, je vous en prie, venez... Ce sont des amis.

Ils se frayèrent un chemin au milieu d'une foule dépenaillée qui conversait avec animation, environnée d'odeurs de mauvais vin, de fumée de cigarette et de *dagga*. C'étaient tous des habitués ; Angelo en connaissait quelques-uns. Il vit même certains de ses employés. Gideon était assis dans le renfoncement qu'il affectionnait, près de la fenêtre donnant sur le port. C'était là qu'il aimait à s'enivrer. Six membres de son équipage buvaient en sa compagnie. En sus des habitants du coin, on dénombrait plusieurs Ovambos d'Afrique du Sud-Est.

— Gideon ! Je suis papa ! s'écria Angelo. C'est un garçon !

L'autre lâcha un rugissement approbateur. Tout le monde se mit à applaudir, à rire et à pousser des vivats. Avec ces gens, la joie de vivre n'était jamais bien loin. Les deux hommes commandèrent tournée générale sur tournée générale, après quoi on les escorta chez Ramona. Elle leur fit un accueil étrangement réservé. Angelo remarqua qu'elle aussi était enceinte.

Il se remémora la première année qu'il avait passée chez Gideon et Ramona. Lui aussi, à l'époque, savait prendre plaisir aux passe-temps simples ; mais, maintenant, sa vie avait changé. Les moments de bonheur étaient rares. *Qu'ont-ils de plus que moi ?* se demanda-t-il tandis qu'ils riaient de bon cœur et entonnaient spontanément une chanson... Il les aimait.

Pippa et le bébé rentrèrent cinq jours plus tard, et la maison sur la colline s'emplit de jouets, de nurses, d'amis en visite ; de temps en temps le médecin venait. Tout cela composait un univers exclusivement féminin. Angelo entrait parfois sur la pointe des pieds dans la chambre qu'occupait momentanément sa femme, mais elle était toujours en train de donner le sein à Trevor. Elle avait trop de lait ; ses seins débordaient et présentaient des grosseurs douloureuses. La nuit, il venait la regarder dormir ; ses lèvres en pétale de rose laissaient entrevoir une perle de nacre. Son cou était long et gracile, sa peau parsemée de petites taches de rousseur et ses cheveux auburn se répandaient abondamment sur l'oreiller. Il brûlait de la réveiller et de lui faire l'amour. À certains moments, il l'aimait tellement qu'il en avait les larmes aux yeux. Elle était pour lui comme une drogue dont il se sentait de plus en plus dépendant. Alors qu'il possédait tout ce dont un homme peut rêver, ce qu'il voulait, c'était que sa femme lui revienne. Tout à son amour, il avait physiquement besoin d'elle, mais elle n'avait plus qu'un seul et unique centre d'intérêt : sa propre existence. Et son existence, c'était Trevor.

On avait dressé la liste des invités au baptême, aussi bien pour la cérémonie proprement dite que pour la fête. La secrétaire d'Angelo eut la délicatesse de la lui montrer — personne ne s'était préoccupé de lui demander son avis. Il s'irrita : on n'avait convié aucun de ses amis métis. Il ne savait pas très bien comment aborder le sujet avec Pippa, mais il le fallait. Il la trouva en train de bercer le monstre dans l'espoir de l'endormir.

— Ma chérie, tu as oublié mes amis du village.

— Si tu considères comme tes amis ces *skollies* avinés, tant pis pour toi. Pas question qu'ils mettent les pieds chez moi. Tu sais bien ce qui s'est passé à notre mariage. Ils se sont tellement mal tenus que c'en était répugnant. Jamais plus !

— Il est injuste de les punir collectivement parce qu'un ou deux ont un peu chahuté.

— Il n'est pas question de punir qui que ce soit. Je fais simplement ce que j'ai envie de faire.

— Et moi, tu t'es demandé de quoi j'avais envie ? Je travaille avec eux, je les emploie, je *dois* les inviter.

— Pas question.

Elle se pencha sur son enfant.

— Pippa, écoute-moi. Il entreprit de lui masser la nuque et les épaules. Elle avait toujours aimé cela. Il *faut* que je les invite.

Elle se dégagea.

— Dans ce cas je ne viendrai pas, et Trevor non plus. Un baptême sans bébé, c'est original, n'est-ce-pas ? Tu n'as qu'à leur offrir une tournée au pub du port. C'est tout ce qui les intéresse : boire.

— Tu ne sais pas à quel point tu te trompes. Pippa, j'insiste.

— Non, non et non. Je ne reviendrai pas là-dessus.

Elle le regarda bien en face et il fut ébahi par sa froideur. Elle ne lui avait jamais opposé un air aussi distant. Il tressaillit d'effroi. Maintenant qu'il l'aimait, il avait peur de la perdre.

— Je refuse d'accueillir des métis chez moi. Ça ne se fait pas, et je ne le permettrai pas. Papa est d'accord. Essaie donc de voir les choses de son point de vue. Après tout, c'est tout de même sa maison, ici.

Angelo sortit, histoire de réfléchir un peu. C'était vrai : il n'était pas chez lui. Donc, il était temps de déménager. Il décida d'acheter un terrain et de construire une demeure pour sa famille. Il se sentait émasculé par le pouvoir de son beau-père. Que valait un homme s'il n'était même pas maître dans sa propre maison ? À partir de quel moment Pippa avait-elle senti qu'il devenait dépendant ? En tombant amoureux de sa femme, il avait perdu sa position dominante. Et elle, qui avait toujours cherché à lui plaire, n'avait pas tardé à voir l'avantage que comportait la situation. Il opta pour le compromis : il donnerait une fête pour les gens du village aux Sables.

Il s'exécuta, avec l'aide de Peggy et Ramona, mais presque personne ne vint. Il eut la nette impression que cette dernière n'était pas étrangère à l'affaire.

Le jour du baptême arriva. Lorsqu'ils rentrèrent de la cérémonie, l'après-midi était déjà bien entamé. La maison avait des allures d'exposition florale, sans parler du jardin, où l'on avait dressé des tables à tréteaux décorées d'hibiscus en pot et croulant sous les mets et les saladiers de punch. Un groupe d'extras chargés de plateaux de champagne circulaient parmi les centaines d'invités en grande conversation.

Trevor s'était remis de sa pénible expérience au-dessus du bénitier dans des bras peu familiers ; il dormait dans son somptueux berceau. Les invités défilaient devant lui à pas de loup en poussant des oh ! et des ah ! avant de déposer solennellement leurs cadeaux sur une table voisine. Angelo consulta discrètement sa montre. Quatre heures. Dieu merci, c'était presque fini.

Là-dessus retentit le bruit qu'il redoutait ; le vent leur apportait par bouffées une chanson accompagnée de dizaines de banjos à l'unisson et rythmée par les pas des musiciens. Il alla à la fenêtre et scruta la vallée. Un nuage de poussière serpentait sur la route en terre battue, et, sous les arbres, il entrevit une série de couleurs mouvantes. Bientôt on n'entendit plus que la musique.

Il se retourna et regarda Pippa, l'air fâché.

— Ils arrivent. Tu les entends ? Ils chantent. Tu ne voulais pas les inviter ? Ils sont venus quand même. Alors je t'avertis, si tu te montres impolie avec eux, je quitte immédiatement cette maison.

Elle pâlit et se mordit la lèvre. Puis elle se retourna vers l'invité qui se penchait sur son enfant, mais Angelo vit bien les larmes qui roulaient sur ses joues. Il n'en ressentit aucune pitié. Rien que de l'irritation devant son arrogance et de la colère envers sa propre faiblesse.

Le bataillon de chanteurs atteignit le portail, au bas de la colline, et s'engagea dans les jardins. Ramona en tête et Gideon fermant la marche, ils pénétrèrent bientôt d'un pas décidé dans l'immense salon.

Un silence gêné se fit parmi les invités. Ramona portait une ample tunique en satin jaune, sans doute pour dissimuler sa grossesse avancée, et ses disciples — ils avaient abandonné leurs postes, qui sur les bateaux qui à l'usine de congélation —, avaient gardé leurs bottes et leurs bleus de travail. Mais tous apportaient un présent et Angelo en aurait pleuré de honte.

— Tu ne nous as pas invités, dit Ramona, qui se tenait tout près de lui, mais nous sommes venus quand même, et avec des cadeaux. Qu'est-ce qui t'es arrivé, Angelo ? C'est elle qui commande, c'est ça ?

— C'est exactement ça. Si tu savais comme j'ai honte ! Écoute, Ramona. La situation n'est pas facile, ici, mais tu es et tu resteras toujours mon amie.

Il lut dans son regard qu'elle aspirait à être acceptée mais qu'elle ne pouvait renoncer à son orgueil, à sa colère et à son amour. Seule Ramona savait mettre dans ses prunelles lumineuses autant d'émotions à la fois. Elle s'avança et posa son présent sur la table.

— Je peux voir ? s'enquit-elle en indiquant la file d'invités patientant devant le berceau.

Angelo s'en approcha à grands pas décidés et, sans tenir compte du cri de Pippa — « Non, laisse-le ! » —, il prit le bébé.

— Je te présente mon fils, dit-il à Ramona.

Cette dernière le regarda fixement puis blêmit. Son regard prit une expression rêveuse, comme si elle voyait quelque chose à l'intérieur d'elle-même. *Aïe*, songea Angelo. *Voilà qu'elle entre en transe Et il faut que ça arrive ici*.

— La mort, souffla-t-elle d'une voix rauque. Il nous apportera le chagrin — à toi et à moi. Trois morts avant lui. Il mourra avant sa majorité. D'autres viendront ensuite.

Elle plaça les mains sur son ventre comme pour se protéger.

Pippa hurla et arracha le bébé à Angelo. Le prêtre s'interposa en brandissant son crucifix.

— Au nom de notre seigneur Jésus..., commença-t-il.

Angelo prit Ramona par le bras et l'entraîna au-dehors.

— Va-t'en et emporte avec toi tes malédictions diaboliques !

Elle pleurait sans bruit en s'essuyant les joues du revers de la main. On lisait dans ses yeux de la tristesse, mais aussi de la compassion.

— Non, ce n'est pas une malédiction. Pas du tout. C'est mon don. Mon Dieu ! J'ai tout vu. Nos deux destins, nos désespoirs sont indissolublement liés. J'aurais dû te laisser te noyer. Et je l'aurais fait, si j'avais su.

— Va-t'en !

Il la poussa vers le bas des marches et entendit simultanément les cris et les huées des villageois. Ceux-ci convergèrent brusquement vers Ramona, mais elle les arrêta du geste, et, boudeurs, ils se turent.

— Nous avons déposé nos cadeaux. Angelo nous remercie. Maintenant, rentrons chez nous.

Il y eut un défilé de visages hostiles, de bottes et de bleus de travail. Les mains se tendaient vers les gâteaux, les sucreries, les verres de vin. Des assiettes se brisèrent, des pâtisseries furent piétinées, mais Angelo était trop égaré pour s'en soucier.

Il s'effondra dans un fauteuil. Il avait envie de hurler. Au tréfonds de son âme une petite voix triste lui rappelait que la jeune femme ne s'était jamais trompée dans ses prédictions.

Les villageois eurent bientôt disparu. Le son de leurs chants déclina. Pippa pleurait et Steyn la serrait dans ses bras.

— Je t'interdis de les laisser revenir, lui dit-elle avec de la sauvagerie dans le regard.

Il l'apaisa du mieux qu'il put et promit tout ce qu'elle voulait. À sa manière, elle pouvait être aussi intimidante que Ramona.

— Tu ne les verras plus ici, mais jamais je ne leur tournerai le dos. Ils m'ont sauvé la vie et je ferai tout ce que je pourrai pour eux. Ils resteront mes amis, j'irai les voir chez eux. Ramona n'avait pas de mauvaises intentions. Ces crises, elle ne les maîtrise pas. Ce ne sont que des bêtises ! Oublie donc tout ça.

Toutefois, Angelo, lui, savait qu'il ne pourrait jamais oublier.

35

Après le désastre du baptême, Pippa se mit à haïr les villageois. Tenant Angelo pour personnellement responsable de l'apparition non désirée de Ramona, elle le pria instamment de revendre ses intérêts au port et de se consacrer au développement des mines et autres affaires de son père. Il refusa.

Ils s'affrontaient quotidiennement ; il y avait entre eux un gouffre de loyautés irréconciliables. Angelo voulait quitter la maison de Steyn. Il alla jusqu'à acquérir une propriété du côté ensoleillé de la vallée, là où les Blancs résidaient à l'abri du vent tout en jouissant d'une vue exceptionnelle, mais Pippa ne voulut rien entendre. Il finit par revendre.

Depuis la naissance de leur enfant, il n'y avait plus grand-chose en lui qui plût à Pippa. Angelo prenait sa fortune nouvelle à la légère, n'étant guère doué pour se laisser aller, en profiter librement ; il préférait la diversifier. Il embauchait, créait des entreprises, des logements, des usines. Au moins évitait-il de se plaindre des dépenses exagérées de sa femme. Au contraire, plus elle jetait l'argent par les fenêtres, plus il en gagnait.

Et, grâce à la guerre, il en gagna beaucoup. En effet, la demande en protéines animales conditionnées, donc exportables, était énorme. Il agrandit encore son usine de congélation de poisson, et une conserverie ne tarda pas à suivre. Au bout d'un an il était en mesure de créer une troisième entreprise.

Sa part des bénéfices était investie dans deux directions différentes : la vigne et les habitants de la région. Il acheta plusieurs vignobles et caves de bonne qualité à Paarl et à Franschhoek, plaça des régisseurs à la tête des exploitations et eut la chance de trouver un spécialiste formé en France.

Désireux de tenir ses anciennes promesses, Angelo s'employa à fournir travail et équipements locaux à tous les gens du village. L'ambiance générale était bonne. Les artisans métis côtoyaient les Blancs sans problème et Silver Bay était à la pointe de l'intégration raciale.

Le jour de son anniversaire, en octobre 1944, il s'enivra et fit des avances à son épouse. Trevor avait un peu plus d'un an et ils n'avaient pas fait l'amour depuis sa naissance. Elle lui opposa une froideur qui le mit en rage, et, lorsqu'ils se retrouvèrent au lit, il l'attira à lui sans ménagement et l'enfourcha.

— Je n'ai pas envie, lui dit-elle, glaciale.

— Moi, si, grogna-t-il.

Il lui écarta les jambes de force en les poussant avec ses genoux. Puis il lui immobilisa les bras sur l'oreiller et s'enfonça en elle. À aucun moment elle ne manifesta la moindre excitation. Elle se soumit mais ne participa pas, bien qu'il s'efforçât longuement de l'exciter, en se retenant, en la caressant, en l'entourant de mille attentions, en l'embrassant dans le cou ou en enfouissant son visage dans ses cheveux — toutes les petites stratégies qui marchaient autrefois. Il finit par jouir, mais ce ne fut qu'une pâle imitation de ce qu'il avait escompté.

— Qu'est-ce qui nous est arrivé, Pippa ? lui demanda-t-il tristement.

— C'est à cause de ton obstination. De tes manières de paysan. Tu me fais honte en t'affichant avec tes métis. Comment peux-tu me faire une chose pareille ? Je ne pourrai pas t'aimer tant que tu ne te comporteras pas en individu civilisé.

— Je me demande lequel de nous deux mérite ce qualificatif, fit-il, accablé. Tu sais, il existe un terme pour désigner les femmes qui se servent du sexe pour parvenir à leurs fins.

Trevor devint un petit garçon adorable, sensible et intelligent, mais il était la cause d'un nouveau conflit entre ses parents, qui n'étaient pas d'accord sur la façon de l'élever. La peur du fascisme et des positions totalitaires en général était profondément enracinée dans le cœur d'Angelo, pour qui il existait deux sortes d'êtres au monde : ceux qui étaient pour les droits de l'individu et ceux qui ne survivaient qu'en écrasant les faibles. Une phrase avait le don de le mettre hors de lui : *Ce n'est pas notre problème*. Il était bien décidé à inculquer à son fils les valeurs qu'il tenait de son propre père tant aimé. Le matin, il emmenait Trevor au village, où il le confiait au personnel de l'usine d'emballage pendant qu'il réglait ses affaires ; on gâtait le petit et on jouait avec lui pendant des heures.

Ses opinions libérales lui valaient la colère de Pippa. Pourtant, il continuait à boire avec les métis au bar du port, il allait souvent dîner chez Ramona, dont il emmenait les enfants avec Trevor à bord de sa vedette.

— Je refuse que mon enfant fréquente des pouilleux de pêcheurs, lui hurla-t-elle un jour. Si tu m'y obliges, je te quitte.

— Et moi, je ne veux pas que mon fils devienne un fasciste, rétorqua-t-il avec virulence.

Pendant ce temps, le petit écoutait, grimaçant de détresse et les yeux écarquillés par la surprise.

En 1945, comme l'Europe fêtait la fin de la guerre, Angelo prédit l'arrivée de vagues d'immigrés apportant avec eux les compétences et la main-d'œuvre dont l'Afrique du Sud avait tant besoin. Il prit l'habitude de se rendre à l'hôtel où étaient hébergés temporairement les nouveaux venus, afin de trouver les soudeurs, les charpentiers, les dessinateurs industriels et les techniciens divers qui lui manquaient encore. Les bénéfices s'accumulaient, Silver Bay prenait de l'expansion, l'argent coulait à flots et tout le monde en avait sa part. Angelo posséda bientôt huit chalutiers et créa une usine de plats préparés à base de produits de la mer. Il y avait du travail en abondance, ce qui attira de nouvelles familles métisses. Avant longtemps, de jolis cottages bien proprets poussèrent comme des champignons sur les coteaux.

À l'âge de quatre ans, Trevor se remit à mouiller son lit. Le spécialiste consulté en conclut que les disputes de ses parents le perturbaient. Alors Pippa aménagea une chambre pour Angelo dans l'aile sud. « Pour que tu puisses voir par la fenêtre ton village bien-aimé, lui dit-elle, mauvaise. Et que tu me fiches la paix par la même occasion. »

Six mois plus tard, Angelo fit une importante donation à l'église afin que l'on crée une maternelle interraciale. Trevor et les jumeaux de Ramona, Bill et Frikkie, y furent les premiers inscrits. Ce fut l'occasion d'une ultime et douloureuse querelle entre Pippa et lui, à la suite de quoi chacun se retira dans ses appartements. Ils ne se voyaient plus que pour les repas, et encore, irrégulièrement.

Un an plus tard, une nouvelle donation d'Angelo et de ses sociétés permit la fondation d'une école secondaire privée ouverte à toutes les races. Il commençait à voir se réaliser ses rêves les plus chers. Silver Bay devenait le village idéal qu'il avait imaginé : on l'y fêtait, on l'y admirait, ses habitants étaient contents de leur sort et n'avaient pas de problèmes matériels.

Toutefois, Angelo nourrissait certaines craintes pour l'avenir. Il voyait apparaître des signes qui lui rappelaient les mises en garde de son père : « L'espèce humaine constitue une seule grande famille et tous les systèmes de castes sont malfaisants, quels qu'ils soient et sous quelque forme qu'ils se présentent. »

Le 28 mai 1948, quarante-six ans après la défaite contre l'Angleterre, le nationalisme afrikaner triompha ; le Parti national (on disait les « Nats »), arriva au pouvoir par voie d'élections suite à l'engagement qu'il avait pris : préserver le pouvoir blanc et la civilisation afrikaner. Et l'instrument de la mise en œuvre de cette politique s'appelait *apartheid*. On allait instituer toute une constellation de homelands qui serviraient de point de départ à la séparation des « États nationaux ».

Pour que ce projet aboutisse, il fallait instaurer un remodelage social à l'échelle de la nation et le déplacement de diverses catégories de la population. Les Indiens et les militants métis formèrent des associations de défense, mais on les fit taire par de multiples vagues d'arrestations.

Dès la fin de la décennie, l'Afrique du Sud était devenue un État policier. Au fil des années cinquante, on promulgua toute une série de lois répressives ayant pour but de renforcer cette stratégie de division sociale. Les Noirs furent fichés grâce à leurs empreintes digitales, on leur attribua un numéro individuel et on leur délivra un livret d'identité. Quant aux métis, on leur retira le droit de vote et on créa à leur intention des écoles séparées ainsi qu'une université. Au début des années soixante, le « développement séparé » était sur les rails.

Le cauchemar fit irruption dans la vie de Silver Bay et des faubourgs voisins par l'intermédiaire de grands panneaux « Réservé aux Blancs » placardés sur les toilettes publiques, dans les restaurants, les cinémas, les salles de concert, les dancings, les bars, les hôtels, les lieux et les bancs publics. L'aspect le plus douloureux fut peut-être les autobus réservés aux Blancs, sans parler des jardins d'enfants et des plages.

Face à cette humiliation, les métis se détournèrent des Blancs. Ils se voyaient devenir des citoyens de seconde zone, des parias, des individus sans valeur. Ils n'en furent que plus portés sur la boisson, la délinquance et la violence sexuelle à l'intérieur même de leurs familles. Mais personne ne s'en souciait vraiment, puisque le phénomène était circonscrit aux zones métisses. La police étant peu présente dans les quartiers non blancs, les gangs prirent les choses en main ; les habitants vivaient dans la peur.

À Silver Bay, les libéraux d'origine anglaise manifestèrent une tiède opposition, alors on transféra dans la région du Cap des policiers proches de l'extrême droite. N'ayant aucune sympathie pour les Blancs « amis des *kafirs* », ils se donnèrent pour vocation de nettoyer ce foyer anglais d'immoralité raciale.

Dans l'intimité de leurs foyers, les gens se communiquaient leurs expériences respectives. Herman Parker, banquier, fut arrêté pour avoir reconduit chez elle, en voiture, la baby-sitter métisse engagée par sa femme. Il tombait sous le coup de la loi d'immoralité. Dès lors, la communauté décida que les épouses accompagneraient leurs maris lorsque ceux-ci véhiculeraient des domestiques. Des femmes de ménage sans permis de travail furent tirées de leurs lits avant l'aube, emprisonnées en attendant leur procès, puis gratifiées de lourdes amendes et expédiées dans les homelands. Peggy eut elle aussi une amende parce qu'elle avait permis à un non-Blanc de s'asseoir à table pour consommer dans son restaurant. Les Brian découvrirent en rentrant de vacances que leurs chiens étaient morts de faim : leur employée de maison et leur jardinier avaient été expulsés à l'improviste. Le jardinier aveugle de Mrs. Thompson, Patrick, qu'elle gardait depuis des années par charité, fut arrêté, tabassé et expulsé à son tour. Un policier arrêta Tanya Lockyer et lui infligea une forte amende pour s'être baignée nue dans sa propre piscine, pourtant protégée des regards par de hauts murs d'enceinte. Mrs. Primrose fut traduite en justice et dut elle aussi s'acquitter d'une amende parce qu'elle avait laissé sa fille de deux ans courir nue sur la plage.

Les Blancs cessèrent vite de se rebeller. Comme les métis, ils avaient désormais l'impression d'appartenir — en tant qu'Anglais — à une sous-citoyenneté, et cette marque d'infamie s'enracinait de plus en plus profondément dans leurs esprits. Ils se sentaient inférieurs, et au moindre geste indulgent ils témoignaient une reconnaissance pathétique.

Le père Mooney protestait courageusement en chaire, mais, partout où il allait, il avait sur ses talons des policiers en civil. Tous les dimanches, deux d'entre eux s'asseyaient au dernier rang de l'église et prenaient des notes pendant ses sermons.

Angelo avait toujours convoité les pentes orientales de la vallée, qui bénéficiaient d'un bon ensoleillement et où la déclivité était faible ; idéales pour la vigne ! Un grand nombre de parcelles appartenaient à des métis qui en avaient le titre de propriété depuis trois générations ou plus. Mais, un jour, une délégation gouvernementale vint les informer qu'ils résidaient désormais en zone blanche, ce qui était illégal, et qu'ils devaient s'installer au village métis. Leurs cottages ou exploitations agricoles seraient vendus aux enchères par des émissaires de l'État.

Malgré leurs professions de foi, bien des résidents de Silver Bay assistèrent à la vente dans l'espoir de rafler la mise. Angelo ne fit pas exception à la règle. Depuis quelques semaines, sa conscience le travaillait ; d'un côté il refusait de profiter de la politique gouvernementale et du malheur des métis, mais, de l'autre, il désirait ardemment ces terrains.

Aussi ne résista-t-il pas à l'envie d'assister à l'opération, si forte que soit sa répugnance. Les terres qu'il visait se révélèrent conformes à ses espoirs : c'étaient de magnifiques pentes en friche, bien orientées, avec, par-ci, par-là un âne qui broutait — puisque les propriétaires n'avaient plus d'endroit où les garder — et des poulets qui se pavanaient au soleil. Le groupe de dépossédés se tenait à l'écart ; l'air accablés, ils suivaient d'un œil hostile le déroulement de la procédure. Mais, en un sens, leur amertume ne parvenait pas à gâcher la beauté du paysage, plein de chênes fourmillant d'oiseaux et de torrents dévalant le coteau, d'autant plus que la matinée était belle. Ce tableau renforçait le côté incongru des représentants du gouvernement, avec leurs costumes foncés et leurs visages fermés.

Leur responsable mettait séparément aux enchères les deux premières fermes ; la somme de départ fut fixée à quatre cents livres, mais on atteignit péniblement les six cents.

Angelo repéra les plus déterminés des acheteurs potentiels : il les connaissait tous. Les Bronson et les Joubert, promoteurs immobiliers, firent rapidement monter les enchères à huit cents. Puis la voix claire de Peggy Cohen se fit entendre :

— Neuf cents.

— Mille, lâcha Angelo.

En cet instant précis, le besoin irrépressible de posséder ces superbes terrains éclipsait toute autre considération. Brusquement, le silence se fit. Si Angelo voulait cette terre, à quoi bon le contrer ? C'était inutile, et tout le monde le savait. Chaque fois que le marteau du commissaire-priseur s'abattait, réglant le sort d'une nouvelle parcelle, il fallait qu'il fasse une offre, qu'il s'approprie les terrains. Midi venu, il avait tout acheté pour une bouchée de pain.

Il regagna sa voiture, en proie à des sentiments mêlés. Mi-satisfait, mi-coupable devant sa propre faiblesse. Une métisse vint lui brandir son poing sous le nez. « Judas ! » lança-t-elle avec rancœur. Elle lui cracha dessus. Angelo s'essuya le bras avec son mouchoir. Voilà qu'ils s'alliaient pour le conspuer. Enfin... il les comprenait. Il ne leur prêta pas davantage attention et monta dans sa voiture.

Le lendemain matin, un mystérieux incendie éclata dans l'usine de guano. Angelo appela la police, la compagnie d'assurances, et les dégâts furent bien vite réparés. À compter de ce jour, il engagea une équipe de vigiles.

Privé de ses amis métis, il ne tarda pas à se sentir affreusement seul. Chez lui, il était traité en paria même par Trevor, qui, âgé à présent de douze ans, prenait systématiquement le parti de sa mère ; au village, on le considérait comme un traître et on l'évitait soigneusement. Dans ses usines, il était le patron, et en tant que tel n'obtenait que des « Oui, monsieur » ou des « Non, monsieur » en réponse à ses questions. *Ah ! c'est comme ça ?* songea-t-il. *Eh bien, tant pis.* Il perdit progressivement toute sa foi en la nature humaine, se replia sur lui-même et nourrit une profonde blessure.

36

On était au début du mois de septembre 1955. C'était le printemps, la pire saison pour les pêcheurs du Cap : celle des vents de sud-est, ces rafales glacées qui déboulent de l'Antarctique et barattent l'océan, dont les vagues furieuses atteignent trente mètres.

Gideon était en mer, à quarante kilomètres au sud-ouest de Silver Bay ; il n'avait pas capté l'avis de tempête car l'équipage avait croisé un important banc de sardines et cette pêche miraculeuse avait mobilisé tous les hommes sur le pont. Toute sa vie Gideon avait navigué en vue des terres ; il prévoyait le temps à l'aspect des montagnes, où les nuages s'amassaient bien avant les grains. Mais, cette fois-ci, il ne pensa pas à vérifier.

À six heures du soir, le premier coup de vent prit le chalutier par le travers, arrachant l'antenne radio, fermant brusquement les écoutilles et aspergeant le bateau d'écume. Le choc fut violent ; inquiet, Gideon changea de cap pour rentrer dare-dare au port. Il y eut une accalmie, mais l'expérience de Gideon lui souffla que cela ne durerait pas.

Le deuxième coup de vent traduisit toute la puissance de la tempête en germe, et, dès lors, ils n'eurent plus de répit. Frissonnant, Gideon changea une nouvelle fois de cap pour se positionner vent debout. Il voyait avec angoisse le jour décliner. Puis le vent de sud-est passa sans avertissement au sud-ouest, et le cœur lui manqua. Les marins le redoutaient particulièrement : il apportait les ouragans et les pluies torrentielles. Gideon pressentit que le bateau se trouvait sur le trajet d'une tornade mais espéra qu'elle serait passagère.

Toute la soirée le vent fraîchit, pour atteindre enfin un degré de sauvagerie inouï. À neuf heures la *Philippa* traînait ses deux ancres. On dut les lever et subir tant bien que mal un vent de force 10 sous les assauts d'une mer déchaînée. Le chalutier réussissait à prendre de face la plupart des vagues, mais en essuya quelques-unes par le travers. Elles firent beaucoup de dégâts. Étant à des milles du port le plus proche, Gideon n'avait d'autre choix que d'affronter les éléments. À minuit, il ne restait plus rien sur le pont ; les gerbes d'écume s'élevaient plus haut que les mâts et les treuils étaient déjà fortement endommagés. Deux mètres d'eau noire alourdissaient les soutes. Les étançons du bastingage étaient cassés, le treuil principal avait été emporté ainsi que les chaluts, et le canot de sauvetage de tribord était en pièces dans son berceau. Les hublots commencèrent à céder sous les impacts répétés des vagues et la cale fut bientôt noyée.

Assiégés dans leurs quartiers, les membres de l'équipage n'osaient plus ouvrir hublots et écoutilles. Gideon et son second avaient enfilé leurs harnais de sécurité.

À deux heures du matin, Gideon donna l'ordre de lancer les fusées de détresse. À trois heures, un épais brouillard mêlé d'une pluie battante vint envelopper le chalutier. La visibilité était réduite à quatre mètres et les signaux de détresse n'avaient toujours reçu aucune réponse. Gideon s'était considérablement écarté de son cap, il le savait, mais il n'avait plus les moyens d'estimer sa position.

Soudain, une vague imprévue coucha le bateau et l'éventra comme un récif. Alors Gideon sut où il se trouvait et comprit qu'il n'avait aucune chance. Le chalutier se redressa lentement, les eaux glaciales envahirent la salle des machines. La lumière vacilla puis s'éteignit. En cinq minutes l'eau était partout et le bateau condamné. Sous les offensives impitoyables des vagues déferlant sur les récifs tranchants, il craquait de toutes parts.

Gideon réussit à s'extraire de la timonerie. Les canots avaient été emportés ; sur le pont, les hommes avaient enfilé leurs gilets de sauvetage, mais une vague les précipita dans l'écume. Une gigantesque colonne d'embruns heurta la proue et s'y brisa. Le bateau acheva de se retourner.

Gideon tomba dans l'eau glacée. Cela lui causa un tel choc qu'il eut à peine conscience d'être durement propulsé contre les rochers et entraîné vers le fond par les courants.

— C'est moi qui l'ai tué, murmura Angelo quand l'épave fut repérée quatre jours plus tard.

Il revoyait Gideon, en pantalon loqueteux et chemise sans boutons nouée à la taille, partir à la rame tendre les filets en souriant de toutes ses dents.

— Qu'ai-je fait ? sanglota-t-il. Il n'était pas dans sa nature d'être skipper. Mon ambition aveugle lui a coûté la vie.

Peggy était surmenée ; elle allait craquer, tout le monde le voyait, et Angelo le premier. Les Sables étaient toute sa vie depuis qu'elle avait appris la nouvelle : son mari était mort dans un camp juste avant la fin de la guerre. Ces derniers temps, elle cherchait constamment querelle à Ramona en se mêlant de l'organisation des cuisines, mettant en cause la qualité des plats à livrer, l'accusant d'égarer des commandes, criant après les serveuses... Bref, elle se rendait insupportable.

Angelo prit sur son temps libre pour écouter ses griefs.

— Maintenant que tu m'as exposé les détails sans

importance, dis-moi ce qui te tracasse vraiment, dit-il en profitant de ce qu'elle reprenait son souffle.

— Que veux-tu dire ?

— Parle-moi un peu de ta vie sentimentale.

Depuis quelque temps, elle vivait avec un immigré britannique sans emploi.

— Il n'y a strictement rien à raconter, répliqua-t-elle avec colère. Je l'ai jeté dehors, ce gigolo. Il croyait que le restaurant allait l'entretenir grassement jusqu'à la fin de sa vie. Elle soupira. La prochaine fois, je ferai plus attention ; mais ça n'a pas été facile de se débarrasser de lui. Horrible, même ! Cela dit, ce n'est pas pour le plaisir que je remue ciel et terre, Angelo. Ramona n'est plus la même. Ce n'est pas la femme que tu as connue autrefois.

— Pas étonnant ! Je refuse de me disputer avec toi. La vérité est qu'elle ne se remet pas de la tragique disparition de Gideon et que nous devons tous joindre nos efforts pour l'aider à la surmonter.

Peggy fondit brusquement en larmes et s'effondra dans un fauteuil. Angelo se demanda ce qu'il avait bien pu dire. Il alla s'accroupir à ses côtés et la serra dans ses bras.

— Qu'est-ce que tu as ? Allez, viens, je te ramène chez toi. Pleurer, ce n'est pas bon pour le moral des troupes. Le personnel va croire qu'on est au bord de la faillite.

Elle rit à travers ses larmes. Une fois chez elle, Angelo examina son intérieur avec curiosité. Il avait beaucoup changé depuis le début de leur association. On y trouvait de beaux tableaux, des antiquités, des tapis persans ; le jardin était bien tenu et s'agrémentait d'une piscine et d'un jardin de rocaille.

— Café ? proposa-t-elle.

— Plutôt un scotch — ou ce que tu as.

Il la suivit dans la cuisine, où elle recommença à pleurer de plus belle.

— Là, là... Tiens...

Il attrapa un torchon afin de lui essuyer les yeux.

— Ne t'avise pas de me coller ce truc dégoûtant sur la figure !

Il le jeta dans l'évier.

— Je te demande pardon, sanglota-t-elle. Pas évident de mettre à la porte l'homme qu'on aime. Mais il le fallait. Lui ne m'aimait pas. Je l'ai surpris au lit avec une femme, ici même, sous mon toit. Il faut que tu comprennes : mon chagrin est aussi amer que celui de Ramona, mais c'est à *elle* que vont toutes les sympathies. Le soir, quand je sors, je vois toutes ces fenêtres éclairées, toutes ces familles douillettement installées, bien en sécurité et contentes de leur sort, alors que moi je ne suis pas capable de me trouver un homme, du moins un type décent. Je ne comprends pas pourquoi. Il y a quelque chose qui ne va pas chez moi, Angelo.

Il fit de son mieux pour la consoler.

— Tu sais, Peggy, tu n'es pas la seule à souffrir de la solitude. Même marié on peut se sentir seul. Même quand elle paraît belle de l'extérieur, la vie de famille peut être un enfer.

— Tu parles pour toi ?

— Eh oui. D'habitude, je n'aborde pas le sujet.

— Je me comporte comme une idiote. Après tout, ça fait tellement longtemps... Alors, pourquoi maintenant ? Pourquoi choisir ce moment précis pour craquer ?

— Mais tu ne craques pas, Peggy. Tu as besoin d'un peu d'amour, voilà tout. Comme moi. Pippa et moi n'avons pas fait l'amour depuis des années. Elle n'a que faire d'un mari. Elle a sous la main un enfant et un père, et cela semble lui suffire.

— Vous devriez quitter la maison de Steyn.

— J'en ai bien l'intention, tôt ou tard, mais jusqu'à présent elle a repoussé toutes mes propositions. En ce moment même, ils sont partis tous les trois. Ils ont pris l'avion pour inspecter les nouvelles concessions de Steyn dans le Sud-Ouest.

Angelo contempla Peggy. Il aurait bien voulu revenir sur ses principes, pouvoir coucher avec une autre femme que la sienne. Mais pouvait-il vraiment faire confiance à Peggy ? Elle avait besoin d'être aimée, et lui aussi. C'était de Pippa qu'il était amoureux, mais de ce côté-là il se sentait abandonné, superflu — tout en se persuadant qu'avec le temps, avec de la patience, elle réapprendrait à l'aimer.

Il effleura de ses lèvres l'épaule nue de Peggy, et pour la première fois depuis des mois le désir ressuscita en lui. Son corps s'éveilla. Il ne s'agissait pas seulement de désir sexuel, mais d'une véritable renaissance, d'une envie folle de contact physique, d'un besoin pressant de goûter une fois de plus à la beauté, d'en être affamé.

Elle soupira.

— J'aime tant qu'on me caresse. Je voudrais que tu ne t'arrêtes jamais.

— Je ne suis pas pressé, murmura-t-il. Je n'ai rien d'autre à faire que te caresser, justement.

Il continua un moment, puis ils allèrent dans la chambre et elle se dévêtit. Il s'attarda sur ses seins fermes, superbes, sur la peau lisse et blanche de ses cuisses, il l'embrassa sur tout le corps ; les bouts de sein de Peggy se durcirent et elle gémit doucement.

Au moment où il la pénétra, un soupçon de culpabilité l'envahit. Un jour il serait puni pour avoir failli à ses préceptes ; puis le désir balaya tout et il jouit dans une merveilleuse libération de toutes les émotions, toutes les pulsions qu'il refoulait depuis si longtemps.

En rentrant chez lui, il trouva la police qui l'attendait, notamment un sergent qui lui demanda de l'introduire dans son bureau.

— Monsieur, j'ai de très mauvaises nouvelles à vous annoncer. L'appareil que votre beau-père pilotait au-dessus du Namib s'est écrasé dans une région désertique. Il n'y a pas de survivant.

— Qui était à bord ?

— Votre épouse Philippa, son père et un géologue du nom de...

— Et mon fils ? coupa Angelo. Jamais Pippa ne se serait déplacée sans lui.

— C'est pourtant le cas. Il était légèrement indisposé ; elle l'avait confié à l'épouse du directeur de l'hôtel, qui était de ses amies.

Angelo se tassa dans son fauteuil, la tête dans les mains, et se mit à trembler de tous ses membres.

— Que puis-je faire pour vous ? s'enquit l'homme.

— Rien.

Personne ne pourrait plus rien pour lui — jamais. Il alla chercher son fils. Il savait qu'il s'embarquait pour un deuil interminable.

Ramona pleura longtemps Gideon. Jamais elle n'aurait cru qu'il fût possible de souffrir autant. Elle ne l'avait pas aimé à la folie, non, mais il avait toujours été à ses côtés, et, sans lui, elle était perdue. Elle restait seule avec trois enfants à élever dans un monde de plus en plus hostile. Car les choses changeaient autour d'elle. Et pas dans le bon sens ! La cruauté, l'absurdité régnaient. Elle n'avait même plus le droit de prendre une boisson fraîche dans un restaurant « blanc ». Sur la plage, les toilettes étaient réservées aux Blancs. Les autobus pour non-Blancs étaient rares et débordaient de Noirs chahuteurs.

Sans le soutien moral de Gideon, elle s'effondra, se replia sur elle-même. Même Angelo avait changé. La nouvelle vision élitiste professée par les Blancs avait-elle fini par le gagner ?

Le port était surpeuplé des centaines de métis spoliés de leurs maisonnettes, qui leur appartenaient depuis des générations mais se retrouvaient tout d'un coup en zone blanche. Ils venaient tous s'entasser dans l'unique quartier métis, un minuscule lotissement au-dessus du port. Ramona ne pouvait blâmer Angelo. C'était la politique gouvernementale. Seulement ces nouveaux arrivants ne trouvaient pas toujours du travail dans ses nombreuses sociétés, et, à cause de la surpopulation, les immeubles devenaient crasseux, puants ; les routes pullulaient d'enfants, les ordures s'entassaient. Au village, la paix d'antan n'existait plus. Ramona aurait voulu s'en aller, mais où ? Seuls les domestiques avaient le droit de résider en zone blanche.

Un mois après le décès de Gideon, un fonctionnaire vint fouiner aux Sables à la suite d'une plainte : quelqu'un avait révélé que le restaurant appartenait partiellement à une non-Blanche. Or la loi l'interdisait, dit-il à Ramona sur un ton des plus sévères. Elle n'avait même plus le droit de consommer dans son propre restaurant. Elle pouvait s'asseoir à table, mais dès qu'elle aurait devant elle ne serait-ce qu'un verre d'eau elle tomberait sous le coup de la loi.

Accablée, intimidée, Ramona se déclara vaincue.

Angelo et elle se disputèrent des jours entiers. Lui voulait émettre des actions de façon qu'elle puisse conserver en toute légalité la propriété de son quart de bénéfices tout en étant officiellement employée comme cuisinière.

— Je n'ai pas la force de lutter, lui répondit-elle. Tu ne comprends donc pas ce que je ressens, depuis quelque temps ? Eh bien, je vais te le dire, moi ! Tout à coup, elle criait et les larmes ruisselaient sur ses joues. J'ai l'impression d'être une paria, une chienne galeuse, une intouchable, une lépreuse ! Comme si j'étais obligée d'agiter une clochette quand je marche dans la rue pour que les gens normaux, le plombier ou l'électricien du coin, des gens trop bien pour s'asseoir à côté de moi dans le bus, aient le temps de s'écarter. Une vulgaire limace. Je préférerais être morte. En plus, poursuivit-elle, tu peux être sûre que Peggy n'est pas étrangère à l'affaire. Sinon, comment s'en seraient-ils aperçus ? Il y a longtemps qu'elle veut ma part des Sables. Mais je ne me battrai pas contre elle. Je ne travaillerai plus jamais à ses côtés.

— Si ce que tu prétends est vrai, je veillerai à ce qu'elle le paie fort cher, promit-il.

Ramona avait vu juste ; le jour où Peggy le lui

avoua, Angelo perdit encore une amie. Bourrelé de remords, il chercha le moyen de dédommager Ramona.

— Tu n'as qu'à me prendre comme gouvernante, supplia-t-elle. Au moins j'aurai la paix et un espace à moi. Je voudrais habiter une jolie maisonnette sur tes terres, me donner à fond dans mon travail et m'éloigner de tout ce qui se passe ici. Je ne veux plus jamais avoir à marcher dans les rues de Silver Bay. Cette ville me fait horreur, maintenant. Je m'y sens... répugnante. Je serai une bonne gouvernante. J'en ai la certitude. Tu vas avoir besoin de moi pour élever Trevor.

— Ramona, Ramona, ma belle... Je t'en prie, tu n'es pas obligée de te vendre à moi. Tu vaux bien plus que cela. Mais tu as raison, je me rends compte des avantages, pour toi comme pour moi. Je vais te faire construire un beau cottage, et c'est toi qui en dessineras les plans.

Cette semaine-là, Ramona inscrivit sa petite Rose, âgée de dix ans, dans une école catholique mixte du Bechuanaland, où l'on n'avait jamais entendu parler de l'apartheid. Quand à Bill, il fut inscrit à l'école intégrée des Frères chrétiens pendant que son frère, Frikkie, attardé, était envoyé chez des parents, fermiers à Malmesbury.

Il lui restait son don de double vue ; on pouvait lui enlever son amour-propre, mais, cela, jamais on ne pourrait le lui prendre.

Sa semence et celle d'Angelo, étroitement mêlées. Cette prédiction se réaliserait, elle le savait, mais pas au travers de son corps à elle, prématurément vieilli, ridé ; à trente-cinq ans, elle en paraissait cinquante. Mais il y avait Rose, et Rose promettait d'être une vraie beauté. Elle recevrait une éducation de Blanche, elle s'exprimerait correctement, elle serait instruite.

Le premier jour du mois suivant — le mois d'octobre —, elle endossa ses nouvelles responsabilités de gouvernante chez Angelo.

À compter de ce jour, l'univers d'Angelo se mit à tourner autour de Trevor, alors âgé de douze ans. Il montait à cheval avec lui, allait se baigner avec lui, jouait au tennis avec lui, l'emmenait faire de l'escalade, l'aidait à faire ses devoirs, lui enseignait les rudiments de la gestion de ses affaires.

Quelques années plus tard, quand Trevor partit au Fettes College d'Édimbourg pour compléter sa scolarité et préparer son entrée dans une université britannique, Angelo se retrouva parfaitement seul.

37

De son siège en première classe, à bord du long-courrier de la South African Airlines qui le ramenait chez lui, Trevor Palma ne quittait pas des yeux le paysage qui se déroulait derrière le hublot. Il était impatient d'apercevoir enfin les montagnes, mais on ne voyait pour l'instant qu'une immense étendue brune et sans reliefs que traversait occasionnellement une route toute droite : le désert de Karoo. À Londres, quand il avait le mal du pays, il pensait avec nostalgie à son père, à leur maison, mais c'étaient les montagnes et le soleil qui lui avaient le plus manqué pendant ses six années d'exil — deux en pension, trois à la London School of Economics et une chez un célèbre agent de change londonien. Heureusement, il avait toujours pu rentrer pour les vacances.

L'hôtesse de l'air lui apporta un autre scotch. Il lui sourit joyeusement. Il était heureux de rentrer. Une vie nouvelle l'attendait. Londres avait été pour lui une expérience fabuleuse. Le provincial qu'il était s'était jeté à corps perdu dans les *swinging sixties*, l'amour libre, le pop art, le twist et le bop, sans oublier la méditation et même la marijuana, à l'occasion. Depuis peu il se laissait pousser la barbe et ses cheveux châtains lui tombaient jusqu'aux épaules. Il avait adopté les chemises à fleurs et portait un bandeau sur le front, mais il s'était arrêté avant les boucles d'oreilles et les tatouages. Cela dit, il ne trompait personne et il le savait fort bien. Il y avait quelque chose, dans ses yeux verts au regard analytique et froid, ainsi que dans son visage long et osseux, qui poussait les gens à le prendre très au sérieux ; souvent, il le regrettait. En fait, il était ambitieux et cela se voyait. Il avait hâte de reprendre le flambeau et de régner sur l'empire de son père.

On amorçait la descente au-dessus des sommets de Franschhoek. Trevor profitait du spectacle. Il avait oublié à quel point l'Afrique était vertigineusement démesurée, avec ses milliers de kilomètres carrés de désert, ses chaînes de montagnes interminables, ses longues plages d'un blanc argenté, ses immenses exploitations agricoles et ses barrages gigantesques. Il était tellement heureux qu'il en avait une boule dans la gorge. Il décocha un sourire à l'hôtesse, qui le lui retourna d'un air complice. *Enfin chez nous*, disait ce sourire.

À l'aéroport, Angelo le serra fougueusement dans ses bras sans remarquer les regards inquisiteurs et admiratifs des femmes. Père et fils étaient tous deux grands, séduisants et d'allure distinguée. À quarante et un ans, Angelo était à l'apogée de sa vie d'homme ; pas une trace de gris dans sa chevelure. Il était mince et musclé car il tenait tout particulièrement à rester en forme : il courait tous les jours, nageait longuement dans la baie et, le week-end, faisait de l'escalade. Son visage s'était creusé, sa peau avait bruni, et il était l'image même de l'homme heureux qui a réussi dans la vie n'eussent été ses yeux. Car dans ces yeux-là on lisait toute la tristesse du monde.

Angelo fit un pas en arrière afin d'examiner la barbe et la coupe de cheveux hippies de Trevor, son collier de petites perles et sa chemise bariolée. Il sourit. Il avait rendu régulièrement visite à son fils, il s'était entretenu avec ses professeurs et ses tuteurs. Il avait l'impression de le connaître mieux que la moyenne des pères. Il se félicitait de son sens des affaires, de son ambition, de sa détermination. *Si on y ajoute l'éducation, cela fait de lui quelqu'un de très spécial*, se disait-il avec tendresse. *Laissons-le donc mener jusqu'au bout son incursion dans le monde hippie.* Il venait quand même de réussir un sacré coup d'éclat, parallèlement à son travail à Londres : il avait racheté pour presque rien, en Argentine, une usine de traitement du guano en déroute. Ses études à peine terminées, il étendait à l'étranger les tentacules de leur empire ! *Ma foi, c'est pour cela que je l'ai envoyé en Angleterre. Un drôle de sacrifice, pour moi. Il m'a manqué, mais il me revient le crâne bourré de connaissances, sous cette tignasse de hippie. Qu'il en profite tant qu'il le peut. On n'est jeune qu'une fois.*

Il a beau être attifé bizarrement, c'est bien le fils de son père, songeait pour sa part le chauffeur en écoutant la conversation pendant le trajet du retour. Ces deux-là ne parlaient que d'argent ! Le cours du poisson et du guano, les résultats de la nouvelle usine en Amérique du Sud, l'avenir certain du guano en tant que composant alimentaire de base dans le monde entier... Il fut ensuite question des manipulations de Trevor pour faire artificiellement monter le cours du café en accumulant des stocks en entrepôt, de l'importance d'augmenter leur production d'aliments congelés et de la nécessité de s'assurer le monopole sur la crevette et la langoustine mozambicaines. Ni l'un ni l'autre ne voyait que le printemps avait refleuri la nature et fait bourgeonner les chênes, l'ensemble offrant un spectacle magnifique.

Avant même d'atteindre la maison ils se lancèrent dans une discussion passionnée, comme toujours quand ils étaient réunis pour les vacances. Trevor voulait acheter un bateau-usine pour la pêche en eaux profondes. Il en connaissait un à vendre pas trop cher, au Japon, et prévoyait que les travaux de remise à neuf ne coûteraient pas plus d'un million. Le père, lui, avait des doutes.

— Écoute, papa. Tu ne vois donc pas ? Il est idiot de dépendre des bancs de poissons, eux-mêmes à la merci du plancton. Je ne vois vraiment pas pourquoi nos bénéfices devraient être liés aux caprices du plancton.

Trevor s'échauffait.

— Avec un bateau-usine de ce type, on peut suivre les bancs jusqu'aux côtes d'Amérique du Sud si nécessaire. J'ai calculé les coûts. Ça marche. Je ne vois pas comment on pourrait y perdre.

— Mais les sardines, les anchois ? Ils vont s'épuiser en un rien de temps, avec cette méthode. À long terme, c'est scier la branche sur laquelle on est assis.

— On s'en moque, du long terme ! L'important est de gagner de l'argent rapidement. Les sardines, ce n'est pas ça qui manque ; notre problème, c'est de les pêcher dans le rayon d'action de nos chalutiers. Alors, qu'est-ce que tu en dis ?

— Je vais y réfléchir. Ne me demande pas de me décider aussi vite. J'examinerai tes calculs.

— Mais papa ! Si tu ne te dépêches pas, les Japs vont nous souffler l'affaire sous le nez.

Le chauffeur soupira. Il aurait bien aimé être riche, mais pas au point de ne plus penser qu'à l'argent. Ce jeune Trevor ne tenait pas en place.

Trevor passa la journée à la maison, à échanger des anecdotes avec Angelo, à se détendre et à se faire bronzer dans le jardin. Il lui fallut des jours pour se réacclimater tant les choses avaient changé, mais il finit par aller rendre visite à quelques vieux amis.

Par exemple, il prit plaisir à revoir Emanuel Fernandes, avec lequel il était au lycée. Par la suite Emanuel avait étudié les beaux-arts à l'université du Cap avant de tomber éperdument amoureux d'une fille qui y posait nue. Juliette était moitié française, moitié éthiopienne. Trevor n'avait jamais bien su comment elle avait atterri en Afrique du Sud. Elle était grande, avec une peau couleur crème, et un peu trop imposante, dans le caractère comme dans l'allure. Emanuel en était fou. Elle dominait complètement cet homme si doux, si sensible. On se demandait comment il la voyait, car il avait tendance à tout transposer dans ses vitraux de couleurs vives aux formes cubistes.

Il avait acheté pour Juliette, au village métis, une maisonnette que Trevor ne pouvait s'empêcher d'admirer. Avec ses épais murs de pierre nue peinte en rose saumon et ses cascades de poinsettias écarlates, elle avait quelque chose de mauresque. Emanuel était devenu rastafari, ce qui, s'aperçut Trevor, lui donnait licence de fumer toute l'herbe qu'il voulait. Après les effusions des retrouvailles, ils passèrent aux choses sérieuses, non sans se munir d'une bouteille de vin rouge et une bonne quantité de joints, dont Trevor se contenta de tirer quelques bouffées : il avait une réunion à l'usine à deux heures.

— Mon ami, lâcha Emanuel après un ou deux joints, tu dois participer à une petite cérémonie. Nous allons planter quelque chose. Ainsi il nous restera une trace de toi quand tu ne seras plus là.

— Mais je n'ai pas l'intention de repartir ! répliqua Trevor en riant.

Il participa tout de même à la « cérémonie », qui consistait à lancer des graines de *dagga* sous un poinsettia, dans le jardin.

— Je prends la direction des usines, annonça-t-il joyeusement à ses amis. Mon père va se consacrer à ses activités vinicoles ; enfin, quand j'aurai acquis les compétences nécessaires. C'est ce qu'il a toujours voulu. Il a acheté un vignoble dans la région de Paarl et décidé de produire son propre cépage. Autrefois, dans sa famille, on faisait du vin ; et il a toujours eu l'ambition de revenir à ses racines.

Il aspira une bouffée d'herbe, la retint longuement dans ses poumons et éprouva une sensation de complétude et de contentement. Ses années d'études, ses vacances insouciantes et heureuses en Grèce en compagnie de son amie Claire Durrell, l'affaire qu'il avait brillamment conclue, l'amour sincère qu'il vouait à son père, tout cela, ajouté à ces retrouvailles, à cette jolie maison, à la chaleur de midi et à la vue sur la baie, s'alliait pour créer un petit monde parfait. Il tira à nouveau sur le joint. Il se sentait indissolublement lié à l'univers qui l'entourait.

Néanmoins, à deux heures moins sept minutes il se leva et lança rêveusement :

— Salut, les amis. À bientôt !

Rêveur ou pas, il avait la ferme intention d'être à l'heure à sa réunion.

En redescendant vers le port par la route, il crut avoir une hallucination — une jeune fille vêtue d'une ample jupe rouge et d'un chemisier blanc largement décolleté. Ses cheveux noirs flottaient librement sur ses épaules, ses pieds étaient chaussés d'escarpins blancs à talons hauts. Elle avait la jambe longue et la taille fine, mais ce fut son visage qui le frappa : avec ses grands yeux, son petit nez droit, ses pommettes bien dessinées et sa bouche généreuse, elle offrait un spectacle extrêmement rare : une femme absolument parfaite.

Il rit. C'était évident, personne ne pouvait être d'une telle beauté. Il avait dû fumer plus que de raison. Emanuel avait mélangé quelque chose à sa *dagga.* Il avait peut-être intérêt, désormais, à ne plus consommer de drogue.

Angelo l'attendait. Il le flaira comme un chien de chasse et eut un sourire sans joie.

— Tu devrais faire attention. On en devient dépendant sans s'en rendre compte. Mais, naturellement, tu dois le savoir, malin comme tu es.

Il lui donna de petites tapes gauches sur l'épaule et Trevor retint une repartie cinglante. Son père pouvait être tellement... paternaliste, parfois !

Il chassa de ses pensées l'image de la jeune fille entrevue et se concentra sur les affaires en cours. Bientôt rêverie, hallucinations et joints furent complètement oubliés.

Le troisième soir, Trevor invita Claire Durrell à l'opéra avec Angelo. Cela l'amusa un peu de voir son père lancer des regards langoureux à la jeune femme. Quel âge pouvait-il avoir, maintenant ? Il se livra à un rapide calcul : quarante et un ans. Curieux que ses cheveux soient toujours si noirs. *Pour un vieux, il est encore drôlement séduisant*, songea-t-il avec tendresse.

Quant à Claire, elle se rapprochait de l'idéal nordique dont son père avait toujours rêvé. Elle était élancée, mais avec des seins bien ronds ; son visage aux traits réguliers s'accordait merveilleusement avec ses cheveux blonds, qu'elle portait très longs. Ses yeux verts étaient d'une nuance inhabituellement claire et vous contemplaient d'un air rêveur, de telle sorte qu'on avait toujours l'impression de lui plaire. Sa peau était d'une pâleur crémeuse, ses bras et ses jambes souples et minces, son profil irréprochable. Sa famille était propriétaire des terres cultivées longeant interminablement les montagnes du côté nord-est de la vallée, là où Angelo rêvait de planter de la vigne. Que voulait-il faire entrer dans la famille, au juste, ses gènes nordiques ou le domaine familial ? Quoi qu'il en soit, cela le distrayait de voir son père baver devant Claire. Comme les parents de la jeune fille, il les poussait au mariage depuis la puberté.

Certes, Trevor était très attaché à elle. Quant à envisager le mariage... Il préférait ne pas se caser avant trente ans. Pour l'instant, il attendait qu'elle déballe son cadeau d'anniversaire. Le père de Claire entraîna Angelo au bar installé dans le salon, histoire de boire un verre avant de se mettre en route. Trevor consulta sa montre.

— Juste un, papa ! Il ne faut pas être en retard.

— Oh, Claire… !

Toujours tapageuse, Mrs. Durrell fit son entrée dans la pièce dans un grand frou-frou de satin glissant sur le Nylon de ses bas et dans un nuage de parfum qui menaçait dangereusement l'oxygène nécessaire à la survie des occupants de la pièce.

— Ma chérie, ta robe est d'un terne ! J'espérais que tu porterais ta robe neuve de chez Dior. Elle est tellement moderne, tellement osée !

Claire rit.

— Trop décolletée pour l'opéra, maman. Ne t'en fais pas, Trevor connaît mon décolleté, si c'est ce qui t'inquiète. Il sait très bien comment je suis faite. Après tout, il m'a vue en bikini.

Elle lança un clin d'œil au jeune homme, qui réprima un sourire. Ils avaient passé une semaine ensemble sur une île grecque où elle s'était baignée sans haut de maillot, et parfois sans le bas, et où ils avaient passé leurs nuits à danser et à faire l'amour en proportions égales. Ni l'un ni l'autre n'était prêt pour le mariage, mais quand il s'agissait de faire plaisir à leurs parents ils étaient complices. Ils avaient décrété qu'ils seraient toujours les meilleurs amis du monde, quoi que l'avenir leur réserve. Elle aussi avait fait ses études à Londres — en se spécialisant en anglais et en psychologie.

Ils arrivèrent à l'opéra, un antique établissement appelé Alhambra. Trevor s'installa ; sur ses genoux, une boîte de chocolats pour Claire. Quand le rideau se leva, il éprouva une bouffée de plaisir puis sursauta. Les longs cheveux noirs et l'ample jupe rouge de la cantatrice lui rappelaient la jeune fille aperçue au village, au point qu'il se demanda toute la soirée avec inquiétude s'il avait ou non eu une vision. Du coup, il ne profita pas beaucoup du spectacle.

Quand ce fut l'heure de rentrer, Angelo prit ostensiblement un taxi pour se rendre à son club.

Quant aux parents de Claire, ils allèrent se coucher tout de suite, histoire de les laisser un peu seuls ; dociles, ils en profitèrent pour faire l'amour sur le canapé du salon. Trevor ferma les yeux et songea à la beauté brune croisée sur la route. Incroyable comme elle l'excitait ! Sûrement à cause de ce qu'il avait fumé... N'empêche, il se la représentait dans les moindres détails. Puis son fantasme s'estompa et il se rendit compte avec horreur qu'il ne s'était pas retiré à temps.

— Oh, flûte ! Il se redressa et regarda Claire d'un air piteux. Ça ne fait rien ? Qu'est-ce qu'on risque ? Qu'est-ce qu'on va faire ?

— J'ai mon diaphragme. Ça devrait aller.

Elle avait tout de même l'air un peu soucieuse ; il lui pinça les fesses avec espièglerie.

— Si tes parents savaient à quel point tu es bonne au lit, ils n'essaieraient plus de m'attirer dans tes filets. De toute façon, je suis incapable de te résister. Allez, allonge-toi et ne bouge plus, je vais te masser le dos.

Personnellement, c'était à cela que Claire ne pouvait résister. Il ne lui fallut pas longtemps pour sombrer dans la rêverie et se mettre à ronronner.

38

Tous les jours à l'heure du déjeuner, Trevor traînait dans la rue, en contrebas de chez Emanuel, dans l'espoir de revoir la jeune fille brune. L'avait-il imaginée ? Comment pouvait-on être aussi belle ? Dans ces traits, cette allure exquise, ces yeux noirs pleins d'éclat, il retrouvait toutes les femmes dont il avait rêvé, et cette image ne le quittait plus. Il se moquait de lui-même mais ne pouvait s'empêcher de revenir sur les lieux.

— Non, pas les jours où je travaille, dit-il le lendemain matin à Emanuel, qui lui tendait un joint. C'est drôlement fort ! Qu'est-ce que tu ajoutes à la *dagga* ?

— Mais rien du tout, Trevor. Je ne ferais jamais ce coup-là. Tu devrais le savoir. Pourquoi, qu'est-ce qui te prend ?

— L'autre jour, en partant d'ici, j'ai eu une hallucination. J'ai vu, ou plutôt j'ai *cru* voir une femme superbe. Si les grands pontes de Hollywood connaissaient son existence, on verrait débarquer des tas de jets privés ; les peintres feraient la queue pour la prendre comme modèle et les hommes tueraient pour la posséder.

— Hmm..., Emanuel rit. Tu m'as l'air drôlement mordu. Tu as dû croiser Rose September. Mais tu la connais sûrement ! C'est la fille de votre gouvernante ;

elle travaille dans votre usine de conditionnement. C'est une chic fille.

— Une chic fille ? Tu plaisantes ! On ne doit pas parler de la même. Pour une vision pareille, il faut d'autres adjectifs.

— Dis donc, je ne suis pas un dictionnaire de synonymes. Mais si c'est bien Rose, prends garde à toi ! Elle a un petit ami hongrois pas commode du tout, un certain Jânek Jözsef.

Trevor fit une tournée d'inspection dans les usines familiales, fouinant parmi les tonneaux de poisson ou de déchets et les sacs de guano, en vain : pas trace de la jeune fille fantasmée ; en un sens, il s'en réjouit. Il aurait peut-être été désarmé devant une telle créature. Ce fut sa secrétaire qui prononça accidentellement le nom de Rose ; il lui demandait avec insistance les coûts chiffrés qu'il avait établis en vue d'acquérir le fameux bateau-usine.

— Je n'avais pas fini à temps, alors je les ai confiés à Rose September. Elle est restée tard, hier soir, pour les dactylographier, mais je n'ai pas encore eu le temps de vérifier son travail.

— Je m'en charge.

Il fit convoquer Rose dans son bureau. Sa main tremblait et il se sentait bête. Il sourit tout seul et alluma une cigarette. D'une minute à l'autre elle allait entrer et ses rêves allaient s'écrouler.

On frappa doucement à la porte et le mirage franchit le seuil. Elle n'était pas maquillée, et pourtant sa peau était merveilleusement claire et veloutée. Ses lèvres pleines et parfaitement dessinées, d'une belle couleur lie-de-vin, avaient quelque chose d'un peu incongru dans ce visage délicat au nez petit et au menton pointu. Ses oreilles étaient de petits coquillages nacrés, sa chevelure abondante et mousseuse. Mais tout cela n'était rien à côté de ses yeux immenses où brillaient la familiarité et l'humour, ainsi qu'une sensualité latente. Trevor réprima un gémissement. Il avait l'impression que toute sa vie n'avait été qu'un prélude à ce moment lourd de signification. Comme si la fatalité venait de se manifester. *Dieu du ciel*, se dit-il, muet de stupeur, en s'efforçant de reprendre ses esprits. *Mais qu'est-ce qui m'arrive ?* Absorbé dans la contemplation de la jeune fille, il n'avait toujours pas prononcé un mot. Il la buvait du regard.

— Je me suis trompée dans les chiffres ? Quelque chose ne va pas ?

Son élocution était celle des Blancs, alors qu'il s'était préparé à entendre l'accent mélodieux des métis.

— Au contraire, tout est parfait. Je vous félicite.

Était-il correct de s'adresser dans ces termes à une simple secrétaire ? En fait, il se rendait ridicule.

— On me dit que vous avez travaillé tard pour tout taper. Je vous remercie.

Alors il remarqua la bague qui brillait à son annulaire et laissa tomber les feuillets dactylographiés. Donc, c'était du sérieux, cette histoire de Hongrois.

Elle lui fit un petit sourire incertain, doux et secret ; ses yeux gagnèrent encore en éclat. Est-ce qu'elle se moquait de lui ?

— Alors je peux m'en aller, maintenant ?

— Mais non ! Écoutez, Rose... C'est bien votre nom, n'est-ce pas ? Rose September ? Vous êtes vraiment la fille de Ramona ? Je n'arrive pas à y croire.

Puis il se rendit compte de sa grossièreté. Mais sa peau était si claire, sa voix si différente de celle de la gouvernante !

— Je veux dire... Ramona s'est occupée de moi pendant tant d'années, comment se fait-il que nous ne nous soyons jamais rencontrés, vous et moi ? Elle vous cachait ? Nous sommes pratiquement frère et sœur de lait.

Là, il allait peut-être trop loin. Mais heureusement cela parut dissiper sa timidité.

— J'ai passé le plus clair de mon enfance et de mon adolescence en pension.

— Et pendant les vacances ?

Pourquoi ces questions ? se demanda Rose en fronçant les sourcils. Il venait de mettre le doigt sur un point sensible : toutes ces vacances scolaires passées loin de chez elle, le plus souvent chez l'une de ses enseignantes. Justement, la semaine passée elle avait demandé des comptes à sa mère à ce sujet.

« C'est parce que tu es si jolie, Rose, lui avait-elle répondu. Autrefois, j'étais comme toi. Et regarde ce que je suis devenue ! Moi, je n'avais guère de chances de devenir autre chose que..., ma foi, que ce que nous sommes, c'est-à-dire des métisses. C'est dans ma voix, dans mon allure générale... » Elle se tut et, l'espace d'un instant, s'absorba dans ses pensées. Puis : « J'ai de grandes ambitions pour toi. Si je t'ai éloignée, c'est pour que tu parles, que tu penses, que tu agisses comme une Blanche. Que tu te *sentes* blanche. » Eh bien, Ramona avait eu tort. À aucun moment elle ne s'était sentie blanche, au contraire. Jamais elle n'avait pu oublier la tare du métissage. Toute une enfance gâchée ! Elle eut un sourire amer.

— Ma mère avait des idées bizarres. Je crois qu'elle s'est trompée sur toute la ligne.

— Comme vous avez dû être seule ! Vous vous sentiez sûrement rejetée. Vous lui en avez voulu ?

Enfin, ça ne le regardait pas ! Elle releva le menton et le regarda d'un air de défi. Mais, le voyant ciller, elle se radoucit et sourit. Elle lui trouvait un regard étrange. Plein de sollicitude. Ses yeux étaient-ils verts ou bleus ? *Entre les deux*, décréta-t-elle. Au fond, ce garçon était certainement très sensible, constamment sur la défensive. Elle se demanda pourquoi. Après tout, c'était lui le patron. Pourtant, il n'avait pas l'air sûr de lui. Intelligent, pas de doute ; tout le monde disait qu'il avait fait de brillantes études supérieures et s'apprêtait à prendre la succession de son père, mais il semblait un peu perdu.

— Écoutez. Vous avez travaillé dur et vous vous en êtes très bien tirée ; comme j'ai gâché votre soirée d'hier, je voudrais vous inviter à déjeuner — ce serait un « déjeuner d'affaires », bien sûr.

Elle se retint de pouffer.

— J'ai un petit ami, mais si c'est pour « affaires » il n'y verra pas d'inconvénient. Il comprendra.

— Alors c'est d'accord ! dit-il d'un ton léger. Rendez-vous au parking à midi moins le quart, ça vous va ?

Elle rougit et acquiesça. Elle se réjouissait de l'invitation, il le voyait bien. Il allait falloir trouver le moyen de se débarrasser du Hongrois. Peut-être travaillait-il aussi à l'usine. *Auquel cas je le ferai transférer ailleurs*. Il voulait cette fille. En fait, en la voyant sortir de son bureau, il comprit que rien n'avait jamais eu plus d'importance.

Pendant le déjeuner, Rose lui parla du diplôme de comptabilité qu'elle venait de passer et de ses projets d'avenir. Elle lui rapporta les plaisanteries de gamines que les élèves débitaient sur le compte des professeurs puis lui précisa qu'elle était employée chez lui comme aide-comptable et dactylo, mais que, bientôt, elle entrerait pour de bon au service comptable.

Comme elle était candide ! Ses yeux pétillaient, et après le premier verre de vin elle se mit à glousser fréquemment. Sa poitrine libre faisait chatoyer son chemisier en Nylon bon marché ; Trevor n'avait guère de mal à imaginer sa perfection. Elle avait un cou de cygne dont la peau ondulait lorsqu'elle riait en rejetant la tête en arrière, ce qui se produisait souvent. Une petite croix ballottait de manière provocatrice entre ses seins. Elle avait les doigts inhabituellement courts mais d'une finesse remarquable. Il mourait d'envie de lui prendre la main. Jamais il n'avait autant désiré une femme. Il aurait tué pour elle ; il se sentait capable de lui consacrer sa vie. Il fallait qu'elle soit sienne.

Enfantine, elle s'extasiait devant *sa crème brûlée* [1] ;

1. En français dans le texte. *(N.d.T.)*

à mesure que le vin lui montait à la tête, sa voix s'empâtait légèrement.

— Je suis ravi d'être là avec vous, commenta-t-il. Mes amis de Londres me manquent, vous savez. J'aimerais bien que nous déjeunions ensemble de temps en temps. On pourrait essayer différents endroits. Aux Sables la paella est excellente, et chez Rodrigo les tapas sont délicieux. À Wellington, je connais un restaurant qui sert le meilleur *bobotie* du pays. On pourrait y aller d'un coup d'avion. Ça vous plairait ? s'enquit-il en faisant de son mieux pour la tenter.

— C'est que... je n'ai jamais pris l'avion.

— Allons-y dès demain. Pour déjeuner. Si nous sommes en retard en rentrant au bureau, je dirai que j'avais des choses à vous dicter.

Elle pouffa.

— Pourquoi pas ? Il n'y a pas de mal à déjeuner. Jânek n'aura pas matière à râler.

Trevor ressentit un tressaillement de jalousie dont la violence le stupéfia.

— Et où travaille-t-il, ce fameux petit ami ? demanda-t-il sans trop paraître y attacher d'importance.

— En mer. Quand il trouve à s'employer sur les bateaux. Il aime la mer comme sa mère. Nouveau gloussement. J'ai fait un jeu de mots sans le vouloir. Je dis des choses bizarres. Je crois que j'ai trop bu.

— Mais non.

— Il n'est chez nous que depuis un an. Avant, il vivait en Hongrie. Il fait ce genre de boulot en attendant de maîtriser la langue, mais à l'origine il est professeur. Et il a l'intention de le redevenir un jour.

Il posa doucement la main sur celle de la jeune fille, dont le sourire puéril et insouciant s'effaça aussitôt. Elle frémit, rougit mais ne retira pas sa main.

— Il faut que je vous avoue quelque chose. Subitement, le regard de Trevor s'assombrit. Depuis que je vous ai vue pour la première fois, je ne pense qu'à vous. Je venais de chez Emanuel et je vous ai croisée dans la rue. J'ai passé en revue tout le personnel de l'usine, et vous étiez là, juste sous mon nez. Vous ne risquez absolument rien avec moi, Rose, mais laissez-moi ma chance. Laissez-*nous* une chance. N'allez surtout pas vous marier, hein ! Pas tout de suite.

— Vous me faites un peu peur quand vous prenez cet air-là.

De sa main libre, elle tripotait nerveusement son verre.

— Pourquoi ? Je vous parle trop sérieusement ? Et la vie est faite pour s'amuser, n'est-ce pas ? Demain, par exemple, on va bien s'amuser. Vous verrez. On volera au ras des cimes et on se posera juste devant la porte du restaurant.

Elle eut un nouveau petit rire.

— Comment refuser ? J'adorerais prendre l'avion. Peu importe qu'on déjeune ou non. Le voyage me suffit.

Quand ils regagnèrent l'usine, elle descendit prestement de voiture et s'enfuit en courant, comme si elle avait peur qu'on ne la voie. Il la regarda s'engouffrer par la porte réservée au personnel, regrettant déjà son absence. Viendrait-elle le lendemain ? Il était à la torture. Elle l'obsédait à tel point qu'il se tira assez mal du conseil d'administration et vit bien qu'Angelo lui lançait des regards assassins. À cinq heures et demie pile, sa secrétaire l'appela.

— Cette jeune personne, Rose September, désire vous voir. Elle ne veut pas dire pourquoi.

Le cœur lui manqua.

— Faites-la entrer.

Elle venait se décommander, il en était sûr.

Elle semblait nerveuse.

— Comme je n'ai encore jamais pris l'avion, je ne sais pas s'il faut que je soigne ma mise à cause du restaurant ou que je mette un pantalon pour grimper à bord.

Il en rit de soulagement.

— Habillez-vous comme vous en aurez envie. Je vous prendrai dans mes bras pour vous faire monter à bord. Tenez, je sais : mettez donc votre juge rouge et ce chemisier blanc qui dénude vos épaules. C'est ainsi que vous étiez vêtue quand je vous ai aperçue la première fois. Vous voulez bien faire ça pour moi ? Mais prenez aussi une veste.

Il contourna son bureau et s'approcha d'elle. Il était beaucoup plus grand qu'elle ; il se sentait mal à l'aise, à la dominer ainsi de toute sa hauteur. Il défit doucement le ruban qui retenait ses cheveux.

— Ce n'est pas bon de porter une queue-de-cheval aussi serrée. Vous endommagez les racines. Vous devriez les porter comme cela. Oh, Rose... Je ferais n'importe quoi pour vous, murmura-t-il.

Il se pencha et déposa un baiser sur sa joue, dont il sentit la peau ferme et tiède sous ses lèvres. Et, ce faisant, il tourna délibérément le dos aux vœux qu'il avait formulés, aux liens qui le retenaient à son milieu et à son passé.

39

— On est fiancés, hein ? Regarde-moi, Rose.

Rose répugnait à regarder Jânek dans les yeux mais dut bien s'y résoudre. Aussitôt elle fut submergée sous un flot de culpabilité qui lui donna la nausée. Ces yeux hagards, ces joues mal rasées ! Il souffrait beaucoup ; elle s'en voulut à mort. Un mois plus tôt elle était encore sous le charme de ces cheveux noirs et drus coupés très court, de ces yeux au regard très bleu, de ces bras musculeux et hâlés. Il était si grand, si séduisant... Elle avait bien cru être amoureuse de lui, pourtant...

Ses mains s'agitaient nerveusement, sa bouche avait un pli amer. Quel spectacle ! Rose s'efforça de ne pas voir à quel point il avait maigri. Il avait vraiment l'air malade. Ses prunelles étaient injectées de sang et soulignées de cernes. Elle devina qu'il passait ses nuits à désespérer. Elle ne l'avait jamais vu dans cet état. Pour la première fois elle sentit que c'était un homme dangereux, à la merci de ses émotions, et s'alarma un peu.

Il parut lire dans ses pensées.

— Ne me regarde pas comme ça, Rose. Je t'aime. Jamais je ne te ferai de mal. Plutôt mourir que de toucher un seul de tes cheveux.

« À » un seul de tes cheveux, corrigea-t-elle intérieurement en affichant un sourire sans joie. Jânek avait fui la Hongrie un an plus tôt et son anglais n'était pas

encore parfait ; mais il était intelligent et il apprenait vite. En fait, si elle l'avait aimé, c'était aussi pour ses phrases pleines de métaphores et de fautes variables selon son humeur.

— C'est donc si facile de me jeter au rebut ? De nous oublier, nous et les rêves que nous avons faits ? Tu te fiches donc de ce que je ressens, moi ? Tu m'as traité comme de la merde alors que moi je t'adorais. Si tu m'aimais, tu y réfléchirais à deux fois avant de te moquer de moi comme ça, ajouta-t-il sur un ton dont le calme ne pouvait être que trompeur.

— Mais je ne me moque pas de toi ! Tu n'as pas le droit de dire ça, ce n'est pas juste. Il s'agit d'un emploi, c'est tout ; et un emploi, c'est un emploi !

Elle fit nerveusement tourner sa bague autour de son doigt. Elle avait l'impression que ce dernier était enflé et que l'anneau le serrait.

— Un emploi, hein ? À qui espères-tu faire croire ça ? Les employeurs normaux ne vous emmènent pas déjeuner en avion dans les endroits les plus chics, les plus chers et les plus discrets. Et regarde tes vêtements ! Cette robe a dû coûter une fortune. Combien de temps croyais-tu pouvoir me mener en bateau ?

— J'ai un budget vêtements parce qu'il a besoin de moi dans les soirées officielles. Hier, par exemple, Trevor a prononcé une petite conférence dans un club du Cap et j'ai dû assister au dîner pour prendre en note toutes les questions qu'on lui a posées après.

— « Trevor », hein ? On ne dit plus « Mr. Palma », je vois ! Écoute, si c'est lui que tu veux, très bien ; je sors de ta vie. Mais je t'en prie, ma petite Rose, décide-toi. Tu ne peux pas continuer à accepter tout cela — ces habits, ces déjeuners et je ne sais quoi encore — en faisant comme si c'était seulement pour le travail.

— C'est pourtant la vérité. Tu ne comprends pas. Il ne m'a jamais fait d'avance, jamais !

C'était la vérité, mais pas l'*entière* vérité. Sa façon de la regarder trahissait ses véritables sentiments. Ses yeux flamboyaient de rage quand un autre homme osait lui parler. Comme elle avait la peau claire, ses relations de travail partaient du principe qu'elle était blanche, outre qu'elle était bien vêtue... et qu'il s'affichait en sa compagnie, bien sûr. Quant à ce que Trevor attendait vraiment d'elle, elle en était encore à se le demander.

Elle ne savait qu'une chose : au moment où elle le retrouvait, c'était comme si le soleil se levait. Il avait changé sa vie, il l'avait haussée sur un piédestal, et elle adorait cela. Il voulait qu'elle soit à lui et le monde excitant qu'il lui faisait miroiter l'attirait comme la lanterne attire la phalène. C'était un baume salvateur sur les plaies vives causées par son statut de citoyenne de seconde zone. Elle avait toujours détesté l'obligation de vivre dans un ghetto métis.

Élevée dans un établissement religieux multiracial en compagnie notamment de jeunes filles blanches douillettement installées dans leur supériorité épidermique, elle avait subi une blessure narcissique qui ne voulait pas guérir. Elle s'était efforcée d'être la première partout ; elle étudiait la nuit, dans les toilettes parce qu'il y avait de la lumière. Elle avait prouvé à maintes reprises qu'elle n'était en rien inférieure aux autres ! Pourtant, elle ne se sentait pas à sa place parmi les Blancs et elle en souffrait terriblement. Quand on n'était pas blanc, on n'était rien.

Trevor avait pesé de tout son poids pour la faire accepter, mettant dans la balance son intelligence, sa fortune, son pouvoir et l'admiration évidente qu'il lui vouait. Tant qu'elle serait avec lui, rien ne pourrait lui arriver. Mais quel prix devrait-elle payer pour ces privilèges ? Elle ne voyait pas du tout où il voulait en venir.

— Petite idiote ! C'est un salaud, un sournois, je te le dis. Il t'engraisse en prévision de l'abattage, voilà tout. Et ça, ça ne me plaît pas. Je n'ai aucune confiance en lui. Renonce à ce voyage au Mozambique. Tu m'entends ? Si tu y vas, ce sera fini entre nous. Là, je l'ai dit, maintenant. La balle est dans ton camp.

Seulement elle ne pouvait pas y renoncer. Il y avait des semaines qu'elle ne rêvait que de ça ou presque. Sans réfléchir, elle tira d'un coup sec sur sa bague, qui se dégagea et roula par terre.

— Reprends-la, Jânek. La vérité, c'est que je ne sais pas ce que je veux. Tu ne peux donc pas comprendre ?

Il s'empressa de récupérer l'anneau et le regarda fixement avant de le mettre dans sa poche. Puis il releva les yeux et sourit tristement.

— Puisque c'est comme ça, mijote dans ton jus.

Mijote dans ton jus ! Elle faillit fondre en larmes. Tout à coup, elle eut envie de le consoler, de repêcher la bague dans sa poche et de la remettre à son doigt. En fait, elle l'aimait. Sincèrement. Mais voilà : le nouveau monde qu'elle entrevoyait était trop fascinant ; elle ne pouvait s'en détourner.

— Je t'aime, Jânek. Je suis sûre que tout s'arrangera. Laisse-moi un peu de temps, c'est tout.

On était en plein été, et pourtant le vent était froid. Depuis le parking, Trevor voyait une bande de dauphins bondir et plonger dans les brisants. Puis il repéra un grand type échevelé qui n'avait pas l'air du coin et qui le suivait à quelques mètres de distance.

— Aïe ! Nous y voilà, souffla-t-il en examinant son rival d'un œil critique. L'homme ne paraissait pas très costaud, en dépit de sa haute taille, mais Trevor avait fait de la boxe : il pressentit que ce Jözsef était un dur à cuire, tout en muscles, l'un de ces gosses élevés dans les bas quartiers. Il devait avoir un certain nombre de bagarres à son actif.

L'homme arriva à sa hauteur.

— Je vous attendais.

Craignant qu'il ne lui saute dessus, Trevor le jaugea prudemment. Il était du genre que rien n'arrête. *Il en a vu de toutes les couleurs en Hongrie et les coups ne lui font pas peur*, se dit-il encore. Sa meilleure chance de s'en sortir était de le mettre rapidement K.-O. grâce à son passé de boxeur. Tant pis s'il se faisait sérieusement malmener au passage. Il fallait prendre le risque de ramasser une bonne correction.

— Que voulez-vous ? Si c'est pour du travail, voyez avec le service du personnel.

— Assez de conneries, Palma. Vous savez très bien qui je suis. Le fiancé de Rose.

Trevor ne se laissa pas abuser par le ton doucereux de sa voix. Ce type était dangereux.

— Je croyais qu'elle avait rompu. C'est du moins ce qu'elle m'a dit hier. Et aussi que vous l'aviez menacée, je crois.

— Moi, la menacer !

Le mensonge parut le déconcerter. Trevor consulta impatiemment sa montre.

— Et que puis-je faire pour vous, monsieur... euh ?

— Je suis venu vous dire quelque chose, Palma.

L'homme le regarda avec une aménité feinte qui, là encore, ne le trompa pas ; sous le calme apparent gisait une détermination d'acier.

— Aujourd'hui je ne suis pas armé, mais j'ai une sacrée envie de vous trouer la peau. Je voulais juste que vous le sachiez.

Les yeux de Trevor pétillèrent d'amusement.

— Vous m'avertissez que vous avez l'intention de me tuer ? Vous savez que c'est puni par la loi, ça ?

— Ne vous faites pas d'idées fausses sur Rosie. Nous sommes fiancés, mais nous n'avons jamais fait l'amour. Je la respecte. C'est une fille formidable.

— C'est vrai, reconnut Trevor avec circonspection.

— Quels sont exactement vos sentiments pour elle ?

— Ce ne sont pas vos affaires. Et maintenant, si vous voulez bien m'excuser...

— Sachez-le, j'ai l'intention de garder les yeux sur elle.

On dit : « un œil » sur elle.

— Vous avez bien assimilé les formules toutes

faites, je vous félicite. Celle-ci, vous l'avez restituée presque correctement.

Qu'est-ce qu'il lui prenait de rester planté là comme un imbécile, à échanger des remarques sans intérêt avec cette brute épaisse ? *Je devrais lui balancer une claque, histoire d'en finir.*

— Je ne me bats jamais, fit alors Jânek, comme s'il déchiffrait ses pensées. Je tue. Croyez-moi, Palma, si vous faites du mal à ma Rosie, je vous tuerai. Je veux la voir heureuse. Si vous êtes l'homme qu'il lui faut, alors amen. Mais si jamais vous lui faites du tort...

— Ne me menacez pas ou je vous fais expulser. J'en ai parfaitement les moyens, j'espère que vous vous en rendez compte.

— Est-ce que vous l'aimez ?

Ce malheureux Hongrois dégageait un tel sérieux que Trevor se retint de répondre encore par une banalité.

— En effet, je suis amoureux d'elle, et j'ai l'intention de l'épouser, mais elle ne le sait pas encore. Voyez-vous, elle ne me connaît pas très bien. J'espérais que nous deviendrions avant tout amis.

L'imbécile ! Voilà qu'il avait l'air tout content, maintenant ! Ça alors... Comment pouvait-on être altruiste à ce point ? Trevor eut pitié de lui.

— Vous comprenez, elle est tellement jolie ! se surprit-il à expliquer. Un diamant comme on en rencontre peu.

— C'est aussi un être humain. Dites-moi, Palma : vous vous y prenez toujours comme ça avec les femmes ? En les achetant ?

Trevor se reprocha vertement de s'être confié à ce crétin. Il fit la grimace.

— Seulement quand elles sont aussi exquises que Rose.

— Si vous croyez pouvoir la corrompre avec votre fric et vos entrées dans le monde, je vous préviens qu'une nuit vous me trouverez sur votre chemin.

Trevor oublia ses velléités de calme, lâcha sa mallette et fit un pas en avant, un poing brandi sous le nez de cet homme qui lui déplaisait souverainement. Jânek battit en retraite.

— Je vous l'ai dit, je ne me bats pas. C'est une perte de temps. On ne résout rien comme ça. Mais tuer, ça, c'est une autre histoire.

Au revoir, ami hongrois, songea Trevor en regardant la haute silhouette de Jânek s'éloigner à grandes enjambées dans le parking.

Claire prit comme un cadeau des cieux la soudaine invitation à déjeuner de Trevor. Elle voulait justement lui parler mais répugnait à faire le premier pas. Pour la première fois de sa vie ou presque, elle était en position d'infériorité. Pourquoi ne l'appelait-il plus, ces derniers temps ?

Le sourire rassurant qu'il lui adressa lorsqu'ils se retrouvèrent ne fit rien pour dissiper sa tension.

— Je suis content de te revoir, Claire. Tu as l'air en forme. Puis il fronça les sourcils. Quoiqu'un peu pâle. Tu devrais te mettre au soleil.

— On va se taper la cloche, tiens ! Il y a si longtemps qu'on ne s'est pas vus. Trois semaines ! Qu'est-ce que tu fabriquais ?

Ils commandèrent donc un superbe plateau de fruits de mer accompagné de vin vert bien frais et de pain frotté à l'ail. Un vrai festin ! Claire s'en donna à cœur joie, trop contente de chasser temporairement ses idées noires. Elle craignait d'être enceinte. Elle avait bien pris rendez-vous avec son médecin, mais il était encore trop tôt pour se prononcer. Tout de même, elle qui n'avait jamais de retard... Par ailleurs, elle avait la nausée en se levant, mais cela passait ; ensuite, elle avait au contraire un appétit immodéré. Tout ce qu'elle voulait, c'était que Trevor la rassure. Qu'il lui dise que si le pire arrivait il ne la laisserait pas se déshonorer. Certes, ils se trouvaient trop jeunes pour se marier, mais que faire d'autre ?

Vers le milieu du repas, comme ils reparlaient de

leurs vacances en Grèce en se remémorant les bons moments et en se laissant engourdir par le vin, Trevor leva son verre.

— À nous ! On s'est bien amusés, tous les deux. Nous sommes les meilleurs amis du monde, tu ne trouves pas ? Et j'espère bien que nous le resterons éternellement.

— Mais bien sûr, dit-elle en l'enveloppant d'un regard chaleureux, plein de confiance et d'affection. Seulement vois-tu...

— Je sais, nos parents auraient voulu autre chose pour nous, mais on s'est toujours dit qu'on vivrait notre vie, non ? Claire, ma grande, je suis tombé amoureux et je voulais que tu sois la première à le savoir. J'espère te présenter Rose bientôt. Tu vas l'adorer, je le sens. C'est la plus jolie fille que j'aie jamais rencontrée, à part toi, bien sûr.

Claire essaya de sourire, mais son visage refusa d'obéir. Ses oreilles carillonnaient, ses lèvres étaient comme paralysées. Comment annoncer la nouvelle, maintenant ?

À compter de cet instant, le déjeuner vira au cauchemar. Elle parla trop et trop fort, de tout et de rien, sans cesser de penser : *C'est pour ça que je ne le voyais plus. L'ordure ! Qu'est-ce que je vais devenir, moi ?* Noyée sous une vague de solitude et d'humiliation, elle eut tout à coup la nausée. Elle n'avait jamais soupçonné qu'elle pouvait perdre Trevor. Elle comprit qu'en fait elle l'aimait depuis le début et qu'elle venait de voir s'évanouir quelque chose de très précieux.

Trevor finit par prendre son absence de commentaires pour un acquiescement.

— Merci, Claire.

Merci de quoi ? D'être la fille la plus sotte de tous les temps ? Elle retira trop brusquement sa main et renversa son verre, qui alla s'écraser par terre. Quelques têtes se tournèrent. Elle se leva d'un bond et saisit son sac à main.

Elle s'enfuit, mais Trevor la rattrapa.

— Claire, ma chérie. Je ne m'étais pas rendu compte... Je te demande pardon. Si j'avais su, je me serais comporté différemment. Pourtant, on avait toujours dit que..., enfin, on en a parlé assez souvent, non ?

— Va te faire voir, Trevor.

Elle courut à sa voiture et démarra aussitôt, aveuglée par les larmes. *Je me suis peut-être aveuglée temporairement, mais lui est carrément aveugle, ce crétin.* Il était encore au milieu du parking à lui faire de grands signes. Incroyable qu'il n'ait pas deviné ! Qu'allaient dire ses parents ? « Mon Dieu, aidez-moi », murmura-t-elle.

40

L'île porte bien son nom de « Paradis », songeait Rose en jouissant du contact du sable chaud sous son ventre et ses cuisses, la tête reposant sur ses bras repliés. Le soir tombait, mais la brise restait tiède et le sable gardait la chaleur du soleil. Une autre journée parfaite s'achevait... Dire qu'il n'en restait que quatre ! Elle frissonna. Elle aurait voulu rester là toute sa vie. Jamais elle n'avait été aussi heureuse que pendant ces vacances avec Trevor. Au point de se demander si elle avait vraiment su, *avant*, ce qu'était le bonheur.

— Je pourrais passer toute la nuit ici, murmura-t-elle.

— Pourquoi pas ? Faisons-nous apporter à dîner !

Allongé sur le sable, Trevor était lui aussi à moitié assoupi ; sa voix grave lui parvint un peu assourdie par l'épaisseur de sa serviette de plage. Puis il se redressa et s'étira en gémissant.

— J'ai pris des coups de soleil. Alors, qu'est-ce qui te ferait plaisir ? Du poisson ou du poisson ?

— Du poisson, gloussa-t-elle.

Elle repensa au fabuleux voyage qu'ils avaient entrepris. Elle ignorait même qu'on pût vivre ainsi. Ils s'étaient rendus au Mozambique à bord de l'avion privé de la société ; là les attendait le chauffeur de l'hôtel, qui leur avait fait visiter Lourenço Marques avant de les déposer à l'hôtel Polana. Ils y avaient trouvé un luxe inouï : une suite avec deux chambres, un salon immense, une terrasse donnant sur l'esplanade et, plus loin, sur la mer... On les avait traités comme des rois ; rien n'était trop bon pour eux.

Tous les matins, gras et pénétrés de leur propre importance avec leurs dents en or et leurs doigts couverts de bagues, des commerçants ou des patrons de pêche portugais venaient faire leur rapport à Trevor, qui les régalait d'un petit déjeuner tardif, au champagne, avant de décortiquer leurs comptes et de réajuster leurs tarifs. Rose lui découvrait un sens des affaires aigu, une force de caractère impressionnante et une grande capacité à prendre des décisions rapides. Trevor avait depuis longtemps refait tous les calculs qu'ils en étaient encore à comparer les coûts, à discuter leur part des bénéfices et à se plaindre de leur sort. Puis les contrats étaient conclus, signés et certifiés sur-le-champ.

Après quoi, tous deux se promenaient dans la ville, déjeunaient d'un poulet *peri-peri* dans de petits restaurants pittoresques et rentraient faire la sieste avant d'aller se baigner à la piscine de l'hôtel. Le soir, ils exploraient le quartier des quais et ses rues pavées où des femmes superbes chantaient le fado et où des prostituées à la peau sombre rôdaient dans les ruelles. Au bout de quatre jours ils avaient pris une vedette pour Paradise Island et Rose avait perdu la notion du temps : ils se baignaient dans la mer, s'endormaient au soleil, retournaient nager, dînaient de crevettes et de langoustines, de langouste et de poisson épicé en abusant de vin portugais. Elle ne voyait pas comment retrouver après cela une existence normale.

On leur apporta des paniers de pique-nique ; Trevor étendit la nappe et servit à la jeune fille une assiette de fruits de mer, d'avocat et de tomates, le tout sur un lit de riz épicé. Elle s'assit brusquement, s'efforçant de réprimer la bouffée de tristesse qui venait de l'étreindre à l'idée de devoir rentrer. Puis elle prit une gorgée de vin sec et glacé et en sentit les effets dans tout son corps, jusque dans ses orteils, qui se mirent à la chatouiller.

— Je me sens inutile, lâcha-t-elle tout à coup. Je n'ai rien fait depuis des jours. Je suis comme la cigale qui regarde s'affairer les fourmis. Résultat, une fois l'hiver venu, je ne survivrai pas.

Il lui retourna un regard moqueur.

— Que voudrais-tu faire ? Vos désirs sont des ordres, ô maîtresse !

Il ne sait que plaisanter. Je ne comprends pas ce qui se passe.

— Qu'attends-tu de moi ?

Elle venait de lâcher la plus secrète de ses interrogations ! Elle se tut, les lèvres entrouvertes et le regard horrifié.

— Pardon, c'est à cause du vin. Je suis un peu soûle. Oublie ce que j'ai dit.

— La réponse à cette question, articula-t-il soigneusement, c'est que j'espère gagner ton amour.

— Et après ?

— Après je te ferai la cour, je te ferai passionnément l'amour, et pour finir je t'épouserai.

Elle rougit et prit une nouvelle gorgée de vin en rivant sur lui un regard maussade par-dessus le rebord de son verre. Depuis quelque temps, aux émotions contradictoires de Rose était venu s'ajouter un sentiment de culpabilité. Sa mère tenait à ce qu'elle épouse Trevor. Elle rougit en repensant au conseil de dernière minute qu'elle lui avait prodigué : « Reviens fiancée ou enceinte — les deux se valent. » L'amour physique les rapprocherait-il ? Elle était amoureuse de lui, certes, mais l'idée d'appartenir à quelqu'un lui répugnait. Pourquoi cette peur ? Elle ne le savait pas elle-même. Mais elle ne cessait de trembler. Elle passa une main dans son dos et défit l'attache de son haut de maillot fleuri ; celui-ci tomba et ses seins reprirent leur forme naturelle, excepté que ce soir-là les tétons étaient gonflés. Elle rougit encore et serra son verre contre sa poitrine pour masquer ce spectacle au regard de Trevor.

Les sourcils haussés, un sourire hésitant aux lèvres, ce dernier dit :

— Comme ça, tout d'un coup ? Tu me prends par surprise. Vois-tu, Rose, tu es vulnérable mais tu n'en possèdes pas moins une arme puissante, celle de ta très grande beauté. Car tu es de loin la plus belle femme que j'aie jamais vue. Et la beauté, c'est vital pour moi. J'aspire à ce que tu sois mienne ; je veux que tu sois là tous les matins quand je m'éveille, et tous les soirs quand je m'endors, pour pouvoir te contempler à tout moment. Et ça, ce n'est pas bien, parce que derrière toute cette beauté se trouve une femme, une femme bien réelle. Et cette femme qui est en toi, Rose, il faut que je la trouve. Que je sache qui tu es vraiment. C'est pour cela que nous sommes ici. Je suis incapable de me comporter en petit garçon qui arrache tous les pétales d'une rose avant de l'abandonner.

Rose frémit de plus belle, car elle savait qu'il se comporterait en petit garçon et qu'elle perdrait ses pétales. Pourtant, elle ne pouvait renoncer au monde merveilleux qu'elle avait eu l'occasion d'entrevoir.

— Fais-moi l'amour. Je voudrais que nous soyons plus proches, toi et moi. Je me sens tellement seule !

Pourquoi restait-il à la regarder sans rien dire, avec ce petit sourire cynique aux lèvres ? Elle avait l'impression qu'il lisait en elle comme dans un livre.

Les joues empourprées, elle se pencha pour attraper une langouste. Elle mordit dedans mais le beurre aillé coula sur son menton et dégoulina jusqu'au bout de son sein droit. Morte de honte, elle saisit une serviette en papier, mais Trevor interrompit son geste en posant ses lèvres sur le bout de son sein en léchant le beurre.

— Hmm ! Délicieuse, cette jeune fille ! Encore meilleure avec un peu de sauce à l'ail.

Transpercée par les flèches d'un plaisir intense, presque douloureux, qui l'atteignaient aux seins, au ventre, elle se sentit complètement dépassée par cet excès de sensations nouvelles. Elle laissa tomber sa langouste, serra les poings et ferma les yeux de toutes ses forces. *Mon Dieu, c'est donc cela, le désir ? Mon Dieu, aidez-moi, faites quelque chose !*

Trevor laissa courir ses lèvres sur la peau de Rose et lui trouva un goût salé. La jeune fille gémit doucement. Elle semblait si fragile ! Trop belle pour être humaine. Cependant, il pressentait sous cette surface idéale l'existence d'un certain besoin de possession. Il aurait dû en rester à son intention première : chercher à savoir qui était vraiment Rose. D'ailleurs, il n'était pas trop tard.

Rose, de son côté, se demandait à quoi étaient dues les hésitations de Trevor. Pour elle, l'important était d'être liée à lui par quelque chose d'intime. Elle soupira, languissante.

— Oh, Trevor, je t'en supplie...

Elle s'allongea sur le sable et l'entendit bientôt murmurer :

— Comme tu voudras, Rose.

Il lui fit l'amour avec douceur et tendresse et l'amena à un degré de plaisir dont elle ne soupçonnait pas l'existence. Quand ce fut fini, elle posa la tête sur son épaule et, envahie par une sensation de plénitude, cédant à un engourdissement comblé, elle lui chuchota à l'oreille :

— Même dans mes rêves, je ne pensais pas que cela pouvait être aussi beau, aussi chargé de sens. L'intimité totale. Je me sens liée à toi, maintenant. Pas toi ?

Le vent bruissait dans les palmes, les vagues léchaient doucement le sable, un oiseau marin lança son appel, et au loin retentissaient les accents d'une musique sentimentale ; mais elle ne reçut pas de réponse.

Les villageois disaient qu'Angelo Palma s'adonnait à l'observation des oiseaux ou à la marche à pied, à moins qu'il n'ait simplement pris goût aux longues promenades en compagnie de son chien, un ridgeback de Rhodésie. En effet, l'après-midi ou le soir, il prenait sa voiture pour rallier l'un des nombreux points de vue qu'offrait la région puis la laissait là et empruntait un sentier de montagne. Il ne revenait qu'à la tombée de la nuit.

On était en automne. Les protéacées tachaient de rose, de jaune et d'orange les flancs de la montagne. Les graminées constellaient les broussailles de leurs mille petites fleurs et le veld embaumait le romarin sauvage, l'aloès et le lis. Des centaines de variétés de marguerites au couleurs vives s'épanouissaient dans les herbes hautes et les *sunbirds* voletaient de protéacées en *rince-bouteilles*, quand ils ne pénétraient pas en sautillant dans les touffes de pois de senteur.

Angelo ne révélait à personne le but de ces excursions. Il ne fallait pas qu'un promoteur immobilier plus fouineur que les autres lui souffle sous le nez le terrain qu'il convoitait. Car il l'avait enfin trouvé, après des mois de recherches. Il se situait dans un curieux no man's land à mi-chemin entre la zone métisse et la zone blanche. Officiellement, c'était une réserve naturelle protégée, mais il trouverait bien le moyen de se le procurer quand même, il n'en doutait pas. C'était si beau, avec toutes ces fleurs sauvages, ces magnifiques protéacées géantes et les oiseaux qui fendaient les airs en si grand nombre qu'on avait la tête toute résonante de leur chant !

Mais par-dessus tout, ce qui séduisait Angelo, c'était la vue. C'était le seul endroit d'où il pût contempler ses nouveaux chalutiers, son yacht à l'ancre dans la marina, ses vignes, la propriété des du Toit — que Trevor et lui ne tarderaient pas à quitter —, les usines de mise en boîte et de congélation, la courbe que décrivait la vallée, la rivière qui sinuait sur toute sa longueur, à travers les plaines fermières, pour couper le village en deux et se disperser enfin dans le delta marécageux dont il possédait la moitié et où Steyn du Toit avait jadis fait bâtir une maisonnette de plage. À sa gauche, les dunes amassées par des milliers d'années de grand vent s'étiraient jusqu'au pied des monts. Il avait envisagé quelque temps de faire construire son manoir sur la crête proprement dite, mais, le jour où il assista à une tempête de sable, il changea d'avis.

Non, c'était ce plateau à mi-hauteur qui offrait le panorama le plus satisfaisant. Il s'assit pour admirer la vue ; il s'imaginait dans son nouveau bureau, un étage au-dessus du rocher. Il en eut la chair de poule et se remit à échafauder des rêves de bâtisseur. Il voulait reproduire dans les moindres détails sa maison de Spolète. On avait déjà envoyé des architectes relever les plans de l'ancienne demeure, qu'habitait encore sa mère. Un jour, cela aussi lui appartiendrait ; mais il vendrait la maison, car jamais il ne retournerait en Europe. C'était ici qu'il se sentait chez lui à présent.

Au bout d'un moment, ses pensées se tournèrent vers Trevor. Les enfants pouvaient être tellement décevants... Le village bruissait de commérages sur sa liaison avec la fille de Ramona. Si ses goûts le portaient vers les peaux foncées, il aurait tout de même pu éviter d'y mêler la famille et les affaires.

Il fallait qu'il lui parle. Il n'avait guère envie de se disputer avec lui : il avait trop longtemps été privé de son fils. D'ailleurs, là était peut-être le problème. Trevor avait vécu à l'étranger, où l'on ne voyait pas la question raciale de la même façon. Ici, on séparait farouchement les peuples, et malheur à ceux qui enfreignaient la loi. Si Trevor se faisait prendre dans une situation compromettante avec cette petite, il encourrait au minimum une peine de six mois de travaux forcés. Il devait lui mettre sous le nez l'amère vérité et se montrer très ferme, pour une fois. Tandis qu'il regagnait sa voiture, il sentit peser sur ses épaules tout le poids de la confrontation à venir.

Celle-ci eut lieu sur la terrasse où ils dînaient et donna lieu, en l'espace de quelques minutes, à un échange de propos très vifs.

— Je ne te comprends pas, Trevor. Angelo se rendit compte qu'il criait et prit sur lui pour recouvrer son calme. Si tu te moques de ton propre sort, tu devrais au moins te préoccuper d'elle. Elle risque des années de prison ; en sortant, si elle en sort, tu ne la reconnaîtras pas. C'est ce que tu veux ?

Trevor blêmit.

— Je ne suis pas obligé de rester ici. Je peux très bien aller gagner ma vie ailleurs. Cela, au moins, j'ai prouvé que j'en étais capable.

L'imbécile ! Angelo faillit exploser. Lui qui avait toujours été si sage, lui qu'on n'était pratiquement jamais obligé de punir, voilà qu'il s'amourachait d'une métisse au point d'en perdre la tête ! Angelo n'avait pas vu Rose depuis des années, mais on lui avait dit qu'elle ressemblait à Ramona jeune.

Il se dit tout à coup que l'argent investi dans l'éducation de son fils avait été gaspillé en pure perte. Aucune gratitude envers le père qui avait tant fait pour lui.

— Si tu me quittes, si tu quittes tout ce que j'ai bâti, je me remarie et je te déshérite.

Le jeune homme gémit comme s'il l'avait giflé. Ses yeux verts prirent une expression butée qu'Angelo avait bien souvent vue dans ceux de Pippa.

— Fais pour le mieux, répliqua Trevor. Après tout, c'est ta fortune à *toi*.

Qu'il aille au diable. S'il continuait, Angelo mettrait bel et bien sa menace à exécution.

Lui-même avait quelque peu honte de lui : il était tombé amoureux d'une certaine Anne Marais qui vivait de l'autre côté de la vallée, et depuis peu cet amour se muait en dépendance passionnée. Anne était la beauté blonde qu'il avait toujours convoitée. Son père, mort l'année précédente, avait occupé les fonctions de gardien de phare jusqu'à ce qu'on en installe un plus moderne en surplomb de la baie. Anne avait reçu une bonne éducation et exerçait le métier de professeur à Silver Bay. Sa beauté était indéniable, seulement voilà : elle avait seize ans de moins que lui, et cela ne laissait pas de l'inquiéter. Il se demandait si la différence d'âge comptait vraiment. Ils étaient très amis, mais il hésitait à la demander en mariage. Après tout, il fallait aussi qu'il tienne compte de Trevor.

Je l'ai toujours fait passer avant tout le reste, mais lui n'a pas songé une seconde au tort que pourrait me porter sa liaison. Le petit était-il ensorcelé ? Lui qui avait toujours rêvé de diriger leurs usines, de gérer leurs propriétés... D'un seul coup, tous leurs rêves, tous leurs espoirs étaient réduits à néant à cause d'une femme. Cela n'avait pas de sens.

— Écoute, papa. Les yeux de Trevor s'emplirent de larmes. Je t'aime tendrement et je t'aimerai toujours, mais elle aussi, je l'aime. Tu ne peux pas vivre ma vie à ma place. Je saurai faire mon chemin, j'en suis sûr. Grâce à toi, j'ai reçu une excellente éducation, mais c'est ma vie *à moi*, et en un sens Rose en fait partie.

Incapable de se maîtriser plus longtemps, Angelo se leva d'un bond, renversant sa chaise. Il ouvrit la porte à la volée. Ramona fit un bond en arrière. Elle avait tout entendu !

— Ah, bonjour, grogna-t-il avant de sortir précipitamment et de se laisser tomber dans une chaise longue au bord de la piscine.

Il aspira de grandes goulées d'air. Depuis qu'il avait fait supprimer la serre, on avait une vue superbe sur la vallée et la mer.

Bientôt il se sentit mieux. Ses problèmes lui parurent moins aigus. Ce n'était sans doute qu'une toquade. Il pensa à Anne. Elle se demandait pourquoi il ne se déclarait pas, il le savait. Peut-être devrait-il faire l'amour avec elle. Elle en avait envie, elle quémandait des baisers, s'asseyait tout près de lui pour se livrer à de longues séances de caresses circonscrites, portait délibérément des robes décolletées..., bref, il reconnaissait tous les signes. S'il résistait, c'était pour une seule et unique raison : Trevor. Elle voudrait forcément des enfants, et il ne savait pas comment son fils prendrait l'obligation de partager l'héritage...

— Mlle Marais vient d'appeler, annonça Ramona en sortant brusquement de nulle part. Mais elle a raccroché. Elle te demande d'aller la rejoindre. Elle dit que c'est important. Et urgent.

Curieux, ça ! Elle si respectueuse des conventions, et dont les invitations étaient toujours formulées plusieurs jours à l'avance ! Il avait dû se passer quelque chose.

En arrivant devant son petit cottage à flanc de coteau, il vit que la lumière était éteinte et le portail fermé. Il sonna mais ne reçut pas de réponse.

Diverses hypothèses inquiétantes se succédèrent dans son esprit. Par exemple, elle avait été cambriolée et s'était enfermée à clef. Il sonna une dernière fois puis alla chercher sa lampe électrique dans la voiture, escalada la clôture en fer forgé et se glissa dans l'allée. Alors il entendit un bruit bizarre, une espèce de geignement. Il s'élança vers la tonnelle, qui jouxtait un bassin ornemental. « Mon Dieu, pourvu qu'il ne lui soit rien arrivé ! » pria-t-il. Il saisissait à présent toute l'ampleur de son amour.

Un nouveau gémissement s'éleva qui lui donna la chair de poule. Qu'allait-il trouver ? Une barre de fer gisait près de la porte. Il s'en empara et enfonça le battant d'un coup de pied. Brandissant son arme improvisée, il promena le faisceau de sa torche dans la pièce.

— Anne, ma chérie, où es-tu ? cria-t-il.

Mais un seul regard lui suffit pour comprendre. Mike Russell, le journaliste au chômage qu'il lui avait suffi de rencontrer deux fois pour le détester cordialement, se tenait là, uniquement vêtu de ses chaussettes et fixe-chaussettes. On aurait dit une créature marine visqueuse tout juste émergée de son milieu naturel. Quant à Anne, elle était nue. Il entrevit sa bouche entrouverte, ses yeux ébahis, puis éteignit la torche.

— Excuse-moi, grommela-t-il. On m'a dit que tu voulais me voir d'urgence. Quand j'ai vu la maison plongée dans le noir, j'ai cru que tu avais été cambriolée. Puis j'ai entendu des gémissements et...

Il se tut et laissa échapper un sanglot.

— Adieu.

— Non, non ! Oh, Angelo ! Pardon !

Il s’en alla avec dans l’oreille le bruit des sanglots d’Anne.

41

Assis dans sa voiture, Angelo regardait dans le vide. Tous ses sens se révoltaient au souvenir de cette chair blanche et de la puanteur du sperme d'autrui. Et dire qu'elle avait prétendu l'aimer ! Quelle garce ! Jamais il n'oublierait ses yeux écarquillés. Une chose était sûre : elle ne lui avait pas téléphoné. Ramona l'avait donc fait tomber dans un piège. Mais pourquoi ? Pour le prévenir ? Dans ce cas, elle lui avait rendu un fier service.

Il démarra et se mit à sillonner lentement les rues sans but précis ; pas question d'affronter le regard de Ramona. Du moins pour l'instant. Comme il avait été bête ! Il aurait voulu pleurer, mais ses yeux restaient secs. Cette femme était une catin et, en tant que telle, ne méritait pas une larme. Il refusait de souffrir ainsi. Qu'elle aille au diable. Au prix d'un effort considérable, il chassa définitivement Anne de ses pensées. Il lui en coûta énormément, mais dix minutes plus tard il avait repris ses esprits.

Pauvre Claire ! Pour la première fois il lui vint à l'esprit qu'elle aussi souffrait mille morts à cause de la liaison de Trevor avec Rose. Il décida d'aller boire un verre avec son père, pour voir ce qu'il en était.

La première chose qu'il remarqua quand on l'introduisit dans le hideux salon rose qu'il détestait tant, ce fut l'atmosphère de malheur et de tension qui planait.

Tessa, qui apportait toujours trop de soin à sa mise, était attifée n'importe comment. Elle le salua d'un signe de tête plein de froideur, sans vraiment le regarder. Ses yeux gris luisaient derrière ses lunettes à monture incrustée de diamants. Harold, dont la calvitie faisait écho à son nez rouge, encore plus brillant que d'habitude, secoua la tête d'un air gêné. Ses bajoues tremblotèrent.

— N'en veuillez pas à Tessa. Elle est fâchée, mais elle a tort de vous rendre responsable.

— Responsable de quoi ?

— Claire est enceinte. Vous n'étiez peut-être pas au courant. Elle a passé un sale quart d'heure. Une histoire épouvantable. Elle s'est ouvert les veines, mais nous l'avons trouvée à temps. Il frémit. Nous devions aller voir un ballet, mais au dernier moment elle a trouvé un prétexte pour rester à la maison. Nous l'avons découverte en rentrant, couchée par terre dans la salle de bains, blanche comme un linge, avec du sang partout. Elle avait des convulsions. Mon Dieu ! Je vous le dis, Angelo : tout plutôt que revivre une nuit pareille. Nous avons appelé une ambulance, la police, le médecin. Il a déclaré qu'il ne pouvait rien faire, qu'il fallait l'emmener aux urgences ; une demi-heure après nous attendions encore l'ambulance. Tessa a commencé à s'énerver, alors le médecin a improvisé une civière dans le fourgon et autorisé les policiers à l'emmener aux urgences. Heureusement que nous sommes rentrés à temps ! Le médecin nous a dit que son état n'était pas si grave, que c'était plutôt un appel à l'aide, qu'elle n'avait pas vraiment eu l'intention de se tuer. Mais je ne sais pas pourquoi il a dit ça. Elle avait des convulsions, bon sang ! C'était horrible. J'ai cru que j'allais perdre ma petite fille.

Au grand dam d'Angelo, qui lui tapota gauchement l'épaule, Harold fondit en larmes. Il planait autour de cet homme un léger relent d'éther qui l'avait toujours intrigué et dérangé.

— Trevor est au courant ?

— Elle ne veut pas qu'on le lui apprenne. Elle ne me pardonnera jamais de vous avoir tout raconté.

— Dans la vie, il y a des moments où il faut savoir s'affirmer, Harold. Ces jeunes se prennent pour des adultes, mais ils ne font que des bêtises... l'un comme l'autre. Je suis sincèrement désolé. Que vous dire d'autre ? Je vais parler à mon fils ; naturellement, il faut qu'ils se marient sans plus attendre.

— Les choses ne sont pas si simples, répondit Harold lugubre. Venez, on va boire quelque chose.

Il le prit par le bras et l'entraîna vers le bar.

Apparemment, il avait déjà abusé du remède. Angelo le suivit pourtant dans la pièce attenante, récemment transformée par Tessa en bar « réservé aux hommes » — du moins selon l'idée qu'elle s'en faisait. Il détailla en frémissant d'horreur les chopes à effigie humaine et les divers ornements en cuivre qui défiguraient la pièce. Il avala son scotch pur et s'en alla dès qu'il put.

Harold le raccompagna à la porte.

— Franchement, Angelo, on se dit que quand ils ont atteint vingt ans nos ennuis sont terminés, mais en fait ils ne font que commencer. Comment a-t-elle pu s'abaisser à ce point ? Et moi qui la croyais vierge... Il y a tout de même des moyens d'éviter ça. Elle est diplômée, ce n'est pas une idiote. Comment a-t-elle pu nous faire une chose pareille ?

— C'est Trevor qu'il faut blâmer. Nous pensions tous qu'ils se marieraient un jour, alors Claire a dû compter là-dessus. Je vais lui parler. Il faut qu'il retrouve la raison. Ne vous en faites pas, je vais l'obliger à épouser votre fille.

— Merci, Angelo. Personne ne souhaite ce genre de mariage forcé, mais nous n'avons pas le choix, n'est-ce pas ? Elle nous a dit aussi qu'elle avait tout à coup pris conscience de ses véritables sentiments pour Trevor ; elle a déjeuné avec lui dans l'intention de lui annoncer qu'elle était enceinte, mais il a passé son temps à lui parler de cette Rose qu'il veut épouser. Je suis désolé pour vous aussi, mon vieux. On les élève dans la correction, la décence, et voilà comment ils nous en remercient.

Trevor venait de se disputer violemment avec son père ; meurtri, se sentant incompris, il fonça chez Claire. « Bon sang ! » marmonnait-il entre ses dents. Pas question de se laisser traiter ainsi de tous les noms — Angelo avait employé des insultes tellement tirées par les cheveux qu'il avait dû les trouver jadis dans un roman victorien.

Claire lisait au soleil. D'énormes lunettes noires lui mangeaient la moitié du visage et elle portait un chapeau cloche maintenu par un foulard. Elle avait du mal à tourner les pages à cause de ses pansements aux poignets. Il lui enleva son livre et le posa par terre. Puis il s'accroupit et lui prit les mains, bandages ou pas.

— Les deux ? Pourquoi les deux ? s'enquit-il.

Elle eut un rire sans joie.

— Je voulais être doublement sûre de ce que je faisais.

— Claire, Claire, ma chérie, j'ai tellement de peine. Comment est-ce arrivé ? Qu'est-ce qui s'est passé ?

— C'était le soir où on est allés à l'opéra. C'est la dernière fois qu'on a fait l'amour.

Elle ôta ses lunettes de soleil et il vit à quel point elle était pâle. Ses cernes violets la rendaient presque laide.

— Mais c'était il y a longtemps ! Tu es sûre ?

— J'ai six semaines de retard et le test de grossesse est positif.

Elle réprima un sanglot qui se mua en hoquet.

— Ma chérie... Même si j'avais su, nous n'étions pas fiancés, nous n'avions même jamais parlé mariage. Et, maintenant j'ai promis d'épouser Rose, lâcha-t-il après un silence pénible. Je l'aime comme un fou. Je ne peux pas la laisser tomber comme ça.

— Et moi, dans tout ça ? Salaud !

Elle se mit à pleurer sans bruit.

Trevor se mit à faire les cent pas. Il se sentait pris au piège.

— Mais, Claire, tu n'as jamais été amoureuse de moi. Du moins, c'est ce que tu disais. Il y a tout de même près de quatre ans qu'on sort ensemble par périodes, toi et moi, et toujours en se moquant des projets de mariage de nos parents.

— Je ne m'en suis aperçue que..., je veux dire, après que... Oh, merde ! Quel gâchis.

— Moi, je crois que tu n'es pas du tout amoureuse de moi. Ta personnalité change parce que tu es enceinte, voilà tout. Tu broies du noir. Partons pour Londres. Trouvons le meilleur spécialiste, prenons rendez-vous pour un avortement et partons en vacances quelque part. Quand nous rentrerons, toute l'affaire sera retombée et personne n'en saura jamais rien.

— Si c'est ce que tu veux, j'accepte.

Il fronça les sourcils en notant son regard morne ainsi que le désarroi qui perçait dans sa voix. Pauvre petite. Mais il fallait aussi tenir compte de Rose, des promesses qu'il lui avait faites.

— J'ai l'impression d'être une ordure, Claire ; à la fois par rapport à toi et par rapport à elle. La vérité est que je me sens coupable envers l'une comme envers l'autre. Réglons ce problème dès que possible.

Une pluie glacée tombait sur Londres, mais les chambres discrètes de la clinique spécialisée étaient égayées par des bouquets de fleurs aux couleurs vives, pas du tout de saison. On examinait Claire, et Trevor attendait impatiemment le diagnostic. Il se faisait du souci pour elle et supportait mal le choix inévitable auquel ils étaient réduits.

Ils n'avaient pas pu partir tout de suite. Il avait d'abord fallu attendre qu'elle récupère, car elle avait perdu pas mal de sang ; puis était arrivée la réunion annuelle des négociants en guano, où il devait donner une conférence. Ils avaient donc perdu un mois. La semaine précédente, ils avaient pris l'avion pour Paris, assisté à quelques spectacles et tenté pendant deux ou trois jours de reprendre un peu goût à la vie avant d'affronter cet acte qu'ils prenaient bien soin de ne jamais mentionner.

Il repensa à Rose. Avant de quitter le pays, il lui avait offert la plus belle bague de fiançailles — saphirs et diamants — qu'il avait pu trouver. Il était allé la voir chez elle — une petite maison donnant sur le port ; avec tact, on les avait laissés seuls dans le salon minuscule.

« Que veux-tu en premier, la bonne nouvelle ou la mauvaise ? » lui avait-il demandé avant de comprendre la muflerie de son attitude. Il partait tranquillement du principe que sa proposition serait acceptée comme un don du ciel ! Quelle grossièreté de sa part. Il changea donc son fusil d'épaule et, au chapitre des bonnes nouvelles, raconta le juteux contrat décroché pour sa production de guano, la mauvaise étant son voyage à l'étranger. À la fin seulement il lui offrit la bague.

Il n'avait pas dû se montrer très convaincant, car la jeune fille avait l'air inquiète.

— Épouse-moi, Rose. Nous serons obligés de nous marier à l'étranger et de demander une autorisation spéciale pour revenir vivre ici, mais comme ça peut prendre un peu de temps fiançons-nous dès maintenant.

C'était la pire demande en mariage de tous les temps. Rose avait passé la bague à son doigt et annoncé la nouvelle à sa mère, qui avait appelé les voisins. Une véritable catastrophe. Comment expliquer que Rose soit si différente des autres membres de sa famille ? Était-ce dû au pensionnat chic où elle avait été élevée ? Tous deux s'étaient éclipsés — la compagnie était vraiment trop bruyante — pour aller s'asseoir dans le parc communal et regarder les enfants jouer sur les balançoires.

— J'ai quelque chose de très important à te dire, mon chéri, avait-elle dit, mais tu ne dois l'apprendre qu'à ton retour. Alors dépêche-toi de revenir. Tu vas beaucoup me manquer.

Il revoyait ses beaux yeux à l'éclat ambré et au regard pénétré d'humour, de compassion, d'intelligence et de sagesse. Pour Trevor, elle était Ève, c'est-à-dire toutes les femmes en une. Il comptait déjà les jours avant leurs retrouvailles.

Il fut tiré de ses rêveries par l'infirmière qui, après avoir répondu à l'Interphone, vint l'informer que le spécialiste voulait le voir. Trevor en frémit de déplaisir. Cela ne faisait pas partie du marché.

Le médecin, exagérément corpulent, avait des allures de boucher ; Trevor s'imagina non sans malaise ce que Claire avait dû ressentir en le voyant. À son arrivée, l'homme se leva, enfonça les mains dans les poches de sa blouse blanche et prit un air paternaliste.

— Jeune homme, les choses ne se passent pas toujours comme on le voudrait, entama-t-il sans préambule. Sinon, l'espèce humaine serait éteinte depuis longtemps. Il semble que ce petit bébé ait bel et bien l'intention de naître. Dame Nature a plus d'un tour dans son sac quand il s'agit de combattre l'homme et ses chétifs efforts pour contrecarrer ses plans. Pour en venir au fait, il est trop tard pour pratiquer un avortement. Claire n'est pas très résistante, loin s'en faut ; ce serait mettre sa vie en danger. En outre, à ce stade, le bébé est déjà bien formé. Regardez ça.

Il actionna un interrupteur, et un panneau lumineux s'alluma sur le mur ; Trevor eut droit à une série de diapositives représentant le développement du fœtus. Au bord de la nausée, il avait des envies de meurtre.

— La main du destin est intervenue dans votre affaire, il faut en prendre votre parti. Claire me dit que vous êtes fiancé à une autre. Moi je dis que vous avez dû quand même ressentir quelque affection pour elle, puisque vous l'avez fécondée. Vous êtes amis depuis des années, vos parents souhaitent que vous vous mariiez... Alors faites ce que vous commandent la décence et la raison, jeune homme, sinon, vous le regretterez toute votre vie. On a beau être dans les années soixante, les mères célibataires ne sont toujours pas très bien vues.

Trevor en resta tellement hébété que, plus tard, il ne devait même pas se rappeler être sorti de la clinique.

— C'est tout ce que je peux faire, Claire, déclara-t-il avec lassitude une fois qu'ils furent dans le taxi. Je t'épouserai sans attendre si tu acceptes de rester vivre ici, en Angleterre, ou en France, bref, où tu voudras. Je t'achèterai une maison et je te fournirai l'argent nécessaire. Heureusement, nous n'aurons pas de problème de ce côté-là. Tu dois comprendre que je suis amoureux de Rose. Une fois l'enfant né, nous nous entendrons pour divorcer selon des termes acceptables pour nous deux. Mais je dois retrouver ma liberté un jour, et, toi, il faut que tu me promettes de ne pas rentrer en Afrique du Sud tant que nous serons mariés.

Claire le regarda. Si seulement elle s'était rendu compte plus tôt qu'elle l'aimait ! Elle n'avait même pas de photo de lui ; mais elle savait que l'image de ce long visage osseux, intelligent et soucieux, de ces yeux en amande et de ces cheveux frisés ne la quitterait plus jamais. Le reverrait-elle un jour ?

Elle donna son accord non sans pleurer abondamment et ils se marièrent le lendemain matin. Trevor préleva une grosse somme sur ses avoirs sud-africains et confia à un avocat le soin de régler les détails juridiques et financiers. Il reprit l'avion le surlendemain.

Il profita du voyage pour concevoir un plan qui lui parut réaliste. Il allait demander la reclassification de Rose. Il fallait qu'elle devienne blanche. En graissant quelques pattes, ce devait être possible ; cela prendrait du temps, peut-être même des années. Or c'était de temps qu'il avait le plus besoin. Sa demande allait s'égarer dans les méandres paperassières de l'administration. Rose devrait fournir un certificat médical attestant qu'elle présentait toutes les caractéristiques de la race blanche, ainsi que des témoignages de ses camarades d'école déclarant qu'elle avait toujours côtoyé des Blancs, etc. En la matière, les exigences légales étaient innombrables ; avant qu'elles soient satisfaites, l'enfant serait né et il aurait divorcé.

Dans l'intervalle, il demanderait à son avocat de rédiger un document équivalent à un contrat de mariage. Il faudrait bien que Ramona s'en satisfasse. Il dénicherait une maison où Rose et lui pourraient habiter loin des regards indiscrets. Il était tellement impatient d'être en permanence à ses côtés ! Il ne vivrait pas tant qu'il n'aurait pas regagné Le Cap.

Il pleuvait, ce qui était inhabituel pour un mois de mars. Avec son architecte, qui maugréait sans arrêt, Trevor arpentait les marais en suivant un itinéraire circulaire autour de l'ancienne maison, en bord de lagon. Il lui lançait à intervalles réguliers des instructions par-dessus son épaule, mais l'homme ne cessait de trébucher et de glisser dans la boue en jurant à voix basse. Trevor, lui, avait les yeux brillants ; radieux, il oubliait la pluie pour visualiser son futur manoir au toit de chaume ; il y aurait une grande chambre à coucher, avec vue sur les saules qui déployaient leurs branches jusque dans le lagon sous un ciel azuréen.

— Des murs chaulés, des colombages dans le style Tudor... Vous comprenez ce que je veux ? Et tout ce qui va avec ; des rosiers grimpants, par exemple. Pas de cloisons au rez-de-chaussée pour qu'on ait un immense salon, mobilier de style rustique, antiquités... Ah oui, notamment un bureau ancien dans un coin. Vous voyez le tableau ?

Il continua à dresser la liste de ses exigences, tour à tour suppliant, autoritaire, corrupteur et menaçant.

— Maintenant écoutez-moi, Trevor, finit par gémir l'architecte. Venez un peu par-là et tenez-vous tranquille. Regardez bien ce que vous avez sous les yeux. Que voyez-vous ? Une baraque à moitié démolie ! Alors soyez raisonnable. Quant aux saules et aux bougainvillées, il faudrait attendre au moins une vingtaine d'années.

— Eh bien, déracinez-en ailleurs pour les replanter ici. Louez une grue. Offrez-vous les services des meilleurs horticulteurs. Je ne peux pas attendre vingt ans, et vous non plus. Plutôt vingt jours. Réunissez deux équipes et faites-les travailler vingt-quatre heures sur vingt-quatre.

— Impossible, lâcha l'architecte sans aménité.

— J'insiste.

Accepterait-elle de venir vivre ici avec lui, bien cachée derrière un rideau de joncs et de mimosas, à l'abri des curieux ? Il l'espérait tant ! Si elle refusait, il en mourrait. Pourtant, il ne pouvait se départir d'un mauvais pressentiment. Il venait d'être précipité la tête la première dans un univers de mensonge et de duperie, et cela lui déplaisait. Il n'était pas doué pour cela. La meilleure solution était de jouer sur le temps et d'espérer que Rose attendrait jusqu'au divorce. Rien d'autre ne comptait à ses yeux. Rose était son obsession.

Un mois plus tard, il emmenait Rose visiter la nouvelle maison, baptisée Les Saules. Elle en tomba instantanément amoureuse. Tous deux se promenèrent longtemps dans le chantier et les jardins, se faisant part de leurs rêves respectifs et se prodiguant des caresses pudiques, tels deux tourtereaux. Trevor était heureux comme un roi.

42

Claire arrachait les mauvaises herbes dans son jardin. Curieusement, elle les reconnaissait, alors que les oiseaux et certaines fleurs lui étaient complètement inconnus. Les oiseaux anglais avaient un chant bien plus suave que ceux d'Afrique du Sud et les fleurs printanières étaient ravissantes ; mais en cet instant, elle aurait tout donné pour apercevoir l'éclair bariolé d'un *sunbird* de passage.

À bout de nerfs, elle planta vigoureusement son couteau dans la racine qu'elle s'efforçait d'extraire. Elle avait la nostalgie de son pays, elle se sentait seule et en voulait au monde entier. Comment s'était-elle fourrée dans ce pétrin ? Elle songeait souvent à demander à ses parents de venir vivre avec elle. Eux ignoraient tout du marché conclu avec Trevor. Elle leur avait simplement écrit qu'elle l'avait quitté et préférait rester à l'étranger jusqu'à la naissance du bébé. Comment aurait-elle pu leur avouer la vérité ?

Six semaines s'étaient écoulées depuis que Trevor était rentré, et il lui manquait cruellement. Son avocat l'avait aidée à trouver une maison qui lui convienne et réglé les factures, et tous les mois il lui faisait parvenir de généreux subsides, mais c'était d'amour qu'elle avait besoin.

Elle soupira, se redressa et sentit la vie remuer en elle ; c'était une sensation curieuse et tout à fait inédite, un peu comme des battements d'ailes de papillon au plus profond de son ventre. L'espace de quatre bonnes secondes, elle fut plongée dans une espèce de transe.

Alors son bébé devint réel pour la première fois. Elle se le représenta sous la forme d'un Trevor miniature. Car c'était un garçon, elle en était certaine. Elle rentra s'asseoir bien tranquillement, les mains pressées sur son ventre arrondi, et réfléchit à la vie stérile qu'elle menait, à l'avenir de son fils. Elle avait eu tort d'accepter les conditions impitoyables, si peu naturelles, que lui avait imposées Trevor. Elle s'en rendait bien compte maintenant. Elle n'avait pas le droit de priver cet enfant de père. Il allait souffrir de leur arrangement.

À compter de ce jour, le bébé devint à ses yeux un individu à part entière, un petit être à aimer, à protéger. Et, plus le temps passait, plus elle se disait qu'elle ne pouvait tenir sa promesse.

Elle prit une résolution dont la force l'étonna. Elle qui n'avait jamais eu à se battre pour quoi que ce soit, qui prenait sans poser de questions tout ce que l'existence lui offrait, elle avait désormais quelqu'un de plus important qu'elle à défendre. Pour préserver les droits de ce bébé, elle aurait donné sa vie. Oui, il avait le droit d'avoir un père, un foyer, une famille, un pays, une place au soleil.

Elle laissa la maison entre les mains de son avocat et prit un billet pour rentrer chez elle.

C'était une magnifique journée d'avril ; l'été s'achevait. En regardant autour d'elle, Claire se sentit emplie d'une joie profonde. La chaleur, le spectacle des montagnes, les grands espaces si différents de l'Angleterre, l'air marin pur et limpide..., le paradis !

Comme personne ne l'attendait, elle récupéra ses bagages et prit un taxi. Où aller ? Chez ses parents ? *Non*, raisonna-t-elle. *Mieux vaut aller tout de suite trouver Trevor et exiger qu'il nous accepte, mon fils et moi.*

À la minute où elle vit Angelo, elle comprit qu'elle

avait en lui un formidable allié. Il la prit dans ses bras, la fit tournoyer, la serra tout contre lui et l'entraîna dans la maison.

— Chère, très chère Claire ! Où te cachais-tu pendant tout ce temps ? Tu m'as manqué. Et mon petit-fils, comment va-t-il ?

— On ne peut mieux. Je le sens souvent bouger, vous savez, Mr. Palma.

— Je t'en prie, appelle-moi papa.

— Le fait de porter le fils de Trevor m'a donné beaucoup de courage. J'ai rompu la promesse que je lui avais faite. Je voudrais vous en parler. Vous saurez peut-être me conseiller. Je me sentais si seule, là-bas !

Elle déversa toute son histoire et, sans le vouloir, finit par pleurer sur l'épaule d'Angelo.

— Il va falloir jouer serré, déclara-t-il, enfin. Et vous montrer très forte. Vous vous en sentez capable ?

— Pour mon enfant, je ferais n'importe quoi.

— Alors entrons dans le monde du fantasme, ma petite, et attendons que le volcan entre en éruption autour de nous.

Trois jours plus tard, comme il consultait son courrier, Trevor tomba sur le journal que la réceptionniste lui avait apporté en même temps que son café. Il parcourut rapidement les pages économiques, puis une photo capta son attention.

— Dieu du ciel, mais c'est Claire !

La légende en était : « Parmi les personnalités huppées présentes à bord du nouveau paquebot britannique de luxe qui est arrivé aujourd'hui à quai se trouvait une femme du monde distinguée, Mrs. Claire Palma, de retour en Afrique du Sud. Selon ses propres propos, Mrs. Palma, qui attend un bébé, vient de passer quelques semaines en clinique afin de se reposer. " Nous sommes très heureux de la voir rentrer ", a déclaré son beau-père, Mr. Angelo Palma. »

Dix minutes plus tard Trevor entrait en coup de vent dans la maison familiale et se retrouvait face à face avec Ramona.

— Où sont-ils ?

Elle lui indiqua le bureau, et il lut dans ses yeux une haine impressionnante.

— Je t'expliquerai plus tard, marmonna-t-il.

— Les Blancs n'ont pas à s'expliquer devant leur gouvernante, répliqua-t-elle.

Tout à coup, son regard n'exprima plus rien. Il lui trouva un air bizarre. Puis il la chassa de ses pensées et se précipita au salon.

Ramona attendit qu'il ait claqué la porte pour s'en approcher à pas de loup. Elle appliqua son œil contre le trou de la serrure et tendit l'oreille.

— Enfin, Claire ! Nous avions passé un marché, toi et moi ! Moi, j'ai tenu mes engagements. J'ai toujours été honnête avec toi. Je n'ai jamais nié que j'aimais Rose, et je t'ai épousée pour donner un nom à ton bébé.

— À *notre* bébé, Trevor, répondit Claire d'une voix si contenue que Ramona eut peine à l'entendre.

Trevor, lui, se laissait emporter par l'exaspération.

— On s'était arrangés comme ça ! Tu avais promis.

— Reprends-toi, intervint Angelo d'un ton coupant comme le diamant. Nous sommes catholiques et je ne te permettrai pas de divorcer ; Claire non plus, d'ailleurs. Tu n'épouseras jamais Rose, cela, je te l'assure. C'est votre mariage qui durera, et non ta stupide amourette avec cette sang-mêlé. Oublie ta maîtresse, achète sa compréhension. Il faut penser à ton fils, maintenant. Bon, je vous laisse. Trevor, tu n'es pas méchant. Regarde Claire ! Tu ne vois donc pas quel mal tu lui as fait ! Alors trouve une solution, à présent.

— J'aurais décidément dû te laisser te noyer, espèce de monstre hypocrite et perfide, murmura Ramona derrière la porte.

— Comment peux-tu me faire ça, Claire ? demanda doucement Trevor. Je t'ai pourtant donné tout ce que tu demandais. Que veux-tu de plus ?

Elle leva sur lui un regard triste et esseulé qui se

teintait pourtant d'une détermination croissante dont les implications n'échappèrent pas à Trevor.

— Si je suis revenue, c'est pour lui. Parce que tu es son père, qu'il est ici chez lui et que « beau-papa », comme il m'a demandé de l'appeler, est son grand-père. Elle déploya ses mains sur son ventre. Je t'aime, mais moins que lui. Pour lui, j'irais jusqu'à tuer.

Malgré sa colère, Trevor céda à la compassion. Quel courage il avait dû lui falloir pour revenir toute seule se battre pour son fils ! Pauvre petite chose. De toute évidence, elle n'était pas en bonne santé. Il n'y avait qu'à voir son visage pâle et amaigri, les cernes sous ses yeux, ses cheveux ternes et plats. Il eut brusquement le sentiment qu'ils jouaient tous un rôle écrit d'avance dans une tragédie à laquelle ils ne pouvaient échapper. Oui, ils étaient tous des victimes. Il s'accroupit à ses côtés et lui prit les mains.

— Pauvre petite Claire... Je ne te veux aucun mal. Je te comprends et je te pardonne. En vérité, j'admire ton cran. Il faut trouver un moyen de nous tirer de ce mauvais pas — pour notre bien à tous.

Il lui embrassa les mains.

— Sois patient avec moi, Claire. J'aime profondément Rose, mais à te voir dans cet état je me rends compte que je t'aime aussi et que je t'ai fait souffrir. Je te demande pardon.

Elle se laissa aller en arrière dans son fauteuil et plaça la main de Trevor sur son ventre.

— Tu sens ? Là, là ! Ton fils bouge ! Il me donne de ces coups de pied !

Trevor palpa son ventre avec douceur et eut l'impression de sentir un oiseau battre des ailes sous sa main.

— Il a bougé, souffla-t-il. Mon Dieu, qu'avons-nous fait ? Je vais l'aimer comme un fou, je le sens. Mon Dieu, aidez-nous.

Certes, il avait pitié de Claire, mais son amour pour Rose fut le plus fort. Trevor emballa ses vêtements, ses appareils photo, son matériel de pêche, ses tenues de sport et autres effets personnels et partit s'installer aux Saules. Le surlendemain, il revint passer la soirée avec Claire mais rentra à onze heures. Il passa les dix jours suivants aux Saules ; toutefois, comme on lui avait inculqué les bonnes manières, en apprenant qu'Angelo et Claire donnaient un dîner il revint tenir sa place au côté de son épouse.

« Mais qu'est-ce que je fabrique ? songea-t-il à voix haute. Comment me suis-je fourré dans un pétrin pareil ? »

Vers dix heures, il gagna le bar et entreprit d'avaler scotch sur scotch. Il ressentait le besoin de prendre un peu ses distances par rapport au sentiment de culpabilité qui le hantait jour et nuit. Quand il était avec Rose, il se sentait coupable envers Angelo et Claire, et, quand il rentrait à la demeure familiale, il se sentait coupable vis-à-vis de Rose. La tension commençait à avoir raison de lui. Il perdit conscience vers deux heures du matin pour se retrouver le lendemain à huit heures dans le lit de Claire qui, vêtue d'un négligé bleu, lui parut très belle. Il posa délicatement une main sur son ventre.

— Je suis sûr que j'entends son cœur battre. Il retroussa sa chemise de nuit et examina sa taille épaisse. La grossesse te va bien, constata-t-il.

Malgré ses résolutions, il sentit croître son désir ; et puis Claire avait tant besoin d'amour ! Il décida qu'il devait les aimer tous les deux, et cela lui procura un curieux réconfort.

Ils firent l'amour avec douceur et confiance, comme deux amis très proches, tout à ce qu'ils faisaient, tout à ce qui les unissait.

Rose venait de passer la pire nuit de son existence. Pour la première fois elle se rendait compte qu'elle était loin de tout et de tous, que s'il arrivait quelque chose elle n'aurait même pas le ressort de crier. Il lui fallait un système d'alarme. Elle finit par se barricader dans sa chambre à coucher et par lire toute la nuit, torturée par la jalousie.

— Tu as une de ces têtes, commenta Ramona en la voyant arriver le lendemain matin. Nous avons été stupides, toutes les deux. Et je suis plus à blâmer que toi. Pour l'amour de Dieu, cesse de pleurer ! Il ne sait plus où se mettre. Il faut que tu le forces à fixer la date du divorce avant qu'il ne soit trop tard. Et fais-le payer. La maison doit être à ton nom. Oblige-le à te verser une grosse somme d'argent. Plus il paiera, plus tu auras de la valeur à ses yeux.

Elle contempla sa fille avec un désespoir non dénué de stupéfaction. Elle avait le don de double vue, elle ne s'était jamais trompée. *Leurs semences mêlées, un héritier élevé dans la maisonnée Palma — une moitié de leurs gènes à eux, une moitié de ses gènes à elle.* Elle en avait eu la vision. Elle ne pouvait pas se tromper.

Rose s'efforçait de sécher ses larmes. Elle sentait que Trevor l'aimait à la folie mais que son éducation et sa bonté naturelle ne lui permettaient pas d'abandonner son amie et ex-amante dans la peine. Elle n'arrivait pas à croire qu'il puisse avoir de l'amour pour Claire ni pour son bébé à naître. Elle décida d'attendre. Les choses finiraient par s'arranger. Elle n'écouterait pas sa mère.

Quand Trevor lui revint ce soir-là, il dégageait une forte odeur d'alcool et semblait complètement désespéré. Ses yeux étaient rougis, son teint cireux. Il alla droit au bar se servir un verre.

— Je ne veux pas te faire de mal, Rose. Je t'aime, tu le sais bien. Seulement, Claire et moi, ça ne date pas d'hier ; elle a toujours été ma meilleure amie, aussi loin que je me souvienne. Nous sommes allés en Angleterre pour qu'elle se fasse avorter, mais il était trop tard. Excuse-moi de ne pas t'avoir dit la vérité. J'avais trop peur de te perdre.

C'était la troisième fois qu'il lui contait sa pathétique histoire. Elle lui tourna le dos et contempla par la fenêtre le lagon si calme, si paisible. Si seulement elle pouvait s'immerger dans ses profondeurs et profiter un peu de cette paix, sans Ramona pour lui donner des ordres, sans Trevor pour la supplier, sans Jânek pour traîner dans les parages !

— Je l'ai épousée, Rose. J'ai fait ce que me commandait l'honneur. Mais eux veulent plus... bien plus que cela.

Rose sentit qu'il mentait et se retourna pour le considérer avec froideur.

— Ne me regarde pas comme ça !

— Comment est-ce que je te regarde ?

— Comme si je te mentais. Oh, et puis je l'avoue, tiens : en effet, je mens. Mais c'est que je vous aime toutes les deux ! Je le jure, je vous aime comme un fou, elle et toi, mais c'est toi que j'aime le plus.

— Peut-être, mais elle, elle est chez vous. C'est elle qui est en sécurité. Et moi, qu'est-ce qu'il me reste ?

— Mais que veux-tu de plus ? On est ici chez nous, non ?

— La maison devrait être à mon nom. Voilà ce que je veux. J'ai besoin de me sentir à l'abri. Quand tu retournes auprès d'elle, je passe mes nuits à me demander ce qui va m'arriver.

Elle se rendit très vite compte qu'elle avait commis une erreur. Elle n'aurait pas dû écouter les conseils de sa mère. Trevor laissa échapper un gros soupir saccadé puis sourit. Quand il s'agissait d'acheter, il était en terrain connu. Payer ses dettes, cela, il savait le faire. Il allait acheter Rose. Elle le sentit, mais il était trop tard pour faire marche arrière.

Et elle ne s'était pas trompée. Le lendemain matin, l'avocat de Trevor l'appela pour la convoquer dans son bureau à dix heures précises. Outre la pension qu'il lui versait, elle recevrait une grosse somme destinée à assurer son avenir. Quant à la maison, l'acte de propriété serait mis à son nom sous forme d'actions, puisqu'elle n'avait pas le droit de posséder des biens immobiliers dans cette zone. La terre, elle, restait au nom de la famille.

Cette transaction orienta leurs relations dans une voie toute tracée. Trevor venait la voir tous les jours mais ne passait jamais la nuit avec elle. Elle s'était muée en prostituée hors de prix et elle le savait.

L'humiliation et l'amertume le disputaient à la solitude et au sentiment de rejet. Elle avait trop honte pour se montrer chez sa mère ou au village. Trevor ne l'emmenait plus nulle part. Tous ses rêves s'écroulaient. Elle n'avait plus rien à attendre et le désespoir la gagnait. Le pire, c'étaient les fins de semaine : Trevor restait en famille. Alors elle arpentait inlassablement le jardin ou allait regarder les eaux sombres du lagon en se demandant si elle devait ou non s'y jeter. Le temps passait avec une lenteur insupportable. Mais le lundi matin lui ramenait invariablement Trevor, qui ne manquait jamais d'apporter un cadeau. Un cadeau coûteux. Ils faisaient l'amour hâtivement. Puis il partait travailler.

Il fallait qu'elle regagne son amour exclusif, mais comment ? Le sexe était sa seule arme. Alors elle acheta des sous-vêtements affriolants, joua de toute sa sensualité, apprit à susciter son désir et son plaisir même quand il était fatigué. Il venait la voir tôt le matin et réapparaissait à l'heure du déjeuner. Il lui jurait qu'il ne faisait pas l'amour avec Claire. D'ailleurs, il en aurait été bien incapable : il quittait toujours Les Saules épuisé. Il lui confia en outre que la grossesse de Claire était difficile et qu'elle s'apercevait à peine de sa présence.

Histoire de mettre un terme à son isolement, Trevor accepta que Rose partage son cottage avec une amie, Juliette, qui ne fut que trop heureuse de s'y installer. Bien que mariée à Emanuel, elle disait éprouver le besoin de s'en éloigner de temps à autre. Ce dernier vint de plus en plus souvent, et il amenait ses amis. Tous se rassemblaient au bord du lagon pour fumer de la *dagga* et chanter des chansons. Les garçons ne tardèrent pas à amener leurs petites amies et l'on se mit à faire la fête tous les soirs. Les Saules résonnaient de rires et la musique éclatait dans la nuit. Une vague de chaleur réchauffa le lagon à la fin de l'été et ils prirent l'habitude de se baigner au clair de lune, de danser devant le *braai* en engloutissant des litres de punch aux fruits confectionné par leurs soins.

La maison était devenue un véritable capharnaüm ; dans son chagrin, Rose ne s'en souciait guère. Elle pouvait tout supporter du moment qu'on ne la laissait pas seule.

Trevor ne lui vouait plus le même amour. Elle était en train de le perdre et, à cette idée, elle s'affolait littéralement. Elle achetait une foule de vêtements, dépensait son argent chez le coiffeur et dans les salons de beauté et passait de plus en plus de temps à se maquiller avant son arrivée.

Trevor était assis au bord du lagon en compagnie de Rose ; il lui tenait la main en regardant les « gredins », comme il appelait les jeunes gens aisés qui flattaient servilement les amis de Rose, ces individus qui méprisaient ouvertement la loi et étaient en train de transformer sa demeure en boîte de nuit. *Ou carrément en maison de passe*, se demanda-t-il malgré lui.

Il ne parvenait pas à tirer ses sentiments au clair. Son amour était toujours aussi obsessionnel. Si elle se trouvait un autre amoureux, il la tuerait, c'était certain ; tandis que s'il surprenait Claire avec un homme, le plus probable était qu'il offrirait un verre à sa femme et que tous deux resteraient bons amis. Rose était à lui, il en était le propriétaire ; elle était comme une précieuse œuvre d'art dont il aurait fait l'acquisition ; depuis quelque temps, elle arborait d'ailleurs des formes dignes d'un Rubens, mais cela ne l'empêchait pas de la désirer en permanence. D'un autre côté, Claire était son amie, il y avait entre eux un lien solide fait de loyauté et fondé sur l'appartenance à une même classe, sur une camaraderie très ancienne et sur l'arrivée prochaine de leur enfant.

Les choses s'étaient assez bien arrangées, en fin de compte ; une routine satisfaisante s'était instaurée. Il allait voir Rose avant le petit déjeuner, il revenait à midi s'allonger en sa compagnie, au soleil, et se baigner dans le lagon. Il quittait son bureau à cinq heures, passait deux heures au gymnase, au sauna ou sur un court de tennis, dînait à huit heures et passait le reste de la soirée avec Claire et son père. Parfois, comme ce soir, il revenait vers onze heures se joindre à la fête. Il avait tous les avantages sans aucun des inconvénients, et pas la moindre intention de modifier son style de vie si rien ne l'exigeait. Cette maison dissimulée parmi les saules, cette espèce de cachette lui procurait des distractions excentriques qui contentaient son côté bohème.

— Allez, flemmard ! Viens nager un peu ! lui lança Emanuel. Tu étais loin de nous, absorbé dans tes pensées ! Je parie que l'homme d'affaires en toi prépare un nouveau coup d'éclat. Ce que tu peux être cupide ! Tu n'en as donc jamais assez ?

Sur ces mots, il plongea dans le lagon.

— Allons nous baigner, dit Trevor à Rose en la prenant par la main pour la mettre debout. Allez, viens ! Pas besoin de maillot !

Cela l'excita de la voir nue devant tout le monde. Dire que cette merveille était sienne ! L'excitation entêtante que suscitait en lui le sentiment de propriété se répandit dans tout son corps comme une gorgée d'alcool fort et l'enivra de la même façon. Il reprit la main de Rose et, nu lui aussi, l'entraîna vers le lagon.

Soudain, il y eut une explosion de lumière. Alarmé, Trevor marmonna :

— Qu'est-ce que c'est que ça ?

Cela semblait provenir d'une des nombreuses petites îles envahies par les joncs, les oiseaux et les rats d'eau. Il alerta Emanuel et partit en crawlant de toutes ses forces. Arrivé à mi-parcours, à la faveur d'une pause il crut entendre un bruit de rames mais ne distingua pas âme qui vive. Il écarta les roseaux en poussant un soupir de soulagement, mais au même moment, en baissant les yeux, il découvrit une ampoule de flash usagée. De plus en plus inquiet, il regagna le rivage à la nage.

43

De l'autre côté du lagon, Mike Russell tirait le canoë dans l'appentis d'Anne Marais, qu'il ferma à clef avant de prendre à travers champs pour gagner le phare qu'elle possédait également : c'était là qu'il campait gratuitement en attendant de trouver du travail. Il n'avait plus un sou et commençait à s'inquiéter sérieusement, surtout depuis qu'Anne parlait mariage avec insistance. Un an plus tôt, il avait donné son préavis à son rédacteur en chef ; depuis il vivait sur ses économies le temps d'écrire un livre qui venait d'essuyer son dixième refus. Incroyable, alors qu'on trouvait de telles nullités en librairie ! Pour couronner le tout, il ne pouvait compter reprendre sa place au journal. Alors il travaillait en indépendant, mais son année d'isolement lui avait fait perdre ses contacts. Il aurait fallu qu'une bonne occasion se présente.

Depuis peu, des bouffées de musique, de rires et de cris lui parvenaient à travers le lagon. Il savait que ces terres appartenaient aux Palma, qui étaient fabuleusement riches. Quelques jours plus tôt, il était allé se poster discrètement sur le rivage pour voir de quoi il retournait. Quand il avait découvert ce qui s'y passait, son sang n'avait fait qu'un tour. Il était rentré en courant chercher son appareil photo. Il fit six clichés particulièrement réussis.

En les tirant le lendemain, il poussa des exclamations d'enthousiasme. Voilà l'occasion qu'il attendait ! La jeunesse dorée de Silver Bay folâtrant nue avec des beautés locales à peau sombre ! Un scoop sensationnel, la une assurée dans les feuilles de chou du coin ou, mieux, la dernière page du journal national du dimanche — là où s'étalaient les scandales. Ces jeunes ramasseraient chacun six mois de travaux forcés, sans parler des sanctions financières. Et ce serait bien fait pour eux ! Mike n'hésita pas un instant. Seulement il lui fallait d'autres clichés, de préférence en gros plan.

C'était ainsi qu'il avait planqué toutes les nuits, prenant une photo de temps en temps sans pouvoir s'approcher suffisamment à son goût. Puis il avait découvert le canoë d'Anne. Et, ce soir-là, il pensait bien avoir mis dans le mille.

Le lagon libertin de Silver Bay, écrivit-il dès qu'il mit la main sur son bloc-notes. *Sexe, licence et substances illégales au milieu des sables ! Les enfants gâtés des familles blanches font leur choix parmi les plus jolies métisses de la ville*.

« Tralalère ! chantonna-t-il gaiement en suspendant les photos encore humides dans sa chambre noire. Ça va faire un malheur. » Puis il se figea. « Mais non ! Je peux en tirer encore plus si je ne moufte pas. » Angelo Palma paierait certainement une fortune pour que les journaux ne s'emparent pas de ces photos. Sa belle-fille était enceinte, non ? Or on voyait justement son fils bien-aimé, Trevor, batifoler sans rien sur le dos avec une fille à la peau drôlement sombre ; il dansait tout nu devant le feu, il la besognait dans les dunes et nageait sans maillot dans le lagon. Oui, il avait toutes les cartes en main.

Il s'assit brusquement, sous le choc. Il pouvait probablement lui extorquer plus d'un demi-million. Combien Angelo serait-il prêt à payer pour éviter la prison à son rejeton et unique héritier ? Tremblant d'excitation, Mike Russell décrocha le téléphone.

En déverrouillant la porte de son cottage, Ramona entendit du bruit dans les fourrés. Elle fit volte-face, le puissant rayon d'une torche l'aveugla, et une silhouette indistincte se précipita vers elle.

Mais ce n'était que Jânek. Soulagée, elle remarqua son air vaincu mais ne s'en émut guère. Ses yeux étaient rougis par les larmes, ses épaules tombaient et toute son attitude évoquait le chien battu.

Il s'approcha, et Ramona éprouva une brusque décharge psychique qui la fit frémir de la tête aux pieds. Ce fut comme deux courants inverses se heurtant puis se mêlant dans un flamboiement aussitôt évanoui qui illumina sa conscience du monde ; en ce bref instant, l'inconnu devint connu. Notamment les circonstances de sa propre mort. *Oui*, songea-t-elle avec une résignation soudaine. *La mort est là.* Et pas seulement pour elle. Elle réprima un cri.

— Je ne vous veux aucun mal.

— Pas aujourd'hui.

— Encore ces histoires de double vue ! C'est insensé. Vous devriez faire face à la réalité, pour une fois.

Je vous fais bien face à vous, se dit-elle. Elle prit son courage à deux mains et lui barra le chemin. Elle tremblait encore sous le coup de la révélation, et ses yeux sombres lançaient des éclairs.

Jânek s'immobilisa, surpris, en la voyant si fermement campée en travers de son passage.

— Je vous attendais.

Cela, elle l'avait compris. Elle le dévisagea attentivement ; ses yeux bleu pâle cillaient trop rapidement.

— Écoutez, je ne suis pas armé. Vous n'avez rien à craindre de moi. Je vous assure. Il faut que je vous parle. Je vous en prie, entrons. Il mit les mains sur sa tête. Fouillez-moi si vous voulez. Vous verrez.

Ramona tourna les talons, poussa la porte et alluma la lumière. Sa main hésita sur l'interrupteur du système d'alarme qu'Angelo avait fait installer. *Non, pas maintenant, pas encore*, lui souffla une voix intérieure.

Elle tint la porte à Jânek, qui s'arrêta dans l'entrée en regardant autour de lui d'un air hésitant. Ramona savait pourquoi il lui rendait visite si tard dans la soirée. Elle ôta son châle et le jeta sur le dossier d'un fauteuil.

— Et maintenant dites ce que vous avez à dire. Que voulez-vous ?

— Savoir si Rose est heureuse. Vous comprenez, elle refuse de me voir.

Ramona haussa les épaules. Jânek s'effondra sur le canapé. Il était trop malheureux, elle ne se sentait pas le cœur de lui mentir. Mais, d'un autre côté, qu'est-ce qui l'obligeait à se confier à lui ? Rose n'était pas destinée à cet homme. Dieu savait qu'elle s'était battue pied à pied avec la petite quand Rose lui avait annoncé ses fiançailles avec... cet étranger. Car il était un étranger pour elles, et à plus d'un titre. D'abord, il n'était pas du même monde qu'elles. Sans doute Rose avait-elle été séduite par son physique. Il était grand, sec et nerveux, pas particulièrement impressionnant par sa carrure mais doté d'une solidité d'acier. Ses cheveux étaient noirs, ses yeux bleus, sa peau fraîche respirait la santé, et, au temps où Rose et lui étaient encore ensemble, il irradiait le bonheur comme le phoque exsude son huile. Peut-être était-ce là son charme. Seulement, à présent, toute sa joie avait disparu ; il ne restait qu'une violente amertume.

— C'est joli chez vous, constata-t-il en agitant la main. Vous vous en sortez bien. Est-ce que Rose fait partie du contrat ? Vous, vous les servez avec votre labeur, et elle avec son cul, c'est ça ? Vous, vous avez ce cottage, une pension. Et elle ? Que reçoit-elle en échange de ses services ? Des bijoux ? Et ne me parlez pas des Saules. La maison est située sur leur terrain, donc l'acte ne vaut même pas le papier sur lequel il a été rédigé. Si elle doit devenir une putain... Il cracha littéralement le mot odieux... Au moins qu'elle en retire quelque chose. Dieu sait qu'elle est assez belle. Il faut que je sache si elle est heureuse.

Ramona le considéra avec prudence. Il semblait tellement accablé... Comment ne pas avoir pitié de lui ?

En outre, comme il n'avait plus rien à perdre, il devenait dangereux.

— Vous voulez du vin ? J'en ai une bouteille ouverte.

Il acquiesça, l'air étonné. Elle alla chercher deux grands verres dans le buffet, les remplit et lui en tendit un.

— Allez. Videz votre sac.

— Il faut que je sache... A-t-il pris des dispositions suffisantes pour qu'elle ne manque de rien ? Je veux dire : est-ce qu'il s'en occupe correctement ? Même dans ce cas, de toute façon, il lui manque la respectabilité, un vrai foyer, un mari, des enfants, toutes ces choses. Il ne se soucie donc pas de son bonheur ?

Ramona vida son verre d'un trait et s'en versa un autre.

— Vous ne comprenez pas.

Elle se laissa aller contre le mur et contempla le plafond ; à son regard étrange, on aurait dit qu'elle était en transe, qu'elle regardait à l'intérieur d'elle-même.

— J'ai toujours su que nos semences se mêleraient, la *sienne* et la mienne. Je me suis demandé comment. Puis, quand, en grandissant, Rose est devenue le portrait de celle que j'étais à son âge, j'ai compris que je tenais une seconde chance. Alors je l'ai choyée, élevée avec soin, placée dans un couvent...

— Elle n'a jamais été qu'un jouet entre vos mains, souffla-t-il. Vous ne l'aimez pas. Vous vous êtes simplement servie d'elle.

Elle baissa les yeux et se remit à trembler.

— Je ne me trompe jamais... Il l'épousera quand même. J'en ai reçu la prémonition il y a très longtemps. Et son enfant régnera sur l'empire Palma.

— Vos prédictions diaboliques me donnent la nausée. Ce sont les paroles de Satan qui sortent de votre bouche tels des serments obscènes ; quant à votre vue, double ou non, elle ne vous montre que le mal.

Elle s'alarma. Était-il en train de craquer ? Ou bien avait-il toujours été un peu dérangé ?

— S'il arrive quoi que ce soit à Rose, je vous tuerai. C'est vous, la grande manipulatrice derrière toute cette affaire. Et, maintenant, dites-moi la vérité : est-elle heureuse ?

— Heureuse ? Mais qu'est-ce que le bonheur ? Vous êtes bien bête d'y croire encore. Sortez d'ici sinon je déclenche l'alarme.

Il s'enfonça dans la nuit et elle le regarda s'éloigner en vibrant de peur. Elle avait l'impression qu'il pouvait basculer dans la démence d'un moment à l'autre.

44

À vingt et une heures, Trevor, qui était aux Saules, reçut un coup de téléphone de son père ; celui-ci n'avait jamais exprimé une telle colère et une telle angoisse mêlées.

— Rentre immédiatement, lui intima-t-il.

Un épais brouillard marin venu du sud-ouest roulait ses volutes au-dessus des dunes et du lagon, réduisant considérablement la visibilité. Rose témoigna de l'appréhension.

— Je ne me sens pas bien. Quelque chose de terrible est en train d'arriver là-dehors.

Il lui arrivait de parler comme sa vieille mère ignorante, et cela avait le don de mettre Trevor en fureur.

— Ce n'est que du brouillard, lança-t-il sans aménité. Ne sois donc pas si bêtement superstitieuse. Parfois, tu te comportes exactement comme les villageois.

Au moment de démarrer, il fut pris de regrets. Elle ne méritait pas d'être traitée ainsi. Il retourna la prendre dans ses bras.

— Je serai de retour sous peu. Tu devrais aller te coucher. Choisis un livre. Je rentrerai avant que tu ne t'endormes.

Il trouva Angelo debout dans son bureau, le regard rivé sur la baie et faisant des efforts visibles pour se maîtriser. Sa rage était telle que son premier mouvement avait été de déshériter son fils, de l'expédier à l'étranger ou de quitter lui-même Silver Bay — pour toujours. Puis, après une journée de réflexion, il avait compris que son fils était dans une situation délicate. Pour lui, il n'existait aucune issue honorable. Son seul recours était de faire appel à son sens de la logique.

Il se contraignit à garder son calme dans la mesure du possible. Cependant, Trevor vit tout de suite qu'il était arrivé quelque chose de grave. Son père semblait atterré, et pour la première fois il faisait son âge. Il réprima un frisson d'appréhension.

— J'ai reçu une visite, commença Angelo. Une visite inattendue de Michael Russell, l'amant d'Anne Marais.

Trevor revit brusquement Michael Russel à la soirée du yacht club, le mois précédent. Il avait passé la soirée affalé sur le bar, ses cheveux blonds brillant sous les lampes et ses yeux bleus pétillant d'ironie à mesure qu'il démolissait les convives les uns après les autres. Il avait un sens de l'humour certain, mais toujours au détriment d'autrui.

Angelo jeta un petit paquet sur son bureau.

— J'ai dû lui remettre deux cent mille rands. Il n'a pas voulu descendre au-dessous de cette somme. En fait, au départ il en voulait un million, mais j'ai gagné du temps. J'ai obtenu une semaine de grâce en prétendant ne pas pouvoir dégager la somme dans un délai aussi court, mais il va falloir agir vite. Il est tranquille jusqu'à la fin de ses jours, le salopard ! Mais je finirai par me venger, sois tranquille.

« Allez, jette un œil à ce qu'il m'a apporté.

Les larmes roulaient sur ses joues, et ce furent elles, plus que tout le reste, qui achevèrent de perturber Trevor.

Il prit les photos et sombra aussitôt dans un abîme de honte. Huit clichés de lui chevauchant Rose dans les dunes ! Mon Dieu ! De quoi avaient-ils l'air ? Sur d'autres photos, on les voyait se baigner nus ou danser autour du feu, également dans le plus simple appareil. Certaines représentaient Emanuel et Juliette. Flûte ! Il allait falloir les prévenir. Et aussi Jack Bronson, avec la sœur de Juliette. « Oh non... », geignit-il. Ils auraient dû être plus prudents. Il se secoua et reposa le reste des photos.

Il se rendit compte qu'Angelo lui parlait.

— Regarde ça, disait-il en indiquant la baie vitrée. Ça me fait chaque fois le même effet.

Trevor vint se poster à ses côtés. Autour d'eux s'étendait une mer de blancheur qui luisait comme un plateau de montagne enneigé. La mer, les plages, les champs, les routes, les maisons et les dunes avaient disparu sous une épaisse couche de brouillard mouvant. Loin au-dessus de leurs têtes les pics se dressaient dans le ciel nocturne d'une limpidité de cristal.

— Bientôt il remontera jusqu'ici et nous n'y verrons plus rien. Écoute ! À entendre sa corne de brume, ce bateau a perdu son cap. Il va finir par s'échouer si l'équipage ne fait pas attention.

On entendait en effet une corne, qui semblait résonner trop près du rivage.

— Je me dis parfois qu'il en va de même pour notre famille, Trevor. Nous dérivons dans la brume sans suivre de direction précise, sans savoir le moins du monde comment nous tirer du mauvais pas où nous nous sommes fourrés, et en allant droit à la catastrophe.

— Je suis vraiment désolé, papa. Sincèrement. Je n'ai pas voulu cela. Je n'ai jamais voulu de mal à personne, et surtout pas à toi.

— Est-ce trop te demander, Trevor, que de me ménager un peu de tranquillité sous mon propre toit ? Je voudrais retrouver le fils que j'ai connu. Je n'ai que lui, et je l'aime de tout mon cœur. Je voudrais aussi que ma belle-fille sourie de temps en temps. Que mon petit-fils grandisse dans la sécurité de son propre foyer, entouré de parents unis qui veillent sur lui avec amour.

« J'ai travaillé dur pour la famille, tu sais, mon petit. Ça n'a pas toujours été facile, comme tu peux le deviner. J'ai risqué ma vie plusieurs fois pour en arriver où je suis, surtout dans les premiers temps. Je l'ai fait pour retrouver le statut qu'occupaient jadis les Palma, non pas tant pour moi que pour mes enfants, et les enfants de mes enfants. Je mérite de voir mes efforts récompensés parce que je ne les ai pas ménagés, justement, ces efforts. Alors, maintenant, tu vas prendre une décision, Trevor, et tu vas prendre la bonne. Je t'en donne l'ordre, mais c'est aussi une prière. Fais ton devoir, mon fils. C'est ainsi que les Palma s'y sont toujours pris. À long terme, c'est cela, la recette du bonheur.

— Je t'en prie, détruis ces photos ! Claire pourrait... ou bien Ramona... Mon Dieu ! murmura Trevor.

— Évidemment ! Le problème, c'est que ce salaud a conservé les négatifs. Il m'a menacé de les faire parvenir à tous les journaux. Et puis, bien sûr, il y a la police...

Il se dirigea avec raideur vers le bar et servit deux whiskies purs.

— Tiens, dit-il en en tendant un à son fils. En un sens, c'est ma faute. J'ai peut-être eu tort de t'envoyer à l'étranger pendant de si longues années. Tu ne comprends pas ce que les gens ressentent ici, ni les lois qui régissent leur vie. Les relations sexuelles interraciales constituent un délit grave car elles menacent les fondements même de la culture afrikaner — leur rêve d'apartheid. C'est pour cela que le châtiment est si sévère. Cela met en danger leur sécurité à venir. Tu risques des années de travaux forcés. Mon argent ne vous servirait à rien, ni à toi ni à elle.

Il dressa une liste de noms.

— Je reconnais certains de ces jeunes gens. Dis-moi qui j'oublie. Il va falloir que j'appelle tous les parents pour que nous trouvions ensemble le moyen de vous envoyer à l'étranger sans attendre. Pas question que je verse un million à ce salaud, parce que ça ne s'arrêterait pas là, bien sûr. Il continuerait à me faire payer jusqu'à la fin de mes jours.

— Papa..., murmura Trevor, qui avait dans la gorge

une boule affreusement douloureuse. Si tu savais à quel point je regrette ! Je suis désolé pour tout — pour toi, pour Claire, pour Rose. Mais je refuse de quitter Rose. Je vais l'emmener, et tout de suite. Quel épouvantable gâchis !

— Et Claire, tu y penses ? Comment as-tu pu lui faire ça ? Et n'oublie pas ton enfant à naître. Claire n'est pas très résistante. Cela pourrait la tuer.

Trevor ne put réprimer un frisson.

— Si je fais ce qu'il faut pour Claire, que va devenir Rose ? Il faut que je réfléchisse. Pour l'instant, je panique trop. Je ne peux pas rester. Arrivé sur le seuil, il se retourna. Tu as fait ce qu'il fallait, papa. Je t'en remercie. Une semaine suffira. Dès demain matin j'y verrai plus clair. Je les aime toutes les deux, mais je vais prendre une décision. Tu as ma parole.

Trevor s'enfuit dans le brouillard en se félicitant de l'anonymat que ce dernier lui conférait. Il se sentait ridiculisé et avili. Ces abominables clichés jetaient un jour nouveau, impitoyable, sur la passion obsessionnelle que lui inspirait Rose. Il abandonna sa voiture pour descendre à pied vers la mer, en suivant la vallée, puis se mit à errer sur la route côtière. Que faire, mais que faire ? Son fils méritait bien d'avoir un père, non ? Lui-même n'imaginait pas ce qu'aurait été son enfance, son adolescence, sans Angelo. Alors, où était vraiment son devoir ? Où étaient le bien et le mal ?

Il avançait rapidement, il vit bientôt qu'il approchait du port. Le brouillard s'épaississait encore et dessinait des halos blancs à l'allure irréelle autour des réverbères et des fanaux. Il faisait froid. Trevor frissonna et pressa le pas. Bizarrement, il ne pouvait se défaire d'une sensation de vulnérabilité, comme s'il était en danger. Brusquement, il s'immobilisa et tendit l'oreille. On le suivait ; un individu dont les semelles ne faisaient pratiquement pas de bruit et qui ne se trouvait plus qu'à quelques mètres de lui. Le crissement d'un caillou délogé, un mauvais pas provoquant une courte glissade... Il se retourna mais ne discerna rien.

La nuit était pleine de formes blanches et mouvantes, d'ombres indistinctes, mais rien qui parût vivant.

Il partit au petit trot et s'arrêta dans la lumière d'un réverbère. Il était sûr d'être suivi, à présent. Il allait falloir se défendre. Il porta la main à son arme et, subitement las, se plaqua contre le réverbère.

Son poursuivant accourait. Une silhouette se profila à quelques dizaines de centimètres puis s'abattit sur Trevor, prompte comme le cobra. Une lame de couteau lui déchira la cage thoracique. Une douleur aiguë lui coupa le souffle.

— Jânek ! articula-t-il.

Trevor sortit son revolver, chercha la détente à tâtons puis fit feu en direction de la forme noire qui battait en retraite. Il pensa l'avoir touchée. Alors il se mit à hurler à l'aide. Curieusement, la douleur avait disparu. Peut-être n'était-il pas gravement blessé. Il voulut s'élancer. Il avait envie de tirer à nouveau mais craignait de blesser un passant. Il faisait tellement sombre, tout à coup. Même le brouillard s'assombrissait. Quant à son corps, on aurait dit qu'il se transformait en pierre. Ses membres ne voulaient plus lui obéir. Il essaya à nouveau de crier mais ses lèvres refusèrent d'obéir. Il entendit vaguement des cris, un coup de sifflet, puis son univers se désintégra.

Les journées se succédaient, plus éprouvantes les unes que les autres. Angelo avait l'impression de s'être transformé en automate. Comme un robot, il recevait la police, les pompes funèbres. Il dut se rendre à la morgue identifier le corps de son fils et supporter la visite d'une employée du funérarium qui tenait absolument à discuter des mérites comparés des divers cercueils et de la nécessité de choisir des poignées en cuivre. Il remit une grosse somme à Ramona pour qu'elle envoie Rose à l'étranger mais refusa de la voir. À l'enterrement, devant le spectacle de la jeune fille éplorée tenant à peine debout, il se détourna.

Il dut aussi s'occuper de Claire, qui craqua et dut

être transportée dans une excellente maison de repos. Puis il réunit les parents des jeunes gens et jeunes filles qu'il avait pu identifier sur les photos et les aida financièrement à éloigner leur progéniture en toute hâte.

Il n'arrivait pas à verser de larmes sur la mort de son fils unique. Les larmes semblaient l'avoir fui. Lorsque Ramona l'informa qu'elle quittait son toit pour toujours, il n'eut pas la moindre réaction. Il avait emmuré ses émotions à l'intérieur de lui-même ; il n'y avait plus dans sa vie ni souffrance ni joie. Il le savait : il n'aimerait plus jamais. Jamais. À partir de maintenant, il était inviolable. Il n'attendait plus rien de la vie. Il se contenta de faire son devoir et de diriger ses multiples affaires au mieux de ses capacités.

Lorsque Mike Russell vint réclamer le reste de son dû en faisant le fanfaron, Angelo le menaça de le poursuivre pour extorsion de fonds ; cependant, il ne voulait pas voir souiller la mémoire de son fils, et l'autre le sentit. La situation était bloquée. Russell s'en alla en l'insultant.

Par la suite, toujours aussi mécaniquement, il se battit pour avoir la garde de son petit-fils. Le bébé naquit à la maison de santé et lui fut apporté par une infirmière diplômée qui accepta de passer quelques mois chez lui. Il ne s'en occupait pratiquement pas mais veillait à ce qu'il ne manque de rien. Il s'appelait Rob.

Il fut une nouvelle fois mis à l'épreuve quand Claire sortit de la clinique : elle refusa de revenir sous son toit. Il eut beau la supplier, rien n'y fit. Elle l'informa qu'elle partait avec ses parents et qu'elle voulait récupérer son enfant, alors âgé de deux mois. Mais ses efforts pour en reprendre la garde restèrent vains. Angelo était prêt à fournir la preuve qu'elle était de santé mentale fragile et lui annonça qu'il n'hésiterait pas à ruiner ses parents au terme d'une bataille juridique volontairement étirée en longueur. Il ne reculerait devant rien pour conserver son petit-fils à ses côtés. Cela provoqua le retour en maison de santé d'une Claire reprise par la dépression nerveuse.

Angelo sentit qu'elle n'oserait plus revenir à la charge : désormais, elle avait une trop longue histoire de troubles mentaux, même si les épisodes en question ne duraient pas très longtemps.

Il fut fort surpris d'apprendre par les avocats de la jeune femme qu'elle mettait tout ce qu'elle possédait et tout ce dont elle finirait par hériter au nom de son fils, qui en jouirait à sa majorité. *Qu'elle se berce d'illusions si elle veut*, songea Angelo. Il avait bien assez d'argent pour pourvoir aux besoins de son petit-fils. Il voulut le lui dire, mais elle était partie à l'étranger.

Il avait toujours plus ou moins regretté son attitude envers Claire. Le jour de la confrontation, vieilli, hagard, il chercha dans le regard de Rob une trace de rancune mais le trouva indéchiffrable.

— Je n'ai jamais voulu te priver de mère. Je ne voulais pas que Claire s'en aille. J'avais de l'amour pour elle. J'aurais sans doute dû le lui dire, mais à ce moment-là je n'étais plus capable d'exprimer mes sentiments.

Rob songea que le vieux avait vraiment l'air à bout de forces. Il était presque trois heures du matin. Le récit des événements passés avait été un véritable martyre pour Angelo qui n'avait plus guère l'habitude de s'exprimer. Mais Rob ne pouvait pas le laisser s'en tirer comme cela. Il n'avait encore rien dit du crâne retrouvé dans les dunes ni de la destruction des Saules.

— Le policier t'a posé des questions à propos d'un crâne qu'on aurait enterré dans les dunes. Si je dois te venir en aide, il faut que je sache ce qu'il en est, là aussi.

Angelo soupira. Le calvaire continuait. Il se leva en se tenant le dos à deux mains.

— Je suis tout raide. C'est l'âge. Il se mit à faire les cent pas dans la chambre tout en se passant les doigts dans ses cheveux blancs. Il dut s'éclaircir la voix à plusieurs reprises. Rob alla lui chercher de l'eau dans la salle de bains.

— Rose a fini par revenir. Elle prétendait qu'il lui importait peu d'aller ou non en prison. Elle s'est réinstallée aux Saules, dont elle prétendait qu'ils lui appartenaient ; elle disait même en détenir l'acte de propriété. Mais, bien sûr, la maison était sise sur nos terres. Elle m'a fait parvenir un message disant qu'elle voulait me voir, qu'il fallait que je vienne chez elle. J'ai décidé de m'exécuter, mais pas de bon cœur, je t'assure. Vois-tu, c'est sur elle que je rejetais la responsabilité de la mort de ton père et la rupture des relations avec ta mère.

« Je me souviens, c'était l'été mais il pleuvait à verse. La maison avait des allures de morgue, malgré Ramona qui y faisait désormais régner l'ordre ; on y sentait planer une tristesse et une solitude presque palpables. Elle avait fait venir son frère aîné, Bill September, pour la soutenir moralement. Et, en un sens, cela a joué en ma faveur.

« Rose avait préparé la liste de ses exigences, et, en toute honnêteté, elle voulait plus que je ne pouvais lui donner. Beaucoup plus ! J'ai refusé net. Et là, d'un seul coup, elle a perdu la tête. Elle s'est mise à vociférer, à me traiter de tous les noms, et crois-moi, elle en avait un certain nombre à sa disposition. Elle s'est jetée sur moi en me donnant des coups de pied, des coups de poing, en me griffant le visage. Elle n'était plus elle-même.

« Je l'ai repoussée assez violemment et elle a vacillé sur place avant de perdre l'équilibre et de basculer par-dessus la rampe ; elle s'est rompu le cou en tombant. Un moment affreux. Tu l'imagines sans mal.

Il soupira à nouveau et se tassa sur le lit ; puis il se passa les mains sur le visage et dans les cheveux. Il secoua la tête comme pour en chasser ces souvenirs pénibles. Rob le trouva vulnérable, lui qui lui avait toujours paru si dur ; en fait, il n'en était rien. C'était simplement un homme qui avait dû ravaler et cacher ses émotions parce qu'il ne pouvait pas faire face à sa souffrance.

— Vois-tu, Rob, reprit le vieillard en enveloppant son petit-fils d'un regard affectueux, si j'avais donné à Rose ce qu'elle exigeait, cela aurait sérieusement entamé ton héritage. Et je ne pouvais pas te faire ça. Je me devais de protéger tes intérêts.

« Bill September et moi l'avons enterrée derrière la maison en nous relayant pour creuser une tranchée de deux mètres cinquante de profondeur. J'ai dit quelques prières et personne n'a versé une larme. J'ai promis à Bill de substituer à l'acte de propriété des Saules une somme qui lui permettrait de se construire une jolie maison sur un terrain qui lui appartienne. J'y ai ajouté de quoi acheter un chalutier tout équipé. Il a paru se satisfaire de cet arrangement. Il pensait pouvoir rallier sa mère à ses vues. Il a dû réussir puisqu'ils ont raconté à la ronde que Rose était partie à l'étranger. À partir de ce moment-là, ils ont commencé à gagner pas mal d'argent.

— N'aurait-il pas mieux valu tout révéler à la police ? s'enquit doucement Rob.

— J'y ai bien songé, mais trop d'histoires auraient pu ressortir par la même occasion, j'ai préféré l'éviter. Pas seulement pour moi, d'ailleurs.

— Pourquoi Ramona est-elle toujours gouvernante chez nous ? Je ne comprends pas.

— C'est en effet l'aspect le plus incompréhensible de toute cette affaire. Un mois plus tard elle est venue me trouver. Selon elle, nos deux destinées étaient inextricablement liées depuis que j'avais perdu mon fils et elle sa fille. Elle voulait reprendre son tablier pour pouvoir t'élever correctement. Elle disait qu'une infirmière ne pouvait pas remplacer l'amour d'une mère et que j'aurais besoin d'elle. Naturellement, elle avait raison. Elle m'a pardonné la mort de Rose, et ce fut très important pour moi. Elle t'a très bien élevé. Nul n'aurait fait preuve de plus de dévotion. Voilà, tu sais tout.

— Oui, et je comprends maintenant ta colère quand j'ai voulu épouser Kate.

— Je haïssais son père. Sans lui, Trevor serait peut-être encore en vie. Si je ne voulais pas que tu l'épouses, c'est parce que je savais qu'un jour je finirais par le ruiner et que cela poserait des problèmes dans votre couple. Je suis désolé, Rob, mais cette ordure n'a que ce qu'il mérite.

— Angelo, regarde-moi ! Tu me jures que c'est la vérité, toute la vérité et rien que la vérité ?

— On en est tellement près que les détails ne font plus grande différence.

— Alors je vais nous trouver un bon avocat spécialisé dans les affaires criminelles. Je ne pense pas que la police puisse te faire des ennuis. Non, en fait, on ne peut rien contre toi. Bill September sait bien, lui, que c'était un accident.

— Si tu le dis.

— Et le Hongrois qui a tué mon père, que lui est-il arrivé ?

— Trevor lui avait logé une balle dans la jambe, il a été pris et condamné à mort, mais il a fait appel et sa sentence a été commuée en prison à vie. Il a tiré vingt ans puis il a été expulsé.

— Tu as l'air épuisé ; d'ailleurs, ce n'est pas étonnant. Allons, grand-papa, au lit. Je vais t'apporter une bouillotte. Il passa un bras autour des épaules du vieil homme. Tu n'as pas eu une vie très facile, hein ? Tu mériterais mieux. Ce n'est pas juste.

— Je t'ai, toi. Tu compenses tout le reste. Je t'aime, mon garçon.

— Moi aussi, murmura Rob.

45

Ari avait beau être assis à l'étroit dans un fauteuil en rotin entouré de plantes vertes et de bibelots en tout genre, et ce depuis quatre bonnes heures, il ne ressentait aucun inconfort : il était trop fasciné par le récit de Bill. C'était une tiède soirée d'été. Depuis que les squatters avaient été chassés par l'incendie, les September pouvaient à nouveau laisser la baie vitrée ouverte. Ari entendait les vagues s'écraser doucement sur le sable et, de sa place, voyait un croissant de lune resplendissant descendre lentement vers son propre reflet. La nuit était magnifique. Triste, éteinte, Hannah vint leur apporter une nouvelle tournée de café et de biscuits qu'Ari engloutit avec gratitude.

Fidèle à sa parole, elle avait harcelé Bill jusqu'à ce qu'il avoue à Ari tout ce qu'il savait, mais il lui avait fallu insister. Ari, sentant qu'il n'avait pas tout dit, décida de revenir à la charge.

— Bon, résumons-nous. Revenons à l'époque où Rose est rentrée du Mozambique. C'était quand, déjà ? En décembre 1964, c'est ça ?

Bill acquiesça en silence.

— Donc, sept mois tout juste après l'arrestation de Jânek Jözsef ?

— On aurait dû le pendre, intervint amèrement Hannah. Mais après vingt ans de prison il a été expulsé. Les types dans son genre ne sont pas faits pour se promener en liberté. Trevor, lui, était un gentleman. Le type le plus charmant du monde.

Ari croqua un biscuit puis se tourna vers Bill.

— Pourquoi ce délai de sept mois entre la mort de Trevor et le jour où Rose a pris contact avec Angelo, jour funeste puisqu'il l'a conduit à sa mort ?

— Je ne sais pas.

Bill était de plus en plus renfrogné.

— Et pourquoi Angelo Palma a-t-il fait raser Les Saules ?

— Combien de fois faudra-t-il revenir là-dessus ? Parce qu'elle prétendait avoir des droits sur la maison et qu'elle n'en avait aucun. Angelo ne voulait pas que quelqu'un d'autre vienne la réclamer. Après tout, elle avait été construite sur un terrain qui lui appartenait, sans l'ombre d'un doute, et c'était une véritable maison de passe qu'elle tenait là-bas.

Bill ne disait pas tout, Ari en avait la quasi-certitude. Il le dévisagea avec attention, notant ses traits marqués, son regard dur. Des gouttelettes de transpiration perlaient sur son front et l'une de ses paupières était agitée par un tic ; non, il n'était pas aussi serein qu'il voulait bien le faire croire. Ari le poussa dans ses retranchements.

— Bien, reprit-il en tournant les pages de son calepin. Angelo est arrivé à vingt-deux heures trente, il a écouté les exigences de Rose, refusé de la dédommager davantage, c'est-à-dire d'aller au-delà du titre d'occupation légale des Saules et du revenu que lui avait assuré Trevor, à quoi s'ajoutait un capital plus que décent de trente mille livres. Ils se sont disputés, Rose s'est mise en rage et s'est jetée sur lui ; puis elle a perdu l'équilibre et a fait une chute mortelle. C'est bien cela ?

— Exactement, répondit Bill en se tortillant dans son fauteuil, manifestement mal à l'aise.

— Pourquoi n'avez-vous pas appelé la police ? Le décès accidentel était incontestable, non ? Vous étiez témoin.

— Angelo craignait la mauvaise publicité. On pouvait ne pas nous croire.

— Pourquoi ? insista Ari avant de tendre la main vers les biscuits puis de se raviser. Je vais vous dire ce qui s'est passé, moi. C'est Angelo qui s'est emporté, en fait. Il a accusé Rose d'avoir causé la mort de son fils. Ils se sont battus et il l'a précipitée par-dessus le balcon. Puis il vous a soudoyé pour que vous gardiez le silence. Votre chalutier et votre maison représentent près d'un demi-million, n'est-ce pas ? Est-ce suffisant pour se rendre complice d'un meurtre ?

Il entendit Hannah lâcher derrière lui un hoquet de surprise. En se retournant, il vit qu'elle s'était laissé tomber sur le canapé, les yeux écarquillés d'horreur.

— Aujourd'hui peut-être pas, mais à l'époque, grommela Bill.

C'était comme une partie de cache-cache : un moment plus tôt il brûlait, et, maintenant qu'il s'éloignait de la zone dangereuse, il refroidissait. Il suffisait de regarder Bill. Il semblait se détendre. Bizarre, mais ce qui le troublait, ce n'était pas qu'Angelo ait pu lui graisser confortablement la patte. Il y avait autre chose. Ari fit une ultime tentative.

— Vous avez réussi dans la vie, Bill ; avec une maison au village qui vous a plus tard permis d'acheter celle-ci, plus un chalutier tout équipé et les dix mille livres déposées sur le compte de Ramona le lendemain matin de l'affaire... À propos, quelle était la raison d'être de ce dépôt ? Un dédommagement pour la mort de sa fille ? S'en est-elle contentée ? Est-ce là le prix d'une fille aux yeux de sa mère ?

Bill sauta sur ses pieds, blême de rage et le regard égaré. Ari comprit qu'il avait vu juste, qu'il « brûlait » à nouveau. C'était la colère de Ramona qui faisait peur à Bill. *Il protégeait sa mère. À moins qu'il ne l'ait assistée ?* Qu'avaient fait ces deux-là ? Et pourquoi ? Pour de l'argent ou pour se venger ?

— Quelle forme a prise la revanche de Ramona sur Angelo Palma, Mr. September ? Vous le savez ?

— Vous ne croyez pas que vous avez causé suffisamment d'ennuis ici ? cria Bill. Qu'est-ce que vous cherchez à faire, au juste ? Quel droit avez-vous de poser toutes ces questions ? Et ma fille, dans tout ça ? Qu'attendez-vous pour vous mettre enfin à sa recherche ? rugit-il.

— C'est justement ce que je suis en train de faire, ici même, répliqua calmement Ari.

Bill lui lança un regard méprisant puis sortit en claquant la porte.

Ari regarda Hannah et se sentit coupable. Incapable d'affronter ses pires soupçons, elle était en train de se décomposer. Son teint était couleur de cendre, ses cernes se creusaient, ses lèvres desséchées se décoloraient, son visage se convulsait. Elle semblait sur le point de craquer.

— Vous croyez vraiment que toutes ces parlotes vont nous avancer à quelque chose ?

— J'en suis certain ! affirma-t-il en exagérant son assurance.

— Je ne comprends pas. Pourquoi dois-je en passer par ce calvaire, sauver les apparences, m'habiller correctement, me coiffer, parler avec vous comme si tout était normal alors qu'elle est peut-être en train de mourir, ou qu'elle est malade, qu'on la viole ou qu'on la bat... Mon Dieu, pourquoi Mandy ? Pourquoi nous a-t-il pris notre petite Mandy ?

— Nous faisons tout notre possible.

Il était bien peu convaincant, il s'en rendait compte. Il rougit, mais Hannah ne parut rien remarquer.

— Mrs. September... Ari la considéra avec inquiétude. Au tréfonds de vous-même, avez-vous la conviction que votre fille est toujours vivante ?

— Oui, répondit-elle sans hésitation.

— J'ai eu plusieurs fois l'occasion de constater que les mères ne se trompaient jamais. C'est dû à votre intuition. Un sixième sens vous lie, toutes les deux ; c'est du moins ce que je crois.

— Merci. Elle est là, quelque part..., elle a peur, je le sais. Et elle est seule. Mais elle est vivante.

— Continuez à croire que bientôt elle sera assise ici, près de vous. Visualisez-la, croyez-y, demandez à Dieu de vous la rendre et remerciez-Le. Faites comme si vos prières avaient été exaucées. Je vous assure, ça marche.

— Je vais essayer. Je vous le promets.

Ari ne fut pas fâché de s'en aller. Il se sentait vraiment trop impuissant. Il se rendit ensuite chez les Bronson et les trouva à boire sur leur *stoep* bien qu'il fût presque minuit. Gill s'enfuit, prétendument pour préparer une collation mais plus probablement pour se refaire une beauté, ce qui laissait à Ari dix bonnes minutes seul avec Jack.

— Tenez, voilà le loyer, dit-il en posant une enveloppe sur le bar.

— Je me sens coupable de vous prendre votre argent, mon vieux. Il y a quinze jours que vous n'avez pas dormi ici. Vous êtes sûr que vous voulez garder le pavillon ?

Une lueur de malice brillait dans ses yeux, et son visage bouffi par le scotch au point de ressembler à une citrouille trop mûre se fendit d'un large sourire.

— Je rentre tard et je repars tôt, c'est pour cela que vous ne me voyez pas.

Jack s'esclaffa bruyamment.

— J'ai apporté quelques photos. Ça vous ennuierait de m'aider à en identifier certaines ?

— Bien sûr que non, fiston. Des gens du coin ?

Mais toute sa jovialité s'évanouit quand il eut les clichés sous le nez. Son teint vira au violet, son front se couvrit de gouttes de sueur qui ne tardèrent pas à dégouliner sur ses joues. Il les essuya à l'aide de son mouchoir.

— Si seulement je pouvais bander comme à l'époque ! déclara-t-il en cherchant à dissimuler sa surprise sous la boutade. Ah, c'était le bon temps, tiens ! Si Gill voyait ça, elle en crèverait d'envie.

D'ailleurs, il vaudrait peut-être mieux qu'elles ne lui tombent pas sous les yeux, mon gars. Si je vous donne le nom de tous ces gens, vous me promettez de ne pas les montrer partout ?

Ari promit, et Bronson identifia plusieurs notables du coin, parmi les plus respectables, notamment le dentiste. Il ne connaissait les filles que par leur prénom, mais Ari savait justement quelles jeunes personnes étaient parties à l'étranger grâce à des bourses d'étude fournies par les Palma — celles qui s'en étaient le mieux tirées.

— Ari, rangez ça et venez vous asseoir. Tenez, buvez quelque chose. Il alla lui verser un scotch pur et le lui tendit avec insistance. Vous êtes tellement jeune... Vous ne pouvez pas comprendre ce qui se passait ici dans les années soixante. En un sens, c'était la guerre : la jeunesse d'origine anglaise contre les Nats et la « solution » qu'ils prétendaient apporter au problème racial. Le sexe n'en était qu'un aspect. Une façon plutôt agréable de faire un pied de nez au gouvernement et à ses gros bras. Une bonne blague, quoi ! Seulement, on nous a menacés de tout révéler au grand jour et nous avons été trop contents qu'Angelo Palma nous tire de ce mauvais pas.

Ari se laissa aller en arrière dans son fauteuil à bascule et ferma les yeux. Tout à coup, il avait envie de rire. Toutes ces nuits blanches, tout ce temps précieux à consulter les archives du journal local, à interroger les habitants !... Il s'était bien douté qu'ils gardaient collectivement le silence sur un crime passé, mais, au bout du compte, qu'obtenait-on ? Un bordel multiracial ! Grotesque — pour un homme d'aujourd'hui. Tandis qu'à l'époque... La moitié des jeunes gens aisés du bourg, ainsi que les plus jolies métisses, auraient été arrêtés, jugés et emprisonnés. Mais ces lois-là appartenaient au passé ; alors pourquoi ne se contentait-on pas d'en rire rétrospectivement ? Non, ces gens devaient taire autre chose. Mais pourquoi ? Par loyauté envers Angelo Palma, peut-être, qui les avait tous aidés à un moment où à un autre. *Pensaient-ils que c'était lui, l'assassin de Rose ?*

Jack jeta un regard par-dessus son épaule et fronça les sourcils.

— Voilà Gill qui revient. Remballez ces photos, vieux. Motus et bouche cousue, hein ?

— Mais oui. Ari remit les clichés dans leur enveloppe. Au fait, vous est-il arrivé de repérer Mike Russell aux abords du lagon ?

— Certainement pas ! Il courtisait Anne Marais, la mère de Kate. Des obsédés de l'ascension sociale, ces deux-là. Elle peignait, il écrivait... Toujours à manger de la vache enragée ; jusqu'à ce qu'il quitte son travail pour écrire un livre. Il en a tiré assez de fric pour acheter une mine de diamants au Namaqualand, bien qu'il n'ait pas été publié ici. Il m'a dit qu'il avait été interdit. Depuis ce temps-là, il n'a jamais plus regardé en arrière. Enfin, jusqu'à aujourd'hui.

Ari songea que Russell avait eu tort. S'il avait regardé en arrière, il aurait vu que le passé le talonnait.

Il était temps de révéler à Kate la signification des photos. Elle avait le droit de savoir, et autant s'en débarrasser tout de suite. Toute la journée elle lui avait cruellement manqué, mais il était tard. Elle devait dormir. Il reprit sa voiture et emprunta la route du phare sans quitter ce dernier des yeux. Il y avait de la lumière à l'étage supérieur, mais Ari s'en voulait de rentrer si tard. Qu'allait-elle penser de lui ?

Cinq minutes plus tard ses doutes étaient dissipés. Il était le bienvenu. Kate se jeta dans ses bras. Propre, dégageant une odeur de dentifrice et vêtue d'une chemise de nuit en coton blanc toute simple, elle avait l'air d'une écolière.

— Mon chéri, mon chéri, tu m'as tellement manqué ! roucoula-t-elle.

Cela fit beaucoup pour apaiser ses doutes quant aux sentiments de la jeune femme à son égard.

— Tu as dîné ?

— Non, mais ne t'en fais pas pour ça.

— Qu'est-ce qui te ferait plaisir ?

— N'importe quoi, du moment que ça n'est pas compliqué.

— Sandwiches au jambon avec concombre et moutarde ?

— Parfait.

— Une bière ?

— Non, il est trop tard. Katie, est-ce que tu m'aimes ?

— Une tasse de thé, alors ?

— Non, sauf si tu as du *rooibos*. Kate, réponds-moi.

— Il faut être patient avec moi. Je suis toujours amoureuse de Rob. Ah, au fait : il a entamé la procédure de divorce. J'ai reçu un courrier aujourd'hui.

— Ah ! Et qu'est-ce que ça te fait ?

— Oh, je m'en fiche. Ce n'est pas un bout de papier qui va commander mes sentiments, fit-elle vaguement. Mon véritable problème, c'est que je l'aime encore. Je me sens toujours mariée avec lui. Et j'ai l'impression que ça ne changera jamais. Bon, du lait, du sucre ?

— Enfin, Katie ! Tu te rends compte de ce que tu me demandes ? Quand on a une petite amie, on aime bien qu'elle se rappelle ce genre de chose !

— Oui, mais quand c'est du *rooibos*, ça change tout, non ? Elle se renfrogna. Je l'ai acheté tout spécialement pour toi aujourd'hui, alors cesse de te plaindre.

Ari se sentit coupable. Il avait eu l'intention de remplir subrepticement les placards de la cuisine, sachant qu'elle était à court d'argent.

— Et le travail, ça va ?

— Tu parles ! Elle écarta les bras, s'étira sur la pointe des pieds puis éleva solennellement les deux mains vers le ciel. Je suis une fusée en plein décollage ! Figure-toi qu'un hebdomadaire vient de publier un article sur la maison de Melissa. Les journaux parlent de moi. Voilà que je deviens célèbre ! Melissa va donner une grande soirée, pour me

« lancer ». Rien que cette semaine, on m'a proposé deux gros contrats. Tu te rends compte ?

— Franchement, ça ne m'étonne pas. Il me semble t'avoir dit qu'il fallait prendre davantage confiance en toi parce que tu étais douée.

La bouilloire siffla. Kate virevolta puis se précipita en chantonnant. Elle se mit à valser avec la bouilloire.

— Ah, tu vas voir ce que tu vas voir, Ari St John !

Il fut brusquement irrité. Pourquoi ? Ce n'était pas digne de lui. D'un autre côté, qu'irait faire une décoratrice d'intérieur adulée avec un policier sans le sou ? Elle ne voudrait jamais l'épouser. Mais elle semblait tellement heureuse ! Il ne pouvait pas lui parler de son père maintenant.

Ce fut justement le moment qu'elle choisit pour le surprendre.

— Tu sais, ces photos que j'ai trouvées dans la vieille malle... Tu les as prises, où sont-elles ?

— Eh bien, à vrai dire, c'est d'elles que j'étais venu te parler. Mais je ne voudrais pas gâcher ton plaisir. Un autre jour, va.

— Autant tout me dire maintenant, sinon, je ne fermerai pas l'œil de la nuit. Je vois bien que c'est important, poursuivit-elle en coupant des tranches de pain avant de les beurrer et de les garnir de jambon comme si elle avait fait ça toute sa vie.

— Ces photos représentent Trevor Palma, le défunt père de Rob.

— Ciel ! Tout nu dans la nature avec une jolie sirène !

— En fait, avec Rose September.

— Aïe !

Elle se tourna vers lui, subitement sérieuse.

— On a photographié les choses peu recommandables qui se passaient dans cette vieille maison près de la plage afin de faire chanter Angelo. La personne en question a reçu en échange une somme suffisante pour se payer une mine au Namaqualand, mais Angelo n'a jamais pu oublier. Et il a attendu des années pour prendre sa revanche.

Kate soupira. Sa bonne humeur s'était envolée.

— J'aurais préféré t'annoncer ça un autre jour, dit-il, mal à l'aise.

— Qu'est-ce que ça change ? répliqua-t-elle en rassemblant son courage. Il fallait que je sache. S'il s'agissait de quelqu'un d'autre que mon père, je dirais : « Bien fait pour Angelo. »

Elle entama violemment le jambon, et Ari fit la grimace.

— Ne te coupe pas les doigts, dit-il.

Mais elle fit la sourde oreille.

— Tu sais, Ari, aucune loi n'oblige à aimer son père. J'aimais énormément ma mère, mais après sa mort j'ai toujours eu l'impression qu'il m'évitait, sans savoir pourquoi. J'ai essayé de lui plaire en vain. Il ne m'aimait pas, je ne l'aimais pas non plus, et cela me rendait malheureuse. Maintenant, je me sens un tout petit peu moins coupable. Peut-être est-il incapable de susciter l'amour et incapable d'aimer. Peut-être n'était-ce pas ma faute, après tout. C'est bizarre, mais ce que tu m'apprends m'enlève un grand poids. Littéralement.

— Je ne voulais pas gâcher la soirée. Je voulais seulement que tu comprennes les motivations d'Angelo.

— Et si tu restais, ce soir ? lui proposa-t-elle avec vivacité, comme s'il s'agissait d'une affaire à conclure. Je n'ai pas envie de dormir seule. J'ai besoin de me reposer sur ton épaule.

— Laquelle ? fit-il en faisant rouler un biceps puis l'autre.

— Quel clown tu fais !

Elle rit, mais intérieurement elle se disait : *Il y a des fois où je t'aime vraiment. Je me demande si tu le sais. Parfois je me demande aussi comment je ferais sans toi.*

— Combien de temps peux-tu espérer rester à Silver Bay ? Il y a plus de quatre mois que tu es là. On ne va pas t'envoyer ailleurs ? Et Mandy, on va la retrouver un jour, tu crois ?

Toutes ces questions assombrirent l'humeur d'Ari.

— En effet, je dois partir dans six semaines. Et oui, je vais retrouver Mandy. Tu es satisfaite ? De plus, si besoin était, je pourrais toujours démissionner. Mais ce n'est pas cela que tu me demandais, n'est-ce pas ?

Frappée par le ton de sa voix, elle releva les yeux. *Aïe. Parfois, tu me rappelles Rob. Nous serions-nous retrouvés ensemble, toi et moi, si tu ne lui ressemblais pas autant, surtout quand tu fais la tête ?*

La soirée était mal choisie pour faire l'amour. Épuisée, troublée, Kate se blottit contre lui et s'endormit presque aussitôt. La tête de la jeune femme calée sur son épaule, Ari réfléchit à l'avenir. Si ce n'était qu'une liaison passagère, elle et lui, il n'aurait pas eu à ce point l'impression qu'ils étaient faits l'un pour l'autre. Il ne supportait pas l'idée de la perdre. Il entreprit de dresser des plans. Il quitterait la police. De toute façon, il gagnait à peine de quoi vivre, alors...

De l'autre côté de la vallée, Rob ne dormait pas non plus, tourmenté par ses visions de Kate et d'Ari au lit ensemble. Il souffrait le martyre.

Il ne pouvait s'empêcher de l'aimer, et cela faisait très mal. Dès qu'il était tombé amoureux d'elle, il s'était rongé les sangs à l'idée qu'elle puisse lui être infidèle. Et ses pires craintes s'étaient réalisées. Elle avait avili, rabaissé ce qu'il avait de plus précieux et l'avait ridiculisé devant tout le monde, y compris son grand-père.

C'était une garce, et une idiote, en plus, car sans ses esthéticiennes et ses coiffeurs elle vieillirait avant l'âge. Elle était constamment au soleil : elle aurait bientôt la peau tannée comme le cuir. Il le savait : il l'épiait à la jumelle. Un de ces jours elle reviendrait le supplier en pleurant, mais pour rien au monde il ne la reprendrait.

Il n'en revenait pas qu'elle se soit débrouillée toute

seule. Elle si gâtée, si fière ! Il avait fait des pieds et des mains pour que le policier soit muté, mais Gerber avait dû avouer son impuissance. Au village, on disait que St John était son *Doppelgänger*, son double et on lui prédisait toutes sortes de mauvaises fortunes. Oh, et puis qu'ils aillent tous au diable ! C'était Kate qui allait droit au désastre, pas lui.

À moins qu'il ne tue son rival. C'était une idée qui lui venait souvent quand il gisait tout éveillé dans son lit. Il maintenait le chagrin à distance en planifiant tous les détails de son forfait. Le matin, en allant au travail, il riait rétrospectivement de ses fantasmes nocturnes, mais il avait quand même échafaudé trois stratégies imparables pour se débarrasser d'Ari St John.

46

Ari arriva au bureau avant six heures afin de se servir de l'ordinateur et de repartir sans qu'on le dérange, mais Ian Frost était déjà là. Il le coinça en se tenant dans l'encadrement de la porte, une main calée contre le mur et l'autre tenant un gobelet de café. À moins de l'écarter *manu militari*, Ari était pris au piège, sensation qu'il détestait tout particulièrement.

Si j'avais un bureau à deux issues, je pourrais me contenter de le saluer de la tête et de m'en aller. Il envisagea de permuter avec Smit et Gous, qui, eux, avaient cette chance, étant installés au bout du couloir.

Frost était attaché de presse et associé dans une agence de relations publiques nationale qui s'occupait depuis peu du Parti nationaliste et avait une succursale locale. Sa mission consistait à convaincre les électeurs métis que les autorités se souciaient de leur sort, individuellement et collectivement, dans l'espoir qu'ils voteraient pour les « Nats » aux prochaines élections. Frost avait reçu le titre honorifique de « major », ce qui lui permettait de fourrer son nez partout dans les commissariats de police du Cap et de chercher ce qui pourrait bien servir à alimenter cette image de « papas gâteau ». C'était lui qui avait organisé pour Ari un certain nombre d'apparitions dans les médias. La semaine suivante, par exemple, Ari devait lancer un appel national aux ravisseurs de Mandy. Il en frémissait d'avance.

Ari haïssait Frost, sa bedaine, ses mains rouges, sa façon de renverser la tête en arrière pour regarder les gens de haut, son nez pointu et ses yeux gris où brillait une bonhomie feinte. Il détestait sa façon de monopoliser l'attention, de se servir de sa position pour imposer ses idées grotesques. Bref, c'était une ordure. Ari l'évitait autant que possible, mais, la veille, son colonel l'avait appelé de Pretoria pour lui reprocher son manque de coopération. De toute évidence, Frost s'était plaint au ministère.

Ce matin-là, un rictus découvrait ses fausses dents. Si c'était un sourire, il y avait de quoi frémir.

— Bravo, mon vieux, dit Frost d'un ton chaleureux.

— Excusez-moi, mais je suis très occupé, répliqua Ari avec froideur.

— Il faut savoir reconnaître ses mérites quand mérites il y a. Le coup d'hier, c'était drôlement bien joué.

Qu'il aille se faire voir, avec son paternalisme ! Ari sentit la moutarde lui monter au nez.

— On peut savoir de quoi vous parlez ?

— Mais... de cette idée de creuser dans les dunes, voyons ! Pas discret du tout ! Et quel résultat ! Vous nous avez attiré deux journaux régionaux, plus le journal du dimanche et la télévision. Pas mal, quand on sait que je n'étais au courant de rien avant le déclenchement de l'opération. Ari lut le triomphe dans ses yeux. Ah, si vous m'aviez dit ce qui se tramait... J'aurais pu faire un malheur.

— Je n'ai pas fait ça pour attirer l'attention des médias mais pour chercher quelque chose de précis.

— Mandy, j'espère.

— Vous voulez dire que vous espérez la retrouver morte et enterrée, c'est ça ?

Ari lui lança un regard lourd de mépris.

— Ce que j'espère, surtout, c'est que vous ne reculerez devant rien, même s'il faut déterrer beaucoup de choses, répondit l'autre sans s'émouvoir.

Décidément, rien ne l'effrayait, ce salopard.

— Écoutez, St John, reprit-il d'un ton doucereux aux accents confidentiels tout en se perchant sur le rebord de son bureau. J'ai fait ma petite enquête au village. La plupart des gens ne savent pas très bien pour qui voter, mais ils sont influençables ; si nous mettons ostensiblement tout en œuvre pour retrouver Mandy, c'est-à-dire si vous vous magnez le train, nous pouvons récolter leurs suffrages.

— Je suis policier, Frost, répondit Ari en évitant soigneusement de lui donner son titre honorifique. Mon seul souci est de retrouver Mandy et d'arrêter ses ravisseurs. Vous, c'est autre chose. Vous pouvez récupérer mes initiatives, je ne peux pas vous en empêcher ; mais n'espérez pas me manipuler dans le seul but de rafler des bulletins de vote par voie de médiatisation. Vous êtes en train de freiner mes investigations et de me faire perdre mon temps. Moi aussi je suis tout disposé à exposer mes revendications au ministère. Alors écartez-vous de mon chemin, si vous savez où est votre intérêt.

— Par moments j'ai la nette impression que vous m'entravez délibérément.

— Alors il est peut-être temps de déposer une nouvelle plainte contre moi auprès de mes supérieurs, répondit tranquillement Ari.

S'il n'avait pas ce titre honorifique, j'aurais vite fait de lui couper l'envie de me nuire, tiens.

— Vous vous moquez de savoir si les « Nats » vont gagner ? Somme toute, c'est votre droit ; mais vous n'avez peut-être pas fait le tour de la question. J'ai notamment pour mission d'améliorer l'image de la police. Or, vous autres flics, vous avez hérité d'une réputation de « grands méchants loups » à l'ancienne, genre Gestapo — interrogatoires musclés, voire tabassage en règle. Vous servez de boucs émissaires à la nation tout entière quand il est question de l'époque de l'apartheid. Vous saviez qu'il y avait plus de suicides dans la police que dans toute autre catégorie professionnelle ? Plus de meurtres ? Plus d'individus traumatisés qui ont recours à des soins psychiatriques ?

Ce type commençait à l'échauffer. Ari soupira et regarda la fenêtre, mais elle était pourvue de barreaux.

— Je connais votre dossier, lieutenant, insista Frost avec un sourire mauvais. Vous faites partie de ces gens-là, hein ? Vous avez tué un suspect noir à Soweto. Eh bien, je m'efforce justement de révolutionner l'image qu'ont donnée de la police les individus dans votre genre. Tâche ingrate s'il en est. Alors pourquoi ne pas me la faciliter un peu, hein ?

— Vous avez raison, rétorqua Ari, qui n'avait qu'une envie : l'étrangler jusqu'à ce que mort s'ensuive. Je peux être dangereux, si vous voyez ce que je veux dire. Alors fichez-moi la paix. Je dis ça dans votre intérêt.

Frost ouvrit et referma la bouche à plusieurs reprises sans émettre un son, comme un poisson rouge. Ari en profita pour s'esquiver. Une fois dehors, il aspira de grandes goulées d'air pur.

Simon Ackerman, l'ex-petit ami de Mandy, venait de se tirer une balle dans la tête. Ari se rendit tout droit chez Hilda Ackerman, qui occupait un appartement en front de mer. Willis était déjà sur place.

— Le suicide est incontestable, déclara-t-il à Ari. Il s'est enfermé dans sa chambre et s'est tué après une dispute ave sa mère.

— Où est le corps ?

— À la morgue ; le petit était encore vivant quand nous sommes arrivés mais il n'a pas tenu le coup jusqu'à l'arrivée de l'ambulance.

— Il a dit quelque chose ?

— Oui : « Mandy », à plusieurs reprises. C'est tout. Je vais vous montrer où ça s'est passé.

La chambre de Simon ressemblait à n'importe quel antre d'adolescent, mais en voyant le matériel de plongée, les appareils photo, les cassettes et les jumelles, sans parler de la grande flaque de sang par terre, Ari sentit sa gorge se serrer.

— J'ai demandé une autopsie au cas où on retrouverait de la drogue dans son sang, déclara Willis.

— Où est la mère ?

— Dans sa chambre, sous sédatif. Le médecin interdit à quiconque de la voir mais j'ai réussi à la coincer avant qu'il n'arrive. Elle m'a dit qu'elle était rackettée par Sam Patel. Il a une maison où les jeunes viennent fumer de l'herbe et écouter du jazz. Une espèce de lieu de rassemblement branché pour gamins en rupture de ban. Sam met les parents sous pression en inventant une nouvelle forme de racket : il leur garantit que leurs rejetons n'y trouveront que de la *dagga* pure, c'est-à-dire non coupée avec de la coke, du crack, de l'opium..., enfin, rien qui les mette vraiment en danger ou qui les rende encore plus accros.

« Bon sang, Ari ! explosa Willis, qui s'épongea le front avec son mouchoir. On l'avait bouclé pour kidnapping et trafic de drogue, pris la main dans le sac, qu'est-ce qu'on pouvait faire de plus ? C'était un vendredi. Eh bien, le lundi il était relâché. Un petit malin d'avocat — une belle ordure, tiens ! — l'a fait libérer sur parole et le procès a été reporté d'un an parce que sa sale bande d'avocats véreux a demandé à examiner toutes les pièces à conviction de l'accusation. »

Ari ne répondit pas. C'était exactement pour cela qu'il voulait quitter la police. Dès qu'il arrêtait des délinquants, ils se retrouvaient dehors.

— Parlez-moi plutôt de Hilda Ackerman.

— Apparemment, elle a dit à son fils combien elle avait donné d'argent à Patel ces douze derniers mois en expliquant que ce dernier augmentait ses tarifs mensuellement sous prétexte d'assurer sa sécurité. Elle ne pouvait plus faire face à ses exigences sous peine d'être contrainte de vendre son commerce. Elle a informé Simon que soit il arrêtait la *dagga*, soit elle le faisait interner jusqu'à ce qu'il soit désintoxiqué. Et là il est monté dans sa chambre et il s'est tiré une balle dans la tête. L'autopsie dira si Patel avait tenu parole, pour les drogues dures. Peut-être le gamin était-il passé à des trucs plus sérieux quand même. On verra bien.

Ari jura.

— Cette fois, j'en ai assez !

— Et moi donc ! Je ne connais pas un seul flic qui ne cherche un autre boulot.

— Écoutez, Willis. Je ne suis pas censé travailler aujourd'hui. Je suis là parce que je voulais voir Hilda, mais j'attendrai votre rapport. S'il vous plaît, faites en sorte que je l'aie ce soir, avec les résultats de l'autopsie dès qu'ils seront arrivés.

Il lui donna une tape sur l'épaule et s'en alla.

Il poussa jusqu'à la plage. Il tenait à être présent, car, après cette matinée, plus rien ne serait comme avant. Il arriva juste après dix heures ; comme la plupart des événements majeurs, celui-ci avait commencé sans tambour ni trompette. *Comme si ces fonctionnaires étaient venus vendre du poisson et rien d'autre,* songea-t-il avec amusement.

Les squatters s'étaient attroupés au bout de la plage ; l'air soupçonneux, ils murmuraient entre eux. Ari avait un regret : qu'Eunice ne soit plus là pour voir ça. Ç'aurait été une grande victoire pour elle.

Quelques Blancs manifestement inquiets s'étaient, eux, rassemblés dans le parking. Trois fonctionnaires gesticulaient autour d'une équipe d'ouvriers qui s'affairaient à dresser un panneau d'affichage. Ils y clouèrent une grande feuille de papier — un plan —, et les squatters s'approchèrent. L'Histoire était en marche au vu et au su de tous, mais c'était comme si les gens n'y croyaient pas vraiment. Le journaliste et le photographe du quotidien régional avaient l'air de s'ennuyer.

Avec le concours des contribuables blancs, les Noirs se voyaient proposer la vente de parcelles de terrain. Après plus de quarante années d'apartheid, ils allaient être les premiers à pouvoir s'installer dans des zones blanches jusque-là réservées aux riches, et en tant que propriétaires à part entière. Silver Bay faisait un grand pas vers la Nouvelle Afrique du Sud, montrant le chemin aux autres communes par la même occasion. Pour un prix minime de deux cents rands, payables sur plusieurs années, chaque famille volontaire recevrait un petit terrain constructible et viabilisé, avec tout-à-l'égout, toilettes et douches collectives. Les contribuables avaient même fait construire une voie d'accès. Chacun y bâtirait une maison selon ses moyens. Un centre municipal, une église et une clinique étaient d'ores et déjà prévus.

Personne ne savait très bien comment s'y prendre. Certains lots étaient plus favorisés que d'autres parce que plus proches des équipements ou mieux abrités. Quelques-uns avaient même vue sur la baie. Mais ils étaient tous mis en vente au même tarif, et l'on ne demandait pas d'avance.

— Bien. Mettez-vous en rang par ici, les gars, lança un fonctionnaire. Vous, fit-il en désignant un vieillard. Comment vous appelez-vous ?

— Monges Mboya, marmonna l'interpellé.

Les cheveux blancs, plein de dignité, il refusait de témoigner la moindre émotion devant ce retournement de situation pour le moins inattendu. Il y avait forcément quelque chose de louche dans cette histoire. Comme toujours Mboya regarda le plan affiché et battit des paupières. Comme il ne savait ni lire ni se représenter les choses de manière abstraite, il se contenta de planter fermement son pouce en plein milieu du plan.

— Numéro 237 ! Adjugé. Signez là. N'oubliez pas le numéro. Le fonctionnaire inscrivit ce dernier dans le livret d'identification du vieillard. Vous recevrez bientôt votre titre de propriété. Suivant !

Le nouveau propriétaire cracha par terre avec mépris ; ses yeux lançaient des éclairs ; croyait-on qu'il allait se satisfaire d'une promesse en l'air !

— Hé, mon vieux ! fit doucement Ari en xhosa. Si on allait le voir, ce terrain, hein ?

Incrédule, Mboya grimpa à l'arrière de la voiture et

se laissa conduire jusqu'au lotissement, par la route de l'ancienne réserve forestière, entre deux zones résidentielles huppées.

Ils trouvèrent sans difficulté le lot 237. Deux fonctionnaires y attendaient déjà la ruée.

— Vous voici chez vous, Mr Mboya, l'informa Ari. Vous avez une belle vue, et les toilettes sont là-bas, vous voyez ? Il y a de la place pour une petite maison et un potager. Un arbre, voilà qui serait bien. Qu'est-ce que vous en pensez ?

Le vieillard cracha de nouveau. Sa perplexité se peignait sur ses traits mais l'espoir commençait à percer dans ses yeux.

— C'est ça, la Nouvelle Afrique du Sud. Maintenant vous avez des droits, et ils s'accompagnent de devoirs. Votre responsabilité, c'est de construire une maison correcte et de bien vous en occuper.

— La terre est à moi ?

— Oui.

Le regard du vieil homme se fit rêveur. On aurait dit qu'il entrait en transe. Il brandit le poing.

— Je n'aurais jamais cru que ça arriverait de mon vivant, patron, dit-il solennellement.

Il pivota lentement, le bras toujours levé bien haut au-dessus de la tête. Puis il se redressa de toute sa taille et écarta brusquement les bras sans cesser de tourner sur lui-même. Alors il se mit à rire. « Ha ! » lança-t-il à pleins poumons. Puis de nouveau : « Ha ! » Son tournoiement hésitant se mua en véritable tourbillon et ses paroles indistinctes en mélopée. La tête tournée vers le ciel, il poussait de sonores glapissements de triomphe. Puis il se baissa pour donner de grandes claques sur ses bottes et, tournant toujours, se mit à faire des bonds répétés ; il avait retrouvé une vigueur de jeune homme et ne formait plus qu'un avec l'instant joyeux.

Ari se proposa pour emmener Kate et Tabson à l'hôpital : l'enfant devait subir sa toute dernière — et cruciale — greffe osseuse. Il était inquiet. Elle lui fit du café pendant qu'il lui racontait l'histoire de Mboya et des lots.

— Tu peux être fière du rôle que tu as joué, Kate. Tu les as contraints à prendre des mesures concrètes.

— Oh, ils y seraient venus tôt ou tard, dit-elle tout bas. Mais c'est vrai, cela aurait pris plus de temps.

Obsédé par la tragédie que vivait Hilda, Ari resta silencieux pendant tout le trajet. Comment empêcher Sam Patel de nuire une bonne fois pour toutes ?

Kate était inquiète, elle aussi. En guise de diagnostic préopératoire, le chirurgien les avait avertis que le succès final de la greffe reposait entre les mains des dieux. Le moment était venu de faire les comptes, après ces mois de souffrances pour Tabson et toutes les dépenses qu'avait engagées Kate, sans parler de ses doutes. Pensant qu'elle pouvait avoir besoin de lui, Ari avait insisté pour être présent. Dieu sait qu'il avait besoin de se sentir utile.

Passé les premières angoisses, Kate était devenue farouchement indépendante, allant jusqu'à refuser toute forme d'aide. Il n'avait le droit ni de lui offrir une épaule où s'épancher, ni de lui prêter de l'argent, ni même de se rendre utile au phare. « Je m'en sors très bien toute seule, merci », se voyait-il invariablement opposer en guise de réponse. Ce qui ne manquait pas de le mettre en colère. Il l'avait menacée de faire fabriquer un tampon en caoutchouc reproduisant cette fameuse petite phrase et de l'appliquer sur tout ce qui avait besoin d'être réparé dans la maison. Elle aurait tout de même pu se laisser aller un peu, se reposer sur lui. Mais non. Il était même étonnant qu'elle lui ait permis de les conduire à l'hôpital.

Elle offrait un de ces spectacles, avec son teint blême, ses yeux hagards, les cernes qui lui mangeaient les joues ! On aurait dit qu'elle n'avait pas dormi depuis une semaine. Elle regardait fixement devant elle et, en proie à ses démons intérieurs, se mordait la lèvre inférieure en se tordant les mains. Pourquoi ne le faisait-elle pas participer à ses appréhensions, pour une fois ? Elle ne lui avait pas adressé la parole depuis qu'ils avaient quitté le jardin. Elle pouvait être si posée, si séduisante ! Bien loin de la jeune femme qu'il avait en ce moment sous les yeux, repliée sur elle-même, abattue.

— Qu'y a-t-il ? lui demanda Ari. C'est à cause de Tabson ?

Elle soupira.

— J'ai peur. Je me suis prise pour le bon Dieu. J'étais tellement sûre que... Elle s'interrompit et frissonna. J'avais l'impression que si je le voulais suffisamment fort sa jambe finirait par devenir normale, mais je me dis maintenant que ça a pu mal tourner. L'orthopédiste m'a prévenue : l'échec est toujours possible. Tabson croit dur comme fer qu'il va être comme les autres, lui ! Je crois que si ça ne marche pas il ne le supportera pas. Pauvre gosse...

Ari n'en revenait pas. Tabson avait touché le gros lot, au contraire ! Grâce aux extraits protéinés dont Kate le gavait à longueur de temps, il avait beaucoup grandi. Un instituteur en retraite lui donnait des leçons particulières pour qu'il rattrape son retard scolaire et puisse intégrer un cours privé dès qu'il serait en état. Apparemment, il était très intelligent. Depuis peu, il commençait même à parler comme Kate.

Non, c'était elle qu'il fallait plaindre, pas Tabson. Quoi qu'il arrive, ce ne serait pas facile pour elle. Mais il n'avait pas envie de le lui dire. Si l'opération échouait, la famille de Tabson la poursuivrait en justice. Ces gens ne laisseraient pas passer l'occasion de lui soutirer un bon paquet d'argent. Elle devrait peut-être payer pendant toute sa vie. Elle pouvait y laisser sa chemise.

Quant à l'éventualité inverse... Il préférait ne pas y penser. Elle avait autant besoin de Tabson que l'enfant avait besoin d'elle. Il lui fallait quelqu'un qui dépende d'elle, qui lui donne l'énergie de se mettre officiellement à son compte. Depuis qu'elle avait pris cette décision, elle s'était révélée d'une efficacité redoutable. Avant tout, elle avait voulu prendre des cours de dactylographie et de comptabilité sommaire. Elle songeait à travailler chez elle, pour réduire les frais, mais de toute façon Melissa était disposée à lui apporter le capital de départ.

« Je suis fauchée, il faut que je me mette à travailler », s'était-elle plainte devant lui la semaine passée. Et ce n'était pas loin d'être vrai. Elle avait vendu son cheval et le plus clair de ses bijoux, ce qui avait dû représenter une jolie somme ; en revanche, Tabson avait tous les jouets, les livres et les habits qu'il désirait et le réfrigérateur était plein. Simplet recevait la meilleure nourriture pour chiens et Frikkie prenait du poids. Mais les opérations chirurgicales successives avaient dû sérieusement entamer son pécule. Elle était loin d'être économe.

Soudain, il eut une idée ; peut-être pouvait-il l'aider, finalement.

— Tu n'as pas oublié, j'espère, que pour les frais médicaux de Tabson nous faisons moitié-moitié. Combien avons-nous dépensé jusqu'ici ?

— Mais Ari... Nous en avons discuté *ad nauseam* et tu avais accepté de ne plus revenir à la charge. C'est moi qui paie, un point, c'est tout.

— C'est très égoïste de ta part. Je te signale que j'ai tout de même sauvé la vie de Tabson et promis à sa grand-mère de m'occuper de lui. Il me semble qu'il est autant à moi qu'à toi ; seulement voilà : tu veux que tout le bénéfice te revienne.

— Tu n'as pas honte de dire des choses pareilles !

— Il n'y a que la vérité qui blesse.

— C'est comme ça que tu me vois ?

— Oui, mentit-il. Et, en plus, tu es têtue comme une mule.

— Mais non. Seulement au départ, l'idée était de moi, rétorqua-t-elle en retrouvant un peu d'assurance. C'est *moi* qui ai décidé de nous embarquer dans cette histoire, pas toi ; donc, c'est à *moi* d'en supporter les frais. D'ailleurs, à ce moment-là, tu as voulu me dissuader de faire soigner Tabson.

— Parce que le risque était trop grand, c'est tout. Bon, je l'avoue, je n'ai pas été très encourageant. Il lui prit la main. C'est presque fini, maintenant. Bientôt, on saura ce qu'il en est. Cesse de te tracasser pour rien. Tu sais ce que m'a dit Tom, la semaine dernière ? Il est du genre mystique, voire un peu déséquilibré, qui sait ? Mais toujours est-il qu'il m'a déclaré : « C'est avec son mode de vie qu'on modèle son aura. » Pour lui, une bonne aura est une aura qui attire les vibrations positives, les événements favorables, la chance ; pour les mauvaises auras, c'est le contraire. Selon lui, la meilleure façon de se protéger du mal et du malheur, c'est d'être bon soi-même. Or tu débordes de bonté. Alors je crois que Tabson va s'en tirer. Je t'en prie, Katie, ne me prive pas de mon rôle dans cette affaire.

Elle le dévisagea d'un air soupçonneux. Essayait-il juste de l'aider ou y avait-il autre chose ? L'examen de son profil ne lui apprit rien. Personne ne pouvait deviner les pensées d'Ari. C'était un type bizarre, introverti, qui pouvait être gentil ou impitoyable, selon son humeur. Comme Rob, sauf que le plus souvent Rob prenait consciemment la décision qui lui convenait le mieux, tandis qu'Ari s'était donné pour mission de veiller sur ses semblables. *Qu'est-ce qui les distingue fondamentalement ?* se demanda-t-elle. Ces deux hommes qui se ressemblaient tant, encore que l'un se situât farouchement du côté des saints quand l'autre optait tout aussi délibérément pour l'égoïsme, étaient-ils séparés par l'éducation qu'ils avaient reçue ou y avait-il autre chose, tout au fond ?

— Ma foi, si tu me présentes la chose ainsi, comment veux-tu que je refuse ?

Ari avait un côté dépressif qu'elle ne comprenait pas, et son idée fixe — châtier les coupables — était inhabituelle chez un homme de son intelligence. C'était sans aucun doute l'un des hommes les plus brillants qu'elle eût rencontrés ; aussi brillant que Rob.

Mais, chez Ari, il y avait autre chose. Ari se préoccupait sincèrement du sort d'autrui. Quel qu'il soit.

Soudain, il baissa les yeux et sourit.

— On tire un coup ? dit-il pour la faire sourire — c'était sa blague ringarde préférée.

Au lieu de demander « Un coup de quoi ? » comme elle était censée le faire, elle répondit avec le plus grand sérieux.

— D'accord. Et le plus tôt possible, même. J'ai besoin de toi, surtout aujourd'hui. Quoi qu'il arrive, je veux que tu me serres contre toi, que tu me fasses l'amour et que tu m'expliques pourquoi tu es ce que tu es.

— C'est-à-dire ? s'enquit-il en se tournant brièvement vers elle.

— Attention ! cria Kate.

Il redressa le volant.

— Excuse-moi.

— Tu as bien failli nous expédier dans le fossé !

— Excuse-moi, je te dis. Mais qu'est-ce que tu entends par « ce que je suis » ?

— Aussi dévoué. Attention, je n'ai pas dit « dévoyé ».

Il rit et lui serra affectueusement le genou. Quelques instants plus tard ils pénétraient dans le parking de l'hôpital.

47

Ari se gara et suivit Kate jusqu'à l'accueil, fier des regards admiratifs qu'elle s'attirait ; pourtant, une fois que la réceptionniste les eut dirigés vers la salle de réveil, où ils étaient censés attendre, l'odeur d'éther et de désinfectant le déprima. Ari détestait les hôpitaux. C'était peut-être pour cela qu'il avait voulu épargner à Tabson le traumatisme du traitement. Et si Kate avait fait fausse route ? À voir comme elle se rongeait les ongles, il était clair qu'elle était morte de peur, elle aussi.

— Allez, Kate, ne t'en fais pas, va... Je suis sûr que ça s'est bien passé. De toute façon, on ne peut qu'améliorer son état.

Il n'aurait jamais dû dire cela ! Il s'en rendit compte trop tard. Elle fronça les sourcils et lui tourna le dos.

De temps en temps, Ari disait vraiment n'importe quoi. Il ne s'agissait pas simplement d'« améliorer son état » ! Il y avait des semaines qu'elle pratiquait intensivement la « pensée positive » : elle se représentait Tabson shootant dans un ballon de foot, courant sur la plage ou se promenant fièrement, en se redressant de toute sa hauteur, comme les garçons de son âge. De plus, elle avait prié à s'en user les genoux. Il *fallait* qu'il devienne un garçon comme les autres. Elle n'accepterait pas de résultat inférieur.

Les portes battantes de la salle d'opération s'ouvrirent, et le chirurgien apparut. On poussait un chariot sur lequel reposait l'enfant endormi. Kate s'effraya de son expression sérieuse ; on aurait dit qu'il pleurait intérieurement. Puis elle se rendit compte qu'effectivement ses yeux étaient pleins de larmes. Le cœur lui manqua.

— Mrs. Palma... ou plutôt Kate, chère amie...

Le chirurgien lui prit les mains. Incapable de prononcer un mot, elle se contenta de hocher la tête.

— Dieu nous a souri. Le résultat dépasse mes prévisions les plus optimistes. Si le processus de guérison se déroule sans problème, un jour, sa jambe sera parfaitement normale. Il m'a dit qu'il avait envie de jouer au football... Eh bien, rien ne s'y oppose. Assurez-vous simplement qu'il respecte mes instructions pendant sa convalescence. Tout dépend de vous, chère amie. Je vous expliquerai ce qu'il faudra faire. Si vous croyez aux miracles, ma foi, c'en est un. Vous pouvez être fière de vous.

Kate en resta muette. Elle sentit que son visage se contractait et que les larmes lui montaient aux yeux. Elle les refoula en serrant la main du médecin. Elle ne put même pas le remercier. Elle n'avait littéralement plus de voix.

Elle attendit longtemps en salle de réveil puis alla prendre la main du petit. Quand il ouvrit les yeux, elle n'y décela nulle trace de doute..., rien qu'une confiance aveugle.

— Ta jambe va guérir, lui souffla-t-elle. Elle sera tout à fait normale. Il faut seulement que tu te reposes jusqu'à ce que la greffe ait pris.

Il lui étreignit la main et se rendormit. Elle le contempla pensivement. Des idées noires lui venaient tout à coup. Avant lui, elle n'avait pour ainsi dire jamais eu de famille. Il était son enfant, son petit frère ; il dépendait d'elle et elle trouvait en lui une raison de se battre, de continuer. Elle avait enfin quelqu'un à aimer.

Une infirmière vint le chercher.

— Ce n'est plus la peine de rester, Mrs. Palma. Il va dormir toute la journée. Revenez le voir demain.

— Entendu. Je vous remercie.

Kate passa devant Ari en toute hâte et attendit qu'il lui emboîte le pas. Elle ne voulait pas qu'il la voie pleurer. Elle éprouvait une gratitude infinie. Puis, une fois dans la voiture, elle poussa une exclamation de joie.

— Tu sais, j'aimerais bien partager ton émotion, lui dit-il doucement.

Elle le regarda avec étonnement. Il avait le visage baigné de larmes. Quel homme étrange, tout en complications et en contradictions ! D'une force, d'une dureté inouïes, capable dans un même mouvement de risquer sa vie pour sauver Tabson et de tabasser Patel à mort, comme le prétendait la rumeur.

— Pour te prouver à quel point ton amitié m'est précieuse, je t'autorise à prendre en charge la moitié des frais, dit-elle d'une voix rauque, si tu le désires vraiment. Ou le quart, comme tu voudras, du moment que cela ne dépasse pas 50 pour 100.

— 50 pour 100..., répéta-t-il sans la regarder. Je suis très honoré.

Elle n'aurait su dire s'il se moquait d'elle. Cela lui arrivait si souvent ! Et ce sourire suffisant ! Son profil, en revanche, était superbe ; il avait un nez délicat et droit qu'une femme lui aurait envié, des traits parfaitement équilibrés, l'ensemble formant un visage bien dessiné, avec deux profondes rides d'expression rejoignant les commissures. Des reflets bleutés jouaient dans sa chevelure de jais, ses lèvres étaient sensuelles et ses grands yeux d'une belle teinte noisette. Physiquement, il lui plaisait beaucoup. Mais sous cette façade de dur à cuire sexy et nonchalant se cachait un homme introverti qui, elle le savait maintenant, souffrait beaucoup de ses échecs. Il y avait notamment l'affaire Mandy et l'impasse de son enquête sur les meurtres des dunes. Et puis la disparition de Rose...

Tout le monde le trouvait insensé de chercher à résoudre un assassinat perpétré vingt-huit ans plus tôt, alors qu'il en survenait un par nuit au camp des squatters ; mais il refusait de laisser tomber.

— Veux-tu que nous allions déjeuner pour fêter la bonne nouvelle ? proposa-t-il.

— Fêtons-la plutôt à la maison. Ou alors faisons un compromis : sortons ce soir. J'ai bien besoin d'un petit remontant ! Je ne te l'ai pas dit, mais... Enfin, à côté de l'opération de Tabson, ça n'avait guère d'importance. Bref, j'ai perdu mon procès contre Rob. Je l'ai appris ce matin.

— Quel procès ?

— Mais *le* procès, voyons ! L'affaire de la réserve ornithologique. Tu sais très bien que j'ai essayé d'empêcher Rob de construire sur ce terrain, ce qui impliquait d'assécher son côté du lagon. Et voilà, j'ai perdu. C'est tout.

— Je vois.

Ari ne fit pas d'autre commentaire. Il se renfrogna et continua à rouler. C'était clair : Kate pensait toujours à sa bourrique de mari. Pis encore, elle y était attachée malgré tout. Or, lui voulait à toute force l'épouser. Il y avait en elle quelque chose de spécial qui n'était pas seulement lié à sa beauté ou à son courage. Quelque chose d'essentiel. Comme une fontaine de bonté dissimulée au tréfonds de son âme. Et il voulait en faire partie. Faire partie de Kate. Il fallait qu'elle soit sienne.

— Et pour ton divorce ? s'enquit-il sur un ton volontairement détaché.

— Tu veux savoir si j'ai des nouvelles depuis hier ? Je te l'ai dit : Rob veut divorcer.

Il prit son courage à deux mains. Il fallait qu'il exprime ce qui le tourmentait tant.

— Tu l'aimes toujours, n'est-ce pas ?

— Je n'ai pas envie de parler de Rob avec toi, Ari, répondit-elle en posant la tête sur le genou du jeune homme pour bien lui montrer qu'elle ne voulait pas le vexer. Mais en elle-même elle songeait : *Oui, je l'aime de tout mon cœur, mais cela finira peut-être par passer*. En outre, elle avait l'impression que Rob avait besoin d'elle. Même maintenant, malgré le divorce, malgré les actrices et autres mannequins volages avec qui il sortait, il avait besoin d'elle, elle en était certaine. Ce qui lui manquait, c'était son sens de l'humour, sa finesse d'esprit, son aisance dans la décision... Il ne se passait pas un jour sans qu'elle ne pense à lui, sans qu'elle ne se remémore les premiers temps de leur mariage.

Et il y avait Ari. Qu'éprouvait-elle vraiment pour lui ? Elle le savait amoureux d'elle et cela l'inquiétait. C'est qu'il était très séduisant. Il suffisait de le regarder. D'ailleurs, il avait beaucoup de points communs avec Rob. C'était peut-être ce qui l'avait attirée au départ.

— Tu retournerais vivre avec lui s'il te le demandait ?

— Il me l'a demandé plus d'une fois.

Si seulement Ari cessait de se mêler de ses affaires !

— Pourquoi as-tu refusé ?

— Je ne peux pas. Pas dans la situation financière qui est la mienne actuellement. Quand l'un des deux détient tout le pouvoir, le couple n'a pas d'avenir. Avant d'envisager quoi que ce soit, il faut que je me redresse sur le plan matériel.

— Envisager de revivre avec Rob ? C'est cela, ton but ? Et moi, qu'est-ce que je deviens, là-dedans ? Je ne suis qu'un gigolo qui te tiens chaud au lit en attendant que tu aies gagné assez d'argent pour mériter Rob et ses millions ?

— Oh, Ari ! Comment en sommes-nous arrivés là ?

Elle se tut ; *mais un peu tard*, songea-t-elle. Ari arrêta la voiture. Ils étaient au phare.

— Allez, descends. Écoute, baiser les femmes mariées, moi, ça ne m'intéresse pas. Alors décide-toi : c'est lui ou moi. À plus tard, peut-être.

— Tu es méchant. Je voulais que tu restes et tu le sais très bien. Mais ça ne m'étonne pas, au fond. J'ai eu tort d'abaisser mes défenses. Tu m'as gâché ma journée.

Il lui prit la main.

— Je ne peux plus continuer comme ça, Kate. Divorce vite et épouse-moi. Je ne suis pas un robot ! Ne me dis pas qu'il y a une chance pour que tu retournes chez Rob.

— Alors ne me pose pas la question. La vérité, c'est que je n'en sais rien. Parfois, tu parles exactement comme lui. Pourquoi devrais-je forcément appartenir à quelqu'un ? Je n'ai donc pas le droit d'être moi-même ? Est-ce qu'amour doit forcément rimer avec possession ?

Elle s'interrompit. Ce qu'elle éprouvait pour Ari, était-ce de l'amour ou du désir ?

— Qu'est-ce que ça veut dire, aimer quelqu'un ? Qu'on est à lui pour toujours, physiquement réduite en esclavage au mépris total de sa propre liberté ?

Aïe ! Elle avait bien réussi son coup, tiens ! Voilà qu'Ari boudait comme un collégien. Elle descendit de voiture. Il démarra aussitôt et partit sur les chapeaux de roues. Un poids s'abattit sur les épaules de Kate. Mais à ce moment-là elle flaira le fumet d'un *braai* et descendit sur la plage, où Frikkie faisait griller six poissons.

— Ah, Frikkie ! Je vois que la pêche a été bonne.

— C'est pour vous, miss Kate.

— Pourtant, nous sommes jeudi. C'est ton jour de congé.

— Le jeudi aussi il faut bien que vous mangiez. Il leva sur elle des yeux assombris par la sollicitude et lui fit un sourire édenté. Comment il va ?

— Très bien. Elle sentait sa bonne humeur revenir. Il se porte à merveille, en fait. L'opération a réussi. Nous avons tous eu beaucoup de chance.

Frikkie se mit à rayonner.

Lui connaît le secret de l'amour, se dit-elle en le contemplant d'un air pensif. *Il m'aime, il aime Tabson, et l'amour jaillit de lui comme une source d'eau bouillonnante. Il n'attend rien en échange. Peut-être est-ce Frikkie, le sage — lui qu'on croit borné.*

Gous et Smit étaient sur le départ lorsque Ari rentra au poste. Chacun avait demandé un véhicule et une escorte de deux agents.

— Qui allez-vous appréhender ?

— Les jeunes qui traînent chez Patel.

— Attendez-moi, je me gare.

Quelques instants plus tard ils filaient à bonne allure en direction de la maison indiquée par Hilda Ackerman ; baptisée « Island Clubhouse » par Patel, elle surplombait l'immense plage de Kommetjie.

Un sentier manifestement ancien partait de la route, au milieu de broussailles qui le masquaient aux regards. La maison en question, Ari le découvrit bientôt, n'était guère qu'une cabane améliorée ; à l'intérieur, les murs peints en noir étaient tapissés d'affiches pop art démodées. Le toit consistait en une plaque de tôle ondulée dissimulée sous des roseaux, et le bar se résumait à un entassement de noix de coco évidées. Où Patel avait-il bien pu en dénicher autant ? On aurait dit une hutte transplantée telle quelle de son île du Pacifique. Il y avait aussi de nombreux coquillages exotiques sur les tables, lesquelles trônaient dans des alcôves isolées par des paravents en bambou. Élément indispensable ; ainsi, les nouveaux venus ne voyaient pas tout de suite ce qu'ils allaient eux-mêmes devenir. Ari était dégoûté. Ces gosses étaient sales, mal rasés ; ils sentaient la transpiration, la fumée de *dagga* et le mauvais vin. Certains sniffaient de la colle ; ils avaient le nez qui coulait et les yeux chassieux. Combien leurs parents payaient-ils tous les mois pour qu'ils ne s'attaquent pas aux drogues dures ?

Le barman s'enfuit, mais Albert Smit, qui avait une bonne foulée, ne tarda pas à le rattraper.

— J'ai bien envie de flanquer le feu à cette baraque, gronda Ari, malheureusement, on en a besoin : elle servira de pièce à conviction. On va y poster deux hommes en permanence et ramasser tous les jeunes qui se pointent.

On boucla dans les véhicules de police les vingt-cinq clients, le prétendu gérant, le barman, et pour finir la serveuse, qui n'avait que la peau sur les os et semblait atteinte du sida ; tout ce petit monde pouilleux et hurlant prit le chemin des cellules du commissariat.

— Vous venez avec nous arrêter Patel ? demanda Willis.

— À quoi bon ? Ses avocats marrons le feront libérer pour l'heure du dîner, de toute façon. Laissons-le tranquille pour aujourd'hui.

Il avait autre chose en tête. Il se détourna pour ne pas montrer à Willis la rage qui couvait dans ses yeux.

Willis reçut un appel lui demandant de se rendre au nouveau camp des squatters ; Ari décida de l'accompagner. En l'espace d'une journée, l'endroit s'était mué en ruche. Le concept de propriété foncière avait suscité une véritable métamorphose dans cette communauté si longtemps tenue à l'écart. Hommes et femmes attaquaient le sol à la pioche, posaient des fondations, coulaient des pieux dans le ciment, clouaient des plaques de tôle ondulée. Des femmes avançaient péniblement sur la route poussiéreuse et brûlante, des empilements de tôle sur la tête ; leurs enfants suivaient tant bien que mal, chargés de clous et de rouleaux de fil de fer. L'atmosphère était tendue : les squatters déjà installés défendaient leurs lots, les nouveaux arrivants essayaient de les en déloger. La nouvelle s'était répandue et les sans-abri de toute la région venaient tenter leur chance. On se serait cru revenu au bon vieux temps de la ruée vers l'or. Après avoir été confinés dans les homelands pendant un demi-siècle, ces gens étaient avides de se faire une place dans les villes ; ils auraient tué pour défendre leur terrain, s'il l'avait fallu — et, justement, le cas s'était produit.

La victime gisait dans une mare de sang, non loin de la clôture entourant le lotissement. Ari aida Willis à la transporter dans le fourgon. Comme d'habitude, il se révéla vain de vouloir recueillir des témoignages. Personne n'avait rien vu, rien entendu. *Pourtant*, se dit Ari, *quelqu'un a dû l'aimer, cet homme. Donc, quelqu'un finira par parler.*

Il envoya Willis à la morgue et continua à poser des questions. Enfin, quand le soleil se coucha, il apprit ce qui s'était passé. Deux hommes avaient revendiqué le même lot, l'un des deux l'avait emporté. On était en Afrique, où on pouvait se faire tuer pour un rand. Alors un lopin de terre... Cela représentait une fortune.

En allant rejoindre Kate dans le hall de l'école, Ari y découvrit une atmosphère enfiévrée. Les contribuables locaux, dont un grand nombre tenaient à exprimer leurs griefs à propos des squatters, y tenaient séance. On les entendait vociférer à cinquante mètres.

Kate et Melissa trônaient sur l'estrade ; manifestement, elles ne savaient où se mettre : elles serraient les genoux et se tenaient bien droites sur leurs chaises. Avec sa robe bleue, ses chaussures assorties à très hauts talons et son bandeau dans les cheveux, également bleu, Kate était absolument ravissante. Il lui fit un clin d'œil en ajoutant un petit signe de la main pour lui faire comprendre qu'il s'excusait d'être en retard, puis trouva un siège libre dans les premiers rangs. Les esprits s'échauffaient, et Ari espéra qu'on n'en viendrait pas aux mains.

— J'ai quelque chose à dire ! vociféra Irene, la fille de Meg, assise tout au fond. Un silence relatif se fit. Il y a un moment que j'observe le parking où les « taxis noirs » et les minibus viennent déposer leurs passagers. Ils en déversent presque une centaine par jour, et ces gens restent là, complètement perdus. Parfois ils entrent dans les boutiques pour demander du travail ou récupérer des cartons d'emballage. Puis ils se dirigent vers la plage ou vers les coteaux ; ils sont nombreux à trouver le chemin du nouveau lotissement. Je ne sais pas comment, mais tous font leur trou. On dit qu'ils sont des centaines de plus qu'au moment de la vente, il y a quelques jours à peine. Il va falloir stopper cet afflux, sinon, le camp va devenir incontrôlable et les squatters installés vont en pâtir.

— C'est une véritable campagne qui a été orchestrée pour les faire venir chez nous, affirma Melissa. On ne peut pas vraiment leur en vouloir. Les politiciens leur ont promis la lune, et maintenant ils se retrouvent sur le pavé, sans argent, sans travail, sans abri et sans espoir. Pas étonnant qu'ils soient agressifs. Il ne leur reste plus rien. Il faut les aider. Le prêtre fait la collecte de couvertures et autres objets de première nécessité, alors si vous avez des vieilleries dont vous voulez vous débarrasser... Personnellement, j'ai chez moi pas mal de meubles inutiles, des ustensiles de cuisine... ce genre de choses. Il faudrait nous organiser. Fonder une association. Y consacrer chacun un après-midi par mois. Ce n'est tout de même pas grand-chose. C'est vrai, quoi... On a tous chez soi des affaires dont on ne se sert plus. Il suffit de remettre la main dessus.

Elle s'interrompit et se laissa aller contre son dossier. Il y eut un silence embarrassé. Puis quelqu'un cria :

— T'aimes les *kafirs*, c'est ça ?

— Vous avez tort de vous en faire pour ces saligauds, rugit Jack. Ils n'hésiteraient pas à vous trancher la gorge à la première occasion, eux.

Meg prit la parole.

— Je suis d'accord avec Mrs. Grant. Elle a tout à fait raison. Si ces gens avaient le nécessaire, on déplorerait moins de cambriolages. Vous pouvez m'inscrire, ajouta-t-elle à l'intention de Melissa.

— À quoi bon ? Ils nous cambrioleront quand même. Ils meurent de faim...

— Il y a une bande de vagabonds juste derrière chez moi, sur le coteau, lança Gill Bronson. Ils font leurs besoins dans les buissons. Mes chiens vont se rouler dans leurs déjections et rentrent se vautrer sur mes tapis. Nous sommes obligés de les enfermer. Si vous saviez à quel point ça pue...

— Et moi, mes enfants ont peur d'aller jouer sur la plage.

— Moi, mon chat a disparu. Je suis sûre qu'ils l'ont mangé.

— Vous n'avez pas à vous plaindre, intervint Lynette, la femme du dentiste. Vous, vous n'avez pas le nouveau lotissement sous le nez ; tandis que moi j'habite près de ce qui était encore il y a peu une superbe réserve forestière. Autrefois, c'était un coin chic. Maintenant, personne ne donnerait un sou de nos maisons. Elles ont perdu toute leur valeur. J'ai été cambriolée quatre fois. Ils n'ont pris que de la nourriture. Ils me font mal au cœur, mais je n'ai pas les moyens de les nourrir. Sans parler des vitres qu'ils brisent. Nous avons dû faire clôturer notre propriété...

Elle était au bord des larmes.

— Ça a dû vous coûter un paquet...

— Vous pouvez le dire ! répondit Dave. Dix mille rands. J'ai été obligé de faire un emprunt. Ça ne peut plus durer.

Jack Bronson se leva.

— Je vais perdre une fortune, avec le terrain à bâtir que j'ai acquis tout récemment près de la réserve forestière, fit-il calmement.

Tout le monde savait que Jack avait investi des millions dans un projet de centre commercial proche de la grand-route.

— Politiquement, j'ai toujours été ouvert. Et voilà comment j'en suis remercié. Allons-nous nous laisser ruiner sans réagir ? Moi, je voudrais former un groupe de pression exigeant qu'on les reloge ailleurs.

— Le problème n'est pas seulement financier, intervint Dave. Ils se battent aussi entre eux. Les luttes de clans ont d'ores et déjà commencé. Bientôt Silver Bay sera inondé de cambrioleurs et de délinquants en tout genre. Si on ne les envoie pas promener, on va tous y passer. J'apporte mon soutien à Jack.

Nouveau silence gêné. Les gens ne tenaient pas à se faire connaître nommément, mais Ari comprit qu'ils contacteraient Jack en masse.

— Ce n'est pas parce qu'on a l'esprit ouvert qu'on doit faire une croix sur nos biens immobiliers, plaça Lynette.

— Ni respirer leur puanteur...

— Ni vivre dans une atmosphère empoisonnée par leurs satanés feux de camp...

— Et leur musique ! Le samedi, ça dure toute la nuit. Ça me rend cinglé ! Comment font-ils pour se payer des haut-parleurs ?

— Ce sont leurs débits de boissons clandestins. Ils en ont trois...

— Ils n'arrêtent pas de se taper dessus. Ma mère a failli recevoir un cocktail Molotov hier ; il a atterri tout près d'elle, sur la route. Heureusement, sans toucher sa voiture.

Le vétérinaire se leva à son tour.

— La zone du lagon pullule de *Giardia*, un parasite qui vit dans l'estomac et qu'on ne trouve généralement que dans les pays du tiers-monde. Eh bien, il est arrivé chez nous. À cause des squatters, naturellement. J'ai déjà traité trois chiens infectés aujourd'hui. Le problème, c'est que les enfants peuvent l'attraper. Alors n'allez pas dans le delta.

Silvia Jones, de l'agence immobilière, se leva et déclara avec un sourire amer :

— Je n'ai pas vendu une maison depuis un mois. Tout le monde a peur de venir s'installer à Silver Bay. Le marché est totalement paralysé.

Emanuel prit la parole pour la première fois.

— Ils prennent les emplois jusque-là occupés par les métis dans les pêcheries. Ça va causer des ennuis. Les métis ne le supporteront pas.

— On se croirait dans un film d'horreur...

— Absolument ! Sauf qu'on ne peut pas en sortir. Les extraterrestres ont débarqué, et ils ont bien l'intention de nous déloger...

— Il faudra me passer sur le corps !

— Oui ! C'est vrai ! Ça suffit !

Un vacarme insensé se déchaîna. Tout le monde hurlait. Les jeunes du dernier rang se mirent à psalmodier : « De-hors les squat-ters ! De-hors les squa-tters ! »

Kate se leva de mauvaise grâce.

— Écoutez ! lança-t-elle. Écoutez-moi, je vous en prie. Taisez-vous, là-bas au fond. Ils finirent par obtempérer. Si nous sommes réunis aujourd'hui, c'est pour une raison bien précise : départager ceux qui veulent se rendre utiles de ceux qui souhaitent la guerre, un point, c'est tout. Or un certain nombre d'entre nous sont disposés à se réunir pour donner un coup de main à ces nouveaux contribuables et...

— Tu parles ! Ils ne vont pas en payer beaucoup, des impôts locaux !

La remarque fut saluée par un tonnerre d'applaudissements.

— Quoi qu'il en soit, poursuivit Kate, ils ne s'en iront plus, maintenant ; donc, nous sommes plusieurs à penser que la meilleure façon de faire face à la situation, c'est d'aider ces gens à s'intéger dans notre communauté. Voici une liste de personnes à contacter si vous voulez participer, et n'oubliez pas : ce ne sont pas eux que vous aidez, mais *nous-mêmes*. La séance est levée.

Kate pouvait être drôlement impressionnante quand elle le voulait. Ari l'admirait. Ignorant superbement les éléments perturbateurs et autres quolibets, elle passa tranquillement dans les rangs en distribuant ses prospectus.

Il nota avec quelque étonnement que Melissa figurait en tête de liste. Était-ce la nouvelle image qu'elle voulait se donner, ou bien cette cause lui tenait-elle sincèrement à cœur ? Oh, et puis quelle importance ? Kate et elle agissaient dans le bon sens, c'était tout ce qui comptait.

— Kate, il va falloir que tu m'excuses. Je viendrai te voir demain, mais ce soir je dois retourner travailler.

Elle se tourna brièvement vers lui et l'enveloppa d'un curieux regard, presque comme si c'était elle la coupable.

Ari reprit sa voiture et se rendit au port. Il fallait qu'il déniche Jean Graux. Il eut la chance de le trouver sur le quai, où il attendait le bac.

— Il faut que je mette la main sur ce salopard de Patel, lui dit Ari.

Il lui parla de la maison où se retrouvaient les jeunes, des parents qui, stupidement, parce qu'ils ne savaient plus à quel saint se vouer, donnaient tous les mois de l'argent pour protéger leurs enfants, de Simon qui était mort en murmurant le prénom de Mandy... À propos, que fallait-il en conclure ?

— Ce n'est pas une simple vengeance. À mon avis, il savait quelque chose sur la petite. Peut-être a-t-elle fréquenté cette maison, elle aussi ? Peut-être Patel lui a-t-il donné des drogues plus dangereuses. À moins qu'il ne l'ait carrément vendue, elle...

— Vendue ou enterrée, répliqua Jean. Allez, on va le trouver, ce salaud et le faire parler.

48

Le large ruban argenté de Long Beach semblait s'étirer à l'infini sous le clair de lune. La nuit était fraîche, et pourtant les trois hommes qui avançaient d'un bon pas sur le sable étaient en nage. Deux d'entre eux, vêtus d'un short et d'un tee-shirt, étaient pieds nus ; le troisième faisait figure d'intrus, avec son costume en mohair gris clair, sa cravate et ses chaussures cirées, d'ores et déjà trempées.

En voyant la voiture de police s'engager dans l'impasse débouchant sur l'extrémité déserte de la plage, Sam Patel avait compris qu'on ne l'emmenait pas au poste et s'était débattu comme un beau diable en poussant des braillements à réveiller les occupants du petit groupe de bungalows voisins. Ari l'avait fait taire d'un bon crochet à la mâchoire. Désormais, on n'entendait plus que sa respiration haletante. Les mains liées, il suivait les deux autres en trébuchant et en lançant çà et là des coups d'œil désespérés — mais il n'y avait autour de lui que des sables mouvants. Il savait ce qui l'attendait.

Ari coula un regard en biais à Jean et constata qu'il avait l'air de bien s'amuser. Lui qui avait été vingt ans mercenaire en Afrique devait considérer la torture comme une affaire de routine. Ari ne put retenir un bref mouvement de dégoût. Quelle existence cet homme avait-il pu mener ? Il se prétendait âgé d'un peu plus de cinquante ans, mais il était robuste et très en forme. Sa peau brûlée par le soleil rappelait le teint des Indiens et ses sourcils broussailleux, très noirs, formaient un contraste saisissant avec sa chevelure blanche coupée court. Ari trouvait ses prunelles brunes étrangement lumineuses, ce soir. Pétillantes de plaisir anticipé.

La mer était haute et d'énormes brisants s'écrasaient sur le rivage. Ari et Jean entraînèrent Sam jusqu'au hangar à bateaux abritant l'embarcation dont ils auraient besoin ; ils le ligotèrent bien serré avant d'attacher le bout de la corde au plat-bord du canot à moteur. Puis ils entrèrent dans les vagues en poussant celui-ci. Le moteur s'emballa, les deux hommes sautèrent à bord et le canot fonça vers le large. Sam lâcha un petit cri aigu. Il était terrifié. Alors la corde se tendit et il fut projeté dans les airs. L'espace de quelques secondes il y resta suspendu, bras et jambes écartés, la veste gonflée. On aurait dit un cerf-volant. Puis il retomba et sombra sous l'écume.

— Bon, on arrête ! lança Ari deux minutes plus tard, une fois qu'ils eurent franchi la barre.

Mais Jean n'y prit pas garde.

— Poule mouillée ! fit-il en se retournant pour lui adresser un grand sourire.

— Non, ça suffit !

Ari se jeta sur les commandes, mais à cet instant Jean ramena le levier et le moteur se tut. Bientôt ils s'immobilisèrent, ballottés par la houle.

La corde était tendue à se rompre. Ari craignit que Sam n'ait été attaqué par un requin, ce qui aurait expliqué cette résistance soudaine. Ou alors son cadavre s'était pris dans les rochers.

— La corde a dû s'emmêler ! lança-t-il en sentant la panique s'emparer de lui. Une forme sombre émergea dans les parages, crachota puis s'enfonça à nouveau.

— Il n'est pas mort, grommela Jean.

Ari se pencha et dégagea la corde.

— Allez-y, tirez.

Sam creva une nouvelle fois la surface dans une gerbe d'éclaboussures et ils le hissèrent à bord.

Ils le déposèrent en poupe, où il se mit à pousser des gémissements entrecoupés de hoquets. Puis il feignit de perdre connaissance. Jean le saisit par les hanches et lui imprima une violente poussée, comme pour le rejeter par-dessus bord.

— Il est foutu. On l'a laissé trop longtemps dans l'eau. Allez, on le balance.

— Non !

La protestation haut perchée de Sam s'acheva dans un sanglot.

— Ce n'était que l'entrée en matière, lui annonça Jean en enfonçant un orteil dans la bedaine de l'Indien. Tu vas voir qu'on peut se montrer très imaginatif si tu ne parles pas.

— On a le temps, renchérit Ari. L'endroit est bien choisi, non ?

— Il en vaut un autre, du moment qu'il parle. Et s'il refuse de cracher le morceau... Du pouce, Jean indiqua un point situé derrière lui. Autour de l'île, là-bas, les requins viennent chasser le phoque. Il y en a des bancs entiers, parfois. Mais s'il veut il peut parler ici. Allez, Sam, vas-y, on t'écoute.

Il y eut un silence, uniquement interrompu par les hoquets et autres sons étranglés qu'émettait Sam Patel.

Jean redémarra et en quelques secondes ils avaient pris assez de vitesse pour frôler à peine la surface de l'eau. Le hors-bord bondissait sur la crête des vagues. À plat ventre au fond de la coque, Patel geignait toujours. Il se rapprocha d'un bord et essaya de se redresser, mais après toutes ces années de bonne chère et d'oisiveté il s'était empâté, affaibli. Il finit toutefois par caler ses épaules et sa tête contre un tas de filets et se cramponna.

Ils filaient en travers de la vaste baie sous un ciel qui, à l'est, virait progressivement du gris au turquoise ; puis les premiers rayons rose orangé apparurent au-dessus des montagnes. Le temps qu'ils atteignent l'île, le soleil se levait et la mer prenait une teinte bleu foncé constellée d'écume blanche. Ils balancèrent Patel à la mer et une bande de phoques curieux vinrent voir ce qui se passait.

— Je ne sais pas nager ! s'écria-t-il, affolé.

Il se mit à fouetter l'eau des quatre fers. Les phoques s'armèrent de courage et plongèrent en le heurtant au passage. Patel paniqua, coula, refit surface en hurlant puis disparut à nouveau.

Ari tira brusquement sur la corde. Sam émergea de nouveau à proximité du plat-bord et s'y accrocha. Il tenta bien de se hisser dans le canot, mais il était loin d'avoir la force nécessaire.

— Au secours ! Les requins ! s'étrangla-t-il.

Ses yeux roulaient dans ses orbites et il semblait sur le point de s'évanouir.

— Ouais, c'est pas ce qui manque, ce matin, constata Jean.

Ari se rassit et détourna les yeux. Il avait hâte que tout soit fini. Sam entamait l'éternel refrain des suspects — suppliques, offres d'argent, menaces..., le tout sans une once de sincérité. Ari s'efforça de ne pas l'écouter. Patel mentait, comme les autres.

Ses forces finirent par le lâcher ; il se tut et renonça à se hisser à bord, constatant qu'il n'y arriverait jamais. Il essaya de s'économiser.

— Ah, enfin un peu de calme ! fit Jean.

— Mm... Je me demande où sont passé les requins, ce matin.

— Ils ne vont pas tarder.

Au bout de vingt minutes, une foule de phoques sortirent la tête de l'eau à proximité immédiate de l'île.

— Vous voyez ? Ça veut dire que les requins viennent prendre leur petit déjeuner.

Sam se mit à sangloter.

Il ne tarda pas à crier grâce.

— Sauvez-moi ! Je suis chrétien. *Bon* chrétien. Je dirige une affaire tout ce qu'il y a de plus réglo. Je n'ai rien à vous dire, rien. Qu'est-ce que vous me voulez, d'abord ? Vous allez regarder les requins me bouffer ? C'est comme ça que vous prenez votre pied ? Qu'est-ce que je vous ai fait ?

— La ferme.

Jean remplit un seau d'eau et le renversa sur la tête de Patel. Ce dernier s'étrangla. Une de ses mains lâcha le plat-bord et il se débattit pour se retenir à la poupe.

— Si tu ne veux pas nous dire ce qu'on est là pour entendre, ne te fatigue pas, gronda Ari. Où est Mandy September ?

Sam fondit en larmes.

— Je ne l'ai jamais vue de ma vie. Je le jure devant Dieu. Jamais posé les yeux sur elle ! Jamais entendu parler d'elle avant son enlèvement.

Un nouveau seau d'eau faillit l'asphyxier, mais cette fois il tint bon.

Ari aperçut un aileron de requin. En fait, ces bestioles étaient rares dans le coin ; ils avaient de la chance. Il se pencha pour tirer sur la corde et soulever à demi Patel afin de le faire pivoter dans l'eau.

— T'as vu ? En voilà un. Ils flairent tes tripes, gras du bide ! Ils ne vont pas tarder à attaquer. Pourquoi tu as foutu le feu à Tom, hein ? Pourquoi tu voulais sa mort ?

— C'est pas moi, je le jure devant Dieu.

Ari le laissa lentement replonger.

— Salauds, salauds ! Tirez-moi de là ! hoqueta l'autre en crachotant de rage.

Battant des bras, il rejoignit la poupe et s'y raccrocha désespérément, mais Ari lui versa un troisième seau d'eau sur la tête.

— Tom a craché le morceau ! C'est un indic ! Vous le savez très bien. Voilà pourquoi !

— C'est faux, Tom ne m'a rien dit, répliqua Ari. Alors, tu avais peur qu'il me dise quelque chose, mais quoi, hein ? Quoi ?

Une vague soudaine fit tanguer l'embarcation. Un aileron de requin fendit l'eau à une vitesse impressionnante et se mit à tourner autour d'eux. Ari tressaillit de peur et sentit la bile lui remonter dans la gorge. Il plongea son regard dans les yeux épouvantés de Sam.

— Ça y est, il t'a flairé. Tu as intérêt à parler, et vite !

— Tom savait...

— Quoi ?

— Allez vous faire foutre !

— Le requin se rapproche...

Alors Sam aperçut l'aileron et poussa un grand cri.

— Il savait que c'était moi, l'incendie des squatters !

— Toi !

Trop ahuri pour réagir, Ari sentait toutes ses hypothèses s'écrouler. Jean dut tirer d'un coup sec sur la corde pour hisser Sam en travers de la poupe. L'homme gigotait comme une tortue sur le dos. Excité par les battements de ses jambes ou par l'odeur de la peur, le requin donna à plusieurs reprises du flanc contre le bateau.

— Bon sang !

Ari regarda ondoyer la forme noire dont la puissante nageoire barattait l'eau. Il attrapa Sam par les épaules, le retourna de force et lui maintint la tête à quelques millimètres de la surface.

— Il a faim, commenta-t-il.

Sam s'agrippa à lui et refusa de lâcher. Il ne hurlait plus.

— Je vous dirai tout ce que vous voudrez savoir. Je n'ai jamais souhaité la mort de personne. J'ai mis le feu à leur débit de boissons parce qu'il me faisait concurrence. Je jure solennellement que je n'ai voulu tuer personne. Ça n'aurait servi à rien. Ce sont des consommateurs comme les autres, sauf qu'ils n'achètent pas leur bibine chez moi.

— C'est à toi, le bar sur la crête ?

— Ils sont tous à moi. Les trois bars du village.

— Alors comme ça, quatre personnes sont mortes parce qu'on te faisait de la concurrence déloyale ? J'ai bien compris ?

— Je vous l'ai dit, éructa l'autre. Je n'avais pas l'intention de tuer qui que ce soit. Juste de détruire le bar clandestin de Boysie. Il n'avait aucun droit de...

C'est toi qui n'avait aucun droit de faire ça, songea Ari. Il se remémora le cadavre noirci d'Eunice. Le fermier du Ciskei. Le vieil homme gisant auprès de son enfant. La peine de mort n'allait pas tarder à être abolie, et de toute façon Sam serait sans doute libéré au bout de quelques mois. Il ne passerait peut-être même pas devant les tribunaux. Il avait bien envie de lui tordre le cou lui-même, à cette ordure !

— On veut savoir où est Mandy, rugit-il en poussant Patel contre le plat-bord.

Hors d'haleine, à moitié fou de peur, ce dernier suivait des yeux l'imposante forme du requin.

— Je n'ai jamais vu Mandy de ma vie, sanglota-t-il. Évidemment, je pourrais vous mentir, mais après, comment voulez-vous que je vous mène jusqu'à elle ? Je ne sais pas où elle est. Je ne peux tout de même pas vous dire ce que j'ignore !

Il sombra dans l'abattement le plus total. Puis, brusquement, il s'évanouit ; mais Jean le ranima en lui balançant un seau d'eau glacée.

— Comment peux-tu être sûr que Mandy ne faisait pas partie des gosses qui traînent dans ta saleté de « club-house », comme tu dis ?

— Je mets un point d'honneur à me tenir au courant. J'ai leurs noms et adresses. C'est comme ça que je contacte leurs parents.

— Et s'ils refusent de te les donner ?

— Ils refusent toujours, mais je note l'immatriculation de leurs voitures, et parfois je les fais suivre. Pas très difficile. Ce ne sont que des gamins, termina-t-il dans un souffle.

Il menaçait de retomber en état de choc. Il avait à peine conscience de ce qu'il disait.

Ari n'en croyait pas ses oreilles.

Jean prit la relève.

— Combien ils te paient, les parents ?

— Ça dépend. Je mets la barre à un tiers de leurs revenus.

— Et s'ils ne veulent pas casquer ?

— Je donne aux gosses ce qu'ils veulent. Je fais des affaires, c'est tout. Je réponds à la demande. Si ces morveux cherchent du crack, de la coke ou du Mandrax, je les leur vends. Les affaires sont les affaires.

Il ferma les yeux et reposa la tête contre le plat-bord. Il était en proie à de longs frissons qui pouvaient à tout instant se muer en convulsions.

— Il a son compte, intervint Jean. On pourrait le ranimer avec un coup de gnole, mais à mon avis il dit la vérité. Vous en avez assez pour le boucler : assassinat, extorsion de fonds, trafic de drogue. Ça suffira, non ?

— Merci pour ce que vous avez fait, Jean.

— J'aimerais bien le buter à votre place. Je suis sûr que vous n'êtes pas du genre à éliminer les suspects. Enfin, pas systématiquement. Mais je crois qu'il va falloir le ramener au poste. J'ai enregistré toute la conversation, si on peut appeler ça comme ça.

— Vous croyez qu'il va s'en tirer ? s'enquit Ari en poussant la victime inconsciente du bout du pied.

— Mais oui. En revanche, je ne donne pas cher de votre peau à vous si ses sbires vous coincent un soir sans lune. Faites gaffe à vous, Ari.

— Je n'ai fait que ça toute ma vie.

Dès dix heures du matin Patel faisait l'objet d'une inculpation dans les règles, à la suite de quoi on le plaça en détention provisoire. Ari voulait déposer une requête spéciale pour qu'il ne soit pas libéré sur parole, mais, par les temps qui couraient, il n'y croyait guère. L'heure était à la modération. Il soupira, introduisit une pièce de monnaie dans le distributeur de café et alla s'asseoir à son bureau afin de siroter le breuvage fangeux qu'il obtint en échange. Il se sentait complètement abattu. Après cinq mois passés à rechercher Mandy ici, dans la province du Cap, il n'avait fait aucun progrès. Il avait pourtant cru dur comme fer qu'il existait un lien entre cet enlèvement, les assassinats des dunes et le meurtre de Rose... Et il s'était trompé au moins sur un point.

Il prit un stylo et se mit à gribouiller. Il n'y avait eu ni demande de rançon ni indice, ni motif apparent à ce kidnapping. Tout à coup, une idée lui vint. Et si quelqu'un avait décidé de punir Mandy pour son extraordinaire ressemblance avec Rose ? Voyons, qui avait éprouvé le plus de haine envers la jeune métisse, à l'époque ?

Claire ? Jânek ? L'un comme l'autre pouvait étoffer ses maigres informations sur la mort de Rose. Car il n'en démordait pas : il y avait *forcément* un rapport avec la disparition de Mandy. Jânek n'aurait jamais osé rentrer en Afrique du Sud, mais Claire, elle, serait facile à retrouver. Il décrocha le téléphone.

Ses intuitions étaient rarement démenties. De toute façon, il n'avait aucune autre piste. Et il ne lui restait qu'un mois à passer à Silver Bay.

49

Ari fut impressionné par l'entrée de la réserve : c'était une longue allée bordée de buissons en fleurs, avec des pelouses en pente d'une belle couleur émeraude, des fontaines et un terrain de croquet ; tout au bout, un élégant hôtel rappelait la période coloniale.

Il avait pris l'avion jusqu'à Durban puis loué une voiture et remonté la côte vers le nord, traversant des régions d'une luxuriance tropicale pour rejoindre Mtubatuba, où Claire Gardner tenait un petit hôtel très chic jouxtant la réserve animalière d'Umfolozi. Ses pensionnaires pouvaient y jouir de la nature indomptée pendant la journée et d'un luxe inouï du coucher au lever du soleil. C'était du moins ce qu'on lui avait dit à l'agence de tourisme.

Il se gara, prit son petit sac de voyage et pénétra dans le hall. Dallage blanc, faux plafond en chaume. Il admira plusieurs tableaux brillamment exécutés qui représentaient des animaux dans leur élément naturel. Les rares moments où Ari regrettait de ne pas être riche, c'était pour soupirer après toutes les belles choses qu'il ne pourrait jamais posséder.

— Vous n'êtes pas censé faire ça, fit une charmante voix féminine au comptoir de la réception.

Surpris, il se retourna. Il comprit pourquoi il n'avait pas encore remarqué celle qui venait de lui adresser la parole. Elle était d'un calme olympien, parfaitement immobile. D'un seul coup d'œil, il engloba ses courts cheveux d'un blond passé, coiffés à la mode, son profil grec au nez court et droit, ses beaux yeux verts au regard observateur et plein de sagacité. Elle portait une robe assortie à ses prunelles, dont le fond émeraude s'ornait de motifs floraux, ainsi que des boucles d'oreilles de la même teinte. Sa peau était lisse et fraîche malgré sa petite cinquantaine, et elle était encore belle.

— Qu'est-ce que je ne suis pas censé faire ? s'enquit-il en s'approchant.

— Porter vous-même votre bagage. Détendez-vous ! Ici, on fait tout à votre place. C'est notre raison d'être : dorloter nos clients.

— Et vous, qui vous dorlote ?

Était-ce Claire en personne ? Instinctivement, il savait que oui. Il eut de la peine pour Rob Palma. Être privé d'une mère pareille ! Une femme comme celle-ci, avec ces yeux brillants de sensibilité et d'humour et une si jolie bouche, pouvait-elle vraiment abandonner son enfant ?

— Je me dorlote moi-même, répondit-elle avant d'éclater de rire.

Il donna son nom en expliquant qu'il ne passerait qu'une nuit à l'hôtel puis paya d'avance.

— Vous êtes ici pour votre travail ? s'enquit-elle en voyant l'adresse qu'il venait d'inscrire dans son registre.

— Oui. Je suis policier.

— Grands dieux ! Elle avait l'air plus amusée que choquée. Et peut-on savoir après qui ou après quoi vous en avez ?

— Vous, je crois. Du moins si vous êtes bien Claire Gardner, ex-Claire Palma.

— Vous le savez pertinemment. Un léger froncement de sourcils rida son large front lisse. Pourquoi ? Qu'y a-t-il ? Il est arrivé quelque chose ? Tout à coup elle semblait effrayée. C'est mon fils ?

— Non. Ni lui ni aucun autre membre de la famille.

Elle poussa un soupir de soulagement.

— Ai-je des raisons de m'inquiéter ?

— Non, à moins que le passé ne vous trouble encore. Dans le cadre d'une enquête consécutive à un enlèvement récent, j'ai besoin de renseignements portant sur certains événements survenus, il y a vingt-huit ans. Et vous pouvez peut-être m'aider.

Elle baissa la tête mais il eut le temps de voir l'expression douloureuse qui se peignait fugitivement sur ses traits. Son front se plissa profondément et, l'espace de quelques secondes, elle parut son âge.

— Dans ce cas, cela devra attendre encore un peu. Vous trouverez dans votre chambre une douche et un bain bouillonnant, ainsi qu'un bar bien fourni. Je vais vous faire monter des glaçons. Voulez-vous que nous dînions ensemble, mettons, à huit heures ?

— Entendu, je vous remercie.

— Ce soir, nous faisons un *braai* dans le jardin. Les soirées sont idéales en cette saison. Tenue correcte exigée, s'il vous plaît. Ah, et puis nous faisons aussi des safaris nocturnes, de vingt-deux heures à deux heures. Il y a beaucoup d'animaux à voir sur notre territoire : hippopotames, rhinocéros, phacochères, fourmiliers, toutes les bêtes à cornes... Ça vous dit ?

— Non, merci, je préfère rester à l'hôtel. J'ai été élevé dans la nature, au Kenya, au Zaïre, au Zimbabwe... Quand je vais dans le bush, je préfère partir seul... et pour plus de quelques heures.

— Ah, vous êtes comme ça, vous aussi...

Elle lui fit un petit sourire entendu et retourna à son livre de comptes. Comment pouvait-elle avoir quarante-neuf ans ? Quand elle souriait, on aurait dit une gamine. Il se sentait attiré par elle. Il s'attarda à la réception et nota son parfum subtil, auquel se mêlait l'arôme du bouquet de chèvrefeuille posé sur le comptoir.

Le chasseur lui fit signe, et Ari le suivit à contrecœur jusqu'à la chambre qui lui avait été dévolue. En ouvrant les persiennes, il découvrit un spectacle qui le ravit : la fenêtre donnait sur la réserve animalière, avec son moutonnement de collines verdoyantes et ses vallées peu profondes qui se déroulaient jusqu'à l'horizon, où le tout se fondait dans une brume mauve. Deux bêtes à cornes broutaient juste sous sa fenêtre, et, plus loin, il vit trois hommes faire déguerpir une famille de phacochères égarés sur le terrain de golf. L'odeur de la rivière parvint à ses narines, mêlée à celle de l'herbe humide et au parfum entêtant des fleurs de tabac poussant en touffes au pied du mur de façade. L'endroit respirait la paix et semblait hors du temps. Ari goûta l'instant ; c'était presque comme si une voix intérieure cherchait à lui communiquer un message.

Il était huit heures et quart. Attablé sur la terrasse en bordure de pelouse, Ari regardait le cuisinier retourner les côtelettes d'une main adroite sur le gril. Près du *braai*, on avait entreposé une foule de saladiers sur des tables à tréteaux décorées de fleurs d'hibiscus. Les grenouilles coassaient dans la rivière, et, tout près, il entendait des hippopotames renâcler.

Claire s'avança sur la pelouse ; elle s'arrêtait à chaque table pour échanger quelques mots avec les pensionnaires, dont Ari entendait les rires joyeux. Elle avait des formes rebondies et cela lui allait à merveille. Elle portait à présent une robe de soie verte semée de petites marguerites. Ses cheveux étaient retenus par un bandeau et son cou s'ornait d'un collier d'émeraudes qui jetaient leurs feux sous l'éclat des flambeaux. Où était son mari, à supposer qu'elle en eût un ?

Il se décida à poser la question dès qu'ils se furent salués.

— Mr. Gardner est là aussi ?

— Est-ce à titre professionnel que vous voulez le savoir ?

Une lueur de méfiance s'alluma dans ses yeux. Peut-être était-elle la cible de tous les célibataires du coin.

— Non.

— Alors permettez-moi de ne pas répondre et passons aux questions purement professionnelles, rétorqua-t-elle avec douceur.

— Je vous demande pardon si je vous ai offensée. C'est que... ça ne doit pas être facile de faire tourner l'hôtel toute seule.

— En effet. Et vous ne m'avez pas offensée. Mon époux est décédé il y a quelques années et j'ai décidé de ne pas me remarier. Je l'aimais, et j'ai horreur d'aborder ce sujet. Elle eut un sourire gêné et haussa les épaules. Ce soir, chacun se sert. Rapprochons-nous du buffet.

La voyant déterminée à se montrer à la fois enjouée et distante, Ari préféra ne pas entrer directement dans le vif du sujet. Il lui parla des réserves animalières qu'il connaissait plus au nord, ils discutèrent du problème des quotas animaliers, de la protection de la faune en général...

— Vous semblez très au courant, constata-t-elle au bout d'un moment. J'aurais bien besoin de quelqu'un comme vous ici.

— J'ai dû choisir entre deux carrières : travailler dans une réserve ou entrer dans la police. Un sourire plein de regret. Je commence à croire que je n'étais fait ni pour l'un ni pour l'autre. Il lui parla de ses parents adoptifs, qui l'avaient poussé à faire des études supérieures. Je songe à faire une thèse de criminologie.

Bien plus tard, il se décida à aborder l'objet de sa visite.

— Je suis désolé de vous rappeler de douloureux souvenirs, entama-t-il lorsqu'ils eurent achevé le dessert. Il restait encore du vin dans leurs verres. J'enquête sur l'enlèvement de la fille de Bill September, Mandy. Cette disparition ainsi que d'autres délits concomitants me paraissent liés à la mort de Rose September.

— Je ne savais pas qu'elle était morte ! On m'a dit qu'elle avait émigré.

— C'est en effet la rumeur qu'on a sciemment répandue à l'époque. Voici ce que j'ai pu découvrir...

Durant son récit, ils reprirent plusieurs fois du café, puis un digestif qu'ils emportèrent sur un banc au bord de la rivière.

— Que dire de plus ? dit Claire en posant sur l'eau un regard rêveur. Vous paraissez tout savoir.

— Je ne comprends pas pourquoi Rose a patienté des mois avant de réclamer de l'argent à Angelo Palma.

— Ah bon, vous n'êtes pas au courant ? Elle a attendu la venue au monde de son bébé.

Ari s'étrangla et se redressa d'un coup.

— Un bébé ? Elle était enceinte ?

— Mais naturellement ! Claire soupira. C'était bien cela le problème : nous étions toutes les deux enceintes. Voyez-vous, lieutenant, Trevor et moi étions en train de nous rapprocher. La naissance toute proche de son fils lui faisait perdre la tête. Je croyais que je finirais par l'emporter, mais en fait j'étais perdante depuis le début. Ni moi ni Trevor ne savions qu'elle était enceinte.

Ari nota son air défait et regretta de ne pouvoir la laisser tranquille.

— J'ai toujours pensé que la stratégie de Rose avait été mise au point par Ramona. C'était une jolie fille, dans le genre oriental, mais elle ne m'a jamais paru très futée. Toute seule, elle n'aurait jamais eu le cran de faire ce qu'elle a fait. Elle a laissé passer du temps et accouché au Mozambique. En rentrant, elle a appelé Angelo ; elle voulait qu'il reconnaisse en son enfant le cohéritier de la fortune des Palma, qu'il l'adopte légalement. Il a refusé. Il m'a raconté plus tard qu'il y avait eu une dispute et qu'elle était partie à l'étranger. Elle frémit. Vous croyez qu'il l'a tuée ? Il en est capable, vous savez.

— Je l'ignore.

— Voyez-vous... Claire se tourna vers lui, rougit et lui posa la main sur le bras. À l'époque j'étais absente. Après l'assassinat de Trevor, j'ai fait une dépression nerveuse — enfin, c'est ce qu'ils ont dit. Moi, je crois plutôt que j'étais trop malheureuse pour faire quoi que ce soit, m'alimenter, écouter ce qu'on me disait. Je voulais mourir, un point, c'est tout. J'ai dû rester un bon moment en maison de santé. Mon bébé a été confié à une infirmière spécialisée qui l'a ramené chez les Palma. Maintenant, j'ai du mal à me rappeler à quel point cela m'a attristée. Je m'estime responsable de la perte de mon enfant.

« Je suis sortie de clinique quand Rob avait deux mois. J'ai annoncé à Angelo que je partais en l'emmenant avec moi. C'était quinze jours après sa dispute avec Rose.

Elle inspira profondément, but une petite gorgée de digestif.

— Vous tenez vraiment à entendre tout ça ?

— Beaucoup.

— J'ai commencé à faire les bagages du petit mais Angelo a appelé ses avocats, qui ont obtenu une décision de justice m'empêchant d'emmener Rob. Ils se sont débrouillés pour apporter la preuve que j'étais une malade mentale incapable de m'occuper correctement de mon enfant. Ç'a été épouvantable. Elle frissonna et se frotta vigoureusement les bras. J'ai fait une autre dépression, mais rien de très grave ; je crois simplement que mes nerfs ont lâché. Seulement, cela a fourni à Angelo l'arme dont il avait besoin.

« Pendant que j'étais en maison de santé pour la seconde fois, il a obtenu la garde légale de Rob. Il est venu me dire que si j'essayais de reprendre mon enfant il le déshériterait au profit de celui de Rose. C'est d'ailleurs à ce moment-là que j'ai appris son existence.

« J'ai répondu que je reprendrais Rob quand même, dès que j'irais mieux ; mais mes parents et leur avocat m'ont démontré que je n'avais aucune chance de l'emporter à cause de mon dossier médical. Angelo m'a informée qu'il provoquerait sciemment des batailles juridiques interminables qui ruineraient mes parents. Il m'a également promis que Rob serait traité comme un prince. Alors je le lui ai laissé. J'aurais dû rester aussi, mais je ne pouvais plus supporter les souvenirs attachés à cette affreuse maison.

« Vous savez, Ari... Je peux vous appeler Ari, n'est-ce-pas ? Un jour je suis revenue, j'ai rencontré Rob. Eh bien, je n'ai rien ressenti de spécial entre nous, aucun lien de sang. Ça n'a pas été facile.

Ari vit que des larmes ruisselaient sur ses joues et posa une main sur la sienne.

— Mrs. Gardner, vous...

— Appelez-moi Claire.

— Claire, vous n'avez rien à vous reprocher.

— Oh, que si Ari ! Elle s'essuya les joues du dos de la main. Toute femme ayant connu cela comprendrait à quel point j'ai l'impression de l'avoir trahi. Je me suis enfuie en l'abandonnant alors qu'il avait besoin de moi. Seulement voilà : je ne pouvais pas rester.

« Et puis il y avait Angelo. Moi qui l'avais pris pour le plus gentil des hommes ! Jusqu'au jour où il a montré les dents. Si vous saviez avec quelle énergie il a convaincu les juges que j'étais incapable de prendre mon enfant en charge ! Quel genre d'homme faut-il être pour faire une chose pareille ? Mes parents m'ont dit qu'après la mort de sa femme il n'avait plus jamais été le même. Il avait placé tous ses espoirs dans sa descendance, la dynastie Palma. Trevor était toute sa vie ; alors, quand il est mort, il a reporté tout son amour, tout son dévouement sur Rob. Il entretenait tellement de rêves !

Elle eut un sourire mélancolique.

— Donc, pour finir, j'ai placé tout mon héritage sur un compte au nom de mon fils. Tout ce que je possédais. À ma mort, cet hôtel lui appartiendra également. J'espère qu'ainsi il comprendra que je l'aime, même si je l'ai abandonné. Vous savez, Ari, il m'a fallu des années pour me remettre de cette histoire.

Un hippopotame renâcla. Claire alla se pencher par-dessus la clôture et contempla la rivière. Décidément, cette femme était très belle, mais si triste ! Il avait envie de la consoler mais ne savait comment s'y prendre.

— Comment va Rob ? Est-il heureux ? lui demanda-t-elle en se retournant, un doux sourire aux lèvres. Et sa femme, comment est-elle ?

Ari fit de son mieux pour la rassurer, non sans se sentir coupable quand il lui fallut décrire Kate.

— Y a-t-il autre chose que vous voudriez savoir ? s'enquit-elle en lui posant une main sur l'épaule.

— Non, c'est à peu près tout.

— Alors je vais vous laisser.

Sur ces entrefaites elle s'en alla, mais Ari eut l'étrange impression qu'il la reverrait sous peu.

Une fois couché, il comprit qu'il n'arriverait pas à chasser de ses pensées les beaux yeux tristes de Claire. Il renonça à trouver le sommeil et ralluma la lumière. Il se versa un scotch et s'empara de la brochure vantant la réserve, commodément disposée sur la table de chevet.

Avertissement : nos visiteurs ne doivent pas oublier que les animaux sauvages de la réserve sont très dangereux. Ils sont donc priés de ne pas s'en approcher.

« Et de faire encore plus attention quand ils repartent », commenta-t-il pour lui seul.

50

Une jeune femme très serviable consultait devant Ari le registre des naissances informatisé dans les locaux du ministère de l'Intérieur. Blanche, elle avait un teint parfait et le décolleté de sa robe à fleurs laissait entrevoir la naissance de ses seins ronds. Des seins qui, d'ailleurs, dansaient à chacun de ses mouvements, à l'instar de sa chevelure rousse ; Ari la trouvait très à son goût et croyait lire dans ses yeux verts une lueur d'invite.

— Nous y voilà, fit-elle soudain.

Elle se pencha pour se rapprocher de l'écran, ce qui offrit à Ari une vue imprenable sur son soutien-gorge en dentelle rose, incapable de contenir ses seins.

— Anton Palma September, né à Lourenço Marques, Mozambique, le 18 décembre 1964. Mère : Rose September, célibataire, ajouta-t-elle, tout excitée. Celle-ci a déclaré son enfant au consulat d'Afrique du Sud afin de le faire mettre sur son passeport et de le ramener ici.

— Ça y est, vous avez trouvé ! Il lui prit la main et la serra vigoureusement. Maintenant, consultez la liste des décès.

Elle feignit le désespoir.

Ils ne trouvèrent rien, mais il existait d'autres possibilités : l'enfant pouvait avoir été expédié à l'étranger, il avait pu changer de nom, etc. Et Ari voulait passer en revue toutes les éventualités. La jeune femme ne protesta pas, mais, en fin de compte, il dut renoncer — et s'arracher par la même occasion à toute cette sensualité affichée.

Durant le trajet du retour, il réfléchit au destin du fils de Rose. Pourquoi ne lui avait-on pas parlé du petit Anton ? Peut-être avait-il péri. Mais, dans ce cas, *quid* du certificat de décès ? On l'avait peut-être tué. Sinon, il avait vingt-huit ans. Curieux que Ramona n'ait pas mentionné son existence. Pas plus que Bill. De toute évidence, ils lui cachaient quelque chose, mais quoi ?

Il trouva Ramona à la lingerie ; elle tançait la repasseuse, qui, d'après elle, avait abîmé des chemises. Dès l'instant où elle aperçut Ari, son visage s'assombrit, ses yeux lancèrent des éclairs de malveillance et ses lèvres se pincèrent. Ramona avait mal vieilli. L'indulgence de la maturité n'était nullement venue compenser la dureté de ses traits profondément marqués ni adoucir les rides de sa peau desséchée. Avec ses cheveux gris sur les épaules, elle ressemblait à une vieille sorcière détraquée. On disait qu'elle avait été aussi jolie que Mandy, mais c'était difficile à imaginer.

Comme toujours, le simple fait de se trouver en face d'elle réveilla l'hostilité d'Ari. Elle lui semblait tout droit sortie d'un cauchemar d'enfant.

Il s'arma de courage et l'interpella.

— Mrs. September, j'ai quelques questions à vous poser concernant l'enlèvement de Mandy...

— Eh bien, vous perdez votre temps, répliqua-t-elle avec un sourire mauvais. Vous me croyez capable de kidnapper ma propre petite-fille ?

— Et je voudrais également savoir ce qu'est devenu votre petit-fils, Anton Palma September, fils de Rose, poursuivit imperturbablement Ari.

Ramona baissa brusquement la tête, mais il eut le temps d'entrevoir son air apeuré.

— Allez-vous-en, dit-elle à la domestique. Allez nettoyer l'escalier de derrière. Je m'occupe du linge.

La repasseuse parut soulagée qu'on la congédie.

Ramona saisit la bouteille d'eau distillée et, tournant le dos à Ari, entreprit d'humecter les chemises. Sans doute gagnait-elle du temps pour se donner une contenance.

— Pourquoi Anton September a-t-il été tué, Ramona ? Vous le savez, n'est-ce pas ? C'est le seul moyen que vous avez trouvé pour vous venger de son père Trevor, c'est ça ? Pourtant, il était de votre sang. Cela ne comptait donc pas à vos yeux ? Ou, alors, c'est Angelo Palma qui vous y a obligée. Est-ce le marché que vous avez conclu ? Vous débarrasser de l'enfant illégitime, donc de ses éventuelles prétentions à la fortune des Palma, en échange d'une compensation financière substantielle, une maison, un chalutier et une pension à vie ?

Elle se courba sur sa planche à repasser et appliqua le fer à vapeur sur une chemise. Ari attendit, le cœur soulevé par l'odeur du linge fumant. Lorsqu'elle releva la tête, il vit qu'elle souriait.

— Rose n'a pas eu d'enfant.

— Manifestement, vous ignorez que la naissance a été déclarée au consulat d'Afrique du Sud à Lourenço Marques. Rose était obligée d'en passer par là pour ramener l'enfant au pays.

— Ridicule ! Là-bas, les archives datant d'avant la révolution ont toutes disparu.

— Vous vous comportez stupidement et vous perdez votre temps, Ramona. On trouve la trace de tout cela chez nous, aux archives du ministère de l'Intérieur. Les documents détenus par le consulat ont été évacués à temps.

Ramona s'effondra sur le panier à linge et s'épongea le front avec sa lavette.

— C'était il y a si longtemps, murmura-t-elle. C'est à peine si je m'en souviens. Que vouliez-vous que je fasse ? Cet enfant était une gêne. Rose était morte, moi, je travaillais, personne ne voulait s'en occuper. Alors je l'ai confié à des parents. Mon frère l'a élevé comme son propre fils.

Pour une déception, c'était une déception. Ari vida ses poumons avec un bruit de ballon crevé.

— Mais pourquoi vous en être débarrassé ? Et pourquoi personne ne m'en a parlé ?

— Parce que les gens ne se souviennent pas de ce bébé né il y a vingt-huit ans. Les bébés, ça ne manque pas, au village. Je ne voulais pas m'encombrer de ce petit bâtard. Quant à Angelo, pour des raisons évidentes, il ne tenait pas non plus à l'avoir dans les jambes.

— Savez-vous où se trouve Mandy ? lui demanda-t-il brusquement.

— Si je le savais, j'irai immédiatement la chercher pour la ramener chez elle, voyons, rétorqua-t-elle en haussant les épaules devant la bêtise de sa question.

À sa grande surprise, Ari la vit s'essuyer les yeux avec le bas de son tablier. Elle éprouvait donc des sentiments...

— Je veux l'adresse des gens à qui vous avez confié le bébé de Rose. Je vais vérifier vos déclarations.

Elle se mit à jurer tout bas. Ari eut l'impression qu'elle lui jetait un sort. Cette vieille harpie, avec ses superstitions insensées ! Pourtant, cela le mit mal à l'aise.

Il fallut plusieurs jours pour faire avouer à Ramona le nom du frère en question puis retrouver ses descendants ; ses recherches le menèrent jusqu'à une exploitation céréalière prospère appelée Smisplaas, nichée au cœur des montagnes de Malmesbury. L'épouse du propriétaire écouta son récit puis lui indiqua un groupe de maisonnettes aux murs de brique blanchie à la chaux. Armé d'une bouteille de brandy enroulée dans de l'essuie-tout, Ari se mit en route. Il passa devant le kraal et, au bout de cinq cents mètres, atteignit les constructions carrées, dissimulées derrière un rideau d'arbres, où habitaient les travailleurs agricoles.

C'était dans cette ferme qu'avait grandi Ramona, et son frère, Piet, y était toujours conducteur de tracteur.

Elle lui avait expliqué qu'il avait vécu avec plusieurs femmes successives, conquêtes qui, toujours, s'en étaient allées en lui laissant leurs enfants. La dernière en date était une vieille ivrogne au bout du rouleau dont les origines hottentotes se voyaient à sa peau parcheminée, à ses yeux en amande et à son visage aplati.

C'était le summum de la misère. Ces gens manquaient de tout, et la puanteur, un mélange de tabac, de feu de bois, de paraffine et de corps humains mal lavés, était inimaginable. Des enfants dévorés par la curiosité se pressaient autour de lui, pieds nus et couverts de croûtes, comme des moucherons à la tombée du soir.

— Vous dites que vous êtes de la police, déclara Piet en le dévisageant avec méfiance, mais je ne vois pas votre uniforme.

Ari lui montra brièvement sa carte, mais de toute façon le vieux ne savait pas lire.

— C'est vrai, il est flic ! C'est écrit là-dessus ! lança un des gosses.

— C'est pas vrai que je lui ai volé ses œufs, gémit le vieil homme. Y a des chats sauvages et des serpents, dans le coin ; seulement, la patronne elle comprend pas ces choses-là. C'est pas une fille de la campagne.

Il cracha par terre.

Ari posa sa bouteille sur le carton qui faisait office de table et proposa au vieux de se servir. Piet en resta un moment confondu, à regarder fixement sa tasse, fit claquer ses lèvres en révélant ses gencives édentées et marmonna des paroles inintelligibles où il était question de cadeau des dieux. Enfin il en avala tout le contenu d'un coup.

Aussitôt assis, Ari eut des démangeaisons sur tout le corps. Il lui tardait de rentrer chez lui pour désinfecter ses vêtements et se faire un shampooing antipoux. *La voiture aura besoin d'un bon nettoyage*, songea-t-il avec amertume.

— Écoutez-moi, Piet. Il y a vingt-huit ans, votre sœur Ramona vous a apporté le bébé de sa fille, Anton. Je suis venu pour le voir. Est-ce qu'il est là ?

— Vous perdez votre temps, marmonna l'autre. On vient sans arrêt nous coller des dizaines de gosses, comme si on avait les moyens, nous autres. Vingt-huit ans ? Vous plaisantez.

Comme Piet regardait la bouteille avec insistance, Ari lui versa une généreuse rasade d'alcool. Cette fois, le vieux flaira sa tasse puis prit une gorgée qu'il fit aller et venir dans sa bouche en connaisseur, avec un air de pure béatitude.

Ils parlèrent de la récolte, des problèmes que posait la culture de la terre. Ari le resservit deux ou trois fois. Puis il se leva et récupéra la bouteille.

— Bon, il faut que je m'en aille. Dommage que vous n'ayez pas pu m'aider.

— Non, non, asseyez-vous, intervint le vieux en poussant la chaise du pied pour la rapprocher d'Ari. Essayez donc de me rafraîchir la mémoire. À quoi il ressemblait, ce gamin ? Je vais peut-être me rappeler, finalement.

Ari s'exécuta. Il reprit tout de zéro.

— Vous, vous êtes un ami, au moins. Pas comme elle, tiens. Ramona a toujours été une emmerdeuse, même quand elle était petite. Elle ne tenait pas en place tellement elle avait envie de partir d'ici. Elle ne pouvait pas se supporter avec nous. Quant à ce petit... Il était drôlement maigrichon, et avec la peau très blanche. Cette Rose, sa mère... Elle avait fauté avec un Blanc. C'est peut-être pour ça que Ramona n'en voulait pas. Je lui ai demandé de me verser une pension, mais elle prétendait qu'il ne valait même pas ça. Je me souviens très bien de ses paroles : "Qu'il crève ; de toute façon, personne n'en veut." Pourtant, il a survécu.

« On l'a gardé deux ans. Il était tout le temps malade, tout le temps en train de pleurer. Il ne nous causait que des ennuis sans rien nous apporter en échange. Les autres gosses le malmenaient parce qu'il avait la peau claire.

Ari se laissa aller contre le dossier de sa chaise,

ferma les yeux et s'efforça de se décontracter. Le vieux, lui, était perdu dans sa rêverie alcoolique. Mais on pouvait peut-être en tirer quelque chose, en fin de compte.

— Dieu sait comment il s'en est tiré. Il a tout attrapé : la rougeole, les oreillons, la coqueluche, même une pneumonie. Heureusement, la patronne d'avant — elle n'était pas encore morte, à l'époque — appelait toujours le docteur quand nos gosses étaient malades. Ça ne faisait pas l'affaire de Ramona. Un jour, il est même tombé de la digue ; eh bien, là aussi il s'en est sorti tout seul. Un autre jour, les gamins l'ont jeté dans un trou et ont rebouché par-dessus. Ils sont revenus en courant annoncer qu'il était mort. On est partis à sa recherche, mais il avait disparu. On croyait bien ne plus le revoir. Mais si : le lendemain il est revenu tout titubant, couvert d'égratignures et de boue, en braillant à tue-tête. Les autres ont prétendu qu'il était ressorti par un terrier de porc-épic. J'ai appelé Ramona pour lui dire de le récupérer. Le diable n'a qu'à veiller sur son engeance, après tout. Il avait quelque chose de pas normal, ce môme.

— Quel âge avait-il quand elle l'a repris ?

Ari se releva, impatient de s'en aller.

— Deux ans, deux ans et demi. Je ne me souviens pas.

— Gardez-la, dit Ari en lui tendant la bouteille. Je ne sais pas si je reviendrai.

Ari retraversa le bout de veld qui le séparait de la ferme. Il se sentait oppressé, révolté. Il dut attendre de reprendre l'autoroute du Cap pour commencer à se sentir mieux.

Il était dix-huit heures. Ari s'était douché — pour se débarrasser de la poussière du voyage mais aussi de son dégoût à l'égard du vieil homme et de sa case crasseuse pleine de vermine —, il avait fait abondamment mousser le shampooing antipoux sur sa tête et jeté ses vêtements dans la machine à laver. Malgré cela, quand il prit le chemin de chez Kate, il se sentait encore contaminé. Alors il alla se baigner dans la mer, en dépit de la température peu clémente de l'eau. Il piqua une tête dans les vagues et crawla de toutes ses forces, jusqu'à en avoir les muscles endoloris et la peau parcourue de picotements. Puis il revint lentement vers le rivage.

En arrivant au phare, il trouva Frikkie accroupi sur une pierre plate près de la porte d'entrée. Il avait du sang sur le col, les joues égratignées mais nettoyées de frais, un œil gonflé et des bleus sur la figure. Il avait dû se battre.

— Qu'est-ce qui t'est arrivé, vieux ? demanda Ari en lui mettant la main sur l'épaule. Tu t'es fait casser la figure ?

Frikkie regardait obstinément ses pieds, paralysé par la détresse au point d'en paraître catatonique. Ari lui tâta l'épaule et le bras. Il était raide comme un piquet ; tous ses muscles étaient contractés. Il fixait sans la voir la porte du phare. Kate sortit en courant, une trousse de premier secours à la main, mais il ne réagit pas. Il ne parut même pas la reconnaître.

— Malheureusement, avec Frikkie, c'est toujours un pas en avant, deux pas en arrière, commenta-t-elle en désinfectant ses écorchures. Dommage, il était sur la bonne voie, pourtant.

Ari fut touché de voir avec quelle douceur elle le soignait.

— Qui t'a fait ça, Frikkie ? s'enquit-elle. Qui t'a tapé dessus ? Il ne fit pas mine d'avoir entendu. Je m'étonne qu'il ait pu arriver jusqu'ici, ajouta-t-elle.

— Quand est-il rentré ?

— À l'instant, ou presque. Je l'ai trouvé en sortant, il y a une demi-heure à peine.

— Depuis quand avait-il disparu ?

— Mais il n'avait pas disparu. Il est simplement parti hier soir après son travail. À ce moment-là il allait bien. La dernière fois que je l'ai vu, c'était vers cinq heures.

— Ça lui est déjà arrivé ?

— Oui. Elle regarda Ari en fronçant les sourcils. Le jour de l'incendie dans les dunes. Il est revenu avec des brûlures, tu te souviens ? Et une autre fois avant cela. Les jeunes du village peuvent être très méchants. Quand ils le traitent de débile, il devient violent.

— Il lui faut des soins.

— Dans le temps..., entama-t-elle en se rembrunissant.

Elle disait toujours « Dans le temps » quand elle parlait de l'époque où elle vivait avec son mari. Fallait-il comprendre « le *bon* vieux temps » ? Ari aurait bien voulu le savoir mais n'osa pas prendre le risque de déclencher une nouvelle altercation. Il se contenta de lui décocher un regard noir, que d'ailleurs elle ne remarqua pas.

— ... Un jour, Ramona et lui se sont disputés et il est revenu dans le même état. Il a fallu appeler une ambulance. Mais à l'hôpital psychiatrique on n'a pas voulu le garder ; on nous a dit que les lits manquaient, que de toute façon il resterait toujours comme ça et qu'il était inoffensif. Ils lui ont juste administré un sédatif.

— Tu en as ?

— Non. Mais j'ai une bouteille de brandy.

— D'abord, il faut qu'il mange.

— J'ai fait de la soupe, déclara-t-elle avec un petit sourire hésitant.

Pleine de sollicitude, Kate apporta une assiette pleine et lui donna à manger à la cuiller. La soupe sentait bon et Ari se rendit compte qu'il avait grand faim.

— J'espère que ce n'est pas trop chaud.

— Mais non, tout va bien. En fait, je l'avais préparée pour ce soir. J'en ait fait une grande marmite, avec de la courge, des navets... tout ce que tu aimes.

— Miam-miam ! Ma soupe préférée.

— Je sais.

Ils échangèrent un sourire, et Ari sentit s'évanouir tous ses doutes, tous ses mauvais pressentiments.

Mentalement, Frikkie était encore en état de choc,

mais physiquement il réagissait bien à la soupe de Kate. Dès les premières cuillerées, secoué de frissons, il revint peu à peu à la vie. Bientôt il put tenir sa cuiller tout seul. Le brandy le fit tousser. Aussitôt, il s'affola. Il se remit à trembler en roulant des yeux effrayés. Il voulut se lever mais se rassit pesamment et regarda d'un air interdit ses jambes, qui refusaient de le porter. Sans Kate pour le soutenir, il serait tombé de sa pierre plate. La jeune femme enveloppa Ari d'un regard accusateur.

Frikkie releva des yeux ahuris et serra ses poings massifs. Ses lèvres remuèrent, et Ari s'efforça de comprendre ce qu'il essayait d'articuler.

— Qui t'a frappé comme ça, Frikkie ?

— Ramona, fit l'autre dans un murmure qui tenait du soupir. Elle m'a... donné des coups de... bâton. Elle a voulu... me tuer. Mais elle se trompe. Elle... elle dit que j'ai volé l'argent, que j'ai été malhonnête.

— Quel argent, Frikkie ? le pressa Kate d'un ton à la fois mesuré et autoritaire.

— L'argent qu'Angelo lui a donné pour tuer l'enfant. Moi, j'ai fait ce qu'ils me demandaient. Je l'ai mis dans le canot et puis je l'ai jeté par-dessus bord, ajouta-t-il précipitamment. Je le jure. J'ai dit la vérité à Ramona.

— Kate, va chercher un crayon et une feuille de papier, fit calmement Ari. Mais elle éluda d'un haussement d'épaules.

Il se leva donc pour aller chercher lui-même le bloc-notes et le stylo posés près du téléphone.

— C'était le bébé de qui que tu devais tuer ?

— Ne lui réponds pas, dit Kate d'un ton pressant en le secouant par l'épaule.

— Kate ! gronda-t-il en s'emportant brusquement. Il n'y a pas que Frikkie en jeu dans cette histoire, mais aussi Mandy ; alors ne t'en mêle pas, tu veux ?

Kate se figea et Frikkie se mit à les regarder tour à tour. Un silence stupéfait régna l'espace de quelques instants. Ari n'aimait pas du tout ce qu'il lisait dans les yeux de la jeune femme : elle avait clairement envie de l'envoyer promener.

— Tu peux tout nous dire, Frikkie, reprit-il sans tenir compte de la réaction de Kate.

L'autre se mit à marmotter en remuant la tête et en contractant les muscles puissants de son cou pourtant maigre. Son front bombé se plissa, ses yeux s'enfoncèrent encore plus profondément dans leurs orbites tout en jetant des éclairs sous sa frange hirsute et ses sourcils proéminents.

— Frikkie, reprit sèchement le policier. Dis-moi ce que tu étais censé faire.

— Noyer le petit.

— Non ! cria Kate. Tu n'as pas le droit de lui faire ça, Ari !

Elle voulut plaquer la main sur la bouche de Frikkie, mais Ari la retint. Alors, sur un ton saccadé, le pauvre homme s'accusa de tous les torts ; il raconta, en s'embrouillant et en butant sur les mots, que ce jour-là, avant l'aube, il était sorti en mer tendre le filet, l'enfant caché au fond du bateau, avec ordre de jeter à l'eau.

— Ça suffit ! le coupa violemment Kate. Il lui faut un avocat. Cesse immédiatement de l'interroger. Tu l'as volontairement soûlé !

Ari s'emporta. Elle croyait donc avoir le monopole du cœur ? Elle pensait peut-être être la seule à avoir de l'affection pour Frikkie ?

— Fais-moi confiance, Kate.

— Te faire confiance, à toi ? fit-elle avec dédain, ce qui eut le don de le mettre en rage.

— Je te conseille de garder ta compassion pour les innocents. Il se laissait aller, sous le coup de la colère, à dire des choses qu'il ne pensait pas.

— L'innocent, c'est lui ! Il ne sait pas faire la différence entre le bien et le mal. Il ne ferait pas de mal à une mouche.

— Non, seulement à un bébé.

Kate lâcha un hoquet de surprise scandalisée.

— Tu es vraiment un salaud. Un ignoble salaud. Tu

m'as manipulée pour le pousser à parler. Je hais le monde dans lequel tu vis, et toi je te méprise.

— Ah oui ? Pourquoi ? jeta-t-il d'une voix tranchante qui mit fin aux reproches de la jeune femme, en réalité adressés à elle-même. Il chercha les mots susceptibles de la blesser. Parce que je ne gagne pas beaucoup d'argent, c'est ça ? Parce que je cherche à protéger les victimes et à punir les criminels ? Parce que j'interroge un individu susceptible d'avoir assassiné un petit enfant ? Ou bien parce que je suis en passe de confisquer l'une des deux lunes mineures gravitant autour du resplendissant soleil que tu t'imagines être, Frikkie et Tabson, qui baignent en permanence dans l'aura de ta grande indulgence ?

Elle se précipita dans le phare et claqua la porte. Ari s'assit sur une pierre, accablé. Il ne pouvait pas appréhender Frikkie sur la seule base de ses ruminations éthyliques. Il n'avait pas encore acquis la conviction qu'un meurtre avait bel et bien été perpétré ; toutefois, c'était plausible, il fallait bien l'admettre.

Il aida Frikkie à se mettre au lit et partit s'asseoir seul dans les dunes pour tourner et retourner l'affaire dans sa tête. Angelo avait-il pu souhaiter la mort du fils de Rose ? C'était possible. Il avait certainement voulu éviter qu'il ne réclame un jour sa part de l'héritage. Mais Ramona était-elle capable de tuer son propre petit-fils ? Tout à fait probable ! Ari avait déjà participé à trois enquêtes pour infanticide maternel. Ramona, elle, n'avait été que la grand-mère, et on l'avait grassement rétribuée pour soustraire l'enfant au regard d'Angelo. Quant à aller jusqu'au meurtre...

Il fut soulagé de voir arriver Kate avec un plateau chargé de sandwiches et de bières.

— Je ne tiens pas à me quereller avec toi, Ari, dit-elle avec un sourire chaleureux. Simplement, je ne suis pas d'accord avec la façon dont tu traites Frikkie. Restons bons amis.

Et voilà ! Elle était comme ça. Elle se réconciliait aussi vite qu'elle se fâchait. Incapable de rancune.

C'était d'ailleurs l'une des facettes qu'il aimait tant chez elle.

51

La pièce était éclairée par des spots qui rehaussaient l'éclat du lambris en bois de rose, du plafond en santal et du grand bureau en chêne où Rob était encore à travailler. Devant lui, une calculatrice, un petit bloc-notes et un crayon bien aiguisé. Il n'avait besoin de rien d'autre. Tout le reste, il l'avait en tête.

On frappa à la porte. Fronçant les sourcils, il lança :

— Entrez.

Un bref coup d'œil à sa montre lui apprit qu'il était plus de dix heures. Il n'avait pas vu passer le temps. Dans son bureau, il se retrouvait, il se sentait heureux et en sécurité. C'était son petit monde à lui. Les manœuvres financières, les manigances en tout genre, le marketing, la stratégie commerciale dans son ensemble..., tout cela le réjouissait et le rassurait. Même la trahison de Kate n'avait pas réussi à lui gâcher ce plaisir. Il inscrivit un dernier chiffre, éteignit la calculatrice et leva les yeux. C'était Ramona. Elle était furieuse et il savait très bien pourquoi.

— Il est tard, rouspéta-t-il.

— J'ai vu de la lumière. Je voudrais te parler en privé.

— Assieds-toi.

Il alla se poster devant la fenêtre pour préparer sa réponse à la requête qu'elle n'allait pas manquer de lui présenter. De là, il contemplait toute l'étendue de la vallée, le fleuve, son delta marécageux et le phare qui, depuis les événements, restait illuminé jusqu'à l'heure où Kate allait se coucher. Ce soir, elle était encore éveillée. Lisait-elle ? Couchait-elle avec son amant ?

Il détourna le regard en frémissant et le reporta sur les fanaux de ses chalutiers qui se balançaient doucement, côte à côte, au gré de la faible houle. Les douze étaient à l'attache : on y installait des appareils de pointe pour la recherche des bancs de poissons ; il était en effet de plus en plus difficile de repérer les plus rentables. Il y avait trop de chalutiers et pas assez de sardines. C'était en partie pour cela qu'il avait décidé de se passer de contractuels et de ne conditionner que le poisson pêché par sa propre flotte. La semaine précédente, il en avait officiellement informé, par écrit, les sept patrons de pêche indépendants avec qui il traitait jusqu'alors, y compris Bill September. Ce faisant, il les ruinait, il ne l'ignorait pas ; mais il était bien obligé d'agir en fonction des contraintes économiques. Il avait choisi, pour laisser tomber le couperet, le moment où Angelo allait inspecter ses vignobles. Son grand-père était un sentimental ; il aurait cherché à protéger September, et peut-être aussi les autres.

— Qu'y a-t-il, Ramona ? s'enquit-il, l'air de rien, en regagnant son fauteuil.

— J'ai une histoire à te raconter, répondit-elle en l'observant intensément. Il y a vingt-huit ans...

— Oh non, je t'en prie ! Je te signale qu'il est tard et que je n'ai pas fini mon travail. Faut-il vraiment remonter vingt-huit ans en arrière pour que tu me sermonnes sur le nouveau fonctionnement des pêcheries ? Je suis désolé, mais je n'y peux rien. C'est le marché qui veut ça. Je sais ce que tu vas me demander et la réponse est non, dit-il d'un ton sans réplique.

Voilà qu'il s'emportait au lieu de mettre en avant la concurrence sur les marchés internationaux, comme il en avait eu l'intention. Enfin, il n'était peut-être pas trop tard.

— Écoute-moi. Ramona haussa le ton tel un prêtre

entamant son sermon en chaire. Il y a vingt-huit ans, disais-je, lorsque je t'ai placé, toi, mon petit-fils, Anton September, dans le berceau de Rob Palma, ce n'était certainement pas pour que tu nous ruines un jour. C'était pour remettre une fortune entre tes mains. Or cette fortune est à toi, maintenant, et jamais je ne te laisserai réduire Bill à la faillite. Pendant toutes ces années, je t'ai veillé, protégé. Et ce serait pour ce résultat ? Non, pas question.

Le volume de sa voix s'amplifia encore tandis qu'elle prenait appui des deux mains sur le bureau.

— Ça, jamais, tu m'entends !

— Tu es devenue folle ! hoqueta-t-il.

Il avait envie de la frapper, mais curieusement, il était comme vissé sur son siège, incapable du moindre mouvement. Il avait l'impression d'assister en étranger à un cauchemar insensé. C'était absurde ! De la folie pure ! Elle se penchait sur lui, ses yeux lançant des éclairs, les poings serrés. Elle avait perdu la tête. Oui, c'était sûrement cela ; il se raccrocha à cette hypothèse rassurante.

— J'ai noyé l'héritier légitime ; tu n'as donc rien à craindre.

Sur ces mots, elle s'en alla et referma la porte sans bruit.

Rob consulta sa montre par habitude puis saisit sa calculatrice et voulut reprendre son travail où il l'avait laissé malgré le carillon incessant qui résonnait à ses oreilles. Voyons, où en était-il ? Oui, s'il pouvait rogner 10 pour 100 sur...

Bon sang ! Il s'épongea le front et vit qu'il était couvert de sueur. Il avait froid et chaud en même temps. Elle mentait, cela crevait les yeux. La vieille folle ! Elle était capable de tout pour sauver son fils. De tout ! Il savait à quel point elle protégeait farouchement sa famille. *N'avait-elle pas déjà fait des pieds et des mains pour protéger son petit-fils ? C'est-à-dire lui-même ? Oh non...*

Qu'avait dit Angelo, déjà ? Il essaya de se remémorer ses termes exacts. Quelque chose comme : *C'est cela le plus curieux. Elle a voulu reprendre son tablier pour t'élever convenablement. Elle m'a pardonné la mort de Rose, et, cela, c'était très important pour moi.*

En fait, Ramona n'avait jamais pardonné à personne. Elle s'était assuré une revanche impitoyable. Avant cela, Angelo avait dit : *Si j'avais donné à Rose ce qu'elle demandait, j'aurais porté tort à tes intérêts... Il fallait que je te protège.*

Mais de qui ? Du fils de Rose et de ses prétentions sur la moitié de la fortune des Palma ? Pourtant, il en avait hérité dans sa totalité, Ramona y avait veillé.

Non ! Ça n'avait pas de sens. Il mourait d'envie de chasser définitivement cette scène extravagante de sa mémoire. Tout ça, c'étaient des histoires. Il se mit à arpenter son bureau en essayant de réfléchir.

Il dut se retenir, au prix d'un grand effort, de courir après Ramona et de lui faire cracher la vérité, par la violence s'il le fallait. *À moins que je ne la fasse taire définitivement...* Bon Dieu ! Elle n'avait aucun droit de... de raconter des mensonges pareils. Qu'avait-elle en tête ? Le chantage ? Ou disait-elle vrai ? Impossible ! Mais, alors, pourquoi l'avoir couvé avec autant de fidélité ? Elle s'était occupée de lui mieux qu'une mère. Rose avait-elle vraiment eu un enfant ? Oserait-il réveiller son grand-père pour se confier à lui ? Angelo, qui avait banni le bâtard métis de Rose, qui lui avait refusé le droit d'exister afin de protéger l'enfant de Claire. « Grand-père, tu as nourri une vipère dans ton sein. » C'était lui, l'enfant qu'Angelo avait tant redouté, et à juste titre, en plus, car Rob se savait redoutable. Invincible ! Peut-être Angelo avait-il lui aussi le don de double vue ? L'idée l'amusa et il éclata d'un rire sans joie qui, même à ses propres oreilles, ressembla à un hurlement de bête traquée.

Il était un intrus, et si Angelo s'en apercevait il serait déshérité, mis au ban de la famille. En regardant autour de lui, il songea que tout cela appartenait à quelqu'un d'autre. Il alla se contempler dans le miroir ancien, encadré de moulures dorées, que Kate avait accroché au-dessus du buffet. Et ce furent les yeux charbonneux de Ramona qui lui renvoyèrent son regard. Incroyable que personne n'ait jamais rien remarqué ; en effet ! Il l'aurait tuée pour ce qu'elle venait de lui faire. Mais avait-elle eu le choix, à l'époque ? Où serait-il, aujourd'hui, sans elle ?

Incapable de contenir plus longtemps son tourment, Rob sortit en coup de vent et dévala les escaliers menant à la porte d'entrée principale. Les vigiles lui jetèrent un regard intrigué lorsqu'il s'élança sur la pelouse.

Il trouva Ramona dans sa cuisine. Il se jeta sur elle, la saisit par les bras et se mit à la secouer sans ménagement. La panique s'emparait de lui, l'engloutissait au point que le souffle lui manquait. Supprimer Ramona, était-ce supprimer en même temps toute preuve matérielle ? Emporterait-elle son secret dans la tombe ?

— Qui... qui est au courant, à part toi ? rugit-il.

— Moi, toi, Frikkie.

— Qui d'autre ?

— Pas si fort, fit-elle entre ses dents. On va t'entendre. Si j'ai gardé ce secret pendant vingt-huit ans, ce n'est pas pour que tu le cries sur les toits.

— Mais pourquoi ? Pourquoi ?

Elle se libéra d'un geste et recula à distance respectable.

— Parce que tu as ta place légitime dans cette maison, répondit-elle en lui jetant un regard noir. Ton sang t'y autorise. Tout cela m'a été prédit il y a longtemps. Son sang et le mien..., un homme qui serait à la tête d'une immense fortune. Et cet homme, c'est toi !

— Mais enfin, Ramona ! Ma fortune était assurée bien avant que je n'hérite de la leur.

Pourquoi avait-il dit *la leur* ? Commençait-il à croire cette harpie et ses intolérables mensonges ?

— C'est parce que tu avais naturellement le sens des affaires. Reconnais-le ! Tu as toujours su dans quelle direction aller, pour quelle solution opter... même quand tu étais petit.

À présent, elle souriait. Elle s'assit dans son fauteuil et se mit à se balancer d'avant en arrière en le regardant tendrement. Et s'il la tuait, là, tout de suite ? Puis il se rappela les vigiles. Il se laissa tomber lourdement sur une chaise.

— De qui crois-tu donc tenir cette intuition ? De moi, bien sûr. Tu as toujours su quoi faire, en toute circonstance. Avoue-le donc. L'intuition te vient de moi et l'intellect de lui.

— De lui ? Tu parles d'Angelo ?

— Tu es tout de même le fils de Trevor.

Il poussa une exclamation. Il l'avait oublié. Ce fut une révélation. Comme si on lui avait brusquement annoncé sa grâce alors qu'il attendait son exécution. Rose et Trevor avaient eu un enfant. Oui, ça se tenait. Il s'enfouit le visage dans les mains et s'efforça de réfléchir. L'idée qui dominait était qu'Angelo restait son grand-père. Il était un Palma. Et, en cet instant, rien d'autre au monde ne comptait.

— Mon grand-père a bien dû s'attendre que le fils de Rose réclamerait une partie de l'héritage ? Que lui as-tu dit ?

— Que tu t'étais noyé.

— Et il t'a crue ?

— Pourquoi pas ? Mais, en fait, c'est l'enfant de Claire qui s'est noyé, dit-elle en lui tendant un brandy qu'il avala d'un coup.

— Tu l'as tué ? demanda-t-il, horrifié.

— Qu'est-ce que ça peut te faire ?

— Que veux-tu de moi, maintenant ? Tu sais, je ne suis pas si facile à manipuler.

Il eut un rire dur.

— Ne t'en fais pas, répondit-elle doucement.

Elle lui posa la main sur l'épaule.

Il se sentait insulté, *mais elle était tout de même sa grand-mère.*

— Rien ne changera. Ce que j'ai fait devait l'être.

Je voulais que ma descendance soit riche, puissante et blanche. Et j'ai réussi. Regarde-toi ! Remarie-toi, Rob. Aie des enfants. Je n'aborderai plus jamais le sujet. Simplement, essaie de ne pas nuire aux tiens, maintenant que tu sais qui tu es. Tu as la preuve que ce que je t'ai dit est vrai, si tu n'es pas encore convaincu : Angelo, lui, n'aurait jamais fait ce que tu projettes de faire. Ça, c'est de moi que tu le tiens.

Elle se pencha sur lui, lui prit le visage et l'embrassa. Et ce fut ce geste, plus que tout autre chose, qui acheva de le convaincre. Il frémit des pieds à la tête. Tout son corps se révoltait. Il entendit une espèce de gémissement et se rendit compte qu'il sortait de sa gorge. Il alla prendre un vase sur la table et le jeta par terre.

— Non ! hurla-t-il. Non, non, non !

Lorsqu'il reprit ses esprits, un moment plus tard, il vit qu'il était seul. Il était affalé sur la table et la martelait de ses poings, à présent en sang. « Ramona ! » appela-t-il de toutes ses forces. Mais elle n'était plus là.

Il n'avait plus rien à faire ici. En sortant d'un pas mal assuré, il faillit heurter le jardinier, qui, en chemise et les yeux écarquillés, levait un bâton au-dessus de sa tête.

— Tout va bien, lui lança-t-il sèchement.

Lorsqu'il pénétra dans le hall de sa maison, les vigiles, là encore, le regardèrent bizarrement. Grand bien leur fasse. Une fois de retour dans son bureau, il ferma la porte à clef et se versa à boire. Puis il se remit à faire les cent pas. Il avait résolu assez de problèmes dans sa vie professionnelle ; il réussirait bien à trouver une solution à celui-ci. Les problèmes fournissaient toujours une occasion de se perfectionner. Combien de fois n'avait-il pas martelé cette vérité première devant ses divers gérants timorés ?

Il prit son calepin et écrivit : « Problème : *identifier le risque.* Solution : *l'éliminer.* » Il se plongea un instant dans ses pensées. Pendant quelques années, il avait utilisé les services d'un spécialiste de l'espionnage industriel qu'il rétribuait sur une base annuelle et qui se présentait sous le titre ronflant de « chercheur-économiste indépendant ». L'affaire présente n'était pas vraiment dans ses cordes, mais c'était un crack. Par exemple, il n'hésitait pas à cambrioler les locaux de la concurrence si Rob voulait en consulter la comptabilité. Pour l'instant, ce qu'il avait besoin de savoir, c'était ce qu'était réellement devenu l'héritier légitime. Il n'était peut-être pas mort.

Il décrocha le téléphone et composa le numéro personnel du détective. « Il faut que nous nous rencontrions immédiatement. Il y a un bar de nuit appelé Joe's en bord de plage. Je vous y retrouve à minuit. »

Il commençait à se sentir mieux. Il avait établi un diagnostic. Toutefois, il lui fallait des données complémentaires. Alors seulement il pourrait appliquer la solution.

Ari fut réveillé avant l'aube par la sonnerie du téléphone. Il chercha l'interrupteur à tâtons mais entendit Kate décrocher.

— C'est pour toi, dit-elle d'une voix ensommeillée. Willis.

Ari prit l'écouteur ; Kate alluma la lumière, le regarda en battant des paupières puis s'enfouit la tête sous son oreiller. Ce ne pouvait être que de mauvaises nouvelles, Ari le savait. Sinon, Willis ne l'aurait pas appelé ici. Il se rappela qu'il était de service.

— Encore un cadavre, annonça Willis. J'ai pensé que vous voudriez être au courant. Je vais chez les Palma. Ramona a été assassinée. Rendez-vous là-bas.

Frikkie ? se demanda-t-il en s'habillant rapidement.

— Kate, dit-il en la secouant. Ramona a été assassinée ; je soupçonne Frikkie. Ne le laisse pas entrer dans le phare, tu m'entends ?

— Ce que tu peux être idiot, parfois, marmonna-t-elle.

Il se précipita au rez-de-chaussée et alla avant tout

jeter un œil dans la chambre de Frikkie, mais il n'était pas là.

En se rendant chez les Palma, il repensa aux déclarations avinées de Frikkie. L'avait-elle vraiment soudoyé pour qu'il tue son propre petit-fils ? Était-elle capable de cela, même en échange d'un chalutier, d'une maison et d'une grosse somme d'argent ? Dans ce cas, elle venait d'en payer le prix. Une fois sur place, il se repéra aux bruits de voix et aux projecteurs éclairant les arbres. Les photographes n'étaient pas encore arrivés et deux agents montaient la garde près du corps.

Tandis qu'il se garait près du cottage, Willis vint à sa rencontre.

— On n'a touché à rien. Le vigile n'a rien entendu de suspect, mais il dit que la lumière est restée allumée beaucoup plus tard que d'habitude, ce qui l'a incité à venir voir vers quatre heures et demie du matin.

« Je commence à croire que vous avez raison de supposer un lien entre les meurtres et l'enlèvement de la petite. Qu'est-ce qu'il y a derrière tout ça ?

Sans doute Rose, songea Ari sans répondre. *Quelqu'un les punit pour ce qu'ils ont fait à Rose, mais pourquoi maintenant ? Pourquoi pas à l'époque ?*

Les yeux de Ramona avaient été arrachés et abandonnés dans l'herbe. Son cadavre était pitoyable. Elle qui, de son vivant, paraissait si forte semblait maintenant bien frêle, bien vulnérable. Elle était en chemise de nuit et robe de chambre. On avait dû venir la voir alors qu'elle était déjà au lit. Mais elle avait laissé entrer son assassin sans donner l'alarme. Pourquoi ? Sans doute avait-il une bonne raison de se présenter à cette heure de la nuit. Alors, Frikkie ?

Ari examina le corps et, ce faisant, fut pris de tremblements de rage. Malgré le nombre d'assassinats qu'il s'était déjà vu confier dans sa vie de policier, il se sentait toujours aussi scandalisé. Le besoin de châtier les coupables et de protéger les faibles était profondément enraciné en lui.

Sans ses yeux terrifiants, Ramona n'était plus rien.

Rien qu'une femme hagarde aux cheveux blancs trempés de rosée, une femme amaigrie et vieillie avant l'âge, dont le visage était à présent maculé de sang. Inerte et comme mise au rebut. Qui avait pu craindre son regard au point de l'éteindre définitivement ? *Frikkie*, se dit-il à nouveau.

En plein drame, le vigile vivait son heure de gloire et s'en délectait. Il raconta qu'il s'était approché et avait buté sur le cadavre. Beaucoup plus tôt dans la soirée, il avait entendu Ramona se disputer avec Frikkie.

— Elle hurlait à s'en faire péter les poumons, et lui braillait comme un taureau fraîchement castré. Puis Monsieur Rob et elle se sont drôlement engueulés dans le bureau. Mr. Palma l'a rattrapée en courant et l'a suivie jusqu'ici. Ils se sont disputés une bonne heure, puis il est rentré à la maison, il a pris des affaires et il est parti dans sa voiture. Il était blanc comme un linge.

Une fois qu'on eut photographié et enlevé le corps, Ari fouilla les alentours en s'éclairant d'une puissante torche électrique tout en s'efforçant de se représenter mentalement la scène. Il entra ensuite dans le cottage, où il nota la propreté, l'odeur de cire, les fleurs, les coussins, les tableaux. Il flaira également une odeur de café. Il trouva le filtre plein. Il avait servi récemment. Pour qui Ramona avait-elle préparé du café ? Pas pour Frikkie, quand même ? Jamais elle n'aurait gaspillé ce bon café pour son arriéré de fils, rejeté parce qu'il était un *bobbejaan* et qu'elle avait sa fierté. D'un autre côté, pourquoi aurait-elle donné du café à Rob Palma alors qu'ils se disputaient ? Ça ne tenait pas debout.

Et pourquoi avait-elle fait entrer un intrus en pleine nuit ? Sûrement pour une bonne raison. Lui avait-il parlé de Mandy, par exemple ? Ce n'était qu'une intuition, mais elle était plausible. Il remarqua au mur un panneau en liège orné de photos. Il les examina attentivement : elles formaient un kaléidoscope résumant toute la vie de Ramona. L'une la représentait en compagnie d'Angelo et d'une autre femme devant une baraque au bord de la plage à l'enseigne des Sables.

Bonté divine, se dit-il en s'approchant. *C'est qu'elle présentait bien, au temps où ses enfants étaient petits.* Elle semblait à l'aise financièrement. Et elle avait l'air heureuse. Il n'avait jamais vu Ramona heureuse. Elle avait été très jolie, dans sa jeunesse ! Chaque photo était maintenue en place par une épingle, et il remarqua un espace vide vers le haut du panneau. Curieux.

Il ressortit, scruta le sol, écarta des branches d'hortensias dont certaines étaient brisées, et trouva enfin des traces de pas. Il appela les agents et les laissa prendre la relève.

Il rentra au poste. Quelqu'un avait nourri assez de haine à l'égard de Ramona pour lui arracher les yeux. Était-ce à cause de ce don de double vue que la rumeur lui prêtait ? Qui pouvait la haïr à ce point ? Jusqu'ici, il tenait deux suspects : Rob Palma et Frikkie.

Lorsqu'il put enfin s'asseoir à son bureau, il était neuf heures du matin. Il appela son supérieur, le colonel Greg du Plessis.

— Mon colonel, je voudrais qu'on m'autorise à appeler du renfort afin de ratisser les montagnes. Il y a eu un autre assassinat. La tante de la petite disparue. Oui, monsieur, un règlement de comptes ou je ne m'y connais pas. J'ai trois suspects pour l'enlèvement et je pense que Mandy peut être cachée dans une grotte. Vous comprenez, il y a forcément un lien entre son kidnapping et ces meurtres ; le kidnappeur se trouve dans les parages et il peut aller et venir à sa guise. La montagne lui fournirait un refuge idéal.

« Mais il y a autre chose, mon colonel. En 1967, l'enfant de Rose September, âgé de deux ans et demi, a disparu. J'ai le témoignage sous serment d'un arriéré qui assure l'avoir noyé sur ordre d'Angelo Palma. Palma est une des grosses fortunes de la région, mais j'ai tout de même l'intention de le convoquer aux fins d'interrogatoire. »

— Dieu merci, vous vous décidez enfin à agir ! Je commençais à croire que vous craquiez. Prenez tous les hommes que vous voudrez. Je vous l'ai déjà dit, il importe qu'on nous voie nous activer en ce moment. Les élections approchent. Au fait, cet Angelo Palma, je présume qu'il est blanc ?

— Oui, mon colonel.

— Et l'enfant en question est métis ? Vous voyez, j'ai lu vos rapports.

— Oui, mon colonel.

— Ma foi, cela peut nous valoir quelques suffrages de plus. Allez-y, Ari. Vous avez carte blanche. Ah, une question, quand même : vous allez la retrouver, cette Mandy ?

— Oui, mon colonel, répondit-il après une brève hésitation.

Mais sera-t-elle encore en vie ? C'est un autre problème, songea-t-il avec tristesse. Toutefois, il garda cette réflexion pour lui.

52

Le lendemain matin à l'aube, Kate fut à nouveau réveillée par Willis, qui cette fois venait chercher Frikkie.

— C'est Ari qui vous envoie ? Ce n'est pas possible ! Mais qu'est-ce que c'est que ce type, enfin ! En tout cas, il se trompe lourdement.

— Entre nous, il ne le croit pas vraiment coupable du meurtre de Ramona ni de celui du fils de Rose, mais il y a trop de témoins dans l'affaire d'hier soir pour qu'il puisse le laisser en liberté. Je l'embarque aux fins d'interrogatoire.

— Comment va-t-il réagir derrière les barreaux ? s'inquiéta-t-elle.

— Ari l'envoie au service psychiatrique de l'hôpital pénitentiaire, à Wynberg. On le soignera, et il sera interrogé par un psychiatre. Je vous en prie, ne vous faites pas plus de souci que nécessaire.

— C'est bien joli, tout ça, mais même s'il ne risque rien, comment vais-je me débrouiller sans lui ? grommela-t-elle. Je vais lui procurer un avocat. Dites-le à Ari. On ne devrait pas laisser la police persécuter les gens comme Frikkie.

— Tu crois vraiment que je le persécute ? dit tout à coup Ari, qu'elle n'avait pas entendu arriver de la plage. C'est ça que tu penses de moi ?

Elle rougit et rentra dans le phare, mais il la suivit.

— Kate, je te promets que s'il est innocent Frikkie sera relâché avant une semaine. Ne sois pas tout le temps sur mon dos. Il faut bien que je fasse mon travail.

Elle finit par reconnaître qu'il n'avait pas entièrement tort. Elle lui fit du café, mais elle était triste pour Frikkie, sachant combien il supporterait mal d'être enfermé. Elle vit qu'il était à peine six heures. Elle qui se croyait déjà en milieu de matinée. *Autant préparer dès maintenant le petit déjeuner de Tabson*, songea-t-elle.

On était le 15 mars, donc à la fin de l'été, mais cette année les grues et les oies partaient plus tôt que d'habitude. L'hiver serait froid. Quand il eut pris son petit déjeuner, Tabson alla éparpiller du millet dans le jardin et observer les progrès de son oie, qui réapprenait à voler. L'oiseau courait, sautillait et tentait de décoller en battant frénétiquement des ailes, mais il se fatiguait vite. Depuis plusieurs jours, sa compagne tournait au-dessus de la maison en le pressant à grands cris de migrer avec elle.

Par la fenêtre de la cuisine, Kate vit l'enfant regarder sa jambe d'un air navré. Puis, l'air tout triste, il ramassa son cartable et partit en boitillant pour l'école. Il établissait un parallèle entre son handicap et l'aile cassée de son oie. Ils avaient attendu avec angoisse le jour où on lui enlèverait son plâtre, et cette fois-ci ça y était : ils avaient rendez-vous le lendemain. On allait enfin savoir si les trois opérations avaient donné le résultat escompté.

Elle soupira et s'efforça de refouler son anxiété. Il fallait absolument qu'elle se mette au travail : on lui avait confié trois chantiers importants ; d'ailleurs, elle était impatiente de s'y attaquer. Mais, aujourd'hui, elle était trop tendue. Elle ne ferait rien de bon. Elle décida de s'octroyer une demi-journée de congé et de se promener au bord du lagon.

Le temps était sec et le niveau de l'eau assez bas, mais déjà herbes et broussailles poussaient sur l'emplacement des cases incendiées. Celles-ci avaient été bien fragiles, bien éphémères, mais leurs décombres avaient fertilisé le sol sablonneux. *Encore un an ou deux et il ne restera plus trace de la tragédie*, se dit-elle.

À un moment, elle entendit des coups de marteau et, à travers la végétation, aperçut des ouvriers en salopette orange. *Décidément, Rob ne lâche jamais le morceau*, songea-t-elle en essayant de ne pas céder à la déception. Il n'avait qu'une chose en tête : construire sa maudite résidence. Mais pourquoi avait-il choisi de l'implanter aussi près de la limite de son terrain ? Rien ne l'empêchait de faire bâtir au bord de l'eau, puisqu'elle avait perdu son procès contre lui — souvenir amer s'il en était. En s'approchant, elle se rendit compte que les ouvriers creusaient de son côté à elle ! La moutarde lui monta au nez et elle les rejoignit en courant.

— Mais qu'est-ce que ça veut dire ? marmonna-t-elle en s'arrêtant net, les sourcils froncés.

On avait édifié une plate-forme entre son côté et celui de Rob, et non loin de là gisaient sur le sol les panneaux préfabriqués d'un bâtiment en cours d'assemblage. De toute évidence, on prévoyait de l'ériger en travers du lagon.

— Vous avez dû mal calculer l'emplacement, déclara-t-elle sans aménité. Vous empiétez sur mon terrain.

Les ouvriers lâchèrent leurs outils et la regardèrent, mal à l'aise. L'un d'entre eux alla chercher le contremaître, qui arriva en toute hâte. Avec son short kaki, sa chemise, ses yeux brillants d'enthousiasme et sa tignasse blond-roux, on aurait dit un étudiant.

— Vous devez être Mrs. Palma, dit-il en lui offrant sa main tendue. J'escomptais bien que vous passeriez. Ce projet m'enthousiasme et je suis très honoré d'y participer à ce stade précoce. Cette réserve ornithologique donnera l'exemple à tous les propriétaires de zones marécageuses, outre qu'elle mettra à l'abri des dizaines d'espèces en voie de disparition.

— Mais... qui êtes-vous ? s'étrangla-t-elle. Qu'est-ce qui se passe, ici ?

— Je me présente : John Hemmings, du département ornithologie de l'université du Cap. C'est moi qui ai l'honneur de concevoir cette réserve.

Kate fit de son mieux pour garder une contenance, mais les yeux lui piquaient et, tout à coup, elle eut une boule dans la gorge. Sentant ses genoux fléchir, elle dut s'asseoir sur une souche.

— Exposez-moi vos idées, fit-elle à voix basse.

— Je serais moi-même ravi d'entendre les vôtres, Mrs. Palma. Votre mari nous laisse entièrement carte blanche. Hemmings eut un petit rire nerveux. À une condition toutefois : que la réserve porte le nom de « Kate Palma ».

Une espèce d'éloge funèbre, pensa-t-elle. *Un monument funéraire à la mémoire d'un amour mort et d'espoirs depuis longtemps enterrés*. Hemmings était mal à l'aise. Sans doute craignait-il qu'elle ne se mêle de son travail.

— C'est une entreprise de grande ampleur, ce qui ne va pas sans me causer du souci, naturellement ; mais j'ai la certitude d'avoir choisi le meilleur endroit pour le mirador. Vous serez sûrement d'accord avec moi. Vous comprenez, les visiteurs y accéderont facilement, par la route, puis ils entreront par des couloirs grillagés. Des tunnels, en fait ; peut-être avec un toit de chaume. Ainsi, les oiseaux ne les verront pas, et, mieux encore, le public ne causera pas de dégâts — la nature humaine étant ce qu'elle est. D'ici on aura une vue superbe sur le lagon. Votre mari nous a fait don de puissantes lunettes d'observation. Mais vous le savez, bien sûr. J'ai appris aujourd'hui que l'Institut d'ornithologie avait l'intention de profiter de cette réserve pour réintroduire des oiseaux pratiquement disparus. Vous saviez qu'il y avait déjà plusieurs représentants d'espèces très rares, ici ? Tout à son exaltation, il n'avait pas remarqué la réaction de la jeune femme. Tout à coup, il s'interrompit et se rembrunit. Qu'est-ce qu'il y a ? J'ai dit quelque chose qui ne vous a pas plu ? s'enquit-il en la dévisageant attentivement.

— Non, non, c'est le vent qui fait pleurer mes yeux.

— Ah, je vois.

Il n'y avait pas un souffle de vent ce matin-là, mais Hemmings ne fit pas de commentaire.

— Quand avez-vous reçu le feu vert de Mr. Palma ? Il a dû oublier de m'en parler.

— Le lendemain du jour où il a gagné son procès. Il a décrété que finalement c'était vous qui aviez raison. Il y a longtemps que vous vous battez pour ce projet, n'est-ce pas ? Mr. Palma nous a tout raconté. Toutes mes félicitations ! Il sourit de toutes ses dents. Votre mari avait tellement mauvaise conscience, après sa victoire devant les tribunaux, qu'il a déposé un million de rands sur un compte destiné à assurer la gestion de la réserve. Nous, ça nous arrange drôlement quand les gens cèdent à leur sentiment de culpabilité. Je ne serais pas autrement surpris que cette réserve devienne une véritable vitrine ornithologique connue dans le monde entier...

Il continua à babiller gaiement pendant que Kate, elle, contenait son envie de pleurer. Pourquoi Rob avait-il attendu si longtemps, au lieu de céder à l'époque ? *Tu nous aurais évité bien des épreuves. Oh, Rob... Tu es vraiment bizarre ! Quelle tête de mule ! Maintenant il est trop tard : nous avons trop de choses à nous reprocher. De plus, le divorce est sur le point d'être prononcé.*

Elle rentra à toute allure au phare téléphoner à Rob, mais il était injoignable — « Quelque part au fin fond du désert du Namib », l'informa sa secrétaire.

Ce fut une fameuse journée pour Kate. Quand Tabson rentra de l'école, elle l'emmena visiter le futur observatoire et ils se promenèrent au bord du lagon en ramassant des débris au passage. *Il faudra des années pour tout enlever*, songea Kate, *mais peut-être le jeune*

Hemmings détachera-t-il quelques hommes pour nettoyer la future réserve.

En rentrant, au coucher du soleil, ils s'aperçurent que l'oie n'était plus là. Tabson fondit en larmes. Ils la cherchèrent une heure durant puis renoncèrent. Perturbée, Kate essaya de dissimuler son trouble pour ne pas aggraver le chagrin de Tabson. Elle avait acheté un gâteau qu'ils allèrent manger dans les dunes, face à la mer. Tabson refusait d'abandonner tout espoir : il continuait d'appeler son oie.

— Si j'apprends qu'on l'a mangée, je jure que je tuerai le coupable, déclara-t-il, la lèvre inférieure toute tremblante.

— Elle est sûrement quelque part dans les parages, mentit-elle.

Tabson mâchonna sa part de gâteau sans entrain. Tout à coup, il bondit sur ses pieds.

— Miss Kate, regardez, regardez !, lança-t-il, interrompant les rêveries de la jeune femme.

L'enfant faisait des bonds sur place en hurlant et en agitant les bras ; il lui montrait un banc de nuages au-dessus des flots. Tout d'abord, Kate ne vit rien, mais au bout d'un moment elle crut discerner deux gros oiseaux décrivant des cercles très haut dans le ciel. Ils prenaient leur essor, tournoyaient, piquaient vers la mer au gré des courants thermiques tiédis par la tombée du soir.

— Tu crois, vraiment... ?

Le cœur battant, elle courut chercher du millet qu'elle dispersa tout autour du phare en appelant l'oie comme elle le faisait toujours.

L'un des deux oiseaux émergea de la brume vespérale et descendit en piqué à une vitesse impressionnante ; il tombait comme une pierre ! Parvenu au-dessus du phare, il freina à grands coups d'ailes puis se posa avec un choc sourd sur le toit arrondi.

— Allez, descends ! supplia Kate.

Le volatile plongea vers le sol en décrivant un large cercle autour d'eux et atterrit lourdement. Il entreprit de picorer le millet avec son avidité coutumière, comme si de rien n'était.

— Tabson, ça y est ! Il a réussi ! *On* a réussi !

Kate serra le petit dans ses bras et le fit tournoyer dans les airs. Nouveau bruit sourd : la femelle venait de se poser à son tour, les pattes écartées ; elle les observait nerveusement en tournant la tête dans tous les sens. Elle déroba quelques grains de millet puis battit en retraite dans un arbre, d'où elle se mit à lancer des appels irrités.

L'oie de Kate et de Tabson dévora tout le millet puis s'élança, bondit et prit son essor. En un clin d'œil les deux oiseaux tournaient au-dessus du phare en poussant des cris assourdissants. Puis ils s'éloignèrent à tire-d'aile en direction des marais.

— L'année prochaine, elles pourront revenir ; elles seront en sécurité, commenta Kate en repensant à Rob et à son geste incroyable.

On était en début d'après-midi mais les rideaux étaient tirés et il faisait très sombre dans le service. Une infirmière était assise dans le coin le plus obscur. En voyant entrer Ari et Willis, elle se leva.

— Les visites sont interdites. Ordre du médecin. Je ne sais pas si vous êtes au courant, mais cet homme est en état d'arrestation.

— Nous sommes au courant, tout va bien.

Willis lui montra son insigne. Il avait un sourire et des yeux bleus qui radoucissaient les femmes les plus endurcies. Ari l'avait déjà remarqué.

Elle lui retourna un sourire juvénile.

— Vous permettez, dans ce cas, que je fasse une petite pause ? Vous resterez là jusqu'à mon retour ?

— Pas de problème, répondit Willis.

Il n'y avait pas beaucoup de lumière, mais Ari nota tout de même le teint grisâtre de Frikkie et ses yeux affolés ; on aurait dit une bête sauvage en cage guettant constamment l'occasion de fuir. Il était étendu sur un lit recouvert d'une couette blanche. Ses mains démesurées étaient étroitement jointes et sa respiration résonnait bruyamment. Il était tellement peu à sa place entre quatre murs que c'en était pathétique. Était-ce là le coupable qu'Ari recherchait ? Il en doutait fort.

— Salut, Frikkie, lança-t-il avec toute la gaieté dont il était capable.

Il lui donna une petite tape sur l'épaule.

— Je voudrais m'en aller, maintenant. Miss Kate a besoin de moi. Qui va arroser le potager et nourrir l'oie ?

— L'oie s'est envolée avec sa femelle hier, Frikkie. Depuis, elle est revenue deux ou trois fois quémander du millet.

Le regard de Frikkie s'aviva brièvement. Il alla jusqu'à sourire. On lui avait coupé les cheveux très court, et, sans la masse de boucles qui d'habitude lui retombait sur le front, il paraissait d'autant plus vulnérable — fragile, apeuré. Quelle vie avait eue cet homme, sans amis et rejeté par sa famille et ses pairs ! Pas étonnant qu'il se raccroche aux animaux — tous les animaux. Était-ce une raison suffisante pour enlever une jeune et jolie adolescente ? Mais non ! Frikkie ne savait pas conduire, il n'avait pas de passeport : comment aurait-il pu se rendre au Botswana ? Restait le bébé qu'il affirmait avoir noyé, et l'assassinat de Ramona, dans lequel il était le principal suspect. Il avait même un mobile : la vengeance après qu'elle l'eut battu.

Le docteur George Fink entra en coup de vent. Léger et court sur pattes, il arborait une masse de cheveux noirs et crépus et des yeux pétillants d'intelligence et d'humour.

— Désolé, lieutenant, je suis en retard. J'ai été appelé dans un autre hôpital.

Ari présenta Fink à Willis.

— J'ai essayé de le secouer un peu, mais il ne démord pas de cette histoire de bébé noyé ; il s'y raccroche comme un naufragé à son radeau, ajouta pensivement Fink en se balançant d'avant en arrière, les mains enfoncées dans les poches. Je suis en train de mettre au point une nouvelle technique d'hypnose. Il ne répond pas aux méthodes traditionnelles. Je suis sur le point de réussir, mais il me faut encore quelques jours.

Ari assista à l'interrogatoire serré de Frikkie, mais celui-ci s'obstinait à dire qu'il avait noyé le bébé pour obéir à Ramona, qui elle-même agissait sur les ordres d'Angelo Palma.

Puis Fink passa au meurtre de Ramona. Il fallut un bon moment pour faire comprendre à Frikkie qu'elle était morte. Il se mit à sangloter amèrement, comme un petit enfant. *Impossible qu'il sache jouer la comédie à ce point*, songeait Ari en le contemplant avec incrédulité. *Il est innocent. Je perds mon temps.*

Il confia à Willis le soin d'enregistrer la déposition de Frikkie et s'en alla.

Non loin de là, au service orthopédique, Kate et Tabson retrouvaient le chirurgien. C'était la première fois que Kate voyait l'enfant perdre courage. Pendant qu'on lui retirait son plâtre, il resta assis tout raide, les poings serrés, les paupières hermétiquement closes. Maintenant que c'était fini, il ne voulait plus ouvrir les yeux. Une infirmière nettoyait sa jambe au désinfectant.

— Allons, Tabson, tu peux regarder, maintenant, lui recommanda-t-elle avec insistance. Mais rien à faire. Le petit était paralysé de terreur.

Le médecin ôta ses lunettes et les essuya. Il se retourna vers Kate et lui sourit en posant sur elle son regard de myope. Elle lui trouva l'air fatigué. Ses yeux bleus cillaient constamment.

— Sa jambe va rester un peu raide quelque temps, expliqua-t-il. Il faut donc qu'il fasse ses exercices de rééducation deux fois par jour sans faute, comme je vous ai montré.

— Tu peux te mettre debout, jeune homme, ajouta-t-il en se tournant vers Tabson.

Mais l'enfant resta immobile.

— Tout va bien, tu peux regarder, lui souffla Kate en allant se pencher sur lui.

Il entrouvrit les paupières. On lisait tant d'aspirations dans son regard anxieux ! Kate comprit qu'il n'osait pas espérer.

— Ta jambe est guérie. Je t'assure. Comme l'aile de ton oie. Au prix d'un effort certain, Tabson détacha les yeux de Kate et promena dans la pièce un regard hésitant. Il frissonna, puis, toujours assis, regarda sa jambe et laissa aller son torse contre ses genoux relevés.

— Elle est plus maigre que l'autre, mais il ne faut pas t'en faire pour ça, commenta le médecin. La rééducation te rendra tes muscles. Allons, essaie de te tenir debout, de marcher !

Tabson semblait peu disposé à se lever. Il commença par remuer les orteils et constata qu'ils obéissaient. Puis il examina attentivement sa jambe, sans rien dire, se contentant de faire courir le bout de son doigt sur ses cicatrices et d'en lisser la peau. Enfin il prit appui sur la main de Kate pour se mettre debout.

Elle l'assista mais déclara :

— Tu n'as pas besoin qu'on t'aide, tu sais. Tu peux très bien y arriver tout seul.

Elle retira sa main. L'enfant osa trois pas mal assurés, ses bras tendus faisant office de balancier, puis trois autres mieux coordonnés. Enfin, les mains dans les poches, il se mit à sautiller de-ci, de-là en sifflotant nonchalamment, gambadant dans toute la pièce, se balançant sur les talons ou se haussant sur la pointe des pieds. Ébahi mais ragaillardi, il fléchissait les jambes, s'étirait de tout son long, sautait sur place...

Son petit visage se fendit d'un sourire radieux ; jamais Kate ne l'avait vu sourire ainsi.

— Dites donc, miss Kate, c'est un vrai miracle, comme vous l'aviez prédit. On dirait que je n'ai jamais eu de patte folle. C'est comme si je me réveillais d'un mauvais rêve.

Il était tellement heureux qu'il s'excitait tout seul.

Sa joie balayait tout sur son passage. Il fonçait en tous sens, les bras écartés simulant des ailes d'avion tandis que de ses lèvres sortait un vrombissement de moteur. Il sortit à toute allure du service ; ils l'entendirent filer dans le couloir et dévaler les escaliers. Une minute plus tard il tourbillonnait sur la pelouse, ivre de joie.

— Lui d'habitude si solennel ! constata Kate d'un air rêveur.

— C'est qu'il a beaucoup de temps et de jeu à rattraper. Autre chose : au début, il va lui arriver de petits accidents. N'oubliez pas de lui faire faire ses exercices tous les matins et tous les soirs. C'est essentiel !

Kate hocha joyeusement la tête, échangea une poignée de main avec le médecin et alla récupérer Tabson.

Après les scones à la confiture, avalés en quatrième vitesse tant la hâte de Tabson était grande, ils se rendirent chez le marchand de bicyclettes. Pour l'enfant, le moment de la récompense était venu, après le courage dont il avait fait preuve tout au long de son pénible et interminable traitement. Et cette récompense devait prendre la forme d'un vélo tout terrain. Ce n'était pas donné, mais Tabson l'avait bien mérité. Et puis, professionnellement, Kate était si sollicitée qu'elle n'avait plus à s'inquiéter pour sa situation financière.

Le marchand lui prêta de quoi attacher l'engin sur le coffre arrière de sa voiture et Tabson passa tout le trajet du retour à genoux à l'envers sur son siège, incapable de quitter des yeux son nouveau vélo. Qui sait ... Il aurait pu disparaître en fumée.

Kate se gara sur l'emplacement que Frikkie avait aménagé sous les arbres. Elle avait à peine serré le frein à main que Tabson sautait à terre, détachait la bicyclette et l'enfourchait. En un rien de temps il remonta l'allée de gravier en suivant une trajectoire pour le moins incertaine. Kate s'attarda pour le regarder. Elle aurait voulu que cet instant magique dure éternellement. Elle n'oublierait jamais cette journée.

Mais au bout de quelques minutes Tabson revint vers elle en poussant son vélo ; blême, il ouvrait de grands yeux effrayés.

— Miss Kate... Miss Kate... Au secours, ne les laissez pas m'emmener !

Il était complètement affolé. Elle ne l'avait jamais vu dans cet état.

— Qui donc ?

— Mes parents !

Il éclata en sanglots bruyants.

Kate éprouva un choc à l'estomac et fut parcourue par un tressaillement douloureux, tout à coup, elle ne trouvait plus son souffle. Ce n'était pas possible ! Comment avaient-il su ? Et pourquoi justement aujourd'hui ? Elle s'élança en direction du phare. Il fallait qu'elle appelle Ari.

Mais il était déjà là, avec un petit groupe de personnes à l'air compassé. Elle reconnut Boysie, du camp des squatters, ainsi qu'un couple inconnu. La femme était très grande — presque un mètre quatre-vingts —, large d'épaules et quasi obèse. Sa robe à fleurs ornée de petits volants la grossissait encore. Son mari était aussi grand qu'elle, mais mince, avec de petites lunettes à fines montures, un jean et une tunique à col Mao. Kate ouvrit la porte et tout le monde entra.

— Nous sommes venus chercher notre fils, dit fermement la femme.

Elle fit signe à Tabson, mais celui-ci se cacha derrière Kate en s'accrochant à sa jupe comme un tout petit enfant.

— Il y a trop longtemps que nous en sommes séparés, intervint l'homme. Il commence à parler, à se comporter et à penser comme un Blanc.

— Et alors ? Qu'est-ce que ça a de si terrible ?

Kate saisit la main de Tabson. Elle le sentait trembler contre elle.

— C'est vous que j'aime, Miss Kate, dit-il tout bas, d'une voix rendue rauque par le chagrin.

Kate se tourna vers Ari.

— Tu vas m'aider ? lui demanda-t-elle, trop choquée pour réfléchir.

— C'est moi qu'ils sont venus trouver, entre tous, pour te forcer à leur rendre leur fils. Ils veulent le ramener au homeland. Il n'y a rien que tu puisses faire pour les en empêcher, Kate. Je leur ai raconté tout ce que tu avais fait pour Tabson, mais ils étaient déjà au courant. Ils se sont tenus informés par l'intermédiaire de Boysie, ici présent, qui est un cousin éloigné ; ils savaient qu'on devait lui enlever son plâtre aujourd'hui.

— Demande-leur si je peux l'adopter, dit-elle, désespérée.

Ari dit quelques mots au père en xhosa, mais l'homme répondit en anglais en s'adressant à Kate.

— Tabson est mon fils unique et je veux le reprendre. Il doit nous aider avec le bétail.

La femme commençait à s'énerver, à reprocher à son mari de ne pas régler immédiatement cette affaire.

— Ils pensent que tu veux kidnapper leur fils, dit Ari. Ils sont très remontés contre toi.

À la fois furieuse et assommée, Kate protesta.

— Ils se moquaient bien de lui quand il était infirme ! leur jeta-t-elle à la figure.

— Mais maintenant il ne l'est plus ; et c'est mon fils à moi, rétorqua la femme dans un anglais étonnamment correct.

— Vous l'avez vendu comme esclave ! Vous n'aviez aucun droit de faire ça ! Il a failli mourir.

— Il faut le laisser partir, Kate. J'ai déjà consulté la Protection de l'enfance et un avocat ; tu ne peux rien faire. C'était à prévoir, et j'avais d'ailleurs l'intention de te prévenir, mais je ne pensais pas que cela arriverait aussi vite.

Tabson pleurait sans bruit ; ses joues ruisselaient de larmes. Kate l'aida à emballer ses affaires.

Un quart d'heure plus tard il faisait des adieux déchirants à Simplet.

— Dis au revoir à l'oie de ma part, sanglota-t-il.

La petite procession quitta le phare, le père ouvrant la marche avec, dans les bras, un carton plein de jouets et de livres, puis la mère, ondulant des hanches sous sa robe démesurée, une valise en équilibre sur la tête, et enfin Tabson, son vélo renversé également posé sur le sommet du crâne. Ce dernier spectacle blessa Kate autrement plus que ses pleurs : ce retour aux coutumes tribales était comme une gifle pour elle.

Elle courut après lui et lui saisit le bras.

— Tabson, écoute-moi. Quand tu seras grand, tu n'auras qu'à revenir. Mais entre-temps, s'il te plaît, monte sur ton vélo ou pousse-le, mais ne le porte pas comme ça, tempêta-t-elle.

Tout à son malheur, l'enfant était presque hors d'atteinte.

— *Bunjalo ke ubomi* — c'est la vie, répondit-il enfin. Déjà il avait renoncé au monde de Kate avec le fatalisme maussade caractéristique des siens. Et le vélo resta sur sa tête.

Tout était allé si vite !

— Je n'arrive pas à y croire, murmura Kate après avoir précipitamment réintégré le phare. Simplet posa sa grosse tête sur ses genoux et émit un son plaintif, comme s'il comprenait, ce qui n'était pas pour la consoler, bien au contraire. Elle fondit en larmes et tous les efforts d'Ari pour la réconforter restèrent vains.

— Ils ne m'ont même pas remercié, sanglota-t-elle. *Peut-être ont-ils raison*, songea-t-elle. Elle ne les avait jamais consultés. Même pas informés. Elle avait le sinistre pressentiment qu'elle ne reverrait jamais Tabson.

53

Une aube rose illuminait l'horizon. Un canari du Cap lança un trille sonore et limpide. Puis ce fut tout un chœur d'oiseaux qui s'éleva, vibrant, dans les buissons environnants. Mars s'achevait, l'automne s'annonçait, et la mer était voilée d'un épais matelas de brouillard clair qui allait s'accrocher au pied des monts. Mais d'ici une heure il se serait dissipé.

Avec Gerber et deux autres agents, Ari se tenait dans les fourrés à l'entrée d'un sentier de montagne. Ils avaient pris soin de dissimuler leurs véhicules parmi les arbres. Ils étaient prêts à passer à l'action, mais on attendait encore deux brigades, dont le retard mettait en question le succès de l'opération.

Jusqu'ici, Ari avait à sa disposition trente hommes et chiens policiers, échelonnés le long du sentier de manière à encercler la montagne. Vingt autres devaient les rejoindre. Inquiet, Ari consultait sa montre, quand on entendit approcher un véhicule. C'était une voiture de police, qui fit un tête-à-queue en freinant avant de s'ensabler. L'attaché de presse, Ian Frost, en sortit, et Ari dut prendre sur lui pour ne pas céder à l'emportement.

— On peut savoir comment vous êtes au courant de ce qui se passe ? s'enquit-il.

Gerber s'empourpra légèrement.

— Laissez tomber, on n'a pas le temps, jeta-t-il à Ari.

Puis il envoya deux agents dégager la voiture et la garer à l'écart de la piste.

Là-dessus, on entendit un bruit de moteur dans les airs. Des hélicoptères suivaient la côte de près puis virèrent vers eux.

— Bon sang, mais c'est pas vrai ! s'exclama Ari. Qu'est-ce que... ? Qui a donné l'ordre de... ? Et dire qu'on comptait sur l'effet de surprise ! C'est foutu, maintenant.

Le battement caractéristique des pales d'hélicoptère continuait d'approcher, de plus en plus audible ; puis deux appareils militaires piquèrent vers le sol et percèrent la couche de brume avec un manque de discrétion dans lequel Ari ne vit que pure malveillance.

— Espèce de salaud ! hurla-t-il à Frost. Qui vous a permis de vous mêler de ça ? Si j'avais voulu des hélicos dès maintenant, je les aurais fait venir moi-même !

Gerber porta l'index à ses lèvres pour lui signifier la prudence, mais Ari était trop enragé pour s'en soucier.

— Ça suffit, lieutenant, fit-il.

— Tout est fichu, grommela Ari, qui haussa les épaules et se détourna, le visage fermé. Ce connard ne me plaisait déjà pas beaucoup, mais à présent c'est le bouquet. Il a intérêt à faire gaffe, que je ne le croise pas un soir dans un coin sombre.

Fulminant, il lança un bref regard au chargé des relations publiques.

— Taisez-vous, répéta Gerber. C'est un ordre. Et les renforts, qu'est-ce qu'ils fabriquent ?

— Ils sont en retard, voilà ! Bon, écoutez. Dois-je comprendre que ces engins vont nous tourner des heures au-dessus de la tête, histoire de bien signaler notre position au ravisseur ? On peut savoir ce qui se passe ici ? Qui commande ? Je croyais que c'était moi. Mais je vois bien que non, en fait. Alors puisque c'est comme ça, je m'en vais.

À cet instant précis apparut un autre fourgon de

police qui remontait péniblement la piste. Il en sortit quinze agents supplémentaires. Ils étaient en treillis et portaient des armes automatiques. Un commandant en tenue de combat, que complétait un casque d'écoute et une radio de campagne, vint vers eux avec ses deux aides de camp, dont l'un portait un siège pliant et l'autre une grande table et des tréteaux.

Ari en eut la nausée.

— Mon commandant, entama-t-il. Avec tout le respect que je dois à votre grade, c'est moi qui suis à la tête de cette opération. C'est moi qui l'ai préparée, et ce que je voulais, c'était de la promptitude et de la discrétion. Seulement je constate que vous êtes en retard et qu'avec ces hélicos vous avez fait assez de vacarme pour provoquer la fuite de notre cible avant que mes hommes n'aient pris position.

— Et pourquoi ne sont-ils pas déjà en position ? s'enquit le commandant.

— Ils y sont en partie, mais les autres, ceux qui devaient former le reste du cordon, viennent seulement d'arriver — avec vous, mon commandant. Et il manque encore une brigade.

L'autre fronça les sourcils.

— Vous êtes... ?

— Le lieutenant Ari St John, mon commandant.

— Alors passons à l'action, voulez-vous ? On entreprend les recherches tout de suite et on discute après, d'accord ? Quel est votre plan ?

— Disposer un cordon pour encercler cette montagne, là, fit-il en indiquant le sentier qui partait en direction du sud. Il n'y a pas moyen de s'échapper vers le bas, c'est-à-dire par la mer : pas de possibilité d'embarquement, rien que des courants dangereux, des rochers pointus et des vagues de forte puissance. Si la cible s'enfuit vers le haut, elle n'a devant elle que le sommet ; mais, côté sud, elle peut se frayer un chemin à travers la végétation afin de rejoindre par l'arrière le village des pêcheurs. Or c'est justement là que le cordon n'est pas complet, et comme les hélicoptères ont dû l'alerter, le ravisseur peut encore nous filer entre les doigts par ce chemin-là. Nous avions prévu d'être tous en place en un quart d'heure, mais il nous manque des hommes.

— Je vois. Intégrez sans attendre mes hommes dans votre cordon. Pour tout vous dire, je n'ai été mis au courant de l'opération qu'hier soir, sur un coup de téléphone du major Frost. Débrouillons-nous avec les moyens du bord. Je vais ordonner aux hélicos de surveiller la cambrousse juste au-dessus du village.

— Merci, mon commandant.

— Dites-moi, St John... Tout à fait entre nous, vous y croyez vraiment ? Qu'est-ce qui vous prouve qu'ils sont bien là ? Après tout, la petite a disparu au Botswana. Je croyais qu'on employait les grands moyens pour des raisons politiques ?

— En effet, mon commandant. Mais j'ai entrepris ce quadrillage parce que j'avais des raisons de croire que le kidnappeur était basé dans le coin. On pourrait planquer toute une armée, ici, vu la densité de la végétation. Il existe des centaines de grottes ainsi que plusieurs blockhaus et autres dépôts d'armes désaffectés depuis la fin de la Seconde Guerre mondiale dans la zone qui s'étend au-dessus de la piste. On prétend même qu'elles sont le repaire d'une secte sataniste. Il y a aussi des cabanes de pêcheurs abandonnées tout le long de la côte.

— Vous avez une carte d'état-major ?

— Oui, mon commandant. Tous les bâtiments, quels qu'ils soient, y sont reportés et numérotés.

Il étala la carte en question sur la table à tréteaux.

— À l'oreille, je dirai que votre dernière brigade arrive, lieutenant. Mettons ce cordon en place.

Ari serra les dents et fit donc avec les moyens du bord, à savoir qu'il indiqua aux hommes les positions à occuper en essayant de refouler ses appréhensions. Avec un peu de chance, Mandy serait bien là. Mais que lui ferait le ravisseur en entendant le bruit de la battue ? La tuer et cacher son corps ou tenter de fuir avec elle ?

Le tapage était infernal ; les chiens aboyaient, les hélicoptères vrombissaient... Puis un nouvel élément perturbateur se présenta : la presse, Frost oblige. Trois véhicules tout terrain approchaient, dont l'un était hérissé de caméras. Derrière eux, une foule de curieux. Ari était atterré.

— Du cirque, voilà ce que c'est, marmonna Ari sans s'adresser à personne en particulier.

Jânek n'avait pratiquement pas dormi, mais le bruit des hélicoptères le tira de son sommeil léger. Il ouvrit les yeux à grand-peine et, après quelques secondes d'incrédulité, entra promptement en action. Il monta l'escalier en courant et sauta sur le toit du blockhaus. Son cœur bondit dans sa poitrine : deux engins longeaient la côte en direction de la face sud. Il examina les alentours à la jumelle. Plus haut, sur la piste ceignant la montagne, des policiers se mettaient en place par petits groupes. Le ciel virait au gris clair et, à l'est, l'horizon se parait de stries roses. Dans quelques minutes il ferait jour. Et il était trop tard pour prendre la fuite.

Il redescendit en toute hâte dans l'ancien dépôt d'armes et alluma sa torche électrique. Assise au milieu de sa cage en fil de fer, Rose se protégeait les yeux de la lumière qui l'aveuglait.

— Habille-toi ! lui cria-t-il en lui jetant ses vêtements.

Il ressortit, ferma la porte à clef et alla arroser d'essence les alentours du bunker ; la végétation s'enflamma d'un coup en répandant dans les airs un épais rideau de fumée. Ainsi Rose et lui auraient une chance de passer de l'autre côté de la piste ; mais il devrait la porter. Une crainte le taraudait : ses poursuivants avaient-ils découvert son véhicule, caché dans un bouquet d'arbres et de broussailles denses, près de la route derrière les dunes ?

Quand elle reçut l'éclat du jour en plein visage, Rose se mit à pleurer. On aurait dit une petite taupe. Une main plaquée sur les yeux, elle poussait des gémissements et toussait à cause de la fumée. Il la secoua par le bras.

— Suis-moi. Cours. Cours, sinon, je te tue.

Elle trébucha, tomba à plat ventre et resta là, immobile, comme assommée. Il se pencha pour la retourner, et elle en profita pour le frapper durement, de bas en haut, avec un caillou pointu qu'elle avait caché sous elle, qui l'atteignit à proximité des yeux. Il secoua la tête et des gouttes de sang s'envolèrent.

Jânek se sentit sombrer dans une espèce d'hébétude. Sa vision ne cessait de se brouiller. « Garce ! » Il lui décocha un violent coup de poing sur la joue, la hissa sur son épaule et prit le chemin du sommet en s'arrêtant de temps en temps pour tendre l'oreille. À en juger par les aboiements des chiens, ses poursuivants se dirigeaient vers la mer ; mais il perçut alors des cris dans la direction opposée et comprit son erreur : ils le cherchaient à la fois en deçà et au-delà de la piste. Un léger vent de nord-est attisait le feu, qui gagnait rapidement. Il fallait qu'il évite de se trouver sous le vent, qu'il profite du rideau de fumée pour traverser la piste. Puis il ferait le tour de la petite montagne en restant juste au-dessus du cordon de police, protégé par les broussailles, jusqu'aux pentes surplombant le village. Le seul danger restait l'étendue caillouteuse entièrement à découvert au bas de laquelle se trouvait sa camionnette. Mais on verrait bien sur place.

Puisant des forces dans sa colère, Jânek se redressa péniblement, Mandy toujours jetée sur son épaule. La fumée l'enveloppait de ses volutes et la visibilité était quasi nulle. Il s'élança à grandes enjambées, en s'obligeant à accélérer. Rose remua, geignit puis sombra à nouveau dans l'inconscience. Le grondement du feu était partout, ponctué de sifflements et de craquements sinistres, mais il avait une chance. Alors il continua à courir.

— Rose, appela-t-il. Rose, ça va ?

Tout à l'heure il l'avait assommée, mais elle faisait peut-être semblant, une fois de plus. Il lui en voulait ; pourtant, il l'aimait. Il était prêt à risquer sa vie pour elle ; seulement il fallait qu'elle obéisse. Une fois déjà elle lui avait désobéi, et cela avait provoqué un désastre qui avait gâché leur vie pendant de longues années.

Ari ne comprenait pas très bien comment l'incendie avait éclaté. Peut-être une cigarette jetée par un badaud négligent ; ou alors c'était une tactique du ravisseur pour protéger sa fuite. Le temps qu'Ari et ses hommes atteignent la lisière calcinée du brasier, de l'autre côté de la montagne, la chaleur oppressante était devenue insupportable. Ils étaient en nage. Les hélicoptères commencèrent à se replier. Tout à coup, une file de pauvres hères émergea de la fumée en titubant, portant qui de maigres biens, qui un bébé hurlant : des *bergies*, ces sans-abri qui trouvaient refuge dans les grottes. Ari eut profondément pitié d'eux. Humbles, impossibles à distinguer les uns des autres, ils subsistaient en mendiant, s'abreuvant de mauvais vin ; ils n'avaient aucun espoir de trouver du travail : ils étaient inemployables.

Subitement, une balle siffla à ses oreilles et alla frapper le roc derrière lui. La détonation retentit simultanément. Tous plongèrent pour se mettre à couvert. Le tireur semblait posté dans une grotte voisine. Ari y lança une bombe lacrymogène, et quelques instants plus tard ses hommes donnèrent l'assaut. C'étaient deux jeunes qui montaient la garde auprès d'un stock de drogue principalement constitué de Mandrax. Ils hurlèrent et se débattirent, mais on leur passa les menottes et on les maîtrisa. Ari appela des renforts pour qu'on les emmène au poste, eux et leur trésor.

Pendant deux heures les policiers ratissèrent les fourrés. Guidés par des chiens excités par toute cette animation, ils progressaient dans la fumée le long de pentes glissantes et escarpées, en direction de la mer, pendant qu'Ari et un petit groupe d'hommes patrouillaient sur la route au-dessus d'eux. Vers onze heures, il reçurent un appel radio de Willis.

— J'ai repéré du mouvement autour d'une cabane sur la digue, mais la marée monte ; elle sera bientôt hors d'atteinte par la route.

— Vous êtes sûr ?

— Il y a du monde, dedans, j'ai vu quelque chose bouger derrière les carreaux.

— Allez-y, mais faites vite. Prenez trois hommes avec des chiens. Et faites attention.

— Bien reçu.

Ari attendit. Les minutes passaient avec une lenteur exaspérante.

— Oh, mon Dieu ! entendit-il alors. Ils sont fous !

— Qu'est-ce qu'il y a ?

— Des chats pendus, un autel, des ossements, et ce qui ressemble à un squelette de bébé. Du sang séché partout, des pigeons et des poules en cage, encore des os, et un individu bizarre qui gémit, tassé dans un coin. Un individu de sexe féminin, je crois.

— Ramenez-la. Ouvrez les cages, mais autrement ne touchez à rien. Je vous envoie des hommes immédiatement. Si vous ne voyez pas trace de Mandy, rentrez dès que les renforts arriveront. Mais restez sur vos gardes. Si la marée monte, attendez un peu. On dit qu'il est trop dangereux de revenir à la nage.

— Quoi, vous voulez que je reste là ? Je préfère encore me noyer. Si vous voyiez ça...

La matinée avança, toujours sous le même manteau de poussière et de fumée ; le vent changeait fréquemment de sens. Un agent se cassa le bras et Willis marcha sur un cobra qui le mordit. On dut l'emmener aux urgences. L'incendie continuait à faire rage et la fumée rendait les recherches hasardeuses.

Jânek n'en pouvait plus. Il avait alternativement porté et traîné la jeune fille inconsciente sur la moitié du pourtour de la montagne. Il était couvert de brûlures, il avait la gorge à vif à cause de la fumée et tout son corps lui faisait mal. Ici, du côté sud, l'incendie n'était pas arrivé ; mais les hélicoptères décrivaient un ballet incessant, perdant et reprenant constamment de l'altitude : les pilotes savaient que c'était la seule issue possible. Jânek se força à avancer au prix d'un effort inhumain, cherchant son souffle et tentant d'oublier la douleur qui lui sciait les jambes et le dos. Tenant à peine debout, il observa la manœuvre des hélicos malgré ses yeux irrités par la fumée, en maudissant l'épuisement qui freinait sa fuite.

Enfin il arriva en vue de sa camionnette. Ses jambes ne le portaient presque plus. Il ne restait qu'une courte distance à découvert, qu'il lui faudrait franchir le plus rapidement possible. Haletant, à bout de forces, il s'arrêta à cinquante mètres du véhicule, tirant toujours Rose derrière lui.

Il examina la jeune fille avec soin. Elle gisait sans bouger, les paupières closes. Pauvre petite... Ça n'avait pas été facile pour elle. Elle était couverte d'égratignures sanguinolentes et maculée de suie. Il la hissa de nouveau sur son épaule, comme font les pompiers, et se posta à la lisière de la zone découverte. Il fallait se lancer. Alors il se rua tête baissée vers l'autre côté. Comme il touchait au but, il trébucha sur un gros caillou et s'étala la tête la première. Rose et lui heurtèrent lourdement le sol.

La jeune fille était toujours inerte. Anormalement inerte. « Oh, mon Dieu, Rose, que t'ai-je fait ? Ma petite Rose..., se lamenta-t-il en la berçant dans ses bras. Ça ira, tu verras ; on est presque arrivés à la camionnette. On va s'en sortir. »

Elle reprit conscience et se mit aussitôt à hurler, ruer, mordre et griffer. Une véritable furie. Elle lui échappa et s'enfuit en courant mais glissa sur le sol meuble et retomba. Elle criait si fort qu'on devait l'entendre à des kilomètres à la ronde.

— Au secours ! À l'aide !

Jânek la frappa à nouveau, violemment et à plusieurs reprises, jusqu'à ce qu'elle ne bouge plus. Puis il la reprit dans ses bras et recommença à la bercer.

— Pardon, Rose, pardon. C'est toi qui m'y as obligé, sanglota-t-il en la chargeant dans la camionnette.

Puis il démarra et partit à toute vitesse sur la piste en direction du port de pêche. Il rencontra un barrage routier, mais on l'avait ouvert pour laisser passer un véhicule de la télévision. Il y avait des reporters partout : la police ne pourrait pas tirer sans risquer d'en blesser un. Il accéléra, renversa le barrage. Des cris lui parvinrent. Il fallait se débarrasser de la camionnette ; mais il avait prévu le coup : elle n'était pas à son nom.

En découvrant avec ses hommes le blockhaus abandonné et les traces pathétiques de la prison où avait croupi Mandy dans le dépôt de munitions souterrain, Ari se mit à jurer sans pouvoir s'arrêter. Il était mort de fatigue, avait faim, se sentait crasseux, et toute l'opération était un échec. Le ravisseur s'était envolé avec Mandy. Une fouille minutieuse leur permit de découvrir des mèches de cheveux, un lacet de soulier, une barrette, des boucles d'oreilles et un bouton, le tout soigneusement enfoui dans le sol. Mandy avait prévu qu'on trouverait un jour son horrible cachot. Il y posta des agents et mit au travail les techniciens pour relever les empreintes. Puis il partit inspecter les environs. Il trouva des traces de pas, une pierre tachée de sang, des branches cassées dans les buissons à travers lesquels le kidnappeur avait dû traîner sa victime en se dirigeant vers le sommet de la pente.

S'il n'avait pas été alerté par les hélicoptères, on aurait pu sauver Mandy, et cette idée le mettait en rage. Il mourait d'envie d'étrangler Frost de ses propres mains. Il fallut une bonne heure pour rappeler tous les policiers et se replier, mais il laissa Gerber s'en charger.

Quand il rentra au poste, exténué, hirsute et abattu, Ari tomba, dans le bureau des dépôts de plaintes, sur une conférence de presse improvisée.

— Nous mettons tout en œuvre pour retrouver Mandy September, déclarait Ian Frost. Si elle est quelque part dans le coin, on la retrouvera.

Du vent, comme d'habitude. S'il ne pouvait rien dévoiler cette fois-ci, c'était qu'on ne lui avait rien dit.

Ari passa un coup de fil à l'administration pénitentiaire puis appela son supérieur à Pretoria.

— Le laboratoire vérifie en ce moment même, sur ses ordinateurs, les empreintes qu'on a relevées là-bas. Je veux qu'on établisse immédiatement la comparaison avec celles de Jânek József, condamné à vingt ans de prison en 1964 pour le meurtre de Trevor Palma. En temps normal je ne vous dérangerais pas, mon colonel, mais j'insiste sur l'urgence de ma démarche.

Ari attendit la fin de la conférence de presse puis convoqua Frost dans son bureau. Dès que l'autre entra, il lui expédia un crochet à la joue droite qui le propulsa contre les rayonnages. Du sang jaillit.

— Ça, c'est pour avoir tout fait foirer. Si vous vous plaignez, je vous avertis : j'informe le pays tout entier de votre lamentable intervention. De toute façon je démissionne de la police, alors je me moque des conséquences. Et maintenant, hors de mon chemin, sinon, je vous règle votre compte. C'est compris ? Je ne veux plus vous voir vous mêler de mes enquêtes.

Il le jeta dehors, ferma sa porte à clef et réfléchit. Était-ce bien Jânek József qui avait enlevé Mandy ? Il en aurait la certitude si le Hongrois était revenu, sous une fausse identité, se venger de ceux qui avaient fait du mal à sa bien-aimée. Mais pourquoi tuer Ramona ? Parce qu'elle avait encouragé la liaison de sa fille avec Trevor ? Parce qu'il lui mettait sur le dos la rupture de ses fiançailles ? Dans ce cas, Trevor avait été le premier d'une longue liste de personnes à éliminer. Vingt années en prison n'avaient donc pas apaisé sa colère et son désir de revanche ? Était-ce lui qui avait lancé ces bombes incendiaires dans la soute de Bill ? Pourquoi ? Croyait-il Bill et Angelo également coupables du meurtre de Rose ?

D'un autre côté, Rob restait un suspect possible dans l'assassinat de Ramona ; et, bien sûr, il y avait Frikkie. Quel foutoir ! Ari soupira. La matinée se soldait par un désastre intégral. Enfin, au moins savait-il que Mandy était vivante... ou qu'elle l'était avant le déclenchement de l'opération. Où avait-il bien pu l'emmener ? Il alla se chercher un café puis revint s'asseoir à son bureau et se mit à griffonner pour passer le temps.

Il avait échoué sur toute la ligne. Au lieu de retrouver la jeune disparue, motif de sa présence à Silver Bay, il avait déterré tout ce qu'il y avait à déterrer dans le coin. À moins que le bourg ne s'apprête encore à révéler d'autres secrets... S'il ne se trompait pas, Bill et Angelo avaient désormais des raisons de se tenir sur leurs gardes. Il fallait qu'il les prévienne.

Il passa le reste de la matinée à attendre que l'administration pénitentiaire lui fasse parvenir les empreintes et les photos de Jânek Jözsef.

À dix heures arriva le rapport du médecin légiste : Ramona avait été tuée par strangulation, mais, avant, on lui avait arraché les yeux. Elle s'était vaillamment défendue ; on l'avait bâillonnée. Ari frémit en songeant que Mandy était à la merci d'un monstre pareil.

À midi, le téléphone sonna enfin. C'était le colonel du Plessis.

— Ari, je vous félicite, les résultats de la comparaison nous sont parvenus et les empreintes ne sont autres que celles de Jânek Jözsef, né en 1942 en Hongrie. Arrivé en Afrique du Sud en 1958. Condamné en 1964 à vingt ans de travaux forcés pour le meurtre de Trevor Palma. Il a accompli la totalité de sa peine et a été expulsé en 1984 en direction de la Hongrie.

— Ainsi, Jânek est de retour. Et il règle ses comptes à retardement.

— Je vous envoie le rapport détaillé, les photos, les empreintes et tout le bataclan. Maintenant, écoutez-moi, lieutenant ; fichez la paix à cet attaché de presse. Il fait son travail comme vous ; ses motivations et ses objectifs sont différents, voilà tout. Si vous le trouvez encore sur votre chemin, ne vous en prenez pas à lui. Il a porté plainte contre vous — il paraît que vous l'avez frappé. J'ai détruit le procès-verbal. Seulement, la prochaine fois, je ne garantis rien.

— Sans lui, j'aurais probablement sauvé Mandy. Il a tout flanqué en l'air en faisant venir des hélicoptères, sans parler des médias.

— Continuez, Ari. Vous allez mettre la main sur ce ravisseur, j'en suis sûr. J'ai la plus grande confiance en vous.

Ari raccrocha en soupirant. Ces derniers temps, il n'avait plus guère confiance en lui-même.

54

Cet après-midi là, Ari se rendit chez les Palma. Au fond de lui, il n'était pas rassuré, mais sa mâchoire contractée disait toute sa détermination. La nécessité de démêler cet écheveau de mensonges et d'assassinats était devenue chez lui une véritable obsession. Après trois semaines d'attente et de demandes réitérées, il avait reçu l'autorisation d'ouvrir une enquête pour meurtre dans l'affaire Anton September, disparu vingt-six ans plus tôt à l'âge de deux ans. Enfin il avait les mains libres.

En remontant la superbe allée sinueuse bordée de grands arbres qui menait à la résidence Palma, il se demanda quel effet cela faisait d'être riche à ce point. Il gara sa voiture et gravit les quelques marches de la terrasse. Il sonna, mais nul domestique ne vint lui ouvrir. Manifestement, la mort de Ramona avait retenti dans la maison comme un coup de tonnerre. Il dut s'y reprendre à trois fois avant qu'une soubrette vienne ouvrir.

— Je viens voir Mr. Angelo Palma, annonça-t-il en montrant son insigne de police.

— Veuillez attendre ici, lui dit-elle en indiquant, près de la porte, un banc qui devait être une antiquité.

La jeune fille revint le chercher quelques minutes plus tard et le conduisit au bureau d'Angelo.

— Fermez la porte, fit ce dernier de sa voix sonore

et caverneuse. Le personnel est complètement désorienté. Ramona menait sa maisonnée comme une caserne. Maintenant...

Il eut un geste résumant toute l'incompétence des gens qui l'entouraient. Il était remarquablement bien conservé. Ari avait appris à l'admirer et ressentait à présent pour lui une profonde sympathie.

— Vous êtes bien Mr. Angelo Palma, résidant à...

Il débita son laïus habituel non sans noter l'air ahuri du vieil homme, qui se pencha pour ouvrir un tiroir. Ari se demanda s'il allait lui braquer une arme sous le nez, mais ce fut un flacon de pilules qui apparut dans sa main. Ari le lui arracha prestement.

— Qu'est-ce que c'est, monsieur ?

— Mon médicament pour le cœur. Grands dieux, qu'alliez-vous croire ? La situation est si grave que ça ?

— Je suis obligé de vous placer en garde à vue dans le cadre de l'enquête sur le meurtre d'Anton September, deux ans, disparu en mars 1967.

— On vous a autorisé à ouvrir une enquête ? s'enquit-il, incrédule.

— En effet, monsieur.

— Vous, quand vous avez une idée en tête... Et vous ne laissez rien passer, hein, St John ? J'ai de l'admiration pour vous, mais, cette fois, vous commettez une grossière erreur, mon petit.

— Je dois vous demander de me suivre au poste de police, monsieur. Où se trouve votre petit-fils ?

— Je ne sais pas au juste. Quelque part au Namib. Pourquoi ? Vous voulez l'arrêter aussi ?

Il sourit à demi.

— Je pensais lui demander de vous préparer une petite valise et de s'occuper de vos affaires pendant votre absence.

— Je peux peut-être obtenir ma libération sur parole ?

— Non, monsieur. Du moins je ne crois pas, vu les circonstances. En fait, j'espère vous garder jusqu'à ce que j'aie interpellé Jânek Jözsef. Je crains que vous ne soyez le suivant sur sa liste. Enfin, c'est mon hypothèse de travail.

— Jânek ? Juste ciel ! Vous pensez qu'il est de retour ? Si j'en avais la certitude, je le tuerais de mes propres mains. C'est lui qui a assassiné mon fils Trevor ; mais naturellement vous êtes au courant.

— En effet, monsieur.

— Et qu'est-ce qui vous fait croire que...

— Monsieur... Avec le respect que je vous dois... C'est moi qui vais poser les questions.

— Et vous n'avez pas peur d'arrêter quelqu'un d'aussi haut placé que moi ? Vous me plaisez, lieutenant, mais sachez que je n'ai tué ni le fils de Rose ni qui que ce soit d'autre. Du moins pas directement.

— Cela, je le sais, monsieur. Vous avez payé Ramona pour qu'elle envoie Frikkie noyer l'enfant.

Angelo fronça les sourcils.

— C'est ce qu'il vous a dit ?

— Nous aborderons ces questions-là au poste, où je serai en mesure de prendre votre déposition.

— Très bien.

Angelo se leva et sonna une femme de chambre à qui il demanda de lui apporter son pardessus et de lui préparer un sac de voyage.

— Appelez mon petit-fils. Laissez un message là où il a établi son Q.G. Il reprit son flacon de pilules. Sans ces saletés, je ne suis pas en sécurité.

« À propos, demanda-t-il une fois qu'ils eurent pris place dans la voiture, pourquoi avoir placé Frikkie en garde à vue ? Vous savez bien qu'il est inoffensif. Un peu arriéré, c'est tout. J'avais d'ailleurs l'intention de vous en parler, mais Gerber m'a dit qu'il était traité par un excellent psychiatre.

— Il ne s'agit pas exactement d'un traitement, monsieur. Étant donné que Frikkie a subi des lésions cérébrales à la naissance, il n'y a pas grand-chose à faire pour améliorer son état. En fait, on l'interroge sous hypnose à propos de ce bébé noyé.

— Et il vous a conduit à croire que... ?

— Je vous en prie, monsieur. Nous sommes presque arrivés.

Dix minutes plus tard, ils étaient installés dans le bureau d'Ari. Le dictaphone était en marche et un Willis au pied bandé et à l'air fort embarrassé prenait place dans le coin près de la porte.

— Je dois vous avertir, monsieur, que cet interrogatoire risque d'être long et pénible. Alors si vous désirez un café... Ou bien un sandwich ? En tout cas, si vous avez besoin de quelque chose, faites-le-nous savoir.

— Je veux bien un verre d'eau.

Jusque-là, Angelo semblait plus amusé qu'inquiet. *On verra ce qu'il en est au bout d'une heure d'interrogatoire*, songea tristement Ari.

— Bien. N'oubliez pas que Jânek Jözsef est en liberté et qu'il s'est juré de prendre sa revanche. Y a-t-il dans vos souvenirs un détail quelconque qui puisse nous aider à l'identifier ?

Angelo but son verre d'eau à petites gorgées en regardant fixement le mur.

— Je ne crois pas l'avoir jamais vu *avant*... avant ce qui s'est passé, déclara-t-il. Il était grand et maigre, les cheveux bruns, les yeux bleus. Mais vous savez déjà tout cela. Pendant le procès, il est resté pratiquement muet ; au moment de la sentence, il a chanté en hongrois. Une assez belle voix de ténor. Il m'a surpris. Non, je regrette, mais je ne vois pas en quoi je pourrais vous aider.

— Très bien, passons à autre chose. J'aimerais vous soumettre une de mes hypothèses. Cela fera peut-être la lumière sur notre problème, au moins partiellement.

— Quoi, un *autre* problème ? Angelo eut un petit sourire. Vous devriez vous occuper de la disparition de Mandy et du meurtre de Ramona, non ?

— J'y viens, monsieur, j'y viens. À mon sens, toutes ces affaires sont liées. Remontez jusqu'en 1964, année de la naissance de votre petit-fils Rob. Ce fut une période très dure, n'est-ce pas ? Trevor avait été tué sept mois plus tôt. Jânek József attendait de passer en justice. Rose est venue vous trouver avec son bébé et vous a demandé de l'argent. Racontez-moi ce qui s'est passé.

Angelo promena son regard dans la pièce.

— Il fait chaud, ici. Vous n'avez pas l'air conditionné. Ça vous ennuie si j'enlève ma veste ? Il la disposa sur le dossier de sa chaise. Il était calme et posé, mais dans ses yeux se lisait le regret. Je n'ai peut-être pas les mains très propres, mais je ne suis pas aussi coupable que vous le soupçonnez. C'est par ma cruauté, et non de mes mains, que j'ai tué Rose et Ramona. Or, à mon âge, on a envie de faire table rase du passé. Les fautes anciennes ont la fâcheuse habitude de revenir vous tirer par les pieds quand vous cherchez vainement le sommeil.

Ari se laissa aller contre son dossier et ferma les yeux. Ce fut avec une attention extrême qu'il écouta son récit pétri d'amours et de haines anciennes. Apparemment, Angelo s'était jugé depuis longtemps et condamné à une existence entière d'isolement et de haine de soi.

— Je me souviendrai toute ma vie de cette fameuse soirée. Rose m'a brandi son bébé hurlant sous le nez en disant : « Voici votre petit-fils. Pour l'amour de Trevor, vous *devez* reconnaître en lui un Palma. Élevez-le en tant que tel, faites-en votre héritier au même titre que l'autre, c'est son droit. »

« J'ai refusé tout net et proposé à Rose un revenu régulier — généreux ; mais ce qu'elle voulait, c'était que l'enfant soit reconnu. Nous nous sommes disputés longtemps. Sans le bébé de Claire, j'aurais peut-être accepté celui de Rose.

Il leva les yeux, et Ari se rendit compte de sa détresse.

— Je ne suis pas digne de mon père, fit-il doucement. En dépit de ses enseignements — et je ne dois pas oublier qu'il a donné sa vie pour ses convictions —

je me suis laissé contaminer par le racisme. La vérité est que je ne voulais pas d'un héritier métis.

« Je me souviens... Elle était appuyée contre la balustrade. Elle m'a dit : "Reconnaissez mon fils, sinon je me jette en bas." Je lui ai répondu : "Ne dites pas de bêtises. Je vous offre une solution de remplacement." "Moi, morte, vous le prendriez chez vous, où il a sa place", m'a-t-elle dit. Et tout à coup elle a souri. On aurait dit qu'elle venait d'y penser et qu'elle y trouvait une certaine consolation. Elle a basculé en arrière, je n'ai rien pu faire pour l'en empêcher.

Il frissonna et s'enfouit le visage dans les mains. Il y eut un silence. Ari l'observait attentivement. Il aurait juré qu'Angelo disait la vérité.

— J'ai toujours su que c'était moi qui l'avait tuée. Elle s'était dit que si sa présence ne représentait plus un obstacle... Pauvre fille. Elle n'avait vraiment rien compris.

— Nous allons faire une pause. Restez là, dit Ari à Willis.

Il alla chercher trois cafés au distributeur.

— Il est assez mauvais, commenta-t-il en revenant. Il y a des jours où on ne sait pas vraiment si c'est du café ou du thé. Mais ça vous fera du bien de boire sucré.

Il attendit en buvant qu'Angelo ait repris contenance.

— Là-dessus, Bill et vous avez enterré Rose, et vous avez payé Bill pour qu'il cache à la fois le suicide et l'existence de ce bébé.

— Oui.

— Vous aviez peur du scandale. Il ne fallait pas qu'on connaisse la raison de ce suicide.

— C'est cela. Je ne pouvais pas ajouter encore au malheur de Claire. Elle ne savait pas que Rose était enceinte.

— Pourtant, vous le lui avez appris plus tard.

Angelo eut l'air surpris. Il lui jeta un regard où l'on devinait toutes les larmes qu'il n'avait pas versées.

— Vous l'avez vue !
— En effet.
— Comment va-t-elle ?
— Elle est superbe. Sereine, équilibrée, je crois ; mais triste. Elle m'a dit : « Angelo m'a fait peur. Tout à coup, je l'ai vu sous un jour dont je ne soupçonnais pas l'existence. »

Angelo s'accouda au rebord du bureau, la tête dans les mains, les épaules voûtées.

— Lieutenant, essayez de comprendre. J'avais déjà perdu tous les êtres qui m'étaient chers. Et, pour couronner le tout, voilà qu'on m'enlève aussi Trevor. J'ai fait face comme j'ai pu et je ne connaissais qu'un seul moyen d'y arriver : j'ai emmuré mes sentiments à l'intérieur de moi-même. Je suis devenu une machine.

— Revenons à cette soirée, dit vivement Ari. Qu'avez-vous fait du bébé pendant que vous enterriez Rose ?

— Mon Dieu, vous ne pensez tout de même pas que je l'ai...

Il semblait à la fois choqué et terrifié.

— Non. J'ai la preuve qu'Anton a vécu au moins jusqu'à l'âge de deux ans.

— Je vois.

Angelo secoua la tête comme un taureau cherchant à chasser les mouches qui le harcèlent.

— C'est vous qui l'avez tenu dans vos bras ?

— Non ! Je ne... Enfin, j'aime bien les enfants mais je ne sais pas me comporter avec eux. C'est aux femmes de s'en occuper.

— Passons à Claire. À l'époque, elle était en maison de repos. Puis elle est revenue et elle a essayé de reprendre son enfant.

— C'est exact.

— Et vous l'en avez empêchée ?

— Oui, répondit Palma avec douceur. Un long silence, puis : Je me suis senti coupable et... et malfaisant, mais je ne pouvais pas renoncer à cet enfant. C'était tout ce qui me restait de mon fils.

Et Claire ? Elle aussi, c'était tout ce qui lui en restait, se dit Ari.

— Vous avez donc pris part à son éducation ?

— Pas à cette époque. Ce n'était qu'un tout petit enfant. J'ai engagé des infirmières, et, plus tard, Ramona a pris le relais.

— Ça ne vous a pas étonné qu'elle revienne ? Qu'elle vous pardonne la mort de Rose ?

— Si. Je ne savais pas qu'elle pouvait être d'une telle rapacité. Elle a négocié sans merci. Elle a fixé son prix et je dois admettre que mon estime pour elle en a pris un coup.

— Était-elle habituellement aussi prompte à pardonner ?

— Certainement pas !

— Elle était plus encline à se venger, non ?

— Où voulez-vous en venir, au juste ?

— Et le petit Rob, vous le voyiez souvent ?

— Mais enfin, quelle importance ? Un bébé est un bébé. Il ne manquait de rien. J'ai commencé à m'en occuper quand il a eu quatre ou cinq ans. Les hommes ne savent pas s'y prendre avec les tout-petits.

— Maintenant, suivez-moi bien, dit Ari. Frikkie prétend que Ramona lui a demandé d'aller jeter l'enfant à la mer, en lui donnant deux cents rands et en lui disant que tels étaient vos ordres : vous ne vouliez pas du bâtard de Rose dans vos pattes. Ramona aurait-elle fait tuer son propre petit-fils ?

— Bien sûr que non ! Tout cela est absurde.

— Voyez-vous, je pense qu'elle a pris sa revanche à sa manière — toute personnelle. Mon hypothèse est la suivante : Ramona voulait que vous éleviez son petit-fils de gré ou de force. Quand elle vous a demandé de la reprendre à votre service, c'était pour pouvoir veiller sur l'enfant de Rose et prendre en charge son éducation. Puisque vous aviez causé la perte de sa fille, elle a causé celle de votre petit-fils légitime en le confiant à Frikkie pour qu'il le noie. Pour moi, ça se tient. Qu'en pensez-vous ? Pour qu'elle ait décidé un beau jour d'élever « Rob », il devait y avoir une raison. Comme à la mission de Frikkie. Il y a de bonnes chances qu'elle ait échangé les bébés, non ? Répondez-moi, Mr. Palma. Vous ne pensez pas cela possible ? Voire probable ?

Angelo se leva brusquement et bascula en avant. Il ne pouvait plus respirer.

— Appelez un médecin, ordonna Ari à Willis.

Il chercha le médicament dans les poches de Palma et lui plaça un comprimé sur la langue. Quelques instants plus tard, étendu sur le tapis, le vieil homme parut se remettre.

— Ce n'est qu'une hypothèse, reprit Ari. Je ne prétends pas détenir la vérité.

Le visage d'Angelo exprimait toute sa peur. Il tremblait de la tête aux pieds. Ses lèvres étaient cyanosées, son teint très pâle, son regard effaré.

— Aidez-moi à me relever. Je veux m'asseoir sur ma chaise. Aidez-moi donc ! Si vous dites vrai — à Dieu ne plaise ! —, qu'est-il arrivé au fils de Claire ? proféra-t-il d'une voix éraillée.

— Je l'ignore, monsieur. Tout ce que je sais, c'est que deux bébés sont nés sensiblement au même moment, qu'ils étaient du même père et qu'ils se ressemblaient. L'un a été élevé chez vous et l'autre dans une ferme jusqu'à l'âge de deux ans. Les enfants se moquaient de lui parce qu'il avait la peau claire. Puis ceux qui l'avaient recueilli ont obligé Ramona à le reprendre ; alors elle a envoyé Frikkie le noyer. Et elle est restée chez vous pour s'occuper de l'autre. Maintenant, à vous de découvrir lequel.

— Mon Dieu ! Angelo bascula en avant, les bras tendus en travers du bureau.

— Et ce médecin, il vient ? demande Ari d'une voix pressante en se retournant vers Willis.

— Il ne devrait plus tarder.

Angelo se redressa. Son expression reflétait les doutes qui le tourmentaient. Ses lèvres formaient un rictus et on lisait une supplication muette dans ses yeux.

— Vous n'avez jamais cherché à savoir ce qu'était devenu le bébé de Rose ? Après tout, c'était aussi le fils de Trevor.

— Si, murmura Angelo. Au fil des mois, je me suis mis à regretter mon geste. J'ai demandé à Ramona de m'en montrer des photos de temps en temps.

— Et qu'a-t-elle répondu ?

— Qu'elle le ferait. Puis, quand Rob a eu deux ans et demi, elle m'a annoncé que l'autre enfant s'était noyé dans une retenue d'eau, près d'une ferme. J'en ai été bouleversé.

— Je vois, fit doucement Ari. Et maintenant, monsieur, changeons de sujet. Saviez-vous que Rob cherchait à rompre le contrat qui le liait aux patrons de pêche indépendants ?

— Non. Et je ne sache pas qu'il l'ait fait.

— Eh bien, si, le mois dernier. Il a profité de ce que vous inspectiez vos vignobles de Paarl pour le leur signifier par écrit. Voici l'un de ces courriers. Je le tiens d'un ami pêcheur. Bill September s'est affolé. Il a congédié ses employés, qui se sont ligués pour exiger des compensations financières. D'après vous, Rob est-il homme à céder devant le chantage ou la menace ?

— Vous plaisantez ! gloussa fièrement Angelo.

Mais son sourire s'évanouit aussitôt et son regard redevint inexpressif.

— Un soir, tard, Ramona est venue trouver Rob. Ils se sont violemment disputés. Curieux, non ? Un patron et sa gouvernante... Sur quoi Ramona a quitté le bureau de votre petit-fils, mais celui-ci lui a couru après au bout d'un court instant et la querelle s'est poursuivie chez elle. Elle a fini par s'en aller, mais Rob s'est jeté sur la table en la martelant à coups de poing et en hurlant : « Non, non, non... » Le jardinier l'a entendu. Cela a duré dix bonnes minutes. Ensuite il a repris son sang-froid et est revenu en courant chez vous. Il a passé quelques minutes à arpenter son bureau, puis il a laissé un message enregistré sur dictaphone à l'intention de sa secrétaire : il avait changé d'avis, on continuerait à acheter la pêche des chalutiers locaux. De nouvelles perspectives s'étaient ouvertes sur le marché à l'exportation. Là-dessus, il a fait sa valise et il est parti. De toute évidence, il prospecte au Namib. Vous connaissiez l'existence de ces nouveaux marchés ?

Angelo semblait frappé de stupeur. Il se leva, plein de raideur, de fierté mais aussi de tristesse.

— Lieutenant, vous êtes quelqu'un de très retors. Si vous m'avez fait venir ici, c'est en fait pour incriminer mon petit-fils Rob. Car à aucun moment vous ne m'avez réellement cru coupable du meurtre de Rose ou de celui de son fils, n'est-ce pas ? Eh bien, je ne répondrai plus qu'en présence de mon avocat. Vous pouvez aller vous faire voir.

— Mais s'il était vraiment le fils de Rose ?

— Cela ne ferait aucune différence. J'aime profondément Rob. Et je l'aimerai toujours. Je refuse de croire qu'il ait pu tuer Ramona. Il en est incapable. Emmenez-moi en cellule, n'importe où. Mais vous ne me tirerez plus un mot.

Il fixa obstinément le mur.

— Vous serez placé en garde à vue à l'hôpital militaire, déclara Ari. Sous bonne garde, c'est pour assurer votre protection.

Le vieil homme ne fit pas mine d'avoir entendu.

Pendant une semaine entière, Rob avait enduré la chaleur d'enfer du haut plateau du Namib, ce désert lunaire qu'on disait être le plus ancien au monde. Il avait beaucoup maigri et sa peau prenait l'aspect du cuir ; ses cheveux étaient sales, emmêlés, et dans ses yeux brillait une lueur fébrile.

C'était ici qu'il avait fui après les révélations de Ramona. Il venait à peine d'apprendre l'arrestation de son grand-père. Ce désert était le seul endroit où il puisse encaisser le choc ; il s'y plaisait et s'y sentait à sa place. Et c'était là que gisait sa fortune véritable, celle qu'il ne tiendrait ni d'Angelo ni de Claire. Quand il y était venu pour la première fois, jeune géologue frais émoulu de l'université, il avait extrait des sables un véritable trésor. Sans y résider lui-même, il avait prospecté, délimité les zones qu'il désirait exploiter et créé les entreprises qui y développeraient ses exploitations minières. C'était aussi de la prospection qu'il était censé faire en ce moment, mais, en fait, il avait surtout besoin de se libérer de ses contraintes, professionnelles ou personnelles, afin de réfléchir.

Le soir tombait. Dans le désert, le crépuscule interminable prenait des allures irréelles, une lumière orangée ensorcelait le paysage, les couleurs s'en trouvaient soit ternies, soit au contraire rehaussées et le sable prenait une teinte ocre elle-même crépusculaire.

Rob cueillit un melon nama, le coupa en deux et en suça avidement les graines et la pulpe amères. Puis il s'assit sous un arbre à fièvre et médita sur ses problèmes.

À croire qu'il était fâché avec la vie ! Son désir inextinguible d'amasser toujours plus d'argent, de biens, de pouvoir l'avait apparemment conduit dans l'impasse. Voilà pourquoi il s'était retiré dans le désert, son second foyer : pour prendre une décision. Tiraillé entre ses désirs conflictuels mais aussi impérieux les uns que les autres, il souffrait les mille morts du purgatoire où il s'était lui-même enfermé.

Que faire ? Même s'il se tuait à la tâche, ici, au Namib, et ce jusqu'à la fin de ses jours, il ne regagnerait qu'une infime partie de la fortune qu'il risquait de perdre. Mais pourquoi le rejetterait-on, finalement ? Il restait le petit-fils d'Angelo, le sang des Palma coulait dans ses veines, il avait le droit de prendre ce qui, moralement, lui revenait. *Ce serait tellement facile*...

Quel était l'autre terme de l'alternative ? Tout le monde saurait qu'il était un imposteur. Il perdrait son statut de Blanc. Il encourrait le mépris d'Angelo, on le traiterait de bâtard métis — le bâtard métis de la famille September —, parent avec la moitié du village des pêcheurs. Il perdrait la résidence et le domaine des

Palma, les pêcheries, les bateaux, les mines du Toit, les vignobles, sa réputation, son pouvoir, tout !

Et puis il y avait Kate. Kate dont il espérait toujours qu'à force elle lui reviendrait. Seulement, en tant que petit exploitant minier, métis et bâtard de surcroît, il n'avait aucune chance. Kate était faite pour un autre style de vie. Il la voyait mal femme de mineur au Namib.

La main du destin venait de chambouler son univers. Il fallait qu'il fasse un choix, bon ou mauvais, honnête ou malhonnête, qu'il jouisse des fruits de son labeur et de son héritage ou qu'il perde tout, y compris sa propre identité. N'avait-il pas quand même le droit de sauvegarder la position pour laquelle il avait été éduqué ? Il était le fils de son père. De par sa naissance, certaines choses lui revenaient de droit.

Mais il aimait son grand-père, la vie et la liberté d'Angelo étaient en jeu. Il ne survivrait pas longtemps en prison. Non, constituant la preuve vivante que le crime absurde dont on l'accusait n'avait jamais eu lieu, il était le seul à pouvoir sauver Angelo. Alors, quelle voie choisir ?

Ari retrouva Jean au bar à neuf heures. Comme d'habitude, il faisait du gringue à la serveuse.

— Ari, mon ami ! vociféra-t-il en lui commandant une bière.

Ari s'assit à côté de lui et, quasi muet, l'écouta baratiner la nouvelle barmaid, une Anglaise blonde dont l'accent révélait les origines londoniennes. Malgré ses bonnes manières et sa naïveté apparente, elle était experte dans l'art de refuser les verres qu'on lui offrait tout en raflant de confortables pourboires. Jean semblait sous le charme. Ari lui offrit une bière à son tour puis s'en alla en prétendant qu'il était en service.

Willis l'attendait au port de plaisance avec un canot à rames.

— Restez là, lui dit Ari. Si Jean se pointe, tirez un

coup de feu en l'air. J'aurai le temps de filer. La nuit est noire.

Il ne lui fallut pas longtemps pour fouiller le *Tralee* et y cacher un dispositif d'écoute. Ari bouillait intérieurement. Parfois, il n'arrivait plus à maîtriser sa tension. En découvrant une photo noir et blanc de Rose punaisée à une cloison, il laissa échapper un juron. Elle souriait à l'objectif, elle était belle, et si jeune... La taille du cliché correspondait à la place vide sur le tableau en liège de Ramona, et il portait un autre trou d'épingle.

Il s'empara d'un verre, d'un briquet et d'un cendrier en métal pour les soumettre à l'épreuve des empreintes digitales. Puis il repassa par-dessus bord, reprit le canot et rejoignit Willis.

— Faites comparer ça avec les empreintes de Jânek Jözsef. Je veux le résultat demain matin.

— Le labo est fermé.

— Eh bien, réveillez les techniciens ! Allez, allez ! Ma parole, les gens sont à moitié endormis dans ce patelin !

À cinq heures du matin, le téléphone sonna.

— Bon sang, mon lieutenant, fit une voix plaintive. Qu'est-ce qu'elles ont de si particulier, ces empreintes, pour que je sois obligé de passer la nuit debout ?

— Désolé, mais il s'agit d'une urgence. Et de toute façon la plupart du temps vous vous la coulez douce, vous, pendant que nous, on passe des nuits blanches.

— Comme si vous en saviez quelque chose ! railla l'autre. Bon : les empreintes sur le briquet et sur le verre appartiennent toutes à la même personne, Jânek Jözsef. La tache rouge sur la photo est du sang humain, du même groupe que celui de Ramona September. On dirait que vous tenez quelque chose.

— En effet. Malheureusement, le suspect peut remarquer qu'un morceau de la photo a été arraché. C'est pour cela qu'il me fallait votre rapport de toute urgence.

En replaçant l'écouteur sur son socle, Ari se dit qu'il venait de disculper Rob. Angelo allait être content.

À cinq heures trente, il prenait son poste d'observation dans les dunes. Au bout d'une heure, il vit Jean Graux manœuvrer son bateau. C'était ainsi qu'il procédait toutes les nuits. À six heures et demie sans faute il était de retour. Sans doute pour entamer sa journée. En ce moment, il travaillait comme charpentier au chantier de constructions navales. Peut-être parce qu'il ne pouvait plus partir longtemps en mer, malgré le manque à gagner, avec Mandy à nourrir dans sa cachette...

Ari serra les dents à l'idée de ce que devait subir la petite quand Jean lui rendait visite le soir ; enfin, inutile de verser dans la morbidité. Il se força à se concentrer sur sa tâche immédiate.

55

Le yacht de Jean sortit discrètement du port à minuit et se dirigea vers le sud. Pas d'autre bateau en vue, pas de lune ; Ari et Willis avaient une chance de ne pas se faire repérer. Ils allaient le prendre en chasse à bord d'une vedette de la police. Le dispositif de pistage leur permettrait de suivre la progression de Jean : ils ne risquaient guère de le perdre en mer, à moins qu'il ne se doute de quelque chose et ne déniche la balise cachée à son bord, qui leur indiquait constamment sa position. Pour parer à cette éventualité, Ari ne quittait pas des yeux la voile blanche du yacht, révélée par ses puissantes jumelles. La houle était de plus en plus forte et le vent de sud-est rafraîchissait considérablement la température.

Au bout d'une heure de navigation, Ari crut entendre un bruit de vagues se brisant sur les rochers. Ils arrêtèrent le moteur et tendirent l'oreille en se laissant ballotter par les flots.

— Il y a une île dans les parages ? interrogea Ari.

— Plusieurs, même. À hauteur de la pointe. Plutôt des tas de rocaille.

S'aidant de ses lunettes à visée nocturne, Ari scruta l'immensité scintillante et noire. L'espace d'un instant, il s'affola : il ne voyait plus le bateau de Jean. Mais, bientôt, celui-ci émergea du creux d'une vague.

La silhouette obscure de Jean se détacha sur fond de

voile colorée en vert par les lunettes ; puis la tache verte disparut : sans doute venait-il de ferler la grand-voile. Ari et Willis étaient trop loin pour savoir s'il avait coupé ses moteurs, mais apparemment il était en train de jeter l'ancre.

— Il faut qu'on s'approche, mais pas tout de suite.

Alors s'éleva le rugissement caractéristique d'un double moteur hors-bord et ils aperçurent le canot gonflable de Jean, qui dessinait un trait fluorescent à travers les flots sombres.

— Voilà donc où il la cache, marmonna Ari. Elle doit être dans une grotte. On y va, vite ! Le bruit de ses moteurs couvrira notre approche.

Ils filèrent quelques minutes dans le sillage de Jean, en rebondissant sur la crête des vagues. Ari coupa les gaz à la place de Willis. À cette distance, ils distinguaient désormais les brisants blancs d'écume, sur les récifs acérés encerclant l'îlot. Jean coupa à son tour ses moteurs. Amarrée devant la barrière rocheuse, son embarcation se balançait au gré de la houle.

— Il attend la vague, souffla Willis. Il n'y a pas de chenal.

Celle-ci ne tarda pas à se présenter. Jean redémarra à grand bruit ; le canot bondit, franchit les récifs en se laissant porter puis atteignit les hauts-fonds, de l'autre côté.

— Eh bien ! remarqua Willis. C'est un sacré marin.

Il y avait de l'inquiétude dans ses yeux. Ils regardèrent de loin Jean tirer son dinghy sur le sable puis s'enfoncer dans l'ombre.

— Cette île est une forteresse imprenable, commenta Willis. Je m'en suis déjà approché. Un simple nid à pingouins. Une couronne de rochers, des tas de courants traîtres, y compris sous-marins, et des brisants gigantesques. Nous sommes tout près de l'extrême pointe sud du continent. C'est ici que les deux océans se rencontrent — ou plutôt se heurtent. L'îlot ne fait que soixante mètres de large. Il y a des falaises à pic sur trois côtés et une caverne sur le quatrième.

— Quel genre ? s'enquit Ari, les lèvres pincées par la tension.

— Je vous l'ai dit : je n'ai pas réussi à aborder. Bien au-dessus du niveau de la mer et très difficile d'accès. S'il savait que vous le suiviez, vous seriez pour lui une cible facile. Il n'y a nulle part où se cacher.

Ari contempla les eaux et sentit son sang se glacer dans ses veines. Il n'avait jamais eu aussi peu envie de se mettre à l'eau. Il se cherchait de bonnes raisons de ne pas y aller.

Willis parut lire dans ses pensées.

— Le mieux est d'attendre qu'il reparte puis de revenir chercher Mandy en hélicoptère.

Mais Ari ne pouvait se défaire d'un sombre pressentiment. Il secoua la tête.

— Il a pu nous voir ; auquel cas il n'a pas d'autre solution que de la tuer et de jeter son corps à la mer. On ne peut pas courir ce risque. Sans Mandy vivante, on n'a absolument rien contre lui. En admettant qu'on le revoie un jour. S'il disparaît maintenant, il aura pris sa revanche, il aura gagné et nous aurons perdu. Non, il faut que je lui mette la main dessus, à ce salaud.

Il endossa son matériel de plongée.

— Vous n'y arriverez jamais. C'est du suicide.

— Mais non. Je suis bon nageur. Je resterai près du fond. Maintenant, écoutez-moi. Allez coller la vedette contre son yacht et amarrez-la côté mer. Il y remontera vers cinq heures. Patientez jusqu'à quatre heures puis rentrez presto à la base et revenez en hélico. Avec un peu de chance, je serai là à vous attendre.

Incapable d'affronter son regard, Willis affichait un air des plus désapprobateurs. Ari établit sa trajectoire à l'aide de sa boussole lumineuse, appliqua son masque sur son visage et se laissa tomber en arrière dans l'eau. Il s'enfonça de six mètres sous la surface et partit en direction de l'île.

Sa progression fut d'abord satisfaisante. La houle

était puissante et il sentait la présence de nombreux tourbillons et petits courants latéraux — certains tièdes, car provenant de l'océan Indien, d'autres au contraire glacés, venus de l'Atlantique sud. Mais il était effectivement bon nageur ; il nagea une demi-heure en adoptant un rythme de plus en plus rapide.

Toutefois, lorsqu'il approcha de l'île, les conditions empirèrent. Tout à coup, le ressac lui fit perdre beaucoup de terrain en le roulant sur lui-même et en le traînant au fond avant de le projeter vers la surface et de le rabattre sur les récifs. Impossible de lutter contre la force impressionnante de l'eau. Puis une vague le saisit dans son impitoyable étreinte et le précipita sur le fond rocheux. Il en resta hébété et mort de peur. Quatre fois de suite il fut ainsi chahuté par la houle, impuissant. Enfin une nouvelle poussée le jeta contre un rocher, auquel il se raccrocha désespérément. Il était meurtri, humilié et furieux. Il voulut vérifier l'état de son matériel, mais impossible de lutter contre les masses d'eau. Il avait perdu ses palmes, en revanche, son arme était toujours là, sous sa combinaison de plongée, et son couteau restait bien sanglé contre son mollet.

Un tourbillon le plaqua violemment contre le rocher et lui arracha son masque. Il le rattrapa de justesse et le remit d'une main tandis que, de l'autre, il se cramponnait toujours. Il cracha de l'eau et empoignant sa torche étanche, braqua son puissant faisceau vers le fond. Droit devant, au-delà d'une petite zone sablonneuse, s'ouvrait un étroit chenal entre les rochers. S'il pouvait arriver jusque-là...

Il attendit la vague suivante et dut rassembler tout son courage pour lâcher son précieux point d'attache. Il fut emporté, complètement désarmé, mais il s'efforça de rester tout contre le fond marin et, nageant de toutes ses forces — décuplées par la terreur —, réussit à garder le cap. Il fut par miracle propulsé dans le chenal qu'il visait et se retrouva coincé entre deux rochers. Puis le ressac l'aspira et il eut la sensation d'être pris dans un formidable étau.

Mon Dieu, aidez-moi, se dit-il en serrant entre ses dents l'embout en caoutchouc. Le courant s'inversa à nouveau et Ari progressa dans le chenal, glissant sur le ventre et battant des pieds tout en se laissant porter d'un point d'appui à l'autre.

La passe s'interrompit abruptement. Ari ralluma sa torche ; devant lui, rien que du sable. Il n'avait pas le courage de quitter son abri. Les vagues étaient trop fortes, il était épuisé, endolori de la tête aux pieds.

Malheureusement, il ne pouvait ni rester sur place ni repartir en arrière ; il fallait donc qu'il tente sa chance. Alors il attendit une autre vague et traversa en un clin d'œil l'étendue de sable jusqu'à un rocher auquel il s'agrippa. Mais une énorme vague le gifla, le privant de ses bouteilles et de son masque et manquant de déloger l'embout. Cette fois, il était fichu. Il remonta à toute vitesse vers la surface. Pas trace de l'île ! Rien que des kilomètres et des kilomètres d'écume éclaboussant les rochers. Puis il comprit qu'il regardait dans le mauvais sens et se retourna. C'était bien cela : les contours fantomatiques de l'îlot se profilaient sur fond de ciel nocturne, vingt mètres à peine devant lui. Il suffisait d'une seule vague. Il partit à la nage, priant pour réussir à se maintenir sur la crête. Car s'il se faisait chahuter ici c'était la mort assurée.

Il atterrit avec une brusquerie qui lui coupa le souffle. Il avait de l'eau jusqu'aux cuisses et le fond rocheux lui entaillait la voûte plantaire. Il partit en vacillant vers la plage, sans prêter attention à la douleur, s'effondra dès qu'il sentit le sable sec sous ses pieds puis se traîna comme il put derrière un rocher.

Il chercha son souffle un bon moment et se réoxygéna tout en écoutant le bruit des vagues. Il avait l'impression d'être une poupée de chiffon tant ses membres étaient inertes. Mais il était vivant, et c'était un miracle.

« Ari, se morigéna-t-il, je te donne dix minutes pour récupérer. Puis tu grimpes là-haut et tu procèdes à l'arrestation de Jean Graux. Pas de discussion. Tu n'as pas le choix. » Il puisa dans ses ressources et, tandis que le froid quittait ses bras et ses jambes, sentit peu à peu ses forces lui revenir.

Enfin il put ôter sa combinaison. Le vent ne tarderait pas à sécher son short et son tee-shirt. Dieu merci, il avait toujours son arme. Il la sortit de son emballage plastique puis se tâta le mollet pour vérifier la présence du couteau. Il était temps de se mettre en chasse.

Pieds nus, il se faufila vers la falaise. Les nuages s'étaient dissipés, dévoilant la lune. Il maugréa. Il n'avait pas réagi assez vite. Il crut entendre redémarrer Willis mais ne put en avoir la certitude tant le bruit des vagues était puissant. Et Jean, l'avait-il entendu ? Voilà ce qui l'inquiétait.

Si Jean était éveillé, il verrait tout de suite Ari se détacher sur fond de mer et de ciel éclairés par la lune quand il pénétrerait dans la grotte. Il agrippa son arme et, retenant sa respiration, se coula vers l'ouverture. Puis il se risqua. Aussitôt il se retrouva nez à nez avec une porte en bois grossier. *Merde* ! Il réfléchit un instant. Jean était plus costaud que lui ; de plus, c'était un tueur aguerri. Mais Ari avait pour lui sa jeunesse et sa rapidité, outre l'effet de surprise.

Le battant branlait. Il se jeta dessus et l'enfonça d'un coup de pied. Il atterrit à genoux dans la caverne et pointa son arme.

— Les mains en l'air, rugit-il.

Il régnait une obscurité totale. Ari alluma sa torche mais ne découvrit que deux vieilles chaises et une table supportant un réchaud.

— Attention ! cria une voix féminine.

Ari plongea, et un pied-de-biche s'abattit à l'endroit exact où se trouvait son crâne une fraction de seconde auparavant. Malheureusement, il ne put l'éviter tout à fait : l'objet l'atteignit au bras et son arme lui échappa. Il l'entendit tomber dans le noir. Emporté par son élan, Jean tomba à son tour, sans lâcher le pied-de-biche. Il resta quelques secondes immobiles, bras et jambes écartés. *Vas-y, fonce !* hurlait une voix dans la tête d'Ari. Il se jeta sur lui et le cloua au sol sous son poids ; puis il enserra le cou de Jean dans le pli de son coude et serra dans l'espoir de faire céder les vertèbres, mais il se heurta à une résistance d'acier.

Jean se tordit violemment dans un sens puis dans l'autre, comme un serpent, et repoussa Ari ; mais, après un tel effort, il fallait qu'il reprenne sa respiration.

Ari en profita pour faire un bond, attraper le pied-de-biche et en asséner un coup sur le bras de son adversaire. Enfin il lui décocha en pleine mâchoire une ruade qui lui fit perdre conscience, lui tordit un bras dans le dos et resta couché sur lui le temps de retrouver son souffle.

Puis il lança :

— Mandy ?

Un sanglot étouffé.

— Je ne savais pas par quel prénom j'allais m'entendre appeler... Mandy ou Rose.

— Arrête ça, Mandy. Reprends-toi et viens par ici. Il me faut une corde. J'ai besoin de ton aide, tu pleureras plus tard.

— Je ne peux pas bouger, fit-elle, plaintive. Comme il a entendu le bateau arriver, il m'a menottée au lit. La clef est dans sa poche.

Ari cogna brutalement la tête de Jean contre le sol, estimant que cela lui laisserait cinq bonnes minutes de plus. Il chercha le trousseau de clefs, ramassa sa torche et s'élança vers le fond de la caverne. Mandy était couché nue sur une paillasse de fortune. Pris de pitié, il faillit laisser échapper un cri. Il défit les menottes et revint en courant auprès de Jean, qui gémissait et commençait à remuer. Sans prêter attention à ses protestations, Ari lui menotta les mains dans le dos. Ouf !

Graux se débattit et donna un coup de pied qui atteignit Ari au mollet. Privé de l'usage de ses bras, il ne représentait pas un grand danger, mais Ari décida de lui attacher tout de même les jambes.

— Il y a une corde ? s'enquit-il en plongeant son

regard dans d'immenses yeux ambrés éclairant un visage blême encadré de longs cheveux noirs en désordre. Elle s'était enveloppée d'un drap et semblait affolée.

Il s'efforça de la rassurer.

— Je suis le lieutenant de police Ari St John et il y a longtemps que je te cherche. Je te demande pardon d'avoir mis tant de temps à te retrouver. Est-ce qu'il y a une corde dans la grotte ?

Elle disparut dans l'obscurité et apporta bientôt une longueur de corde en Nylon.

Jean se tortilla comme un possédé, mais Ari pesa de tout son poids sur ses jambes jusqu'à ce qu'il ait fini de les ligoter.

— Tu fais moins le malin, maintenant, hein, mon salaud ? Il y a quelqu'un d'autre ? reprit-il à l'adresse de Mandy.

— Non. Elle était venue se tenir tout près de lui ; il la sentait frémir. Je vous en prie, je peux m'habiller ? Est-ce qu'on pourrait s'en aller ? Je voudrais rentrer à la maison.

— Ne t'en fais pas, c'est bientôt fini. Un hélicoptère va venir nous chercher. Il ne reste plus qu'à l'attendre.

Elle disparut à nouveau puis revint vêtue d'un short et d'un tee-shirt. La voyant trembler des pieds à la tête, Ari alla chercher sa combinaison de plongée sur la plage et en coupa le bas avec son couteau pour qu'elle puisse s'en faire une espèce de veste.

Ainsi qu'il l'avait prévu, les larmes se mirent à couler. Toutes les terreurs, toute la tension accumulées pendant des mois se déversèrent d'un coup. Des mois à se demander si elle allait vivre ou mourir...

Il la prit dans ses bras et la berça.

— Tout va bien, c'est fini. Tu seras bientôt chez toi.

Jean Graux se mit à jurer.

— Laissez-la ! Ne la touchez pas ! Un jour, je vous tuerai, Ari ! Et toi, Rose, je te jure que je reviendrai te chercher.

— Est-ce qu'il va me falloir vivre toute ma vie avec cette voix dans mes oreilles ? À me demander s'il est libre, s'il va revenir me prendre ?

Ari emmena la petite sur la plage, le plus loin possible de la caverne, puis lui laissa sa torche et remonta. Toute paniquée qu'elle était, elle restait ravissante. Un régal pour les yeux. L'avoir constamment auprès de soi..., le paradis ! Il en eut presque de la peine pour Jean. Il comprenait son obsession, maintenant. Il suffisait de voir ses petits seins bouger sous le tee-shirt. D'ailleurs, il les avait aperçus ; il savait à quel point ils étaient adorables. Elle avait un cou gracile, de grands yeux écartés ; son épaisse chevelure était implantée très haut au-dessus du front et ses sourcils noirs semblaient rehausser la symétrie de son charmant visage à l'ovale parfait.

Une fois parvenu dans la grotte, il tira Jean au-dehors.

— Bon, écoutez-moi, Jean. L'hélicoptère va arriver. Vous risquez la pendaison, mais le plus probable, c'est la prison à perpétuité. C'est vous qui avez tué Ramona, j'en ai la preuve. Sans parler, bien sûr, des accusations de rapt et de viol qui vous pendent au nez. C'est ça que vous voulez ? Ne plus revoir le monde extérieur avant l'âge de quatre-vingts ans ? Alors je vais vous détacher les chevilles. Faites bon usage du délai que je vous laisse.

Il joignit le geste à la parole et observa Jean, l'arme au poing. Graux s'avança vers le bord de la falaise puis jeta un dernier regard par-dessus son épaule et lança :

— Dites à Rose que...

— Rien du tout ! Cette fille s'appelle Mandy et vous le savez fort bien. Fini de jouer, Jean.

L'autre frissonna et regarda en bas. Loin sous ses pieds la mer déployait ses phosphorescences argentées tout en martelant inlassablement les récifs sans pitié. Alors il fit un pas en avant et sombra dans le néant.

Ari partit en courant rejoindre Mandy. Juste à ce moment-là retentit le bruit des pales de l'hélicoptère.

56

Il était presque midi. Ari avait rédigé son rapport, identifié officiellement le corps de Jânek Jözsef et rempli quantité de formulaires. Ensuite seulement il avait pu tourner le dos à la mort, mais son malaise subsistait. Il avait l'impression d'être passé sous un rouleau compresseur. Il était sûr d'avoir au moins deux côtes fêlées, il avait mal partout, ses mains étaient à vif et un violent mal de tête annonçait l'arrivée imminente d'un refroidissement. Il se promit de prendre deux jours de congé dès que l'affaire serait close.

En rentrant au poste, il avait trouvé dans le parking et devant le bâtiment la moitié des pêcheurs du village, accompagnés de leurs épouses.

Willis vint précipitamment à sa rencontre.

— Je vous avertis, Frost a appelé la presse. Ce salopard est en train de donner une interview télévisée en ce moment même dans le bureau des dépôts de plaintes. Il s'attribue tout le mérite de l'opération.

Willis était hors de lui ; ses yeux flamboyaient et la fureur lui donnait des allures de brute. Il avait la mâchoire serrée et les joues cramoisies. Ari n'avait jamais vu son collègue perdre ainsi son sang-froid.

Ari passa la tête par la porte de la salle bourrée à craquer et vit qu'on avait dressé des tréteaux, derrière lesquels étaient assis Gerber, Frost et leurs assistants.

Ils faisaient face à une horde de journalistes armés de flashes.

— À quel moment vous êtes-vous lancés sur la piste de Jânek Jözsef ? lança l'un d'eux à Gerber.

— Il y a environ un mois. Mais il fallait que je prenne garde à ne pas l'alerter avant d'avoir repéré Mandy September. Sur ces mots, il aperçut Ari sur le seuil et s'empourpra. Enfin, je n'étais pas seul sur le coup. Le travail d'enquête est assuré par toute une équipe. Mes hommes se sont chargés de recueillir les témoignages.

Frost était manifestement impatient de prendre la parole. Profitant des hésitations de Gerber, il plaça :

— La semaine dernière, sur la foi d'une intuition, nous avons comparé les empreintes digitales d'un de nos patrons de pêche, Jean Graux, qui se prétendait originaire de l'île Maurice, avec celles du criminel interdit de séjour nommé Jözsef. Dès lors, la voie était toute tracée.

Ah bon ? se dit Ari avec un sourire amer, en se remémorant son séjour sous l'eau.

— Nous avons failli toucher au but il y a un mois, poursuivit Frost sur son habituel ton patelin. J'avais organisé une battue dans les collines environnantes. Nous n'avons pas ménagé nos efforts ; nous avons même fait venir l'armée en renfort pour retrouver cette malheureuse jeune fille.

Puis il aperçut Ari à son tour et devint blanc comme un linge. Ari, lui, eut un sourire mauvais.

Gerber lui fit signe de les rejoindre, mais il l'ignora et se fraya un chemin à travers la foule de reporters pour atteindre le distributeur de café. Il se servit et avala avec une grimace le liquide brûlant. Puis il récupéra le dossier de Frikkie et regagna promptement sa voiture.

Son irritation décroissait à mesure qu'il approchait de l'hôpital psychiatrique. Il avait vingt minutes de retard, mais Fink, avec qui il avait rendez-vous, ne lui en tint pas rigueur. À son arrivée il racontait une histoire drôle à Frikkie. Ari eut la surprise de voir ce dernier éclater de rire.

— Allons-y, déclara le médecin. Cette substance est en quelque sorte issue de ce qu'on appelait autrefois « sérum de vérité ». Alliée à l'hypnose, elle devrait avoir un effet considérable sur la mémoire de Frikkie. Les gens créatifs sont plus faciles à hypnotiser, ajouta-t-il un ton plus bas, tout en enfonçant une aiguille dans le bras de Frikkie. Dans le cas présent, je suis gêné par l'incapacité du sujet à se concentrer. Ses pensées caracolent, je n'arrive pas à capter suffisamment longtemps son attention.

Une fois de plus, Ari fut frappé par le côté néandertalien de Frikkie — ses petits yeux rapprochés, ses arcades sourcilières proéminentes, son nez épaté, son cou épais et musclé, ses épaules carrées et ses bras trop longs qui, pour l'instant, reposaient sur le dessus-de-lit. Le médicament fit peu à peu son effet et le regard de Frikkie se perdit dans le vague. Détendu, il souriait légèrement.

L'enthousiasme de Fink était évident. Du bout du doigt, il tapota le dessus de la main de Frikkie.

— Détends-toi. Tu es en train de regarder une lumière très brillante en bas. Tu voudrais aller vers elle, mais tu en es séparé par dix marches très raides. Accroche-toi à la rampe. Tu la vois ? Tiens bon et descends la première marche. Quand ce sera fait, bouge ton pouce pour m'avertir. Prêt ? Vas-y, descends. C'est ça, très bien, Frikkie. Doucement. Bravo ! Maintenant, la marche suivante.

« Ça va prendre un peu de temps, s'excusa-t-il à mi-voix.

Dans l'intervalle, Ari se prit à songer à Mandy. Elle était vraiment très jolie. Dieu merci, elle était enfin à l'abri du danger. On l'avait hospitalisée, mais physiquement elle se portait bien. Avec le temps, et pour peu qu'elle suive une thérapie, elle se remettrait de son expérience traumatisante, avait promis le psychanalyste. De son côté, Ari bouclait ses enquêtes. Le colonel du Plessis le pressait de rentrer au Transvaal. Dans l'affaire Rose September, il avait décidé de conclure au décès accidentel, et le tribunal ferait sans doute de même. Quant à Patel, il attendait son procès mais n'encourait tout au plus que dix ans de prison. Or Ari en avait assez de voir les criminels courir les rues, parfois même dans les jours qui suivaient leur interpellation. C'était en partie pour cela qu'il projetait de démissionner. La suite dépendait en grande partie de Kate. Il était décidé à la demander en mariage le jour même et, cette fois, il insisterait jusqu'à ce qu'elle lui donne une réponse ferme et définitive. Il espérait tant qu'elle lui dirait oui !

Fink le tira de sa douce rêverie.

— Nous y sommes, disait le médecin. Il est en état de transe profonde. Il se pencha sur le lit. Frikkie, te souviens-tu du jour où Ramona t'a donné deux cents rands ? Pourquoi a-t-elle fait cela ?

— Pour que je noie l'enfant à sa place, répondit Frikkie d'une voix inhabituelle, si grave et si bourrue qu'on aurait dit un autre homme.

— Raconte-nous ce qui s'est passé, veux-tu ? Je veux que tu repartes en arrière jusqu'au matin où tu as emmené cet enfant dans ton bateau. C'était en mars 1967. Tu es sur la plage. Quelle heure est-il ?

— Tôt. Quatre heures, par là.

Sa voix éraillée n'était plus qu'un murmure. Ari frémissait d'impatience.

— Je suis descendu au bord de l'eau avant tout le monde. Il ne faut pas qu'ils voient le petit. Ni qu'ils l'entendent. Ramona lui a donné un biberon de lait pour qu'il se tienne tranquille. Il l'agrippe à deux mains et tète comme si sa vie en dépendait. Il est à moitié mort de faim, ça se voit. Pauvre petit. C'est trop triste...

Frikkie respirait bruyamment et il émanait de lui une forte odeur de transpiration. Ses yeux roulaient dans leurs orbites et des larmes s'en échappaient.

— Il est tout maigre. Personne ne veut de lui. Il faut que je le noie comme un chiot indésirable. Pourquoi moi ? On me fait toujours faire le sale boulot. On croit que je m'en fiche. Cet enfant est malade, c'est évident. Je ne sais pas pourquoi, Ramona a peur de l'emmener à l'hôpital. Mais il va mourir de toute façon, alors qu'est-ce que ça fait ?

Son élocution était indistincte, on comprenait à peine ce qu'il disait.

— Autant le noyer. Elle est là-haut, elle me surveille. Elle est assise dans le sable et, avec sa robe noire, elle ressemble à une sorcière. C'est une sorcière ! Elle me fait peur. Si je ne lui obéis pas elle va me battre, ou me priver de nourriture, ou arrêter de me donner du vin. Toute ma vie elle m'a harcelé...

Il s'interrompit puis se mit à bredouiller des paroles incompréhensibles. Il resta longtemps à fixer le mur, perdu dans son monde.

— Où sont les pêcheurs ? demanda alors Fink.

— Chez eux. Ils dorment encore, mais ils ne vont pas tarder à arriver. D'ici là, il faut que le vieux Frikkie soit sorti en mer et revenu. Pauvre petit gosse. Ramona n'a aucune pitié pour ceux qui se mettent en travers de son chemin. Moi, par exemple. Il n'y en a que pour Bill. Lui, il a une maison, un bateau ; moi, je n'ai rien.

Il se tut à nouveau, et les larmes ruisselèrent sur ses joues tandis que ses mains se tordaient. Puis il poussa un profond soupir.

— Frikkie ! Frikkie ! Tu m'entends ? Raconte-nous. Où es-tu maintenant ?

— Dans le bateau. Je rame, je rame... L'eau est très calme, ce qui est bizarre à cette époque de l'année. Pas de vent. Pas de lune non plus. Le petit gémit, on dirait qu'il devine ce qui se passe. Peut-être qu'il devine, d'ailleurs.

Frikkie se mit à trembler violemment.

— Mais non ! lâcha-t-il. Il ne peut pas savoir, voyons !

Ses doigts se contractèrent et il se redressa en position assise ; il gémissait et ouvrait de grands yeux aveugles. Il se mit à mimer l'action de ramer sans effort, en poussant de temps en temps un petit grognement.

— N'aie pas peur. Ça va aller vite. On dit qu'on ne souffre pas. À quoi ça te sert de vivre, de toute façon ? Personne ne veut de toi. Comme moi. S'il te plaît, ne pleure pas.

Il fit un geste bref, comme pour faire passer l'enfant par-dessus bord. Puis il se ravisa.

— Mon Dieu, aidez-moi, je ne peux pas ! cria-t-il.

Il referma les bras sur le vide en se balançant de droite à gauche.

— Là... Là... Tout va bien. Frikkie ne peut pas faire ça. Tu as le droit de vivre. Si Ramona veut que tu meures, elle devra demander à quelqu'un d'autre. Moi, j'en suis incapable. Oui, mais que va-t-elle dire ? Elle va me tuer.

La salive dégoulinait sur son menton et son regard s'affolait.

— Faut que je rentre, marmotta-t-il. Avant l'aube. Faut que je te cache. Viens ici, petit. Sinon, tu vas t'emmêler dans les filets. Assieds-toi derrière moi, là, à l'arrière du bateau. Très bien. Maintenant, baisse-toi et ne bouge plus. Sois sage.

Il entonna une vieille chanson malaise comme pour apaiser l'enfant effrayé, tout en mimant l'action de lancer un bout de filet, puis un autre, bouée après bouée, jusqu'à ce qu'il en ait déployé une bonne longueur.

C'était criant de vérité. Ari et le médecin le virent nouer le cordage puis prendre péniblement le chemin du retour en traînant ce poids qui le ralentissait. Il ne tarda pas à suer et souffler tant son effort était grand.

— Il transpire vraiment ! souffla Ari. Et ses muscles se contractent ! C'est incroyable.

— Chut ! le réprimanda Fink.

— Tiens ! grogna Frikkie. Qu'est-ce que c'est que ça ?

Il les surprit tous les deux en se penchant brusquement en avant.

— Un dauphin ! À tous les coups il va s'entortiller dans mes filets ! Il faut que je les ramène, où j'en aurai pour des jours à réparer.

Il continua à tirer longuement, péniblement sur les rames. Puis il poussa un soupir de soulagement. Il tirait le bateau sur le sable. Ensuite, il lui fallut un bon moment pour ramener le cordage et le filet. Ari craignit qu'il ne meure d'épuisement. Il avait quand même vingt-six ans de plus qu'à l'époque !...

— Aïe ! Voilà les autres ! Je vais te jeter dans le filet, petit. Arrête, arrête de pleurer !

Il plaqua les mains sur ses oreilles. Une lueur rusée s'alluma dans ses yeux. Il se tourna et fit face à la salle d'hôpital déserte.

— Salut, Jaapie ! Salut, Cobus ! Figurez-vous que j'étais là-bas, au large, et que tout à coup j'ai vu un petit enfant à cheval sur un dauphin ! Je vous le jure devant Dieu. Je les ai vus de mes yeux. Ils allaient aussi vite que le vent. Mais le dauphin s'est pris dans mes filets et le petit s'est mis à pleurer. Alors je suis rentré à toute allure, et les voilà !

Frikkie se recoucha et ferma les yeux. Les minutes passèrent. Il semblait endormi. Fink se pencha sur lui.

— Et après, Frikkie ? Qu'est-ce qui s'est passé après ?

— Rien. Ramona n'a jamais rien su. Ou alors elle n'a rien dit. C'était normal. D'une manière ou d'une autre, je m'étais débarrassé de l'enfant.

— Que lui est-il arrivé ?

— Jaapie et d'autres villageois l'ont emmené chez le prêtre. On ne l'a jamais revu.

— Demandez-lui comment s'appelait le prêtre, fit tout bas Ari.

— Pourquoi ? Je ne pense pas qu'il le sache.

— Demandez-le-lui, pour l'amour de Dieu !

— Te souviens-tu comment il s'appelait, ce prêtre, Frikkie ?

— Il avait un drôle de nom. Les gosses se moquaient de lui à cause de ça. Je me rappelle bien de lui parce qu'il est venu me voir plusieurs fois. Mooney, il s'appelait Mooney ! Il a essayé de savoir d'où venait le petit, mais je ne le lui ai jamais dit. Alors il a cessé de venir.

Ari sortit de la pièce, vit des toilettes et alla s'y enfermer. Là, il s'assit par terre contre le mur et se mit à pleurer en étouffant ses sanglots avec une serviette de toilette. Il pleurait pour Frikkie, dont la compassion lui avait valu la vie sauve, il pleurait parce qu'il comprenait, maintenant, sa propre peur de Ramona et de son regard cruel ; il savait à présent d'où venait son cauchemar récurrent, quand il se voyait enterré vivant dans le noir. Il pleura sur sa haine de la méchanceté et sur sa volonté tenace de rendre les coups, maintenant qu'il n'était plus cet enfant sans défense. Il pleura sur son dégoût des fermiers dépravés à qui on l'avait confié. Et il pleura aussi parce qu'il était sous le choc, parce qu'il ne savait pas qui, de Rose ou de Claire, était sa mère. Il pleura sur Eunice, sur Mandy et le calvaire qu'elle avait vécu, et, pour finir, il pleura sur la sauvagerie des hommes. Puis il se releva, et aussitôt un vertige s'empara de lui. Il se raccrocha au porte-serviettes. La nausée l'assaillit et il vomit longuement dans le lavabo. Il finit par se remettre, se débarbouilla, redressa les épaules et retourna dans la salle.

Frikkie enfournait de grandes cuillerées de porridge. Des bribes de bouillie tombaient sur le bavoir qu'une infirmière lui avait noué autour du cou.

— De toute évidence, cela le disculpe, déclara-t-il à Fink. Je le relâcherai dès que vous l'estimerez en état de sortir. Il est inoffensif.

— Pas si vite ! intervint le médecin en lui saisissant le bras. Vous êtes pâle comme la mort. Qu'est-ce qu'il y a ? Quelque chose ne va pas ? Vous avez un intérêt personnel dans cette histoire, n'est-ce pas ? Je m'en suis rendu compte il y a déjà un moment. Ce n'est pas une enquête comme une autre, pour vous.

— J'ai cru que c'était important, mais je me suis trompé. C'est curieux, d'ailleurs, remarqua-t-il pour lui-même. Je vous remercie, George.

Il serra la main du médecin et s'en alla promptement, avant que son regard pénétrant ne lui soutire son secret.

57

Il était très tôt, ce matin-là, mais Kate était déjà à son chevalet. Un grognement de Simplet la tira de sa concentration. Elle leva les yeux. Apercevant Rob sur le seuil, elle tressaillit de joie.

Prise au dépourvu, elle se jeta à son cou.

— Rob ! Mon chéri ! Comme tu m'as manqué !

Puis elle se rappela qu'ils étaient en instance de divorce et recula d'un pas.

— Entre.

Elle le contempla avec gourmandise mais remarqua qu'il avait l'air fatigué. Il avait dû rentrer dans la nuit. Il portait encore sa tenue de désert : un short et un tricot de corps. Ses cheveux étaient en désordre. Ils avaient beaucoup poussé. Ses joues étaient mangées par une barbe noire.

— Entre, entre. Tu as l'air épuisé. Je viens justement de faire du café. Assieds-toi. Rob, je dois te remercier pour ce que tu as fait. Je veux parler de la réserve ornithologique. Alors voilà..., merci. Que dire d'autre ?

— Par exemple : « Pourquoi es-tu resté si longtemps dans l'erreur ? »

— En effet, je pourrais te dire ça, répondit-elle en riant, mais on recommencerait à se disputer.

— Pas cette fois-ci, Kate. Je suis venu te dire adieu.

Ces mots lui firent l'effet d'un coup au cœur.

— Ah ! Elle ravala sa déception. Pourquoi, où vas-tu ? lui demanda-t-elle en versant le café.

— Dans le désert du Namib. Kate, écoute-moi bien ; je n'ai pas beaucoup de temps. Je ne suis pas celui que tu crois, mais tant que je pouvais encore donner le change j'ai confié à mon avocat le soin d'approvisionner en permanence un compte bancaire à ton nom.

— Mais je n'ai besoin de rien. Qu'est-ce que tu racontes ?

— Peu importe.

— Il se trouve que ça m'importe à moi. Car il se trouve aussi que je t'aime, Rob.

— Chut ! Ne dis pas ça. Tu ne me connais pas. Jusqu'ici, je ne me connaissais même pas moi-même.

Il lui raconta toute l'histoire, en commençant par le choc éprouvé en apprenant que la fortune des Palma ne lui appartenait pas.

— Je n'ai plus grand-chose à moi. Deux ou trois mines, un campement construit à la hâte. Mais je m'en servirai comme point de départ. Et ce n'est pas un endroit pour une femme. Je ne sais même pas si nous sommes encore obligés de divorcer. Peut-être, sur un plan légal, n'avons-nous jamais été mariés. C'est Rob Palma que tu as épousé. Et Rob Palma, ce n'est pas moi. L'héritier légitime, c'est ton beau lieutenant de police.

Ce qui acheva d'abasourdir Kate. Elle s'effondra dans un fauteuil et riva sur le jeune homme un regard inexpressif.

— Et toi, alors ? Qui es-tu ?

— Le bâtard de Rose.

Alors nous voilà libres, songea-t-elle. *Libres de vivre où nous voulons. Libres de quitter la maison d'Angelo.*

— Écoute-moi, Rob, dit-elle d'un ton impérieux.

Elle alla s'asseoir sur ses genoux et, nouant les bras autour de son cou, piqua mille petits baisers sur son front.

— C'est toi que j'ai épousé, mon chéri. Dans mon

cœur, et non seulement sur un morceau de papier. Je t'aime. Tu as cru que c'était l'argent qui m'intéressait, mais ça n'a jamais compté pour moi.

Il ne parut pas très convaincu.

— Rob, s'il s'avère que nous ne sommes pas légalement mariés, tu veux bien m'épouser ?

— C'est que... Il va s'écouler des années avant que tu ne retrouves le niveau de vie auquel tu es habituée. Est-ce vraiment cela que tu veux ?

— Ce que je veux, c'est toi. Où tu iras j'irai. Tu ne passeras pas toute ta vie au Namib. J'ai foi en toi. En outre, je peux gagner de l'argent, moi aussi. Prends garde, Rob Palma ! Si ça se trouve, c'est moi qui vais t'entretenir. Alors, marché conclu ?

— Marché conclu, répondit-il avec solennité. Il se leva et la prit dans ses bras. Il va me falloir du temps pour mettre de l'ordre dans cette fichue pagaille, mais je reviendrai te chercher. Je n'ai jamais cessé de t'aimer.

Il la serra contre lui, et, l'espace de quelques secondes, il se raccrochèrent l'un à l'autre.

Ari trouva Kate dans son atelier. Elle exécutait une esquisse du salon qu'elle allait redécorer pour les Zimmerman. Le soleil entrant par la fenêtre faisait resplendir sa chevelure, ses yeux pétillaient, elle semblait parfaitement heureuse et détendue. Le stress de ces derniers mois l'avait quittée pour de bon. *C'est la réussite professionnelle*, songea Ari, tout content. Il se trompait.

— Oh, Ari, Ari mon ami ! J'ai quelque chose à t'annoncer ! dit-elle, exubérante.

Elle abandonna son chevet pour lui sauter au cou et lui planter deux grosses bises sur les joues. *Fraternelles*, ne manqua-t-il pas de noter.

— Je suis sûre que tu vas te réjouir pour moi. Voilà : Rob et moi...

C'est à peine s'il entendit le reste. Ses oreilles

carillonnaient, son ventre lui faisait mal et ses jambes s'étaient changées en pierre.

— Rob renonce pour toujours à la maison et à l'argent des Palma. Il repart au Namib bâtir sa propre fortune. Mais d'abord il veut vous parler, à Angelo et à toi. Il est allé faire une déposition devant Gerber.

« Quand je l'ai vu à ce point effondré, blessé, effrayé, même, j'ai compris combien je l'aimais.

Elle débordait de tendresse et de sollicitude féminine — tout ce qu'il aurait souhaité qu'elle lui témoigne à lui. Il aurait voulu exprimer quelque chose de sensé, mais il ne trouvait pas ses mots. Par exemple, qu'elle comptait bien plus à ses yeux que toutes les richesses matérielles du monde, mais à quoi bon ? Il l'avait d'ores et déjà perdue.

Kate s'affaira, annonçant qu'elle préparait du thé, comme s'ils avaient toujours été bons amis et allaient le rester alors qu'Ari se demandait comment supporter les cinquante années qui lui restaient à vivre sans la femme qu'il aimait. Puis il se dit : *En fait, elle a raison, rien n'a changé à part mes propres espoirs. Je continue de l'aimer. Je l'aimerai toujours, et, cela, elle ne peut pas me l'enlever. Je n'ai pas besoin d'être aimé en retour ni de la posséder. Elle est heureuse et je l'aime. Je n'en mourrai pas.*

Il avala son thé brûlant et rentra au poste. Ses semelles lui paraissaient plombées, tout à coup. Décidément, il était temps de quitter Silver Bay. Au prix d'un effort surhumain, il chassa Kate de ses pensées et se força à réfléchir à son travail, à ses enquêtes en cours. Que lui restait-il à régler ? À part libérer Angelo, il ne voyait vraiment pas.

Angelo prenait son petit déjeuner au lit. Le fumet était appétissant, et Ari se rendit compte qu'il mourait de faim.

— En va-t-il ainsi pour tous les prisonniers ? s'étonna Palma. Ça ne m'étonne pas qu'on ait un tel taux de criminalité. Je suis traité comme un roi, ici.

— Je vais vous expliquer pourquoi, Mr. Palma. Ainsi que je l'ai découvert, tout le monde vous aime bien, ici. On se moque de ce que vous avez pu faire. Le plus drôle, c'est que vous croyez qu'on vous apprécie pour votre argent. Mais c'est faux. C'est pour ce que vous êtes qu'on vous aime. Sauf votre respect, monsieur, vous devriez vous montrer davantage en ville.

« Je suis venu vous relâcher, ajouta-t-il. Frikkie avait menti. L'enfant a été adopté. J'ai tout vérifié scrupuleusement. Il a trouvé un bon foyer et il est heureux là où il est.

Angelo le fixa, incrédule.

— Vous voulez dire que l'enfant de Rose est toujours vivant ?

— Oui. Aucun doute là-dessus. Je vous l'ai dit : j'ai vérifié jusque dans les moindres détails. Vous pouvez vous habiller. Vous êtes libre.

— Non, attendez ! Angelo criait presque. Ses mains tremblaient. Où est-il ? Il faut que je le voie. J'aspire à obtenir son pardon, à repartir de zéro. Je veux le prendre à mes côtés. J'ai une dette envers lui.

— Je crains malheureusement que ce ne soit pas possible. Voyez-vous, il est trop tard. Je lui ai parlé ; il est très content de ses parents adoptifs. Il s'est parfaitement adapté. En fait, il va bien, il n'a pas besoin de vous, monsieur. Il vous demande de ne pas chercher à le retrouver. Il a sa famille, ses racines. Il veut mener sa vie comme il l'entend.

— Alors je peux m'en aller ?

— Oui.

— Sans plus de formalités ?

— Il n'y a pas de raison.

— Et Mandy ? L'infirmière a dit que vous l'aviez retrouvée.

— C'est exact.

— Et pour la mort de Rose ?

— J'ai convaincu le juge qu'il s'agissait d'un décès accidentel.

— Et Ramona ?

— Un coup de Jözsef, là aussi. Il avait décidé de se venger jusqu'au bout. Heureusement, il n'y est pas tout à fait parvenu. Votre petit-fils n'est plus en cause. Mon hypothèse ne tenait pas debout, finalement.

Angelo plissa les yeux.

— Vous êtes un curieux jeune homme. Vous vous contrefichez de ce qu'on pense de vous. Vous voulez découvrir la vérité et coffrer les criminels, point. On dirait que quelque chose vous y pousse irrésistiblement. Que ce n'est pas simplement une vocation.

— Tout cela va changer, monsieur. Je démissionne.

— Je peux toujours vous trouver un poste intéressant dans une de mes sociétés. J'ai toujours su repérer les gagnants. Et vous, Ari, vous en êtes un.

Ari soupira.

— J'ai beaucoup à faire. Appelez l'infirmière et habillez-vous. C'est fini, maintenant. Il est temps de rentrer chez vous.

Un bruit de pas dans le couloir. Rob entra en coup de vent, suivi de près par Gerber. Le jeune homme était recuit par le soleil. Ari ne l'avait encore jamais vu barbu. Ses cheveux aussi avaient poussé, ils étaient broussailleux. Le flamboiement de ses yeux, l'éclat de ses dents très blanches avaient quelque chose de tout à fait exceptionnel, et, subitement, percevant son magnétisme intense, Ari comprit ce qui avait séduit Kate.

— Grand-père, dit Rob en prenant la main d'Angelo. Ça va ?

— Mais oui, mais oui, répondit le vieil homme en lui tapotant le bras d'un air rassurant.

— Lieutenant, s'emporta-t-il. Relâchez-le. Je suis la preuve vivante que vos accusations contre mon grand-père sont parfaitement absurdes. Je suis le fils de Rose et je peux le prouver. Que vous faut-il de plus ?

Il regarda Ari en fronçant les sourcils. *Il y a des choses qui ne changent jamais*, se dit le policier. Son épuisement était tel qu'il avait un fort sentiment d'irréalité.

— Vous ne savez rien de mon grand-père, gronda

Rob comme s'il cherchait la bagarre. Il ne ferait pas de mal à une mouche. Où est ton médicament pour le cœur ? Il reporta sur Angelo un regard plein de tendresse. Tu vas en avoir besoin.

— Là !

Palma porta la main à sa poche. Son regard amusé n'échappa pas à Ari. Le vieux renard avait déjà tout compris tout seul. Et, maintenant, il attendait de voir comment les deux jeunes gens allaient se dépêtrer de la situation.

— Grand-père, écoute-moi. Je t'aime énormément, mais le vilain petit canard, c'est moi. Le bâtard que tu as tant cherché à éloigner. Ramona me l'a dit la veille de sa mort.

« J'ai honte d'avoir mis si longtemps à reprendre mes esprits, tu sais. Quand on est dans le désert, loin de la richesse, loin du pouvoir, on atteint une certaine sérénité et on opère un tri entre ce qui est réel et ce qui ne l'est pas. Ce qui compte, ce n'est ni l'argent, ni le pouvoir, ni le statut social ; ce sont les individus. Tu peux garder ce qui t'appartient, Angelo. J'ai assez bien réussi au Namib pour reprendre un bon départ dans la vie. Ce que tu me dois, c'est de l'amour, rien de plus. Je suis toujours ton petit-fils, et ça, tu me le dois.

Ari se sentait de trop ; en outre il commençait à ressentir un léger vertige. Sans doute à cause de son séjour dans l'eau froide ou de la nuit blanche qu'il venait de passer. Ou alors parce qu'il venait de comprendre soudain que Claire était sa mère, Claire qui lui avait inspiré une vive tendresse. Il soupira. Dire qu'il avait failli être comme Rob — toujours sur la défensive, incapable de se percevoir comme un individu à part entière sans le secours du pouvoir et de l'argent noyé dans l'ombre formidable d'Angelo. Il avait dû lui en coûter de venir vider son sac. Il se devait de l'écouter. Il patienta donc, en jouant avec un crayon à papier, tandis que Rob racontait qu'il avait embauché un détective privé pour remonter la piste de l'héritier légitime jusqu'au père Mooney.

— C'est bien lui, conclut-il. D'ailleurs, Ramona me l'avait presque avoué, mais je ne l'avais pas crue. Il décocha à Ari un regard de haine sans mélange. Mon homme est allé jusqu'à comparer les groupes sanguins.

Il avait dû prier pour que le résultat de l'expertise contredise ses soupçons.

— Donc, voilà où nous en sommes : je suis bien le fils de Rose, et le fils de Claire, c'est lui. Donc, tu n'as tué personne, et tu as le droit de sortir d'ici immédiatement. Allez, viens.

— C'est justement ce que je lui annonçais quand vous avez fait irruption, plaça Ari. Vous avez tout déballé pour rien. J'essayais au contraire de passer cela sous silence. Enfin, il n'y a pas de mal. Vous êtes et vous resterez le seul héritier d'Angelo ; il a intérêt à bien profiter de vous.

— Comment ça ? coupa Palma. Que voulez-vous dire ?

— Je n'ai pas besoin de vous, et encore moins de votre argent. À cause de ce que vous avez fait à Claire. Claire est irrémédiablement marquée, blessée. Vous n'aviez aucun droit de la traiter ainsi. Vous ne cherchez que le profit. Mes parents adoptifs, eux, sont tout le contraire. Ils essaient constamment de contribuer. Je remercie le Seigneur que Ramona nous ait échangés au berceau. J'ai pitié de vous, acheva-t-il en se retournant vers Rob.

— Ari... Ari... Je me demande bien pourquoi il vous ont baptisé Ari ? dit Angelo d'un air dégoûté. Il va falloir y remédier.

— C'est en rapport avec un mythe grec. Je ne m'en suis jamais vraiment soucié. Une histoire de dauph...

Ari, alors, se rappela et éclata de rire. Le vieil homme prenait déjà les décisions à sa place.

— Bien, je suppose que vous voulez vous en aller, maintenant. Moi, je vous laisse. À vrai dire, j'ai autre chose à faire. Il se sentait déjà à mille lieues des Palma. Quant aux liens du sang, oubliez-les. Laissez-moi tranquille. Je ne veux rien de vous. Je cherchais vaguement à retrouver mes racines, mais à présent je regrette de m'être lancé dans cette quête.

— Ari, mon petit...

Angelo le rappela d'une voix où perçait le désarroi, mais il partit sans se retourner. Il sortit à grands pas sur le parking puis monta dans sa voiture et tourna la clef de contact. À ce moment-là, un poing entra d'un coup par la vitre ouverte et le frappa à la joue. Quelqu'un coupa le contact et ôta la clef.

— C'est vous qui avez ouvert cette boîte de Pandore, hurla Rob, vous qui êtes venu nous chercher. Si vous croyez que vous allez vous en aller comme ça ! Angelo a besoin d'aide ! Il a besoin d'être pardonné ! Moi, je peux l'aimer, mais le pardon, vous êtes le seul à pouvoir le lui octroyer.

Ari se rendit compte qu'en effet il ne pouvait pas partir ainsi. Sinon, les plaies ouvertes d'Angelo ne guériraient pas, et la culpabilité était invivable. À contrecœur, il rebroussa chemin en compagnie de Rob.

Épilogue

Ari quittait Silver Bay le matin même. Il en éprouvait simultanément du soulagement et du regret. Longeant les petites rues pavées du village, il entendit la belle voix de baryton du muezzin. Arrivé sur les hauteurs, il se gara et contempla longuement le port couronné de brume argentée. Venue du sud, celle-ci s'installait timidement, mais pour l'instant l'air était d'une limpidité de cristal. Une odeur d'ozone se mêlait à la puissante senteur de la mer. Les montagnes émergeaient majestueusement de la brume, telle une guirlande de pics perçant un paysage enneigé à la beauté presque mystique. Il faisait déjà chaud, bien qu'on fût en automne ; bientôt la brume se dissiperait. Ari s'efforça d'imprimer ce spectacle dans sa mémoire. Silver Bay allait lui manquer.

Puis il se détourna et alla frapper à la porte d'Emanuel. Ce dernier était encore en pyjama.

— Je suis venu te dire au revoir, flemmard, lui annonça-t-il affectueusement.

Emanuel le serra contre lui, les larmes aux yeux. Depuis que la ville avait appris la véritable histoire d'Ari, il se comportait avec lui comme un oncle, rôle qui, finalement, n'était pas si usurpé puisque Trevor avait été l'un de ses meilleurs amis.

— Mais non, je travaillais ! protesta Emanuel. Viens voir mon chef-d'œuvre.

Le vitrail représentait un enfant à califourchon sur un dauphin. Les couleurs — turquoise, bleu, vert d'eau — étaient magnifiques.

— Quand il sera fini, je te le donnerai, sourit-il.

Ari fit courir son doigt sur les vagues et la courbure du dauphin.

— Il est superbe.

Juliette apporta le café.

— J'ai entendu ta voix. Je savais bien que tu ne t'en irais pas sans nous dire adieu. Que vas-tu faire maintenant, Ari ? Tu t'en vas pour de bon ?

— Je ne sais pas encore. On m'a fait tellement de propositions que je ne sais plus où donner de la tête. Mon père m'a trouvé une chaire de criminologie dans son université. Je pars pour Harare ce matin. Je vais habiter chez mes parents le temps de prendre une décision.

— Et ton autre famille ? l'aiguillonna gentiment Emanuel.

— Ma foi, Claire voudrait que je prenne la direction de son hôtel et de la réserve animalière. En rentrant du Zimbabwe, je dois passer un mois avec elle. Nous voulons apprendre à nous connaître ; mais, franchement, quand je l'ai rencontrée, j'ai eu l'impression de la connaître depuis toujours.

Sur le moment, il avait trouvé bizarre d'avoir un tel coup de cœur pour une inconnue, mais, maintenant, il comprenait sa réaction.

— Et Angelo ? s'enquit Juliette. Il ne va pas te lâcher comme ça, tu sais.

— Depuis un mois, il se montre beaucoup moins autoritaire. Il a compris, je crois, que j'étais capable de mener ma barque et content de mon sort. Il a jugulé sa mauvaise conscience et sa rancœur. Évidemment, il voudrait me voir rester. Il m'a d'ailleurs offert la lune, mais je n'ai pris aucun engagement ferme. Rob affirme qu'il ne peut pas gérer tout seul les affaires des Palma, mais il s'en est très bien sorti jusqu'à présent. Je n'en crois pas un mot. Il y arrivera sans problème.

Il s'interrompit. Il y avait aussi Kate. Il apprenait à l'aimer comme on aime sa belle-sœur, et, avec l'aide de Mandy, il s'en sortait assez bien.

— J'ai entendu dire que tu voyais Mandy, dit Juliette, en donnant toute la mesure de son intuition. Tu te rends compte ? C'est peut-être vous deux qui allez réaliser la prophétie de Ramona ! Auquel cas elle s'était simplement trompée de génération.

Elle rit pour bien montrer qu'elle plaisantait, mais il devina qu'Hannah et elle avaient tissé des intrigues.

— Je la connais à peine ; en outre, elle est beaucoup trop jeune pour moi, rétorqua Ari en cachant délibérément ses sentiments véritables.

Mandy le considérait comme un héros depuis qu'il l'avait sauvée des griffes de Jânek. Elle était follement excitante, excessivement belle, d'accord, mais elle était bien loin d'avoir la maturité nécessaire.

Il finit son café et se leva.

— Bon, eh bien, à la prochaine.

Tout à coup, il fut triste de les quitter. Il alla contempler le jardin par la porte de derrière.

— Vous dites que c'est mon père qui a planté cet arbre ? Je regrette de ne pas l'avoir connu.

L'homme qu'il avait combattu était aussi l'assassin de son père, il s'en rendait compte à présent. Fallait-il y voir la main du destin ou une simple coïncidence ? Il ne le saurait jamais, et cela n'avait pas vraiment d'importance.

Il descendit chez Tom. Le vieux monsieur était occupé à arracher les mauvaises herbes dans son jardin. Depuis quelque temps, il se débrouillait très bien avec ses prothèses.

— Salut ! lança Ari.

Il alla poser une bouteille de brandy sur la table du coin-salon. On y voyait à présent deux chaises au lieu d'une seule, plus une table assortie où trônait un bouquet de fleurs. Le lit était fait, la vaisselle aussi, et partout on sentait une présence féminine. Le mobilier avait un éclat différent, l'odeur de la maison avait changé. Tom le rejoignit.

— C'est joli, chez vous, maintenant. Et vous, vous avez l'air d'aller bien.

— Maintenant que je suis plus autonome, il y a une femme dans ma vie. Juste une amie, mais elle passe de temps en temps me faire à manger. On regarde la télévision ensemble.

— Je vois que la vie reprend ses droits.

Ari exerça une pression affectueuse sur son épaule.

L'autre posa sur lui un regard scrutateur.

— Quelque chose ne va pas, Ari ?

— Venez donc boire un coup avec moi, Tom. Je m'en vais aujourd'hui et je ne sais pas si nous nous reverrons.

Il s'assit et attendit que Tom ait allumé sa pipe.

— Tom, j'ai une question à vous poser.

Il vida son verre et arrêta le vieux monsieur, qui voulait le lui remplir.

— C'est fou, mais c'était mon propre agresseur que je recherchais. J'aurais dû m'en rendre compte plus tôt. À vrai dire, en venant ici j'avais le vague espoir de retrouver mes vrais parents, mes racines. Puis j'ai été obsédé par la disparition de Mandy, par les différents assassinats de Silver Bay, et je n'ai pas vu que cela pouvait avoir un rapport avec mes propres problèmes. C'étaient deux mondes différents.

Il alla se poster devant la fenêtre. La brume était presque entièrement levée et la baie d'un beau turquoise profond s'agrémentait de reflets mauves au pied des monts. En voyant la vallée si verdoyante, Ari se prit à soupirer après une ferme qui serait bien à lui, avec de la vigne, des pâturages... Un endroit où s'installer pour de bon, où suivre son évolution naturelle. La vigne, c'était un vieux rêve, chez lui. Alors, pourquoi pas dans le coin ?

— Vous saviez tout depuis le début, lâcha-t-il sans préambule. Vous êtes mon ami ; alors pourquoi ne m'avez-vous rien dit ? Voilà ce qui me trouble, Tom.

L'autre reporta sur lui ses yeux bleus au regard lointain qui semblaient toujours rivés sur un autre horizon. Il ne semblait guère perturbé par la question.

— Vous êtes ce que vous êtes, Ari. Vos racines, elles sont en vous. Elles remontent à l'aube de l'humanité. Elles sont plus profondes, plus robustes que vous ne croyez. Votre âme a évolué au cours des âges, par l'intermédiaire d'innombrables personnalités successives. Qu'importe qui vous a donné le jour ? Votre naissance n'était qu'un accident.

— Vous croyez vraiment ce que vous dites ?

— Mais certainement.

— Alors je vais essayer d'y croire aussi.

Le vieil homme se rembrunit et le prit par l'épaule.

— C'est vrai, plus d'un ici savait qui vous étiez. C'est d'ailleurs pour cela que vous vous êtes heurté à cette conspiration du silence. Essayez de voir les choses de notre point de vue. Nous savions que l'un des nôtres, pêcheur comme nous, était en position de force là-haut, au château. Sa présence nous rappelait constamment que nous n'étions pas vraiment des citoyens de seconde zone : pour peu qu'on nous donne une éducation, une chance au départ, nous étions comme les autres. Rob était notre idole, ou un symbole, si vous préférez. Son combat, c'était pour nous tous qu'il le menait.

Il eut un rire franc.

— Le destin était contre nous. Vous avez été conduit ici afin de réparer une grande injustice. Et peut-être aussi pour jouer le rôle de témoin, pour voir à quel point le destin peut être cruel quand l'homme devient victime de ses propres désirs. Mais si c'est vous-même que vous cherchez, Ari, alors vous avez encore beaucoup de chemin à faire, mon petit.

Désarmé par les paroles de Tom autant que par le brandy, Ari le salua et s'en fut.

Dix minutes plus tard il échangeait une poignée de main avec Gerber, qui rampait devant lui maintenant qu'il le croyait riche. Heureusement, Willis et Smit, eux, n'avaient pas changé d'attitude.

— Revenez vite, lui dit Willis une fois sur la route du col, car il avait décidé de l'accompagner à l'aéroport. Tout va rentrer dans l'ordre et la ville sera de nouveau calme, vous verrez. On a vraiment vécu un été pas comme les autres.

Willis était d'un naturel optimiste, mais il avait probablement raison. Du moins en partie.

— Vous l'avez dit. Attendez une minute, s'il vous plaît.

Ari descendit de voiture pour aller contempler une dernière fois la vallée. Depuis peu, cette ville et ses habitants l'impressionnaient. Les gens y avaient fait front ensemble et, grâce à cette solidarité, ils avaient tourné le dos au désastre pour emprunter la voie du succès. Silver Bay avait enfin une âme. Ça n'allait pas sans mal. Dans la montagne, des vagabonds continuaient à mettre le feu aux sous-bois, et le samedi soir toute la vallée vibrait au son de la musique. Il y avait toujours des agressions, des cambriolages, mais le taux de criminalité diminuait.

À flanc de coteau, la saignée inesthétique qu'on avait pratiquée dans la forêt pour aménager le nouveau lotissement était en train de guérir. On avait replanté des arbres, les potagers prenaient forme... Dans l'ensemble, l'endroit avait assez belle figure. Kate avait gagné la bataille : la communauté greffée s'intégrait à toute allure. Avec la création d'une bourse du travail, d'une crèche, les squatters accéderaient bientôt au statut de contribuables comme les autres. Le lotissement s'appelait Lutuli, et il prospérait.

Le dimanche, des centaines de jolies petites filles noires en robe de dentelle blanche déferlaient vers l'église. Tous les week-ends, un éventail de chiots de race et de vilains bâtards se mêlaient joyeusement sur la plage, malgré les nombreux panneaux qui leur en interdisaient l'accès. Tout le monde savait que les habitants de Silver Bay faisaient la loi chez eux. Oui, ils en prenaient à leur aise avec la plage de leur bourg, et depuis quelque temps la moitié des gens qui promenaient leurs chiens étaient noirs.

— Vous êtes content d'être passé par chez nous ? demanda Willis lorsqu'il regagna la voiture.

Quelle question ! Il laissait son cœur à Silver Bay. Le reste de sa personne devrait apprendre à vivre sans.

— Vous savez que les oiseaux reviennent progressivement nicher dans les marais ? répondit-il en esquivant la question. Les foulques, les sternes et les cormorans sont de retour. La semaine dernière, j'ai vu un héron et une cigogne. Hier, Kate m'a dit qu'un couple de *dikkops* s'y étaient installés. Les arbres repoussent. Bientôt le coin sera magnifique.

— L'oie de Kate s'est posée sur le parking du poste, hier. Qui habite le phare, maintenant ?

— Frikkie, mais il continue à les nourrir toutes les deux.

— Elles sont pourries gâtées, ces deux flemmardes !

Non, cet été n'avait pas manqué d'événements retentissants, et pas seulement pour Ari. Rob avait compris qu'on pouvait l'aimer pour lui-même, et il avait retrouvé sa femme. Kate s'était libérée de sa dépendance affective et avait appris à aimer son mari en épouse autonome. Quant à Angelo, il s'était débarrassé de la culpabilité qui pesait sur ses épaules depuis une éternité.

Et moi ? se demanda Ari. Avait-il trouvé ses racines ? Ah, la vie était plus simple avant qu'il ne fasse la connaissance de Tom !

Il songea à Mandy, puis de nouveau à Kate. *Oui, Willis. La réponse à votre question est : oui.*

Mandy viendrait le retrouver chez Claire pendant les vacances scolaires de juillet. Il était impatient de la revoir — plus que de raison, d'ailleurs.

Il se remémora les paroles du colonel.

— Un long été dans la province du Cap, voilà qui vous fera du bien.

En effet, conclut-il. *Ça m'a fait un bien fou.*

Toute ma reconnaissance à Jenni Swindells, Eddie Humphries, Laurie Mackintosh, Philip Boulton et Stephen Le Roux pour leur précieuse collaboration.

ROMAN

Adler Elizabeth
Secrets en héritage
Le secret de la villa Mimosa
Les liens du passé

Ashley Shelley V.
L'enfant de l'autre rive
L'enfant en héritage

Beauman Sally
Destinée
Femme en danger

Beck Kathrine
Des voisins trop parfaits

Bennett Lydia
L'héritier des Farleton
L'homme aux yeux d'or
Le secret d'Anna

Benzoni Juliette
De deux roses l'une
Un aussi long chemin
Les émeraudes du prophète
Les dames du Méditerranée-Express
1 - La jeune mariée
2 - La fière Américaine
3 - La princesse mandchoue
Fiora
1 - Fiora et le Magnifique
2 - Fiora et le Téméraire
3 - Fiora et le pape
4 - Fiora et le roi de France
Les loups de Lauzargues
1 - Jean de la nuit
2 - Hortense au point du jour
3 - Félicia au soleil couchant
Les treize vents
1 - Le voyageur
2 - Le réfugié
3 - L'intrus
4 - L'exilé
Le boiteux de Varsovie
1 - L'étoile bleue
2 - La rose d'York
3 - L'opale de Sissi
4 - Le rubis de Jeanne la Folle
Secret d'État
1 - La chambre de la reine
2 - Le roi des Halles
3 - Le prisonnier masqué
Marianne
1 - Une étoile pour Napoléon
2 - Marianne et l'inconnu de Toscane

Bickmore Barbara
Une lointaine étoile
Médecin du ciel
Là où souffle le vent

Binchy Maeve
Le cercle des amies
Noces irlandaises
Retour en Irlande
Les secrets de Shancarrig
Portraits de femmes
Le lac aux sortilèges
Nos rêves de Castlebay
C'était pourtant l'été
Sur la route de Tara

Blair Leona
Les demoiselles de Brandon Hall

Bradshaw Gillian
Le phare d'Alexandrie
Pourpre impérial

Bright Freda
La bague au doigt

Bruce Debra
La maîtresse du Loch Leven
L'impossible adieu

Cash Spellman Cathy
La fille du vent
L'Irlandaise

Chamberlain Diane
Vies secrètes
Que la lumière soit
Le faiseur de pluie
Désirs secrets

Chase Linday
Un amour de soie
Le torrent des jours

Clayton Victoria
L'amie de Daisy

Collins Jackie
Les amants de Beverly Hills
Le grand boss
Lady boss
Lucky
Ne dis jamais jamais
Rock star
Les enfants oubliés
Vendetta
L.A. Connections
1 - Pouvoir
2 - Obsession
3 - Meurtre
4 - Vengeance

Collins Joan
Love
Saga

Courtillé Anne
Les dames de Clermont
1 - Les dames de Clermont
2 - Florine
Les messieurs de Clermont

Cousture Arlette
Émilie
Blanche

Crane Teresa
Demain le bonheur
Promesses d'amour
Cet amour si fragile
Le talisman d'or

Dailey Janet
L'héritière
Mascarade
L'or des Trembles
Rivaux
Les vendanges de l'amour

Delinsky Barbara
La confidente
Trahison conjugale

Denker Henry
Le choix du docteur Duncan
La clinique de l'espoir
L'enfant qui voulait mourir
Hôpital de l'espoir
Le procès du docteur Forrester
Elvira
L'infirmière

Dervin Sylvie
Les amants de la nuit

Deveraux Jude
La princesse de feu
La princesse de glace

Dunmore Helen
Un été vénéreux

Falconer Colin
Les nuits de Topkapi

Gage Elizabeth
Un parfum de scandale

Gallois Sophie
Diamants

Goudge Eileen
Le jardin des mensonges
Rivales
L'heure des secrets

Greer Luanshya
Bonne Espérance
Retour à Bonne Espérance

Gregory Philippa
Les dernières lueurs du jour
Sous le signe du feu
Les enchaînés

Haran Maeve
Le bonheur en partage
Scènes de la vie conjugale

Ibbotson Eva
Les matins d'émeraude

Jaham Marie-Reine de
La grande Béké
Le maître-savane
L'or des îles
1 - L'or des îles
2 - Le sang du volcan
3 - Les héritiers du paradis

Jones Alexandra
La dame de Mandalay
La princesse de Siam
Samsara

Krantz Judith
Flash
Scrupules (t. 1)
Scrupules (t. 2)

Krentz Jayne Ann
Coup de folie

Laker Rosalind
Aux marches du palais
Les tisseurs d'or
La tulipe d'or
Le masque de Venise
Le pavillon de sucre
Belle époque

Lancar Charles
Adélaïde
Adrien

Lansbury Coral
La mariée de l'exil

McNaught Judith
L'amour en fuite
Garçon manqué

Perrick Penny
La fille du Connemara

Philipps Susan Elizabeth
La belle de Dallas

Pilcher Rosamund
Les pêcheurs de coquillages
Retour en Cornouailles
Retour au pays

Plain Belva
À force d'oubli
À l'aube l'espoir se lève aussi
Et soudain le silence
Promesse
Les diamants de l'hiver
Le secret magnifique

Purcell Deirdre
Passion irlandaise
L'été de nos seize ans
Une saison de lumière

Rainer Dart Iris
Le cœur sur la main
Une nouvelle vie

Rivers Siddons Anne
La Géorgienne
La jeune fille du Sud
La maison d'à côté
La plantation
Quartiers d'été
Vent du sud
La maison des dunes
Les lumières d'Atlanta
Ballade italienne
La fissure

Roberts Anne Victoria
Possessions

Ryan Mary
Destins croisés

Ryman Rebecca
Le trident de Shiva
Le voile de l'illusion

Shelby Philip
L'indomptable

Simons Paullina
Le silence d'une femme

Sloan Susan R.
Karen au cœur de la nuit

Spencer Joanna
Les feux de l'amour
1 - Le secret de Jill
2 - La passion d'Ashley

Steel Danielle
L'accident
Coups de cœur
Disparu
Joyaux
Le cadeau
Naissances
Un si grand amour
Plein ciel
Cinq jours à Paris
La foudre
Honneur et courage
Malveillance
La maison des jours heureux

Au nom du cœur
Le Ranch
Le Fantôme
Le klone et moi
Un si long chemin

Swindells Madge
Les moissons du passé

Taylor Bradford Barbara
Les femmes de sa vie

Torquet Alexandre
Ombre de soie

Trollope Johanna
Un amant espagnol
Trop jeune pour toi
La femme du pasteur
De si bonnes amies
Les liens du sang
Les enfants d'une autre

Victor Barbara
Coriandre

Walker Elizabeth
L'aube de la fortune
Au risque de la vie
Le labyrinthe des cœurs

Westin Jane
Amour et gloire

Wilde Jennifer
Secrets de femme

Wood Barbara
African Lady
Australian Lady
Séléné
Les vierges du paradis
La prophétesse
Les fleurs de l'Orient

Imprimé en France sur Presse Offset par

BRODARD & TAUPIN

GROUPE CPI

6072 – La Flèche (Sarthe), le 28-02-2001
Dépôt légal : mars 2001

POCKET – 12, avenue d'Italie - 75627 Paris cedex 13
Tél. : 01.44.16.05.00